21 世 纪 本 科 金 融 学 名 家 经 典 教 科 书 系

高等院校教学改革创新型教材

保险学概论

（第二版）

Introduction to Insurance

主 编 许飞琼

中国金融出版社

责任编辑：谢晓敏

责任校对：刘　明

责任印制：陈晓川

图书在版编目（CIP）数据

保险学概论/许飞琼主编．－－2版．－－北京：中国金融出版社，2024.6
（21世纪本科金融学名家经典教科书系）
ISBN 978－7－5220－2429－5

Ⅰ.①保…　Ⅱ.①许…　Ⅲ.①保险学—高等学校—教材　Ⅳ.①F840

中国国家版本馆 CIP 数据核字（2024）第099187号

保险学概论（第二版）
BAOXIANXUE GAILUN（DI－ER BAN）

出版
发行　**中国金融出版社**

社址　北京市丰台区益泽路2号
市场开发部　（010）66024766，63805472，63439533（传真）
网 上 书 店　www.cfph.cn
　　　　　　（010）66024766，63372837（传真）
读者服务部　（010）66070833，62568380
邮编　100071
经销　新华书店
印刷　河北松源印刷有限公司
尺寸　185毫米×260毫米
印张　26.75
字数　594千
版次　2019年1月第1版　2024年6月第2版
印次　2025年1月第2次印刷
定价　79.00元
ISBN 978－7－5220－2429－5
如出现印装错误本社负责调换　联系电话（010）63263947
编辑部邮箱：jiaocaiyibu@126.com

21 世纪高等学校金融学系列教材
编审委员会

第二版前言

本书 2019 年 1 月一出版，就受到许多高校金融保险专业师生的欢迎，2020 年即被评为北京高校优质本科教材。鉴于我国保险业近几年的发展变化，特别是党的二十大报告首次提出了"加强教材建设和管理"，表明了教材建设国家事权的重要属性，为了整体提高教材质量，打造培根铸魂、启智增慧的精品教材，特对本书进行修订。

本次修订的内容主要是对保险学相关概念及理论与实务知识进行完善，以确保教材的规范性、前沿性、实用性与可读性。

本版修订初稿的作者如下：许飞琼，前言、第三章、第六章、第七章、第八章；郝演苏、张楠楠，第一章、第四章；张虹，第二章；陈华，第五章；陶存文，第九章；徐晓华，第十章；李晓林，第十一章；周桦，第十二章；王丽珍，第十三章；郝佳，第十四章。全书由许飞琼负责修订、审稿并定稿。

本书不仅能够给各高等院校金融保险专业学生提供系统的专业基础知识，而且也能够为其他相关专业学生及保险工作者和保险消费者学习保险学的基本理论和业务知识提供参考。

许飞琼

2024 年 4 月于北京

前　言

随着全民风险管理意识的不断增强，保险服务有望成为社会公众日常消费的必需品，我国目前已经成为仅次于美国的全球第二大保险市场，成为世界第一的保险大国也指日可待。随着保险业的快速发展，对专业人才的需求日趋旺盛，高校作为保险业人才培育的重要基地，将义不容辞地承担着这一重要而艰巨的任务。

教材作为体现教学内容和教学方法的重要载体，是高校深化教育教学改革、培养创新人才的重要保证。"保险学概论"是高等院校金融保险专业的专业必修主干课程，也是经济、管理乃至工科类等相关专业的选修课程，更是广大读者想了解保险学科知识的入门课程。其教材建设构成了高等院校金融保险学科与专业建设的重要组成部分。为此，在中央财经大学的大力支持下，结合"保险学概论"慕课的建设，中央财经大学保险学院整合全院师资力量，组成了由许飞琼教授为负责人的教材编写团队，编写了与课程同名的这本《保险学概论》教材。

本教材是在借鉴、吸收保险学界、业界已有研究成果的基础上，结合作者多年的教学经验以及保险行业的新知识、新技术和新成果而完成的。教材主要阐述了保险学的基本理论与经营实务，既包括保险学科概念体系、保险学的基本原理、保险市场与经营体系、保险监管体系、保险业务体系（财产保险、人身保险、再保险等）以及与保险相关的学科体系（如保险精算、社会保险）等的理论知识，又包括保险行业实务操作的方法与技巧。教材内容既具有理论基础性、系统性，又兼具前沿性与实用性等特征。同时，结合课程内容，教材充实了许多以问题为导向、带有启发性思维的案例分析，并配以课程学习手册，使学习者能够更广泛、系统地理解并掌握保险学科的基本理论和业务知识。

本书各章的作者如下：

许飞琼：前言、第三章、第六章（与郝演苏教授合写）、第七章、第八章；

郝演苏、张楠楠：第一章、第四章；

张虹：第二章；

陈华：第五章；

陶存文：第九章；

徐晓华：第十章；

李晓林：第十一章；

周桦：第十二章；

王丽珍：第十三章；

褚福灵、郝佳：第十四章。

全书由许飞琼统稿、修订并定稿。2018 级保险硕士研究生朱健、陆园、周晨、寇宇丰承担了部分文字处理及资料收集整理工作。

在本书的编写过程中，中央财经大学教务处聂建峰老师，教务处教学质量与教材建设科贾雪峰老师、蔡佳林老师，中央财经大学保险学院王颖老师、郭丽军老师、郑苏晋老师、李晨光老师、王庆焕老师、黄燕双老师等均给予了大力支持。在此，本书主编谨代表编写小组的全体成员对上述支持者表示衷心的感谢！

衷心感谢中国金融出版社教材编辑一部王效端主任、王君老师为此书的顺利出版所付出的艰辛劳动。

最后，尤其要感谢的是首都经济贸易大学保险学专家庹国柱教授、中国人民财产保险股份有限公司保险学专家王和副总裁在百忙之中对本教材进行评审并提出宝贵意见！

许飞琼

2018 年 10 月 31 日

目 录 Contents

第一章
保险概述

【教学目的与要求】

本章是全书的总纲。通过学习本章，学生应理解保险的定义、保险的基本要素、可保风险的选择、保险的特征与基本职能及作用，了解国内外保险产生与发展的历史，熟悉不同阶段世界保险业的发展，掌握保险的基本类型及其特征，尤其是保险与其他经济形式的区别。

第一节　保险的定义与职能

天有不测风云，人有旦夕祸福。保险作为当代社会一种具有普适意义的风险管理与经济损失补偿制度，具有强大的损失补偿功能与专业化的风险管理技术，在许多国家的风险管理制度体系中占据异常重要的地位。

一、保险的定义

保险有广义和狭义之分。

广义的保险是指保险人（又称保险公司或承保人，全书同）通过收取保险费的形式建立保险基金，用于补偿因自然灾害和意外事故所造成的经济损失或在人身保险事故（包括因死亡、疾病、伤残、年老、失业等）发生时给付保险金的一种经济补偿制度。

狭义的保险仅指市场买卖行为。《中华人民共和国保险法》（以下简称《保险法》）第二条明确规定："本法所称保险，是指投保人根据合同约定，向保险人支付保险费，保险人对于合同约定的可能发生的事故因其发生所造成的财产损失承担赔偿保险金责任，或者当被保险人死亡、伤残、疾病或者达到合同约定的年龄、期限等条件时承担给付保险金责任的商业保险行为。"由我国保险法律定义可以看出，狭义的保险包括以下四方面的含义：一是商业行为，即保险是市场化的商业行为，而非政府行为或社会组织行为。二是买卖合同行为，即投保人购买保险、保险人出售保险，实际上是双方在法律地位平等的基础上，经过交纳与收取保险费的过程而达成买卖协议。三是权利义务行为，即通过买卖合同的方式确立投保人与保险人之间的民事权利义务关系。四是其职能是进行经济补偿或保险金给付，体现了一种对价交换的经济关系。

实践中，保险可以从多个角度来理解。从经济角度看，保险是分摊意外事故损失和提供经济保障的一种非常有效的财务安排。投保人（或被保险人，全书同）通过交纳保险费购买保险，将不确定的大额损失转变为确定性的小额支出（保费），或者将未来大额的或持续的支出转变成目前固定的或一次性的支出（保费），从而有利于提高投保人的风险管理水平。从法律角度看，保险是一种合同行为，是一方同意赔付另一方财产或人身损失（害）的一种合同安排。从风险管理角度看，保险是风险管理的一种方法或是一种风险转移机制。这种风险转移机制不仅体现在将风险转移给保险公司，而且表现为通过保险，将众多的单位和个人结合起来，将个体应对风险变为群体共同应对风险，起到分散风险、补偿损失的作用。从社会角度看，保险是社会经济保障制度的重要组成部分，是社会生产和社会生活"精巧的稳定器"。

二、保险的基本要素

保险作为一种经济损失补偿方式，其基本要素包括特定风险事故的存在、多数经济单位的结合、费率的合理计算与保险基金的建立等四个方面。

（一）特定风险事故的存在

保险之所以产生并不断发展和完善，就在于其具有补偿风险事故所造成损失的功能，没有风险，保险也就失去了存在的意义。风险是保险存在的前提条件，但并非任何风险都可以保险，只有对特定的风险事故，保险人才承保。

（二）多数经济单位的结合

保险是通过集合危险实现其补偿职能的，即由多数人参加保险，分担少数人的损失。因此，保险以多数经济单位的结合为必要条件。所谓"多数"的含义，一般没有具体规定，但必须以收支平衡为最低标准，即收取的保险费总额应与其支出的保险金总额保持平衡。参加保险的经济单位越多，由单个保险费形成的保险基金就越雄厚，保险赔付的能力就越强，每个参加保险的经济单位所分摊的保险费用也相应减少。多数经济单位的结合，一般有两种方式：一是直接结合，即在一定范围内，处在同类危险中的多数经济单位，为一致的利益组成保险结合体；二是间接结合，即由第三者充当保险经营主体，使处在同类危险中的多数经济单位，通过交纳保险费的方式，由保险经营主体促成其结合。

（三）费率的合理计算

保险不仅是一种经济保障活动，而且也是一种商品交换行为。保险的费率即保险的价格如何制定，是不以人们主观意志为转移的，如果费率制定过高，就会增加投保人或被保险人的负担，从而失去保险的保障意义；如果费率制定过低，又无法对被保险人的损失提供可靠的足额补偿，同样会失去保险保障的意义。因此，保险的费率必须进行合理计算。就一般商品而言，其价格制定要依据"成本＋平均利润"的原则，保险价格同样要依据这一原则来制定，但由于保险具有自身的核算特点，所以保险的价格制定还要依据概率论、大数法则的原理。

（四）保险基金的建立

保险基金是指专门从事风险经营的保险机构，根据法律或合同规定，主要以收取保险费的方式建立的专门用于保险事故发生后进行经济损失补偿或给付的一项专用基金。保险基金是社会后备基金的一种特殊形态，体现着保险人与被保险人之间以等价有偿为原则的商品交换关系，具有来源的分散性与广泛性、总体上的返还性、使用上的专项性、赔付责任的长期性和运用上的增值性等特点。保险基金的形式主要表现为资本金、公积金、各项准备金以及其他资金等。

三、可保风险的选择

可保风险是指符合保险人承保条件的特定风险。尽管保险是人们转嫁风险的一种方式，它能在人们遭受风险损失时提供经济补偿，但并不是所有的风险损失保险人都可以承保。一般而论，可保风险必须具备下列条件。

第一，可保风险是纯粹风险。纯粹风险是指风险一旦发生，只有损失的机会，而无获利的可能。例如，房屋遭受火灾、工厂发生爆炸、汽车发生碰撞事故、人的衰老身故等即为纯粹风险。这些危险的发生，其结果是使人们蒙受经济上的损失或身体损害，而不会得到任何利益。投机风险是指既可能产生收益也可能造成损失的不确定性，如股票、期货投资往往存在投机风险。之所以可保风险不能是投机风险，其原因在于：投机风险的运动不规则，难以适用大数法则准确计量；有些投机风险为国家法律所禁止，不为社会道德所公允，如赌博；承保投机风险，有可能引起道德风险，使被保险人因投保而获得额外收益，从而违反保险具有的基本原则；承保投机风险将使整个社会失去发展的动力。

第二，可保风险的发生具有偶然性。风险发生的偶然性是指对每一个具体标的而言，若知某一具体标的肯定不可能遭受某种风险损失，则保险就没有必要；反之，若损失是确定的，则保险人一般也不予承保，如财产的自然损耗、折旧等一般属于不保风险。但对于标的是否遭遇水灾、火灾等自然或意外风险，人们是无法预知的，即水火灾害是否发生、何时发生，以及发生后是否对标的物有损害或损失大小是不确定的，这种不确定性风险则属于可保风险。

第三，风险必须是大量标的均有遭受损失的可能性，即保险人承保的标的应存在大量同质风险单位。同质风险是指风险单位在种类、品质、性能、价值等方面大体相近。如果风险不同质，那么风险事故的发生概率就不同，集中处理这些风险将会十分困难。只有存在大量同质的风险单位且只有其中少数风险单位受损时，才能体现大数法则所揭示的规律，正确计算损失概率。任何一种保险险种，必然要求存在大量保险标的。这样，一方面可积累足够的保险基金，使受损的被保险人能获得十足的保障；另一方面，根据大数法则，可使风险发生次数及损失值在预期值周围有一个较小的波动范围。换言之，大量的同质保险标的会保证风险发生的次数及损失值以较高的概率集中在一个较小的波动幅度内。显然，距预测值的偏差越小，就越有利于保险公司的稳定经营。这里所指的"大量"，并无绝对的数值规定，它随险种的不同而不同。一般的法则是：损失概率分布的方差越大，就要求有越多的保险标的。保险人为了保证自身经营的安全性，还常采用再保险方式，在保险人之间分散风险。这样，集中起来的巨额风险在全国甚至国际范围内得以分散，被保险人受到的保障度和保险人经营的安全性都能得到提高。

第四，风险的形成及其损失具有可测性。个别风险的发生是偶然的、不可预知的，但通过对大量风险事故的观察会发现，风险及其损失往往呈现出明显的规律性。因为风险及其损失的可测性，保险人可以借助大数法则及经验数据精算保险费率而建立稳固的保险基金。值得指出的是，财产损失的风险一般是可以用货币计量的，凡不能用货币计量的财产损失风险一般是不可保的风险，如古玩字画。但对人身的保险来说，很难计算一个人的身体伤残程度或死亡所蒙受损失的价值量，所以人身死亡给付的标准一般是投保人与保险人约定一个保险金额，在保险合同签订时予以确定。

以上四个条件是相互联系、相互制约的，保险人在确认可保风险时，必须综合考虑，全面评估，以免发生承保失误。

需要说明的是，可保风险是个相对的概念。在保险的发展史上，可保风险的范围并不是一成不变的。随着保险市场需求的不断扩大以及保险技术的日益进步，可保风险的范围也会随之改变，很多原来不可保的风险在先进的保险技术条件下也可以成为可保风险。

四、保险的特征

保险的特征主要体现在与某特定行为进行比较方面，包括通过与赌博、储蓄、保证、慈善、救济等的对比而体现的特征。

（一）保险与赌博

保险与赌博同属于由偶然事件所引起的经济行为，并且在给付与反给付的总量上都是相等的。但两者存在着本质上的区别：①目的不同。保险的目的是互助共济、求得经济生活的安定，赌博的目的是欺诈坑骗、图谋暴利。②手段不同。保险的手段是利己利人，以分散风险为原则，以转移风险为动机，以大数法则为计算风险损失的科学依据；赌博是损人利己、冒险获利，完全以偶然性为前提。③结果不同。保险的结果是变偶然事件为必然事件，变风险为安全，是风险的转移或减少；赌博的结果是变确定为偶然，变安全为风险，是风险的创造与增加。④对标的的要求不同。投保人或被保险人对保险标的必须具有保险利益，而赌博则不然。⑤风险性质不同。保险的风险一般为纯粹风险，赌博的风险是投机风险。⑥法律地位不同。保险是法律所支持和保护的一种经济行为，赌博在很多国家是明令禁止的。

（二）保险与储蓄

保险与储蓄都是为将来的经济需要而进行资金积累的一种形式，但两者存在区别：①支付的条件不同。保险的赔付是不确定的，无论交付保费的多少和交付时间的长短，只有保险事故发生时，被保险人才能领取保险金；储蓄支付是确定的，存款人可获得本金，并且随着时间的推移可领取利息。②计算技术要求不同。保险是集合多数经济单位所交的保险费以备将来赔付之用，其目的在于风险的共同分担，且以严格的数理计算为基础；储蓄则以自己集聚的金额及其利息，负担将来的所需，不需要特殊的计算技术。③财产准备的性质不同。保险是多数经济单位所形成的共同准备财产，由保险人统一运用，只能用于预定的损失补偿或保险金给付，不得任意使用，被保险人一般无权干涉；储蓄则是单独形成的准备财产，其所有权归存款人，存款人可以任意提取使用。④行为性质不同，保险为互助共济的行为，是自力与他力的结合；储蓄则是个人的行为，无求于他人。

（三）　保险与保证

保证（种类甚多，最普通的保证是对买卖及债务的保证）与保险都是对将来偶然事件所致损失的补偿，但仍有下列区别：①保险是多数经济单位的集合组织，保证仅为个人间法律关系的约束。②保险以其行为本身的预想为目的，并不附属于他人的行为而生效；保证则附属于他人的行为而发生效力。因而，保险合同为独立合同，而保证合同为从属合同。③保险合同成立后，投保人必须交付保险费，保险人于保险事故发生时赔付保险金；保证合同成立后，在特定风险事故发生时，就买卖保证而言，仅卖方负一定的义务，并无对价关系；就债务保证而言，仅保证人负责代偿债务的给付，债权人不作任何对等的给付。④保险基于合理的计算，有共同准备财产的形成；保证并无任何精确的计算，仅出于当事人当时心理上或主观上的确信，或有特别的准备财产，但仅为当事人的个人行为。

（四）　保险与慈善

保险与慈善均为对经济生活不安定的一种补救行为。其目标均为努力使社会生活正常和稳定。两者的区别主要在于：保险活动是指投保人根据合同约定，向保险人支付保险费，保险人对于合同约定的可能发生的事故因其发生所造成的财产损失承担赔偿保险金责任，或者当被保险人死亡、伤残、疾病或者达到合同约定的年龄、期限等条件时承担给付保险金责任的商业保险行为。慈善活动则是自然人、法人和其他组织以捐赠财产或者提供服务等方式，自愿开展的扶贫、济困、救灾等公益活动及符合法律规定的其他公益活动。具体而言，①保险实行的是有偿的经济保障，慈善实行的是无偿的经济帮助。②保险当事人地位的确定基于双方一定的权利义务关系，而慈善的授受双方无对等义务可言，并非一定的权利义务关系。③保险机构一般是指与投保人订立保险合同，并按照合同约定收取保险费及承担赔偿或者给付保险金责任的商业性保险公司。而慈善机构则是可以采取基金会、社会团体、社会服务机构等组织形式的非营利性组织。

（五）　保险与救济

保险与救济相通的是，两者均是对灾害事故造成的损失（害）进行经济上的补偿。但是，两者的根本性质是不同的。①经办主体不同。保险是由商业保险公司经办的，属于市场行为；政府救济由政府救灾部门或政府授权的机构经办，是政府行为。②保障资金来源不同。保险保障以保险基金为基础，主要来源于投保人交纳的保险费，其形成也有科学的数理依据，而且国家对保险公司有最低偿付能力标准的规定；而政府救济的资金来源于国家财政，其救济额度的多少取决于国家的财力与预算。③权利与义务不同。保险行为是合同买卖行为，其权利与义务关系是完全对等的，实务中实行"多投多保、少投少保、不投不保"的经营规则；而政府救济中，提供救济与接受救济双方的权利义务关系却具有单向不对等性。即政府承担着向遭灾的社会成员提供救济的法定义务，而遭灾的社会成员则享受着接受救济的法定权利而无须承担起缴费义务。因此，财产保险体现的是有偿的经济保障关系，政府救灾体现的则是无偿的社会救济关系。[①] ④保障水平不同。保险保障的水平取决于保险合同双方当事人的投保与承保责任大小，一般能够为投保人或被保险人提供高水平的风险保障；而政府救灾单纯依靠财政拨款，只能以帮助遭灾的家庭或个人解除灾后生存危机即提供最基本的保障为标准。

五、保险的职能与作用

（一）保险的职能

职能是某种客观事物或现象内在的、固有的一种功能，它是由事物的本质和内容所决定的。保险的职能由保险的本质和内容决定。在我国，保险界对保险的职能持有不同的观点，有单一职能论、双重职能论、多重职能论。从多重职能论来讲，保险的职能分为基本职能和派生职能。

1. 保险的基本职能。保险的基本职能即保险的原始与固有的职能，包括两个方面：经济补偿职能和保险金给付职能。前者就财产保险而言，即保险人在保险标的发生保险事故损失后，根据保险合同的约定，按所保标的的实际损失数额在保险金额范围内给予经济补偿；后者就人身保险而言，即被保险人在保险事故发生时，保险双方当事人根据保险合同约定的保险金额进行保险金给付。

2. 保险的派生职能。保险的派生职能是在其基本职能的基础上产生的功能，包括防灾防损与资金融通。

（1）保险的防灾防损功能。保险在风险识别、风险减量、风险补偿、风险分散等风险管理方面能发挥其重要的功能作用。从某种意义上说，防灾防损就是保险进行风险减量活动，其最大的特点在于保险能够也应该积极主动地参与投保人或被保险人的防灾防损活动并配合相关防灾防损部门开展防灾防损工作。保险防灾防损的作用在于：从承保到理赔能履行社会责任、减少保险事故发生、减少保险人的经营成本、增强投保人或被保险人的风险管理意识。

（2）保险的融资功能。保险的融资功能表现在两个方面：一是通过收取保险费而具有筹资功能，二是通过买卖有价证券、不动产等投资方式体现投资功能。

（二）保险的作用

保险的作用是保险职能在具体工作中的表现，可以从宏观和微观两个方面进行阐述。

1. 保险的宏观作用。保险的宏观作用是保险对全社会和整个国民经济总体所产生的经济效应。

（1）有利于国民经济持续稳定的发展。由于保险具有经济补偿的职能，任何生产单位只要交付了保险费，一旦发生保险事故，便可得到保险的经济损失补偿，迅速恢复生产，使社会生产得以正常进行，进而达到保证国民经济持续稳定发展的目的。

（2）有利于科学技术的推广应用。任何一项科学技术的产生和应用，既可能带来巨

---

① 许飞琼. 财产保险与案例分析［M］. 北京：中国财政经济出版社，2022：14.

大的物质财富，也可能遇到各种风险事故而造成经济损失，尤其是现代高科技的产生和应用。而事故一旦发生，其损失必然巨大，远非发明者所能承受。有了保险，则为科学技术推广应用提供了风险保障，从而能够起到促进加快新技术开发利用的作用。如现代卫星技术的应用，如果没有卫星保险，卫星科技及其应用的日新月异都将受到很大的限制。

（3）有利于社会的安定。总体来说，灾害事故的发生是无法避免的，造成财产损失和人员伤亡也是不可避免的。但保险通过履行其经济损失补偿和保险金给付的职能，能够使被保险人或受益人在最短的时间内恢复生产或生活，消除因各种灾害事故的发生对单位、个人或家庭的损害可能形成的社会不稳定因素，从而起到稳定社会生产与生活秩序的作用。

（4）有利于对外贸易和国际交往，促进国际收支平衡。保险是对外贸易和国际经济交往中不可缺少的环节。保险不仅可促进对外经济贸易、增加资本输出或引进外资，使国际经济交往得到保障，而且可带来巨额无形贸易净收入，成为国家积累外汇资金的重要来源。

2. 保险的微观作用。保险的微观作用是指保险作为经济单位或个人风险管理的财务处理手段所产生的经济效应，从一般意义上说表现在以下四个方面。

（1）有助于企业及时恢复经营和稳定收入。任何性质的企业，在经营中都可能因自然灾害和意外事故而造成经济损失，进而影响企业的正常生产和经营。保险作为企业分散风险的工具，在企业遭受保险责任范围内的损失时，可及时得到保险人相应的经济补偿，保证企业经营不因灾害而中断生产而达到稳定企业生产经营与收入的作用。

（2）有利于安定人们生活。即通过与人民生活密切相关的保险产品来稳定人们生活。例如，通过家庭财产保险保障人们家庭财产安全；通过人身保险，解决人们因生、老、病、死、伤、残等人身风险造成的经济困难；通过责任保险保障因民事损害依法对受害者应负的赔偿责任。

（3）促进并加强参保单位的风险管理。保险公司作为经营风险的特殊企业，在其经营中积累了丰富的风险管理经验，具备为参保单位提供风险管理咨询和技术服务的有利条件。例如，通过保险合同方式明确合同双方当事人对防灾防损负有的责任，促使被保险人加强风险管理；为参保人进行防灾防损提供技术支持；通过费率差异，促进参保人减少风险事故；从保险费收入中提取一定的防灾基金，促进全社会风险管理工作的开展等。

（4）提高企业和个人信用。在市场经济条件下，每一个企业或个人均有遭受法律责任风险和信用风险的可能，投保人或被保险人通过购买责任保险或信用保险，便可将相关责任风险与信用风险转嫁给保险人，从而达到其法律赔偿的能力，提高自身的信用度。

第二节　保险发展史

一、古代保险思想

自有人类以来，各种自然灾害、意外事故就时常威胁着人类的生存与发展，为了寻求防灾避祸、安居乐业之道，人们便萌生了抵御灾害事故的保险思想和原始形态的保险方法，这在中外历史上均有记载。

（一）外国古代保险思想和原始形态[①]

根据史料记载，原始的保险思想和形态在西方出现较早，但不是产生在现代保险业发达的大国，而是出现在东西方贸易要道上的古巴比伦、古埃及、古希腊和古罗马等文明古国。据古埃及的相关历史文件记载：公元前4500年，在从事金字塔修建的古埃及石匠中曾建立过一种互助基金组织，即大规模修建工程过程中，会发生一些伤亡事故，为了对伤亡石匠给予一定的补偿，每个参加者交付一定的互助会费，用于支付会员伤亡后的医疗费用或丧葬费用；在古罗马时代的士兵中也曾出现互助基金会，该组织用收取的会费作为士兵战死后付给其家属的抚恤费用，或在士兵调职或退役时发给旅费。上述两种聚集互助基金或费用的做法，可以说是人身保险的最古老形态。

就财产保险方面，在《汉谟拉比法典》中，有类似运输保险和火灾保险的规定。比如，商人可以雇用一个销货员去外国港口销售货物，当这个销货员航行归来时，商人可收取一半的销货利润；如果销货员未归，或者回来时既无货也无利润，商人可以没收其财产，甚至可以把他的妻子和孩子作为债务奴隶；但如果货物是被强盗劫夺，可以免除销货员的债务。据说这是类似海上保险的一种起源。该法典中还有类似火灾保险的规定：例如，古巴比伦国王命令僧侣、官员和村长向居民征税以筹集火灾救济基金。再如，随着对外贸易的发展，约在公元前1792年，古巴比伦第六代国王汉谟拉比在位期间，在古巴比伦人的对外贸易运输队中曾出现过马匹死亡的救济办法，即如果运输队中某个人的马匹死亡，由运输队全体成员给予补偿；公元前1000年左右，以色列国王所罗门曾对从事海外贸易的本国商人征收税金，作为对在海难中受难人损失的补偿资金。这两种做法，也可以说是运输保险的原始形式。

（二）我国古代保险思想和救济后备制度[②]

在我国，保险思想和救济后备制度有较悠久的历史。在约2570年前，我国古代的大思想家孔子（公元前551—公元前479年）在《礼记·礼运》中有这样一段话："大道之行也，天下为公，选贤与能，讲信修睦。故人不独亲其亲，不独子其子，使老有所终，壮有所用，幼有所长，矜寡孤独废疾者皆有所养。"这一记载足以证明我国古代早有谋求经济生活安定的强烈愿望，实为古老朴素的社会保险思想。

---

① 郝演苏. 保险学教程［M］. 北京：清华大学出版社，2004：45.
② 郝演苏. 保险学教程［M］. 北京：清华大学出版社，2004：45.

我国古代的救济后备一般采取实物的形式，即后备仓储制度。根据《周礼·地官》记载，从公元前 11 世纪的周朝开始，就已建有后备仓储的制度，书中所称"……县都之委积，以待凶荒"，即指集粮储谷，以备荒年救灾之用。又如西汉宣帝时创建的"常平仓"、隋文帝开皇五年（公元 585 年）所推行的"义仓"。此外，宋朝和明朝还出现了类似相互保险形式的民间"社仓"制度，在宋朝还有专门赡养老幼贫病的"广惠仓"，这可以说是原始形态的人身救济后备制度。

从以上中外古代历史上所实行过的各种救济后备制度看，无论是西方采取的资金后备形式，或是我国采取的物资后备形式，都体现了互助共济的原始保险思想，蕴含着各种保险的雏形。

需要指出的是，尽管我国保险思想和救济后备制度产生很早，但因中央集权的封建制度和重农抑商的传统观念，商品经济发展缓慢，缺乏经常性的海上贸易，具有现代意义的商业保险在中国古代社会并没有真正产生。

二、国际保险史①

（一）原保险的产生与发展

1. 海上保险的产生与发展。

（1）海上保险的发源地。早在公元前 2000 年前后，地中海沿岸城市的商人就采用了"一人为众，众人为一"的共同分摊海损的方法，这种相互承担风险损失的方法可以视为海上保险的原始状态。② 经过漫长的共同分摊海损等的实践，在公元 1250 年左右，意大利的伦巴第商人开始经营海上保险。起初海上保险是由口头缔约，后来出现了书面合同。在 14 世纪中期，经济繁荣的意大利北部出现了类似现代形式的海上保险。在热那亚国立博物馆，现存有世界上发现的最古老的保险单，即一个名叫乔治·勒克维伦的热那亚商人在 1347 年 10 月 23 日出具的一张承保从热那亚到马乔卡的船舶保险单。当地人将该保险单称为 Polizza，传入英国后称为 Policy，一直沿用至今，传入我国后译为保险单。

（2）海上保险的发展。在美洲新大陆发现之后，英国的对外贸易获得迅速发展，保险的中心逐渐由意大利转移到英国。1554 年，英国商人从国王那里获得特许，组织贸易公司垄断经营海外业务，从此对外贸易及海上保险开始由英国商人自己经营，海上保险的一些法令和制度也相继制定与建立。1568 年 12 月 22 日，经伦敦市市长批准开设的第一家皇家交易所，为海上保险提供了固定的交易场所。

1871 年，在英国成立的保险个体人组织劳合社（Lloyd's），不仅在英国海上保险发展史上占有重要地位，也是目前世界上最大的海上保险垄断组织之一。

1884 年，英国伦敦经营海上保险业务的承保人成立了伦敦保险人协会的公会组织，该组织在海上保险即水险条款的标准化方面做了大量的工作，其所制定的保险条款在国际保险市场获得广泛应用。1906 年，英国参照各国商业保险习惯和判例制定了《海上保

---

① 郝演苏. 保险学教程［M］. 北京：清华大学出版社，2004：45.
② 许飞琼. 财产保险与案例分析［M］. 北京：中国财政经济出版社，2022：18.

险法》，长期以来，该法对西方各国的保险立法有着深刻的影响，直到现在它仍然是世界上最具权威的一部海上保险法典。

2. 火灾保险的产生与发展。火灾保险始于德国。1591 年，德国汉堡市的造酒业者成立了火灾保险合作社；1676 年，由 46 个相互火灾保险合作社合并成立了汉堡火灾保险社；随后，又发展成为德国第一家公营保险公司——汉堡保险局。但德国的火灾保险仅仅是原始的火灾保险，而具有现代意义的火灾保险制度则起源于英国。

1666 年 9 月 2 日，英国伦敦发生了一场大火，火灾持续了 5 天，伦敦城约 80% 的房屋被烧毁，财产损失 1200 多万英镑，20 多万人流离失所。该火灾促成了次年英国第一家火灾保险商行的设立。即 1667 年，一位名叫尼古拉斯·巴蓬（Nicholas Barbon）的牙科医生，独资开办了一家专门承保火灾保险的营业所。该营业所不仅开创了私营火灾保险的先例，并使用差别费率计收保险费。即房屋火灾的保险费根据房屋的租金和结构计算，砖石建筑的费率定为 2.5%，木屋的费率为 5%。这种差别费率的方法被沿用至今。此外，巴蓬于 1680 年创立了拥有 4 万英镑的火灾保险公司。正因为这些贡献，巴蓬被誉为"现代火灾保险之父"。

18 世纪末到 19 世纪中期，英、法、德等国相继完成了工业革命，机器生产代替了原来的手工操作，物质财富大量集中，使人们对火灾保险的需求也更为迫切。这一时期火灾保险发展异常迅速，火灾保险公司的形式以股份公司为主。进入 19 世纪，在欧洲和美洲，火灾保险公司大量出现，承保能力有很大提高。

3. 人身保险的产生与发展。人身保险的产生源于海上保险。15 世纪末，西方奴隶贩子开始将海上贩运的奴隶作为货物投保海上保险，这是以人的生命为保险标的的商业化保险的起源。17 世纪中叶，意大利银行家洛伦佐·佟蒂（Lorenzo Tonti）提出了一项联合养老办法（后人称之为"佟蒂法"）：每人交纳 300 法郎，筹集总额 140 万法郎的资金，在一定时期以后开始，每年支付 10% 的利息，并按年龄将认购人分组，年龄大的人收到的利息高。当认购人死亡，利息总额在该群生存者中间平均分配；当该群认购人全部死亡，就停止付息。由于这种办法不偿还本金，并引起了相互残杀，后被禁止。但"佟蒂法"引起了人们对生命统计研究的重视，洛伦佐·佟蒂也被认为是人身保险的创始人。

英国的数学家、天文学家埃蒙德·哈雷（Edmund Halley），在 1693 年以西里西亚的布雷斯劳市的市民死亡统计为基础，编制了世界上第一张生命表——哈雷生命表。该表精确表示了每个年龄的死亡率，从而奠定了现代人寿保险的数理基础。1762 年，由英国人辛浦逊和道森发起成立的人寿及遗属公平保险社，首次将生命表用于计算人寿保险的费率，从而标志着现代人寿保险的开始。

4. 信用保证保险的产生与发展。信用保险产生于 19 世纪中叶的欧美国家，当时称为商业信用保险，主要由一些私营保险公司承保，业务限于国内贸易。第一次世界大战后，信用保险业务得到了发展。1919 年英国首先成立了出口信用担保局，创立了一套完整的信用保险制度，以后各国纷纷仿效，开始了政府介入出口信用保险的时代。1934 年，英国、法国、意大利和西班牙的信用保险机构发起成立了国际信用与投资保险人协会，加强了各保险机构之间的信息交流与合作，标志着出口信用保险业务发展进入了一个新阶段。之后，各国的信用保险业务又屡经动荡冲击，但都逐步稳定下来，并逐步趋于完善。

保证保险是随着商业道德危机的频繁发生而发展起来的。它产生于美国，随后西欧、日本等经济发达国家纷纷开办此项业务。最早产生的保证保险是大约在 18 世纪末或 19 世纪初出现的忠诚保证保险，由一些个人商行或银行办理。1852—1853 年，英国几家保险公司试图开办合同担保业务，主要担保从事建筑和公共事业的订约人履行规定的义务，并在订约人破产或无力履行合同时，代为偿还债务，但因缺乏足够的资本而没有成功。1901 年，美国马里兰州的诚实存款公司首次在英国提供合同担保，英国几家公司相继开办此项业务，并逐渐推向了欧洲市场。保证保险新险种的出现，是保险业功能由传统的补偿功能、储蓄功能，向现代的资金融通功能的扩展，对拉动消费，促进经济增长无疑会产生积极的作用。

5. 责任保险的产生与发展。1804 年法国的《拿破仑民法典》中开始出现民事损害赔偿责任的规定，从而奠定了责任保险产生的法律基础。责任保险是随着财产保险的发展而产生的一种新型业务。伴随着工业革命、工业伤害的发生和民事法律制度的完善，责任保险也于 19 世纪中期在工业革命较早期的英国出现。1855 年英国制定了世界上首部提单法——《1855 年英国提单法》，承运人因此而面临着相关法律责任风险。同年，英国铁路乘客公司开办了铁路承运人责任保险。此后，公众责任险、雇主责任险、汽车第三者责任险、职业责任险、个人责任保险、环境责任险等业务依次在世界各国开展。

随着商品经济的发展，各种民事活动急剧增加，法律制度不断健全，人们的索赔意识不断增强，各种民事赔偿事故层出不穷。20 世纪 70 年代以后，责任保险的发展在工业化国家进入了黄金时期。在这个时期，各种运输工具的第三者责任保险得到了迅速发展，雇主责任保险成了普及化的责任保险险种，职业责任保险、产品责任保险、公众责任保险进一步完善，逐步形成了自愿保险与强制保险相依存，雇主责任保险、职业责任保险、产品责任保险、公众责任保险与第三者责任保险相结合的责任保险体系，成为继财产损失保险、人身保险、信用保证保险之后保险市场体系的又一大新型业务支柱。

20 世纪以后，现代保险的四大门类——财产保险、人身保险、责任保险和信用保证保险全部形成，保险业作为与金融业和贸易业并驾齐驱的现代市场经济发展的三大支柱，在商品经济的发展过程中发挥了精巧的社会"稳定器"作用。

（二）再保险的产生与发展

现代保险制度从海上保险开始，随着海上保险的发展，产生了对再保险的需求，最早的海上再保险可追溯到 1370 年 7 月 12 日签发的一张保单。签发人是一家叫格斯特·克鲁丽杰（Gustav Cruciger）的保险人，承保自意大利热那亚到荷兰斯卢丝之间的航程，并将其中一段经凯的斯（Cadiz）至斯卢丝（Sluis）的航程责任转让给其他保险人，这是再保险的开始。但严格来说这并不能算现代真正意义上的再保险，因为原保险人并非由于保额大才分保，而是把自己不愿承担的风险责任转移出去。

随着再保险的发展，再保险合同方式也在发生变化。再保险合同早期形式是临时再保险合同，随着国际贸易的发展，保险金额增加，临时再保险逐渐有了固定的格式，而且由于临时再保险合同手续烦琐，费时费力，适应固定分保关系的合同再保险应运而生，此后更发展成为再保险当中的主要方式。当然，并不是说临时再保险就不再会被应用，事实上随着标的物日益巨大，临时再保险仍有非常重要的作用。

再保险发展过程中另一个变化是承保方式的变化，再保险产生初期都是比例再保险，但巨灾风险的频繁出现，对再保险提出了新的需求，因而劳合社承保人卡博托·希思（Cuthbert Heath）第一次提出并设计了超额赔款分保。现在，这种方式正发挥着越来越重要的作用。

再保险业务开始只在经营直接业务的保险公司之间进行，随着保险形式的多样化和保险公司之间的竞争加剧，逐渐出现了专业再保险公司，即专门从事再保险业务的保险公司。专业再保险公司的产生极大地推动了再保险的顺利发展。

三、中国保险史①

中国的保险是随着英国和其他帝国主义的入侵而产生并逐步发展起来的，迄今已有200多年的历史。②

（一）1949 年以前的中国保险业

1949 年以前的中国保险业大致分为两个阶段：

1. 外商保险公司垄断时期。1805 年英国商人在我国广州开设了第一家外商保险公司——谏当保安行（Canton Insurance Seciety），这是外商在中国开设最早的保险公司，主要经营海上保险业务。1835 年，英商保险公司在中国香港设立了保安保险公司，并在广州设立了分支机构。其后英国的太阳保险公司和巴勒保险公司均在上海设立了分公司。1877 年怡和洋行在上海设立保险部。继英国之后，美国、法国、德国、瑞士、日本等国的保险公司亦相继来华立分公司或代理机构，经营保险业务，完全垄断了我国保险市场。

2. 民族保险业的产生与发展。1865 年 5 月 25 日，上海华商义和公司保险行成立，这是我国第一家民族保险企业，打破了外国保险公司对中国保险市场完全垄断的局面，它标志着我国民族保险业的起步。1875 年 12 月，李鸿章授意轮船招商局集资 20 万两白银在上海创办我国第一家规模较大的船舶保险公司——保险招商局，1876 年在保险招商局开办一年业务的基础上，又集股本 25 万两白银，开设了仁和保险公司，但仍属于轮船招商局。1885 年保险招商局被改组为业务独立的仁和保险公司与济和保险公司两家保险公司，主要承办招商局所有的轮船以及货物运输保险业务；1887 年仁和保险公司与济和保险公司合并为仁济和保险公司，有股本规银 100 万两，其业务范围也开始从海上转向内地，承办各种水险及火灾保险业务。1905 年黎元洪等官僚资本自办的华安合群人寿保险公司是中国的第一家人寿保险公司。

其后，我国民族保险业得到了一定的发展。20 世纪 20 年代至 30 年代，有 30 多家

① 郝演苏. 保险学教程［M］. 北京：清华大学出版社，2004：49.
② 许飞琼，郑功成. 财产保险（第六版）［M］. 北京：中国金融出版社，2020：11.

民族保险公司宣告成立，至 1935 年则增至 48 家。同时，1935 年 10 月至 1943 年，我国成立了中央信托局保险部、中国农业保险公司、太平洋保险公司、资源委员会保险事务所。官僚资本的保险公司为了瓜分业务，调和利益冲突，由上面的前三家保险公司再加上中国保险公司，四家联合组成四联盐运保险管理委员会，办理盐运保险。

抗日战争胜利后，各官僚资本及民营保险公司将其总公司从重庆迁回上海，投资保险事业的趋势又发展起来，仅上海一地的保险公司就有 232 家，其中华资保险公司 168 家，恢复经营的外资公司 64 家。

1949 年 10 月 1 日前，中国保险业的基本特征是保险市场基本被外国保险公司垄断，保险业起伏较大，未形成完整的市场体系和保险监管体系。外国保险公司通过组织洋商保险同业公会，垄断了保险规章、条款以及费率等的制定，民族资本的保险公司虽也组织了华商同业公会，但由于力量弱小，只能处于被支配地位。

（二）1949—1979 年的中国保险业①

1949 年 9 月 25 日至 10 月 6 日，中国人民银行为筹备中国人民保险公司在北京召开了第一次全国保险工作会议。会议确定了保险必须为发展生产服务的基本方针；确定了中国保险业的三个主要任务：保障生产安全，扶助贸易发展，促进城乡物资交流；保障劳动人民生活之安全；保护国家财产。

1949 年 10 月 20 日，当时唯一的全国性、综合性国家保险公司——中国人民保险公司（以下简称中国人保）成立，统一经营全国的各种财产保险业务和少量的人身保险业务。与此同时，外商保险公司纷纷撤离中国；原有的一些华商保险公司在整顿、改造中亦渐消退，一些保险公司将总部迁移到香港等地。因此，中国的保险市场迅速形成由中国人保独家垄断的局面。② 至 1952 年底，中国人保已在全国设立了 1 300 多个分支机构。同年，中国人保从由中国人民银行领导改为由财政部领导。

1953 年 3 月，中国人保第三次全国保险会议在北京举行。针对当时保险业务全面推行过程中，出现的盲目冒进问题，会议提出"整理城市业务，停办农村业务，整顿机构，在巩固的基础上稳步前进"的总方针。会议同时决定，撤销各区公司及专区中心支公司，设立直属支公司或改组为支公司、营业所。农村保险停办后，机构由 1 783 家减至 1 057 家，降幅为 40.7%；人员由 51 037 人减至 32 000 人。

1954 年 11 月，第四次全国保险会议在北京举行。会议提出国家保险是财政体系中的一个重要环节，确定此后数年保险工作的基本方针是开拓保险业务，吸收分散的社会资金，建立保险基金，充实国家财政的后备力量。

1956 年 2 月 19 日，第五次全国保险工作会议在北京举行。为适应当时全国农业合作化的需要，提出把保险工作业务重点转向农村，积极地有计划有步骤地开展农村保险业务。当年 6 月 8 日，国务院就第五次全国保险工作会议批复财政部，明确指示应当切

---

① 中国人民保险集团股份有限公司. 中国人民保险 70 年发展历程［J］. 保险理论与实践. 2019（04）：1 – 19.

② 许飞琼. 财产保险与案例分析［M］. 北京：中国财政经济出版社，2022：24.

实贯彻实行自愿保险的原则。

1958 年 10 月，西安全国财贸工作会议提出：人民公社化后，保险工作的作用已经消失，除国外保险业务必须继续办理外，国内保险业务应立即停办。同年 12 月，在武汉召开的全国财政会议正式作出"立即停办国内保险业务"的决定。此后 1959—1979 年的 20 年是中国保险业停办时期。

国内保险业务停办后，国家从精简机构方面考虑，同时出于外汇管理的需要，将中国人民保险公司改为中国人民银行总行国外局的一个处，负责处理进出口保险业务，领导国内外分支机构的业务和人事，集中统一办理国际分保业务和对外活动，具体经办进出口货物运输保险、远洋船舶保险、国际航线飞机保险、再保险和海外保险。此后保险业又经历磨难：1961 年精简机构，保险处被进一步压缩为 12 人；1969 年 1 月停办了交通部的远洋运输保险，接着停办了再保险业务，只象征性地保留了出口货运保险业务，编制一度减少到 9 人。直至 1979 年我国才开始恢复国内保险业务。

（三）1980 年后的中国保险业

1978 年 12 月，中国共产党第十一届三中全会在北京举行，国内保险业务停办 20 年后迎来蓬勃发展新曙光。

1979 年 11 月，全国保险工作会议在北京召开，国内保险业务开始复苏，进入一个崭新的发展阶段。到 1980 年底，除西藏以外的 28 个省、自治区、直辖市都恢复了保险公司分支机构，各机构总数达 311 个。① 随着改革开放的不断深入，国内保险市场发生重要变化。1986 年，成立了新疆生产建设兵团保险公司；1991 年 4 月，中国太平洋保险公司成立；1992 年，平安保险公司由区域性保险公司改为中国平安保险公司；1992 年也是中国保险业对外开放的标志性年度，这一年，国务院选定上海作为第一个保险对外开放试点城市，标志着我国保险业国际化竞争新阶段的开始。随后外国保险公司陆续获准进入我国保险市场。1996 年，中国人民银行批准设立新华人寿保险股份有限公司、泰康人寿保险股份有限公司、华泰财产保险股份有限公司、华安财产保险股份有限公司、永安财产保险股份有限公司等 5 家商业性股份制保险企业，进一步打破了我国保险市场垄断经营的局面，加快了国内保险业市场化进程，市场竞争日益激烈。

1995 年，随着《保险法》的颁布，保险公司开始分业经营，即同一保险人不得同时兼营财产保险业务和人身保险业务。以中国人保为例，1996 年 7 月 23 日，中国人保改组为中国人民保险（集团）公司（以下简称中保集团），下设中保财产保险公司、中保人寿保险公司、中保再保险公司 3 家专业子公司和香港中国保险公司。1998 年 10 月 7 日，根据国务院对中国保险业整体改革方案，与原中国保险监督管理委员会（以下简称原保监会）筹备相对应，中保集团撤销，中保集团下属的 3 家子公司各自成为独立法人。中保财产保险有限公司继承中国人民保险公司品牌，沿用中国人民保险公司（以下简称中国人保）名称，在全国设分支机构 4 000 余家，系统从业人员 10 万多人，承接除人寿保险以外的全部保险业务。2003 年 7 月 19 日，中国人保重组改制为中国人民保险

---

① 中国人民保险集团股份有限公司. 中国人民保险 70 年发展历程 [J]. 保险理论与实践. 2019（04）：7.

控股公司（以下简称人保控股），独家发起设立中国人民财产保险股份有限公司（以下简称人保财险）和中国人保资产管理有限公司（以下简称人保资产）。人保财险成为中国最大的非寿险公司，人保资产是国内首家保险资产管理公司。人保控股成立后，公司先后发起设立中国人民健康保险股份有限公司（以下简称人保健康）、中国人民人寿保险股份有限公司（以下简称人保寿险）和3家保险经纪公司，初步形成保险（金融）产业集群。2007年6月，为秉承历史和品牌，中国人保控股公司复名为中国人民保险集团公司。2009年9月，中国人民保险集团公司成功改制为中国人民保险集团股份有限公司，实现了从传统国有企业向现代国有控股金融保险集团的重大转变。目前，中国人民保险集团公司旗下拥有人保财险、人保寿险、人保资产、中诚信托、人保健康、人保养老、人保投控、人保资本、人保再保、人保香港、人保金服、人保科技等12家子公司及成员公司，业务范围覆盖财产险、人身险、再保险、资产管理、保险科技等领域。①

截至2023年6月底，我国保险市场共有保险机构240家，其中保险集团（控股）公司13家，财产保险公司89家，人身保险公司94家，再保险公司7家，保险资产管理公司33家，政策性保险公司1家，其他类型机构3家。② 综合性、专业性、区域性和集团化保险机构等不同业务类型和自保、相互、互联网等多种组织形式的市场主体日趋丰富，专业化分工与合作的市场格局初步奠定。不仅如此，外资保险公司从无到有逐步发展，并已成为中国保险业整体中的一个不可分割的重要组成部分。例如，1992年9月美国友邦保险公司作为第一家外资保险公司在上海设立分公司，而截至2023年底，境外保险机构在华共设立67家外资保险机构和70家代表处，外资保险机构总资产达2.4万亿元，在境内保险行业市场的份额达到10%。③

在保费收入方面，1980年我国保费收入仅仅为4.6亿元，而截至2023年底，全国保费收入达5.12万亿元，同比增长9.17%，是1980年保费收入的万倍，位列全球第二。④

四、世界保险业的发展

综观现代保险业的发展，其呈现如下基本特征：

1. 保险业务范围日益扩大，新险种不断增加。由于科学技术的发展，保险业早已由传统的火灾保险、汽车保险扩展到卫星保险、核电站保险、航天飞机保险等科技领域。而随着互联网时代的快速发展，在庞大的市场规模和广泛的应用场景支持下，以大数据、云计算、人工智能等为代表的数字科技已逐步渗透至各个保险领域，保险业务范围将进一步扩大，新的保险险种也将层出不穷。

2. 保险金额趋大、保费收入继续增长，但索赔案件也会相应增加。由于地缘政治冲

---

① 集团简介. 中国人民保险集团股份有限公司，https：//www. picc. com/gyrb/jtjs/.
② 国家金融监督管理总局. 保险机构法人名单（截至2023年6月末）［EB/OL］. https：//www. cbirc. gov. cn/cn/view/pages/governmentDetail. html？docId＝1125018&itemId＝863&generaltype＝1. 2023－08－30.
③ 孙榕.“引进来”“走出去”双向发力　金融业迈入制度型开放新阶段［N］. 金融时报. 2024－02－06.
④ 国家金融监督管理总局. 2023年12月保险业经营情况表［N/OL］. https：//www. cbirc. gov. cn/cn/view/pages/ItemDetail. html？docId＝1149677&itemId＝954&generaltype＝0. 2024－01－26.

突、气候变化、人工智能风险、人口老龄化以及通货膨胀等全球性挑战越来越突出，在保险财产的价值趋大的前提下，为获得足够的保险保障，保险金额将日益提高，相应地，保费收入会持续增长，但索赔案件也会相应增加。

3. 保险市场自由化进一步加大。一方面，费率管制将进一步放松。因商业保险交易是市场行为，费率的高低应该由市场来进行调节，这在保险新兴市场尤其重要。保险业监管部门适度放松费率管制，对于保险企业的合法竞争和实现优胜劣汰的市场规则是十分有利的。另一方面，保险公司设立的限制也将逐步放松。欧美保险行业发展过程中对保险公司设立的限制较少。与此相比，亚洲国家与地区在保险公司设置方面还比较谨慎。但随着全球金融保险市场开放进程的推进，为了增加市场主体，促进市场竞争，也为了适应国际经济全球化的要求，亚洲国家及其他一些新兴保险市场也将逐渐降低保险公司设立的门槛。

4. 保险业务重心逐步向亚洲等地区转移。20 世纪 70 年代末之前，北美洲和西欧是全球实际保费增长的主要贡献者。20 世纪 80 年代后，随着亚洲地区的经济加速发展，尤其是具有代表性的新兴市场上中国保险业的崛起，全球保险业务的重心开始向亚洲的国家进行转移，新兴市场的保费收入以前所未有的速度增长，市场份额在全球也在逐步提升。[①]

5. 保险业参与主体将更加多元化。随着保险业与互联网行业之间的竞争融合，未来保险行业的参与主体将更加多元化。从全球保险业发展态势看，一个由传统保险公司、大型互联网公司、第三方保险平台、保险上下游服务机构、保险科技企业、科技监管机构共同参与构成的新保险业生态系统正在形成。

6. 传统保险中介业务依然占据主导地位。尽管数字技术迅速普及，消费者也越来越倾向使用电子商务，但传统中介机构依然在全球保险分销中占据主导地位。相比其他分销渠道以及电子商务在其他行业的普及率，许多国家的在线保险销售额依然相对较少，并非所有保险交易都将会转移到网上进行，传统中介机构仍将继续发挥重要作用。同时，传统中介机构也在不断演变，并采取数字技术改善与客户当面或远距离互动的方式；新技术非但没有消灭传统代理人、经纪人，反而催生出新型保险中介机构。从收集信息、完成投保到售后服务，数字化渠道最终将应用于分销全流程。因此，在大多数保险市场，代理人、经纪人及其他中介机构（如银行）所占保费比例会相对稳定。

第三节　保险的分类

保险种类是根据不同的标准划分的，但由于各国理论分类、实务分类和法定分类差异较大，以致保险的分类标准不统一。如美国的法律将保险分为财产和意外保险、人寿

---

① 2022 年自然灾害和通货膨胀：一场完美风暴［J］. Sigma，https：//www. swissre. com/dam/jcr：1d793484 - 9b96 - 4e54 - 91c3 - 09f8fc841bde/2023 - 05 - sigma - 01 - english. pdf，2023（1）.

和健康保险两大类；日本的法律将保险分为损害保险和生命保险两大类；而我国《保险法》将保险分为财产保险和人身保险两大类。

综合而言，根据保险历史演变过程，保险主要有以下几种分类。

一、自愿保险和法定保险

这是按保险实施的方式不同进行的分类。

自愿保险也称任意保险，是保险人和投保人在自愿原则基础上通过签订保险合同而建立保险关系的一种保险。即投保人可以自行决定是否投保、向谁投保、中途退保等，也可以自由选择保障范围、保障程度和保险期限等；保险人也可以根据情况自愿决定是否承保、怎样承保，并且自由选择保险标的，选择设定投保条件等。如商业性的企业财产保险、车辆损失保险、人寿保险等。

法定保险又称强制保险，是以国家的有关法律为依据而建立保险关系的一种保险。如我国的机动车交通事故责任强制保险（以下简称交强险）即为法定保险。

自愿保险与法定保险的区别主要有：①范围和约束力不同。法定保险具有强制性和全面性，凡在法令规定范围内的保险对象，不论投保人或被保险人是否愿意，都必须投保；自愿保险的投保人是否投保则完全由投保人自己决定。②保险费和保险金额的规定标准不同。法定保险的保险费和保险金额一般由国家规定统一的标准[①]；自愿保险则由保险合同双方主体协商约定。③实施的目标不同。自愿保险主要是为了满足经济单位或个人对于灾害损失补偿的需要；法定保险是政府为解决某个领域里的特殊危险，实现一定的社会目标或政策目标而实施的。④保障的水平不同。自愿保险的保障水平较充分，而法定保险的保障水平一般是基本保障。

二、财产保险和人身保险

这是按保险标的不同进行的分类。

财产保险是以财产及其有关利益为保险标的的保险，当保险财产遭受保险责任范围内的损失时由保险人提供经济补偿。如房屋保险、机器设备保险、机动车辆保险及其第三者责任保险等均属于财产保险的范畴。

人身保险是以人的生命和身体为保险标的并以其生存、年老、伤残、疾病、死亡等人身风险为保险事故的一种保险。当被保险人遭遇保险事故时由保险人依约给付一定的保险金。人身保险包括人寿保险、健康保险和意外伤害保险三大类。

三、营利性保险和非营利性保险

这是按经营目的不同进行的分类。

营利性保险一般为商业保险，是以获取利润为目的的保险。

非营利性保险是指不以获取利润为目的的保险。非营利性保险按经营主体不同、是否带有强制性又可以分为社会保险、政策性保险、相互保险和合作保险等。

---

① 我国交强险的保费标准由保险监督管理部门制定，如《机动车交通事故责任强制保险条例》第六条第一款规定："机动车交通事故责任强制保险实行统一的保险条款和基础保险费率。国务院保险监督管理机构按照机动车交通事故责任强制保险业务总体上不盈利不亏损的原则审批保险费率。"

四、原保险、再保险、重复保险、共同保险

这是按业务承保方式不同进行的分类。

1. 原保险。原保险是保险人与投保人签订保险合同，构成投保人与保险人权利义务关系的保险，又称直接保险。它是由投保人与保险人之间直接签订保险合同而形成的保险关系。即保险需求者将风险转嫁给保险人，当保险标的遭受保险责任范围内的损失时，保险人直接负损失赔偿或给付责任。这种风险转嫁方式是投保人对原始风险的纵向转嫁，即第一次风险转嫁。

2. 再保险。再保险也叫分保，是指保险人将其承保的保险业务，部分转移给其他保险人。再保险即保险人的保险。其中，分出保险业务的人称为分出人；接受保险业务的人称为分入人。再保险的权利义务关系是由再保险分出人与再保险接受人通过订立再保险合同确立的，这种风险转嫁方式是原保险人对原承保业务风险的横向转嫁，即第二次风险转嫁。

3. 重复保险。重复保险是投保人对同一保险标的、同一保险利益、同一保险事故同时分别与两个以上保险人订立保险合同，其保险金额之和超过保险价值的保险。我国《保险法》第五十六条对此进行了明确规定：重复保险的投保人应当将重复保险的有关情况通知各保险人。发生保险事故时，各保险人赔偿保险金的总和不得超过保险价值。除合同另有约定外，各保险人按照其保险金额与保险金额总和的比例承担赔偿保险金的责任。

4. 共同保险。共同保险是由两个或两个以上的保险人同时联合直接承保同一保险标的、同一保险利益、同一保险事故而保险金额之和不超过保险价值的保险，简称共保。在发生赔偿责任时其赔偿按照各保险人各自承保的保险金额比例分摊。共同保险这种风险转嫁方式是保险人对原始风险的横向转嫁，仍属于风险的第一次转嫁。

五、团体保险和个人保险

这是按保障主体进行的分类。

团体保险是以集体名义使用一份总合同为其团体内成员所提供的保险，如机关、团体、企事业等单位按集体投保方式，为其员工向保险人集体办理投保手续所建立的保险关系。个人保险是以个人名义向保险人投保的保险。

六、社会保险、商业保险和政策保险

这是按照保险性质不同而进行的分类。

社会保险是指国家为了保障公民在年老、疾病、工伤、失业、生育等情况下依法从国家和社会获得物质帮助的权利而建立的基本养老保险、基本医疗保险、工伤保险、失业保险、生育保险等社会保险制度的总称。社会保险属于法律强制保险，其目的是为了规范社会保险关系，维护公民参加社会保险和享受社会保险待遇的合法权益，使公民共享发展成果，促进社会和谐稳定。社会保险制度坚持广覆盖、保基本、多层次、可持续的方针，其资金一般由政府、企业和个人三方共同筹集。

商业保险是指投保人根据合同约定，向保险人支付保险费，保险人对于合同约定的可能发生的事故因其发生所造成的财产损失承担赔偿保险金责任，或者当被保险人死

亡、伤残、疾病或者达到合同约定的年龄、期限时承担给付保险金责任的保险行为。商业保险是市场行为，属于自愿保险。投保人之所以愿意投保，是因为投保费用要低于未来的损失预期；保险人之所以愿意承保，是因为可从中获利。

政策保险是指政府为了实现某项特定政策的目的，运用政策支持或财政补贴等手段，借助商业保险的技术而对特定领域的风险给予承保的保险。例如，为辅助农业而开设的政策性农业保险、为促进出口贸易而开办的出口信用保险等。政策保险通常由国家设立专门机构或委托官方或半官方的保险公司具体承办。政策性保险一般具有非营利性、政府提供补贴与免税以及立法保护等特征。

此外，按经营的主体不同，保险还可以分为国营保险、私营保险、合营保险，或民营保险和公营保险；按保险期限不同分为长期保险和短期保险；按投保主体不同分为企业保险和家庭或个人保险等。

【课后阅读材料】

 【阅读材料 1 −1】[1][2] ▪▪

20 世纪初，华商保险公司的一切章程、契约、保险单证等，都是照搬外国保险公司的成规，对于保险原理、业务技术方面，很少注意研究改进，这也成为我国民族保险业长期处于徘徊状态的主要原因之一。鉴于这种情况，当时保险界有识之士大力提倡研究保险学术理论，呼吁通过宣传普及保险知识来振兴民族保险业。

曾就读于北京大学法科经济系，师从马寅初、马叙伦等著名学者，专业研究领域涉及保险法、土地法、民商法等的王效文（1893—?，原名王显谟，浙江黄岩人），依据欧美保险学书籍中的材料，较全面地研究了西方保险业的险种和经营机制问题，精心擘画，几经易稿，编纂成《保险学》书稿。1925 年 2 月，经李伯嘉、苏继顷两人审核，该书由商务印书馆正式出版，这是我国第一部保险学专著。马寅初与"寿险大王"吕岳泉分别为之作序，高度评价该书出版的意义。

马寅初在序言中称："吾国向无所谓保险学，有之，自本书之始。""夫保险业之所以盛行于欧西各国及东瀛三岛者，固曰由于社会情形之不同，要亦由于著述者之倡导。"他说，若无保险学著作，则"其理不明，则欲事之发达也难矣"。他赞扬《保险学》一书"条分缕析，尤重各种保险之利弊，保费之计算，与契约之订立"。他还说此书能起"使国人知保险之性质与效用，不复以诈欺虚浮之业目之"之作用，"冀收互助之效，其有益于社会岂浅鲜哉？吾知此书之出，不仅学校得用之以教生徒，即各保险公司及已保有险与未曾投保者亦皆将视此为依归"。吕岳泉在序言中首先点明保险之必要："备者，立身处世之大要也，国有备，则外侮不能侵；人有备，则忧患不足虑……人尽有备，而社会以之安宁。社会安宁，国家焉得不强。"他更是将欧美各国的强盛归之于"保险事业之大效"，而将中国保险业之落后归之于"国人愚昧，多事枝末，袭毛附，保险之声浪

---

① 向日葵保险网. 王效文为保险著书立说［EB/OL］. http：//www.xiangrikui.com/shouxian/gushi/20110504/109278.html.

② 时勇. 中国保险学先驱王效文［N］. 河南大学校报，2010 − 12 − 20.

虽高，究之能真正了解保险原理者，则甚少"。他赞扬《保险学》一书"详论保险之源流沿革，及其制度程序，条分缕析，纲举目张。夫以中国人之目光，就中国人之习俗，施以考量，核其进退，发为是言，是必吻合吾国人心理无疑"。他呼吁将此书作为教材向社会推荐，"此书杀青，并将备高级商业学校之用，则尽量灌输保险学识与国人，此其嚆矢焉！人人能读是书，人人能了解保险真意，即是人人能知所备，有备无患，庶隐忧之来，不至束手无自全之策，不亦善乎！"这些评论，振聋发聩，时至今日，仍然有借鉴意义。

王效文的《保险学》出版后，在保险界引起很大反响，各大学商科纷纷采用它作为教材。此书 1932 年 10 月第一次修订出版，1934 年 10 月第二次修订出版，孔涤庵添加和修改了部分内容，遂署名共同编著。《保险学》从初版到 1947 年再版的 22 年间，共印刷了 11 次，平均两年再版一次，其受欢迎的程度，可想而知。作为比较冷僻的专业理论专著能够达到洛阳纸贵的地步，也反映出当时民族保险业超常规发展的事实。

✍【阅读材料 1-2】①

第二次鸦片战争以后，蒸汽轮船的时代来临，代替了木帆船的时代。但是，中国国内的主要水上运输工具还是旧式沙帆船。当时的中国还没有自己的保险公司，外资保险公司不愿意承保中国的旧式帆船，导致中国商人普遍愿意租用外商的船只，自己的旧式帆船因弃之不用而损毁。为了振兴民族航运业，洋务派代表李鸿章向清政府提出两条解决办法：一是制造近代轮船，二是华商筹建自己的保险公司。为此，1873 年，中国近代第一家大型轮运企业（轮船招商局）正式开业，用近代轮船代替了旧式帆船，与外商展开竞争。然而，洋商保险公司为了将中国航运业扼杀在摇篮之中，设立苛刻的条件和障碍承保或拒绝承保中国的轮船。例如，当时每艘船的价格大约 10 万两白银，一次航程多则两月，少则一月，而英国的两家保险商行只提供各 1.5 万两的保险支持，保期仅 15 天，保险年费率高达 10%，这近乎是敲诈的高额保费。李鸿章认为"须华商自立公司，自建行栈，自筹保险"。于是委任轮船招商局总办唐廷枢和会办徐润开始筹办保险招商局，并于 1875 年 11 月开始公开招股。同年 12 月 28 日，保险招商局正式成立，即中国第一家民族保险公司，专门承办招商局自身的船舶保险及运输货物保险。

【本章小结】

1. "保险"的本意是稳当、可靠，不会发生意外，后延伸成一种风险保障制度。

2. 保险有广义和狭义之分。广义的保险是指保险人通过收取保险费的形式建立保险基金用于补偿因自然灾害和意外事故所造成的经济损失或在人身保险事故（包括因死亡、疾病、伤残、年老、失业等）发生时给付保险金的一种经济补偿制度。狭义的保险仅是指市场买卖行为。

3. 从法律定义理解，保险包括如下四个方面的含义：一是商业行为，即保险是

---

① 林天宏. 中国可无李鸿章，不可无唐廷枢［N/OL］. 2010-05-12. http：//zqb. cyol. com/content/2010-05/12/content_ 3226191. htm.

市场化的商业行为，而非政府行为或社会组织行为。二是买卖合同行为，即投保人购买保险、保险人出售保险，实际上是双方在法律地位平等的基础上，经过交纳与收取保险费的过程而达成买卖协议。三是权利义务行为，即通过买卖合同的方式确立投保人与保险人之间的民事权利义务关系。四是其职能是进行经济补偿或保险金给付，体现了一种对价交换的经济关系。

4. 从商业保险角度，可保风险是保险人可接受承保的风险，即符合保险人承保条件的风险。其确定条件包括：可保风险是纯粹风险、可保风险的发生具有偶然性、风险必须是大量标的均有遭受损失的可能性、风险的形成及其损失具有可测性等。

5. 保险的特征主要体现在与某特定行为进行比较方面，包括通过与赌博、储蓄、保证、慈善、救济等的对比而体现的特征。

6. 从多重职能论来讲，保险的职能分基本职能与派生职能。保险的基本职能包括经济补偿职能和保险金给付职能，其派生职能包括防灾防损与资金融通。

7. 保险最早产生于西方国家，先有财产保险，后有人身保险。其大体经历了共同分摊海损制度、海上保险、火灾保险、人身保险、信用保证保险与责任保险等发展阶段。

8. 根据划分标准不同，保险有不同的种类。

【复习思考题】

一、名词解释

保险　纯粹风险　保险事故　共同分摊海损　劳合社　财产保险　人身保险
强制保险　尼古拉斯·巴蓬　仁济和保险公司

二、单项选择题

1. 以下不属于保险事故的是（　　　）。
A. 自然灾害　　　　　　B. 意外事故　　　　　　C. 通货膨胀

2. 以下属于可保风险的是（　　　）。
A. 建筑物火灾　　　　　B. 赌博　　　　　　　　C. 自然损耗

3. 英国历史悠久的个体承保人组织——劳合社，是一家国际著名的（　　　）。
A. 再保险公司　　　　　B. 海上保险合作社　　　C. 保险交易市场

4. 目前世界上发现的最古老的保险单是（　　　）。
A. 火灾保单　　　　　　B. 船舶保单　　　　　　C. 房屋保单

5. 世界上最具权威的一部海上保险法典是（　　　）。
A. 古巴比伦的《汉谟拉比法典》　　　　　B. 意大利的"佟蒂法"
C. 英国的《海上保险法》

6. "现代火灾保险之父"是（　　　）。
A. 尼古拉斯·巴蓬　　B. 乔治·勒克维伦　　C. 本杰明·富兰克林

7. 1865 年 5 月 25 日，我国成立的第一家民族保险企业为（　　　）。

A. 上海华商义和公司保险　　　　　　　　B. 华安合群人寿保险公司

C. 保险招商局

8. 财产保险原始阶段的基本思想是（　　　）。

A. 共同海损分摊原则　　　　　　　　　　B. 重复保险分摊原则

C. 损失补偿原则

9. 1949 年 10 月 20 日，经中央人民政府批准成立的中华人民共和国的第一家全国性国有保险公司是（　　　）。

A. 中国人寿保险公司　　　　　　　　　　B. 中国人民保险公司

C. 中国再保险公司

10. 一方保险人将原承保的部分保险业务转让给另一方保险人承保的保险，即对保险人的保险被称为（　　　）。

A. 原保险　　　　　B. 再保险　　　　　C. 重复保险

三、多项选择题

1. 商业保险的基本特征包括（　　　）。

A. 合同行为　　　　　B. 权利义务行为　　　　　C. 经济行为　　　　　D. 强制行为

2. 根据保险原则，以下哪些风险为不可保风险（　　　）。

A. 自然灾害　　　　　B. 自然损耗　　　　　C. 机器磨损　　　　　D. 赌博

3. 作为两种不同性质的灾害补偿机制，财产保险与政府救灾之间的根本区别是（　　　）。

A. 权利与义务关系的不同　　　　　　　　B. 保障水平的不同

C. 保障对象的不同　　　　　　　　　　　D. 业务性质的不同

4. 保险是社会经济发展到一定阶段的产物，其产生需要哪些条件（　　　）。

A. 自然灾害和意外事故的客观存在　　　　B. 剩余产品的积累

C. 商品经济的发展　　　　　　　　　　　D. 法律的规定

5. 我国古代的救济后备一般采取实物形式，即后备仓储制度，包括以下形式（　　　）。

A. "社仓"　　　　　B. "常平仓"　　　　　C. "义仓"　　　　　D. "广惠仓"

6. 在多职能论的前提下，保险的职能有（　　　）

A. 防灾防损　　　　　B. 损失补偿　　　　　C. 融通资金　　　　　D. 金融创新

7. 可保风险必须具备的条件包括（　　　）。

A. 必须是纯粹风险　　　　　　　　　　　B. 必须是投机风险

C. 必须是偶然性风险　　　　　　　　　　D. 必须是可以计量的风险

8. 保险的基本要素包括（　　　）。

A. 特定风险事故的存在　　　　　　　　　B. 多数经济单位的结合

C. 费率的合理计算　　　　　　　　　　　D. 保险基金的建立

9. 相互保险是参加保险的成员之间相互提供保险的制度，其组织形式有（　　　）。

A. 劳合社　　　　　B. 股份制保险公司　　　　　C. 相互保险公司　　　　　D. 相互保险社

10. 与自愿保险相比，法定保险具有以下特性（　　　）。

A. 强制性和全面性

B. 保险费一般由国家统一确定

C. 保险金额一般由国家统一确定

D. 保险对象自动享受保险权利

四、简答题

1. 保险的基本要素有哪些？

2. 可保风险的定义是什么？成为可保风险需要具备哪些条件？

3. 保险与赌博的区别有哪些？

4. 保险与储蓄的区别有哪些？

五、论述题

1. 试论述保险的基本职能。

2. 试论述保险的作用。

六、案例分析

1. 共同海损的分摊原则是海上保险的萌芽。公元前 2000 年，地中海一带就有了广泛的海上贸易活动。为使航海船舶免遭倾覆，最有效的解救办法就是抛弃船上货物，以减轻船舶的载重量。为了使被抛弃的货物能从其他受益方获得补偿，当时的航海商提出了一条共同遵循的原则："一人为众，众为一人。"该原则后来为公元前 916 年的《罗地安海商法》所采用，并正式规定为："凡因减轻船舶载重投弃大海的货物，如为全体利益而损失的，须由全体来分摊。"这就是著名的"共同海损分摊"原则。由于该原则最早体现了海上保险的分摊损失、互助共济的要求，因而被视为海上保险的萌芽。

问：为什么说共同海损分摊体现了保险的基本原则？

2. 船舶抵押借款是海上保险的初级形式。公元前 800 年至公元前 700 年，船舶抵押借款已在地中海的一些城市特别是在希腊的雅典广泛流行。船舶抵押借款方式最初起源于船舶航行在外急需用款时，船长以船舶和船上的货物向当地商人抵押借款。如果船舶安全到达目的地，本利均偿还；如果船舶在中途沉没，债权即告消灭。由于当时航海的风险很大，且债主承担了船舶航行安全的风险，借款的利息比一般借款利息高很多。该借款实质上等于海上保险中预先支付的损失赔款；船舶抵押借款利息高于一般借款的利息，其高出的部分实际上等于海上保险的保险费。可见，船舶抵押借款是海上保险的初级形式。

问：船舶抵押贷款中的高额利息反映了什么？借款人、贷款人以及用作抵押的船舶，实质上代表了海上保险中的哪些主体和客体？

第二章
保险合同

【教学目的与要求】

　　本章主要介绍保险合同的基本理论与实务知识。通过学习本章，学生应能够了解和掌握保险合同的概念、特征与形式，理解保险合同的构成，熟悉保险合同的订立程序、生效要件以及合同的履行、变更和终止的过程，理解并掌握保险合同条款的解释原则以及保险合同争议处理方法，同时能够运用保险合同理论分析各种保险合同案例。

第一节　保险合同概述

一、保险合同的概念

　　保险合同也称保险契约，是指投保人与保险人约定保险权利义务关系的协议。保险合同是保险法律关系产生的依据，是保险活动最基本的法律表现形式。根据保险合同的约定，投保人向保险人支付保险费，保险人则对合同约定的可能发生的事故因其发生所造成的财产损失承担赔偿保险金责任，或者当被保险人死亡、伤残、疾病或者达到合同约定的年龄、期限等条件时承担给付保险金责任，这一约定构成了投保人与保险人之间基本的保险权利义务关系。

二、保险合同的特征

　　保险合同属于民商事合同的一种，具有民商事合同的一般特征，如当事人的法律地位平等，应当遵循公平互利、协商一致、自愿订立的原则，合同的内容应当合法，当事人应当自觉履行合同等。除此之外，保险合同还具有其自身的法律特征。

　　（一）保险合同是附合合同

　　附合合同又称格式合同，是指未经当事人双方充分协商，而由一方提出合同的主要内容，另一方只能在已提出的合同内容的基础上选择接受或拒绝而成立的合同。由于保险合同数量与种类繁多，且保险业务的专业性强等特性，保险合同的内容通常是标准化格式，即由保险人事先拟定好，投保人或被保险人只能作出接受或拒绝的选择，一般不能变更或修改。但需要注意的是，一些特殊险种的合同也可能由投保方事先拟定，保险人通过投标方式在中标后签订，或采取双方协商的办法来签订，如工程保险合同、高风险项目的保险合同以及团体人身保险合同等。[①]

（二）　保险合同是双务有偿合同

合同以给付义务[②]是否由双方当事人互负为标准，可分为双务合同和单务合同。双务合同是指当事人双方相互享有权利，并且相互承担义务的合同，典型的是买卖合同。单务合同是指只有一方当事人承担义务、另一方只享有权利而不负有义务的合同，如赠与合同等。保险合同是双务合同。根据保险合同的约定，双方当事人均须承担相应义务，投保人负有交付保险费的义务，保险人负有承担保险责任的义务。

合同根据当事人获得利益是否须付相应代价为标准，可分为有偿合同和无偿合同。有偿合同是指合同当事人为从合同中得到利益须支付相应对价的合同。无偿合同是指合同当事人取得利益无须支付相应对价的合同。就保险合同而言，双方当事人的权利取得是有偿的，一方要享受权利，就必须付出一定的对价。具体表现为：投保人有交付保险费的义务，与此相对应的是，保险人有收取保险费的权利；投保人以交付保险费为代价，获得在发生保险事故致使保险标的遭受损害时请求保险人承担保险责任的权利，而保险人收取保险费，便要按合同约定承担保险责任。需要注意的是，如果保险责任期间没有发生保险事故，保险人没有赔款或给付，保险人是否未履行义务呢？保险人当然履行了自身的合同义务，因为保险人的义务是承担保险责任，即对发生的保险事故承担损失的补偿或给付责任。由于事故的发生不确定，因此保险人是否赔偿或给付也不确定。换言之，即使没有发生赔付事件，保险人负有的保险合同义务也一直在履行。

（三）　保险合同是射幸合同

射幸合同是指当事人一方是否履行义务有赖于偶然事件出现的一种合同。这种合同的效果在于订约时约定事件的发生带有不确定性。保险合同是射幸合同中的典型代表，尤其是财产保险合同（人身保险中具有补偿性的合同也类似）更易体现这一特性。在保险合同的有效期间，如发生保险标的损失，则被保险人从保险人那里得到的赔偿金额可能远远超出其所支出的保险费；反之，如果无损失发生，则被保险人只能付出保费而无任何利益。同理，对保险人来说，当发生保险事故造成保险标的损失时，保险人所赔付的保险金可能远远大于其所收取的保险费，但保险人也可能因没有发生保险事故或者保

---

① 徐爱荣，李鹏. 保险学原理［M］. 北京：立信会计出版社，2017：51.

② 注：给付义务指合同关系中所固有、必备的、自始确定的，并能够决定合同类型的基本义务。如买卖合同中卖方的交付标的物、买方支付价款的义务。给付义务包括主给付义务和从给付义务。主给付义务又简称为主义务，指的是债所固有、必备，也决定债的类型的基本义务。主给付义务会直接影响合同当事人订立合同的目的，这一点集中体现在合同之债中，各种合同的主要区别在于双方当事人的主给付义务上。从给付义务又简称为从义务，是指不具有独立的意义，仅具有补助主给付义务的功能，其存在的目的，不在于决定合同的类型，而在于确保债权人的利益能够获得最大满足。从给付义务依附并辅助主给付义务的履行，从而使债权人的利益得到最大限度的满足。给付义务的法律依据如《中华人民共和国民法典》第五百零九条："当事人应当按照约定全面履行自己的义务。当事人应当遵循诚信原则，根据合同的性质、目的和交易习惯履行通知、协助、保密等义务。当事人在履行合同过程中，应当避免浪费资源、污染环境和破坏生态。"第五百一十条："合同生效后，当事人就质量、价款或者报酬、履行地点等内容没有约定或者约定不明确的，可以协议补充；不能达成补充协议的，按照合同相关条款或者交易习惯确定。"

险标的没有遭受损失，只收取保险费而不承担赔偿或给付保险金的责任。正因为保险合同有上述情况出现，人们才称其具有射幸性。值得指出的是，射幸性是就单个保险合同而言的，因为从总体上讲，保险人收取的纯保险费与被保险人索赔总额是大致相等的，但风险事故的不确定性决定了单个保险合同的射幸性，决定了单个投保人或被保险人与保险人之间的保险费与保险补偿金的不对等性。

（四） 保险合同是不要式合同

要式合同与不要式合同是以合同的成立是否须采用法律或当事人要求的形式为标准而区分的。所谓要式合同，是指合同的成立必须要履行特定的程序或采取特定的形式；反之，法律或当事人不要求必须具备一定形式的合同，即为不要式合同。

我国《保险法》第十三条规定，投保人提出保险要求，经保险人同意承保，保险合同成立。保险人应当及时向投保人签发保险单或者其他保险凭证。保险单或者其他保险凭证应当载明当事人双方约定的合同内容。当事人也可以约定采用其他书面形式载明合同内容。根据该规定，保险合同在保险单或其他保险凭证签发以前就已经成立，签发及交付保险单或者其他保险凭证是保险人的法定义务，并非保险合同成立所要求的特定形式。可见，根据我国《保险法》的规定，保险合同为不要式合同。[①]

三、保险合同的种类

保险合同的种类很多，可以从不同角度和标准进行分类。

（一） 财产保险合同和人身保险合同

按保险标的的不同，保险合同可分为财产保险合同和人身保险合同。

1. 财产保险合同。它是指以财产及其有关利益为保险标的的保险合同。财产保险合同按合同承保的保险标的和保险风险的不同，又可以分为团体（或企业）财产保险合同、家庭财产保险合同、运输工具保险合同、运输货物保险合同、工程保险合同、责任保险合同、信用保证保险合同及农业保险合同等若干种类。

2. 人身保险合同。它是指以人的寿命和身体为保险标的的保险合同。按其保障范围的不同，人身保险合同又可分为人寿保险合同、人身意外伤害保险合同和健康保险合同。

（二） 补偿性保险合同和给付性保险合同

按保险金赔付性质的不同，保险合同可分为补偿性保险合同和给付性保险合同。

1. 补偿性保险合同。它是指保险人对于保险标的在保险期间内因保险事故发生所造成的实际损失，对被保险人进行经济补偿的保险合同。这类合同的特征是，保险事故发生所造成的后果表现为被保险人的经济损失，并且可以用货币衡量；保险人的责任只是补偿被保险人的经济损失，如果保险事故没有发生或者虽然发生但未造成被保险人的经济损失，则保险人无须履行补偿义务。财产保险合同多属补偿性合同，人身保险合同中部分医疗费用报销型合同也属于补偿性合同。

2. 给付性保险合同。它是指保险事故发生或约定期限届满时，保险人按照保险双方

---

① 吴定富.《中华人民共和国保险法》释义［M］. 北京：中国财政经济出版社，2009：35.

事先约定的保险金额支付保险金的合同。其基本特征是，保险事故的发生不一定造成损失，即使造成损失，也不能或很难用货币衡量损失程度。因此，双方当事人事先在保险合同中约定，只要保险事故发生，保险人就按照约定的保险金额给付保险金，而不必考虑被保险人有无经济损失以及损失程度。大部分人身保险合同都属于给付性合同，因为人的生命和身体本身无法用经济价值来衡量，保险金额只能根据被保险人的经济需求和缴费能力确定，当保险合同约定的特定事件发生后，保险人就以约定的保险金额作为给付金额。

（三）定值保险合同和不定值保险合同

按保险价值是否预先在保险合同中加以约定，保险合同可以分为定值保险合同和不定值保险合同。

所谓保险价值，是指在保险合同中约定的或者根据某种方式确定的保险标的的实际价值。由于人的寿命和身体的价值是无法用货币来衡量的，所以保险价值仅限财产保险中保险标的的价值。

1. 定值保险合同。它是指合同双方当事人事先约定保险标的的保险价值并在保险合同中载明的合同。定值保险中，发生保险事故造成保险标的全部损失的，保险人不再核定出险时保险标的的实际价值，直接依照事先约定的保险金额进行赔偿；如果保险标的发生部分损失的，只需确定损失的比例，并按照此比例进行赔偿即可。我国《保险法》第五十五条第一款规定："投保人和保险人约定保险标的的保险价值并在合同中载明的，保险标的发生损失时，以约定的保险价值为赔偿计算标准。"定值保险合同多适用于某些保险标的的价值不易确定的财产保险合同，如古玩、字画、船舶、货物运输等的保险合同就属于定值保险合同。

2. 不定值保险合同。它是指投保人和保险人在订立保险合同时，并不事先约定保险价值，仅在合同中列明作为赔偿最高限额的保险金额的保险合同。订立这种保险合同后，若发生保险事故，则由保险人参照发生损失当时完好保险标的的市价来确定保险价值，并以此作为处理赔偿的基础，在保险金额范围内进行赔偿。如果损失发生时保险标的的价值高于保险金额，则以保险金额为限进行赔偿；若损失发生时保险标的的价值低于保险金额，则按实际损失进行赔偿。大多数的财产保险合同都属于不定值保险合同。

（四）足额保险合同、不足额保险合同和超额保险合同

按照保险金额与保险价值的关系，保险合同可以分为足额保险合同、不足额保险合同和超额保险合同。

1. 足额保险合同。它是指保险金额与保险价值相等的保险合同。订立足额保险合同后，当发生保险事故造成保险标的损失时，如为全部损失，保险人按保险金额赔偿；如为部分损失，则采取"实际损失填补原则"，保险人按照实际损失赔偿保险金。

2. 不足额保险合同。不足额保险又称为部分保险，即保险合同中确定的保险金额小于保险价值的保险合同。订立不足额保险合同后，当保险事故发生并造成保险标的发生全部损失时，保险人按照保险金额进行赔偿；如果保险标的遭受部分损失，保险人只能

根据保险金额与保险价值的比例承担赔偿责任。

3. 超额保险合同。它是指保险金额高于保险价值的保险合同。对于超额保险合同，当保险事故发生并造成保险标的损失时，保险人仅按照保险价值进行赔偿，超过保险价值的保险金额部分是无效的，被保险人不能获得超额的经济补偿。

我国《保险法》第五十五条第二款至第四款规定：投保人和保险人未约定保险标的的保险价值的，保险标的发生损失时，以保险事故发生时保险标的的实际价值为赔偿计算标准。保险金额不得超过保险价值。超过保险价值的，超过部分无效，保险人应当退还相应的保险费。保险金额低于保险价值的，除合同另有约定外，保险人按照保险金额与保险价值的比例承担赔偿保险金的责任。

（五） 主险合同与附加险合同

按保险人承保风险从属的关系不同，保险合同可分为主险合同与附加险合同。

1. 主险合同。它是指可就单独投保的保险险种而签订的合同。主险合同一般就基本风险条款而签订，所以主险合同在一些教科书中又被称为基本险合同。

2. 附加险合同。它是指只能附加于主险合同上而签订的保险合同。附加险合同是相对于附加风险条款而在主险合同的基础上签订的补充合同。附加险合同的存在依附于主险合同的存在，而主险合同通常与附加险合同有密切联系，但又不依附于附加险合同。例如，分红终身寿险合同附加住院医疗保险合同、家庭财产保险合同附加宠物责任保险合同，其中的附加住院医疗保险合同、附加宠物责任保险合同只有分别附加在主险分红终身寿险合同、普通家庭财产保险合同上才能成立。

（六） 单一风险保险合同、 综合风险保险合同和一切风险保险合同

按照合同中所载明的承保风险的多少，保险合同可分为单一风险保险合同、综合风险保险合同和一切风险保险合同。

1. 单一风险保险合同。简称单一险合同，它是指在保险合同中载明保险人只对一种风险承担保险责任的合同。如雹灾保险合同，保险人只承担冰雹灾害给被保险人造成的损失，除此之外的其他任何风险造成的损害，保险人均不负赔偿责任。

2. 综合风险保险合同。简称综合险合同，它是指在保险合同中载明保险人承担两种或两种以上风险责任的保险合同。这类合同可以通过一一列明保险人承担的风险责任或者一一列明责任免除的风险责任的方式来签订。大多数的保险合同属于综合险合同。

3. 一切风险保险合同。简称一切险合同，它是指保险人承保的风险是合同中列明的除外不保风险之外的一切风险的保险合同。由此可见，一切险合同比综合险合同，尤其是比单一险合同承保的风险要多许多。但是，一切险合同并非意味着保险人承保一切风险，即保险人承保的风险仍然是有限制的，只不过这种限制采用的是列明除外不保风险的方式。在一切险合同中，保险人并不列举规定承保的具体风险，而是以"除外责任"条款确定其不承保的风险。也就是说，凡未列入除外责任条款中的风险均属于保险人承保的范围。[①] 实务中，许多工程保险合同均为一切险合同。

---

① 许飞琼. 财产保险 [M]. 北京：高等教育出版社，2014：93.

（七）　原保险合同和再保险合同

按风险转嫁层次的不同，保险合同可分为原保险合同与再保险合同。

1. 原保险合同。它是指保险人与投保人直接订立的保险合同。原保险合同保障的对象是被保险人的经济利益。被保险人将风险转嫁给保险人，由保险人承担其可能的风险损失。该合同是保险标的可能遭遇的风险的第一次转嫁形式。

2. 再保险合同。又称分保合同，它是指以原保险合同为基础，由原保险人与再保险人签订的将原保险人承担的保险标的可能损失的风险责任部分转嫁给再保险人的保险合同，它是保险标的可能遇到的风险的第二次转嫁。

第二节　保险合同的要素

任何法律关系都包括主体、客体和内容三个必不可少的要素，保险合同的法律关系也不例外。

一、保险合同的主体

保险合同的主体即保险合同双方当事人，是在保险合同中享有权利、承担义务的人，包括保险人、投保人和被保险人。

（一）　保险人

保险人又称承保人，是指与投保人订立保险合同，并按照合同约定承担赔偿或者给付保险金责任的保险公司。要成为合法的保险人，一般须具备以下三个条件。

1. 必须依法取得经营资格，包括依法设立、依法经营保险业务。对于保险人在法律上的资格，各国保险法都有严格规定。一般来说，保险人经营保险业务必须经过国家有关部门审查认可。我国《保险法》第六十七条和第九十五条第六款分别规定"设立保险公司应当经国务院保险监督管理机构批准""保险公司应当在国务院保险监督管理机构依法批准的业务范围内从事保险经营活动"。同时，我国《保险公司管理规定》第三条和第五条也进一步分别规定："本规定所称保险公司，是指经保险监督管理机构批准设立，并依法登记注册的商业保险公司。""保险业务由依照《保险法》设立的保险公司以及法律、行政法规规定的其他保险组织经营，其他单位和个人不得经营或者变相经营保险业务。"

有关保险公司的组织形式，国际上主要是股份有限公司和相互保险公司。但也有少数特例，如英国劳合社的承保社员，是经国家批准、具有完全民事行为能力，符合一定的资产、信誉要求的自然人来作为保险人经营保险业务的。[①]

2. 必须以自己的名义订立保险合同。保险人须是依法设立的保险公司，但保险公司并不当然就是保险人。保险公司只有以自己的名义与投保人订立保险合同后，才能成为保险合同的当事人。

---

① 马宜斐，段文军. 保险原理与实务［M］. 北京：中国人民大学出版社，2007：87.

3. 必须依照保险合同承担保险责任。订立保险合同的目的在于使保险人在合同约定的保险期限内，对于发生的保险事故或事件，承担赔偿或给付保险金的责任。这也是保险人最主要、最基本的合同义务。当然，与之相对应的是，收取保险费是保险人的基本权利。

（二）投保人

投保人又称要保人，是指与保险人订立保险合同，并按照保险合同负有支付保险费义务的人。

要成为保险合同的投保人，必须具备以下三个条件。

1. 必须具有完全的民事权利能力和民事行为能力。投保人可以是自然人、法人或其他组织，但不管是哪一种，均须具有完全的民事权利能力和民事行为能力。未依法登记或未取得法人资格的组织和无民事行为能力的自然人都不能成为保险合同的投保人，限制民事行为能力人签订的保险合同，只有经其法定代理人追认，方为有效。

2. 人身保险的投保人必须对其投保的保险标的具有保险利益。如果投保人对保险标的不具有保险利益，就不能申请订立保险合同。即使已订立保险合同，也是无效合同。对此，各国保险法均有明确规定。

3. 必须具有缴纳保险费的能力。保险合同为有偿合同，获得保险保障的对价就是支付保险费。投保人承担支付保险费的义务，保险人一方无权免除。不论保险合同是为自己的利益还是为他人的利益而订立，投保人均须承担支付保险费的义务。

（三）被保险人

被保险人是指其财产或者人身受保险合同保障，享有保险金请求权的人。投保人可以为被保险人。在财产保险合同中，被保险人可以是自然人，也可以是法人或其他组织；而人身保险合同中，只有自然人而且只能是有生命的自然人才能成为被保险人，法人不能成为人身保险合同的被保险人。

被保险人须符合以下两个条件。

一是风险受保险合同保障的人，即保险事故发生时可能遭受损害的人。在财产保险中，当约定的保险事故发生时，被保险人的财产可能遭受损失；在人身保险中，被保险人的寿命或身体是保险标的，被保险人死亡、伤残、疾病等人身风险受保险合同的保障。

二是享有保险金请求权的人。正因为风险受到保险合同的保障，所以在发生保险事故时，被保险人遭受的损失，应该由被保险人享有保险金请求权。实务中，在财产保险合同中，被保险人有权直接向保险人请求赔偿，但若财产保险合同中被保险人死亡或者以被保险人死亡为给付条件的人身保险合同中发生被保险人死亡的保险事故，则由被保险人的法定继承人或在合同签订（含变更）时被保险人指定的受益人向保险人行使请求赔偿或给付保险金。

（四）受益人

在人身保险合同中，还存在受益人的概念。我国《保险法》第十八条第十三款规定："受益人是指人身保险合同中由被保险人或者投保人指定的享有保险金请求权的人。

投保人、被保险人可以为受益人。"根据法律定义，受益人须具备以下特征：

1. 必须由被保险人或投保人指定。受益人必须是被保险人或投保人在人身保险合同中指定的人。由投保人指定受益人的，须经被保险人同意，方才有效。我国法律对受益人资格并无限制，可以是自然人，也可以是法人。在保险实务中，如果受益人不是被保险人、投保人，通常就是与其有利害关系的自然人。胎儿也可以成为受益人，但须以出生时存活为必要条件。

当投保人以自己的生命、身体为自己的利益而订立保险合同时，投保人既是被保险人，也是受益人。当投保人以自己的生命、人身为他人的利益而订立保险合同时，投保人是被保险人，但受益人是由其指定的人。当投保人以他人的生命、人身为自己的利益而订立保险合同时，经被保险人同意后，投保人成为受益人。当投保人以他人的生命、人身为他人的利益而订立保险合同时，须经被保险人同意，受益人可以是第三人。若投保人变更受益人，须经被保险人同意。

在团体保险中，受益人的指定权仅归被保险人所有。需要指出的是，我国《保险法》第三十九条第二款规定，投保人为与其有劳动关系的劳动者投保人身保险，不得指定被保险人及其近亲属以外的人为受益人。

2. 受益人必须是享有保险金请求权的人。受益人享有的保险金请求权，是受益人根据保险合同享有的一项基本权利。若无此权利，受益人就无法获得保险金，受益人也就没有意义了。人身保险合同中，指定的受益人是一人的，保险金请求权由该人行使，并获得全部保险金；受益人为数人的，保险金请求权由该数人行使，其受益顺序和受益份额由被保险人或投保人确定；未确定受益份额的，受益人按照相等份额享有受益权。[①]由此可见，受益人的保险金请求权直接来源于人身保险合同的规定，受益人的真正含义也应该是在人身保险合同中的被保险人死亡后才体现。因为，被保险人没有死亡则其本人即为保险金给付的请求人而不存在受益现象。只有被保险人死亡后，受益人才从保险合同中获得保险金的给付。正因为如此，受益人的指定一定要慎重，以避免道德风险的发生。

3. 受益人获得的保险金不属于被保险人的遗产，既不纳入遗产分配，也不用于清偿被保险人生前债务。但是，被保险人死亡后，如有下列情形之一，保险金作为被保险人的遗产：一是没有指定受益人，或者受益人指定不明无法确定[②]；二是受益人先于被保险人死亡，又没有指定其他受益人；三是受益人依法丧失受益权或者放弃受益权，又没有指定其他受益人。此时，保险人应按照《中华人民共和国民法典》的规定履行给付保险金的义务。

---

① 我国《保险法》第四十条规定："被保险人或者投保人可以指定一人或者数人为受益人。受益人为数人的，被保险人或者投保人可以确定受益顺序和受益份额；未确定受益份额的，受益人按照相等份额享有受益权。"

② 对于受益人与被保险人在同一场灾难事故中死亡的情形，根据我国《保险法》第四十二条第二款的规定，受益人与被保险人在同一事件中死亡，且无法确定死亡先后顺序的，推定受益人死亡在先。因此，在这种情况下，又没有其他受益人的，保险金也作为被保险人的遗产处理。

二、保险合同的客体

保险合同的客体是指保险合同的主体享受权利和履行义务时共同指向的对象。保险合同的客体不是保险标的本身，而是投保人或被保险人对保险标的所具有的法律上认可的利益，即保险利益。

保险标的是保险合同中所载明的投保对象，是保险事故发生的本体，即作为保险对象的财产及其有关利益或者人的生命、身体和健康。特定的保险标的是保险合同订立的必要内容。但是订立保险合同的目的并非保障保险标的本身。保险合同双方当事人订约的目的是为了实现对被保险人的经济保障，即在约定条件下因保险事故发生造成保险标的损失或损害，这种损失或损害使被保险人或受益人的经济利益受到侵害，保险人予以经济补偿或保险金给付。因此，保险合同中规定的权利义务所指向的对象是投保人或被保险人对保险标的所拥有的经济利益，即保险合同的客体是保险利益，保险标的是保险利益的载体。

三、保险合同的内容

保险合同的内容有广义和狭义之分。广义保险合同的内容是指以保险合同双方当事人权利义务为核心的保险合同的全部记载事项；狭义保险合同的内容是指保险合同当事人法定的权利和义务规定。我国保险合同的内容一般采用广义方式体现，并通常以保险条款的形式反映出来，而保险条款又由基本条款和特约条款组成。

（一）保险合同的基本条款

基本条款是保险合同必备的条款，我国《保险法》对此以列举方式进行了直接规定。根据我国《保险法》第十八条的规定，保险合同应当包括下列事项：保险人的名称和住所；投保人、被保险人的姓名或者名称、住所，以及人身保险的受益人的姓名或者名称、住所；保险标的；保险责任和责任免除；保险期间和保险责任开始时间；保险金额；保险费以及支付办法；保险金赔偿或者给付办法；违约责任和争议处理；订立合同的年、月、日。

1. 保险合同当事人和关系人的名称和住所。这是关于保险人、投保人、被保险人和受益人基本情况的条款，其名称和住所必须在保险合同中详加记载，以便保险合同订立后，能有效行使权利和履行义务。因为在保险合同订立后，凡有对保险费的请求支付、风险增加的告知、风险发生原因的调查、保险金的给付等，都会涉及合同当事人的姓名及住所事项，同时也涉及发生争议时的诉讼管辖和涉外争议的法律适用等问题。但在一些保险利益可随保险标的转让而转移于受让人的运输货物保险合同中，投保人在填写其姓名的同时，可标明"或其指定人"字样，该保险单可由投保人背书转让。此外，货物运输保险合同的保险单还可以采取无记名式，随被保险货物的转移而转移给第三人。

在保险合同中应载明名称、住所的一般是对投保人、被保险人和受益人而言。保险人的名称、住所已在保险单上印就。

2. 保险标的。保险标的是保险利益的物质载体，明确保险标的，便于确定保险合同的种类，判断投保人对保险标的是否具有保险利益以及保险人确定承担保险责任的范围。

3. 保险责任和责任免除。保险责任是指在保险合同中载明的对于保险标的在约定的保险事故发生时，保险人应承担的经济赔偿和给付保险金的责任。保险责任明确的是，哪些风险的实际发生造成了被保险人的经济损失或人身伤亡，保险人应承担经济赔偿或给付保险金责任。保险责任通常包括基本责任和特约责任，且一般都在保险条款中予以列举。

责任免除又称除外责任，指根据法律规定或合同约定，保险人对某些风险造成的损失（害）不承担赔付保险金的责任。一般分为四种类型：（1）不承保的风险，如一般保险条款中，对地震、战争等风险，保险人一般除外不保。（2）不承担赔偿责任的损失，即损失免除。如投保人或被保险人故意造成的保险标的的损失，正常维修、保养引起的费用及间接损失，保险人不承担赔偿责任。（3）主险合同不予承保、只能通过附加险合同承保的风险。如机动车辆损失保险（以下简称车损险）合同中的本轮单独损失风险属于除外责任，但通过车损险附加本轮单独损失险合同的签订，本轮单独损失风险，就可以获得保险人的赔偿。（4）投保人或被保险人未履行合同规定义务的责任免除。

4. 保险期间和保险责任开始时间。保险期间是指保险合同的有效期间，即保险人为被保险人提供保险保障的起讫时间。一般可以按自然日期计算，也可按一个运行期、一个工程期或一个生长期计算。保险期间是计算保险费的依据，也是保险人履行保险责任的基本依据之一。

保险责任开始时间是指保险人开始承担保险责任的起点时间，通常以某年、某月、某日、某时表示。我国《保险法》第十四条规定："保险合同成立后，投保人按照约定交付保险费，保险人按照约定的时间开始承担保险责任。"即保险责任开始的时间由双方在保险合同中约定。在保险实务中，保险责任的开始时间可能与保险期间一致，也可能不一致。如寿险合同中大多规定有观察期，保险人承担保险责任的时间自观察期结束后才开始，从而使保险期间与保险责任期间不一致。

5. 保险金额。保险金额是保险人计算保险费的依据，也是保险人承担赔偿或者给付保险金责任的最高限额。在不同的保险合同中，保险金额的确定方法有所不同。一般而言，财产保险的保险金额是以保险标的的实际价值即保险价值为基础来确定；人身保险的保险金额则是根据被保险人的经济保障需要、投保人的缴费能力等因素，由保险合同双方当事人协商确定。

6. 保险费以及支付办法。保险费是指投保人参加保险时，根据其投保时按保险金额和所保险种的保险费率计算的、应向保险人交付的费用；或者说是保险人为承担保险合同规定的保险责任，向投保人或被保险人收取的费用。交纳保险费是投保人的基本义务，一般可按年交付，也可一次或分季、分月交付。实务中，财产保险一般为订约时一次交清保险费；长期寿险既可以订约时一次趸交保险费，也可以订约时先付第一期保险费，此后在双方约定的期间内采用定期交付定额保险费或采取递增保险费、递减保险费等办法支付保险费。

7. 保险金赔偿或给付办法。保险金赔偿或给付办法即保险赔付的具体规定，是保险人在保险标的遭遇保险事故，致使被保险人经济损失或人身伤亡时，依据法定或合同约定的方式、标准或数额向被保险人或其受益人支付保险金的方法。它是实现保险经济补偿和给付职能的体现，也是保险人的最基本义务。在财产保险中表现为支付赔款，在人寿保险中表现为给付保险金。

8. 违约责任和争议处理。违约责任是指保险合同当事人因其过错致使合同不能履行或不能完全履行，即违反保险合同规定的义务而应承担的责任。保险合同作为最大诚信合同，违约责任条款在其中的作用更加重要，因此，在保险合同中必须予以载明。争议处理条款是指用于解决保险合同争议适用的条款。保险合同的争议处理主要有协商、仲裁、诉讼等。当保险合同双方发生争议时，首先应通过友好协商解决；通过协商不能解决或者不愿通过协商解决的，可以通过仲裁或诉讼方式解决争议。采取哪种方式解决争议，当事人应在合同中作出明确的约定。

9. 订立合同的年、月、日。订立合同的年、月、日，就是指合同的订立时间。注明保险合同订立时间在法律上具有相当重要的意义。首先，可据此判断保险合同的成立与生效时间，这关系到保险合同双方当事人的权利义务问题；其次，可据此查清保险危险是否已经发生，避免保险欺诈；最后，在人身保险合同中，还可以审查投保人投保时对被保险人是否有保险利益。为了避免争议和纠纷，在保险实务中，保险合同订立的时间应该准确到时、分。

（二）保险合同的特约条款

特约条款是指保险合同的当事人在合同基本条款之外，为履行特种义务而特别约定的条款。特约条款由保险合同当事人自由约定，一般包括附加条款、保证条款、协会条款等。

1. 附加条款。附加条款是指保险人为满足投保人或被保险人的特殊需要，在保险合同基本条款的基础上，增加一些补充内容，以扩大承保责任范围的条款。例如，海上货物运输保险中的提货不着险、淡水雨淋险、战争险等条款即为附加条款。另外，保险合同在订立后如果需要进行变更补充，通常采用在原合同上加贴附加条款的方式。附加条款是对基本条款的变更补充，其效力优于基本条款。

2. 保证条款。保证条款是指保险合同中要求被保险人承诺某一事实状态存在或不存在，或者承担履行某种行为或不行为的条款。保险合同中的保证是保险人承担保险责任的先决条件，是保险合同内容的重要组成部分，违反它将导致保险人有权取消合同等后果。例如，《中华人民共和国海商法（修订征求意见稿）》[①] 第 14.22 条规定：保证条款是指海上保险合同中约定被保险人有义务作为或不作为，或者被保险人确保某种事实状态的存在或者不存在的条款，但不影响承保风险的约定不属于保证条款。被保险人违反合同约定的保证条款的，保险人有权解除合同或者要求修改承保条件、增加保险费。保

---

① 根据《国务院 2024 年度立法工作计划》和《全国人大常委会 2024 年度立法工作计划》，《海商法（修订草案）》将于 2024 年审议修订，届时以最新规定为准。

险人解除合同的，对被保险人违反保证条款前发生保险事故造成的损失，保险人应当承担赔偿责任；对被保险人违反保证条款至合同解除前发生保险事故造成的损失，保险人不承担保险责任，但被保险人能够证明属于下列情形之一的除外：（1）被保险人违反保证条款对保险事故的发生没有影响的；（2）保险事故发生在被保险人已纠正违反保证条款行为之后的。①

3. 协会条款。协会条款是保险同业协会根据需要协商约定的条款。英国伦敦保险人协会根据实际需要而拟定发布的有关船舶和货物保险条款就是协会条款，是当今国际保险水险方面的通用特约条款。

（三）保险合同的形式

保险合同的形式是指投保人与保险人就其保险权利义务关系达成协议的方式，即保险合同当事人意思表示的方式。我国《保险法》并未对保险合同应采取何种形式作出直接规定。在保险实务中，鉴于保险合同的复杂性、技术性和非即时清结性等特性，也为了避免日后发生不必要的纠纷，保险合同通常采用书面形式。这些书面形式主要包括投保单、暂保单、保险单、保险凭证和批单等。

1. 投保单。投保单也称要保书，是投保人申请保险的一种单证。保险实务中，投保单由保险人事先印制，具有统一的格式，并提供给投保人；投保人按投保单所列条款逐一填写后交保险人，经保险人盖章作出承诺后，保险合同即告成立。②

投保单的意义主要体现在以下两个方面：（1）它是投保人提出的书面要约，对投保人具有约束力。（2）投保单为投保人履行告知义务的依据。投保人按所列项目逐一填写，即向保险人告知或承诺有关保险的事项，保险人据此决定是否承保或者确定保险费率的高低。投保单的真实与否直接影响保险合同的效力。

2. 暂保单。暂保单也称临时保险单，是指保险人在签发正式保险单之前出具的一种临时保险凭证。

与正式保险单相比，暂保单是一种临时性证明文件，其记载内容较为简单，一般只包括被保险人姓名、保险标的、保险金额、保险责任范围与起讫时间等内容，至于合同双方当事人的权利义务，则以此后签发的正式保险单为准。不过，暂保单在保险人正式签发保险单之前，与保险单具有同等法律效力，只是其有效期限较短，一般从15天至30天不等，由保险人具体规定。一旦保险人出具了正式保险单，或者有效期届满，暂保单就自动失效。当然，保险人也可提前终止暂保单的效力，但须事先通知投保人。

暂保单的出具不是订立保险合同的必经程序，一般在下述情形下使用：（1）保险代理人在争取到保险业务，而又尚未向保险人办妥正式保险单时，向投保人开立。（2）保险公司的分支机构接受某些需要由其总公司批准的保险业务后，在总公司尚未批准前向

① 中华人民共和国交通运输部.交通运输部关于《中华人民共和国海商法（修订征求意见稿）》公开征求意见的通知［EB/OL］.（2018-11-05）.https：//www.mot.gov.cn/yijianzhengji/201811/t20181107_3125036.html.

② 参见我国《保险法》第十三条第一款规定，投保人提出保险要求，经保险人同意承保，保险合同成立。

投保人开立。（3）投保人与保险人已就保险合同的主要条款达成协议，但还有一些具体问题尚需协商，保险人可以出具暂保单。（4）出口贸易结汇时，保险人可以出具暂保单作为结汇凭证之一，以证明出口货物已办理保险。

3. 保险单。保险单简称保单，是指保险合同成立后保险人向投保人签发的正式书面凭证，载明当事人双方在法律上的权利、义务与责任。保险单由保险人制作，经签章后交投保人。根据我国《保险法》第十三条规定，保险合同成立后，保险人应当及时向投保人签发保险单，保险单应载明合同内容[①]。

保险单在内容结构上，一般包括以下四个部分：（1）声明事项，即投保人应向保险人说明的具体事项，如被保险人的名称及住所、保险标的及其所在地、保险价值及金额、保险期限、危险说明及承诺的义务；（2）保险事项，即保险人责任范围；（3）除外责任，即免除保险人责任的事项；（4）条件事项，即保险合同当事人双方享受权利应承担的义务。

在保险实务中，保险单与保险合同，常互相通用。但是，严格来说，保险单并非保险合同，而是经过口头或书面洽商所缔结合同的正式凭证而已。在通常情形下，如保险条件议妥，双方当事人意见一致，合同即成立生效，即使保险事故发生在正式保险单签发之前，合同之约束力并无二致。故保险单与保险合同两名称，应有区别。[②] 保险单的作用在于：（1）证明保险合同的成立；（2）确认保险合同的内容；（3）是当事人双方履行保险合同的依据；（4）具有证券的作用。保险单在特定情况下可作为"保证证券"。在某些特定的财产保险中，保险单可制成指示或无记名形式，随保险标的物而转移，如海上货物运输，保险单可以随货运提单而转移；人身保险的保险单可作为权利证券进行质押。[③]

4. 保险凭证。保险凭证也称"小保单"，是保险人向投保人签发的证明保险合同已经成立的书面凭证，是一种简化了的保险单。其法律效力与保险单相同，只是内容较为简单。保险实务中，保险凭证没有列明的内容，以同一险种的正式保险单为准；保险凭证与正式保险单内容相抵触的，以保险凭证的特约条款为准。

5. 批单。批单是在保险合同有效期内，当事人变更合同条款时予以运用的书面证明文件。它是保险人根据投保人或被保险人的要求，并经双方协商同意后，由保险人签发的、确认双方当事人所变更的保险合同内容的法律文件。一般情况下，保险人可以在原保险单或原保险凭证上进行批注，也可以由保险人另行出具一张批单，附贴在保险单或保险凭证上。在保险实务中，为了便利保险经营活动，保险人往往事先制作与各险种险别相配套的批单，供投保人在变更保险合同时选择使用。

---

① 我国《保险法》第十三条第一款、第二款规定："投保人提出保险要求，经保险人同意承保，保险合同成立。保险人应当及时向投保人签发保险单或其他保险凭证。保险单或者其他保险凭证应当载明当事人双方约定的合同内容。当事人也可以约定采用其他书面形式载明合同内容。"

② 袁宗蔚. 保险学：危险与保险［M］. 北京：首都经济贸易大学出版社，2000：229.

③ 樊启荣. 保险法［M］. 北京：北京大学出版社，2011：33.

第三节　保险合同的订立、 履行、 变更与终止

一、保险合同的订立

（一）保险合同的订立程序

保险合同的订立是投保人与保险人之间基于意思表示一致而进行的法律行为。保险合同的订立与其他民商合同的订立一样，需要经过一定的程序。根据《保险法》第十三条第一款的规定，投保人提出保险要求，经保险人同意承保，保险合同成立。因此，保险合同的订立，须经投保人提出保险要求和保险人同意两个阶段。这就是保险合同实践中的要约和承诺两个阶段。

1. 要约。要约也称订约提议，是指当事人一方以订立合同为目的而向对方作出的意思表示。提出要约的人称为要约人。一项有效的要约应具备以下三个条件：（1）须明确表示订约愿望；（2）须具备合同的主要内容；（3）要约在其有效期内对要约人具有约束力。

保险合同的要约通常由投保人提出。保险公司业务员及其保险代理人等积极主动地向投保人"推销"保险的行为，只能视为要约邀请，而非合同的要约。

在实务中，投保人填写由保险人事先拟订并印制好的投保单，并将投保单交予保险人的行为被视为是订立保险合同的要约行为，即投保行为，投保是订立合同的先决条件。

2. 承诺。承诺又称接受，是指当事人一方同意要约的全部内容所作的意思表示。作出承诺的人称为承诺人。承诺有效应具备以下三个条件：（1）承诺不能附带任何条件；（2）承诺须由受要约人或由其授权的代理人向要约人作出；（3）承诺须在要约的有效期内作出。合同经当事人一方作出承诺，即告成立。

保险合同的承诺也称承保，通常由保险人或其代理人作出。当投保人递交填好的投保单后，经保险人审核，认为符合要求的，一般都予以接受，即承保。若保险人提出反要约的，投保人无条件接受后，投保人即为承诺人。因此，无论是保险人还是投保人，一旦无条件接受对方的要约，即为承诺，保险合同也随之成立。由此可见，保险合同的订立过程也可能是一个反复要约、直到承诺的过程。保险合同成立后，保险人应及时签发保险单或其他保险凭证。

（二）保险合同的成立与生效

保险合同的成立与保险合同的生效是两个不同的概念。保险合同的成立是指投保人与保险人就保险合同条款达成协议，即经过要约人投保人的要约与被要约人保险人的承诺，即告成立。保险合同成立的时间通常为保险人承诺的时间。

保险合同的生效则是指保险合同对双方当事人发生约束力，即合同条款产生法律效力。保险合同只有具备法律规定的条件才能够发生法律效力。按我国《民法典》的规定，合同的生效要件一般包括当事人有相应的民事权利能力和民事行为能力、双方意思表示真实、合同内容不违反法律或社会公共利益等。保险合同作为合同的一种，上述法定合同生效要件原则上都适用于保险合同。此外，《保险法》还规定了保险合同的特别

生效要件，主要有：人身保险合同订立时，投保人对被保险人必须具有保险利益；死亡保险合同必须经被保险人同意并认可保险金额。①

一般而言，依法成立的合同，自成立时生效。但我国《保险法》明确规定投保人和保险人可以对合同的效力约定附条件或者附期限。在实务中，保险合同多为附生效条件、附生效期限的合同，这意味着保险合同成立并非立即生效。如以航程作为保险期限的海上保险合同，必须在航程开始后，合同才生效；大多数人寿保险合同是以交付首期保险费为合同生效的条件，有的须正式签发保险单，寿险合同才生效；我国财产保险合同普遍推行零时起保制，即合同生效的时间为起保日的零时。所以，保险合同生效时间是依当事人约定的某些条件的实现而确定的。

需要注意的是，在投保人提交投保单并缴纳保险费后，保险人尚未作出是否承保的意思表示之前，有一个所谓的空白期，在这期间也可能发生风险造成保险标的损害，但因合同效力仍未定，保险人是否赔偿，在实践中产生很大的争议。对这一问题根据《最高人民法院关于适用〈中华人民共和国保险法〉若干问题的解释（二）》（以下简称《司法解释（二）》）第四条规定，事故发生时保险人尚未作出是否同意承保的决定，保险人是否可以拒绝赔偿要视投保时是否符合承保条件而定：若符合承保条件，即使保险人尚未作出同意承保的决定，保险人也要承担保险责任；如不符合承保条件，则保险人可不承担保险责任，但必须对不符合承保条件承担举证责任，且应当退还已收取的保险费。

（三）保险合同的无效

保险合同的无效，是指已经成立的保险合同因为法定的原因而自始不发生法律效力。保险合同的无效，须经相关权力机关确认。在我国，对无效保险合同的确认权归属于人民法院和仲裁机构。只要符合下列条件之一，即可认定保险合同无效：（1）保险合同的当事人不具有民事行为能力，即投保人、保险人不符合法定资格；（2）保险合同的内容不合法，如人身保险的投保人在订立合同时对保险标的不具有保险利益等；（3）保险合同的当事人意思表示不真实；（4）保险合同违反国家利益和社会公共利益，如为违禁品提供保险、为违法行为提供保险等。②

根据保险合同无效的程度，无效保险合同可分为全部无效和部分无效。全部无效是指保险合同的全部内容自始不产生任何效力，上述法定无效的情形就属于全部无效；部分无效是指保险合同的部分内容或个别条款不具有法律效力。例如，保险合同中的免责条款因未提示或明确说明而无效；财产保险的"超额保险"部分无效等。

① 我国《保险法》第三十一条第七款规定："订立合同时，投保人对被保险人不具有保险利益的，合同无效。"我国《保险法》第三十四条第一款规定："以死亡为给付保险金条件的合同，未经被保险人同意并认可保险金额的，合同无效。"

② 在订立保险合同的实务中，存在保险业务员代投保人填写有关保险单证，甚至代签名的情况。根据法理，代签名的合同，因其并非投保人本人的真实意思表示，故对投保人不生效。但是，根据《司法解释（二）》第三条的规定，如果投保人已经按约定交纳保险费，视为其对代签字的追认。保险业务员代为填写保险单证后又经投保人签字或盖章确认的，代为填写的内容视为投保人的真实意思表示。

对保险合同无效有过错的一方应赔偿对方因此所受的损失；各自都有过错的，应各自承担相应的责任。保险合同无效的，除非《保险法》另有规定或合同另有约定，保险人已收取的保险费，应当返还投保人；因为发生保险事故而赔付保险金的，保险人可请求被保险人或受益人予以返还。

二、保险合同的履行

保险合同的履行，是指保险合同双方当事人各自依法全面完成合同约定义务的行为。保险合同是双务合同，当事人的权利和义务是对等的，一方的权利就是另一方的义务。

（一）投保人或被保险人的义务

1. 如实告知义务。如实告知是指投保人在订立保险合同时将保险标的重要事实或被保险人的有关情况，以口头或书面形式向保险人作真实陈述。所谓保险标的的重要事实，是指影响保险人决定是否承保以及以什么条件承保的事实。《保险法》第十六条规定："订立保险合同，保险人就保险标的或者被保险人的有关情况提出询问的，投保人应当如实告知。"这说明我国对投保人告知义务的履行实行"询问告知"原则，即投保人只要对保险人所询问的问题作如实回答，就履行了如实告知义务。

2. 交付保险费的义务。交付保险费是投保人最基本的义务。《保险法》规定：保险合同成立后，投保人按照约定交付保险费。即投保人必须按约定的时间、地点和方式交付保险费。保险费通常由投保人交纳，也可以由有利害关系的第三人交付，无利害关系的第三人也可以代投保人交保险费，但他们并不因此而享有保险合同上的利益。

3. 通知义务。通知义务包括保险事故发生前的"危险增加"的通知义务和保险事故发生的通知义务。

"危险增加"的通知义务是指投保人或被保险人在保险合同有效期内对于保险标的风险发生变化的情况，尤其是危险程度加重的情况，要及时通知保险人。这里所说的"危险增加"，是指在订立保险合同时双方当事人未曾估计到的保险事故危险程度的增加，通常有两种情况：一是由投保人或被保险人的行为所致，如财产保险合同中改变保险标的用途或使用性质；二是由投保人或被保险人以外的原因所致，通常是自然条件、社会经济状况等发生意想不到的变化。保险人在接到通知后，通常提高费率或解除合同。保险人接到"危险增加"通知，或虽未接到通知但已经知晓的，应在一定期限内作出增加保费或解除合同的意思表示，否则可视为默认，之后不得再主张提高费率或解除合同。投保人履行"危险增加"的通知义务，有助于保险人正确评估风险，因此，各国的保险立法均对此加以明确规定，我国《保险法》第四十九条第三款和第五十二条即是。①

---

① 我国《保险法》第四十九条第三款规定："因保险标的的转让导致危险程度显著增加的，保险人自收到前款规定的通知之日起三十日内，可以按照合同约定增加保险费或者解除合同。保险人解除合同的，应当将已收取的保险费，按照合同约定扣除自保险责任开始之日起至合同解除之日止应收的部分后，退还投保人。"

我国《保险法》第五十二条规定："在合同有效期内，保险标的的危险程度显著增加的，被保险人应当按照合同约定及时通知保险人，保险人可以按照合同约定增加保险费或者解除合同。保险人解除合同的，应当将已收取的保险费，按照合同约定扣除自保险责任开始之日起至合同解除之日止应收的部分后，退还投保人。被保险人未履行前款规定的通知义务的，因保险标的的危险程度显著增加而发生的保险事故，保险人不承担赔偿保险金的责任。"

保险事故发生的通知义务是指在发生保险事故时，投保人、被保险人或受益人应及时通知保险人。其意义在于使保险人能迅速介入抢险止损活动，事故后能及时调查事实真相、确定责任，使其有处理赔案、准备赔偿的时间。如未履行此义务，则可能产生两种后果：一是保险人不解除合同，但可请求投保人或被保险人赔偿因此而遭受的损失；二是因故意或者重大过失未及时通知，致使保险事故的性质、原因、损失程度等难以确定的，保险人对无法确定的部分，不承担赔偿或者给付保险金的责任。我国《保险法》第二十一条对此有明确规定。①

4. 维护保险标的安全、避免损失扩大的义务。保险合同订立后，财产保险合同的投保人、被保险人应当遵守国家有关消防、安全、生产操作、劳动保护等方面的规定，维护保险标的的安全。保险人有权对保险标的的安全状况进行检查，并提出消除不安全因素和隐患的书面建议。投保人、被保险人未按照约定维护保险标的的安全的，保险人有权要求增加保险费或者解除合同。另外，约定的保险事故发生后，投保人不仅应积极通知保险人，还应当采取各种必要的措施，进行积极施救，避免损失扩大。

5. 其他义务。如对提出的保险索赔，有提供单证或举证义务。如果涉及第三者责任，被保险人还有出具权益转让书，协助保险人向第三者追偿的义务等。

（二）保险人的义务

保险人的义务主要有以下几个方面：

1. 说明义务。说明义务是指保险人在保险合同订立过程中向投保人说明格式合同条款的相关内容的义务。一般来说，保险合同条款为保险人单方拟定，保险人对其内容和含义十分熟悉和精通，而投保人则常常受到专业知识的限制，对保险业务不甚熟悉，不可能如同保险人一样对条款十分了解，甚至可能对合同条款内容的理解存在偏差、误解，导致在保险事故发生后得不到预期的保险保障。基于公平原则和最大诚信原则，保险人应向投保人说明有关条款的含义，使投保人正确理解合同内容，自愿投保。另外，我国《保险法》还特别规定，保险人对保险合同中免除保险人责任的条款应当作出足以引起投保人注意的提示，并对其内容以书面或者口头形式作出明确说明；否则，该免责条款不产生效力。

2. 及时签发保险单证的义务。保险单证是指保险单或其他保险凭证。保险合同成立后，及时签发保险单证是保险人的一项法定义务。保险单证是保险合同成立的证明，也是履行保险合同的依据。在保险实务中，保险单证因其载明保险合同内容而成为保险合同最重要的书面形式。

3. 赔偿或给付保险金的义务。投保人订立保险合同、交付保险费的目的在于保险事故发生后能够从保险人处获得保险赔偿或给付。因此，该义务是保险人依照法律规定和合同约定所应承担的最重要、最基本的义务。保险人承担的赔付责任包括：一是在保险

---

① 我国《保险法》第二十一条规定："投保人、被保险人或者受益人知道保险事故发生后，应当及时通知保险人。故意或者因重大过失未及时通知，致使保险事故的性质、原因、损失程度等难以确定的，保险人对无法确定的部分，不承担赔偿或者给付保险金的责任，但保险人通过其他途径已经及时知道或者应当及时知道保险事故发生的除外。"

事故发生后按保险合同约定承担赔偿或给付保险金的责任。二是承担必要的、合理的费用，包括：①施救费用，即保险事故发生后，投保人或被保险人为防止或减少保险标的损失所支付的必要的、合理的费用；②损失查勘费用，即投保人或被保险人为查明和确定保险事故的性质、原因和保险标的损失程度所支付的必要的、合理的费用；③发生纠纷而产生的仲裁或诉讼费用等。

4. 保密义务。保险人在办理保险业务时必然了解投保人、被保险人的业务、财产以及个人身体等情况，而这些情况往往又是投保人、被保险人因其是商业秘密、个人隐私或其他原因而不愿公开或传播的。为了维护投保人、被保险人的合法权益，保险人对其知道的上述情况，依法负有保密义务。

5. 其他义务。合同签订后，保险人为了少赔或不赔，一般会尽最大努力进行防灾防损与再保险的安排，在发生保险事故后及时进行施救、并代被保险人向第三方进行追偿等。

三、保险合同的变更

保险合同的变更，是指在保险合同有效期内，基于一定的法律事实而改变保险合同主体或内容的法律行为。一般来说，保险合同依法成立后，即具有法律约束力，当事人双方都应当全面履行合同规定的义务，不得擅自变更。但是在保险合同订立后，保险合同有效期届满之前，当事人的主观和客观情况可能会发生变化，为了更好地维护保险合同双方的利益，使合同得以顺利履行，有必要对合同进行变更。

（一）保险合同主体的变更

保险合同主体的变更是指保险合同当事人的变更，即保险人、投保人、被保险人或受益人的变更。一般来说，只有当保险公司破产、解散、合并和分立等事由出现时，才会出现保险人变更的特殊情况。因此，保险合同主体变更主要是指投保人、被保险人或受益人的变更。

1. 在财产保险合同中投保人、被保险人的变更。在财产保险合同中，投保人、被保险人经常随保险标的的转让而发生变更。为了及时对新的所有权人提供保险保障，我国《保险法》第四十九条规定，保险标的转让的，保险标的的受让人承继被保险人的权利和义务。但是，鉴于所有权转让可能导致保险标的风险加大从而损害保险人利益，该法条同时规定，除货物运输保险合同和另有约定的合同外，保险标的转让的，被保险人或者受让人应当及时通知保险人。因保险标的转让导致危险程度显著增加的，保险人自收到前款规定的通知之日起30日内，可以按照合同约定增加保险费或者解除合同。保险人解除合同的，应当将已收取的保险费，按照合同约定扣除自保险责任开始之日起至合同解除之日止应收的部分后，退还投保人。在被保险人、受让人未履行该项通知义务的情况下，因转让导致保险标的危险程度显著增加而发生的保险事故，保险人不承担赔偿保险金的责任。

2. 在人身保险合同中投保人、受益人的变更

（1）投保人的变更。当投保人死亡或因客观原因不能继续缴纳保险费而由其他人继续履行缴费义务时就产生了投保人的变更。变更投保人时，新的投保人必须对被保险人具有法律认可的保险利益，并应书面通知保险人，由保险人对保险单进行批注。如果是以死亡为保险金给付条件的保险合同，同时须经被保险人同意。

（2）受益人的变更。在保险事故发生前，被保险人或者投保人可以变更受益人并书面通知保险人。投保人变更受益人时须经被保险人同意。保险人收到变更受益人的书面通知后，应在保险单上作变更受益人的批注。

在人身保险中，被保险人变更属于保险标的变更，是保险合同内容变更的一部分，一般导致保险合同终止，用新的保险合同加以代替，尤其是在个人人寿保险中，被保险人不允许变更，因为人与人之间健康状况、年龄状况、职业状况等均不相同，所应缴纳的保险费也不相同。在实务中，人身保险的被保险人变更通常出现在团体保险中，由于职工的流动而导致具体被保险人的变更。

（二）保险合同内容的变更

保险合同内容的变更是指在主体不变的情况下，改变合同中约定的事项。例如，在财产保险中，标的种类、数量、存放地点、占用性质、危险程度、保险期限、保险金额、保费缴纳办法等内容变化；人身保险中被保险人职业的变化、保险金额的增减、缴费方法的变更等，都可能引起保险合同内容的变更。保险合同内容的变更一般由投保人提出，投保人变更保险合同内容的原因通常有两个：一是根据自身需要提出变更，如增减保险金额、延长或缩短保险期等；二是客观情况发生变化，如保险财产的风险程度增加，投保人必须根据法律规定及时通知保险人变更合同。

保险合同的变更须符合法定程序和形式。根据我国《保险法》第二十条的规定，变更保险合同须经投保人和保险人协商同意。关于变更保险合同的形式，可以由保险人在保险单或者其他保险凭证上批注或者附贴批单，也可以由投保人和保险人订立变更的书面协议。

四、保险合同的中止与复效

1. 保险合同的中止。保险合同的中止是指保险合同暂时失去效力。在效力中止期间发生的保险事故，保险人不承担赔付责任。保险合同效力的中止，在人身保险中最为突出。人身保险的保险期限较长，由数年至数十年不等，其保险费的交付大都不是趸缴，而是分期缴纳，投保人可能因为种种主客观原因不能按期缴纳续期保险费。为了保障保险合同双方的合法权益，并给投保人一定的回旋余地，各国的保险法一般都对缴费的宽限期及合同中止做了明确规定。我国《保险法》第三十六条就规定："合同约定分期支付保险费，投保人支付首期保险费后，除合同另有约定外，投保人自保险人催告之日起超过三十日未支付当期保险费，或者超过约定的期限六十日未支付当期保险费的，合同效力中止，或者由保险人按照合同约定的条件减少保险金额。被保险人在前款规定期限内发生保险事故的，保险人应当按照合同约定给付保险金，但可以扣减欠交的保险费。"

2. 保险合同的复效。保险合同的复效是相对于效力中止而言的，表现为保险合同效力中止后，在一定条件下恢复其效力。根据我国《保险法》的规定，人身保险合同效力中止后，经投保人与保险人协商并达成协议，在补交保险费及其利息后，合同效力恢复。[①]

---

① 我国《保险法》第三十七条："合同效力依照本法第三十六条规定中止的，经保险人与投保人协商并达成协议，在投保人补交保险费后，合同效力恢复。但是，自合同效力中止之日起满二年双方未达成协议的，保险人有权解除合同。保险人依照前款规定解除合同的，应当按照合同约定退还保险单的现金价值。"

复效后的合同与原保险合同具有同样的效力，保险人继续承担保险责任。但是，合同效力中止超过二年未能复效的，保险人有权解除合同。

五、保险合同的终止

保险合同的终止，又称保险合同的消灭，是指双方当事人之间由合同所确定的保险权利义务关系因法律规定或合同约定的事由出现而不再存在。一般而言，保险合同终止的事由一旦出现，即发生合同权利义务在法律上当然消灭的后果，终止也使合同效力继续发生的基础永久性丧失，不存在合同复效的可能。保险合同的终止，一般也只向将来发生效力，不具有溯及既往的效力。导致保险合同终止的原因和事由主要有以下五种。

1. 保险合同因期限届满而终止。保险合同关系是一种债权、债务关系。任何债权、债务都是有时间性的。保险合同订立后，虽然未发生保险事故，但如果合同的有效期限已届满，则保险人的保险责任也自然终止。这种自然终止是保险合同终止的最普遍、最基本的原因。

2. 保险合同因保险人履行全部赔付义务而终止。保险事故发生后，保险人完成全部保险金额的赔偿或给付义务之后，保险责任即告终止。最常见的财产损失保险中，保险标的发生全损，被保险人领取了全部保险赔偿后，即使保险期限还未结束，保险合同也因履行了全部赔付责任而终止。

3. 保险合同因解除而终止。解除是较为常见的保险合同终止的另一类原因。在保险实务中，保险合同的解除分为法定解除、约定解除和任意解除三种。

（1）法定解除。法定解除是指法律规定的原因出现时，保险合同当事人一方（一般是保险人）依法行使解除权，消灭已经生效的保险合同关系。法定解除是一种单方面的法律行为。从程序上来说，依法有解除权的当事人向对方作出解除合同的意思表示即可产生解除合同的权利，而无须征得对方的同意。

根据我国《保险法》的有关规定，保险人在下列情形下有权解除合同：①投保人不履行如实告知义务；②被保险人或受益人在未发生保险事故的情况下，谎称发生保险事故向保险人提出索赔；③投保人、被保险人或受益人故意制造保险事故；④投保人、被保险人未按约定履行对保险标的安全应尽的责任；⑤在保险合同有效期内，保险标的的危险程度显增；⑥投保人在人身保险合同中申报被保险人年龄不真实，且其真实年龄不符合合同约定的年龄限制；⑦投保人因未按期交付保险费而使保险合同效力中止后的二年内双方未达成复效协议；⑧财产保险的保险标的发生部分损失的情况下，除保险合同另有约定外，保险人可以解除合同，但应提前15天通知投保人。

（2）约定解除。约定解除是双方当事人约定解除合同的条件，一旦约定的条件出现，一方或双方即有权利解除保险合同。

（3）任意解除。任意解除是指法律允许双方当事人都有权根据自己的意愿解除合同。但是，并非所有的保险合同都可以由当事人任意解除和终止，它一般有着严格的条件限制。根据我国《保险法》的有关规定，除《保险法》另有规定或保险合同另有约定外，保险合同成立后，投保人可以解除合同，保险人不得解除合同；但是，对于货物运输保险合同和运输工具航程保险合同，保险责任开始后，合同当事人不得解除。①

4. 非寿险保险合同因保险人终止而终止。在我国，作为保险人的保险公司一旦因为被撤销、被宣告破产或者解散等原因而彻底停止了保险业务，其经营资格被终止时，保险合同也可能被终止。但有一例外，根据《保险法》第九十二条的规定，尚未到期的人寿保险合同一方主体，经营人寿保险业务的保险公司破产或被依法撤销的，变更主体，合同本身继续履行。

5. 保险合同因保险标的灭失或被保险人的死亡而终止。保险利益以保险标的存在为前提。如果保险标的灭失，投保人或被保险人就不再对保险标的具有保险利益，保险合同没有存在的基础，也就随之而消灭。

第四节　保险合同的争议处理

保险合同争议是指保险合同成立后，合同主体就合同内容及履行时的具体做法产生的意见分歧或纠纷。这种争议的产生有的是由于合同主体对合同条款的理解不一致造成的，有的则是由于违约造成的。能否及时、恰当地处理保险合同争议，对于规范保险活动、保护保险活动当事人的合法权益、促进保险事业的健康发展，具有十分重要的意义。

一、保险合同的解释原则

保险合同的解释原则是指当保险合同当事人由于对合同内容的用语理解不同发生争议时，依照法律规定或者约定俗成的方式，对保险合同内容或文字的含义予以确定或说明。保险合同的解释原则通常有以下几种。

（一）文义解释原则

文义解释原则是指按照保险合同条款通常的文字含义并结合上下文进行解释的原则，不要超出、也不要缩小合同的文字含义，它是解释保险合同条款的最主要的方法。在解释保险条款时，文义解释原则要求：被解释的合同文字本身应具有单一且明确的含义。如果同一词语出现在不同地方，前后解释应一致，专门术语应按保险行业的通用含义解释。

（二）意图解释原则

意图解释原则是指必须尊重双方当事人订约时的真实意图进行解释的原则。这一原则一般只适用于文义不清、条款用词不准确、混乱模糊的情形，解释时要根据保险合同的文字、订约时的背景、客观实际情况进行分析推定。如果文字表达清楚，没有含糊不清之处，就必须按照字面解释，不得任意推测。值得注意的是，意图并非是指订立合同

---

① 我国《保险法》第十五条规定："除本法另有规定或者保险合同另有约定外，保险合同成立后，投保人可以解除合同，保险人不得解除合同。"我国《保险法》第五十条规定："货物运输保险合同和运输工具航程保险合同，保险责任开始后，合同当事人不得解除合同。"

时双方的主观意思，也非双方发生争执或纠纷时的意图，而是建立在双方各自所处的立场基础上，通过合同中的文字所表达出的客观价值取向，综合各方面因素判断出的合同当事人订约时的真实意图。[①]

（三）疑义利益解释原则

疑义利益解释，又称不利于条款起草人的解释。保险合同属于附合合同，保险条款是保险人事先印制好的，订立合同时，投保人只能对这些条款作出接受或拒绝的表示，没有商量的余地。为了避免保险人利用其有利的地位损害投保人、被保险人或受益人的利益，当遇到保险合同条款含义不清时，应作不利于保险人而有利于被保险人或受益人的解释。这一解释方法亦为我国《保险法》所确认。我国《保险法》第三十条明文规定，采用保险人提供的格式条款订立的保险合同，保险人与投保人、被保险人或者受益人对合同条款有争议的，应当按照通常理解予以解释。对合同条款有两种以上解释的，人民法院或者仲裁机构应当作出有利于被保险人和受益人的解释。

（四）其他补充解释原则

当保险合同条款约定内容有遗漏或不完整时，借助商业习惯、国际惯例、公平原则等对保险合同的内容进行合理的补充解释，以便合同的继续履行。另外，保险合同中记载的内容不一致的，按照下列规则认定：投保单与保险单或者其他保险凭证不一致的，以投保单为准。但不一致的情形是经保险人说明并经投保人同意的，以投保人签收的保险单或者其他保险凭证载明的内容为准；非格式条款与格式条款不一致的，以非格式条款为准；保险凭证记载的时间不同的，以形成时间在后的为准；保险凭证存在手写和打印两种方式的，以双方签字、盖章的手写部分的内容为准。

二、保险合同争议的处理方式

按照我国法律的有关规定，保险合同争议的处理方式主要有以下三种。

（一）协商

协商是指合同双方在自愿、互谅、实事求是的基础上，对出现的争议直接沟通，友好磋商，消除纠纷，求大同存小异，对所争议问题达成一致意见，自行解决争议的办法。这种解决方式比较简便，有助于增进双方的进一步信任与合作，又可以节约费用，有利于合同的继续执行。

（二）仲裁

仲裁是指争议双方依照仲裁协议，自愿将彼此间的争议交由双方共同信任、法律认可的仲裁机构作出判断或裁决的方法。采取仲裁方式解决争议时需要注意，第一，须有保险合同双方在争议发生前或发生后达成的书面仲裁协议，方可将争议提交仲裁处理；第二，仲裁结果为终局制，一经作出便产生法律效力，必须执行。

（三）诉讼

诉讼是指在发生争议时，当事人直接向法院提出诉讼请求，由法院在合同当事人和其他有关人员共同参与下，依据法定诉讼程序，进行审理并作出裁决以解决争议的方法。

---

① 陈湘满. 保险学［M］. 湘潭：湘潭大学出版社，2013：61-62.

《中华人民共和国民事诉讼法》（以下简称《民事诉讼法》）第二十五条规定："因保险合同纠纷提起的诉讼，由被告住所地或者保险标的物所在地人民法院管辖。"《最高人民法院关于适用〈中华人民共和国民事诉讼法〉的解释》第二十一条进一步规定，因财产保险合同纠纷提起的诉讼，如果保险标的物是运输工具或者运输中的货物，可以由运输工具登记注册地、运输目的地、保险事故发生地人民法院管辖；因人身保险合同纠纷提起的诉讼，可以由被保险人住所地人民法院管辖。

【案例分析】

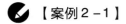 【案例 2－1】 ▪▪

某年 10 月 22 日，某大型美容院将其场馆内的财产向当地某保险公司投保了财产保险综合险。在美容院交付了保险费后，保险公司为其签发了保险单。保险单上明确注明保险财产的范围为美容设备、电器设备、室内装修以及存货；保险价值的确定方法为估价；保险金额为 300 万元；保险期限为 1 年。①

投保后的第二年 2 月 10 日午夜，该美容院发生严重火灾。事发后，美容院及时向保险公司报案，经过清理现场，核定火灾的总损失达 407.56 万元，美容院遂向保险公司提出了 300 万元的索赔申请。保险公司认为，这次事故主要损失的是房屋，而保险财产（健身设备、电器设备、室内装修以及存货）在出险时由于已发生大幅跌价，实际价值仅为 130 万元，于是保险公司拒绝美容院 300 万元的索赔申请。美容院则认为，其与保险公司签订的是定值保险合同，现火灾将保险财产全部烧毁，保险公司理应按保险单载明的 300 万元保险金额进行赔偿。双方就此发生争议，美容院向法院提起诉讼。

法院经审理后认为，美容院在向保险公司提出财产保险的申请后，保险公司派人去现场查看了财产状况，并对投保财产按当时的市场价格进行了估价，以此为依据确定保险金额为 300 万元，故应认定该保险合同为定值保险合同。根据定值保险合同的赔付原理，保险责任范围内的保险事故所引起的保险标的全部损失，无论该保险标的实际损失如何，保险公司均应支付保险合同所约定的保险金额的全部，但应减去损余物资的残值。另外，火灾事故发生后，为查清事故原因、性质和保险标的的损失程度所支付的有关费用，依法应由保险公司承担。据此，法院一审判决：保险公司赔付美容院火灾损失 289.32 万元，并给付美容院为查清事故原因、性质和损失程度而支付的技术鉴定费 98 000 元。保险公司不服一审判决，遂提起上诉。

二审法院受理后，认定一审在适用法律上存在错误。法院二审认为，原告、被告虽然在签订保险合同前对保险标的进行了估价，但在保险合同中并未明确写明保险价值的数额，所以双方签订的合同不属于定值保险合同，而应是不定值保险合同。不定值保险合同的出险赔付原则是：保险标的的损失额以保险事故发生时保险标的的实际价值为计算依据。据此，法院依法撤销了一审判决，改判保险公司赔付美容院火灾损失 126.34 万元，并赔付相应的技术鉴定费。二审判决发生效力并被依法执行。

---

① 大律师网．正确区分定值与不定值合同［EB/OL］．（2017－04－04）．http：//www.maxlaw.cn/z/20170404/865078318388.shtml，2017－04－04．

由本案可知，本案争议焦点在于如何区分定值保险合同和不定值保险合同。二者在赔付上差别极大，但在签订合同时又极易造成混淆，建议保险公司在保险单上明确标明合同的类别。我国《保险法》第五十五条对定值保险合同作出了规定，但应进一步对其适用范围加以明晰。

【案例 2-2】

某年 4 月，某机械厂向当地一家保险公司投保企业财产保险，保险金额达 600 万元。同年 8 月，该厂变更了保险标的用途，将原来储存钢铁原料的仓库改为储存火灾发生可能性更高的塑料泡沫及其他非金属原料，导致保险标的危险程度显著增加。保险公司要求该厂增交一定的保费，该厂不同意，要求退保，保险公司不愿失去这笔业务，答应以后再作商议是否要增交保费，但双方后来一直未就此事进行商谈。同年 9 月中旬，该厂仓库发生火灾，损失金额达 50 万元，于是向保险公司提出索赔，但保险公司以该厂未增交保费为由，不予赔付。

此案涉及的是如何处理财产保险"保险标的危险程度显增"的问题，这也是此类保险合同产生纠纷的源头所在。

首先，我国《保险法》第五十二条第一款规定：在合同有效期内，保险标的的危险程度显著增加的，被保险人应当按照合同约定及时通知保险人，保险人可以按照合同约定增加保险费或者解除合同。这里"保险标的危险程度显著增加"是指保险责任范围内的灾害事故发生的可能性明显增加，主要是由以下三个原因所致：（1）投保人或被保险人变更保险标的的用途所致；（2）保险标的的自身发生意外引起物理、化学反应；（3）保险标的的周围客观环境发生变化。本案中，是因为投保人变更了保险标的的用途，致使保险标的危险程度显增，因此，投保人应及时履行危险程度增加的通知义务。

其次，根据保险合同的公平原则，对于保险标的危险程度显增的，保险人可以要求增加保险费或者解除合同。在财产保险合同中，危险程度显著增加对保险公司具有重大影响，因为保险人收取的保费是根据保险标的特定情况下的危险程度，按照费率表核定的。保险标的危险程度显著增加，致使保险公司承担的风险责任增加。根据保险合同的公平原则，保险公司有权要求根据费率表增加保险费，如此要求若被投保人拒绝，保险公司有权解除保险合同。此规定的目的在于保障保险人的合法利益。

最后，若被保险人在保险标的危险程度显著增加时，履行了通知义务，而保险公司未作任何意思表示，则可视为默认，根据弃权规则，保险公司事后不得再主张增加保险费或解除合同。在此案中，该机械厂履行了危险程度增加的通知义务，保险公司要求增加保费，被拒绝后，保险公司理应解除保险合同，并通知投保人，但保险公司怕失去这笔业务，心存侥幸，拖而不决，应视为保险合同继续有效。当发生火灾事故时，保险公司却因投保人未增交保费为由拒赔，显然违背了保险合同的诚信原则，损害了投保人的利益，因而其拒赔的理由是站不住脚的。

由本案带来的启示是：保险公司知悉保险标的危险程度增加情形后，有权要求增加保费或者解除合同，但应在一定期限内为之；保险公司在向投保人要求增收保费并遭拒后，应及时解除合同。否则，对于解除合同前发生的保险事故，保险人仍应承担赔偿保险金的责任。

【案例 2 - 3】

王某，25 岁，未婚，某印刷厂工人，早年父母离异，他与父亲生活在一起。其后王父再婚，且王某生母张某尚在。某年 2 月，王某所在单位为每一位员工投保了一份意外伤害保险，保险金额为 10 万元，王某在保单受益人栏填写的是父亲姓名。同年 6 月 2 日，王某在家中阳台修理雨篷时失足坠楼死亡。祸不单行，王某家人还没来得及将此消息通知在外地出差的王父，王父却在外地遇车祸不幸身亡，其死亡时间仅比王某迟半天。据悉，王父生前因见其前妻即王某生母张某生活拮据，念在往日情分，故于投保当年 4 月与张某订立书面协议，将受益权转让给张某，这一情况王某并不知情。事故发生后，张某与王某继母李某同时向保险公司申请要求给付保险金。

保险公司接到申请后，经过仔细调查，一致认为这笔保险金应该给付，但到底给付给谁，两位申请人都阐述了自己的理由：张某首先出示了王父的书面转让协议，声称自己才是唯一的合法受益人。同时，她认为虽然她和王父已经离婚，但王某仍是她的亲生儿子。根据《民法典》的有关规定，父母与子女的关系不因父母离婚而消除。自己的亲子作为被保险人，在受益人死亡的前提下，这笔保险金应该作为被保险人即王某的遗产来处理，而王某未婚，根据《民法典》的有关规定，这笔保险金应该由自己来继承。李某则认为自己是王某法律上的母亲，也是王父的法定妻子，现在儿子和丈夫双双去世，自己应该有权获得这笔保险金。

保险公司经过讨论，认为张某的理由比较充分，于是决定将这笔保险金给付给张某。

在分析过程中发现，此案主要涉及两个问题：一是这笔保险金是否可以作为被保险人的遗产来处理；二是受益人能否转让受益权。

对于第一个问题，根据《保险法》第四十二条第一款的规定，被保险人死亡后，遇有下列情况之一的，保险金作为被保险人的遗产，由保险人向被保险人的继承人履行给付保险金的义务：（1）没有指定受益人，或者受益人指定不明无法确定；（2）受益人先于被保险人死亡，没有指定其他受益人；（3）受益人依法丧失受益权或者放弃受益权，没有其他受益人。由此可见，受益人受领保险金时必须以受益人生存为条件，如果受益人先于被保险人死亡，受益人的受益权自行消失。只有当受益人先于被保险人死亡时，才能将保险金作为被保险人的遗产来处理。本案中，被保险人王某死亡后，受益人王父原始地取得保险金给付请求权，这时受益权是一种既得的财产权利，是一种债权上的请求权，虽然他还没来得及受领保险金就死亡了，但作为一种财产权利，它是可以继承的。所以受益人的继承人可以向保险公司请求给付保险金。按《民法典》规定，第一顺序的继承人为配偶、子女和父母，王父与张某早已离婚不存在继承关系，但李某则是王父的法定妻子，所以她才是王父的遗产继承人，这笔保险金应该给付给李某。

关于受益人能否转让受益权的问题，根据我国《保险法》的有关规定，人身保险的受益人由被保险人或者投保人指定；投保人指定受益人时须经被保险人同意；被保险人或者投保人可以变更受益人并书面通知保险人；投保人变更受益人时须经被保险人同意；保险人收到变更受益人的书面通知后，应当在保险单或者其他保险凭证上批注或者附贴批单。从这些规定可知，受益权是可以随时变更或撤销的，故受益权只是一种期待的权利而非既得的实质性权利，只有在保险合同约定的条件成就时，受益权才由期待权变为既得权，受益人才能向保险公司申请给付保险金。因此，在保险事故发生前，受益人不享有转让受益权的权利，否则将架空《保险法》的规定，损害投保人和被保险人的自由意志，并诱发道德风险。从我国保险业的实务操作来讲，如果受益人要转让受益权，必须经被保险人同意，并按照受益人变更的法定程序通知保险人，由保险人在保单上批注后才发生转让的效力。本案中,王父与张某订立转让协议后,并未通知王某,保险公司也不知情,保险合同中也未载明允许转让受益权。因此,该协议在法律上讲是无效的,这笔保险金不应该给付给张某。

本案给我们带来的启示:一是人身保险合同的受益人只能由被保险人指定或变更,受益人要转让受益权的,也必须经被保险人同意,并依法同保险人办理变更手续。二是如果消费者对保险合同或条款不明白,一定要先请教出具保险合同或条款的保险人,否则易导致相关权益的损害。三是受益人变更合同等注意事项,保险人在同投保人或被保险人签订合同时应做出提醒或告知,这是保险人应尽的义务。

【本章小结】

1. 保险合同是投保人与保险人约定保险权利义务关系的协议。保险合同除具有一般民事合同的基本特点外,还具有一些自身的独特特点。按照不同的标准,保险合同可分为不同的种类。

2. 保险合同的要素包括保险合同的主体、保险合同的客体和保险合同的内容三部分。保险合同的主体包括保险合同的当事人即保险人、投保人和被保险人。保险合同的内容是当事人双方履行合同义务、承担法律责任的依据。保险合同的形式通常采取投保单、保险单、保险凭证、暂保单等。

3. 保险合同的订立须经过要约和承诺两个程序。保险合同的成立并不是保险合同的生效。保险合同生效后才对当事人双方具有法律约束力。正确认定保险合同的有效与无效在保险合同的履行中具有十分重要的意义。保险合同的履行是指双方当事人依法全面完成合同约定义务的行为。保险合同的变更是指在保险合同有效期内当事人依法对合同内容所作的修改或补充,包括主体变更与内容变更。保险合同的终止事由包括保险合同期限届满、责任履行完毕、合同解除、当事人违约失效和保险标的意外灭失等。

4. 保险合同的解释一般要遵循文义解释、意图解释、疑义利益解释等原则进行。对保险合同的争议,保险合同当事人可以采取协商、仲裁和诉讼等方式解决。

【复习思考题】

一、名词解释

保险合同 保险人 投保人 被保险人 受益人 保险标的 保险单 合同变更 保险金额 疑义利益解释

二、单项选择题

1. 保险合同是( )约定权利与义务关系的协议。

A. 保险人与受益人　　B. 保险人与投保人　　C. 保险人与被保险人

2. 保险合同的客体是( )。

A. 保险责任　　　　　B. 保险标的　　　　　C. 保险利益

3. 确定人身保险合同的受益人的方式是（　　　）。

A. 保险人指定，但需投保人同意　　　　　　B. 投保人指定，但需被保险人同意

C. 被保险人指定，但需受益人同意

4. （　　　）是投保人向保险人申请订立保险合同的书面契约。

A. 投保单　　　　　　　B. 保险单　　　　　　　C. 保险凭证

5. 以其财产或人身受保险合同保障，享有保险金请求权的人是（　　　）。

A. 投保人　　　　　　　B. 被保险人　　　　　　C. 保险受益人

6. 保险价值是确定（　　　）的基础。

A. 保险金额　　　　　　B. 保险费率　　　　　　C. 保险利益

7. 保险合同双方当事人对于保险单内容进行修订或增删的证明文件是（　　　）。

A. 保险凭证　　　　　　B. 暂保单　　　　　　　C. 批单

8. 凡保险凭证上未列明的内容均以相应的保险单的条款为准，两者有抵触时以
（　　　）上的内容为准。

A. 保险凭证　　　　　　B. 保险单　　　　　　　C. 暂保单

9. 某份家财保险合同的保险期限为某年 9 月 23 日到第二年 9 月 22 日，该合同的保险标的在投保当年 12 月 5 日因保险事故发生而全损，保险人按保险金额全额赔偿后，保险合同就终止了。该保险合同的终止属于（　　　）。

A. 期满终止　　　　　　B. 履约终止　　　　　　C. 协议终止

10. 吴某为自己购买了定期寿险保单，由于其子女都不尽赡养义务，而与吴某非亲非故的张某却一直照顾他，故吴某在投保时指定张某为其受益人。吴某死后，其子女却要以继承人的身份领取保险金，同时吴某的债权人也向保险人请求这笔保险金。对此，保险人正确的处理方案是（　　　）。

A. 将保险金全额给付张某　　　　　　　　　B. 将保险金全额给付吴某子女

C. 将保险金给付吴某的债权人

三、多项选择题

1. 以下属于保险合同当事人的有（　　　）。

A. 投保人　　　　　B. 被保险人　　　　C. 受益人　　　　D. 保险人

2. 保险合同为（　　　）。

A. 单务合同　　　　B. 双务合同　　　　C. 要式合同　　　　D. 非要式合同

3. 保险标的可以是以下哪些项（　　　）。

A. 财产　　　　　　B. 责任　　　　　　C. 人身　　　　　　D. 信用

4. 下列有关保险合同订立叙述正确的是（　　　）。

A. 一般由投保人向保险人提出投保要求

B. 一般由保险人向投保人提出投保要求

C. 一般由保险代理人代投保人向保险人提出投保要求

D. 一般由保险人予以承诺

5. 保险合同的书面形式包括（　　　）。

A. 保险单　　　　　　　B. 保险凭证　　　　　C. 投保单　　　　　D. 暂保单

6. 下列关于保险金额的论述，正确的有（　　　）。

A. 保险金额是交纳保费的依据

B. 保险金额的确定要严格遵循保险利益原则

C. 保险金额的确定不得超过保险标的价值

D. 保险金额是保险人承担赔偿或给付的最低责任限额

7. 受益人在下列（　　　）情形下，失去受益权。

A. 受益人先于被保险人死亡　　　　　B. 受益人故意杀害被保险人未遂的

C. 受益人被指定变更的　　　　　　　D. 受益人放弃受益权

8. 投保人的主要义务有（　　　）。

A. 交付保险费　　　　　　　　　　　B. 保险事故发生后及时通知保险人

C. 维护保险标的安全　　　　　　　　D. 协助保险人执行代位追偿权

9. 下列各项中属于被保险人权利的有（　　　）。

A. 对保险合同内容的变更权　　　　　B. 在一定条件下的保险合同解除权

C. 请求给付保险金的权利　　　　　　D. 指定或变更受益人

10. 《保险法》规定，保险人可以行使法定解除保险合同的情形有（　　　）。

A. 投保人违反如实告知义务

B. 保险标的危险程度显增

C. 人身保险合同效力中止一年

D. 投保人未按约定履行其对保险标的安全应尽的责任

四、简答题

1. 保险合同具有哪些特征？

2. 订立保险合同时投保人应具备哪些条件？

3. 简述订立保险合同的程序。

4. 导致保险合同终止的原因有哪些？

五、论述题

1. 试述保险合同的主体、客体和内容。

2. 保险合同的解释原则有哪些？如何理解这些原则的适用？

六、案例分析题

1. 一企业为职工投保团体人寿保险，保险费由企业支付。职工张某指定妻子刘某为受益人，半年后张某与妻子刘某离婚，谁知离婚次日张某患病去世。对保险公司给付的2万元保险金，企业以张某生前欠单位借款为由留下一半，另一半则以刘某已与张某离婚为由交给张某父母。本案中，保险金的给付是否合理？请简要分析。

2. 某年10月5日，徐某经保险代理人王某介绍签署了一份某保险公司的寿险投保书。该投保书基本内容为：主险合同为终身寿险，保险金额为100万元；附加人身意外伤害保险，保险金额为200万元。受益人注明为徐母。交费方式为半年交一次。投保须知中注明，本投保书为保险合同的组成部分，保险合同自投保人交纳首期保险费并经保险公司审核同意承保后成立，合同生效日及保险责任开始日以保险单所载日期为准。在投保书签署的次日，徐某交付了首期保费并从王某处取得某保险公司的保费收据。10月17日徐某进行了体检，医院于次日9时至10时20分出具了体检报告。10月18日凌晨徐某被杀害。保险公司收到体检报告后，安排王某通知徐某补交保费20元。在通知过程中，王某得知徐某身故。受益人徐母向保险公司索赔，遭保险公司拒付，理由是：保单尚未签发，合同不成立。受益人诉至法院。问本案保险合同是否成立？说明理由。

第三章
保险原则

【教学目的与要求】

本章主要介绍保险经营活动过程中必须遵循的诚信原则、保险利益原则、近因原则、损失补偿原则及其派生原则（含权益转让原则及重复保险分摊原则）的基本概念与功能作用。这些原则不仅是保险经营的一般规范，更是上升到各国保险法层次的法定要求。在学习本章时，学生应结合保险经营实践来熟悉各个原则的基本内容及在应用中应注意的事项，并能够运用上述经营原则分析保险相关案例。

第一节　诚信原则

一、诚信原则的概念

诚信原则即诚实信用原则，是指民事主体进行民事活动时应当讲究信用，对待他人要诚实不欺，对自己的承诺要信守不怠。诚信原则是民事活动中最基本的原则。我国《民法典》第七条规定："民事主体从事民事活动，应当遵循诚信原则，秉持诚实，恪守承诺。"该法第五百条同时规定："当事人在订立合同过程中有下列情形之一，造成对方损失的，应当承担赔偿责任：（一）假借订立合同，恶意进行磋商；（二）故意隐瞒与订立合同有关的重要事实或者提供虚假情况；（三）有其他违背诚信原则的行为。"该法第五百零九条第二款还规定："当事人应当遵循诚信原则，根据合同的性质、目的和交易习惯履行通知、协助、保密等义务。"诚信原则是指所有民事主体在从事任何民事活动，包括行使民事权利、履行民事义务、承担民事责任时都应该秉承诚实善意、不诈不欺、言行一致、信守诺言的原则。诚信原则作为民法最为重要的基本原则，被称为民法的"帝王条款"。诚实守信是市场活动的基本准则，是保障交易秩序的重要法律原则，它和公平原则一样，既是法律原则，又是一种重要的道德规范。在保险领域，诚信原则发挥着巨大的作用。

在保险产生初期，被保险船舶或货物远在泱泱大海之中，虽然保险人在船货驶离港口时对保险标的进行了审核，但一旦船货离开了港口，保险人就无法对保险标的进行安全跟踪和掌控了，这就特别要求投保人或被保险人诚实守信；当然，如果保险标的发生保险事故，保险人也必须履行诺言，进行经济损失补偿。由此，诚信原则便在保险活动中产生并成为了最基本的行为准则。诚信原则在保险中是通过立法来明确的，最早可见于 1906 年英国的《海上保险法》第 17 条："海上保险契约的基础，系忠诚信实，倘一方不顾绝对的忠诚信实，他方得宣告是项契约失效。"① 随着海上保险发展到陆上火灾保险再到人身保险，诚信原则也延伸到其他保险领域。目前，诚信原则已成为整个保险活动中的最基本原则。我国《保险法》第五条规定："保险活动当事人行使权利、履行义务应当遵循诚实信用原则。"

保险活动属于合同性质的活动，合同双方对自己所控制的内容较对方更为熟悉。例如，投保人对自己准备投保的汽车的来源、性能、新旧程度、价值、行驶区域、投保人或被保险人自己的生活习性、家族是否有遗传病史等与投保汽车相关的各项信息，一般比保险人更清楚；而保险人对保险责任、除外责任、保险费率、保险期限等保险条款内容比投保人更清楚、更熟悉，甚至因保险条款的专业性太强，投保人对一些专业术语根本不懂，等等。这样，从公平角度出发，合同双方均必须遵循诚信原则。现实中，由于保险合同是以投保标的物不确定的风险为保障对象，合同内容复杂、专业技术强，即保险合同具有高度的信息不对称性、射幸性及格式化等特征（参见本书第二章），以致合同双方当事人据此充分评估合同所需信息的重要性远胜于其他商业合同，因此，有别于普通商业合同中的诚信原则，保险合同所适用的诚信原则意指最大程度的诚信（有教科书干脆直接称之为"最大诚信原则"）：完全的坦白或公开，没有任何隐瞒或欺骗。

二、诚信原则的主要内容

诚信原则的内容主要包括告知、保证、弃权与禁止反言。

（一）告知

1. 告知的含义。告知也称披露或陈述，是指在保险合同订立前、订立时及在合同有效期内，要求合同双方当事人按照法律实事求是，尽自己所知，毫无保留地向对方就合同内容所作的口头或书面的陈述。

具体而言，投保人对已知或应知的与风险和标的有关的实质性重要事实向保险人作口头或书面的申报；保险人也应将对投保人利害相关的实质性重要事实据实告诉投保人。所谓实质性重要事实，是指那些影响保险人确定保险费或影响其是否承保以及确定承保条件的每一项事实。同样，作为保险人应告知投保人有关保险条款、保险费率以及其他条件等可能会影响投保人作出投保决定的事实。由于告知的内容和形式对双方当事人要求有所不同，对投保人来说，通常称为如实告知，对保险人来说一般称为详细解释或明确说明。

2. 告知的内容。根据我国《保险法》第十六条及我国《保险销售行为管理办法》

---

① 王垂芳. 最新国际商务法规大全［M］. 北京：中国金融出版社，1993.

第二十七条规定①，投保人告知的应当是足以影响保险人决定是否同意承保或者提高保险费率的事实，该项规定表明告知义务的内容应是"重要事项"而不是有关保险标的的所有事项。

（1）投保人应告知的内容：①在保险合同订立时根据保险人的询问，对已知或应知的与保险标的及其风险有关的重要事实作如实回答。例如，在投保人寿保险时，投保人应将作为保险标的的被保险人的年龄、身体状况、饮食习惯（包括是否抽烟喝酒等）、投保人财务状况等如实告知给保险人。这些事实都会影响保险人决定是否承保或以何条件承保。②保险合同订立后保险标的风险程度增加应及时通知保险人。例如，被保险的小型家用汽车在保险期间从事营业运输，导致危险程度增加的，应当及时书面通知保险人。③保险标的转移时或保险合同有关事项有变动时，投保人应通知保险人，这也是我国《保险法》第四十九条所规定的内容。②如上述被保险汽车要卖给他人，应通知保险人。④保险事故发生后投保人应及时通知保险人。⑤有重复保险的财产保险投保人应将重复保险的有关情况告知保险人。

（2）保险人应告知的内容：保险人应告知的内容主要是保险合同条款的内容，尤其是除外不保的条款。即保险合同订立时保险人应主动地向投保人说明保险合同条款的内容，对于除外免责条款，在订立保险合同时应当向投保人作出明确说明或详细解释。此外，在再保险中，我国《保险法》第二十八条第二款规定："应再保险接受人的要求，再保险分出人应当将其自负责任及原保险的有关情况书面告知再保险接受人。"

3. 告知的形式。就投保人而言，在各国的保险立法中经历了由无限告知到询问告知的转变过程。无限告知也叫客观告知，即投保人对事实上与保险标的的危险状况有关的

----

① 　我国《保险法》第十六条规定："订立保险合同，保险人就保险标的或者被保险人的有关情况提出询问的，投保人应当如实告知。投保人故意或者因重大过失未履行前款规定的如实告知义务，足以影响保险人决定是否同意承保或者提高保险费率的，保险人有权解除合同。前款规定的合同解除权，自保险人知道有解除事由之日起，超过三十日不行使而消灭。自合同成立之日起超过二年的，保险人不得解除合同；发生保险事故的，保险人应当承担赔偿或者给付保险金的责任。投保人故意不履行如实告知义务的，保险人对于合同解除前发生的保险事故，不承担赔偿或者给付保险金的责任，并不退还保险费。投保人因重大过失未履行如实告知义务，对保险事故的发生有严重影响的，保险人对于合同解除前发生的保险事故，不承担赔偿或者给付保险金的责任，但应当退还保险费。保险人在合同订立时已经知道投保人未如实告知的情况的，保险人不得解除合同；发生保险事故的，保险人应当承担赔偿或者给付保险金的责任。保险事故是指保险合同约定的保险责任范围内的事故。"

我国《保险销售行为管理办法》第二十七条规定："订立保险合同，保险公司应当提示投保人履行如实告知义务。保险公司及受其委托及与其合作的保险中介机构、保险销售人员应当就保险标的或者被保险人的有关情况提出有具体内容的询问，以投保单询问表方式进行询问的，投保单询问表中不得有概括性条款，但该概括性条款有具体内容的除外。投保人的如实告知义务限于保险公司及受其委托的保险中介机构、保险销售人员询问范围和内容，法律法规另有规定的除外。"

② 　我国《保险法》第四十九条规定："保险标的转让的，保险标的的受让人承继被保险人的权利和义务。保险标的转让的，被保险人或者受让人应当及时通知保险人，但货物运输保险合同和另有约定的合同除外。因保险标的的转让导致危险程度显著增加的，保险人自收到前款规定的通知之日起三十日内，可以按照合同约定增加保险费或者解除合同。保险人解除合同的，应当将已收取的保险费，按照合同约定扣除自保险责任开始之日起至合同解除之日止应收的部分后，退还投保人。被保险人、受让人未履行本条第二款规定的通知义务的，因转让导致保险标的的危险程度显著增加而发生的保险事故，保险人不承担赔偿保险金的责任。"

任何重要情况都负有告知义务。如英国《海上保险法》规定：投保人必须向保险人告知所知的一切重要事实，而且，有关保险标的的重要事实，不论投保人实际上是否知道，都推定为其应该知道的事实，必须告知。这种告知方式对投保人的要求过于严格，使投保人承担过多的责任，有悖于民法中的公平原则。目前，还有少数国家在保险立法中采取这种规定，多数国家则实行询问告知方式。询问告知也叫主观告知，即保险人询问的，投保人就必须如实回答，对保险人询问以外的问题，投保人则不必告知，而且在询问告知时，投保人的告知以其所知为限。我国《保险法》规定投保人的告知是询问告知。例如，我国《保险法》第十六条第一款规定："订立保险合同，保险人就保险标的或者被保险人的有关情况提出询问的，投保人应当如实告知。"《司法解释（二）》的第六条进一步解释为"投保人的告知义务限于保险人询问的范围和内容"。询问告知有利于维护投保人的利益，防止保险人动辄以投保人未履行告知义务为由主张合同无效或拒绝承担赔付责任。

就保险人而言，其告知形式有两种，即明确列明和明确说明。明确列明是指保险人只需将保险的主要内容明确列明在保险合同之中，即视为已告知投保人；明确说明是指保险人不仅应将保险的主要内容明确列明在保险合同之中，还必须对投保人进行正确的解释。我国《保险法》第十七条规定："订立保险合同，采用保险人提供的格式条款的，保险人向投保人提供的投保单应当附格式条款，保险人应当向投保人说明合同的内容。对保险合同中免除保险人责任的条款，保险人在订立合同时应当在投保单、保险单或者其他保险凭证上作出足以引起投保人注意的提示，并对该条款的内容以书面或者口头形式向投保人作出明确说明；未作提示或者明确说明的，该条款不产生效力。"再如在互联网保险中，根据我国《互联网保险业务监管办法》第十五条规定：保险机构的互联网保险营销宣传内容应与保险合同条款保持一致；应用准确的语言描述产品的主要功能和特点，突出说明容易引发歧义或消费者容易忽视的内容。在认定保险人是否明确列明与明确说明方面，《司法解释（二）》第十一条至第十三条有明确规定。例如，第十一条规定："保险合同订立时，保险人在投保单或者保险单等其他保险凭证上，对保险合同中免除保险人责任的条款，以足以引起投保人注意的文字、字体、符号或者其他明显标志作出提示的，人民法院应当认定其履行了《保险法》第十七条第二款规定的提示义务。保险人对保险合同中有关免除保险人责任条款的概念、内容及其法律后果以书面或者口头形式向投保人作出常人能够理解的解释说明的，人民法院应当认定保险人履行了《保险法》第十七条第二款规定的明确说明义务。"第十二条规定："通过网络、电话等方式订立的保险合同，保险人以网页、音频、视频等形式对免除保险人责任条款予以提示和明确说明的，人民法院可以认定其履行了提示和明确说明义务。"第十三条规定："保险人对其履行了明确说明义务负举证责任。投保人对保险人履行了符合本解释第十一条第二款要求的明确说明义务在相关文书上签字、盖章或者以其他形式予以确认的，应当认定保险人履行了该项义务。但另有证据证明保险人未履行明确说明义务的除外。"

（二）保证

1. 保证的含义。保证是指保险人和投保人在保险合同中约定，投保人或被保险人在保险期限内担保对某种特定事项的作为或不作为或担保其真实性。例如，保证船舶适航、宾馆投保时要保证每个客房配备合适的消防器材；投保人投保人寿保险时，保证被保险人在过去和投保当时健康状况良好；等等。保证是保险人接受承保或承担保险责任所需投保人履行某种义务的条件，保险保证的内容属于合同的组成部分，其对保险合同效力的影响非常重要。但由于保证条款对投保人或被保险人的要求极为严格，如果滥加运用，对投保人或被保险人十分不利，故各国保险法均对保证条款进行了一些限制。首先，保证的内容必须是重要事实。其次，保证条款必须明确载于保险合同内，如果是载于投保单等附件中，保险人应在出具的保险单中加以确认。最后，投保人或被保险人违反保证条款，保险人应向其发出书面通知，方可解除保险合同。

2. 保证的形式。保证通常分为明示保证和默示保证。明示保证表现为在保险合同中明确规定的保证条款。明示保证又可分为确认保证和承诺保证。确认保证事项涉及过去与现在，它是投保人对过去或现在某一特定事实存在或不存在的保证。如上述投保人投保人身保险时，保证被保险人在过去和投保当时健康状况良好即为确认保证。承诺保证是指投保人对将来某一特定事项的作为或不作为，其保证事项涉及现在与将来，但不包括过去。默示保证则是指一些重要保证并未在保单中订明，但却为订约双方在订约时都清楚的保证。默示保证是根据有关的法律、惯例及行业习惯来决定。实际上是法庭判例影响的结果，也是某行业习惯的合法化。默示保证主要适用于船舶保险，如船舶适航（指被保险船只在构造、性能、人员配备、装备给养方面均具备适合预定航线的能力）、不变更航程（指被保险船只不离两港间的最短航线或习惯性航线，除非合理地为了船舶和货物安全的需要，或为了拯救他船人命）、合法航行（指被保险人从事的航运或贸易是合法的）。

（三）弃权与禁止反言

如果说保证主要是针对投保人的话，弃权与禁止反言则主要是针对保险人。

弃权是保险合同一方当事人放弃他在合同中可以主张的某种权利，通常是指保险人放弃合同解除权与抗辩权。禁止反言也称禁止抗辩，是指保险合同一方既然已放弃他在合同中的某种权利，将来不得再向他方主张这种权利。例如，某单位为全体员工投保团体健康保险，在提交的被保险人名单上，已注明某被保险人因膀胱癌已病休 2 个月，但因代理人未严格审查，办理了承保手续，签发了保单，日后该被保险人因膀胱癌死亡，保险人不能因该被保险人不符合投保条件而拒付保险金。对于弃权与禁止反言，我国《保险法》第十六条有明文规定。投保人故意或者因重大过失未履行如实告知义务，足以影响保险人决定是否同意承保或者提高保险费率的，保险人有权解除合同，但是其合同解除权自保险人知道有解除事由之日起，超过 30 日不行使而消灭。自合同成立之日起超过 2 年的，保险人不得解除合同；发生保险事故的，保险人应当承担赔偿或者给付保险金的责任。保险人在合同订立时已经知道投保人未如实告知的情况的，保险人不得解除合同；发生保险事故的，保险人应当承担赔偿或者给付保险金的责任。

构成保险人的弃权必须具备以下两个要件：第一，保险人必须知道投保人或被保险人有违反告知义务或保证条款的情形；第二，保险人须有弃权的意思表示，无论是明示还是默示。对于默示弃权，可以从保险人的行为中推断——如果保险人知道投保人或被保险人有违反告知义务或保证条款的情形，而作出下列行为的，一般即可视为默示弃权：①保险人在保险合同成立后知道或者应当知道投保人未履行如实告知义务，仍然收取保险费；②在保险事故发生后，保险人明知有拒绝赔付的抗辩权，但仍要求投保人或被保险人或受益人提出损害证明或进行施救，而增加其在时间及经济上的负担；③保险人明知投保人或被保险人或受益人的损害证明有纰漏或不实，但仍无条件予以接受；④保险事故发生后，投保人或被保险人或受益人逾期通知保险人，保险人仍表示接受的；⑤财产保险合同订立时，保险人知道或者应当知道投保人存在代位追偿权放弃情形仍同意承保的。

弃权与禁止反言的限定，可以约束保险人的行为，要求保险人为自身及其代理人的行为负责，同时，也维护了被保险人的权益，有利于保险合同双方权利义务关系的平衡。

三、违反诚信原则的法律后果

诚信原则对保险活动的各方主体均有约束力。

1. 投保人或被保险人违反诚信原则的表现及后果。投保人或被保险人违反诚信原则主要体现在告知与保证两方面。告知的违反表现主要有以下四种：①隐瞒。投保人一方明知一些重要事实而有意不申报。②漏报。投保人一方对某些重要事实误认为不重要而遗漏申报，或由于疏忽对某些事项未予申报。③误告。投保人一方因过失而申报不实。④欺诈。投保人一方有意捏造事实，弄虚作假，故意对重要事实不做正确申报并有欺诈意图。各国法律对违反告知的处分原则是区别对待的：一是要区分其动机是无意还是故意，对故意的处分比无意的重。二是要区分其违反的事项是否属于重要事实，对重要事实的处分比非重要事实的重。我国《保险法》第十六条、第二十七条、第五十二条和第一百七十四条，对投保人或被保险人违反诚信原则的后果都有明文规定。投保人只要故意违反了该义务，保险人对保险事故的发生就不承担责任，而在投保人过失违反如实告知义务的情况下，只有在其未告知的重要事项对保险事故的发生有严重影响的，保险人才不负赔偿责任。例如，《保险法》第十六条中对违反告知的规定有以下三种情况：①投保人故意或者因重大过失未履行前款规定的如实告知义务，足以影响保险人决定是否同意承保或者提高保险费率的，保险人有权解除合同。②投保人故意不履行如实告知义务的，保险人对于合同解除前发生的保险事故，不承担赔偿或者给付保险金的责任，并不退还保险费。③投保人因重大过失未履行如实告知义务，对保险事故的发生有严重影响的，保险人对于合同解除前发生的保险事故，不承担赔偿或者给付保险金的责任，但应当退还保险费。第五十二条对被保险人违反告知的规定有以下两种情况：①在保险标的的危险程度显著增加时未履行及时通知保险公司义务的，保险人可以按照合同约定增加保险费或者解除合同。只是保险人解除合同时，应当将已收取的保险费，按照合同约定扣除自保险责任开始之日起至合同解除之日止应收的部分后，退还投保人。②被保险人未履行法律规定的通知义务的，因保险标的的危险程度显著增加而发生的保险事故，保险人不承担赔偿保险金的责任。再如第一百七十四条规定投保人、被保险人进行保险诈骗活动（如投保人故意虚构保险标的，或编造未曾发生的保险事故，或编造虚假的事故原因或者夸大损失程度，或故意造成保险事故等骗取保险金的行为），尚不构成犯罪的，将依法给予行政处罚等。

与告知不同的是，保险合同涉及的所有保证内容，无论是明示保证还是默示保证，均属于重要事实，因而投保人必须严格遵守。若投保人一旦违背或破坏保证内容，保险合同即告失效，保险人可拒绝补偿损失。而且保险人一般不退还保险费。

2. 保险人违反诚信原则的行为及后果。我国《保险法》第十七条、第一百一十六条及第一百六十一条均有对保险人违反诚信原则的后果规定，例如，第十七条规定，订立保险合同，采用保险人提供的格式条款的，保险人向投保人提供的投保单应当附格式条款，保险人应当向投保人说明合同的内容。对保险合同中免除保险人责任的条款，保险人在订立合同时应当在投保单、保险单或者其他保险凭证上作出足以引起投保人注意的提示，并对该条款的内容以书面或者口头形式向投保人作出明确说明；未作提示或者明确说明的，该条款不产生效力。再如《保险法》第一百一十六条、第一百六十一条和第一百七十九条规定：①欺骗投保人、被保险人或者受益人；②对投保人隐瞒与保险合同有关的重要情况；③阻碍投保人履行本法规定的如实告知义务，或者诱导其不履行本法规定的如实告知义务；④给予或者承诺给予投保人、被保险人、受益人保险合同约定以外的保险费回扣或者其他利益；⑤拒不依法履行保险合同约定的赔偿或者给付保险金义务；⑥故意编造未曾发生的保险事故、虚构保险合同或者故意夸大已经发生的保险事故的损失程度进行虚假理赔，骗取保险金或者牟取其他不正当利益；……由保险监督管理机构责令改正，处5万元以上30万元以下的罚款；情节严重的，限制其业务范围、责令停止接受新业务或者吊销业务许可证。如果保险人及其相关人员有违反诚信原则的行为，构成犯罪的，依法追究其刑事责任；尚不构成犯罪的，会受到监督管理部门的罚款及吊销业务许可证等的惩罚。

3. 中介人违反诚信原则的行为及后果。在保险活动中，保险代理人、保险经纪人和保险公估人也会直接参与有关保险活动的各个环节，若违背诚信原则，将直接损害保险双方当事人的权益，破坏保险市场秩序。因此，诚信原则作为保险的一项基本原则，也需要保险中介人遵守。如若违背诚信原则，必将承担法律后果。例如，根据我国《保险法》第一百三十一条规定，保险代理人、保险经纪人及其从业人员在办理保险业务活动中不得有下列行为：①欺骗保险人、投保人、被保险人或者受益人；②隐瞒与保险合同有关的重要情况；③阻碍投保人履行本法规定的如实告知义务，或者诱导其不履行本法规定的如实告知义务；④给予或者承诺给予投保人、被保险人或者受益人保险合同约定以外的利益；⑤利用行政权力、职务或者职业便利以及其他不正当手段强迫、引诱或者限制投保人订立保险合同；⑥伪造、擅自变更保险合同，或者为保险合同当事人提供虚假证明材料；⑦挪用、截留、侵占保险费或者保险金；⑧利用业务便利为其他机构或者个人牟取不正当利益；⑨串通投保人、被保险人或者受益人，骗取保险金；⑩泄露在业务活动中知悉的保险人、投保人、被保险人的商业秘密。否则，则按《保险法》第一百六十五条规定，由保险监督管理机构责令其改正，并处 5 万元以上 30 万元以下的罚款；情节严重的，吊销业务许可证。

第二节　保险利益原则

一、保险利益的含义及构成条件

所谓保险利益，即可保利益。我国《保险法》第十二条第六款规定："保险利益是指投保人或者被保险人对保险标的具有的法律上承认的利益。"由法律定义可知，构成保险利益应具备如下三个条件。

（一）保险利益必须是合法利益

保险利益作为被保险人享有的利益，必须是符合法律法规，符合社会公共利益，为法律认可并受到法律保护的利益。非法的利益不受法律保护，当然不能作为保险利益，如以非法手段所获得的财产均不存在保险利益，走私物品、违禁品等也无保险利益。

（二）保险利益必须是经济利益

财产保险补偿的是具有经济价值并能用货币加以衡量的利益，如所有权、债权、担保物权等；而那些非经济上的损失，如精神创伤、刑事处罚、政治打击等，则不能构成保险利益。人身保险的保险利益虽然难以用货币估价，但同样要求投保人与保险标的（寿命或身体）之间具有经济利害关系，即投保人应具有保险利益。为此，我国《保险法》第三十一条规定，投保人对本人，配偶，子女，父母，与投保人有抚养、赡养或扶养关系的家庭其他成员、近亲属具有保险利益；与投保人有劳动关系的劳动者具有保险利益；其他被保险人同意投保人为其订立合同的，视为投保人对其具有保险利益。

（三）保险利益必须是可以确定的和能够实现的利益

第一，保险利益应该是可以确定的，可以用货币估量其经济价值。有些合法的经济利益标的，无法估量其货币价值，属"价值连城"的无价之宝，如技术资料、艺术品等，一般不能成为保险标的（个别标的通过特别约定可以成为保险标的）。第二，保险利益应该是能够实现的，是事实上的利益或客观的利益。保险利益既可以是被保险人对保险标的所拥有的现有利益和直接利益，也可以是期待利益（或称预期利益）和间接利益。人身保险的保险利益必须是确定的现有利益。投保人进行投保时，现有利益一般根据投保人的交费能力以及其实际需要来确定。

二、坚持保险利益原则的意义

保险利益原则是指在签订并履行保险合同的过程中，投保人或被保险人对保险标的必须具有保险利益。

《保险法》第十二条规定：人身保险的投保人在保险合同订立时，对被保险人应当具有保险利益。订立合同时，投保人对被保险人不具有保险利益的，合同无效。财产保险的被保险人在保险事故发生时，对保险标的应当具有保险利益。就财产保险而言，

《保险法》第四十八条进一步规定：保险事故发生时，被保险人对保险标的不具有保险利益的，不得向保险人请求赔偿保险金。法律规定保险利益原则的意义一方面在于遏制赌博行为及道德风险的发生；另一方面在于明确保险人所承担的保险赔付责任，即被保险人向保险人请求赔付，不得超过保险利益的金额或价值。

人身保险的保险利益必须在保险合同订立时存在，而保险事故发生时是否具有保险利益并不重要。也就是说，在发生索赔时，即使投保人对被保险人失去保险利益，也不影响保险合同的效力。强调必须在保险合同订立时存在保险利益，是为了防止诱发道德风险，进而危及被保险人生命或身体的安全。另外由于人身保险具有长期性，如果一旦投保人对被保险人失去保险利益，保险合同就失效的话，就会使被保险人失去保障。而且领取保险金的受益人是由被保险人指定的，如果合同订立之后，因保险利益的消失，而使受益人丧失了在保险事故发生时所应获得的保险金，无疑会使该权益处于不稳定的状态之中。因此，人身保险的保险利益的存在是订立合同的必要前提条件，而不是给付的前提条件。即使投保人对被保险人因离异、雇佣合同解除或其他原因而丧失保险利益，也不影响保险合同的效力，保险人仍担负给付被保险人或受益人保险金的责任。

例如，苏某为其妻王某投保一份人身意外伤害保险合同，约定保险金额为 30 万元，王某指定苏某为受益人。半年后苏某与王某离婚。离婚次日，王某因发生意外导致其终身残疾，对于王某该合同项下的 30 万元伤残保险金，应由被保险人王某领取。因被保险人王某是受保险合同保障的对象、享有生存保险金请求权，受益人苏某则仅享有身故保险金请求权（即使苏某与王某离婚了，在原保险合同没有变更受益人的前提下，苏某仍拥有王某身故后保险金的请求权）。人身保险合同对于保险利益只要求投保人在投保时对于保险标的具有保险利益，索赔时不具有保险利益并不影响被保险人或受益人的索赔权。故本案 30 万元伤残金应由王某领取。

财产保险的保险利益体现的是保险事故发生时，被保险人对保险标的所具有的利益关系。财产保险被保险人的保险利益关系可以在保险合同签订前存在，也可以不存在。这是因为财产保险的目的在于补偿被保险人所遭受的损失。如果投保人购买保险时对保险标的没有保险利益，而财产损失时被保险人具有保险利益却又得不到赔偿，这显然是有悖于补偿原则的。因此，我国《保险法》第十二条、第四十八条仅规定被保险人在发生保险事故时对保险标的要有保险利益，而没有规定投保人在投保时要有保险利益。

例如，A 与 B 是同事，A 可以给 B 的汽车投保商业保险，但当 B 的汽车发生事故损坏时，A 不能以此向保险公司申请赔偿，因 A 对 B 的汽车没有保险利益，即 B 的汽车受损，A 没有任何损失。因此，只有 B 能够申请保险公司赔偿。再如，甲给自己的三层楼房买了房屋财产保险，不久又将房屋的第一层卖给乙。在保险期内，楼房意外发生火灾，三层楼房全部烧毁。甲只能向保险人请求赔偿第二层至第三层的房屋损失，对于第一层的损失则不得向保险公司请求赔偿，否则其获得了非法的收益。而乙自第一层房屋过户开始则承继了该层的保险赔偿请求权（需到保险公司办理保险合同相关的变更手续），发生火灾后，乙可以就自己的保险利益权限向保险公司请求赔偿。

在保险合同签订与履行的过程中坚持保险利益原则，主要有以下几个方面的意义：

第一，从本质上将保险与赌博区分开来。赌博行为有悖于社会公共利益，为法律所禁止。保险则是一种以互助为基础的经济补偿制度，它对于补偿经济损失、筹集社会资金、促进社会互助的风气等具有积极的作用。历史上曾有过利用保险来进行赌博的行为，但投保人或被保险人保险利益原则的确立使保险与赌博划清了本质界限。

第二，可以减少道德风险的发生。保险利益原则要求投保人或被保险人对保险标的具有保险利益，保险人的补偿以被保险人遭受经济损失为前提，这就可以防止投保人或被保险人放任、促使其不具有保险利益或仅具有低于保险金额的保险利益的保险标的的发生保险事故而牟取保险赔款。

第三，可使风险因素相对稳定。风险因素的变化会直接影响保险关系，而保险利益的变动正是导致风险因素发生变化的一个重要原因。例如，在保险期内，被保险人甲某将自用车辆卖给乙某作营业车辆，甲某丧失了保险利益，保险标的的风险程度也发生了变化。因此，保险利益原则可以从一个方面使保险标的的风险因素保持相对稳定。

第四，便于明确保险人所承担的保险赔偿与给付责任。保险利益既然是投保人或被保险人对保险标的的权益，那么它就是保险人进行损失赔付的限额。也就是说，被保险人或受益人向保险人请求赔付，不得超过保险利益的金额或合同约定的赔付限额。

三、保险利益的认定及注意事项

（一）人身保险的保险利益认定

人身保险的保险利益并不直接体现为投保人对保险标的的利害关系，而体现为投保人和被保险人之间的人身依附关系或者依赖关系。世界各国在立法上关于人身保险的保险利益认定一般遵循利益原则、同意原则、利益和同意兼顾原则。根据我国《保险法》第三十一条规定，我国人身保险的保险利益认定采用的是利益和同意兼顾原则。

1. 由法律法规或合同关系来确定投保人与被保险人之间是否存在经济上的利益关系作为保险利益存在的依据。我国《保险法》第三十一条规定："投保人对下列人员具有保险利益：本人；配偶、子女、父母；前项以外与投保人有抚养、赡养或者扶养关系的家庭其他成员、近亲属；与投保人有劳动关系的劳动者。"换言之，一是任何人都对自己的生命和身体具有无限的保险利益，这是各国法律都承认的一条原则。因此，任何人都可以为自己投保任何保险责任的人身保险合同。二是配偶之间、父母与子女之间具有法律规定的扶养、抚养或赡养义务，被保险人的死亡或伤残会造成投保人的经济损失，因而投保人对其配偶、父母、子女具有保险利益，可以作为投保人为他们投保，但也需要被保险人同意（如果子女是未成年人或无民事行为能力，可以不需要被保险人本人签字同意，下同）。三是与投保人具有抚养、赡养或者扶养关系的家庭成员、近亲属的伤亡，可能会给投保人带来经济上的损失，因此，投保人对他们具有保险利益（如父母对于领养的孩子具有保险利益），但同样需要被保险人本人同意。四是诸如投保人的合伙人、债务人以及雇员等之间的利益关系，如对于合伙经营，一旦一方合伙人死亡，可能导致合伙经营的事业难以为继，使另一方合伙人遭受损失，因此，合伙人之间互有保险利益。

2. 只要经过被保险人的同意，而不论投保人与被保险人之间是否存在利害关系，都认为投保人对被保险人具有保险利益。我国《保险法》第三十一条第六款规定："除前款规定外，被保险人同意投保人为其订立合同的，视为投保人对被保险人具有保险利益。"为了更有效地防范道德风险，此处的"被保险人同意"一般被认为以被保险人与投保人之间已经存在的可以产生利益关系的法律关系为条件。即这里表现出来的是双重条件，既要具有一定的法律关系又要被保险人同意。

（二）财产保险的保险利益认定

由于财产保险标的是财产及相关利益，因此，其保险利益认定可从以下四个方面进行。

1. 现有利益。现有利益是指被保险人对财产已享有且继续可享有的利益。即在保险事故发生时，被保险人对被保险财产具有合法的所有权、抵押权、质权、留置权、典权等关系且将继续存在者，均具有保险利益。

2. 预期利益。预期利益因被保险人对被保险财产的现有利益而存在，即被保险人就被保险财产依法律或合同而产生的未来一定时期的利益。例如，未来的产品销售利润利益、房屋租金收入利益、运输工具的运费收入利益等。

3. 责任利益。责任利益是被保险人因其对第三者的民事损害行为依法应承担的赔偿责任，它是基于法律上的民事赔偿责任而产生的保险利益，如职业责任、产品责任、公众责任、雇主责任等。根据责任保险险种划分，下述人员有责任保险利益：各种固定场所的所有者、经营者或管理者；产品的制造商、销售商、修理商；雇主；各类专业人员等。例如，雇员在工作过程中受到伤害，雇主依法对受伤雇员负有的赔偿责任；驾驶人因其过失导致汽车压伤了行人而依法应负的赔偿责任等。

4. 合同利益。合同利益是基于有效合同而产生的保险利益。例如，产品买卖双方的合同利益（产品质量保证保险、产品责任保险等）、信贷双方的合同利益（贷款信用或保证保险），等等。

（三）保险利益原则应用中的注意事项

在保险实务中，以下有关保险利益原则运用过程中的事项比较多见，必须注意。

1. 被保险人在投保时对保险标的有保险利益，但出险时已丧失保险利益。就人身保险而言，这并不影响保险合同的效力。我国《保险法》第三十一条规定，订立人身保险合同时，投保人对被保险人不具有保险利益的，合同无效。也就是说，在发生人身保险合同索赔时，即使投保人对被保险人失去保险利益，也不影响保险合同的效力。就财产保险而言，出险时已丧失保险利益，一般是指保险期间内被保险人将保险标的转让给他人。根据我国《保险法》第四十九条规定，保险标的转让的，保险标的的受让人承继被保险人的权利和义务。但被保险人或者受让人应当及时通知保险人（货物运输保险合同和另有约定的保险合同除外）。

2. 财产保险合同订立时被保险人对保险标的不具有保险利益但发生保险事故时具有保险利益的，保险人依法承担保险责任。人身保险事故发生时，投保人对被保险人没有保险利益，但保险人应依法对被保险人或受益人承担保险金给付责任。

3. 被保险人死亡时，保险利益可以继承。各国法律大都采取同时移转原则，即被保险人死亡后，保险合同由受益人或法定继承人承继保险金的受领权或财产损失保险补偿权。在我国，《最高人民法院关于适用〈中华人民共和国保险法〉若干问题的解释（三）》（以下简称《司法解释（三）》）第二十四条、《最高人民法院关于适用〈中华人民共和国保险法〉若干问题的解释（四）》（以下简称《司法解释（四）》）第三条分别规定："投保人为被保险人订立以死亡为给付保险金条件的人身保险合同，被保险人被宣告死亡后，当事人要求保险人按照保险合同约定给付保险金的，人民法院应予支持。被保险人被宣告死亡之日在保险责任期间之外，但有证据证明下落不明之日在保险责任期间之内，当事人要求保险人按照保险合同约定给付保险金的，人民法院应予支持。""被保险人死亡，继承保险标的的当事人主张承继被保险人的权利和义务的，人民法院应予支持。"我国《保险法》第四十九条规定："保险标的转让的，保险标的的受让人承继被保险人的权利和义务。"

4. 财产保险标的或被保险人的其他同类财产在保险地址以外的某地点出险受损，如企业对外加工、分片承包、售后结算、异地储存等情形下，有些财产虽属投保企业但又不在保险地址内，如果订立保险合同时双方对此予以约定，则被保险人具有保险利益；如果双方没有约定，则一般认为被保险人没有保险利益。

5. 关于货物运输保险的保险利益，尤其需要根据实际情况具体考察。这主要是因为：一方面，货物具有流动性，有时是发货人投保，有时是收货人投保或发货人代收货人投保，方式有所不同；另一方面，在有些情形下特别是远距离运输的情形下，可能有多种保险利益同时存在，比如货主对货物有保险利益，船东或承运人因对货损负有责任也有保险利益，面临运费风险的人和中间商也有保险利益，等等。

第三节　近因原则

一、近因原则的含义

近因原则是指保险当事人处理保险案件，或法庭审理有关保险赔付的诉讼案，在调查事件发生的起因和确定事件责任的归属时所遵循的原则，它是在处理赔案时确定保险责任的依据。根据近因原则，当保险标的的损失是由保险人承保的保险责任风险导致时，保险人负责赔付。这就是说，保险人在进行保险赔付时，首先要确定保险标的损害是否属于保险责任范围，或者说确定保险标的的损害与承保风险之间是否存在着因果关系。如果存在着因果关系，保险人负责损失赔付，反之不承担赔付责任。1906年英国的《海上保险法》第55条规定："除本法或保险契约另有规定外，保险人对于因承保之海难所致之损害，均负赔偿责任，对于非因承保之海难所致之损害，均不负赔偿责任。"我国的《保险法》《海商法》及《海商法（修订征求意见稿）》只是在相关条文中体现了近因原则的精神，但无明文规定。

二、保险近因的确定

所谓近因，即直接促成结果或对结果起决定作用的原因，也称主因。换言之，近因并非是指在时间上或空间上与保险标的损害最接近的原因，而是指造成保险标的损害的最直接、最有效的、起主导作用或支配性作用的原因。在保险理赔中，近因原则的运用具有普遍性意义。保险人在处理保险标的损害索赔案时，损害赔付的条件是造成保险标的损害的近因必须属于保险责任，若造成保险标的损害的近因属于除外责任，则保险人不负责补偿。只有当损害事故的发生与损害结果的形成有直接因果关系时，才构成保险人赔付的条件。

如何判断属于保险的近因，即如何坚持近因原则，我国的保险法规目前并没有作出明确规定，但行业或司法实践中，近因原则已成为判断保险人是否应承担保险责任的一个重要标准。国际上近因原则的里程碑案例是 1918 年英国里兰船舶有限公司诉挪威联合火灾保险公司（Leyland Shipping Co. Ltd. v. Norwich Union Fire Insurance Society Ltd.）一案。[①] 第一次世界大战期间，被保险人里兰公司的一艘被保险货船被德国潜艇的鱼雷击中后严重受损，但仍然行驶到了目的港法国勒哈佛尔港，港口当局担心该船沉没后会阻碍码头的使用，迫使该船驶离港口，在驶离港口途中，该船触礁沉没。该船只保一般船舶保险而未加保战争险。里兰公司向保险公司索赔遭拒后诉至法院，法院认为，导致船舶沉没的原因是被鱼雷击中而非触礁，因该船舶在鱼雷击中后始终没有脱离危险，因此，船舶沉没的近因是鱼雷击中而不是触礁，保险公司不应承担损失补偿责任。

保险近因一般有以下几种情况，应根据不同情况对是否属于保险责任进行判断。

（一）单一原因造成保险标的受损

单一原因造成保险标的受损，如该原因属保险责任范围，则保险人承担保险补偿责任，否则保险人可以拒绝赔付。例如，被保险房屋被意外火灾烧毁，意外火灾是近因，也属于保险责任范围，则保险人应在保险合同责任范围内赔偿被保险人房主的房屋损失；再假如，该火灾将房屋烧毁的同时，将住房中的租客烧伤，而该租客买了人身意外伤害保险，则在人身意外伤害保险合同项下，可以获得合同约定的保险金给付；但如果该火灾是租客故意放火所致，则房主可以获得保险人的房屋损失补偿，但租客不能获得人身意外伤害保险的保险金给付，因租客故意放火属于保险合同除外不保或不赔的免责责任。

（二）多种原因造成保险标的损失

多种原因造成保险标的的损失。这种情况较为复杂，可区分为以下四种情形。

1. 如果多种原因均为承保风险，则保险人对保险标的损失负补偿责任；反之，如果多种原因均非承保风险，则保险人不承担损失补偿责任。

2. 多种原因连续发生，如果其中持续起决定作用或处于支配地位的原因属承保风险，则保险人负补偿责任，否则保险人不予补偿。在此情况下，后因是前因的结果，最先发生的原因为损失的近因，但具体分如下情形：①各原因均为承保风险，保险人负补偿责任。②前因和后因均为不保风险，则保险人不负补偿责任。③前因为承保风险，后

---

① 许飞琼. 财产保险理论与实务［M］. 北京：国家开放大学出版社，2018：43.

因为不保风险，保险人负补偿责任。④前因为不保风险，后因为承保风险，则保险人不负补偿责任。如地震导致火灾将房屋烧毁，保险人虽承保火灾风险但没有承保地震风险而不负责赔偿。

著名的"蒙托亚—伦敦保险公司讼案"（1851 年）就是一个典型的多种原因依次发生且连续不断的近因原则案例。法官在裁决这一案例时宣布：在航行中一艘满载皮革和烟草的货船，突然船舱进水，海水腐蚀了皮革，但并没有浸湿烟草，也没有浸湿包装烟草的纸箱；尽管如此，腐烂皮革散发的臭气仍然毁坏了烟草。法庭认为，船舱进水事故是导致烟草和皮革损失的原因。在这个案件中船舱进水延伸的因果联系没有中断过，并且导致了最终结果的发生。而船舱进水为承保风险，因此，保险公司被判赔偿。①

3. 多种原因间断发生，即前因与后因并不连续，后因与前因不相关联，后因不是前因的必然、直接结果，而是新的相对独立的原因。在此情形下，如果后因属保险责任，则保险人对由此造成的损失承担赔付责任，不属保险责任则不予赔付。例如，被保险车辆遭受暴雨浸泡使气缸进水，驾驶员强行启动发动机导致发动机受损，近因是强行启动发动机，暴雨并不必然导致发动机受损而不是近因。那么，投保人如果只购买车辆损失保险，而没有购买发动机涉水保险，则保险人可能只对暴雨造成的损失承担保险补偿责任，而对发动机损失则不补偿。再如某人为自己投保人身意外伤害保险，保险期间因与邻居家的宅基地存在争议发生纠纷争吵，情绪激动突然瘫倒，神志不清，被急送医院，抢救无效当日死亡。医院关于死亡的原因结论是：被保险人系突发心肌梗死而死亡。心肌梗死属于心血管疾病，本案中对死亡起决定作用的原因是心肌梗死，而不是争吵，所以死亡的近因系疾病。情绪激动仅仅是疾病突发的诱发因素，并不是死亡的近因，因此，保险人拒绝了被保险人家属的死亡给付请求。

4. 多种原因同时发生或相对独立，无法确认近因，对此，如果可以依其原因对损失加以划分，则保险人对承保风险部分承担补偿责任；如果损失无法划分，一般则取决于法官自由裁量。例如，被保险人驾驶被保险汽车将行人撞伤，受伤者被送往医院后不治身亡，医生的结论是：死亡原因为心肌梗死或急性非特异性包炎。那么车祸是否是死亡的诱因？构成死亡的原因中哪个是主因？这恐怕要取决于法官的自由裁量了。

坚持近因原则，其目的是确定保险事故损害原因与损害结果之间的关系，它既有利于保险人，也有利于被保险人。对保险人来说，其只负责赔付承保风险作为近因所造成的损害，对于承保风险为非保险近因所造成的损失不承担赔偿责任，避免了保险合同项下不合理的索赔。或者说，被保险人不能利用"承保原因"牟取不当得利。对被保险人来说，它可防止保险人以损害原因为非保险近因作为借口，解除保险合同项下的责任，不承担承保风险所造成的损失。也就是说，使保险人不能利用"除外原因"摆脱应负的保险责任。

---

① W. A. 汀斯代尔，D. C. 麦克莫狄. 保险学概论［M］. 成都：西南财经大学出版社，1987：149.

第四节　损失补偿原则

一、损失补偿原则概述

（一）损失补偿原则确立的意义

损失补偿原则又称保险赔付原则，一般是指当保险标的遭受保险责任范围内的损失（害）时，保险人应按照保险合同的约定履行其赔偿或给付保险金的责任。损失补偿是社会分工赋予保险的天然使命，保险的产生就是因为社会需要有专门的行业来承担组织经济损失补偿的责任，而投保人参加保险的目的就是保险标的受损时能够获得经济损失补偿。

损失补偿原则一般属于财产保险领域的概念，人的身体或生命是无法用价值去衡量的，所以，不存在保险补（赔）偿的概念（补偿性医疗保险除外），当发生人身保险事故时，只能是按合同约定的赔偿限额进行给付。

损失补偿原则实质上是保险人在履行经济损失补偿责任活动过程中必须遵循的一系列准则，如近因原则（本章第三节已阐述）、权益转让原则、重复保险分摊原则等。坚持损失补偿原则，是履行保险合同过程中重要的核心内容之一。之所以要确立这一原则，其主要原因在于其存在的意义。

1. 坚持损失补偿原则能维护保险合同双方正当权益。保险合同是合同双方当事人就有关保险事项自愿达成的协议，更是权利与义务对等的协议。对于投保人或被保险人而言，缴纳保险费是其义务，享受损失补偿则是其权利；与此相对应，保险人收取保险费是其权利，进行损失补偿是其义务。如果合同的某一方只求权利、不履行义务，就有可能导致该合同无效并产生纠纷。因此，坚持损失补偿原则，能够达到维护保险合同双方的正当权益的目的。

2. 能够真正发挥保险的经济补偿职能作用。如本书第一章所阐述的，损失补偿是保险的基本职能，对被保险人而言，当发生保险事故造成经济损失时，坚持保险的损失补偿原则就能保证其正当权益的实现；而对保险人而言，在合同约定条件下承担保险补偿责任，正是发挥其损失补偿职能的具体表现。只有每一个行业发挥好其职能作用，该行业的发展才会越来越健康。

3. 能充分发挥保险参与社会管理的作用。一方面，坚持损失补偿原则，可以使被保险人财产物资或相关利益因灾害事故所致的实际损失在价值上得到相应的补偿，能够达到维护政府、企业和个人之间正常与有序的社会关系，减少社会摩擦，提高社会运行效率的目的。另一方面，损失补偿原则坚持的是有保险损失才有保险补偿，无保险损失则无补偿；而且被保险人因同一损失所获得的补偿总额不能超过其损失总额的原则，使被保险人不能因投保而得到超过损失的额外利益，能防止被保险人以取得保险补偿款为目的故意制造损失的不良企图和行为等道德风险的发生，从而能够保持良好的社会秩序和风尚。此外，坚持损失补偿原则，能提升社会团体和居民利用保险这一市场化手段应对灾害事故风险的意识和水平，增强全社会抵御风险能力的同时，减轻政府救灾的压力。

（二）损失补偿原则的条件及相关规定

1. 损失补偿原则的基本条件。坚持保险损失补偿原则必须满足以下四项基本条件。

（1）有损失才有补偿，补偿以损失为前提。这是坚持损失补偿原则的首要条件，而且该损失必须是保险标的在保险期间内、保险责任范围内的损失。

（2）保险补偿以不超过实际损失为限。保险人对保险标的实际损失进行经济补偿，使被保险人经济上恰好能恢复到事故发生前的状态。这样，一方面能实现保险的经济补偿职能，另一方面能防止投保人或被保险人利用保险牟利，并能减少道德风险的发生。

（3）保险补偿以不超过保险利益为限。在本章第二节中已经述及，财产保险的保险利益表现为投保人或被保险人对保险标的所具有的各种不同经济利益，从数量上考察保险利益可能与保险标的的实际价值及事故发生后保险标的的实际损失并不相等，而且保险合同所载保险金额也可能超过实际保险利益，因此，结合保险利益原则与损失补偿原则，保险补偿不能超过保险利益。比如，某人投保汽车保险，合同载明保额为 20 万元。半年以后，因意外事故造成该汽车全损，而此时该汽车的市价已下降为 15 万元，则根据本项原则，保险人最多只能赔付 15 万元。

（4）保险补偿以不超过保险金额为限。保险金额是保险人承担损失补偿责任的最高限额，被保险人因保险标的的受损从保险人处获得的经济补偿，不能超过保险合同载明的保险金额。例如，某人将价值 100 万元的房屋进行足额投保，在保险期间内，因意外火灾造成该房屋全部损毁，而此时该房屋的价值已上升为 110 万元，则根据本原则，保险人最多只能补偿 100 万元。人身保险的保险标的是人的生命或身体，而人的生命或身体的价值是无法用钱来衡量的，因此人身保险的保险金额是依照投保人或被保险人对保险的需求和交付保险费的能力来确定的，它不属于保险损失的补偿，而是保险定额的给付，也就是当约定保险事故发生时，给付的保险金额是按照订约时预先约定的赔付限额来定。比如，甲某与乙某同时分别购买赔付限额 10 万元与 50 万元的意外伤害保险，在一起事故中同时死亡，则保险人会按合同约定分别对保险合同指定的受益人或死者的法定继承人给付 10 万元与 50 万元。

2. 损失补偿原则的相关规定。进行保险损失补偿时，在坚持公平合理、充分补偿、协商一致的原则下，还必须遵循以下规定。

（1）保险损失补偿的范围仅以保险合同中的保险责任为限，包括保险标的的物的损失与相关的合理费用。对于合同约定有免赔额的保险，在保险补偿时还应在被保险人实际损失范围内扣除相应的免赔额。

（2）定值保险采用合同双方当事人事先约定的价值为保险金额，当保险事故发生时，保险人不论保险标的的市价如何，都只是以约定的保险金额为基础，根据损失程度计算补偿金额。定值保险较多用于货物运输保险以及一些难以确定其实际价值的特约保险标的，如艺术品、古董等。定值保险补偿金额的计算以保险金额和实际损失程度为基准，这与不定值保险只补偿现有利益的实际损失是有区别的。

（3）重置重建保险是以被保险人重置重建保险标的的所需费用或成本来确定保险金额

的保险，重置重建保险适应了投保人或被保险人迅速恢复灾后损失的需要，因而撤除了折旧因素，这是补偿原则的例外。国际上对重置重建保险的实施，一般都附有限制性的条款，以防范道德风险。如对于远洋船舶保险，规定以单独方式承保并附有共保条款，保险金额必须与新财产的重置费用相当，受损的财产必须在损失发生后合理时间内修复或重建，保险人的责任以修复和重建费用为限；对于建筑物保险，必须在被毁建筑物的同一地址重建，以避免因位置迁移而产生的价值升高，否则保险人将补偿重置成本的一部分或以实际现金价值补偿。

（4）对于实际损失的确定规定：①依保险标的市场价格确定实际损失。如果保险标的已被淘汰，则比照类似产品的市价确定实际损失。②按被保险人的实际支出费用确定实际损失。这主要应用于责任保险、信用保险、保证保险中，是指扣除下列费用后的支出：刑事罚金、行政罚款、被保险人因法律规定或与他人约定而支付的费用（除非保险合同有约定）、被保险人没有法律或合同义务而自愿支付的费用。③按恢复保险标的原状所需费用确定实际损失。保险标的遭受部分损失时，以基本恢复保险标的原有形态和效用所需费用为被保险人实际损失。如果保险标的经修复后与原先相比有差异，性能有所提高或降低，则保险补偿金额应在实际修复费用的基础上予以相应扣除或追加。④以重置成本减折旧确定实际损失。这种方法主要适用于房屋保险、机器保险、汽车保险、家具保险等，因为此类标的的实际损失难以按市场上同类物品的价格来确定；同时，此类标的市价变动较为频繁，而被保险人在此类标的发生损失后通常需要重置。

（三）损失补偿方式

保险损失补偿方式主要包括比例补偿方式、第一危险补偿方式和限额补偿方式三种，其具体内容解释如下。

1. 比例补偿方式。保险的比例补偿方式，即保险人按照保险金额与出险时保险标的实际价值的比例来补偿被保险人的损失。其计算公式是：

$$补偿金额 = 损失金额 × （保险金额/保险标的的实际价值）$$

显然，当保险金额与保险标的的实际价值相等，即足额投保时，被保险人的实际损失可以得到完全补偿；如果保险金额低于保险标的的实际价值，即不足额投保，则被保险人的损失将只能得到部分补偿。保险金额不能超过保险标的的实际价值，否则超过的部分无效。如果超额投保，被保险人得到的补偿与足额投保一样，也仅仅是其实际损失。

例如，被保险标的的实际价值为500万元，损失金额为150万元，当保险金额不一致时，补偿金额也不相同：①当保险金额为300万元时，是不足额保险，补偿金额最多为90万元；②当保险金额为500万元时，是足额保险，补偿金额最多为150万元；③当保险金额为600万元时，是超额保险，补偿金额最多为150万元。

2. 第一危险补偿方式。第一危险补偿方式，实际上是将被保险财产的价值分为两个部分：第一部分为保险金额部分，此部分损失由保险人负责补偿；第二部分即超过保险金额的部分，保险人不负责补偿。其特点就是不论足额保险与不足额保险，保险人都在保险金额以内补偿被保险人的实际损失。它与比例补偿方式的区别，在于对不足额保险的补偿金额不同，对被保险人更加有利。该种补偿方式比较适合家庭财产保险。例如，某人有价值

1 000 万元的家庭财产，投保时只投保 200 万元，一次意外事故导致家庭财产损毁一部分，经鉴定实际损失为 50 万元，根据第一危险补偿方式，被保险人可以获得补偿金 50 万元；但若家庭财产实际损失 250 万元，则被保险人获得的保险补偿最高为 200 万元。

3. 限额补偿方式。限额补偿方式是指保险人在被保险财产损失超过一定限度时才负补偿责任或只对不超过一定限度的损失才负补偿责任的一种计算财产保险损失的补偿方式。它有以下两种形式。

（1）超过一定限额补偿。又称为免责限额补偿，即保险人规定免除责任的限额，限额内的损失，保险人不予补偿；超过限额的损失，保险人负责补偿。免责限额分为绝对免责限额和相对免责限额。

例如，某财产保险公司的汽车损失保险条款规定，车损险中的保险事故发生后，损失额在 500 元（含）以上的才进行补偿。某被保险人的汽车在事故中发生损失 1 500 元，如果是绝对免赔限额，保险公司应补偿 1 000 元；如果是相对免赔限额，保险公司应补偿 1 500 元；如果被保险人刚好损失 500 元，则保险公司不予补偿。

（2）超过一定限额不补偿。又称限额责任补偿，即保险人规定补偿金额的最高限额，限额内的损失，保险人负责补偿；超过限额的损失，保险人不予补偿。

上述三种补偿方式中，第一危险补偿方式对被保险人的补偿程度较高，但相应的保险费率也较高。比例补偿方式和限额补偿方式则在减轻投保人的保险费负担和加强投保人或被保险人自身的防灾防损责任方面有着积极作用。在财产保险实务中，常将比例补偿方式与免责限额补偿方式结合起来运用。

二、权益转让原则

（一）权益转让原则的含义

权益转让原则是指保险人按照保险合同对保险标的的损失履行了补偿义务之后，依法从被保险人那里取得的追偿权和所有权。这一原则是民法中代位原则在保险中的体现，其依据是财产保险损失补偿原则。即被保险人因被保险财产受损而取得保险人的补偿后，将其原应享有的向责任方索赔的权益转让给保险人，保险人取得该项权益后，可以被保险人的名义，向责任方追偿。我国《保险法》第六十条规定，因第三者对保险标的的损害而造成保险事故的，保险人自向被保险人赔偿保险金之日起，在赔偿金额范围内代位行使被保险人对第三者请求赔偿的权利。

权益转让是财产保险合同的基本原则之一，是保险人补偿被保险人的经济损失后的必然结果。根据财产损失补偿原则，被保险人不能获得额外利益。即如果被保险人的损失已从致害人（保险合同之外的第三者）处获得了补偿，则其不能再向保险人提出索赔要求。如果被保险人先从保险人那里获得补偿，则被保险人应将其可以享受的向第三者索赔的权益转让给保险人，这也是各国保险法所规定的。当然，保险人行使代位请求补偿的权利，不影响被保险人就未取得损失补偿的部分向第三者请求补偿。在实务中，权益转让原则的形式主要是代位追偿（权利代位，代位权）和委付（物上代位，所有权）。

（二）代位追偿

1. 代位追偿的概念。在财产保险中，因第三者对保险标的的损害而造成保险事故，保险人在向被保险人补偿损失之后，在补偿金额范围内享有代位行使被保险人对第三者请求赔偿的权利，此即为代位追偿，或称代位求偿。

在保险中实施代位追偿原则，一方面可以使被保险人的权利得到进一步的保障，防止由于第三者偿付能力不足而导致被保险人遭受损失。另一方面，可以节约被保险人的时间，尽量降低保险事故的发生对被保险人的生产或生活产生影响，发挥财产保险的积极作用。此外，实施代位追偿权可以发挥保险公司的专业优势，提高整个社会经济的运行效率，有利于社会的安定公平和正义。

2. 实施代位追偿原则的条件

（1）必须是由合同之外的第三者行为导致保险风险的发生。如果不是第三者责任引起保险标的的损失，则被保险人没有向第三者求偿的资格，代位追偿就不存在。

（2）第三者造成的损失必须是在保险责任范围内的，保险人才能先予补偿，然后行使代位追偿，否则被保险人只能自行向肇事的第三者索赔。

（3）代位追偿必须是在保险人补偿被保险人的损失之后。因第三者责任造成保险事故后，被保险人应依法依约向第三者索赔，如已取得赔偿，则保险人可免去补偿责任。被保险人为节约时间、精力，依法向保险人索赔，保险人应先予补偿，在支付损失补偿款后应要求被保险人开具代位追偿转让书，尽早追偿，以防丧失追偿时效。

3. 实施代位追偿原则的注意事项

（1）保险人追偿金额以其实际支出的补偿金额为限，对没有补偿的部分则不得主张代位权。如果保险人代位追偿所获金额超过其实际支出的补偿金额，应将超过部分归还被保险人。

（2）除非被保险人的家庭成员或其组成人员故意造成保险事故，保险人不得对被保险人的家庭成员或其组成人员行使代位追偿权。[①]

（3）被保险人不得损害保险人的代位追偿权。根据我国《保险法》第六十一条规定，保险事故发生后，保险人未补偿保险金之前，被保险人放弃对第三者请求补偿的权利的，保险人不承担补偿保险金的责任。保险人向被保险人补偿保险金后，被保险人未经保险人同意放弃对第三者请求赔偿的权利的，该行为无效。被保险人故意或者因重大过失致使保险人不能行使代位请求赔偿的权利的，保险人可以扣减或者要求返还相应的保险金。但在财产保险合同订立前被保险人放弃对第三者赔偿请求权的，只要法律认定被保险人的放弃或者免除行为有效，保险人就不能就相应部分向第三者主张行使保险代位求偿权。[②]

---

① 我国《保险法》第六十二条规定："除被保险人的家庭成员或者其组成人员故意造成本法第六十条第一款规定的保险事故外，保险人不得对被保险人的家庭成员或者其组成人员行使代位请求赔偿的权利。"

② 《司法解释（四）》第九条规定："在保险人以第三者为被告提起的代位求偿权之诉中，第三者以被保险人在保险合同订立前已放弃对其请求赔偿的权利为由进行抗辩，人民法院认定上述放弃行为合法有效，保险人就相应部分主张行使代位求偿权的，人民法院不予支持。保险合同订立时，保险人就是否存在上述放弃情形提出询问，投保人未如实告知，导致保险人不能代位行使请求赔偿的权利，保险人请求返还相应保险金的，人民法院应予支持，但保险人知道或者应当知道上述情形仍同意承保的除外。"

（4）习惯上，保险人以被保险人的名义行使代位追偿权，但各国司法实践普遍认为保险人既可以被保险人的名义，也可以自己的名义行使代位追偿权。我国《司法解释（二）》第十六条第一款规定："保险人应以自己的名义行使保险代位求偿权。"同时我国《保险法》第六十三条规定："保险人向第三者行使代位请求赔偿的权利时，被保险人应当向保险人提供必要的文件和所知道的有关情况。"

（5）保险人行使代位追偿权，不影响被保险人就未取得补偿的部分向第三者请求赔偿的权利。

（6）投保人和被保险人不是同一人，因投保人对保险标的的损害而造成保险事故，除法律另有规定或者合同另有约定外，保险人可以依法对投保人行使保险代位追偿权。

（7）在一定条件下，保险人可以主动放弃代位追偿权。比如被保险人事先与第三者约定意外事故免责，且投保时明确告知保险人，则保险人可在合同中列明放弃对该第三者的代位追偿权。再如，汽车保险的承保人达成"碰撞"协议，当投保的汽车碰撞受损时，各承保人负责补偿各自的被保险人，而放弃向对方的追偿权。

（三）保险委付

1. 委付的含义及其实施条件。保险委付是指保险标的处于推定全损状态时，被保险人将其所有权及派生的一切权利和义务全部转移给保险人，而请求支付全部保险金额的行为。它主要适用于水险中的船舶保险与货物运输保险等业务。

实施委付应符合以下条件：

（1）保险委付应以推定全损为条件。① 若保险标的发生实际全损，则无物权可转移，被保险人也无须转移权利即可获得全部赔偿。

（2）被保险人应在约定或者法定时间内，向保险人作出委付的意思表示，即委付通知。委付通知，是被保险人向保险人发出的被保险人放弃财产，交由保险人处置的提示。委付通知的方式、通知的期限，应当符合合同或者法律的规定。如果被保险人没有按时发出委付通知，除推定全损外，就丧失了向保险人请求全损赔偿的权利，而只能向保险人索赔部分损失。

（3）委付不得附带条件。设立委付的目的是为了迅速解决当事人之间的不确定的法律关系，如果允许委付附带条件，不仅会在合同双方当事人之间产生纷争，而且违背了简捷处理保险事故的目的。因此，各国海商法明确规定委付不得附带条件。我国《海商法》第二百四十九条第二款就明确规定，委付不得附带任何条件。例如，被保险船舶触礁倾斜后，被保险人在提出委付的同时又附上条件说，如果日后被保险船舶能被修复，愿返还已领的保险损失补偿金而要求返还被保险船舶，这是法律不允许的。

（4）委付应基于保险标的的全部。在推定全损发生后，被保险人如果决定委付，就

---

① 我国《海商法》第二百四十六条规定，船舶发生保险事故后，认为实际全损已经不可避免，或者为避免发生实际全损所需支付的费用超过保险价值的，为推定全损；货物发生保险事故后，认为实际全损已经不可避免，或者为避免发生实际全损所需支付的费用与继续将货物运抵目的地的费用之和超过保险价值的，为推定全损。另参见本书第七章。

应将保险标的的全部予以委付，不能一部分委付，一部分不委付。这样既能防止将保险人和被保险人的关系复杂化，又能防范被保险人仅委付对其不利的保险标的，从而导致显失公平的后果产生。

（5）委付非单独行为，须经保险人书面承诺接受才能生效。被保险人发出委付通知后，并非当即成立生效，必须得到保险人的同意才能发生效力。在我国，保险人接受委付的通知须为书面形式，不承认默示或沉默。即便保险人在接到委付通知后采取了合理的施救措施，也不意味着保险人接受了委付，承担了全损赔偿责任。但委付一经保险人接受就不得撤回。我国《海商法》第二百四十九条和第二百五十条规定："保险标的发生推定全损，被保险人要求保险人按照全部损失赔偿的，应当向保险人委付保险标的。保险人可以接受委付，也可以不接受委付，但是应当在合理的时间内将接受委付或者不接受委付的决定通知被保险人。委付不得附带任何条件。委付一经保险人接受，不得撤回。""保险人接受委付的，被保险人对委付财产的全部权利和义务转移给保险人。"

（6）委付成立后，可委付的标的物的权利自委付的条件出现之日起开始转移，保险人对保险标的物的所有权、利益和义务必须同时接受。例如，油船沉没，一旦保险人接受委付，则保险人既接受了保险标的物的所有权，也接受了需要打捞保险标的物的义务，如果船舶发生油渗漏，保险人还必须承担处理油污染的费用。所以，保险人在接受委付前，都要事先加以慎重调查了解，查明损失是否在保险责任以内，是否有扩大或超过赔偿的可能，以及对第三者责任，如油污清理、清除航道的责任等再决定是否接受委付。正因为委付后的责任有时比较大，有些保险人往往不接受委付，宁愿放弃对保险标的的权利而支付与保险金额等同的全部保险损失款。

2. 委付与代位追偿的区别。委付和代位追偿都是保险人接受权利转移后而采取的一种法律行为。但委付与代位追偿是两种不同性质的法律行为，它们的主要区别有以下几个方面。

（1）委付适用于推定全损，而代位追偿适用于全部损失或部分损失。

（2）委付转让的是保险标的之所有权及其他有关的权利和义务，它不问损失原因；而代位追偿是以第三者造成被保险人损失为前提，是向第三者追偿的权利。

（3）委付是保险人取得保险标的之所有权后，向被保险人支付保险补偿金；而代位追偿是以保险人向被保险人支付保险补偿金为前提。

（4）委付依协议或合同而成立，而代位追偿依法律而成立。委付关系的成立是在保险事故发生后保险人与被保险人达成协议的结果。而代位追偿不同，它依据法律而成立。第三者损害保险标的造成保险事故的，根据《保险法》规定，保险人自向被保险人补偿保险金之日起，即在补偿金额范围内代位行使被保险人对第三者请求赔偿的权利。从法律上说，保险人取得代位追偿权并不需要与被保险人达成协议。

（5）保险人在接受委付时，是将权利和义务全部接受，获得保险标的所有权的同时须承担该标的的相应义务。而代位追偿只是一种纯粹的追偿权，取得这种权利的保险人无须承担其他义务。

（6）在委付中，保险人可享有基于该项标的所有权的一切权利；在委付后，保险人处置保险标的而取得的额外利益也由保险人享有，不必返还给被保险人。而在代位追偿中，保险人只能获得保险补偿金额内的追偿权。

三、重复保险分摊原则

（一）重复保险的定义

所谓重复保险，是指投保人以同一保险标的、同一保险风险，在同一保险期间与两个或两个以上保险人订立保险合同的保险。该定义具有如下几层意思：①如果投保人对于不同的保险标的，分别与保险人订立保险合同，则无重复保险可言。②同一保险标的，在同一时期以不同的保险风险订立数个保险合同，则也不构成重复保险。例如，在同一时期，张某将自己的房屋进行投保，其中向 A 公司投保火灾保险、向 B 公司投保地震保险、向 C 公司投保贷款抵押保险等，均不是重复保险。③同一风险，如果在不同时期投保或者风险事故发生时期上述 3 家保险公司没有两两交叉，也不属于重复保险。但如果张某向上述 3 家公司在同一时期均投保火灾保险，则为重复保险。

重复保险的产生分为过失与故意两种：

1. 投保人的过失或疏忽，或追求更大的安全感而重复购买。这种重复保险属于善意的重复保险，对于这种类型，一般在发生保险事故时，各保险公司予以损失分摊。

2. 投保人的故意，如为了谋取超额损失补偿而重复保险。当保险事故发生之后，若被保险人通过向不同的保险人就同一损失索赔而获得超额损失补偿款，显然是违背损失补偿原则。对于这种故意的行为，应该予以防范（如在投保审核时进行是否有重复保险的询问）或拒绝保险补偿。

我国《保险法》中并没有善意或恶意重复保险之分，只规定有重复保险现象发生时，各承保公司之间应该进行分摊以防止被保险人由于重复保险而获得额外利益。例如，《保险法》第五十六条第二款规定："重复保险的各保险人赔偿保险金的总和不得超过保险价值。除合同另有约定外，各保险人按照其保险金额与保险金额总和的比例承担赔偿保险金的责任。"同时该法条第三款还规定："重复保险的投保人可以就保险金额总和超过保险价值的部分，请求各保险人按比例返还保险费。"

（二）重复保险分摊原则

重复保险分摊原则，指的是在重复保险（一般是指善意性质的重复保险，下同）情形下，当保险事故发生后，由各保险人分摊被保险人的实际损失。重复保险损失分摊原则可以避免被保险人获得的补偿总额超过其实际损失，它是财产保险所特有的原则。一般情况下，重复保险的投保人应当将重复保险的有关情况告知各保险人，这是重复保险的投保人应当履行的一项重要的法定义务。《保险法》规定这项义务的目的，是防止投保人利用与不同保险人分别订立保险合同的方式，进行保险欺诈，牟取不正当利益。投保人进行重复保险后，虽然每一个保险合同中的保险金额不超过保险标的的保险价值，但由于各个保险合同的保险标的都相同，各合同的保险金额累计起来，其总和就会超过保险价值，形成超额保险。而财产保险以损失补偿金额不超过实际损失为原则，因此，《保险法》明确规定了一项基本原则：重复保险的保险金额超过保险价值的，各保险人的补偿金额的总和不得超过保险价值。

（三）　重复保险补偿分摊方法

重复保险补偿分摊的方法主要有以下四种。

1. 按保险金额比例分摊。比例分摊方法是重复保险中被承保人广泛采用的一种分摊方式。

例如，某人先后分别向 3 家保险公司投保房屋保险，保险期限 1 年。甲公司保险金额 1 500 万元，乙公司保险金额 1 400 万元，丙公司保险金额 1 600 万元。在保险期限内该房屋发生火灾造成 500 万元的损失。

按照保险金额比例分摊方法，各保险公司的损失补偿责任为：

甲公司：$500 \times [1\,500 / (1\,500 + 1\,400 + 1\,600)] = 166.67$（万元）

乙公司：$500 \times [1\,400 / (1\,500 + 1\,400 + 1\,600)] = 155.56$（万元）

丙公司：$500 \times [1\,600 / (1\,500 + 1\,400 + 1\,600)] = 177.78$（万元）

3 家公司损失补偿金额合计为 500 万元。

2. 按补偿责任限额分摊。这种分摊方法是以各保险人不考虑重复保险情形下单独应承担的补偿金额占各保险人单独承担的补偿金额总和的比例，来确定各保险人的实际损失补偿责任。

比如上例中，3 家保险公司的补偿金额依本方法应是：

甲公司：$500 \times [500 / (500 + 500 + 500)] = 166.67$（万元）

乙公司：$500 \times [500 / (500 + 500 + 500)] = 166.67$（万元）

丙公司：$500 \times [500 / (500 + 500 + 500)] = 166.67$（万元）

3 家保险公司补偿金额总计为 500 万元。

3. 按出单顺序责任分摊。这种分摊方法是由各保险人按出单顺序在各自保险金额限度内进行损失补偿，后出单的保险人仅补偿超过前一保险人补偿责任的损失部分，至被保险人的实际损失得到全部补偿为止。日本《商法典》和法国《商法》均规定采用此方法。

比如上例中，3 家保险公司的补偿金额依本方法应为：

甲公司：500 万元

乙公司：0

丙公司：0

3 家公司补偿金额总计为 500 万元。

4. 连带责任补偿。这种分摊方法是由保险金额比例分摊方式演变而来，即各保险人负连带补偿责任，被保险人有权向承保的任何保险人请求保险补偿，各保险人之间则按保险金额比例分摊方式确定各自的责任。换言之，此方式不分保险合同成立的先后顺序，推定所有的合同均为有效，各保险人就其各自保险金额为限对损失承担连带补偿责任。超额补偿保险金的保险人，就各自保险金额与保险金额总和的比例对其他保险人有追偿权。德国《保险契约法》和英国《海上保险法》采用此规定。

【案例分析】

【案例3－1】

某年2月，张某因患肠癌（亲属因害怕其情绪波动，未将真实病情告诉本人，只说是肠梗阻）住院治疗，手术后出院，并正常参加工作。4月2日，张某经同学推荐，与其一同到保险公司投保简易人身保险，并办妥了有关手续。但在填写投保单时并没有申报身患癌症的事实。次年3月，张某旧病复发，经医治无效死亡。张某的妻子以指定受益人的身份，到保险公司请求给付保险金。保险公司在审查提交的有关证明时，发现张某的死亡病史上，载明其曾患肠癌并动过手术，于是拒绝给付保险金。张某妻子以丈夫不知自己患何种病并未违反告知义务为由抗辩，双方因此发生纠纷。

本案尽管被保险人不是故意隐瞒其有肠癌的事实，但是却隐瞒了住院做手术的事实，增大了保险人的风险，因此，在一定程度上违反了诚信原则，保险人拒绝给付是理所当然的事情。

【案例3－2】

一家制衣厂向某保险公司投保企业财产保险，保险公司向投保的制衣厂询问防火方面的设施是否符合国家规定的标准时，该制衣厂回答说符合国家标准。为此，保险公司按正常的费率给予承保。承保2个月后，该制衣厂发生火灾，造成了几千万元的巨大损失，制衣厂报险的同时要求保险公司进行理赔。保险公司在理赔调查过程中发现，该厂投保前不久，曾接到过消防部门因其不符合国家规定的防火安全设施配备要求的书面整改通知，且至火灾事故发生时，制衣厂一直没有进行防火安全设施配备整改工作。为此，保险公司认为制衣厂一是没有如实告知防火设施配置情况，二是违反了默示保证规定，以致影响了保险公司是否愿意承保或要以多高的费率承保。最后，保险公司以投保人制衣厂违反诚信原则为由拒绝了其索赔要求。

【案例3－3】

某学校为教职工投保团体人身保险，保费由学校支付。其中教师A指定妻子B为受益人，半年后教师A与妻子B离婚，但不久教师A却意外死亡。对保险公司给付的10万元保险金，学校以教师A生前欠单位5万元借款为由进行了扣除，另一半5万元则以教师A的妻子已离婚为由交给了A的父母。问：(1)学校如此处理10万元保险金是否正确？(2)保险金按理应当给谁？为什么？

很显然，学校对10万元的保险金处理是错误的。因教师A与妻子B离婚时并没有变更受益人，保险金应当给妻子B。人身险的保险利益只要求在保险合同订立时存在，而不要求在保险事故发生时存在。在本案中，教师A在学校投保时与受益人妻子B存在保险利益关系，虽然被保险人因保险事故死亡时已与妻子B不存在保险利益，但不影响妻子B获得保险金给付。同时，学校不可以留下一半保险金。在指定了受益人且指定的受益人有效的情况下，保险金不能作为遗产，不能用来偿还被保险人生前的债务，而应由受益人妻子 B 领取。

 【案例3−4】 ▪▪

易某某年 11 月从 A 保险公司网站购买了"保险卡"两张，并通过网络自助保险卡投保系统进行了激活，生成电子保险单两份，每份电子保险单上均注明："投保人与被保险人均为易某；保险期间为某年 11 月 6 日零时起至第二年 11 月 5 日二十四时止；保险费 200 元；保险金额为意外身故伤残保障 100 000 元、意外伤害医疗保障 20 000 元；保险责任及免除责任包括……"投保的第二年 3 月 10 日，易某在建筑施工过程中从高处摔落致伤为肢体残疾 1 级。易某住院治疗期间，共计支出医疗费用 28 万多元，其家人向 A 保险公司报案并申请理赔。A 保险公司以易某在网络激活时并没有如实填写其从事建筑施工这一职业，而易某所从事高危险职业系拒保职业，违反了如实告知义务，遂拒绝理赔，双方发生纠纷。于是，易某将 A 保险公司告上了法庭。

法院经审理后认为，根据《保险法》第十六条第六款规定："保险人在合同订立时已经知道投保人未如实告知的情况的，保险人不得解除合同；发生保险事故的，保险人应当承担赔偿或者给付保险金的责任。"本案中，被告 A 保险公司向原告易某销售该公司保险卡，且在易某没有告知其职业时让其保险卡激活，属于保险人在订立保险合同时已经知道投保人未如实告知的情形，被告应当承担保险责任。本案原告易某向被告 A 保险公司购买了两份保险卡，双方实际上形成了两份人身保险合同关系，保险法对人身保险并无重复投保的限制，原告有权要求被告按照两份保险合同承担赔偿责任。原告发生保险事故后共计支出医疗费用 28 万多元，原告在被告处购买的单份保险卡约定的意外身故伤残保障金额为 10 万元、意外伤害医疗保障金额为 1 万元，因此，判被告按照两份保险赔偿原告意外伤残保险金 20 万元、意外伤害医疗保险金 2 万元。

【本章小结】

1. 诚信原则是保险经营过程中的最基本准则，包括告知、保证、弃权与禁止反言等内容。诚信原则对保险合同双方都有法律约束力，无论哪一方违反诚信原则，必将受到法律的制裁或惩罚。

2. 保险利益是指投保人或者被保险人对保险标的具有的法律上承认的利益。人身保险的投保人在保险合同订立时，对被保险人应当具有保险利益。财产保险的被保险人在保险事故发生时，对保险标的应当具有保险利益。坚持保险利益原则的主要意义在于避免道德风险发生的同时，能够使保险人承保的风险相对稳定。

3. 近因原则是指保险当事人处理保险案件，或法庭审理有关保险赔付的诉讼案，在调查事件发生的起因和确定事件责任的归属时所遵循的原则，它是在处理赔案时确定保险责任的依据。近因并非是指在时间上或空间上与保险标的的损害最接近的原因，而是指造成保险标的的损害的最直接、最有效的、起主导作用或支配性作用的原因。根据近因原则，当保险标的的损害是由保险人承保的保险责任风险导致时，保险人负责赔付。

4. 损失补偿原则是财产保险中运用的、最能体现合同双方当事人权利和义务关系的原则，包括权益转让原则、重复保险分摊原则等内容。坚持保险损失补偿原则必须满足有损失才有补偿、补偿以损失为前提，保险补偿以不超过实际损失、不超过保险金额、不超过保险利益为限等条件。

5. 权益转让原则包括代位追偿和委付，两者虽然有相同点，但从法律性质与经营操作方面是有明显区别的。在实务中对重复保险的判断涉及各个方面，必须严格按照有关法律或合同规定来进行评判。

【复习思考题】

一、名词解释

诚信原则　弃权与禁止反言　保证　保险利益　损失保险原则　近因　代位追偿　保险委付　重复保险分摊　比例赔偿方式

二、单项选择题

1. 当事人订立保险合同及在合同有效期内，应依法向对方提供影响其作出是否缔约及缔约条件的全部实质性重要事实；同时绝对信守合同中的约定与承诺。这一原则要求在保险中被称为（　　）。

A. 保险利益原则　　　B. 保险赔偿原则　　　C. 诚信原则

2. 根据最大诚信原则，在保险实践中，弃权与禁止反言主要是约束（　　）的行为。

A. 保险人　　　　　B. 被保险人　　　　C. 投保人

3. 关于投保人不履行如实告知义务的法律后果，下列说法不正确的是（　　）。

A. 投保人故意不履行如实告知义务的，保险人对于保险合同解除前发生的保险事故，不承担赔偿或者给付保险金的责任，并不退还保险费

B. 被保险人或者受益人在未发生保险事故的情况下，谎称发生了保险事故，向保险人提出赔偿或者给付保险金的请求的，保险人有权解除保险合同，但需要退还保险费

C. 投保人因过失未履行如实告知义务，对保险事故的发生有一定影响的，保险人对于保险合同解除前发生的保险事故，不承担赔偿或者给付保险金的责任，但可以退还保险费

4. 关于近因原则的说法，下列不正确的是（　　）。

A. 近因是指处于支配地位或者起决定作用的原因

B. 连续发生的多项原因中含有不保风险，若前因是承保风险，后因是不保风险，且后因是前因的必然结果，保险人应负赔偿责任

C. 近因就是时间和空间上最近的原因

5. 委付制度主要适用于（　　）。

A. 责任保险　　　　B. 海上保险　　　　C. 信用保险

6. 我国保险公司对于家庭财产保险业务采取的赔偿方式一般为（　　）。

A. 第一危险赔偿方式　　　　　　　B. 比例赔偿方式

C. 限额赔偿方式

7. 王某某年 4 月 1 日为其家用汽车投保 1 年期、保额 20 万元的车辆损失保险。同年 12 月 2 日，王某将汽车转手卖给李某，但没有通知保险公司变更投保人。第二年 2 月 10 日，该汽车发生了保险事故，造成重大损失，对此，（　　）。

A. 李某可以向保险公司索要保险金

B. 王某可以向保险公司索要保险金

C. 王某和李某一起向保险公司索要保险金

8. 下列关于被保险人违反保证义务对保险合同的影响理解不正确的是（　　）。

A. 无论故意或无意违反保证义务，对保险合同的影响是一致的

B. 保证的事项均假定为重要的，保险人只要证明保证已被破坏即可

C. 从违反保证义务的后果看，被保险人一旦违反保证的事项，合同即告无效，但保险人一般需退还保费

9. 根据最大诚信原则的规定，弃权与禁止反言在人寿保险中有特殊的时间规定，规定保险方只能在合同订立（　　）年之内，以被保险方告知不实或隐瞒为由解除合同。

A. 1　　　　　　　　B. 2　　　　　　　　C. 3

10. 投保人以同一保险标的、同一保险风险，在同一保险期间与两个或两个以上保险人订立保险合同的保险称为（　　）。

A. 再保险　　　　　　B. 共同保险　　　　　　C. 重复保险

三、多项选择题

1. 保险利益的构成要件有（　　）。

A. 必须是法律认可的利益　　　　　　B. 必须为经济上的利益

C. 必须是可以计量的利益　　　　　　D. 必须是归属于保险人的利益

2. 保险人行使代位追偿权的前提条件有（　　）。

A. 第三者的行为导致保险事故发生且造成保险标的损失

B. 保险人履行了赔偿责任之后

C. 第三者同意承担责任之后

D. 被保险人还没有获得保险赔偿以前

3. 损失补偿原则的派生原则一般是指（　　）。

A. 重复保险分摊原则　　　　　　B. 代位追偿原则

C. 委付原则　　　　　　　　　　D. 保险利益原则

4. 在重复保险情况下，我国目前采用的损失分摊方式有（　　）。

A. 保险金额比例责任分摊　　　　　　B. 赔偿责任限额分摊

C. 出单顺序责任分摊　　　　　　　　D. 连带责任分摊

5. 最大诚信原则的基本内容包括（　　）。

A. 保证　　　　　　　　　　B. 如实告知

C. 代位求偿　　　　　　　　D. 弃权与禁止反言

6. 下列对保险利益原则的表述正确的是（　　）。

A. 一般财产保险的保险利益必须从合同订立到保险事故发生的全过程都存在

B. 人身保险的保险利益必须在保险合同订立时存在

C. 在人身保险中并不要求在保险事故发生时具有保险利益

D. 海上货物运输保险中，投保人对保险标的没有保险利益也可投保

7. 下列有关代位追偿权的说法错误的是（　　　）。

A. 被保险人有权就未取得保险人赔偿的部分向第三者请求赔偿

B. 适用于财产保险和人身保险

C. 保险人依代位追偿权取得第三人的赔偿金额超过保险人的赔偿金额，超过部分应归保险人所有

D. 在任何情况下，保险人不得对被保险人的家庭成员或者其组成人员行使代位追偿

8. 根据我国《保险法》规定，投保人对下列人员中具有保险利益的是（　　　）。

A. 配偶　　　　　　　B. 本人　　　　　　C. 父母、子女　　　D. 同事

9. 下列有关损失补偿原则的陈述正确的有（　　　）。

A. 合同中规定的免赔额，被保险人得不到赔偿

B. 若是不足额保险，依照保险金额与保险价值的比例赔偿

C. 不遵循补偿原则，将会诱发道德风险

D. 遵循补偿原则，既可保障被保险人的利益，也可保障保险人的利益

10. 下列原则中不适用于人身保险合同的有（　　　）。

A. 保险利益原则　　　　　　　　　　　B. 委付原则

C. 近因原则　　　　　　　　　　　　　D. 代位追偿原则

四、简答题

1. 诚信原则的内容有哪些？

2. 保险利益原则有何作用？

3. 损失补偿原则有哪些规定？

4. 如何理解重复保险分摊原则？

五、论述题

1. 请论述近因与保险补偿责任的关系。

2. 请论述代位追偿与保险委付的区别。

六、案例分析

1. 某年 8 月，王某为丈夫投保了 50 万元人寿保险，受益人是王某 3 岁的儿子。投保第二年的 7 月，王某与丈夫因感情破裂离婚，经法院判决，儿子由王某抚养。离婚后，王某与前夫各自都建立了新的家庭。投保的第四年 1 月，王某的前夫因意外事故去世，王某得知后向保险公司提出了给付保险金的申请。保险公司认为王某离婚后对前夫已不再具有保险利益，保险合同失效，因此拒赔。

问：（1）保险公司拒赔的理由是否成立？为什么？

　　（2）本案应如何处理？为什么？

2. 租户张某在租住两个月后，以自己的名义为房东的房屋买了保险，保险期限为 1

年。在租房期限届满后的一个周末，发生了一场火灾，房屋被烧毁。被保险人（张某）在退房时将保单转让给了房东，但并没有到保险人处进行变更（保单上有注明：如有转让，须在转让前3周于保险人处预登记）。火灾发生后，房东到保险公司处报案并提出索赔时遭到了保险人的拒赔。请运用保险利益原则理论分析此案。

第四章
保险市场

【教学目的与要求】

本章主要介绍保险市场的基本理论与市场主体的基本内容。通过学习本章，学生应能熟练掌握保险市场的基本构成与类型、保险市场需求与供给的特征，了解影响保险市场需求与供给的因素；熟悉保险经营组织形式，理解并掌握保险中介人（包括代理人、经纪人以及公估人）的定义与特点；熟悉保险市场营销的渠道与策略。

第一节　保险市场概述

一、保险市场的构成与类型

（一）保险市场的构成要素

保险市场是市场的一种形式。由于市场有广义和狭义之分，保险市场也分广义市场和狭义市场。广义的保险市场是保险商品交换关系的总和；狭义的保险市场是保险商品交换的场所。可见，保险市场既可以指固定的交易场所，如英国的劳合社、中国上海的保险交易所，也可以是所有实现保险商品让渡的交换关系的总和。保险市场的交易对象是保险人为保险消费者所面临的风险提供的各种保险保障及其他保险服务，即各类保险商品。因此，保险市场的要素一般由保险市场主体、保险商品和保险价格三方面构成。

1. 保险市场主体。一个完整的保险市场，其主体一般由投保人、保险人和保险中介人三方构成。投保人是保险需求者，即保险商品的买者；保险人是保险供给者，即保险商品的卖者；保险中介人是为保险商品的交易提供中介服务的人，主要包括保险代理人、保险经纪人和保险公估人。

2. 保险商品。保险商品是保险市场的客体，它是保险人向投保人（或被保险人）提供的在保险事故发生时给予经济保障的承诺。保险商品的外在形式是保险合同，即保险合同是保险商品的载体；保险商品的内容是保险事故发生时提供经济保障的承诺。

3. 保险价格。保险价格即保险费率，它是被保险人为取得保险保障而由投保人向保险人支付的价值（费用）。

（二）保险市场的类型

现代保险市场可按不同的标准分类，一般有以下主要分类。

1. 原保险市场和再保险市场。这是按保险业务承保的层次不同进行的分类。原保险市场亦称直接业务市场，是保险人与投保人之间通过订立保险合同而直接建立保险关系的市场。这是保险业务承保的第一层次。再保险市场也称分保市场，是原保险人将已经承保的直接业务通过再保险合同转分给再保险人的方式而形成保险关系的市场。这是保险业务承保的第二层次。

2. 人身保险市场和财产保险市场。这是按照保险业务性质进行的分类。人身保险市场是专门为保险消费者提供各种人身保险商品的市场；财产保险市场是从事各种财产保险商品交易的市场。在西方国家，前者称为寿险市场，后者称为非寿险市场。

3. 国内保险市场和国际保险市场。这是按保险业务活动的空间进行的分类。国内保险市场是专门为本国境内提供各种保险商品的市场，按经营区域范围又可分为全国性保险市场和区域性保险市场；国际保险市场是国内保险人经营国外保险业务的保险市场。

4. 垄断型保险市场、自由竞争型保险市场和垄断竞争型保险市场。这是按保险市场的竞争程度进行的分类。

（1）垄断型保险市场，即由一家或几家保险人独占市场份额的保险市场，包括完全垄断型和寡头垄断型保险市场。

①完全垄断型保险市场。又称独家垄断型保险市场，它是指在一个保险市场上只有一家或者少数几家保险公司垄断所有保险业务，保险市场上没有竞争。在实践中，完全垄断型保险市场有两种变通形式：一种是专业型完全垄断型保险市场，即在一个保险市场上同时存在两家或两家以上的保险公司，各个保险公司垄断不同的保险业务，相互间业务不交叉，从而保持完全垄断市场的基本性质；另一种是地区型完全垄断保险市场，即在一国保险市场上存在两家或两家以上的保险公司，它们分别垄断不同地区的保险业务，相互间业务没有交叉。完全垄断型保险市场目前在全球几乎不复存在。

②寡头垄断型保险市场。即以大保险公司为主的寡头保险市场结构，其特点是市场被数目不多但规模较大的保险公司所分割。该保险市场模式有一个十分明显的特点，即保险监管部门对市场规模控制得非常严格，新公司难以进入市场，保险市场的结构较为稳定。该市场模式在亚洲国家较为典型，它一方面有利于市场的稳定，另一方面也有利于促进市场竞争，尤其是在保险公司破产的情况下，由于有大型保险公司的接管，从而可以保证市场的稳定。

（2）自由竞争型保险市场。即指保险市场上存在数量众多的保险人，保险商品交易完全自由，价值规律和市场供求规律充分发挥作用的保险市场，如西方发达国家的保险市场大多属于这种类型。

（3）垄断竞争型保险市场。即指在一个保险市场上存在大量的保险公司，并且大小保险公司在自由竞争中并存，少数大公司在保险市场中分别具有某种业务的局部垄断地位的保险市场。在国际上，大小保险公司混合存在的垄断竞争型市场模式则较为普遍。如保费收入位居全球第一的美国保险市场就是该模式，以英国为主的欧洲国家也大多具有垄断竞争型市场模式的特征。

我国目前的保险市场属于寡头垄断型保险市场。在封闭型经济条件下，寡头垄断型模式是中国保险市场模式的理想选择，它既能促进竞争，又能保证市场的稳定。但在开放型经济条件下，中国保险市场的理想模式将是垄断竞争型保险市场模式。其基本依据是保险公司自身特点的需要，以及规模经济要求、经济全球化带来的国际竞争要求等；同时，根据我国的国情、促进竞争、服务改善等的要求，中国的市场必将使保险公司的数量迅速增加而成为垄断竞争型市场。

二、保险市场需求

（一）保险市场需求的概念

保险市场需求是全社会在一定时期内购买保险商品的货币支付能力，它包括保险商品的总量需求和结构需求。

保险商品的总量需求是指在一定时期内，社会对保险商品（服务）需求的总和。这是保险商品（服务）在一个保险经济体系中任何可能价格水平下会被消费的保险商品（服务）总量。它包括实际需求与潜在需求。实际需求即为已经实现了的需求，比如，2023年，我国保险公司原保险保费收入为5.12万亿元，同比增长9.17%；原保险公司赔付支出为1.89万亿元，同比上升21.94%。[①] 潜在需求是指市场上消费者对某类保险怀有强烈的需求愿望，但由于市场上没有现实的或理想的保险商品，只能等待时机购买；或者保险市场已经有了理想的商品，但由于消费者现实的购买力不足，只能等待时机购买。例如，据中国保险行业协会的研究报告预测，到2030年和2040年，中国城镇地区老年人长期护理服务保障缺口分别约为1.9万亿元和3.8万亿元，即为护理保险的潜在需求。[②]

保险商品的结构需求是各类保险商品占保险商品需求总量的比重，如财产保险保费收入占全部保费收入的比率、财产保险中工程保险保费收入占全部财产保险保费收入的比例等，均是结构需求的表现。数据显示，2023年，全国保险公司原保险保费收入中，财产保险（不含健康保险、意外伤害保险）原保险保费收入为1.36万亿元，同比增长7.09%；人身保险（包括人寿保险、健康保险、意外伤害保险）原保险保费收入为3.74万亿元，同比增长9.94%。这些数据从营业收入层面体现了保险商品的结构性需求。

（二）保险市场需求的影响因素

在保险市场上，影响保险需求的因素非常多，主要包括以下几种。

[①] 国家金融监督管理总局. 2023年12月保险业经营情况表［N/OL］.（2024 - 01 - 26）. https：//www. cbirc. gov. cn/cn/view/pages/ItemDetail. html？docId = 1149677&itemId = 954&generaltype = 0.

[②] 秦燕玲. 建设长期护理保险制度迈出关键一步［N］. 证券时报，2023 - 04 - 04.

1. 风险因素。保险商品（服务）的具体内容是各种客观风险。无风险，则无保险。因此，风险的客观存在是保险需求产生的前提。保险需求总量与风险因素存在的程度成正比：风险因素存在的程度越大、范围越广，保险需求的总量也就越大；反之，保险需求量就越小。

2. 社会经济与收入水平。保险是社会生产力发展到一定阶段的产物，并且随着社会生产力的发展而发展。一方面，经济发展带来保险需求的增加；另一方面，收入水平的提高也会带来保险商品需求总量和结构的变化。衡量保险需求量变化对收入变化反映程度的指标是保险需求收入弹性。它是需求变化的百分数与收入变化的百分数之比，表示收入变化对需求变化影响的程度。保险需求的收入弹性一般大于1，即收入的增长会引起对保险需求更大的比例增长。但不同险种的收入弹性不同。

3. 保险商品价格。保险商品的价格即保险费率，保险费率与保险需求一般成反比例关系。保险费率愈高，则保险需求量愈小；反之，则愈大。反映保险需求量变化对保险商品价格变化敏感程度的指标是保险需求的价格弹性，它是保险商品需求变化的百分数与保险商品价格变化的百分数之比，表示保险价格变化对保险商品需求变化影响的程度。但不同险种的价格弹性不同。

4. 人口因素。人口因素包括人口总量和人口结构。保险业的发展与人口状况有着密切联系，尤其是在人身保险方面。人口总量与人身保险的需求成正比，在其他因素一定的条件下，人口总量越大，对保险需求的总量也就越多，反之就越少。人口结构主要包括年龄结构、职业结构、文化结构、民族结构。由于年龄风险、职业风险、文化程度和民族习惯不同，对保险商品需求也不同。

5. 市场经济的发展程度。商业保险是市场经济的重要要素，同时，市场经济又是商业保险的前提，市场经济的发展程度与保险需求成正比，市场经济越发达，则保险需求越大；反之，则越小。

6. 强制保险的实施。强制保险是政府以法律或行政的手段强制实施的保险保障方式。凡在规定范围内的被保险人都必须投保，因此，强制保险的实施，人为地扩大了保险需求。

此外，利率水平的变化，对储蓄型的保险商品也有一定影响。

三、保险市场供给

（一）保险市场供给的概念

保险市场供给是保险人在一定时期内通过保险市场可能提供给全社会的保险商品数量。保险市场供给包括供给总量和供给结构。供给总量是指全社会所提供的保险总供给，即全社会的所有保险人对社会经济所担负的保险责任的总量，亦即所有承保的保险金额之和；保险商品供给结构表现为险种结构及为某种保险品种所提供的经济保障的额度。除了保险金额（或保障额度），保险产品的实际赔付也可以说明保险市场供给的基本情况。

（二）保险市场供给的影响因素

影响保险市场供给的因素有许多，主要包括以下几种。

1. 保险资本量。保险市场供给是由全社会的保险公司和其他保险组织所提供的，而保险公司经营保险业务必须有一定数量的经营资本。在一定时期内，社会总资本的量是一定的，因而能用于经营保险的资本量在客观上也是一定的。因此，这个有限的资本量在客观上制约着保险供给的总规模。在一般情况下，可用于经营保险业的资本量与保险经营供给成正比关系。即保险业的资本量越大，说明市场供给能力或承保能力越强，反之亦然。

2. 保险市场供给者的数量和质量。通常保险市场供给者的数量越多，意味着保险供给量越大。但保险市场供给不但要讲求数量，还要讲求质量。保险市场供给者的质量，不仅在于公司本身的质量，也在于其提供的保险产品质量。保险公司本身的质量包括资本实力、经营理念、服务水平等；产品质量则主要体现在保险产品能够满足现实和潜在保险消费者的风险转嫁需求，亦是保险公司提供保险服务能够满足保险需求者保险消费需求的程度。

3. 经营管理水平。保险公司经营管理水平的高低，主要体现在公司是否高质量发展、低成本运营，基础管理是否扎实，自身的经营风险是否能有效控制等方面，具体则体现在市场开发、险种设计与营销、再保险分出分入、准备金的提存、费率厘定，以及人事管理等各方面。其中任何一项指标的高低，都会影响保险的供给。

4. 保险商品价格。在保险市场上，险种的价格与供给表现为互相影响的关系。险种价格上升，则保险公司的产品供给量会增加；险种价格下降，则保险产品的供给量会减少。反映保险供给量变化对保险商品价格变化敏感程度的指标是保险供给的价格弹性，它是保险商品供给量变化的百分数与保险商品价格变化的百分数之比，表示保险价格变化对保险商品供给变化影响的程度。当然，在保险成本及其他因素一定的条件下，保险商品价格越高，保险营业利润率也越高，反之越低。

5. 保险成本。保险成本一般包括赔付的保险金、营业费用（含佣金、工资、房屋的租金、管理费用等）和营业税收。对保险人来说，如果保险成本低，在保险费率一定时，所获得的利润就多；同时，保险人对保险业的投资就会扩大，保险供给量就会增加。显然，在一般情况下，保险成本与保险供给成反比例关系，保险成本愈高，保险供给量就愈小；反之，保险供给量就愈大。

6. 保险市场竞争。保险市场竞争对保险供给的影响是多方面的，保险竞争的结果会引起保险公司数量上的增加或减少。从总的方面来看，公司增加、竞争加剧，则会增加保险供给；同时，保险竞争使保险人改善经营管理，提高服务质量，开辟新险种，继而也扩大了保险供给。

7. 保险政策。政府的政策在很大程度上决定保险业的发展、保险经营的性质、保险市场竞争的性质，也决定了保险业的发展方向。如果政府对保险业采用扶持政策，则保险供给会增加；反之，若采取限制发展的政策，则保险供给会减少。

第二节　保险经营组织

一、保险经营组织的形式

保险经营组织的形式，是指依法设立、登记，并以经营保险业务的组织机构所采用的形式。在国外，保险组织形式多种多样，但大多根据各自国情并结合保险业的特点，通过保险业立法规定其保险业可采用的组织形式。纵观全球，保险经营的组织形式主要有以下四种。

1. 国有独资保险公司。国有独资保险公司是国家授权投资机构或国家授权的部门单独投资设立的保险有限责任公司。其基本特征为：投资者的单一性，财产的全民性，投资者责任的有限性。从组织机构上不设立股东会，只设立董事会、总经理和监事会。国有独资公司具有的优点为：资金雄厚，给被保险人以可靠的安全感；多为大规模经营，风险较分散，业务稳定；一般采用固定费率，且费率较低；在公平经营基础上，注重社会效益，有利于实施国家政策。我国的中国出口信用保险公司（以下简称中国信保）即为国有独资保险公司，它是 2001 年 12 月由国家出资设立，其目的是支持中国对外经济贸易发展与合作，属于具有独立法人地位的国有政策性保险公司，服务网络覆盖全国。

2. 股份保险公司。股份保险公司是将全部资本分成等额股份，股东以其所持股份为限对公司承担责任，公司则以其全部资产对公司债务承担责任的企业法人。由于所有股份公司均须是负担有限责任的有限公司（但并非所有有限公司都是股份公司），所以一般合称"股份有限公司"。股份保险公司的内部组织机构主要由权力机构、经营机构和监督机构三部分组成：股东会是公司的权力机构，董事会是公司的经营机构，监事会是公司的监督机构。股份有限公司一般具有雄厚的财力，对被保险人的保障较大，因而许多国家的保险业法规定经营保险业者必须采用股份有限公司的形式。我国目前绝大部分保险公司属于股份制保险公司。

股份保险公司的基本特征是：公司的资本总额平分为金额相等的股份；公司可以向社会公开发行股票筹资，股票可以依法转让；法律对公司股东人数只有最低限度，无最高额规定；股东以其所认购股份对公司承担有限责任，公司以其全部资产对公司债务承担责任；每一股有一表决权，股东以其所认购持有的股份，享受权利，承担义务；公司应当将经注册会计师审查验证过的会计报告公开；股东以领取股息的办法分配公司所取得的利润。股份保险公司的不足之处在于：①公司的控制权操纵在股东之手，经营目的是为投资者攫取利润，被保险人的利益往往被忽视；②对保险金的赔付，往往附以较多的限制性条款；③对那些风险较大、利润不高的险种，股份保险公司往往不愿意承保。

为了保证股份保险公司的稳定经营，各国保险业法对其实收资本的最低限额，一般都有明确的规定。我国《保险法》对保险公司注册资本的最低限额为实缴人民币 2亿元。

3. 相互保险组织。相互保险是指具有同质风险保障需求的单位或个人，通过订立合同成为会员，并缴纳保费形成互助基金，由该基金对合同约定的事故发生所造成的损失承担赔偿责任，或者当被保险人死亡、伤残、疾病或者达到合同约定的年龄、期限等条件时承担给付保险金责任的保险活动。相互保险组织是指在平等自愿、民主管理的基础上，由全体会员持有并以互助合作方式为会员提供保险服务的组织，其与股份制保险公司的区别在于，这类组织不以股东为所有权人，而是采用会员制，将"股东"和"客户"的身份统一，会员既是组织的所有者，又是组织的服务对象。

相互保险组织有如下具体表现形式。

（1）相互保险公司。相互保险公司即为一般相互保险组织，是所有参加保险的人为自己办理保险而合作成立的法人组织。它是保险业特有的公司组织形态，为非营利性组织中最重要的一种。虽然它名为公司，但实为非营利组织。其经营方式，多由社员事先缴纳基金；所有社员还得按时交付保险费，但仅负有限责任；相互保险公司经营如有盈余，因无股东分配，完全由社员共享，或分别摊还，或拨作公积金；社员兼具投保人与保险人双重身份，并且双重身份同时存在；经营目的是为参加该组织投保人谋取福利。我国于2005年1月成立的阳光农业相互保险公司，就是经国务院同意、国家保险监管部门批准的国内第一家相互制保险公司。

（2）相互保险社。相互保险社是保险组织的原始形态，即通过订立合同成为会员，交保费形成互助基金；当其中某个成员遭受损失时，由该基金对合同约定的事故发生所造成的损失承担赔偿责任。相互保险社的核心理念是"互助共济、风险共担"。相互保险社在当今欧美各国仍然相当普遍，其经营范围也十分广泛，涉及海上、火灾、人寿及其他有关险种。我国的众惠财产相互保险社、信美人寿相互保险社、汇友财产相互保险社、中国渔业互助保险社，以及一些地方保险互助社等也均属于此类性质。[①]

（3）保险合作社。保险合作社是由一些对某种风险具有同一保障要求的人自愿集股设立的保险组织，它依合作的原则从事保险业务。保险合作社一般属于社团法人非营利机构，其以较低的保费来满足社员的保险需求，社员与投保人基本上是一体。历史上最早的保险合作社组织为1867年成立于英国的合作保险公司。全球有30多个国家建立有保险合作社。虽然在法国、美国、日本、新加坡等国，保险合作社均有一定的影响，但英国是世界合作保险的中心，其数量最多，经营范围也最广。

4. 自保公司。自保公司即自营保险公司，又叫内部保险公司，是指由一家或多家非保险公司或集团投资设立的保险（再保险）公司，其目的在于仅向其母公司或其所属的集团公司中的其他成员公司提供保险保障。传统意义上的自保公司的业务范围限定为"内部单位"，即与母公司及母公司的所属单位间进行关联交易。随着自保公司的发展，其含义也逐渐加入开放性，不仅为母公司提供保险，也为与母公司无隶属关系的企业提供保险，即为第三方客户提供保险。自保公司经过100多年的发展，全球范围内现有

---

① 郑伟等. 中国保险业发展报告2023［M］. 北京：经济科学出版社，2023.

6 000余家，以欧美发达国家的企业为主，现已趋于成熟。中国企业已有 10 家自保公司。[①]

二、保险公司的业务组织

保险公司的业务组织分为内部组织和外部组织。内部组织可分别按职能、业务、区域的不同进行分类。保险公司的外部组织分为保险代理人、保险经纪人、保险公估人。这里仅介绍按职能分类的内部组织结构。

1. 业务部。该部门一般包括市场调研、产品开发、业务培训、展业等。

2. 承保部。该部门是保险公司选择风险并办理承保业务的部门，一般包括核保、保费收缴、契约管理等。

3. 理赔部。该部门是在保险事故发生后，对保险责任范围内的保险事故负责核赔、赔偿处理的部门。

4. 再保险部。该部门主要负责保险企业所承担风险的转嫁工作。其基本职能是：依据风险管理的理论决定公司的自留额，而对超过本公司承保能力的部分业务转嫁给其他保险公司，以谋求公司经营的稳健。

5. 中介部。该部门主要负责保险代理人、保险经纪人的选择、培训、监督等工作，并负责有关其他业务的扩展等工作。

6. 财务会计部。主要负责公司的各项财务管理活动，保证公司财务管理工作的有序安全进行。

7. 精算部。该部门主要负责各准备金评估、内含价值评估，参与偿付能力管理、资产负债管理、保险风险管理和现金流管理，费用率、赔付率、发生率、退保率等经验分析等工作。

8. 法律合规部。该部门主要组织制定和完善公司法律合规管理规章制度；建立完善合规风险和管控机制，监督违规行为；切实落实合规经营责任制。

9. 资金运用部。该部门主要负责拟定并实施公司资金运用发展战略和规划，贯彻落实公司股东会、董事会、监事会和经营层有关投资工作和重大投资事项的决议或指令，组织实施投资运作，提高资金运作综合收益率。

10. 风险管理部。全面负责公司风险管理工作，建立全面风险管理体系；随时调整和优化公司的风险管理政策、制度和流程等与风险管理相关的事务。

除上述十个部门外，保险公司一般还设有客户服务部、信息技术部（或科技开发部）、互联网事业部、稽核部、企划及人力资源部等相关业务部门。值得指出的是，业务职能部门并不是所有公司都一样。现实中，不同的保险公司间、其职能部门有的内容相同名称不同；有的名称相同，内容却不一定完全相同；有的同一家公司因业务发展，其职能部门前后也有不同，等等。

---

① 石油商报．石油公司通过自保公司回收海外油气项目投资的模式［N/OL］．（2023 – 06 – 15）［2024 – 07 – 29］．https：//www. sohu. com/a/685816453_ 158724.

第三节　保险中介人

保险中介人是指介于保险经营机构之间或保险经营机构与投保人之间，专门从事保险业务咨询与招揽、风险管理与安排、价值衡量与评估、损失鉴定与理算等中介服务活动，并从中依法获取佣金或手续费的单位或个人。保险中介人的类型多样，主要包括保险代理人、保险经纪人、保险公估人等。

一、保险代理人

（一）保险代理人的含义与特点

我国《保险法》第一百一十七条规定："保险代理人是根据保险人的委托，向保险人收取佣金，并在保险人授权的范围内代为办理保险业务的机构或者个人。"保险代理人是保险人的代理人，它属于委托代理的性质，除具备一般代理行为的普遍特征外，还具有如下特点：①在一般代理关系中，代理人超越代理权的行为，只有经过被代理人追认，被代理人才承担民事责任；而在保险代理中，为了保障善意投保人的利益，保险人对保险代理人越权代理行为也承担民事责任，除非投保人或被保险人与代理人恶意串通。②保险代理人在代理业务范围内所知道或应知道的事宜，均可推定为保险人知道，保险人不得以保险代理人未履行如实告知义务为由而拒绝承担民事责任。

（二）保险代理人的分类

保险代理人分类方法较多，按代理关系的属性可分为专用代理人和独立代理人；按代理人的行业性质可分为专业代理人和兼业代理人；按代理人的职业特点可分为专职保险代理人和兼职保险代理人；按代理人的性质不同可分为法人代理人和个人代理人；按其代理保险保障的标的不同可分为寿险代理人和非寿险代理人。

我国《保险法》对保险代理人采用复合分类法，先按保险代理主体的性质将保险代理人分为保险代理机构和个人保险代理人，然后将保险代理机构按行业性质不同分为保险专业代理机构和保险兼业代理机构。根据《保险代理人监管规定》（以下简称《规定》），保险代理人是指根据保险公司的委托，向保险公司收取佣金，在保险公司授权的范围内代为办理保险业务的机构或者个人，包括保险专业代理机构、保险兼业代理机构及个人保险代理人。

1. 保险专业代理机构。根据《规定》，保险专业代理机构是专门从事保险代理业务的保险代理公司及其分支机构。其组织形式为有限责任公司或股份有限公司，其代理的业务范围一般为：代理销售保险产品、代理收取保险费、代理保险人进行损失的勘查和理赔以及中国保险监督管理机构批准的其他业务。一般而言，各国对专业代理机构的资本金、持证人数、高级管理人员、章程和经营场地都有法律规定。为此，保险专业代理机构具有专业化程度高、技术力量强、代理范围广、人员素质高而稳定等特点，其代理的业务数量也比较稳定。

2. 保险兼业代理机构。根据《规定》，保险兼业代理机构是指利用自身主业与保险的相关便利性，依法兼营保险代理业务的企业，包括保险兼业代理法人机构及其分支机构。从实践看，我国的兼业代理人主要包括以下形式：（1）业务经办单位代理，如汽车销售商代理销售机动车辆保险；（2）企业主管部门或企业代理，如企业主管部门受保险人委托兼办下属企业的保险业务；（3）金融部门代理，如银行、信用社等代理销售传统寿险或理财型保险产品。保险兼业代理机构的优点是：展业方便、建立机构方便，只要对保险代理人员进行必要的业务培训，便可展业；可以借助行业优势，解决保户遇到的困难。但缺点是人员和业务缺乏稳定性，业务范围相对较窄，一般只代理销售保险产品，且适宜代理单一或少数险种业务。

3. 个人保险代理人。根据《规定》，个人保险代理人是指与保险公司签订委托代理合同，从事保险代理业务的人员。我国《保险法》第一百二十五条规定："个人保险代理人在代为办理人寿保险业务时，不得同时接受两个以上保险人的委托。"在我国，保险个人代理人制度于1992年由美国友邦保险公司在上海引进，一直以来，其在保险市场上发挥了重要作用，成为保险公司，尤其是寿险公司的首要销售渠道。个人代理的优点是比较灵活、专业性较强；但综合经济技术力量较弱，因而代理业务较窄。值得一提的是，随着保险市场规模与结构的逐步变化，以及互联网技术的提升，个人保险代理销售方式也将会发生相应的变革。

（三）保险代理人的作用

保险代理人在保险行业扮演着重要的角色，他们为保险市场的开拓、保险业务的发展起到了至关重要的作用。事实上，在我国，保险代理人的出现和保险代理制的实施，为完善保险市场，调解保险供需矛盾，促进保险行业发展发挥了重要作用。具体来说，其作用表现在以下方面。

1. 可在为保险公司节省直接营业费用的同时，带来较大的业务量。代理人具有灵活性特征，较保险人展业涉及面更广泛，其展业活动可以渗透到社会各行各业，覆盖城市乡村每家每户，从而可以在为保险公司节省营业费用的同时，带来保费收入量的上升。例如，1992年，保险代理人从美国友邦公司把个人寿险营销引入我国，当年人身保险保费就较上年大幅度提升，其后则是随着代理人队伍的壮大，人身保险保费收入的年增幅均以倍数为计。

2. 为社会各层次的保险需求提供了方便、快捷、直接的服务，也为广大保险消费者的风险转移发挥了桥梁作用，并提升了社会公众的风险管理意识，其社会效益亦是显著的。

3. 对于国内保险公司的经营机制转换，有着直接和间接的推动作用，能够促使各保险公司根据自身的情况建立适应市场需求的营销机制。

4. 保险代理的发展能容纳大批人员就业，可以为国家就业安置、稳定社会发挥一定的积极作用。

总体而言，保险代理人对保险行业的作用是非常明显而具体的。但其不足之处也较为明显：例如，保险公司与保险代理人之间始终存在着核保与推销的冲突；保险代理人获取代理手续费的动机不仅可能导致保险公司承保质量的下降，也易使投保人或被保险人的权益受损；同时代理人队伍庞大，代理素质良莠不齐，管理难度高。

二、保险经纪人

（一）保险经纪人的内涵

保险经纪人是基于投保人的利益，为投保人与保险人订立保险合同提供中介服务，并依法收取佣金的人。可见，保险经纪人是投保人的代理人。在我国，保险经纪人仅限于法人单位。我国《保险法》第一百一十八条规定："保险经纪人是基于投保人的利益，为投保人与保险人订立保险合同提供中介服务，并依法收取佣金的机构。"根据《保险经纪人监管规定》的规定，保险经纪人的组织形式应为有限责任公司或股份有限公司。

作为法人单位，保险经纪人有一定的法定资格和条件要求，并经过登记注册取得经营许可证，方可经营。在经营中，保险经纪人一般根据投保人的委托授权，并与投保人订立合同后开展业务。但如果其因过失或疏忽造成投保人或被保险人损失的，保险经纪人要承担赔偿责任。我国《保险法》第一百二十八条规定："保险经纪人因过错给投保人、被保险人造成损失的，依法承担赔偿责任。"

作为投保人的代理人，保险经纪人的佣金是保险经纪人从事经纪业务而取得的报酬，本应由投保人支付，但因经纪人的居间性行为最终是给保险人招揽了保险业务，因此，按国际惯例，通常由保险人支付佣金。

（二）保险经纪人与代理人的区别

保险经纪人与保险代理人虽然都是保险中介人，但两者存在较大差别。主要表现在以下四点。

1. 法律地位不同。保险经纪人是投保人的代理人，其行为代表着投保人的利益；保险代理人是保险人的代理人，其行为代表着保险人的利益。

2. 进行业务活动的名义不同。保险经纪人从事保险居间业务时，必须以自己的名义进行，而当他进行代理行为时则以被保险人或者受益人的名义进行；保险代理人从事业务则必须以保险人的名义。

3. 在授权范围内所完成的行为之效力对象不同。保险经纪人的居间行为效力作用他自己，而其代理行为的效力直接对委托人（投保人或者被保险人）产生；保险代理人的行为效力直接对保险人产生。

4. 行为后果承担者不同。因保险经纪人办理居间业务的结果对保险经纪人发生效力，如保险经纪人在办理居间业务中，因其过错给投保人、被保险人或受益人造成损失的，由保险经纪人承担赔偿损失责任；在办理代理业务时，凡是在委托人的授权范围内进行的活动，其后果则由委托人承担；保险代理人根据保险人的授权代为办理保险业务的行为，由保险人承担责任。

（三）保险经纪人的特点

1. 保险经纪人提供服务的专业性强。保险经纪人一般具有较高水平的业务素质和保险专业技术知识，是识别风险和选择保险的专家。投保人或被保险人借助保险经纪人能获得最佳的保险服务，以较低的保险费获得较高的风险保障。因此，在国际上，保险经纪人又有风险经纪人之称。

2. 保险经纪人作为投保人和被保险人的代表，独立承担法律责任。法律规定保险人有义务利用自己的知识和技能为委托人安排最佳的保险产品，如果因为保险经纪人的疏忽致使被保险人的利益受到损害，经纪人要承担法律责任，这有助于消费者在遭遇不适当的销售行为时进行责任追溯。

3. 保险经纪人的服务不增加投保人或被保险人的经济负担。保险经纪人虽然是投保人和被保险人的代言人，但在为保险双方订立合同服务时其佣金向保险人收取，不直接增加投保人的投保成本。

保险经纪人制度的不足是，由于保险经纪人不依托于任何保险公司进行独立的中介活动，如果缺乏对保险经纪人市场行为的严格规范，可能导致保险经纪人利用信息优势开展不利于消费者或保险公司的行为。为此，保险经纪人的市场准入条件比代理专业机构要高许多，监管也要更严厉一些。

三、保险公估人

（一）保险公估人的概念

保险公估人又称保险公证人，是指依照法律规定设立，受保险公司、投保人或被保险人委托办理保险标的的查勘、鉴定、估损以及赔款的理算，并向委托人收取酬金的公司。我国《保险公估人监管规定》第二条规定："本规定所称保险公估，是指评估机构及其评估专业人员接受委托，对保险标的或者保险事故进行评估、勘验、鉴定、估损理算以及相关的风险评估。保险公估人是专门从事上述业务的评估机构，包括保险公估机构及其分支机构。保险公估机构包括保险公估公司和保险公估合伙企业。"公估人的主要职能是按照委托人的委托要求，对保险标的进行检验、鉴定和理算，并出具保险公估报告，其地位超然，不代表任何一方的利益，使保险赔付趋于公平、合理，有利于调停保险当事人之间关于保险理赔方面的矛盾。

（二）保险公估人的特征

作为中介人，保险公估人具有一般中介人的特征，但与保险代理人、保险经纪人相比，其又具有自身的特征。

1. 居间公正性。保险公估人是在保险合同当事人的委托下，从事保险标的评估、鉴定或查勘、估损、理算等业务工作，其性质是独立于保险合同双方主体的居间业务。在从业过程中必须保持独立、公正的活动原则，不能偏向任何一方当事人；其公估报告是否被保险合同双方当事人接受，取决于报告的真实性与公正性。因此，公估人为了立足于市场，其在公估的过程中必须保持客观公正、实事求是的工作作风，站在中间立场上对保险事件进行公正评审，作出符合双方利益的评估结论。

2. 专业技术性。公估人的核心职能是评估职能，包括保险业务的勘验、鉴定、估损和理算，其立业之本就在于其专业技术性强。保险公估人的专业技术性是保险公司理赔查勘人员无法取代的，其专业涉及水电建设、路桥建设、大型高尖端科技等专业领域，不仅要懂工艺、懂原理、懂保险，同时还要懂法律、懂精算、懂财务等各方面的专业知识。因此，要想成为保险公估人，必须具有各种专业背景并熟悉保险业务的各项专业工程技术。

3. 相对独立性。在我国，保险公估人作为保险市场的中介人，一方面其行为不直接受《保险法》规范，而受《中华人民共和国资产评估法》的规范，因此，相比较保险代理人与保险经纪人，其具有相对的独立性。另一方面，保险公估人既可以接受保险人的委托，也可以接受被保险人的委托，但它不代表保险人，也不代表被保险人，而是站在独立的立场上，与上述双方保持着等距离的关系；且与保险代理人、保险经纪人的佣金由保险人支付不同，保险公估人的佣金由委托人支付，而其公估报告是否被采纳，这又并不是必然现象。因此，这些特征使保险公估人的工作性质要保持相对独立、客观，而不受任何一方的制约。

值得指出的是，由于保险公估人的检验技术、审慎态度及公证立场对其公证结果有很大影响，因此，在海上保险中，保险人常在保险单条款中说明保留委托公估公司的选择权，即被保险人必须在保单指定的公估人或保险人同意的保险公估人那里办理公估。

第四节　保险市场营销

一、保险市场营销的概念与特点

（一）保险市场营销的概念

从广义上来讲，保险市场营销是以保险市场为起点和终点的活动，包括保险市场调研、选择保险消费者目标市场、保险产品开发、保险产品促销等一系列与保险市场有关的企业业务经营活动。从狭义上来讲，保险市场营销是指保险公司通过各种途径将保险商品转移给消费者所进行的销售活动。但无论是从广义上还是从狭义上理解，保险市场营销的核心是保险市场营销的对象是目标市场的准保户，其营销的主体是保险产品即险种，其营销的途径是将保险产品销售到保险消费者手中的各种渠道；其营销的目的是为了获取市场利润。

（二）保险市场营销的特点

从保险市场营销的内涵看，其特点可以归纳为以下五个方面。

1. 营销的对象特殊而明确。保险营销的对象是需要在某种意外或风险发生时得到经济支持的人群，也就是被保险人。例如，人寿保险的营销对象是需要对生命风险进行保障的人，而车险的保险营销对象则是拥有机动车辆的所有人或管理部门。

2. 营销的产品特殊。在保险市场营销中，保险人销售的是各种各样的保险单，这种保险单虽然兼具使用价值和价值，但它的价值却主要是根据保险单的规定，通过保险人对风险保障的组织活动即劳务形态表现出来的，从而是一种无形的以风险保障为特定内容的特殊商品。[①] 此外，对于单个保险消费者而言，购买的产品并不一定完全是自己使用（返回性质的寿险产品除外），而体现的是一种"我为人人、人人为我"的互济性消费，即仅仅在买卖合同约定的保险风险发生后，保险消费者才能得到保险人的风险补偿

---

① 许飞琼，郑功成. 财产保险（第五版）[M]. 北京：中国金融出版社，2015：71.

或给付。

3. 交易的途径特殊。一般的商品买卖是有形的物件交易，即使是互联网时代，其销售路径往往是从生产厂家，经过运输者运送到销售商家，再由销售商家卖给消费者，或销售商家再经运输者运送到消费者手中。而保险产品是无形的，保险人可以对消费者直接营销，也可以请人代销，但并不需要运输者运送，尤其是互联网无纸化时代，电子保单买卖通过计算机或手机就可以进行交易。

4. 营销渠道多样化。营销对象、营销产品及其交易途径的特殊性，决定了保险营销渠道可以多样化。例如，传统的营销渠道有保险人直销（保险人上门推销或保险消费者上门购买）、保险中介人代销（买卖双方也可以相互上门交易）；新型的营销渠道除了电话营销，还有保险公司官网平台、中介代理平台以及第三方平台；等等。

5. 营销的目的是利润。保险公司是由投资者投资或集股成立的企业组织，通过开展各种保险业务来获取合理利润是投资者的基本目标。因此，保险市场营销的目的只有一个，即是实现投资者或保险人对利润的合理追求。

二、保险市场营销的渠道

保险营销渠道分为直接渠道和间接渠道。直接渠道，也称直销制，是指保险公司利用支付薪金的业务人员对保险消费者直接提供各种保险产品的销售和服务途径。保险公司的直销又可以分为外勤人员直销和营业室或营业网点直销。间接营销渠道，也称中介制，是指保险公司通过保险代理人和保险经纪人等中介人推销保险产品的方法。

在传统的营销过程中，保险营销的主要方式是上门推销（或保险人自己推销、或保险中介人代为推销）。其主要优点是，买卖双方直接见面交易，消费者对保险产品的认知度易提高，双方交易信息的可信度较高；主要缺点是营销成本高，产品销售量难以提升。

21 世纪初，随着电话进入千家万户，电话营销一度成为我国保险公司普及性非常高的一种保险营销模式。电话营销模式简化了保险公司传统营销中的交易环节，降低了展业成本，同时也节省了保险消费者的成本，但电话营销易存在欺诈，消费者隐私也往往难以得到完全的保护，甚至曾一度成为公众厌恶的保险营销方式。

随着电子商务的出现，"互联网＋保险"应运而生，电子网络营销已成为保险公司营销的重要渠道之一。我国保险电子商务应用模式在不断丰富，已经形成了 B2B（一种保险公司对销售代理机构的网上交易模式）、B2C（保险公司直接面对终端消费者的产品销售模式，这是市场上最为普遍的一种销售模式，如中国人寿、新华人寿等的保险电子商务平台及各家公司的电话车险销售都属于这一类别）、B2M（保险供应商对保险中介人的销售模式，类似于 B2B，但 M 是属于个体保险代理人。这个销售模式目前市场上比较少见）等多种营销模式。值得指出的是，保险电子商务营销是基于互联网进行保险销售、理赔和售后服务。无论是保险公司官网，还是手机第三方应用（APP）、微信公众号等，均可以简单地理解为网上保险商城或者网上保险营业厅；而互联网保险中介或者经纪公司更像是保险超市，如京东保、i云保等都是保险销售的渠道。①

图4-1为我国保险营销渠道的基本概括。

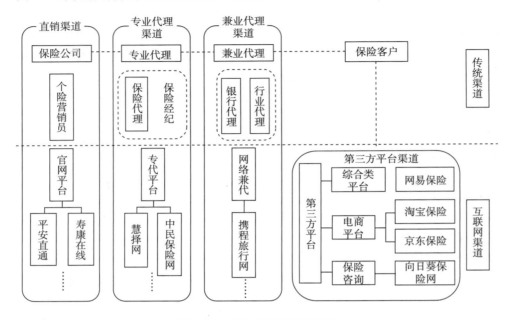

图4-1　保险营销渠道网络图

三、保险市场营销的策略

随着互联网、云计算、区块链等新技术的进一步推广，也随着广大消费者风险防范意识的增强，保险行业的市场竞争日趋激烈，各保险公司既面临着众多的发展机遇，也同时面临着许多挑战。为此，保险公司应该积极适应当前科技、经济发展的新形势，拓展保险营销渠道的同时，注意制定或及时调整保险营销策略。

保险营销策略，一般有产品策略、推销策略、定价策略与促销策略等。②

1. 产品策略。产品策略即险种策略，由于保险市场需求是随着物质财富种类的增加和风险的日益多样化而不断发展变化的，保险人的产品也应当是不断发展变化的。保险人应当不时根据发展变化了的市场需求情况，在巩固有活力、有竞争力的产品时，高度重视开发、设计新产品，改进旧产品，以最大限度地满足保险消费者的风险保障需求。例如，利用互联网营销个性化定制服务的特点开发产品，使保险产品符合客户地域性、职业性、年龄性等差别要求。再如，互联网中的一些专业中介网站会销售多家保险公司的产品，保险消费者也会根据自己的风险保障需求购买组合性产品。因此，保险公司可针对目标群开发实惠、符合保险消费者需求的组合产品，或与兄弟公司共同组合开发，或与专业中介网站进行合作开发符合中介网站特定保险消费者需求的产品。

① 许飞琼.财产保险理论与实务［M］.北京：国家开放大学出版社，2018：86-87.
② 许飞琼.财产保险理论与实务［M］.北京：国家开放大学出版社，2018：90-91.

2. 推销策略。所谓推销策略，实质上是指对保险的推销渠道和推销方式进行选择，其目的是用最有效和最经济的方式来推销尽可能多的保险产品。根据国内外保险市场营销的发展状况，保险人直接销售保险产品是非寿险市场营销的主渠道，代理人代理销售保险产品则是寿险市场的主要销售渠道，非寿险与寿险两者之间的推销方式是有明显区别的。互联网时代的推销策略还有不同。例如，针对年轻人，保险营销人员采取微信、微博推送等方式更易被接受；而年龄大的人群可能较保守而仍然相信传统销售方式。此外，大灾大难过后是保险推销的较好时间段。

3. 产品定价策略。产品定价策略是保险市场营销组合中一个十分关键的组成部分。其目标一是维持企业的生存，二是使利润最大化，三是企业市场占有率最大化。一般情况下，保险价格通常是影响交易成败的重要因素，同时又是保险市场营销组合中最难以确定的因素。而保险企业定价的目标是促进销售，获取利润。这就要求保险企业既要考虑成本的补偿，又要考虑保险消费者对价格的接受能力，从而使定价策略具有买卖双方双向决策的特征。

保险定价策略一般包括折扣定价、组合定价、心理定价、差别定价、新产品定价等。

（1）折扣定价。折扣定价是指对保险产品的基本价格作出一定的让步，直接或间接降低价格，以争取顾客，扩大保险产品的销量。

（2）组合定价。组合定价是对相互关联、相互补充的保险产品，采取不同的定价策略，以迎合消费者的某些心理，属于心理定价策略之一。对于一些既可单独购买，又可成套购买的险种，实行成套优惠价格，称组合定价。例如，主险产品与附加险产品的组合定价，系列疾病保险产品的组合定价等。

（3）心理定价。心理定价即根据保险消费者购买保险产品时的心理制定产品价格。其定价方法主要有整数定价、尾数定价、声望定价、习惯定价、谐音定价、系列定价等几种形式。

（4）差别定价。差别定价又称弹性定价，是指保险企业用两种或多种价格销售一个保险产品或一项保险服务。这种方式是以"顾客支付意愿"而制定不同价格的定价法，其目的在于建立保险的基本需求或刺激保险消费。例如，根据新老保险客户、大小额度不同的保单、城乡地域不同的保险消费者等来差别定价。

（5）新产品定价。新产品定价合理与否，不仅关系到新产品能否顺利地进入保险市场、占领市场、取得较好的经济效益，而且关系到保险产品本身的命运和保险企业的前途。因此，在实务中，新产品定价可采用撇脂定价法、渗透定价法和满意定价法。撇脂定价法是指在新产品上市之初，把保险价格定得很高，以便在短期内获取利润，减少经营风险；渗透定价法即在新产品进入市场初期，把价格定得很低，借以打开保险产品的销路，扩大市场占有率，谋求较长时期的市场领先地位；满意定价法即是新产品既不定高价，也不定低价，而确定在一个中价即为"满意价格"。

总之，在费率规章的指导下，各保险人可以根据具体的业务来采取上述定价的策略，弹性定价。

4. 促销策略。有了好的产品、合适的推销渠道和合理的产品价格，还需要有力的促销手段，只有将上述四个要素紧密地结合起来，才能真正全面地实现保险市场营销的目标。所谓促销，即是保险人采取促进销售保险产品的措施、方法，它实际上是面向保险客户群体有的放矢地进行社会性的业务推销活动。具体而言，保险促销内容包括以下几个方面。①

（1）人员促销。人员促销即通过保险公司的外勤人员和代理人员直接与保险客户群体进行联系，开展各种保险业务销售活动。换言之，人员促销就是人员推销。

（2）公关促销。公关促销即保险人根据自身的经营目标和业务结构，在市场营销的过程中有效地处理对外交流与联系。此时，保险人的公关对象是十分广泛的，如各产业部门、保险客户群体、政府部门、金融部门乃至竞争对手等，都是保险人公关的具体对象。公关促销的方式可以多种多样，如组织各种联谊活动，走访征求意见，参与政府部门和社会化的防灾防损活动，开展保险咨询活动等，均能够取得良好的公关效果。

（3）宣传与广告促销。如通过第三方对保险人及其相关的保险产品进行宣传介绍，或者由保险人出资在有关大众传媒上进行产品或综合性的保险服务介绍，或者免费向保险消费者提供宣传资料，或者在醒目的地方设立宣传图片等，均是宣传与广告促销活动。它能够促使人们进一步认识保险，认识相关的险种，直接起到促进保险消费者投保的效果。

四、保险市场营销的监督管理

由于保险产品的复杂性，以及营销过程中可能存在的信息不对称，为保护投保人、被保险人、受益人的合法权益，规范保险营销行为，统一保险营销行为监管要求，2023年9月20日，我国国家金融监督管理总局根据《保险法》《国务院办公厅关于加强金融消费者权益保护工作的指导意见》等法律、行政法规和文件，制定公布了《保险销售行为管理办法》（以下简称《销售办法》），自2024年3月1日起施行。

《销售办法》将保险销售行为分为保险销售前行为、保险销售中行为和保险销售后行为三个阶段，区分不同阶段特点，分别加以规制。

一是保险销售前行为管理，对保险公司、保险中介机构业务范围、信息化系统、条款术语、信息披露、产品分类分级、销售人员分级、销售宣传等进行规制。例如，保险公司及保险中介在宣传销售时不得引用不真实、不准确的数据和资料，不得隐瞒限制条件，不得进行虚假或者夸大表述，不得使用偷换概念、不当类比、隐去假设等不当宣传手段；不得以捏造、散布虚假事实等手段恶意诋毁竞争对手，不得通过不当评比、不当排序等方式进行宣传，不得冒用、擅自使用与他人相同或者近似等可能引起混淆的注册商标、字号、宣传册页等。

二是保险销售中行为管理，要求保险公司、保险中介机构了解客户并适当销售，禁止强制搭售和默认勾选，在销售时告知身份、相关事项，提示责任减轻和免除说明等。例如，保险公司、保险中介机构、保险销售人员在销售保险时，发现投保人具有需求和

---

① 许飞琼.财产保险理论与实务［M］.北京：国家开放大学出版社，2018：90.

销售不符、无力持续承担保险费等的时候，应建议投保人终止投保。

三是保险销售后行为管理，对保单送达、回访、长期险人员变更通知、人员变更后禁止行为、退保等提出要求。例如，保险公司在回访中发现存在销售误导的，应当按照规定及时予以处理。保险销售人员离职后、保险中介机构与保险公司终止合作后，不得通过怂恿退保等方式损害投保人合法利益。

【课后阅读材料】

【阅读材料4-1】①

2024年6月19日上午，为期两天的第十五届陆家嘴论坛开幕。国家金融监督管理总局局长李云泽在开幕式主题演讲上表示，当前，我国保险业正处于爬坡过坎、转型升级的过程中，不可避免会遇到一些困难和挑战。总体来看，中国保险市场潜力巨大、空间广阔，我们完全有条件、有信心、有能力，以改革增活力、以发展解难题，推动保险业开创新局面、迈上新台阶。

李云泽表示，保险业要在大有可为的时代大有作为，必须以时不我待的使命感和责任感，自觉融入中国式现代化建设全局，回归本源、专注主业，奋力写好"五篇大文章"的保险篇，切实发挥经济减震器和社会稳定器作用。

一是聚焦创新发展，精准高效服务新质生产力。国家金融监管总局将推动保险业围绕实现高水平科技自立自强，加快健全涵盖科技企业全生命周期的保险产品体系。完善"首台（套）、首批次"保险补偿政策机制，更好发挥集成电路共保体作用。加大保险资金对战略性新兴产业、先进制造业、新型基础设施以及创业投资等支持力度。完善绿色金融评价机制，推动新能源车"愿保尽保"，鼓励保险机构加强绿色产业、绿色消费等方面的风险保障和资金支持。

二是围绕民生福祉，更好满足人民美好生活需要。金融监管总局将推动加快补齐第三支柱短板，大力发展商业保险年金，更好满足人民群众养老保障和财富管理需求。积极发展商业医疗保险，提高商业长期护理保险覆盖面，推动健康保险与健康管理深度融合。针对快递小哥、网约车司机等新市民群体和灵活就业人员，量身打造保险产品。积极推进农业保险扩面、增品、提标，全面实施三大粮食作物完全成本保险和种植收入保险政策，有效服务乡村振兴战略。

三是着眼安全应急，持续促进社会治理效能提升。金融监管总局将推动健全多方参与的巨灾保险保障体系，指导保险机构发挥风险管理专业优势，做好事前防灾、事中减灾、事后救灾。加快发展环境污染、食品安全等领域责任保险，强化安全生产责任保险的损失补偿和事故预防功能，通过市场化机制解决社会问题，助力提升公共安全治理水平。

在如何深化改革增强保险业高质量发展动力方面，李云泽表示：

一是切实转变发展方式，推动实现降本增效。金融监管总局将推动保险业坚持内涵式发展、特色化经营和精细化管理，加快由追求速度和规模向以价值和效益为中心转变。引导保险机构树立正确的经营观、业绩观、风险观，完善公司治理机制，加快数字化转型，提升经营管理效率。

---

① 国家金融监督管理总局办公厅. 推动保险业高质量发展 助力中国式现代化建设——李云泽在第十五届陆家嘴论坛开幕式上的主题演讲［EB/OL］. 国家金融监督管理总局.（2024 - 06 - 19）［2024 - 07 - 29］. https：//www. cbirc. gov. cn/cn/view/pages/ItemDetail. html？docId = 1166502&itemId = 919&generaltype = 0.

丰富产品供给，完善保障服务，推动供需更加适配。下大力气改革销售体系，开展保险中介清虚提质行动，持续推进"报行合一"，全面深化银保合作，探索优质非银金融机构保险代理试点，持续提升销售服务的规范化、专业化、便利化水平。

二是深刻把握发展规律，强化资产负债联动。金融监管总局将强化逆周期监管，完善偿付能力和准备金规制，拓宽资本补充渠道。推动保险机构强化资产负债统筹联动，将其贯穿经营管理全链条各环节。进一步健全保险产品定价机制，指导保险机构调整产品结构，有效防范利差损风险。推动保险机构坚持长期投资、稳健投资、价值投资，探索开展长周期考核，努力打造核心竞争力。

三是着力夯实发展基础，营造良好市场环境。金融监管总局将加快推动健全金融法治，完善政策支持体系，研究出台推进保险业高质量发展的指导意见。持续优化保险机构布局，加快高风险机构改革化险。大力规范市场秩序，坚决维护金融消费者合法权益。加强宣传普及，提升全社会和人民群众的保险意识。引导保险机构精心呵护行业信誉，让诚实守信、以义取利、稳健审慎、守正创新、依法合规成为保险从业者的行为准则和自觉遵循，不断提升人民群众满意度和获得感，塑造可信赖、能托付、有温度的保险业良好形象。

【阅读材料 4 - 2】[1]

2024 年 5 月底，安联集团发布《2024 年安联全球保险业发展报告》（以下简称《报告》）。《报告》显示，2023 年全球保险业增长率达 7.5%，创下了自 2006 年以来的最快增长。但在高通胀的背景下以实际价值计算，全球实际保费收入自 2020 年以来仅上涨 0.7%，几乎停滞不前。

与 2022 年全球保费增长主要由财产险业务推动的情况相比，2023 年的增长显得更加平衡。人寿险、财产险和健康险三大业务的增长幅度较为接近，其中人寿险为 8.4%，财产险为 7.0%，健康险则增长 6.6%。2022 年仅增长 3.1% 的人寿险业务在 2023 年实现强势复苏，全球业务增长主要是由亚洲市场推动。

值得关注的是，2023 年中国保险市场表现优异，总保费收入增长 9.1%，创下近几年的最快增长。具体而言，人寿险、财产险和健康险的三大业务领域都对总保费增长作出了贡献，其中人寿险成为最主要的业务驱动力，实现 12.8% 的增长，结束了之前 3 年增长放缓的趋势。相比较而言，财产险和健康险的增长则较为温和，财产险保费收入增长 5.7%，健康险保费收入增长 4.4%。

从市场份额占比看，在过去 10 年中，美国保险市场的全球市场份额从 41.3% 提高到 2023 年的 44.2%；中国保险业仍强劲增长，在全球市场的占比几乎翻了一倍，达到 10.6%。在未来 10 年，安联预测中国保险市场将继续保持强劲发展，每年增长 7.7%，从而巩固其作为全球第二大保险市场的地位。

《报告》认为，展望未来 10 年，全球保险业保费总收入将以每年 5.5% 的速度增长，与全球GDP 的增长率持平。而在过去的几十年里，全球保险业的增长落后于经济增长。随着与通货膨胀相关的价格上涨因素逐渐消失，财产险将实现每年 4.7% 的增长，略低于过去 10 年每年 5.0% 的增幅。健康险增长预计也将放缓，但仍将实现每年 7.3% 的较高增长。相比之下，受益于更高的利

---

① 张瑾. 安联报告看好中国保险市场十年高增［N］. 中国银行保险报，2024 - 06 - 03.

率，人寿险的年增长率可能从 3.5% 上升到 5.1%。

《报告》同时指出，人工智能（AI）正在从商业模式到价值链的基本层面颠覆各行各业，将有潜力提高保险的可用性、可负担性和可及性，助力缩小全球风险保障缺口，并成为赢得保险业未来竞争优势的关键。

【阅读材料4-3】①

保险中介一直以来都是我国保险市场的重要组成部分。2021 年，保险中介渠道实现保费收入 4.2 万亿元，同比增长 5.46%，占全国总保费收入的 87.95%。截至 2021 年底，我国共有保险专业中介机构 2 610 家，保险兼业代理机构 2 万余家。但正是如此大的规模，隐藏着各种乱象，不少机构被指"小散乱差"。虚构业务套取费用、挪用截留保费、编制虚假数据、销售未经批准的非保险金融产品、存在非法集资或传销行为、未按规定进行职业登记等问题频繁出现在各种保险处罚中。

据调查，当前保险中介市场主要面临三方面问题：一是专业中介经营不专，形式上加盟、实质上独立经营，通道业务在一些领域依然存在；二是兼业代理机构管控不严，银保小账仍然存在，违规搭售保险以及非法代理保险；三是个人代理人队伍不精，通过虚增人力套利或是自保件套利，关键指标不容乐观，队伍快速扩张带来质量下降，投入产出效率低下。

为了解决沉疴顽疾，监管部门也在持续加码清虚治乱力度。2022 年 6 月，银保监会中介部下发《关于印发保险中介机构"多散乱"问题整理工作方案的通知》，要求各地区有序出清无法正常经营的保险中介机构：一要清理、清退"无人员、无场所、无业务"的保险中介机构；二要清退不符合现行监管要求的保险中介机构；三要清理对分支机构管控失序、存在"加盟""挂靠"等行为的法人保险中介机构，并清退相关分支机构。截止到 2022 年底，各地银保监局注销或拟注销 1 870 家保险中介机构《保险兼业代理业务许可证》（以下简称"许可证"），其中有 1 816 家保险中介机构许可证被注销，43 家保险专业机构、保险公司相互代理机构许可证被注销。

许可证被注销意味着保险中介机构所持相关许可证作废，根据保险监管机构的要求，各保险中介机构需立即停止经营保险代理业务，并及时向属地银保监局缴回许可证原件。综合注销情况来看，有 767 家汽车领域保险中介的许可证被注销，占据总注销量的 41%。包括旅行社、物流运输公司、航空公司、经贸公司在内的保险兼业代理机构许可证被注销的数量也占有一定比重，此外，被注销的主体也不乏银行类保险兼业代理机构。

新冠疫情期间保险市场低迷，保险中介机构的保险代理业务发展较慢，有的甚至出现了停滞的情况，导致盈利能力的下降，便出现了许可证被注销或选择主动退出保险市场的现象。保险中介机构纷纷离场的背后，保险监管机构的正对保险兼业代理机构实施全面监管。

但随着监管机构对保险中介行业设立正规化、精细化和专业化等风向标，加之大数据、人工智能、云计算、区块链等技术在各行各业中得到广泛应用，保险中介市场正面临新机遇。

---

① 陈婷婷，胡永新. 又撤退近 2000 家！大浪淘沙下，保险中介机构稳住定力靠什么［N］. 北京商报，2023-01-03.

【阅读材料4－4】[①] ▪▪

新形势下，我国保险中介正在从粗放式发展向提质增效转型，亟待打破"销售保单"这一单薄传统形象，重新定位行业角色，拓展价值边界。

保险监管部门高度重视保险中介市场规范发展，近年来不断加强保险中介监管制度建设，深入推进重点领域改革，从严整治市场秩序，严守系统性风险底线，维护了市场稳定，促进了市场转型发展。2023年末，行业持牌专业中介机构2 576家，兼业代理机构11 070家，执业登记在册销售人员超过800万人；当年保险中介渠道实现保费收入4.8万亿元，占全国总保费收入的88.7%，保险市场主渠道地位进一步稳固。此外，在强化保险中介监管法规制度建设方面，持续推进相关法律法规修订工作，形成以《保险法》为基础，以《保险代理人监管规定》《保险经纪人监管规定》《保险公估人监管规定》《互联网保险业务监管办法》《保险公司中介业务违法行为处罚办法》为支撑的监管制度体系。在银行保险渠道、保险公司中介业务、保险中介机构信息化、独立个人保险代理人管理等重点领域研究出台若干规范性文件，构建起较为完备的保险中介监管制度体系。

目前，作为连接消费者与保险公司的桥梁，保险中介机构不再局限于销售渠道，而是转型充当风险管理与保险服务提供商这一新定位，为消费者提供专业咨询、方案提供、保单管理、理赔协同等服务，继续发挥自身专业价值。

【本章小结】

1. 保险市场是市场的一种形式。广义的保险市场是保险商品交换关系的总和；狭义的保险市场是保险商品交换的场所。保险市场的要素一般由保险主体、保险商品和保险价格三个方面构成。

2. 现代保险市场可按不同的标志分类，一般有原保险市场和再保险市场，人身保险市场和财产保险市场，国内保险市场和国际保险市场，垄断型保险市场、自由竞争型保险市场与垄断竞争型保险市场之分。

3. 保险市场需要与供给的影响因素比较多，前者一般包括风险因素、社会经济与收入水平、保险商品价格、人口因素等多方面；后者一般包括保险资本量、保险市场供给者的数量和质量、经营管理水平、保险市场竞争等诸多因素。

4. 保险经营组织的形式是指依法设立、登记，并以经营保险业务的组织机构所采用的形式。在世界范围内，保险经营的组织形式主要有国有独资保险公司、股份保险公司、相互保险组织和自保公司等四种。

5. 保险中介人是指介于保险经营机构之间或保险经营机构与投保人之间，专门从事保险业务咨询与招揽、风险管理与安排、价值衡量与评估、损失鉴定与理算等

---

① 房文彬. 保险中介寻求新定位新价值［N］. 中国银行保险报，2024－07－27.

中介服务活动，并从中依法获取佣金或手续费的单位或个人。保险中介人的类型多样，主要包括保险代理人、保险经纪人、保险公估人等。

6. 保险市场营销有广义和狭义之分。广义上来讲，保险市场营销是以保险市场为起点和终点的活动，包括保险市场调研、选择保险消费者目标市场、保险产品开发、保险产品促销等一系列与保险市场有关的企业业务经营活动。从狭义上来讲，保险市场营销是指保险公司通过各种途径将保险商品转移给消费者所进行的销售活动。

【复习思考题】

一、名词解释

保险市场　保险需求　股份保险公司　保险代理人　保险经纪人　保险公估人
相互保险公司　原保险公司　保险市场营销　保险营销策略

二、单项选择题

1. 将全部资本分成等额股份，股东以其所持股份为限对公司承担责任，公司则以其全部资产对公司债务承担责任的保险企业法人被称为（　　　）。

　　A. 国有独资保险公司　B. 股份制保险公司　　C. 相互制保险公司

2. 在保险公司内部主要负责资金运用的收益性、安全性、流动性等工作的部门一般被称为（　　　）。

　　A. 再保险部　　　　　B. 财务会计部　　　　C. 资金运用部

3. 受保险人的委托，向保险人收取佣金，并在保险人授权的范围内代为办理保险业务的机构或者个人被称为（　　　）。

　　A. 代理人　　　　　　B. 经纪人　　　　　　C. 公估人

4. 基于投保人的利益，为投保人与保险人订立保险合同提供中介服务，并依法收取佣金的机构被称为（　　　）。

　　A. 代理人　　　　　　B. 经纪人　　　　　　C. 公估人

5. 在我国，《保险法》第六十九条规定：设立保险公司，其注册资本的最低限额为实缴人民币（　　　）。

　　A. 5 000 万元　　　　B. 1 亿元　　　　　　C. 2 亿元

6. 在一个保险市场上只有一家或者少数几家保险公司垄断所有保险业务，几乎不存在竞争的市场被称为（　　　）。

　　A. 完全垄断市场　　　B. 垄断竞争市场　　　C. 完全竞争市场

7. 保险代理人根据保险人的授权代为办理保险业务的行为，造成被保险人损失的，由哪一方承担责任？（　　　）

　　A. 保险代理人　　　　B. 保险人　　　　　　C. 保险监管主体

8. 站在第三者的立场依法为保险合同当事人办理保险标的的查勘、鉴定、估损及理赔款项清算业务被称为（　　　）。

　　A. 代理人　　　　　　B. 经纪人　　　　　　C. 公估人

9. 保险定价策略中，对相互关联、相互补充的保险产品，采取不同的定价策略，以迎合消费者的某些心理的定价方式称为（　　　）。

    A. 折扣定价　　　　　　　B. 组合定价　　　　　　　C. 差别定价

10. 保险人根据自身的经营目标和业务结构，在市场营销的过程中有效地处理对外交流与联系的促销方式称为（　　　）。

    A. 人员促销　　　　　　　B. 广告促销　　　　　　　C. 公关促销

三、多项选择题

1. 保险市场的要素一般由以下哪几个方面构成？（　　　）

    A. 保险主体　　　　B. 保险商品　　　　C. 保险价格　　　　D. 保险监管

2. 自保公司是一种由其组织上隶属的母公司紧密控制的，专为以下主体提供保险服务的组织机构（　　　）。

    A. 其母公司　　　　　　　　　　　　B. 其子公司

    C. 所有消费者　　　　　　　　　　　D. 所有保险公司

3. 我国保险组织的形式包括（　　　）。

    A. 国有独资公司　　　　　　　　　　B. 股份有限公司

    C. 自保公司　　　　　　　　　　　　D. 相互保险组织

4. 股份保险公司的内部组织机构主要由权力机构、经营机构和监督机构三部分组成，它们分别是（　　　）。

    A. 员工大会　　　　B. 股东大会　　　　C. 董事会　　　　D. 监事会

5. 相互保险组织具有以下特征（　　　）。

    A. 采用会员制，将"股东"和"客户"的身份统一

    B. 非营利组织

    C. 盈余由社员共享或拨作公积金

    D. 为其母公司和子公司服务

6. 寡头垄断型保险市场的特点包括（　　　）。

    A. 有数量很多的保险公司

    B. 监管严格，新公司难以进入市场

    C. 保险市场结构相对稳定

    D. 市场被数目不多但规模较大的保险公司分割

7. 保险经纪人经营的业务范围包括（　　　）。

    A. 为投保人拟订投保方案、选择保险公司以及办理投保手续

    B. 协助被保险人或者受益人进行索赔

    C. 再保险经纪业务

    D. 为委托人提供防灾、防损或者风险评估、风险管理咨询服务

8. 以下关于保险代理人的表述正确的是（　　　）。

    A. 保险代理人需建立互保制度

    B. 保险公司应加强对保险代理人的培训和管理

C. 保险公司不得唆使、诱导保险代理人进行违背诚信义务的活动

D. 个人保险代理人在代为办理寿险业务时可接受多个保险人的委托

9. 我国保险公估人限于机构。据此，保险公估人的民事法律行为具有委托性质，即委托人可以是（　　）。

A. 保险人   B. 被保险人

C. 受益人   D. 投保人

10. 保险营销策略，一般有（　　）。

A. 产品策略   B. 推销策略   C. 定价策略   D. 公关策略

四、简答题

1. 保险市场的基本要素有哪些？

2. 请简述保险经营组织的形式。

3. 请简述保险经纪人与保险代理人的区别。

4. 请简述保险市场营销的策略。

五、论述题

1. 影响保险供给的因素有哪些？它们与保险供给呈怎样的关系？

2. 请论述保险中介人的作用。

六、案例分析

1. 某年 6 月，某银行支行进行银行、保险系列产品展销活动。银行工作人员在销售保险产品过程中，片面、错误地介绍和宣传保险产品，如向消费者声称"某两全保险在满 13 个月时会产生 3.8% 的收益""某年金产品收益高达 4.15%"等。该银行在销售的保单上还加盖该银行印章（该印章也加盖于储蓄存折上），使消费者误以为购买了银行理财产品。消费者针对以上问题向保险监管部门投诉。经过调查核实，该银行支行被责令停止业务并罚款，同时保险代理业务许可证也被吊销。

问：什么是保险代理人？本案例中的某银行支行属于专业还是兼业代理机构？保险代理的基本关系有哪些特点？保险公司需要如何对代理人进行管理？

2. 某年 9 月，某地区在中小学校推广校方责任保险，由该地区教育厅、财政厅、保险监管部门和某保险经纪公司联合进行招投标。该经纪公司在拟定校方责任保险方案的过程中向教育厅官员行贿数十万元，后者则协助该经纪公司在校方责任保险招投标工作中胜出。该经纪公司继而以相同方式在相邻地区开展校方责任保险业务，获取佣金达数亿元。经过多方举证与调查核实，行贿证据确凿，该保险经纪公司地区营业部负责人因犯对单位行贿罪，受到了法律的惩处。

问：保险经纪人的业务范围是什么？如果保险经纪人在经营过程中出现了过失或疏忽，应该由保险经纪人还是保险公司承担赔偿责任？

第五章
保险经营

【教学目的与要求】

本章主要介绍保险经营过程的基本特征、程序等理论与实务知识。通过学习本章，学生应能熟练掌握保险经营的概念、特征和原则，熟悉并了解展业、承保、防灾防损、理赔等保险经营环节以及客户服务的基本内容；同时能够运用所学保险理论分析保险经营过程中可能存在的风险，并了解保险经营风险防控的基本内容与技术。

第一节　保险经营概述

一、保险经营的概念

保险经营是指保险产品生产者以市场为对象，以保险产品生产和交换为手段，为了实现保险公司的目标，使保险公司的技术、经济活动与外部环境达成动态均衡的一系列有组织的活动，包括保险公司设立、营销管理、产品开发及精算管理、投资管理、核保、理赔、客户服务、再保险、信息管理等与保险产品生产和销售直接相关的内容。保险经营的是一种社会性的经济损失补偿和给付活动，它以保险这一特殊产品为客体，以消费者对这一特殊产品的需求为导向，以满足消费者转嫁风险的需求为中心，将保险产品转移销售给消费者，以实现保险公司长远营运目标的一系列活动。

二、保险经营的特征

保险经营活动既有商品经营的一般共性，也有区别于其他行业的独特的经营思想和经营行为。

（一）保险经营思想的特征

保险经营思想是保险企业经营者解决各种保险经营中面临的各种问题，处理各种关系的规范性的指导思想，它受一定的政治制度、经济制度以及基本经济规律所制约。保险作为一种商品来经营的思想，即按照商品经营的客观经济规律来经营保险商品，而不是把保险经营仅仅局限在互助互济方面。保险经营思想具有下列特征。

1. 以市场为导向，按照保险市场的需求来安排保险经营活动。我国现有的保险企业除极个别的机构外，绝大部分均是商业性保险企业。商业保险企业的经营离不开保险市场。保险经营者在经营过程中要有强烈的市场意识，以市场需求为导向，按照保险市场的需求变化和市场经济规律来安排保险经营活动，实现保险资源的最佳配置，充分利用保险企业自身的防灾防损技术优势和经营特长，引导和指导社会消费，实现保险商品供求平衡，真正发挥保险行业对社会起到的"稳定器"和对经济起到的"助推器"的作用。

2. 以竞争为手段，在市场竞争中求生存与发展。竞争是商品经济的必然规律。在市场经济条件下，保险企业之间的竞争是不可避免的，保险经营者应具有强烈的竞争意识，知晓优胜劣汰的市场竞争规则。保险竞争的主要内容包括服务质量的竞争、业务的竞争、价格的竞争等。由于保险业经营的特殊性，要求保险业同业竞争以促进保险业的稳健发展，以保护被保险人利益为目标，反对各种不正当竞争。我国《保险法》第一百一十五条规定："保险公司开展业务，应当遵循公平竞争的原则，不得从事不正当竞争。"为此，保险经营者的经营思想必须充分体现优胜劣汰的市场竞争规则。

3. 以经济效益为中心，处理好保险企业自身效益与社会效益的关系。保险经营者在经营过程中必须树立效益观念，以追求经济效益最大化作为其自身的经营目标。要注重投入与产出的比例关系。应严格经济核算，厉行节约，增收节支，争取以最小的投入获取最大的收益。同时，保险企业作为经营风险的特殊企业，要在注重经济效益的前提下，最大限度地兼顾社会效益。保险企业的社会效益是指保险企业应按照分散风险、平均负担的原则，补偿因自然灾害、意外事故造成的损失，保证社会生产和生活秩序的正常稳定。

4. 以法律为准绳，规范保险企业的一切经营活动。市场经济是规则经济、法治经济，保险经营者在经营的过程中要具备较高的规则意识和法律素质，一切经营活动应符合国家法律和社会公德的准则，服从保险监管部门的监督与管理，要遵守保险行业自律组织的规则等。

（二）保险经营行为的特征

保险经营行为是指从事保险商品经营或者营利性服务的活动。按照我国《反不正当竞争法》第二条第三款的规定，经营行为有两个构成要素：一是行为的内容是提供商品或者服务；二是行为的目的是为了盈利，即提供商品或者服务的目的是为了赚取利润。这两个要件是缺一不可的。行为人虽然提供了商品或者服务，但不是以营利为目的的，构不成经营行为。具体来讲，保险经营行为具有以下特征。

1. 保险经营活动是一种特殊的劳务活动。保险经营的是一种社会性的经济损失补偿和给付活动，它以特定风险的存在为前提，以集合尽可能多的单位和个人风险为条件，以大数法则为数理基础，以经济补偿和给付为基本功能。因此，与一般工商企业不同，保险经营的是一种特殊的服务性质的劳务活动。

2. 保险经营资产具有负债性。保险企业的经营资产相当部分是来源于保险人所收取的保险费，而这些保险费正是保险企业对被保险人未来赔偿或给付责任的负债。

3. 保险经营成本和利润计算具有特殊性。保险商品现时的价格（保险费率）制定所依据的成本是过去的、历史的支出的平均成本，而现时的价格又是用来补偿将来发生的成本。保险人确定的历史成本很难与现时价格吻合，更难以与将来成本相一致。因此，保险经营成本的不确定性决定了保险价格的合理度不如其他商品的高，保险成本与保险价格的关系也不如其他商品密切。而作为保险企业的利润，除了从当年保费收入中减去当年的赔款、费用和税金外，还要减去各项准备金和未决赔款。提存的各项准备金数额较大时，则对保险利润会有较大的影响。

4. 保险经营具有分散性和广泛性。保险业务涉及各行各业各个领域，这也是保险公司自身经营风险分散的内在需要。保险企业承保的风险范围广，经营险种多，囊括社会生产和生活的各个领域，影响面广泛。

三、保险经营的原则

保险经营原则是指保险企业从事保险经营活动的行为准则。在保险经营过程中，既要遵循一般企业经营的基本原则，又要遵循保险业经营的特殊原则。

（一）保险经营的基本原则

1. 经济核算原则。经济核算原则是企业以权利或责任的发生与否为标准来确认收入和费用。保险企业的经营同样要核算劳动的占用和消耗，同样要核算经营成果。保险企业经济核算的主要内容包括保险成本核算、保险资金核算和保险利润核算。

2. 随行就市原则。所谓随行就市是指根据市场行情及时调整保险商品的结构和价格以适应市场的需求。保险企业应根据市场提出的现实要求，随行就市地调整保险商品的结构和价格才能实现保险市场的供求均衡。

3. 薄利多销原则。薄利多销原则是指保险企业可以略高于保险成本的低廉价格，打开保险销路，依靠较大的销售量来保证盈利。

（二）保险经营的特殊原则

1. 风险大量原则。风险大量原则是指保险人在可保风险的范围内，应根据自己的承保能力，争取承保尽可能多的风险标的。

风险大量原则是保险业务经营的首要原则。第一，保险的业务经营过程实际上就是风险管理过程，而风险的发生是偶然的、不确定的，保险人只有承保尽可能多的风险和标的，才能建立起雄厚的保险基金，以保证保险经济补偿职能的履行。第二，保险经营是以大数法则为基础的，只有承保大量的风险和标的，才能使风险发生的实际情形更接近预先计算的风险损失概率，以确保保险经营的稳定性。第三，扩大承保数量是保险企业提高经济效益的一个重要途径。因为承保的标的越多，保险费的收入就越多，营业费用则相对越少。

遵循风险大量原则，保险企业应积极组织拓展保险业务的队伍，在维持、巩固原有业务的同时，不断发展新的客户，扩大承保数量，拓宽承保领域，实现保险业务的规模经营。

2. 风险选择原则。风险选择原则要求保险人充分认识、准确评价承保标的的风险种类与风险程度，以及投保人的投保金额的恰当与否，从而决定是否接受投保。保险人对风险的选择表现在以下两方面：一是尽量选择同质风险标的承保，从而使风险能从量的方面进行测定，实现风险的平均分散；二是淘汰那些超出可保风险条件或范围的保险标的。可以说，风险选择原则否定的是保险人无条件承保的盲目性，强调的是保险人对投保意愿的主动性选择，使集中于保险保障之下的风险单位不断地趋于质与量的统一，有利于承保质量的提高。

3. 风险分散原则。风险分散是指由多个保险人共同分担某一风险责任。保险人除了对风险进行有选择的承保外，还要遵循风险分散的原则，尽可能地将已承保的风险加以分散，以确保保险经营的稳定。实务中，主要以再保险和共同保险为主要手段，将自身所承保的业务中超出自己承受能力之外的风险尽量转移给再保险人承担，或将风险较大的业务尽量安排两个或两个以上的保险人共同来承保。

第二节　保险经营环节

保险经营活动通常包括展业、承保、再保险、防灾防损、理赔及资金运用等环节。本节仅从保险公司的角度，对展业、承保、防灾防损、客户服务、理赔、信息管理等主要环节的内容分别进行阐述。

一、展业

（一）展业的概念及意义

展业，即开展业务，是保险公司的业务人员为了寻找客户开展保险业务活动。保险展业属于保险的销售活动，其目的就是为了拓展保险市场，推销保险产品。

保险展业的根本目的就是要增加保险标的，以分散风险、扩大保险基金。展业面越宽，承保面越大，获得风险保障的风险单位数越多，风险就越能在空间和时间上得以分散。因此，保险展业过程也是甄别风险、避免逆选择的过程。通过展业，既可唤起全社会的风险管理意识，满足保险消费者现实的保险需求与潜在需求，也对树立整个保险业的良好形象、保证保险经营过程的良性循环起到重要作用。

（二）展业的方式

保险展业包括两大方式：直接展业和通过中介人展业（保险代理人展业和保险经纪人展业）。

1. 保险人直接展业。直接展业是指保险公司依靠自己的业务人员去争取业务，这适合于规模大、分支机构健全的保险公司以及金额巨大的险种。

2. 保险中介人展业。保险中介人展业主要包括保险代理人展业与保险经纪人展业两种方式。

（1）保险代理人展业。保险代理人展业是指保险代理人受保险人委托，代表保险人接受保险业务，出具保单，代收保险费的一种保险展业方式。采用这种方式，投保人不直接与保险人发生关系，而是向保险代理人购买保单。保险代理人与保险人订立代理或授权合同，接受保险人委托，在职权范围内代为保险人进行展业推广活动，并向保险人收取一定的代理费用。

（2）保险经纪人展业。保险经纪人展业是指由保险经纪人基于投保人的利益，代投保人参与保险合同的订立过程，为投保人提供服务的展业方式。保险经纪人不同于保险代理人，保险经纪人是投保人的代理人，对保险市场和风险管理富有经验，能为投保人制订风险管理方案和物色适当的保险人。保险经纪人代投保人签订保险合同，必须事前取得投保人的特别授权。由于保险经纪人的活动客观上起到了为保险公司推销保险单的作用，所以通常向保险公司收取佣金。

（三）展业的基本程序

无论是保险人直接展业，还是通过中介人展业，在展业过程中都应遵循以下基本程序。

1. 保险展业的准备工作。开展保险业务前，应事先对保险市场环境、潜在消费者状况、保险公司自身优势和劣势以及保险商品的特点进行全面的分析，制定出展业规划和策略。做到知己知彼，才能取得预期的展业效果。展业的具体准备工作包括：

（1）了解潜在消费者的情况，包括潜在消费者的行业、经济实力、风险状况、保险意识等与展业直接或间接相关的因素。

（2）确定展业宣传对象，即根据展业计划、潜在消费者情况的分析和所销保险商品的特点来确定展业宣传对象，使保险展业目标更加明确、展业对象更加具体。

（3）做好出勤前的各项准备，即根据展业工作的需要，备齐必要的各种单证、条款、费率表、宣传资料和其他宣传工具，做好出勤前的各项准备工作。

2. 接触展业对象。接触展业对象的方法有两种：介绍接触和直接接触。

（1）介绍接触。即展业人员通过第三者的介绍而接触展业对象。如亲友介绍、同学介绍等私人关系介绍、合作单位、展业对象的主管机关以及老顾客的介绍和团体组织介绍等。

（2）直接接触。展业人员利用工作关系直接接近展业对象。直接接触时，一般需持有展业证件或其他证件，以及备有联系业务的自荐名片。直接接触展业对象的优点是简单快捷，但往往会遇到"坐冷板凳"的情况，这就要求展业人员以耐心、诚心、责任心来做认真细致的工作，采取适当的交际方式接近展业对象，完成展业任务。

3. 面谈。面谈是展业工作的关键环节。除了提供优质保险商品和服务以外，展业人员的交谈方式和技巧，也是促成展业成果的重要因素。展业交谈语言艺术的基本要求是：第一，必须以满足展业对象的需求为前提；第二，必须能准确传递保险商品信息，即要求语言简明，通俗易懂，力求使对方完全理解所接收的信息，尽量避免使用对方难懂的专业术语或容易造成误解的含糊词汇；第三，必须能引起展业对象的愉悦反应，以诚心赢得保险消费者的理解与合作。

二、承保

承保是指签订保险合同的过程，即保险人对投保人所提出的投保申请经过审核同意接受的合同行为。保险承保的基本要求是既要扩大业务面，又要保证业务质量；既要合理收费，又要保证保险合同中所规定义务的履行。

（一）承保工作的内容

1. 审核投保申请。对投保申请的审核主要包括对投保人的资格的审核、对保险标的的审核、对保险金额的审核等内容。

2. 控制保险责任。控制保险责任就是保险人在承保时，依据自身的承保能力进行承保控制，并尽量防止与避免道德风险和心理风险。

（1）控制逆选择。对不符合承保条件者不予承保，或者有条件地承保。

（2）控制保险责任。对于常规风险，保险人通常按照基本条款予以承保；对于一些具有特殊风险的保险标的，保险人需要与投保人充分协商保险条件、免赔数额、责任免除和附加条款等内容后特约承保。特约承保根据保险合同当事人的特殊需要，在保险合同中增加一些特别约定。

（3）控制人为风险。①道德风险。投保人产生道德风险的原因主要有两点：一是丧失道德观念，二是遭遇财务上的困难。从承保的观点来看，保险人控制道德风险发生的有效方法就是将保险金额控制在适当额度内。②心理风险。心理风险既非法律上的犯罪行为，保险条款又难以制定适当的规定限制它。保险人在承保时常采用的控制手段有：第一，实行限额承保。即对于某些风险，采用低额或不足额的保险方式，规定被保险人自己承担一部分风险。第二，规定免赔额（率）。这两种方法都是为了激励被保险人克服心理风险因素，主动防止损失的发生。③法律风险。法律风险的主要表现有：主管机构强制保险人使用一种过低的保险费率标准；要求保险人提供责任范围广的保险；限制保险人使用可撤销保险单和不予续保的权利；法院往往作出有利于被保险人的判决等。这种风险对保险人的影响是，保险人通常迫于法律的要求和社会舆论的压力接受承保。

（二）承保工作的程序

承保决定是在审核投保申请，适当控制保险责任，分析评估保险风险的基础上作出的。承保的主要环节与程序如下。

1. 核保。核保包括对保险标的、投保人或被保险人及保险金额等方面的审核。保险人在对投保的标的信息全面掌握、核实的基础上，对可保风险、投保人或被保险人、投保的额度等进行评判与分类，进而决定是否承保、以什么样的条件承保等。

2. 作出承保决策

（1）正常承保。对于属于标准风险类别的保险标的，保险公司按标准费率予以承保。

（2）优惠承保。对于属于优质风险类别的保险标的，保险公司按低于标准费率的优惠费率予以承保。

（3）有条件地承保。对于低于正常承保标准但又不构成拒保条件的保险标的，保险公司通过增加限制性条件或加收附加保费的方式予以承保。

（4）拒保。如果投保人投保条件明显低于承保标准，保险人就会拒保。

3. 缮制单证。根据保险合同双方就保险内容达成的一致协议制定一定格式的各种保险单据，包括保险单、暂保单、批单等。

4. 复核签章。复核时要注意审查投保单、核保检验报告、保险单、批单以及其他各种单证是否齐全，内容是否完整、符合要求，字迹是否清楚，保险费计算是否正确等。

5. 收取保费。保险合同规定了保险公司必须在保障期内，为被保险人承担保险责任，而保险人的一项重要权利就是要收取保险费维持保险经营稳定。

（三）续保

续保是在原有的保险合同即将期满时，投保人在原有保险合同的基础上向保险人提出续保申请，保险人根据投保人的实际情况，对原合同条件稍加修改而继续签约承保的行为。

续保是以特定合同和特定的被保险人为对象的。在保险合同的履行过程中，经常与被保险人保持联系，做好售后服务工作，增强他们对保险企业的信心，是提高续保率，保持业务稳步增长的关键。

保险人在续保时应注意的问题有：①及时对保险标的进行再次审核，以避免保险期间中断；②如果保险标的的危险程度有增加或减少，应对保险费率作出相应调整；③根据上一年的经营状况，对承保条件与费率进行适当调整；④应考虑通货膨胀因素的影响，随着生活费用指数的变化调整保险金额。

三、防灾防损

（一）保险防灾防损的概念

保险防灾防损是指保险人与投保人或被保险人对所承保的保险标的采取相关措施，减少或消除风险发生的因素，防止或减少灾害事故所造成的损失，从而降低保险成本，增加经济效益的一种经营活动。保险防灾防损是全社会防灾防损的一个重要组成部分，两者相互补充，相互促进，共同发挥着保障社会财富安全和社会经济稳定的作用。

（二）保险防灾防损的意义

保险业竞争日趋激烈，充分发挥防灾防损功能是保险企业社会责任的体现，也是降低赔付率、减少理赔资源的配置投入，从而保证企业利润的捷径。并且，有效的防灾防损活动是保险客户服务的有形化手段，是拓展保险客户服务的重要领域，可巩固加强与保险客户的关系，对展业也大有帮助。

1. 有利于促进保险客户改善经营管理。保险企业在业务经营过程中，通过防灾防损宣传和检查，尤其是全面介入保险客户的风险管理流程，会获得更为真实、可靠、及时、全面的数据与信息，对保险客户提出有针对性的防灾防损建议或整改措施，使保险客户在思想上、组织上、制度上重视防灾防损的管理工作的同时，采取相关措施消除隐患，保障保险标的的安全，从而达到提高保险客户的经营风险防范意识、改善保险客户经营管理水平的目的。

2. 有利于降低保险产品的价格。保险费率是保险商品的价格，保险公司确定保险费率的依据是保险标的的出险率和损失率。通过开展防灾防损活动，防止和减少灾害事故损失，相应减少赔款支付，在降低损失的基础上，逐步为降低保险费率、减少被保险人支付保费的负担和扩大保险业务创造条件。

3. 有利于提高保险企业的经营效益。保险企业最大的经营成本是赔付成本，赔付率的高低直接关系到保险企业的经营效益，而这一指标的高低，很大程度上取决于保险标的的出险率。因此，通过加强防灾防损工作，降低保险标的的出险率和损失程度是保险企业实现经营效益的重要保障。因降低出险率而减少的赔款损失，会直接转变成企业的经营利润，从这个角度讲，加强防灾防损也是提高保险企业经营效益的一条捷径。

4. 有利于发挥保险企业的社会管理功能作用。保险企业由于其业务的特殊性，承担了比一般企业多一层的社会责任，就是帮助投保者进行风险管理，达到保护社会财产和人民生命安全的目的。一方面，保险企业利用自身拥有的风险管理方面的专业人才和技术，以及对客户安全情况的详细了解，开展防灾防损工作，将灾害事故发生频率和损失程度降到最低，这是对社会整体财富的管理和保护，也是发挥保险社会管理功能的重要方式；另一方面，通过采取差别费率等措施，鼓励投保人和被保险人主动做好各项预防工作，从而提高整个社会风险管理意识和水平。

（三）保险防灾防损的内容

1. 加强同政府相关部门的联系与协作。保险企业要提高防灾防损能力，一方面要加强与政府部门、各专业防灾部门的联系与协作，如建立与应急管理部门、卫健委、安全生产局、公安、消防、交警、民政、防汛、气象、水文等政府部门密切联系的防灾工作网络，定期活动，开展探索和研讨防灾工作的方法和途径，共同做好防灾防损工作。另一方面，要充分利用保险企业的信息和技术优势，向社会提供各项防灾防损服务，如防灾技术咨询服务、风险评估服务、社会协调服务、事故调查服务、灾情信息服务和安全技术成果推广服务等。

2. 开展防灾防损的宣传教育。防胜于赔，这是保险公司正确经营的理念。因此，保险公司应运用各种宣传方式，主动参加或者组织各类防灾防损咨询、宣传活动，将防灾防损费用真正用于防灾防损，补助防灾防损安全教育、投资防灾防损装备和公共消防设施建设、资助防灾防损科技研究。只有通过各种渠道，运用多种形式，采取各种手段，广泛向社会宣传公共安全和保险的关系，宣传保险政策和法律常识，引导公民和社会团体自觉维护公共安全，参加保险不忘安全，自觉地做好灾害事故的防范工作，才能使广大保险消费者了解灾害事故的性质、危害，学会识别安全隐患，分析事故原因，掌握风险管理和处置措施，以提高全社会防灾防损能力。

3. 及时处理不安全因素和事故隐患。保险企业要将通过防灾防损检查发现的不安全因素和事故隐患，及时向被保险人提出整改意见，并在技术上予以指导和帮助，将事故隐患消灭在萌芽状态。

4. 参加抢险救灾。保险公司在接到重大保险事故通知时，应立即赶赴事故现场，直接参与抢险救灾：一是在灾害正在蔓延时，与投保人或被保险人一道组织抢救保险标的，防止灾害蔓延；二是在灾害发生之后，同投保人或被保险人一道对受灾保险标的进行整理、保护、施救，对损失财产的残余物资进行妥善处理等。

5. 提取防灾费用，建立防灾基金。保险公司每年要从保险费收入中提取一定比例的费用作为防灾专项费用，建立防灾基金，主要用于增强社会防灾设施和保险公司应付突发性重大灾害时的急用。例如，用于资助地方消防、交通、航运、医疗卫生部门，帮助它们添置公共防灾设备，奖励防灾部门和人员。

6. 积累灾情资料，提供防灾技术服务。保险人除了搞好防灾工作以外，还要经常对各种灾情进行调查研究并积累丰富的灾情资料，掌握灾害发生的规律性，提高防灾工作的效果。例如，有的保险公司要求为资产在 500 万元以上的投保人建立防灾档案。此外，保险人还应开展防灾技术服务活动，帮助事故发生频繁，损失额度大的投保人开展防灾技术研究。

（四）保险防灾防损的方法

1. 法律方法。它是指通过国家颁布有关的法律来实施保险防灾管理。例如，有些国家的法律规定，投保人如不加强防灾措施，保险人不仅不承担赔偿责任，而且还要追究其法律责任。我国《保险法》第五十一条规定，投保人、被保险人必须按约定履行其对保险标的的安全应尽的责任，否则，保险人有权要求增加保险费或解除合同。

2. 经济方法。经济方法是当今世界普遍运用于保险防灾防损的重要方法。保险人在承保时，通常根据投保人采取的防灾防损措施情况而决定保险费率的高低，从而达到实施保险防灾防损管理的目的。换句话说，在相同的条件下，保险人通过调整保费来促进投保人从事防灾防损活动。对于那些防灾设施完备的投保人采用优惠费率，即少收保险费，以资鼓励。反之，对那些懈怠于防灾防损，缺乏必要防灾防损设施的投保人则采用较高的费率，即多收保费，以促进其加强防灾防损工作。

3. 技术方法。保险防灾的技术方法可以从两个角度来理解：一是通过制定保险条款和保险责任等技术来体现保险防灾防损精神。如在设计保险条款时订明被保险人防灾防损的义务；在保险责任的制定上，对道德风险的惩罚规定等。二是运用科学技术成果从事保险防灾活动。如保险公司专门设立从事防灾防损技术研究的部门，对防灾防损进行有关的技术研究；防灾防损部门运营有关的技术和设备对承保风险进行预测，对保险标的进行监测，研制各种防灾防损技术和设备以及制定有关的安全技术标准等。

四、客户服务

在社会经济不断发展的今天，已经有越来越多的企业开始意识到，争取客户，获得最大的市场份额，仅仅依靠优质的产品和广泛分布的销售网络是远远不够的。只有随时关注客户需要的变化，不断提高对客户诉求的响应速度，为客户提供优质的服务，企业才能获得客户的信赖，在激烈的市场竞争中保持不败。因此，保险客户服务也已成为保险公司经营管理中必不可少的且重要的内容。

（一）保险公司客户服务的含义

保险客户服务是指从保险消费者的实际需求出发，为保险客户提供真正有价值的服务，帮助保险客户更好地购买和使用保险产品。保险客户服务的目标是能够实现公司良好的客服形象、良好的服务技术、良好的客户关系、良好的服务品牌这一核心服务理念。

1. 客户类型。保险客户是指通过购买保险产品或服务以满足其风险管理需求的群体，也就是指与保险公司有直接买卖关系的家庭（个人）或企事业单位。

（1）按消费的保险产品性质不同，保险客户分为财产保险客户与人身保险客户。前者是指从财产保险公司购买相关保险产品的家庭（个人）或企事业单位；后者是指从人身保险公司购买相关保险产品的家庭（个人）或企事业单位。

（2）按公司管理模式不同，保险客户分外部客户和内部客户。①外部客户是指已经购买或使用保险公司产品或服务的个人或企事业单位，或准备购买或使用保险公司产品或服务的个人或企事业单位，即潜在客户。对一家保险公司而言，与其签订保险合同的当事人如投保人、被保险人、受益人，以及准备在公司购买保险产品的家庭（个人）或企事业单位等均是公司的外部客户。②内部客户是指接受公司内其他员工服务的员工，也就是说在任何时刻，任何一个员工都可能成为其他员工的客户。如法律部门的员工是信息技术中心的客户；信息技术中心作为用人单位，又是人力资源部门的客户。

需要注意的是，还有一类客户既可以视为内部客户，也可以视为外部客户，他们是指各类保险销售代理人、经纪人等。这里所讲的客户主要是指外部客户。

2. 客户服务。客户服务是一个过程，是在合适的时间、合适的场合，合适的方式向合适的客户提供合适的产品和服务，使客户合适的需求得到满足，价值得到提升的活动过程。这些工作能使客户保持与公司的业务往来并提高潜在客户对公司正面评价。从保险的角度，客户服务既包括保险公司在销售保险产品之前为保险消费者提供的一系列活动，如市场调查、保险产品设计、保险产品宣传以及相关咨询服务等；又包括保险产品交易过程中保险人员向保险客户提供的服务，如客户就保险产品的内容作详细解释、防灾防损服务、保险理赔等；还包括与公司所销售保险产品有连带关系的服务，如法律咨询、投诉等。

实际上，保险客户服务的概念贯穿、运用于公司经营管理的各项工作中，其目的是要随时注意保险客户需要的变化。根据保险客户需要的变化采取有效的沟通策略和技巧，及时处理客户的投诉并解决他们提出的问题，不断提高客户的满意度，尽可能长时间地留住保险客户。

（二）保险公司客户服务的基本内容

保险公司客户服务的内容由其定义可知是非常丰富的，且财产保险与人身保险还有一定的差别，如防灾防损服务虽然在保险业中都非常重要，但相比人身保险而言，财产保险更加突出。当然，鉴于前面已将防灾防损进行了介绍，这里主要从人身保险的客户服务方面就其内容进行介绍，有些内容财产保险也适用。

1. 保全服务。保全服务在保险客户服务中是一项全面的服务，简称保全，是指保险合同生效后，为了维护合同持续有效，保险公司根据合同约定或者投保人、被保险人、受益人的要求而提供的一系列服务，包括但不限于保险合同效力终止与恢复、保险合同变更等。主要涉及合同主体变更、变更保障、孤儿保单管理等。

2. 变更保障或附加特约。客户可根据自身能力和保障需求变化申请变更保额，包括增加保额、减少保额、新增保额等三种形式。

3. 保单现金价值的保全服务。保单现金价值即退保价值或解约退还金。当被保险人于保险有效期内因故要求解约或退保时，保险人按规定，将提存的责任准备金减去解约扣除后的余额退还给被保险人，此余额为退保时保单所具有的现金价值。

4. 变额保险产品与续期保费交付的保全服务。变额寿险，也称为投资连结保险，是一种保险金额随其保费分离账户的投资收益的变化而变化的寿险。这种产品除具有保险保障功能外，最显著的特点是其通过独立投资账户的投资基金来实现投资功能。即投保人支付保费后，寿险公司扣除保险费用，将剩余资金放在以保单持有人名义设立的独立投资账户内，账户的资金用来购买投资基金，主要投资各种证券。

变额寿险的账户转换，即保单所有人将资金从一种投资账户重新分配到另一种投资账户。这种转换在每个保单年度内可以自由进行，每次转换可以包括多个账户之间的转换。投保人须明确保费分配的投资账户名称，若选择多个分配账户，须同时指定分配比例。

续期保费是指以分期形式交付保险费的客户，在缴费期间内缴纳的第二期及以后各期的保险费。按时缴纳续期保费是客户保险合同持续有效的必要条件。如果未按时交纳续期保险费，被保险人不幸在60天的宽限期内发生保险事故，保险公司承担保险责任，但在给付保险金时要扣除欠交的保险费；如果未按时交纳续期保险费，被保险人在宽限期后发生保险事故，除合同另有约定外，保险合同效力中止。此时保单已经失效，被保险人将无法得到保险保障。

5. 管理孤儿保单。孤儿保单常指与公司终止代理关系的代理人在离开公司之前所代理销售的有效保单。孤儿保单常见于寿险业，主要因为寿险合同期限较长，30年、40年甚至终身合同非常普遍。而代理人总会因为离职或其他原因不能再为这些保单服务。孤儿保单的形成会给客户带来一定程度的心理恐慌和利益等方面的损失。

因代理人离职造成孤儿保单是不可避免的，但这不应影响保险公司服务的连贯性和延续性，因为保险合同体现的是投保人与保险公司之间的权利与义务关系。采取相应措施维护这部分保单，不仅因为它们也是公司的重要财富，更因为孤儿保单问题的妥善处理程度能够很好地显示出一家公司服务水平的高低。因此，目前各公司对待孤儿保单越来越重视，管理也越来越认真。寿险公司对待孤儿保单一般有两种处理方法：即将孤儿保单移交给原保单代理人所属团队中的营销员负责，或是寿险公司准备专门的团队和人员为客户提供后续服务。

6. 咨询。当客户或潜在客户通过各种方式向保险公司咨询时，受理人员要尽快做出答复，使客户的问题得到有效解决。保险公司咨询服务不仅包括提供对公司及产品的详细介绍、业务办理规则与要求介绍，还包含客户保单的信息查询服务等。

7. 投诉。当保险公司接到与公司发生业务关系的投保人、被保险人、受益人、委托人等的投诉案件时，公司的所有员工都应负有首问接待的职责，各相关部门人员均应协助客户服务部处理案件。

五、理赔

（一）保险理赔的含义

保险理赔是指保险人在保险标的发生风险事故后，对被保险人提出的索赔请求进行处理的行为。被保险人发生的经济损失有的由保险风险引起，有的则由于非保险风险引起，即使被保险人的损失是由于保险风险引起的，因多种因素和条件的制约，保险人也不可能给予全部赔付。所以，保险理赔涉及保险合同双方权利与义务的实现，是保险经营的一项重要内容。

（二）保险理赔的意义

1. 保险理赔是保险基本职能发挥的最具体表现。保险的基本职能是通过其业务的开展，建立庞大的保险基金，用于补偿被保险人因特定灾害或意外事故所致的经济损失。而保险理赔就是保险人依据保险合同的约定履行保险损失补偿的最直接而具体的表现方式。

2. 保险理赔能够达到加强防灾、减少社会财富损失的目的。保险人在保险理赔工作过程中，往往要对灾害事故进行实地查勘、案件调查、情况分析以及结案后案情卷宗的整理与分析，从而能够在众多的理赔资料积累过程中，总结灾害事故发生与抢险救灾的经验教训，为日后防止类似事故的发生提供决策参考，进而达到减少社会财富损失的目的。

3. 理赔工作是加强保险经营管理的重要内容。承保、防灾防损和理赔，是整个保险业务经营管理的三大基本内容。通过理赔工作，可以对以往承保业务和防灾防损的好坏起检验作用。当发现以往的保险经营过程中存在问题时，会迅速反馈到各有关业务管理部门，以加强或完善整个保险经营管理过程的工作，进一步促进保险赔付率的降低，提高企业的经营效率。

（三）保险理赔的程序

进行保险理赔时，除了要遵循诚信原则、保险利益原则与损失赔付原则及坚持主动、迅速、准确、合理的原则外，还必须遵循一定的程序。

保险理赔的程序包括立案查勘、审核相关材料、核定保险责任、履行赔付义务等步骤。

1. 立案查勘。保险人在接到出险通知后，应当立即派人进行现场查勘，尽力开展施救的同时，详细调查损失情况及原因，查对保险合同等单证，登记立案。

2. 审核相关材料。保险人对投保人、被保险人或者受益人提供的有关事故发生的证明材料或资料进行审核，以确定事故的性质并进行保险理赔等。

3. 核定保险责任。保险人收到被保险人或者受益人的赔偿或者给付保险金的请求，经过对事实的查验和对各项单证的审核后，应当及时作出自己应否承担保险责任及承担多大责任的核定，并将核定结果通知被保险人或者受益人。

4. 履行赔付义务。保险人在核定责任的基础上，对属于保险责任的，在与被保险人或者受益人达成有关赔偿或者给付保险金额的协议后十日内，履行赔偿或者给付保险金义务。保险合同对保险金额及赔偿或者给付期限有约定的，保险人应当依照保险合同的约定，履行赔偿或者给付保险金义务。

六、信息管理

（一）保险信息的定义与分类

1. 保险信息的定义。保险信息可以从狭义和广义两方面来理解。狭义的保险信息又称为保险公司的内部信息。它是指保险公司内部所产生的与业务有关的信息，包括业务信息、保险合同信息、收付费信息、理赔信息、再保险信息、财务信息和人事信息。而广义的保险信息则是指与保险公司有关的所有信息。除了狭义的保险信息之外，还包括与保险公司有关的所有外部信息，如市场竞争信息、法律法规信息、宏观经济方面的信息等。

2. 保险信息的分类。如果从信息管理的内容上分析，保险信息管理应该包括以下四类。

（1）外部信息管理。外部信息管理是指保险公司通过利用信息系统收集保险公司的宏观环境信息、微观环境信息和投保人信息，分析公司自身所处的经济环境、市场营销环境，了解人们的投保需求，进而预测保险公司的发展方向和规模，使保险公司能够抓住市场机遇，发展自己。

（2）业务信息管理。业务信息管理即对保险公司的具体业务进行信息化管理，具体包括营销信息管理、保险产品信息管理、承保信息管理、保险合同信息管理、收付费信息管理、防灾防损信息管理、理赔信息管理、再保险信息管理，等等。

（3）财务信息管理。与普通企业不同，保险行业的财务信息系统管理有其特殊性。如保险业务实行按会计年度结算损益和按业务年度结算损益两种方法；不同保险业务分开经营，分别进行会计核算；在财产保险、人身保险和再保险三大类保险公司业务中，各类业务记账结算所使用的币种不同。此外，保险行业的营业利润构成和年度核算重点均不同于普通企业，保险公司年度决算的重点在于估算负债，而一般企业年度决算的重点在于盘点资产；等等。

（4）保险公司人事信息管理。人事信息管理主要包括以下几个方面：一是通过规划、组织、调配、招聘等方式，保证公司拥有一定质量和数量的各种专业技术人才和一般员工，以满足保险公司的发展需要；二是运用各种方式有计划地加强对公司员工和代理人的教育培训，不断提高他们的职业道德水平和业务技术水平；三是根据每个职工的具体职业生涯、发展目标，搞好对职工的选拔、使用、考核和奖励工作，真正起到发现人才、合理使用人才、充分发挥人才潜能的作用；四是采取各种激励机制，激发员工的工作积极性、创造性以及对公司的忠诚度；五是根据现代公司制度的要求，做好工资制定、福利安排等工作，协调劳资关系。

需要指出的是，上述信息管理的第（2）部分、第（3）部分与第（4）部分的信息管理，实质上是保险公司内部信息管理。

（二）保险信息职能部门

信息职能部门在保险公司的组织结构中所处的位置，以及与其他职能部门的关系对整个公司的运营有一定的影响。保险信息管理的整个过程主要是由以下五个职能部门完成。

1. 信息使用部门。信息使用部门即对保险信息的内容、范围、时限等提出具体要求的部门，也是将信息用于分析研究、解决管理决策问题的部门。

2. 信息供应部门。信息供应部门即提供保险信息源的部门。保险信息源很多，包括内部保险信息源（如保险客户保单信息源等）和外部保险信息源（如同行新产品信息等）。

3. 信息处理部门。信息处理部门主要是指使用各种技术工具和技术方法处理保险信息的专业部门。它们按照保险信息使用部门提出的要求，将信息供应部门提供的原始数据进行处理后供需要的部门使用。

4. 信息咨询部门。信息咨询部门主要是为信息使用部门提供咨询意见，帮助该部门向信息供应部门、信息处理部门提出要求，帮助保险信息需求者研究相关信息和使用相关信息。

5. 信息管理部门。信息管理部门在信息工作的五种职能部门中处于核心的地位，主要负责协调各个信息职能部门，使之能够合理有效地开发和利用保险信息资源。信息管理部门要从公司信息管理综合部门的角度出发，协助各部门抓好保险信息管理工作。因此，信息管理部门不仅仅是单纯的技术服务部门，而是在信息主管直接领导下的对保险公司整个业务活动的主线——信息流进行管理的部门。它既需要从产品设计、营销、理赔、财务等业务部门获取原始数据并进行分析处理，又要将信息处理的解决反馈给这些部门，以供其在决策时作依据或参考。

第三节　保险经营产品

一、产品概念

保险经营的产品，即险种。根据《财产保险公司保险产品开发指引》第三条的定义，保险产品是指由一个及以上主险条款费率组成，可以附加若干附加险条款费率，保险公司可独立销售的单元。例如，家庭财产保险附加宠物责任保险、附加液化气爆炸损失保险，即为财产损失保险类别中的家财险产品；再如根据市场需求变化，目前我国人身保险产品有普通型、分红型、投资连结型、万能型等种类。

产品与服务是消费者选择保险公司时考量的核心环节，提供优质的产品与服务对于保险公司向前发展、扩大市场而言尤为关键。

二、产品开发

保险产品开发是指保险公司基于自身发展和保险市场需求及其变化状况的需要而创造新产品或对现有产品进行改良、组合，以适应市场需要、提高自身竞争能力的过程或行为。

随着社会经济的发展，人们的自我认同感也逐渐加深，追求个性化和差异性是用户选择产品的重要因素。因此，产品开发要充分了解用户的潜在需求，利用科技优势打造优势产品，才能在市场中站稳脚跟，获得长久的竞争优势。同时，随着互联网保险行业的迅速发展，互联网保险产品也将日新月异。保险企业应充分运用移动互联、大数据、人工智能等前沿科技，将智能风控、人工智能客服服务、大数据画像、线上极简理赔等创新性技术或方案运用到产品开发中来，以满足不同保险消费者的需求。

（一）产品开发基本要求

为了保护投保人、被保险人合法权益，在鼓励保险公司开发保险产品进行创新的同时，一般要求保险公司满足以下基本要求：

第一，开发保险产品应当遵守我国《保险法》及相关法律法规规定，不得违反保险原理，不得违背社会公序良俗，不得损害社会公共利益和保险消费者合法权益。

第二，保险公司开发保险产品应当综合考虑公司承保能力、风险单位划分、再保险支持等因素，不得危及公司偿付能力和财务稳健。

第三，保险公司开发保险产品应当坚持保险经营的基本原则，包括诚信原则、保险利益原则、保险补偿原则等外，还应该遵守风险定价原则，即费率厘定应当基于对实际风险水平和保险责任的测算，确保保费与风险相匹配。

（二）产品开发的内容

产品开发的内容可分为产品的基本属性设计、产品的基本要素设计、产品的外延设计等三个方面。

1. 产品的基本属性设计。产品的基本属性设计的内容主要是客户所需要的核心利益，也就是产品最为基础的使用价值。对于财产保险而言，主要满足客户规避各种可保风险所致的财产及相关利益损失等方面的需求；对于人身保险而言，各种产品主要是满足客户保障、养老、健康、伤残等方面的需求。保险产品的核心价值在于能够通过经济补偿与保险金给付提供以上各方面的财务保障。

保险产品除了具有经济补偿与保险金给付的核心功能之外，还具有基金积累与防灾防损等派生功能。在集合大量同质风险的过程中，形成了保险基金用于履行分担个别风险单位所发生的损失与给付的义务。保险基金的积累与投资为新型保险产品开辟了广阔的设计空间，如各种财产和寿险的分红、投资连结及万能保险。

2. 产品的基本要素设计。由于产品所能为客户提供的核心利益必须要通过适当的产品形式来体现，因此，产品开发除了要定位产品的基本属性之外，还需要围绕着基本属性设计出产品的各种构成要素，一般包括保险责任、责任免除、保险金额/责任限额与免赔额（率）、保险期间、保险人义务、投保人/被保险人义务、赔偿处理、争议处理和法律适用、其他事项、释义等。保险产品的基本要素可以根据各险种特点进行增减。实务中，上述保险产品基本要素，一般以保险条款的形式来体现。

3. 产品的外延设计。任何一种新产品的推出，都必须有适当的外延设计，以提高产品的知名度与吸引力。产品的外延设计主要是指产品的名称选择、形象设计，还包括其他与产品相关的服务项目，如风险咨询、防灾防损等附加值服务等。

（1）产品名称的选择。在选择保险名称时，应该与保险的基本属性与基本要素相对应，使保险的客户群在最初的接触上能够大致清楚该产品的功能。即产品名称应当清晰明了，能客观全面反映保险责任的主要内容，不要使用易引起歧义的词汇，以免曲解保险责任，误导消费者。

（2）产品形象的设计。产品代表着公司的实力与形象，因此，产品形象的设计必须与公司整体形象统一起来。在细分市场的基础上，产品基本属性与基本要素应能体现出与其他公司不同的差异性优势，并围绕这种差异性优势进行产品形象设计。如美国的哈特福德（Hartfort）保险公司突出自己在投资理财服务上的优势，选择专门经营银行代理渠道销售的变额产品，产品形象也完全围绕着理财进行设计，这样提升了所经营的产品与公司的整体形象之间的一致性效果。

（3）产品的宣传支持。确定了产品的功能、名称、形象，还必须通过宣传支持才能提高市场的认知度和接受度。产品宣传方式有媒体宣传和资料宣传等。一般而言，公司的整体形象通过媒体进行宣传，而产品的宣传通常用资料宣传。产品推出时，必须首先让公司内部相关部门了解，尤其是销售人员必须完全了解。保险公司一般都会通过领导宣导的录像资料、培训资料进行内部宣传；同时根据不同目标客户群，选择适当的宣传方式和文案设计，通过产品宣传资料可便于客户了解情况，及时与销售人员沟通，如银行柜台销售的保险，一般都会有宣传彩页供客户索取，宣传彩页的内容包括投保范围、保险责任、保险利益演示、注意事项等。

（三）产品开发的通常程序

尽管各国保险公司甚至一个国家不同保险公司的保险产品开发均有自己的特色，但就其通常程序而言，主要包括如下六个步骤。

1. 保险市场调查。保险公司必须先进行市场调查，了解保险消费者对新的风险保障的需求及其市场潜力，调查公司原有的经营状况，从中寻找保险产品开发的方向和设计点，将了解到的市场上所关心的、期望的甚至急需的风险防范事项进行研究，从而为开发能够唤起消费者需求的保险产品提供思路。

2. 可行性分析。可行性分析即新产品的开发要与保险企业的精算技术、营销实力、管理水平相适应，并且通过对新产品的预计销售额、成本和利润等因素的分析，判断产品是否符合企业目标、营销战略以及是否能够有利可图。保险公司要根据自己的业务经营范围，在市场调查的基础上对险种开发进行可行性分析，选择险种开发的重点。

3. 产品内容设计。保险产品内容设计包括主险产品和附加产品的内容设计。主险产品即保险产品的基本功能或者说对被保险人提供的基本风险保障的产品。不同的保险产品，其基本风险保障功能有所不同，但一般除特殊风险外，最基本的风险要素均应包括在内。附加产品即保险企业提供给投保人或被保险人的附加风险保障及其他附加服务的产品。根据产品的不同特点，一个主险产品可以建立若干附加风险保障的产品。例如，主险机动车辆损失保险的附加险种有玻璃单独破碎险、发动机涉水险、整车盗抢险、不计免赔额保险等。无论是主险还是附加险，其内容均通过保险条款来体现。但保险条款的表述应当严谨，避免过于宽泛。

4. 保险产品鉴定。保险产品设计完成后，保险公司一般有其专门的险种设计委员会或有关专家顾问咨询机构对其进行鉴定，其内容主要包括：险种的市场，即业务量大小；险种能否给公司创造效益以及条款设计中有无缺陷等。如果鉴定通不过，则需要重新进行市场调查、可行性论证及条款设计工作。因此，鉴定环节实质上是公司对险种开发部门的设计进行审核和把关。

5. 保险产品报批。保险公司的保险产品设计是否合理，直接关系到作为保险消费者的切身利益，因此，在一些国家，险种报批是保险法律规定的一项必经程序。审批保险条款等也是保险监督管理机构的法定权利，尤其是对一些主要险种更是如此，以便维护保险客户的利益。我国《保险法》对此也有明确规定。①

6. 正式进入市场。经过上述五个程序，保险产品即可投入市场，但对新产品而言，其生命力往往要经过保险市场的检验。因此，保险公司产品开发的最后阶段便是试销，待试销证实该项产品的生命力后再大规模推广销售，并争取迅速占领市场。另外，在作出正式进入市场决策时，还必须考虑针对已选定的目标市场决定推出的时机、推出的地点。推出时机的选择往往考虑与目标顾客消费时机或消费旺季相吻合，如旅游意外伤害保险可选择在旅游旺季到来之前推出。推出地点的选择则必须考虑能否与目标顾客群相吻合。

总之，上述程序是保险产品开发中的通常程序，对于各保险公司而言，其具体步骤与内容可能有所差异。例如，有的公司设有专门的市场调查部门、险种开发部门，拥有一支专门的险种设计队伍，有的公司则由展业或承保部门负责进行，有的公司借助于代理人的力量，还有的只是借鉴其他保险公司的产品条款开展业务，等等。

三、产品定价

保险产品定价是指保险人在保险产品开发过程中，依据保险标的所面临风险的规律性（财产保险主要指损失概率，人身保险主要指死亡率等）、保险公司经营费用及经营状况、保险市场供求状况等因素而确定单位保险金额所应收取的保险费的行为。简而言之，就是保险费率的厘定。

保险费率由基准费率和费率调整系数组成。在财产保险方面，厘定基准费率包括纯风险损失率和附加费率。保险公司应当根据实际风险水平测算纯风险损失率，或参考使用行业纯风险损失率。在确定附加费率时，附加费率应由佣金及手续费、经营管理费用、利润及风险附加等组成。保险公司确定的附加费率不得过高而损害投保人、被保险人利益。在人身保险方面，厘定费率应根据寿险、健康险及意外伤害保险等不同险别所厘定的因素来确定，如寿险要考虑费差益损（费用率）、利差益损（利率因素）、死差益损（死亡率）等。保险公司在厘定费率调整系数时，应合理体现风险差异和费用差异，且不得影响整体费率水平的合理性、公平性和充足性。

（一）产品定价的原则

保险公司应当在经验分析和合理预期的基础上，科学设定精算假设，综合考虑市场竞争的因素，对产品进行合理定价。同时，应针对不同的风险客户，充分发挥保险费率杠杆的激励约束作用，强化事前风险防范，减少灾害事故发生，促进安全生产和突发事件应急管理，对严重失信主体上浮保险费率，或者限制向其提供保险服务。但总而言之，保险费率厘定应当满足合理性、公平性、充足性等原则。

1. 合理性原则。费率厘定应当基于对实际风险水平和保险责任的测算，确保保费与

---

① 我国《保险法》第一百三十五条第一款规定："关系社会公众利益的保险险种，依法实行强制保险的险种和新开发的人寿保险险种等的保险条款和保险费率，应当报国务院保险监督管理机构批准。国务院保险监督管理机构审批时，应当遵循保护社会公众利益和防止不正当竞争的原则。其他保险险种的保险条款和保险费率，应当报保险监督管理机构备案。"

风险相匹配。科学合理地确定产品的价格。保险费率是保险人收取保费的依据，从实现保险基本职能的角度看，保险费率水平应与投保人的风险水平及保险人的经营需要相适应，既不能过高，也不能过低。费率过高，虽然有利于保险人获得更多的利润，但同时加重了投保人的经济负担，不利于保险业务的扩大；费率过低，则会影响保险基本职能的履行，使被保险人得不到充分的经济保障。换言之，无论或高或低，均会危害保险经营的稳定性，而且被保险人的合法权益也会因此而受到损害。

2. 公平性原则。保险费率应当与保险标的的风险性质和程度相适应。一方面，投保人所负担的保费应与其保险标的的面临的风险程度、其所获得的保险保障程度、保险权利等相一致；另一方面，面临性质或程度相同或类似风险的投保人应执行相同的保险费率，负担相同的保险费，而面临不同性质、不同程度风险的投保人，则应实行差别费率，负担不同数额的保险费。

3. 稳定灵活的原则。保险费率一经确定，应在一定时期内保持相对稳定，以保证投保人对保险公司的信任和信心。但从长期来看，保险费率还应随着风险的变化、保险保障项目和保险责任范围的变动及保险市场供求变化等情况进行调整，以保证保险费率的公平合理性的同时具有灵活性。

4. 促进防灾防损的原则。保险费率的厘定应体现防灾防损精神，即对防灾防损工作做得好的被保险人降低其费率或实行优惠费率，而针对防灾防损工作做得差的被保险人可适当提高费率以示惩戒。

（二）产品定价的目标

1. 生存导向型目标。如果遇上生产力过剩或激烈的竞争，或者要改变消费者的需求时，保险公司要把维持生存作为其主要目标。为了能够继续经营，继续销售险种，保险公司必须定一个比较低的价格。此时，利润比起生存而言要次要很多。

2. 利润导向型目标。利润导向型目标分为三类：获得最高当期利润目标、获得适量利润目标和获得预期收益定价目标。获得最高当期利润目标通常以一年为准；获得适量利润是指与保险人的投资额及风险程度相适应的平均利润；获得预期收益为预期的总销售额减去总成本。

3. 销售导向型目标。采用销售导向型目标的保险人认为最高收入将会导致利润的最大化和市场份额的成长。收入最大化只需要估计需求函数即可。销售导向型目标又可细分为达到预定销售额目标、保持和扩大市场份额目标、促进销售增长目标。

4. 竞争导向型目标。竞争导向型目标可分为市场撇脂策略和稳定价格目标。一些经营规模大、经营效率高、资金雄厚、竞争力强的保险人，有时喜欢制定高价来"撇脂"市场，而后通过逐步降低价格，将竞争者挤出市场或防止竞争者进入市场，即采用市场撇脂策略（又称高价法或吸脂定价策略）。一些规模大、实力雄厚的保险人，常以稳定价格作为定价目标，以避免激烈的价格竞争造成的损失。同时，也可通过稳定本身产品价格来稳定行业竞争态势，保持其优势地位，获得稳定收益。

（三）产品定价的方法

保险定价方法是保险公司为实现定价目标而选择的厘定费率的方法。定价方法通常分为三类：成本导向定价方法、竞争导向定价方法和客户导向定价方法。

1. 成本导向定价方法。成本导向定价方法是指保险公司制定的产品价格包含在生产环节、销售环节以及服务环节发生的所有成本，以成本作为制定价格的唯一基础。当市场中只有一家保险公司，或者利用该方法的公司是市场的领导者时，成本导向定价方法最有效。成本导向定价方法可分为成本加成定价方法和损益平衡定价法两种。

（1）成本加成定价方法。成本加成定价方法就是在产品成本的基础上，加上预期利润额作为销售价格。成本加成定价方法有计算简便、稳定性大、避免竞争、公平合理等优点。

（2）损益平衡定价法。损益平衡定价法又称目标收益定价法，是保险公司为了确保投资于开发保单、销售和服务中的资金支出能够与收入相等的定价方法。损益平衡定价法的优点是计算简便，能向保险公司表明获得预期利润的最低价格是多少。

2. 竞争导向定价方法。竞争导向定价方法是以竞争对手确定的价格为基础，保险公司利用此价格来确立自己在该目标市场体系中的地位。竞争导向定价方法具体有以下几种类型：

（1）随行就市定价法。随行就市定价法是指保险公司按照行业的平均现行价格水平来定价。这是一种首先确定价格，然后考虑成本的定价方法，采用这种方法可以避免竞争激化。随行就市是本行业众多公司在长时间内摸索出来的价格，与成本和市场供求情况比较符合，容易得到合理的利润。

（2）渗透定价法。渗透定价法是指保险公司利用相对较低的价格吸引大多数购买者，以此获得市场份额并使销售量迅速上升的定价策略。一般在需求的价格弹性高，市场潜力大，消费者对价格敏感时，公司采用低费率可以增加销售收入。

（3）弹性定价法。弹性定价法又称可变定价法，要求保险公司在产品价格问题上同客户协商。这种方法主要是被销售团体保险产品的公司所采用，它们参与大宗团体保险生意的竞标或提交协议合同。团体保险的销售过程常常以竞标开始，在竞标过程中，竞争对手会逐个被淘汰，最后客户与成功的竞标者签订协议合同。

3. 客户导向定价方法。客户导向定价方法又称需求导向定价方法，是指保险公司制定分销商或保单所有人双方可以接受的价格，或者是根据购买者的需求强度来制定价格。需求强度越大，则定价越高；需求强度越小，则定价越低。

第四节　保险经营风险管控

一、保险经营风险的类别

保险经营风险主要包括承保风险和投资风险两大类风险。需要指出的是，投资风险本不属于保险经营风险范畴，但是由于保险公司承保业务的风险与融资业务风险具有相互渗透的联动关系，而且保险公司在费率开价时往往渗有对投资收益预期的因素，即所谓的保险与金融的相互渗透，因此，保险经营风险也就包括了保险公司的投资风险。

（一）承保风险

1. 财务风险。财务风险指保险公司因偿付能力不足或流动性不足所导致的支付危机。偿付能力不足的成因主要有：第一，承保金额超过公司的承保能力；第二，市场价格竞争导致赔付率上升；第三，通货膨胀对资本金和总准备金的腐蚀；第四，投资亏损或坏账。流动性不足的成因主要是投资结构不合理，资产变现能力差。保险公司的财务风险一般表现为潜伏状态，只有当遭遇到巨灾或巨额损失赔偿发生的时候才会暴露出来，现实地表现为支付危机。

2. 逆选择。由于保险标的自始至终都控制在投保人或被保险人手中，只有他们对标的的风险状况最为清楚，这样就使保险人在保险标的的选择或费率开价等方面处于不利的地位。逆选择会因单一费率的险种而强化。比如在人身保险中，一般情况下，身体健康状况不好的人有可能倾向于参加健康保险，死亡率高的人有可能倾向于参加死亡保险，认为自己寿命将比一般人长的身体健康的人有可能倾向于参加年金保险等。虽然逆选择在保险定价过程已被估计，但它是不可能完全被控制的，且有可能破坏保险人经营的财务稳定性，加大保险经营的风险。因此，如何防止逆选择，是保险公司面临的一个重要课题。

3. 道德风险。道德风险是在信息不对称条件下，利用不确定或不完全合同使负有责任的经济行为主体不承担其行动的全部后果，在最大化自身效用的同时，做出不利于他人行动的现象。其表现形式有下列两种：（1）制造保险事故。故意引发保险事故，以便向保险公司诈取保险金。（2）捏造保险事故。保险事故并未发生，却伪装现实中已经发生，以诈取保险金；或恶意利用已发生的保险事故或冒用保险事故，以诈取保险金。

道德风险因保单的存在而诱发，利益相关者甚至不惜刑事犯罪来达到诈取保险金的目的。道德风险也会因保险从业人员或保险代理人或有关的第三者与投保人或被保险人勾结而具有一定的隐蔽性。

4. 竞争风险。保险同业竞争几乎可以说是无差异竞争，因此，价格竞争遂成为最有效的手段，也是最残酷的手段。价格竞争的主要内容有：①在同等承保责任条件下降低费率或提高返还率；②在同等费率条件下扩大承保责任范围或提高保险金额；③放宽承保条件，疏于对保险标的的选择；④提高代理回扣或中介佣金以揽保。价格竞争的结果必然提高保险公司的业务费用和赔付率，甚至造成承保业务的亏损，从而强化了保险经营风险。

5. 利率风险。利率预期对于非寿险费率开价有一定影响，但不是主要因素。而在寿险纯费率厘定过程中，利率却是一个十分重要的因素。利率风险对于寿险公司来说，主要表现为对利差损和费差损的影响。由于寿险的预定利率是长期不变的，而市场利率却是变化的，因此，当预定利率长期高于市场利率时，利差益趋向零，甚至为负数，表现为利差损，这时寿险公司将出现亏损，消耗自有资本。而当预定利率低于市场利率时，将发生行业间替代效应，公众的资金将转向银行储蓄或证券投资，甚至开始退保，这样保险公司业务量将萎缩，可供运用的资金减少，费用增加而使费差出现赤字，表现为费差损。

市场利率的变动主要受商业周期的影响，是不可控风险，因此，对寿险的预定利率要谨慎预期。我国实施的是官定利率，寿险利率也必须随之浮动，所以，目前我国寿险的利率风险主要是政策性风险因素。

6. 汇率风险。经营涉外业务的保险公司在接受国际运输保险、国际分保等业务时，都是以外币为收费币种，因而持有多种外币，就存在着汇率风险，即由于各国货币间汇价的变动而引致财务损失。在会计处理上，年终结算损益时，一般都把外币换算为本国货币，以本币为统一的计账单位，若外币贬值，就表现为账面价值的减少。汇率风险亦为不可控风险，但可以用套头交易等手段避险。

（二）投资风险

保险公司运用保险基金于各种投资，一是为了增加公司盈利，二是为了保险基金的保值和增值，两者均以投资收益为条件。但是，收益与风险是正相关关系，为了取得高收益，就要冒相应的高风险。投资风险主要由非系统性风险和系统性风险引起。

1. 非系统性风险——可控风险。此类风险主要有：第一，投资项目或对象选择上判断错误；第二，对融资对象的资信调查不够，义务人违约造成呆账、坏账等的信用风险；第三，投资的流动性结构不合理；第四，投资过于集中，没有贯彻分散原则以控制风险。

2. 系统性风险——不可控风险。此类风险主要有：第一，商业周期风险；第二，利率风险；第三，汇率风险；第四，不可预料的政治风险、政策风险等。

在投资风险中，系统性风险因素是最基本的，非系统性风险的产生往往是由决策者判断失误所致。

二、保险经营风险防控

（一）加强教育，增强经营人员的风险防范意识

加强个人的业务知识培训、法律法规及规章制度学习，加强思想教育，这是从源头上杜绝经营风险的重要手段。只有加强对员工的风险防范教育，使员工认识到社会的复杂性和保险经营风险的特殊性，认识到保险本身就是高风险行业，必须把风险防范放在第一位，且不断更新业务知识结构，努力提高综合素质，才能真正控制保险业的经营风险。

（二）健全制度，建立严格的内控机制

健全的制度和良好的内控机制是约束人们思想、行为的好方式。近年来，从保险行业发生的动用了保险保障基金的案件来看，均是有章不循、违规操作、监督不力所致，更反映出风险内控管理还存在一定的漏洞。因此，保险经营者应吸取教训，不断健全完善各项规章制度，并将内控管理当作风险防范的前提条件，认真扎实地贯彻执行案件防范责任制的规定，促进内部防范机制的强化与完善，努力做到在规范的前提下发展业务，在发展业务的同时，加强规范管理，以保证各项业务的流程和规章制度在约束之内进行。

（三）加强管理，建立有效的风险防范机制

1. 加强承保管理。这是风险防范的重要环节。即在承保时，严格执行关于承保的有关规定，杜绝不顾及风险程度、不验标的盲目承保的现象发生，成立风险评估与核保小组，加强承保前的风险管理，严把承保的"入口"关。

2. 加强理赔管理。即在理赔环节上，要严格遵循理赔原则，应赔按合同约定赔，不该赔的不乱赔。建立专人理赔、重大案件集体审查、逐级审批制度。对所有理赔案卷，采取"地毯式"的搜查方式，严格审查把关，并实行工作责任差错追究制等。

3. 建立风险信息系统。根据历年各种灾害发生的时段、地域、频率以及赔付的情况制定风险防控量化指标，尤其对一些重点保险单位应建立防灾、防损档案，实时进行系统风险情况通报。同时，制定"防灾预案"和"防灾风险图"，确保保障风险信息的系统化、动态化，以加强对承保标的、理赔状况的监控和管理。此外，应重视社会化防灾防损协调服务网络的构建，形成保险公司、社会相关部门和保户"三位一体"的联防体系，走出保险防灾社会化的新路子，切实把风险管理工作落到实处。

4. 加强财务管理，确保资金的安全性和效益性。严格执行财务管理制度，坚持财务收支两条线，禁止违规运用资金、对外举债或担保，不得利用保费搞高息存储或变相搞投资贷款。只有切实发挥了财务管理、控制和监督作用，才能杜绝保险资金使用过程中的各种漏洞，确保保险公司资产结构日趋合理，资金运行效果良好。

（四）重视稽核检查

稽核检查是保险经营管理中的一项重要工作，更是保证规范经营、稳健发展的重要环节，因此，应充分发挥稽核部门的职能作用，将稽核检查与财务管理、业务管理、人事管理有机结合起来，变事后监督为事中监督、事前监督，将保险公司的风险防范和化解经营风险的工作控制在初始阶段或萌芽状态，对检查中发现的问题，采取必要的措施加以纠正和改进。例如，检查公司是否存在虚挂应收保费、虚假批退、净保费入账、系统外出单、人为拆单、账外账等违法违规行为；赔案是否真实，赔款是否准确，直接或者间接理赔费用的计提、使用和管理是否规范；是否严格执行财务会计相关法规与制度，据实列支赔款支出和准备金提取以外的经营支出；是否存在随意扩大或缩小保险责任、随意变更总公司统一报批报备的条款费率、利用特别约定条款免除自身义务侵害被保险人权利等条款费率"报行不一"问题；是否有完善的单证管理制度，单证的领用、发放和管理是否有专人负责等。

【案例分析】

◤ 【案例 5－1】[①] ▪▪▪

管某某为其电动自行车向保险公司投保。保险公司出具代步工具组合保险保险单，载明：方案名称为九号科技电动自行车综合保险 199 方案，投保人及被保险人为管某某，保障内容为附加车上人员责任（每份保险金额/责任限额 10 万元）、电动自行车盗抢保险（每份保险金额/责任限额 5 000 元）及非机动车第三者责任（每份保险金额/责任限额 10 万元）。特别约定中载明，附加车上人员医疗费每次事故免赔 100 元后按 80% 赔付。保险公司在其保险产品的介绍页面中，在显著位置对外宣介"骑行受伤 骑行过程中意外受伤怎么办"，但是其提供的各种保险组合方案中，均不包含骑行人本人骑行过程中意外伤害的相关保障。后管某某驾驶电动自行车因路面湿滑导致其采取制动措施时摔倒、受伤。公安交通管理机关认定管某某无导致道路交通事故的过错，属于

① 北京金融法院．北京金融法院"推动保险机构合规展业"典型案例［EB/OL］．（2024－07－08）［2024－07－28］．https：//mp. weixin. qq. com/s/2VXCfnshv91－O9Lk22F8tg.

交通意外事故，当事方无责任。保险事故发生后，管某某向保险公司报案索赔，但保险公司以管某某意外伤害不属于案涉保险产品赔付范围为由拒赔。管某某不服，诉至北京金融法院一审法院，请求保险公司支付保险金。

北京金融法院作出终审判决：驳回管某某的诉讼请求。裁判理由是：管某某为电动车在某保险公司投保的《附加车上人员责任险》属于责任保险，根据保险合同约定和法律规定，责任保险仅在被保险人对第三者造成损害且被保险人对第三者负有赔偿义务时，保险人对被保险人或符合条件的第三者赔偿保险金。根据已查明的事实，管某某驾驶案涉电动自行车摔倒受伤，并未造成除其本人外的其他车上人员受有损害。但是，法院二审期间查明，案涉 App 中涉及的代步工具组合保险为电动自行车盗抢险、非机动车第三者责任险与附加车上人员责任险，不同的保险方案区别为保险限额不同，上述保险均无保险宣传的意外风险防范功能。管某某受保险宣传误导，违背自己的真实意思投保了涉案保险，有权另行向保险公司主张撤销相关保险合同。

本案是一起财产损失保险合同纠纷案。保险公司在宣传和销售保险产品过程中，应当根据保险产品实际情况，准确地向消费者推广和说明保险产品的功能，合规、审慎订立保险合同，以义取利，切实发挥保险分散风险的社会稳定器作用。保险公司作为专业保险机构，对其承保的保险产品，不论是自行销售还是委托销售，均应当严格、审慎、准确宣传保险产品。对于保险产品不具备意外伤害赔偿功能的，不应在保险产品宣传中暗示或误导，使消费者误以为相关保险产品包含意外事故赔偿的情形。若消费者基于宣传误导购买相关产品，发生意外事故后保险公司不予理赔的，消费者可以向法院起诉，保险公司可能承担因虚假宣传导致的不利后果。

【案例 5-2】①

2022 年 8 月，泉州市公安机关破获曾某珀等人涉嫌保险诈骗案。经查，曾某珀等人于 2018 年至案发，成立金融服务外包公司，对外宣称提供"助贷"服务，帮助急需资金的贷款人伪造房产和收入证明等材料，与保险公司签订"个人贷款保证保险"合同，由保险公司作为保证人，向银行申请信用贷、消费贷等。贷款发放后，贷款人仅获得部分贷款资金，其余均被犯罪团伙非法占有。犯罪团伙替贷款人偿还 2 期、3 期还款资金后不再还款，制造贷款逾期事实，迫使保险公司向银行机构赔付贷款损失，并造成贷款人巨额债务和征信污点。

个人履约、信用保证消费贷款可以帮助消费者高效申请贷款、刺激消费。而犯罪分子利用贷款人急需借款心理，精心设局，利用"工具人"投保个人信用保证险，进而违约触发理赔，实施骗保骗贷行为值得提防。

【案例 5-3】②

某日，甲公司将其特种货车在 B 保险公司投保了商业车损险及三者险，但甲公司和 B 保险公司分别持有不同的电子保险单，保单记载的被保险车辆的类型、车架号与保单特别约定的类型、车架号均不符。在保险期间，甲公司被保险车辆发生交通事故并报险索赔，B 保险公司受理后立

---

① 朱丽萍. 专用假币坑害老年人！陈某铿、杨某童在福州被抓［N］. 福州日报，2023-05-15.
② 青岛多部门联合推动机动车保险诈骗惩治防范工作，发布 7 件典型案件［N］. 青岛日报，2024-01-12.

即进行事故的相关调查。B 保险公司在调查中发现，W 保险代理公司短期内在其公司外网系统录入并缴费 241 辆车的商业险保单，承保车型均为特种车三、客户电话和邮箱均一致，甲公司事故车辆的承保情况与此相同。为此，B 保险公司以甲公司未向其如实告知投保车辆真实信息为由解除保险合同并退还保费。甲公司不接受 B 保险公司的拒赔通知，便向当地法院起诉要求 B 保险公司理赔保险金。

法院在审理过程中发现，甲公司和 B 保险公司提交的电子保单内容不同，即决定开庭时当庭对甲公司提交的电子保单上的二维码进行扫码验证，验证的结果与 B 保险公司提交的电子保单一致。法院以此为依据，责令甲公司对此作出说明。甲公司称其既是被保险人亦是投保人，但无法清楚陈述投保经过、保费支付经过和电子保单的来源。庭审结束后，甲公司向法院提交书面说明，称保费系交给案外人刘某，几经转手后交付 B 保险公司，保单是其中的经手人之一王某，通过微信转发给甲公司。为此，法院认为，根据《中华人民共和国保险法》第十六条规定，甲公司作为投保人，应将投保车辆的信息如实告知保险人，但其未履行如实告知义务，保险人有权在法定期限内行使合同解除权。甲公司所采取的投保途径明显与常规投保途径不同，且始终没有给出合理的解释和说明，根据《中华人民共和国民事诉讼法》第六十七条规定，驳回其诉讼请求。

本案的争议焦点是保险标的和保单的真实性。法院严把证明标准，通过灵活运用证据规则，查明保险代理人和投保人异于常态的投保行为，依法对问题保单不予采信，并认定投保人未履行如实告知义务，驳回基于问题保单的诉讼请求。这种坚守保险合同最大诚信原则，对保险合同纠纷的证据加大调查、审查力度，切实防止存疑保险标的通过民事诉讼获得理赔的做法，对维护健康稳定的保险市场秩序非常有效，值得肯定与推广。

【案例 5 -4】

某年 3 月初，某市场监管局接到消费者 W 先生的投诉，称其在某 4S 店购买车辆时，遭遇商家强制购买保险，如不购买保险该 4S 店则不予卖车。

接到投诉后，市场监管局执法人员到该 4S 店核实情况，W 先生反映的情况属实。执法人员认为该 4S 店的行为涉嫌违反《中华人民共和国消费者权益保护法》第十六条"经营者向消费者提供商品或者服务，应当依照本法和其他有关法律、法规的规定履行义务。经营者和消费者有约定的，应当按照约定履行义务，但双方的约定不得违背法律、法规的规定。经营者向消费者提供商品或者服务，应当恪守社会公德，诚信经营，保障消费者的合法权益；不得设定不公平、不合理的交易条件，不得强制交易。"及《中华人民共和国保险法》第十一条"订立保险合同，应当协商一致，遵循公平原则确定各方的权利和义务。除法律、行政法规规定必须保险的外，保险合同自愿订立"之规定，涉嫌侵犯消费者的自主选择权和公平交易权。在查明事实的基础上，执法人员组织双方协商调解，最终，4S 店同意 W 先生自主选择保险公司购买保险。

像本案 4S 店这样卖新车搭配捆绑销售保险的行为，已经涉嫌强制搭售，是一种强制消费现象，不仅违反了《消费者权益保护法》《保险法》《反不正当竞争法》等法律规定，更是侵犯了消费者的自主选择权，消费者有权拒绝的同时，还可以向有关部门进行投诉。

【本章小结】

1. 保险经营是指保险企业进行投资活动以外的所有保险交易和事项，包括展业、承保、防灾防损、再保险及理赔等五大方面。在保险经营过程中，既要遵循一般企业经营的基本原则，又要遵循保险业经营的特殊原则。

2. 保险产品是指由一个及以上主险条款费率组成，可以附加若干附加险条款费率，保险公司可独立销售的单元。保险产品在正式进入市场之前需要经历开发、定价等诸多环节。

3. 保险经营风险主要包括承保风险和投资风险两大类风险。在识别风险的基础上，需要采取相关的防控与管理技术应对经营风险，保障保险公司的稳健运营。

【复习思考题】

一、名词解释

保险经营　展业　承保　防灾防损　理赔　保险产品　产品开发　客户服务
孤儿保单　保险监管

二、单项选择题

1. 竞争导向定价法中，保险公司利用相对较低的价格吸引大多数购买者，以此获得市场份额并使销售量迅速上升的定价策略是（　　）。

A. 随行就市定价法　　B. 渗透定价法　　　C. 弹性定价法

2. 某投保意外伤害保险的被保险人不慎发生扭伤，3 周后痊愈，产生医疗费 2 800 元，被保险人向保险公司提出索赔，该保险公司对此索赔的正确处理方法是（　　）。

A. 赔付医疗费 2 800 元　　　　　　　B. 不予赔付任何金额

C. 按事故发生时情况赔付

3. 保险人在保险标的发生风险事故后，对被保险人或受益人提出的索赔要求进行处理的行为称为（　　）。

A. 保险处理　　　　B. 支付赔款　　　　C. 保险理赔

4. 某企业购买企业财产保险，保险金额 1 000 万元，出险时财产价值 1 000 万元，损失 800 万元，施救费用为 300 万元，保险公司应赔付（　　）。

A. 800 万元　　　　B. 1 000 万元　　　　C. 1 100 万元

5. 消费者通过电话、邮件、传真或互联网与保险公司取得联系，通过电话、邮寄、传真的投保单来申请投保，这种营销渠道属于（　　）。

A. 间接营销　　　　B. 直接营销　　　　C. 代理营销

6. 某人投保普通家庭财产保险，保险金额 100 万元，其中房屋及其室内装潢的保险金额为 80 万元。在保险期限内发生火灾，造成其房屋及室内装潢部分损失 20 万元，并且有 50 000 元施救费用。其中出险时房屋及其室内装潢的价值 100 万元。那么，如果不考虑其他因素，保险公司对施救费用的赔偿金额是（　　）。

A. 2.5 万元　　　　B. 5 万元　　　　　C. 20 万元

7. 保险承保的关键是（　　）。

A. 审查核保　　　　B. 承保决策　　　　C. 制定承保方针

8. 保险防灾防损的方向是（　　）。

A. 单一防灾防损　　　B. 综合防灾防损　　　C. 专职防灾防损

9. 赔付率是指在一定时期内（　　　）。

A. 赔款总额与保费收入之比　　　　　B. 利润总额与保费收入之比

C. 利润总额与总成本之比

10. 保险代理人从事保险代理业务，获得代理手续费，该笔费用的支付者是(　　　)。

A. 投保人　　　　　B. 被保险人　　　　　C. 保险人

三、多项选择题

1. 保险业务经营一般包括（　　　）。

A. 展业　　　　　B. 承保　　　　　C. 理赔　　　　　D. 防灾防损

2. 审核投保人的资格主要是审核（　　　）。

A. 投保人是否具有相应的民事权利能力　　B. 投保人是否诚实守信

C. 投保人对保险标的是否具有可保利益　　D. 投保人是否有保费支付能力

3. 根据保险公司的委托，向保险公司收取保险佣金，在保险公司授权的范围内专门代为办理保险业务的机构，一般被称为（　　　）。

A. 独立代理人　　　　　　　　　B. 专业代理人

C. 独立代理公司　　　　　　　　　D. 专业代理公司

4. 承保控制措施包括（　　　）。

A. 控制保险金额　　　　　　　　　B. 规定免赔额

C. 对投保人进行分类　　　　　　　D. 规定责任范围，控制承保风险

5. 核保是保险业务选择的关键环节。核保人员通常包括（　　　）。

A. 保险公司核保人　　　B. 保险代理人　　　C. 保险经纪人　　　D. 保险公估人

6. 保险费率厘定应当满足的原则包括（　　　）。

A. 合理性　　　　　B. 公平性　　　　　C. 充足性　　　　　D. 科学性

7. 产品开发的内容可分为（　　　）。

A. 产品的基本属性设计　　　　　　B. 产品的基本要素设计

C. 产品的外延设计　　　　　　　　D. 产品的内涵设计

8. 关于保险防灾防损，下面说法正确的有（　　　）。

A. 保险防灾防损是社会防灾防损系统中的一个子系统

B. 保险防灾防损的依据是保险合同中的规定

C. 保险防灾防损的依据是国家法令

D. 保险防灾防损的工作对象是参加保险的企业和个人

9. 保险市场营销包括的基本要素有（　　　）。

A. 财产保险产品　　　　　　　　　B. 营销渠道

C. 产品价格　　　　　　　　　　　D. 市场促销手段

10. 保险信息管理应该包括（　　　）。

A. 外部信息　　　　　B. 业务信息　　　　　C. 财务信息　　　　　D. 人事信息

四、简答题

1. 简述保险展业的主要形式。

2. 防灾防损的方法有哪些？

3. 保险产品定价的原则有哪些？

4. 保险理赔有哪些原则？

五、论述题

1. 如何理解保险公司的防灾防损胜于赔付？

2. 论述保险产品开发的原则与程序。

六、案例分析

1. 美国纽约世界贸易中心的管理机构通过保险中介人向 4 家保险公司寻求保险，保险中介人就设计了一个保险条款，一次事故最高理赔 35 亿美元。所谓一次事故，是指一次的碰撞或者相同、类似原因的一连串的碰撞。约保时，前 3 家保险公司都把中介人设计的保险条款纳入了保险单。而第 4 家保险公司出具了自己设计好的正式的保单，没有把中介人设计的保险条款纳入该保单中。在"9·11"事件中，两架飞机在很短的时间内两次碰撞世界贸易中心大楼，前 3 家保险公司将这两次碰撞当作一次事故来处理，最高理赔限额是 35 亿美元。但是第 4 家保险公司对两架飞机先后两次碰撞世界贸易中心大楼算是一次事故还是两次事故出现了争议。最后法院判定第 4 家保险公司需要承担两次碰撞的事故保险，即必须负担 70 亿美元的理赔。请问法院这样判决的理由是什么？

2. 刘某为其妻魏某投保了一份人寿保险，保险金额为 8 万元，由魏某指定刘某为受益人。假设问题如下：

（1）半年后刘某与妻子离婚，离婚次日魏某意外死亡。对保险公司给付的 8 万元，若：a. 魏某生前欠刘某好友 5 万元，因此刘某要求从保险金中支取 5 万元，你认为这说法正确吗？为什么？b. 魏某的父母提出，刘某已与魏某离婚而不具有保险利益，因此保险金应由他们以继承人的身份作为遗产领取。你认为这种说法正确吗？为什么？

（2）刘某与魏某因车祸同时死亡、分不清先后顺序，针对魏某的身故保险金，刘某的父母和魏某的父母分别向保险人索赔，问保险人应如何处理？

第六章
保险监管

【教学目的与要求】

本章主要介绍保险监管的基本理论与实践，学生学习时应掌握保险监管的基本概念及意义，熟悉保险监管不同体制的特征，了解保险监管的目标与方式，熟练掌握保险监管的基本内容，能够结合相关理论分析保险市场的监管动态。

第一节　保险监管概述

一、保险监管的含义与法律依据

（一）保险监管的含义

保险监管是指一个国家对本国保险业的监督管理。一个国家的保险监管制度通常由两大部分构成：一是国家通过制定保险法律法规，对本国保险业进行宏观指导与管理；二是国家专门的保险监管职能机构依据法律或行政授权对保险业进行行政管理，以保证保险法规的贯彻执行。

保险业是经营风险的特殊行业，是社会经济损失补偿制度的一个重要组成部分，对社会经济的稳定和人民生活的安定负有很大的责任。而保险经营与风险密不可分，保险事故的随机性、损失程度的不可知性、理赔的差异性使得保险经营本身存在着不确定性，加上激烈的同业竞争和保险道德风险及欺诈的存在，使得保险成了高风险行业。此外，保险公司经营亏损或倒闭不仅会直接损害公司自身的存在和利益，还会严重损害广大被保险人的利益，危害相关产业的发展，从而影响社会经济的稳定和人民生活的安定。因此，为了有效地保护与保险活动相关的行业和公众利益，世界各国均会依法对保险业进行监管。

（二）保险监管的法律依据

保险监管法又称保险业法，是保险监管的重要依据。在采取民商合一制度的国家中，保险监管法被视为民法的特别法。在民商分立的国家中，它被视为商法的范畴。在立法体例方面，各国保险监管法主要有两种不同方式：一是制定单行的保险业法，二是把保险业法列入商法典或保险法典中。例如，德国保险业有两大法律《保险监管法》和《保险合同法》，其采用的即是第一种监管独立立法。德国的保险法律非常完善且能根据现实需求及时修订。正因为如此，德国保险业在 2008 年国际金融危机和 2010 年欧洲债务危机后都表现了稳定的增长趋势，业绩在全球领先。我国属于民商合一的国家，保险业法采用的是第二种，即从属于民法范畴的特殊法律规范，将保险合同法与保险业法合二为一——《中华人民共和国保险法》。①

在保险业发达的国家，一般都是依据法律进行监管。在我国，除了《保险法》外，一些行政法规及相关文件也是保险监管法规体系的有机组成部分，共同构成保险监管的法律依据。例如，在法规方面，有《中华人民共和国外资保险公司管理条例》《机动车交通事故责任强制保险条例》《农业保险条例》等专门领域的保险监督管理条例；部门规章如《保险销售行为管理办法》《人身保险产品信息披露管理办法》《保险资金运用管理办法》；规范性文件如《养老保险公司监督管理暂行办法》《国家金融监督管理总局关于促进专属商业养老保险发展有关事项的通知》《国家金融监督管理总局关于优化保险公司偿付能力监管标准的通知》《中国银保监会办公厅关于银行业保险业数字化转型的指导意见》等。

二、保险监管部门

（一）保险业监管部门的归属

为了对保险业实行有效的监督和管理，各国都建立了相应的保险监督管理部门，并赋予其明确的职责。世界各国保险行业的监管部门各不相同，但绝大部分均是由政府部门实行对于本国的保险行业进行监管。例如，日本的保险行业由政府负责财政事务的财务省对其进行监管，英国的保险监管机构是英国的金融管理局，德国保险行业的监管由德国联邦政府的金融（保险）监管局负责。美国保险业的监管实行双重监管制度——联邦保险局和各州保险局，监管任务由隶属于各个州政府的保险署负责，美国联邦保险局只负责全美各个州政府保险署事务工作的协调，包括跨州和跨国保险业务的监管。韩国则是由金融委员会和金融监督院来管理保险业，其金融委员会在宪法上不是政府机构，但作为一个独立的机构来处理政府的业务，它实际上是金融监督院的执行部门。

我国保险业监管部门的归属经历了由中国人民银行监管到国家财政部管理，再到中国人民银行监管，继而由专门的中国保险监督管理委员会（以下简称保监会）监管，由中国银行保险监督管理委员会（以下简称银保监会）合并监管，由国家金融监督管理总局（以下简称金融监管总局）监管的历程。

1993 年底，国务院印发《关于金融体制改革的决定》，要求保险业、证券业、信托业和银行业实行分业经营，并出台了相应的金融监管法。该政策的出台正处于中国加强对外开放、申请加入世贸组织的时代窗口，急需进一步培育和完善保险市场，建立与资本市场发展程度相匹配的市场化保险机制和保险监管体系，逐步完成保险主体从国有资

---

① 海上保险业务（即水险）以《海商法》为监管法律依据，《海商法》未尽事宜，以《保险法》为准。

产向民营资本和海外资本的开放。因此，分业监管与当时保险市场的培育阶段紧密结合。1998 年 11 月 18 日正式成立的中国保监会，在培育和促进国内保险市场发展和完善，统一保险监管职能，加强保险监管，防范和化解金融风险，确保保险业可持续、快速、健康发展方面发挥了积极作用。[①]

21 世纪后，由于金融与保险的机制、金融保险产品、金融保险业务之间存在着很强的穿插性、替代性和互补性，金融保险活动很容易受到其他相关金融甚至非金融机制的制约，而分业监管越来越难以应对金融保险产品之间的相互依存、相互制约的发展关系。例如，银行兼业销售保险理财产品，其代理销售人员的违规到底是由银行监管部门管理还是由保险监管部门管理，无法分清楚，甚至易出现两部门之间"踢皮球"现象；而这种监管不到位或空白现象又进一步引诱了各种违规现象的发生。此外，各监管部门也尽量为其所辖金融保险机构拓展业务空间，不但有行政性摩擦和掣肘，更使得不同的金融保险主体在开展相同业务时面临不一样的准入、监管标准。面对这种套利和监管空白，需要针对市场发展框架而进行监管层面的调整。为此，为进一步强化金融监管的协调，2017 年，第五次全国金融工作会议提出"推进构建现代金融监管框架"。随后，国务院设立金融稳定发展委员会，统筹协调金融稳定和改革发展重大问题的议事协调，其职责包括强化宏观审慎管理，强化功能监管、综合监管和行为监管，实现金融监管全覆盖。2018 年 3 月，保监会与银监会合并为银保监会，成为保险业和银行业共同的金融管理部门，以妥善处理银行、保险、信托等金融机构混业经营与综合经营所带来的各类风险隐患。[②]

银保监会成立后，打破了刚性交易，打破了渠道，统一了资产管理市场的标准，极大地限制了以前暴露出来的风险。但随着现代科技与金融行业的融合度越来越高，金融业态、风险形态、传导路径和安全边界已经发生巨大变化。此外，国际形势骤变也令国内金融风险形势呈现复杂严峻、新老问题交织叠加等特征。对此相关部门需调整、形成和完善更适应当下新发展格局需求的金融监管机制，在提高金融促发展动力同时持续强化金融风险防控能力。为此，2023 年 3 月 10 日，十四届全国人大一次会议表决通过、批准了国务院机构改革方案。根据该方案，在原银保监会的基础上组建金融监管总局，不再保留银保监会。金融监管总局的职责是"统一负责除证券业之外的金融业监管"，在具体监管职责上，方案提出"强化机构监管、行为监管、功能监管、穿透式监管、持续监管"的要求。同年 5 月 18 日，金融监管总局正式挂牌。构建统一的金融监管总局后，我国形成"一行一局一会"的金融监管格局，把所有金融行为纳入监管，让未来新出现的金融机构和金融业务都难逃监管，形成全覆盖、全流程、全行为的金融监管

---

①　1978 年 1 月，中国人民银行从财政部独立出来。1992 年 10 月，中国证券监督管理委员会成立。1998 年 11 月，中国保险监督管理委员会成立，人民银行将保险公司的监管权移交给保监会。2003 年，中国银行业监督管理委员会成立，人民银行不再肩负具体的金融监管职责，最重要的使命变成了维护金融稳定。至此，正式形成了由人民银行负责货币政策，银监会、证监会和保监会实施分业监管的"一行三会"格局。

②　2018 年 3 月，《国务院机构改革方案》将中国银行业监督管理委员会、中国保险监督管理委员会合并为中国银行保险监督管理委员会，至此"一行三会"调整为"一行两会"。

体系。

金融监管总局的成立，对作为金融业重要组成部分的保险业具有重要而非凡的意义。从早期的中国人民银行到"一行三会"制度，中国保监会专职负责保险业监督管理；从保监会到银保监会，统一监管形势初步形成。金融监管总局正式成立，监管主体变化的背后，体现了国内保险市场从培育到高质量发展的不同特点，也体现了在新时代中国社会经济监管理念和管理导向的演变。可以肯定的是，新的市场环境和要求，新消费者主体的崛起，加上新监管环境下的顶层设计和总体方向指导，必将为保险业的深度转型开辟一个新的发展时期，这不仅是历史的规律和趋势，也是这个时代的使命。

（二）保险监管的职责

一个国家的保险监管机构是否有效，取决于监管机构的职责以及监管的范围、方式和方法等诸多因素。其中，监管机构的职责清晰非常重要。

各国保险监管法律有关保险监管的职责规定是有所差别的，但一般来说，监管职责大多都包括各类保险和再保险机构的设立和执照许可，代理人和经纪人的执照许可，保险费率的登记或审批，投保书和保单格式的登记或审批，对未经授权的保险行为和不公平交易行为的制裁，保险人的财务报告、财务审查以及其他财务要求，保险机构的整顿和清算等。例如，日本财务省保险监管的职责范围包括：审批保险公司的设立；保险公司开始营业后财务省可以随时让每个公司提交有关营业报告，并有权利到保险公司检查业务、财务状况和账目；保险公司新险种的经营，必须得到财务省的批准，非经同意不得经营新险种等。

我国《保险法》第九条规定："国务院保险监督管理机构依法对保险业实施监督管理。国务院保险监督管理机构根据履行职责的需要设立派出机构。派出机构按照国务院保险监督管理机构的授权履行监督管理职责。"该法第六章"保险业监督管理"部分的第一百三十三条到第一百五十七条的规定即体现我国保险监督管理机构的职责，而且法律规定，保险监督管理机构在履行其职责时，应遵循依法、公开、公正的原则，以维护保险市场秩序，保护投保人、被保险人和受益人的合法权益。

三、保险监管的意义

保险业是经营风险的特殊行业，是社会经济补偿制度的一个重要组成部分，对社会经济的稳定和人民生活的安定负有很大的责任。因此，保险业具有极强的公众性和社会性。国家对保险业进行严格的监管，是有效地保护与保险活动相关的行业和公众利益的需要，其意义是重大的。

第一，有利于培育、发展和规范保险市场。保险市场由市场主体保险消费者、保险公司、保险中介和保险产品等组成。在市场经济条件下，市场自由的核心在于自由竞争，而每一个市场经济利益者都会追求理性的最大化行为，使其自身利益最大化。在资源不足且配置不甚合理的情况下，竞争就有可能出现无序，而无序竞争的结果就是导致资源更大的浪费。但是，对市场实施监管，政府就可以通过"看得见的手"发挥对资源的配置作用，这在我国保险行业初级发展阶段尤其重要。因此，在法律允许下，保险监管机构运用各种政策手段综合调控保险市场主体的运行，可以达到消除或防止保险市场垄断的作用，创造和维护平等的竞争环境，防止盲目竞争和破坏性竞争，最终达到培育、发展和规范保险市场，使其实现良性发展的目的。

第二，有利于维护保险消费者的合法权益，发挥保险社会"稳定器"的作用。保险公司的经营是负债经营，其通过收取保费而建立的保险基金是全体被保险人的财富，保险公司一旦经营不善出现亏损或倒闭，将使广大被保险人的利益受到极大损害，进而会影响社会的稳定。而政府对保险公司偿付能力的监管及对市场是否合规运行的及时监管，能够达到维护保险消费者的合法权益，发挥保险社会"稳定器"的作用。

第三，能够促进保险行业自身经营能力的提升。一方面，保险行业经营的专业性和技术性特征，应使保险经营者销售的险种或产品具有内涵价值，尤其是具有长期业务性质的寿险产品。而内涵价值的体现往往与产品销售的费用、利润精算是否准确有关，即如果产品的相关精算指标不准确，就有可能带给保险公司亏损而非利润，长此以往，就有可能导致保险公司尤其是销售新业务的寿险公司出现严重的累计亏损而发生偿付能力不足的现象。但国家对保险业进行严格的产品费率厘定的监管后，至少可以促进保险公司在精算技术水平等方面的提升。另一方面，在全球化趋势下，利率汇率、股票与房地产市场等外部因素的变化，极易诱发保险业风险。如果保险公司缺乏对金融规律、保险规律和保险资金运用规律的正确认识，极有可能陷入经营困境。而保险监管机构一般可以从宏观角度把握全球经济金融格局，认清经济金融全球化发展趋势，准确研判宏观经济形势，了解国际金融监管制度最新的变化，从而可以通过审慎监管促进保险机构加强内部控制建设，提高自身风险防范能力和经营管理水平。

四、保险监管体制

保险监管体制是保险监管的职责划分和权力分配的方式和组织制度。保险监管体制按照不同的依据可以划分为不同的类型，其中按照监管机构的组织体系划分，可分为统一监管体制、分头监管体制与不完全监管体制。

（一）统一监管体制

统一监管体制有广义与狭义两种概念。广义统一监管体制是银行、保险、证券统一由一个监管机构进行。在某种程度上，这种统一监管体制又称为混业监管体制。例如，英国采取的就是这种统一的"超级央行"式混业监管体制，但其监管较为宽松而且信任行业自律；德国实施的也是这种体制，即德国联邦金融监管局集监管银行业、金融服务业、保险服务业功能于一体，包括对银行、金融服务机构、保险机构、基金公司、资本投资公司等进行监管。我国1998年11月保监会成立之前也属于这种混业监管体制。狭义上的统一监管体制是指保险行业内只设一个统一的保险监管机构，对保险机构、保险市场以及保险业务进行全面的监管，但行业内是分业监管。例如，日本采用的即是这种狭义上的集中单一型监管体制，其设立专门的全国性保险监管机构按照专门的法规统一管理。日本统一管理全国保险市场的最高行政机构是财务省，内设有银行局，银行局下设有保险部（后将监管职能分离出来成立金融监督厅）具体负责对保险公司的监督工作。我国1998年11月至2018年3月近20年的保险监管也属于狭义上的统一监管体制；

在这种体制下，又对寿险与非寿险分别进行监管。

（二）分头监管体制

分头监管体制有两个层面的含义：一是从大的金融领域角度，属于分业监管体制，即由多个金融监管机构共同承担金融监管责任。如一般银行业由中央银行负责监管，证券业由证券监督管理委员会负责监管，保险业由保险监督管理委员会负责监管。各监管机构既分工负责，又协调配合，共同组成一个国家的金融监管组织体制。二是仅从保险行业角度，指由多个监管机构共同承担保险监管责任。如美国的保险监管分联邦政府与州政府监管，两者之间的职责划分是：在有联邦立法的领域，保险业必须受制于联邦立法，并要受联邦反托拉斯法的约束；在没有联邦立法的领域，主要由州政府进行监督。此外，美国还有全美保险监督官协会（NAIC），该协会是一个对美国保险业执行监管职能的部门，但它是一个由美国50个州、哥伦比亚特区以及4个美国属地的保险监管官员组成的非营利性组织。该协会成立于1871年，其目的是协调各州对跨州保险公司的监管，尤其着重于对保险公司财务状况的监管。美国这种分头监管体制的性质类似两部门或多部门共同监管，既分工负责，又协调配合，共同组成了一国的保险监管组织体制。

（三）不完全监管体制

不完全监管体制是指不完全集中统一的监管体制，又可以分为"牵头式"和"双峰式"两类监管体制。"牵头式"监管体制是在分业监管机构之上设置一个牵头监管机构，负责不同监管机构之间的协调工作。"双峰式"监管体制是依据保险监管目标设置两头监管机构。一类机构专门对保险机构和保险市场进行审慎监管，以控制保险业的系统风险；另一类机构专门对保险机构进行合规性管理和保护消费者利益的管理。韩国属于"双峰式"监管体制，韩国保险业面临着金融监管机构和竞争管理委员会的双重管理。此外，韩国还有个公正交易委员会对保险行业进行监管，它也具有国家机构的性质，具备与金融委员会一样的地位。保证市场竞争性的持续发展就是公正交易委员会主要的责任，其目的就是保护保险消费者利益。

总之，保险监管体制是各国保险发展史和国情的产物。确立保险监管体制模式的基本原则是，既要提高监管的效率，避免过分的职责交叉和相互掣肘，又要注意权力的相互制约，避免权力过度集中。在监管权力相对集中于一个监管主体的情况下，必须实行科学合理的内部权力划分和职责分工，以保证保险监管权力的正确行使。

第二节　保险监管的目标与方式

一、保险监管的目标

在发达的保险市场，各国的保险法规及国际保险监管组织的文件中，对保险监管的目标均没有统一标准，但基本上包括三方面，即维护被保险人的合法权益，维护公平竞争的市场秩序，维护保险体系的整体安全与稳定。一些新兴市场国家的保险监管机构除了履行法定监管职责之外，还承担着推动本国保险业发展的任务。

例如，美国的全美保险监督官协会的监管目标是尽早发现出现财务问题的保险公司，并及时采取措施，将其迅速地从财务困境中解救出来，以保证投保人和股东的权益。其统一财务报告制度、审计制度和制定财务标准是协会执行监管权力实现监管目标的前提。根据我国《保险法》规定，我国的保险监管目标是维护保险市场秩序，保护投保人、被保险人和受益人的合法权益这两个方面。其中，保护投保人、被保险人和受益人的合法权益是保险监管的根本目的，因维护保险市场秩序的目的最终也是为了维护被保险人的合法权益。为了维护市场秩序，保险监管的目的具体包括保证保险人有足够的偿付能力，规范保险市场、维护保险业的公平竞争，防止保险欺诈，弥补保险公司自行管理的不足等方面。

（一）维护被保险人的合法权益

保险经营是负债经营，其直接业务所集聚的保险基金是由全体投保人（或被保险人）交纳的保险费所形成，被保险人在保险活动中应当享有保险合同双方交易的信息权、自由选择权、公平交易权、安全权、保险金索偿权等权利。但由于信息的不对称，保险专业性强，被保险人对保险机构、保险中介机构和保险产品的认知程度是极为有限的，仅依靠保险合同法不能有效地实现被保险人权益保护，还需要保险监管发挥作用。因此，各国保险监管法规制定的监管职责或目标就是保护被保险人权益、维护公平竞争的市场秩序和维护保险业的安全与稳定等多项内容，其中保护被保险人权益是保险监管目标的重心。保险监管通过法律和规则，对保险市场供给者的行为进行必要的制约，以及通过一些信息的强制披露，让被保险人尽量知情。也由此可见，保险监管本身并不是目的，而是从保护社会公众利益和市场公平的角度出发，高度重视在保险业处于弱势地位的投保人和被保险人的根本利益，将保护消费者利益作为监管的重心。

（二）维护公平竞争的市场秩序

维护公平竞争的市场秩序的目标可以理解为第一目标"维护被保险人的合法权益"的延伸。公平竞争的市场秩序的衡量标准，就是保险市场具有统一开放、竞争有序的特征，即保险市场准入畅通、保险市场开放有序、保险市场竞争充分、保险市场秩序规范。然而，在利益至上理念的驱动下，保险市场尤其是发展中国家处于初级形态的保险市场，难免出现市场混乱，如垄断、不正当竞争、产品价格与价值相悖现象严重等，而这些市场乱象的直接后果不仅是保险经营者自身无法稳健的长足发展，更重要的是最终危害了广大保险消费者的权益。因此，保险监管者必须依照反垄断法、反不正当竞争法、价格法的有关规定，加强事中、事后监管，严肃查处损害竞争、损害保险消费者权益以及妨碍保险创新和保险技术进步的垄断协议，以及滥用保险市场支配地位的行为；加大保险经营者集中反垄断审查力度，有效防范通过并购获取垄断地位并损害保险市场竞争的行为，限制甚至避免垄断行为或恶性竞争行为。为了维护公平竞争的秩序，监管者还有义务推进市场监管制度化、规范化、程序化，建设法治化市场环境。

（三）维护保险体系的整体安全与稳定

保险是金融领域的一个核心部分，而金融又是经济社会运行的核心环节。保险市场不稳，金融领域就不安全，整个社会经济的发展就会紊乱。统计指标显示，保险在许多国家或地区的经济发展过程中起到了举足轻重的作用。例如，就保费收入占 GDP 的比重（保险深度）而言，据瑞士再保险 *Sigma* 杂志统计，2022 年，全球平均占 GDP 的比重为 6.8%。其中，我国澳门地区、香港地区与台湾地区分别达到 20.9%、19% 与 11.4%，在 10% 以上的还有开曼群岛（23.2%）、美国（11.6%）、南非（11.3%）、韩国（11.1%）、丹麦（10.9%）、英国（10.5%）、芬兰（10%）等，瑞典和新加坡则分别为 9.3% 和 9.2%，法国、荷兰、巴哈马等接近 9%。[①] 可见，保险业成为这些国家和地区的支柱产业，保险市场的稳健与健康直接关系金融安全乃至国家安全。维护保险行业的安全，是关系国家经济社会发展全局的一件带有战略性、根本性的大事。因此，保险监管的目标应站在维护社会经济良性发展的角度，用保险安全、金融就安全、社会经济就安全的思维把握保险监管工作，坚持审慎监管的原则，维护保险体系的整体安全与稳定。

二、保险监管的方式

利用保险法规实行对于保险行业的监管是世界各国政府的保险管理机关所采取的主要监管手段。由于各个国家的法律制度不同、历史时期不同，在利用保险法规实行监管的过程中，各国对保险业的监管曾经采取过截然不同的方式，主要有公示主义、准则主义和批准主义三种。[②]

（一）公示主义

公示主义亦称公告管理，是国家对保险业最为宽松的一种监督管理方式，适用于保险业自律能力较强的国家。该监管方式的特点是，国家对于保险行业的组织形式、业务经营等均不进行直接监督，而将其资产负债、财务成果及相关事项公布于众，由保险消费者自行判断和选择。这种方式为保险业的发展提供了较大的自由空间，但它以保险行业本身也具有相当的自我约束能力、社会各界具有较强的保险意识并对保险人经营有正确的判断为前提。目前除了英国等少数国家采用这种方式外，大多数国家因达不到上述要求而没有采用。

（二）准则主义

准则主义亦称规范管理，是由国家通过颁布一系列涉及保险行业运作的法律法规，要求所有的保险人和保险中介人必须遵守，并在形式上监督实行的管理方式。如保险业的经营，只要在形式上符合法律规定条件，即予核准。在这种方式下，国家对保险公司的重大事项，如最低资本金的要求、资产负债表的审查、法定公布事项的主要内容、管理当局的制裁方式等都是通过法规来明确。该方式适用于保险法规比较严密和健全的国家。准则主义较公告管理方式不同的是，其注重保险经营形式上的合法性，并不涉及保险业经营管理的实体，而保险的专业技术复杂，有关法规很难囊括。因此，该方式有时容易流于形式。德国早期私人疾病基金的监督采用此法，但目前大多数国家已放弃该种监管方式。

---

① 瑞士再保险.世界保险业：经受扰动，温和增长［J］.Sigma，2023（3）：46.
② 郝演苏.保险学教程［M］.北京：清华大学出版社，2004：282.

（三）批准主义

批准主义亦称实体管理，由瑞士于1885年始创，是国家保险管理机构在制定保险法规的基础上，根据保险法规所赋予的权力，对保险业实行的全面有效的监督管理方式。其监管的内容涉及保险公司的设立、经营、财务乃至倒闭清算。因其监管的内容具体而实际，有明确的衡量尺度，因此，属于保险业监管中最为严格的一种，也是绝大多数国家和地区采用的一种方式。我国采用的就是批准主义方式，即根据《保险法》赋予的权力，保险监督管理机构对包括保险组织、业务、保险财务以及保险中介人等方面均进行监管。

第三节　保险监管的基本内容

保险监管的内容主要包括保险机构监管、保险业务监管、保险财务监管、保险公司治理监管等方面。

一、保险机构监管

保险机构监管是指对保险市场上各市场供给主体的组织形式、准入与退出保险市场的监管。

（一）保险组织形式监管

如本书第四章第二节所述，保险组织是依法设立、登记，并以经营保险为业务的机构。其类型有国有独资保险公司、股份保险公司、相互保险组织、自保公司等。对组织形式的监管，即是对保险公司的设立形式通过法律来予以确定。

根据我国《保险法》第六十七条规定："设立保险公司应当经国务院保险监督管理机构批准。"同时，该法的第一百八十三条、第一百八十四条，以及我国的《保险公司管理规定》《农业保险条例》《中华人民共和国外资保险公司管理条例》《中华人民共和国外资保险公司管理条例实施细则》《保险公司设立境外保险类机构管理办法》等法规均有对保险组织的形式规定。上述法规说明：第一，经营保险业务，必须依法设立保险组织；第二，保险组织形式，除保险公司以外，还有依法设立的其他保险组织。

（二）保险公司的设立、变更和终止监管

保险业务有一定的特殊性，保险公司的经营能力、偿付能力对社会经济的运行和社会生活的稳定都会产生直接影响。因此，设立、变更及终止保险公司不仅要符合《中华人民共和国公司法》的规定，还要符合我国《保险法》等对其的特定要求。

1. 保险公司的设立（准入）监管。保险公司的设立是创办保险公司的一系列法律行为及其法律程序的总称。保险公司的设立监管即是对保险公司准入市场的监管规定。在我国，保险公司的设立必须经过国务院保险监督管理机构的批准。

设立保险组织必须具备比一般工商企业设立更为严格的条件，这是世界各国保险法的普遍规定。我国《保险法》第六十八条规定：设立保险公司应当具备下列条件：①主要股东具有持续盈利能力，信誉良好，最近3年内无重大违法违规记录，净资产不低于人民币 2 亿元；②有符合本法和《中华人民共和国公司法》规定的章程；③有符合本法规定的注册资本；④有具备任职专业知识和业务工作经验的董事、监事和高级管理人员；⑤有健全的组织机构和管理制度；⑥有符合要求的营业场所和与经营业务有关的其他设施；⑦法律、行政法规和国务院保险监督管理机构规定的其他条件。在设立分支机构方面，我国《保险法》第七十四条也规定："保险公司在中华人民共和国境内设立分支机构，应当经保险监督管理机构批准。"此外，《保险法》第六十九条还规定：设立保险公司，其注册资本的最低限额为人民币 2 亿元。保险公司的注册资本必须为实缴货币资本。

值得指出的是，对于外资公司的设立，则可依照前述的我国《外资保险公司管理条例》的规定来实施。

2. 保险公司的变更监管。保险公司的变更包括保险公司的合并、分立、公司形式的变更及其他事项变更。保险公司进行变更时，首先要由股东会或董事会同意；其次要经过保险监督管理部门批准；最后要向原登记机关办理登记。如果涉及减少实收货币资本金，必须通知债权人。关于保险公司的变更，我国《保险法》第八十四条规定，凡属于变更名称，变更注册资本，变更公司或者分支机构的营业场所，撤销分支机构，公司分立或者合并，修改公司章程，变更出资额占有限责任公司资本总额 5% 以上的股东，或者变更持有股份有限公司股份 5% 以上的股东，以及国务院保险监督管理机构规定的其他情形的变更等，必须经保险监督管理机构批准。

3. 保险公司的终止（退出）监管。保险公司的终止分为保险公司的解散、撤销和破产三种形式。保险公司的解散和撤销都要经保险监督管理部门批准，但由于人寿保险合同具有储蓄性质、涉及的社会面广，故经营人寿保险业务的公司不得解散。当保险公司不能支付到期债务时，经保险监管机构同意，由人民法院宣告破产，但对经营人寿保险业务的保险公司被依法撤销或依法宣告破产的，其持有的人寿保险合同及其责任准备金必须转让给其他经营有人寿保险业务的保险公司；不能同其他保险公司达成转让协议的，则由保险监管机构指定经营人寿保险业务的保险公司接受转让。关于保险公司的上述退出监管，我国《保险法》第九十条至第九十三条都有明确规定。

二、保险业务监管

保险业务监管主要包括对业务范围、保险条款与保险费率、业务竞争、业务状况以及再保险业务等的监管。

（一）业务范围的监管

我国《保险法》第九十五条规定了保险公司的业务范围：一是人身保险业务，包括人寿保险、健康保险、意外伤害保险等保险业务；二是财产保险业务，包括财产损失保险、责任保险、信用保险、保证保险等保险业务；三是国务院保险监督管理机构批准的与保险有关的其他业务。该法条同时规定，保险人不得兼营人身保险业务和财产保险业务。但是，经营财产保险业务的保险公司经国务院保险监督管理机构批准，可以经营短期健康保险业务和意外伤害保险业务。并且，保险公司应当在国务院保险监督管理机构依法批准的业务范围内从事保险经营活动。再如根据《农业保险条例》及相关规定，保险机构（指保险公司以及依法设立的农业互助保险等保险组织）经营农业保险业务，必须经保险监督管理机构批准。未经批准，任何单位和个人不得经营农业保险业务。根据《互联网保险业务监管办法》第四条规定："保险机构开展互联网保险业务，应符合新发展理念，依法合规，防范风险，以人为本，满足人民群众多层次风险保障需求，不得损害消费者合法权益和社会公共利益。保险机构开展互联网保险业务，应由总公司集中运营、统一管理，建立统一集中的业务平台、业务流程和管理制度。保险机构应科学评估自身风险管控能力、客户服务能力，合理确定适合互联网经营的保险产品及其销售范围，不能有效管控风险、保障售后服务质量的，不得开展互联网保险销售或保险经纪活动。保险机构应持续提高互联网保险业务风险防控水平，健全风险监测预警和早期干预机制，保证自营网络平台运营的独立性，在财务、业务、信息系统、客户信息保护等方面与公司股东、实际控制人、公司高级管理人员等关联方实现有效隔离。"

（二）保险条款与保险费率的监管

保险条款和保险费率的确定带有很强的技术性，远非一个保险公司所能为。从维护保险消费者的权益出发，世界上许多国家的保险监督管理机构对保险公司的主要条款和保险费率均要进行审核，有的国家甚至直接介入。在我国，对于保险条款和费率的管理除《保险法》第一百三十五条、第一百三十六条外，《财产保险公司保险条款和保险费率管理办法》《财产保险公司保险产品开发指引》《财产保险公司产品费率厘定指引》《人身保险公司保险条款和保险费率管理办法》《关于强化人身保险产品监管工作的通知》《关于规范人身保险公司产品开发设计行为的通知》《中国保监会关于弥补监管短板构建严密有效保险监管体系的通知》等也均有具体规定。其中，监管核心：一是保险公司应当按照《保险法》和监管的有关规定，公平、合理拟订保险条款和保险费率，不得损害投保人、被保险人和受益人的合法权益。保险公司对其拟订的保险条款和保险费率承担相应责任。二是凡是依照法律和行政法规实行强制保险的险种及其他关系社会公众利益的险种，法规规定必须报保险监督管理机构审批。此外，保险公司修改经批准的保险条款或者保险费率的，也应当依照上述规定报送、报审、报批。除上述外的其他险种的保险条款和保险费率，一般应当在经营使用后十个工作日内报保险监督管理机构备案。

具体就财产保险而言，根据《财产保险公司保险产品开发指引》第五条规定："保险公司开发保险产品应当遵守《中华人民共和国保险法》及相关法律法规规定，不得违反保险原理，不得违背社会公序良俗，不得损害社会公共利益和保险消费者合法权益。保险公司开发保险产品应当综合考虑公司承保能力、风险单位划分、再保险支持等因素，不得危及公司偿付能力和财务稳健。"根据《财产保险公司产品费率厘定指引》第九条规定："保险公司进行费率厘定时应遵循合理性原则。不得因费率过高而获得与其承保风险不相称的超额利润，不得在费率结构中设置与其所提供服务不相符的高额费用水平，从而损害投保人、被保险人的合法利益。费率设定应与保险条款相匹配，并有利于激励保单持有人主动进行风险控制。"

就人身保险而言，为了规范人身保险公司的产品开发设计行为，切实发挥人身保产品的保险保障功能，回归保险本源，防范经营风险，此前提及的《关于规范人身保险公司产品开发设计行为的通知》就规定，保险公司开发设计保险产品时应以消费者的需求为中心，以我国国情和行业发展为实际考量，发展符合自身规律，符合国家发展战略导向的人身保险产品；以及以保险基本原理为根本，借鉴国际经验，发展保障功能突出，符合损失分担、风险同质和大数法则的人身保险产品。

而对于财产保险与人身保险的具体险别或险种的业务监管，保险监督管理机构都还有具体规定。例如，就机动车辆保险而言，保险监督管理机构先后出台有《关于深化商业车险条款费率管理制度改革的意见》《深化商业车险条款费率管理制度改革试点工作方案》《关于商业车险费率调整及管理等有关问题的通知》《关于实施车险综合改革的指导意见》等相关规章与规范性文件。就人身保险产品而言，保险监督管理机构下发的《关于进一步完善人身保险精算制度有关事项的通知》第一条规定，保险公司开发销售的个人定期寿险、个人两全保险、个人终身寿险和个人护理保险产品，死亡保险金额或护理责任保险金额与累计已交保费或账户价值的比例必须符合到达年龄的下限规定。

总之，在条款费率方面，我国采取的是从严监管，各公司必须严格执行监管部门的保险条款费率管理有关规定，依法履行条款费率的审批备案程序。严禁保险公司对条款费率报行不一，各公司分支机构不得以各种理由随意扩大或缩小保险责任，不得随意变更总公司统一报批报备的条款费率，从而进行恶性价格竞争，破坏市场秩序或损害被保险人利益等违规行为。如果保险公司使用的保险条款和保险费率违反法律、行政法规或者国务院保险监督管理机构的有关规定的，由保险监督管理机构责令停止使用，限期修改；情节严重的，可以在一定期限内禁止申报新的保险条款和保险费率。

（三）业务竞争的监管

竞争是市场机制的重要组成部分，它既可以促进保险业的发展，也可能驱使某些保险公司利用不正当手段干扰正常保险市场秩序，导致保险市场上的恶性竞争。对此，世界各国政府均主要通过对竞争手段上的限制来对保险市场的竞争进行管理，如通过行政法规限定保险费率的最低限和赔付责任的最高限，禁止保险公司超额承保，对违反者予以处罚。有的国家则由行业协会进行行业自律，以此避免保险市场上的恶性竞争。[①]

我国《保险法》对保险人在保险业务中的竞争行为也作出了一些禁止性规定。例如，《保险法》第一百一十五条规定："保险公司开展业务，应当遵循公平竞争的原则，不得从事不正当竞争。"第一百一十六条第十一项进一步规定：以捏造、散布虚假事实等方式损害竞争对手的商业信誉，或者以其他不正当竞争行为扰乱保险市场秩序的保险公司将受到相关法律的惩罚。此外，在我国《反不正当竞争法》、保险监督管理机构颁发的《反保险欺诈指引》，以及分业务的监管文件中也有相关规定。例如，《反保险欺诈指引》第六条规定："保险机构应当承担欺诈风险管理的主体责任，建立健全欺诈风险管理制度和机制，规范操作流程，妥善处置欺诈风险，履行报告义务。"《关于进一步加大力度规范财产保险市场秩序有关问题的通知》《关于整治机动车辆保险市场

---

① 许飞琼. 财产保险理论与实务［M］. 北京：国家开放大学出版社，2018：108.

乱象的通知》等规范性文件，则强调各财产保险公司不得忽视内控合规和风险管控，盲目拼规模、抢份额，不得偏离精算定价基础，以低于成本的价格销售车险产品，开展不正当竞争，等等。

（四）业务状况的监管

根据我国《保险法》规定，保险监管机构有权随时检查所有保险公司的业务经营状况和财产状况，保险公司不得以任何理由加以拒绝。例如《保险法》第一百六十条规定："保险公司违反本法规定，超出批准的业务范围经营的，由保险监督管理机构责令限期改正，没收违法所得，并处违法所得一倍以上五倍以下的罚款；没有违法所得或者违法所得不足十万元的，处十万元以上五十万元以下的罚款。逾期不改正或者造成严重后果的，责令停业整顿或者吊销业务许可证。"如果保险公司及其工作人员在保险业务经营活动中出现《保险法》第一百一十六条规定的任何下列行为之一的，由保险监督管理机构责令改正，处五万元以上三十万元以下的罚款；情节严重的，限制其业务范围、责令停止接受新业务或者吊销业务许可证：（1）欺骗投保人、被保险人或者受益人；（2）对投保人隐瞒与保险合同有关的重要情况；（3）阻碍投保人履行本法规定的如实告知义务，或者诱导其不履行本法规定的如实告知义务；（4）给予或者承诺给予投保人、被保险人、受益人保险合同约定以外的保险费回扣或者其他利益；（5）拒不依法履行保险合同约定的赔偿或者给付保险金义务；（6）故意编造未曾发生的保险事故、虚构保险合同或者故意夸大已经发生的保险事故的损失程度进行虚假理赔，骗取保险金或者牟取其他不正当利益；（7）挪用、截留、侵占保险费；（8）委托未取得合法资格的机构或者个人从事保险销售活动；（9）利用开展保险业务为其他机构牟取不正当利益；（10）利用保险代理人、保险经纪人或者保险评估机构，从事以虚构保险中介业务或者编造退保等方式套取费用等违法活动；（11）以捏造、散布虚假事实等方式损害竞争对手的商业信誉，或者以其他不正当竞争行为扰乱保险市场秩序；（12）泄露在业务活动中知悉的投保人、被保险人的商业秘密；（13）违反法律、行政法规和国务院保险监督管理机构规定的其他行为。

（五）再保险业务监管

再保险业务监管既包括再保险公司业务经营的监管，也包括原保险公司分出、分入业务及保险联合体和保险经纪人办理再保险业务的监管。在我国，《保险法》《再保险业务管理规定》对再保险业务的管理有明文规定。

例如，我国《保险法》第一百零二条、第一百零三条、第一百零五条规定，经营财产保险业务的保险公司当年自留保险费，不得超过其实有资本金加公积金总和的4倍。保险公司对每一危险单位，即对一次保险事故可能造成的最大损失范围所承担的责任，不得超过其实有资本金加公积金总和的10%；超过的部分应当办理再保险。保险公司应当按照国务院保险监督管理机构的规定办理再保险，并审慎选择再保险接受人。该法第二十八条、第二十九条规定，应再保险接受人的要求，再保险分出人应当将其自负责任及原保险的有关情况书面告知再保险接受人；再保险接受人不得向原保险的投保人要求支付保险费；再保险分出人不得以再保险接受人未履行再保险责任为由，拒绝履行或者迟延履行其原保险责任。《再保险业务管理规定》第五条规定："保险人、保险联合体和保险经纪人办理再保险业务，应当遵循审慎和最大诚信原则。"第十一条规定："再保险业务分为寿险再保险和非寿险再保险。保险人对寿险再保险和非寿险再保险应当单独列账、分别核算。"

三、保险财务监管

保险财务监管，主要是对保险公司资产负债情况及偿付能力方面的监管。

（一）资产负债的监管

资产负债管理是保险公司稳健经营的重要基础，也是保险公司的基础能力和核心竞争力。2018 年 3 月 1 日我国保险监管部门下发《保险资产负债管理监管规则（1–5号)》（以下简称《规则》）及试运行通知，并开始为期一年的试运行。2019 年 8 月正式出台了《保险资产负债管理暂行办法》，以下简称《办法》)，保险资产负债管理监管规则体系正式执行。

《规则》及《办法》的出台是国内外首次从定性和定量两个方面搭建的针对保险公司的资产负债管理监管体系，开创性地从资产负债管理的能力建设情况、资产负债匹配情况两个维度对保险公司的资产负债管理状况进行评估，并依据评估结果对保险公司实施分类监管，构建保险业务监管、保险资金运用监管和偿付能力监管协调联动的长效机制，引导保险公司资产负债管理工作形成有效的正反馈机制，助力保险公司从高速发展向高质量发展进行转型。

（二）偿付能力的监管

偿付能力，即保险公司对保障持有人履行赔付义务的能力，是国家保险监督管理机构对其业务进行管理的重要内容，因其关系到广大保险消费者的利益，世界各国对保险公司的偿付能力的管理均相当严格。[1]

所谓保险偿付能力监管，就是保险法律规定保险公司的承保额度必须与公司的资本金和总准备金之和保持法定的比例，超出该比例即视为超出其自身承保能力，必须通过再保险方式将超出部分转分保给其他保险公司或专业再保险公司，或者增加资本金来补足差额；对违反承保规定或超偿付能力承保的保险公司给予严厉处罚。例如，我国《保险法》第一百零一条规定："保险公司应当具有与其业务规模和风险程度相适应的最低偿付能力。保险公司的认可资产减去认可负债的差额不得低于国务院保险监督管理机构规定的数额；低于规定数额的，应当按照国务院保险监督管理机构的要求采取相应措施达到规定的数额。"同时，该法第一百三十七条规定："国务院保险监督管理机构应当建立健全保险公司偿付能力监管体系，对保险公司的偿付能力实施监控。"我国《保险公司管理规定》第六十条规定：保险机构有偿付能力不足的，保险监督管理机构可以将其列为重点监管对象。而我国《保险公司偿付能力管理规定》则

---

[1] 许飞琼. 财产保险理论与实务 [M]. 北京：国家开放大学出版社，2018：108.

明确规定，对于偿付能力不达标公司，[①] 保险监管部门应当根据保险公司的风险成因和风险程度，依法采取有针对性的监管措施，并将监管措施分为必须采取的措施和根据其风险成因选择采取的措施，以进一步强化偿付能力监管的刚性约束。[②]

四、保险公司治理监管

（一）保险公司治理的内涵

保险公司治理是指保险行业中各经营公司的治理，包括保险公司的内部治理结构与外部治理机制。

保险公司内部治理结构是指为实现公司最佳经营业绩，公司所有权与经营权基于信托责任而形成相互制衡关系的结构性制度安排。其主要任务：一是如何保证股东的投资回报，即协调股东与企业的利益关系。在所有权与经营权分离的情况下，由于股权分散，股东有可能失去控制权，企业被内部人（即管理者）所控制。这时控制了企业的内部人有可能作出违背股东利益的决策，侵犯股东的利益。这种情况引起股东不愿投资或股东"用脚表决"的后果，会有损于企业的长期发展。公司治理结构正是要从制度上保证所有者（股东）的控制与利益。二是企业内各利益集团的关系协调，包括对经理层与其他员工的激励，以及对高层管理者的制约。这个问题的解决既有助于处理企业各集团的利益关系，又可以避免因高管决策失误给企业造成的不利影响。三是提高企业自身抗风险能力。随着企业的发展不断加速，企业规模不断扩大，企业中股东与企业的利益关系、企业内各利益集团的关系、企业与其他企业关系以及企业与政府的关系将越来越复杂，发展风险增加，尤其是法律风险。合理的公司治理结构，能有效地缓解各利益关系的冲突，增强企业自身的抗风险能力。

保险公司的外部治理机制是指综合公司章程、薪酬合约等公司的内部机制和监管机构监管、各类市场竞争等公司的外部机制，协调公司与投保人、股东、经理人、雇员、社区、政府等利益相关者的利益，以实现保险公司决策科学化，进而保护利益相关者利益的制度安排。

规范、有效的公司治理是保险机构形成有效自我约束、树立良好市场形象、获得

---

① 《保险公司偿付能力管理规定》第八条规定："保险公司同时符合以下三项监管要求的，为偿付能力达标公司：（一）核心偿付能力充足率不低于50%；（二）综合偿付能力充足率不低于100%；（三）风险综合评级在B类及以上。不符合上述任意一项要求的，为偿付能力不达标公司。"

② 《保险公司偿付能力管理规定》第二十六条规定："对于核心偿付能力充足率低于50%或综合偿付能力充足率低于100%的保险公司，中国银保监会应当采取以下第（一）项至第（四）项的全部措施：（一）监管谈话；（二）要求保险公司提交预防偿付能力充足率恶化或完善风险管理的计划；（三）限制董事、监事、高级管理人员的薪酬水平；（四）限制向股东分红。中国银保监会还可以根据其偿付能力充足率下降的具体原因，采取以下第（五）项至第（十二）项的措施：（五）责令增加资本金；（六）责令停止部分或全部新业务；（七）责令调整业务结构，限制增设分支机构，限制商业性广告；（八）限制业务范围、责令转让保险业务或责令办理分出业务；（九）责令调整资产结构，限制投资形式或比例；（十）对风险和损失负有责任的董事和高级管理人员，责令保险公司根据聘用协议、书面承诺等追回其薪酬；（十一）依法责令调整公司负责人及有关管理人员；（十二）中国银保监会依法根据保险公司的风险成因和风险程度认为必要的其他监管措施。对于采取上述措施后偿付能力未明显改善或进一步恶化的，由中国银保监会依法采取接管、申请破产等监管措施。中国银保监会可以视具体情况，依法授权其派出机构实施必要的监管措施。"

公众信心和实现健康可持续发展的坚实基础。建立和完善具有中国特色的现代公司治理机制，是现阶段深化保险业改革的重点任务，是防范和化解各类金融保险风险、实现保险机构稳健发展的主要保障。

（二）我国保险公司治理监管的措施

1. 制定相关监管法规。国际保险监督官协会（IAIS）① 早在 1997 年发布的《保险监管核心原则》② 中，就将保险公司治理列为监管的内容。2006 年，中国保监会颁布《关于规范保险公司治理结构的指导意见》（试行）引入保险公司治理监管制度；同年 6 月 15 日，国务院发布《国务院关于保险业改革发展的若干意见》，对公司治理建设及其监管提出方向和要求。在中国境内设立的保险公司和保险资产管理公司应于每年 5 月 15 日之前向中国保监会报送上一年度公司治理报告，即《保险公司治理报告》。随后为了加强对保险公司治理的监管，保监会陆续出台了系列法规文件及其相关修订稿。例如，《保险公司关联交易管理暂行办法》《关于执行〈保险公司关联交易管理暂行办法〉有关问题的通知》《保险公司股权管理办法》《中国保监会关于进一步规范保险公司关联交易有关问题的通知》等；截至目前，保险监督管理机构共出台了 30 余项相关规章制度，涉及股权管理、董事会建设、风险管理、内部审计、关联交易管理以及公司章程等，初步建立了一整套保险公司治理的监管制度体系，实现了有规可依、有章可循。

2. 推进公司治理监管改革。推进公司治理监管改革主要从治理架构、治理机制及透明度等方面进行。例如，坚持穿透股权、穿透投资，规范股权质押行为；完善风险源头防范机制、严格章程制定和修改审批、改进公司治理监管评价规则、加强公司治理量化评级和分类监管、强化关联交易监管；加大公开质询力度、完善信息披露机制、加大信息披露强度。由于保险公司治理监管的渐进式改革，在非现场监管与现场检查方式的有机结合下，我国保险监管的重大事项变更审查、报告和披露制度等得到了有效加强。

3. 逐步完善公司治理监管。公司治理监管的范围主要包括宏观与微观两方面。在宏观方面，主要是进行保险行业稳定监管，包括宏观审慎监管、集团监管、反洗钱及各国内外相关机构监管合作等方面。在微观方面主要是对公司股东股权、独立董事制度、关联交易、治理机制的有效性和治理文化建设、高管人员适格性、风险管理及信息披露等方面进行监管。我国保险监管部门在公司治理监管范围方面采取稳步扩展的方式：一是从制度建设逐步完善，以增强公司治理监管制度的系统完备性和内在逻辑

---

① IAIS 即国际保险监督官协会（International Association of Insurance Supervisors，IAIS），前身是美国保险监督官协会定期主办的国际保险监管年会。1993 年，来自 53 个国家的保险监督官员在美国芝加哥召开会议，正式成立了 IAIS。目前，有来自近 140 个国家和地区的 200 多个成员，负责制定全球保险监管的指导原则和标准，是保险领域最具影响力的国际性组织。

② 《保险监管核心原则》是一套世界各国普遍适用的保险国际规则。该核心原则最初涉及保险监管系统有效运作的十个方面，共 17 条。2011 年 10 月，IAIS 正式发布了新修订的核心原则，即核心原则（2011），共 26 条，内容包括保险监管机构、市场准入与公司治理、监管手段、资本充足性、市场行为和消费者保护，以及保险监管的新领域六个方面。总体来说，监管理念趋于严格，实施标准更为详细。

性，由过去分散型制度体系逐步向系统、集约型制度体系过渡。二是在公司治理风险监管方面，其工作边界正在从模糊到清晰过渡，监管的针对性和有效性、公司治理风险的综合研判能力逐步在增强。三是从行业混合监管逐步向公司治理监管分类对待、分类监管、分类处置过渡。

五、监管处罚措施

国际上，保险监管处罚措施主要有以下四种。

1. 采取非正式的纠正措施。保险监管机构对有问题的保险公司作出的第一反应通常是非正式的纠正。在大多数国家，善意兼并或收购是通常的做法。当然，这些行动成功与否取决于保险人是否愿意合作、保险人的财务状况、其他公司的善意程度以及监管机构的威信和强制力。

2. 采取正式的纠正或处罚措施。尽管各国采取的正式措施的具体方式和程度有所不同，但一般来讲包括以下明确的书面指令：要求保险公司在从事某些交易之前必须获得监管机构的允许，限制或停止承保新业务，增加资本，停止从事某些业务。如果保险人未能纠正已经被发现的问题，则会导致更加严厉的措施。例如，我国《保险法》第一百三十八条规定，对于偿付能力不足的保险公司，国务院保险监督管理机构会将其列为重点监管对象，并可以根据具体情况采取下列措施：责令其增加资本金、办理再保险；对业务范围，股东分红，固定资产购置或者经营费用规模，资金运用的形式与比例，增设分支机构，董事、监事、高级管理人员的薪酬水平，商业性广告等方面进行限制；同时会责令其拍卖不良资产、转让保险业务，或停止接受新业务。

在一些国家，如果保险人未能按照监管机构的要求行事，监管机构通常在大众或官方媒体上公开它对该保险人的建议或指令，从而提醒公众注意保险人的问题和缺陷。还有一些国家规定，在严重情况下监管机构有权撤换该公司的管理人员和审计人员。更为严厉的措施还有中止或撤销保险人承保某些险种的资格甚至吊销其执照，这一类措施通常要提交法院或其他机构审查决定。

3. 对公司进行整顿。监管机构为了实现对有问题公司的重整，可以取得对该公司的控制权。所谓整顿是指采取措施恢复保险人在市场上的功能。在有些国家，采取整顿措施可能会需要有法院的裁定，有些国家则无须事先取得法院的裁定。整顿大多被作为清算前的折中性措施，目的是尽量减少市场波动，防止导致系统性风险。比如，根据我国的《保险法》第一百四十条规定，保险监督管理机构依照本条的规定对保险公司作出限期改正的决定后，该保险公司逾期未改正的，保险监督管理机构可以决定选派保险专业人员和指定该保险公司的有关人员组成整顿组，对该公司进行整顿。

4. 依法清算。保险监管机构对本国财务困难的保险人的最后一项措施是进行清算，结束该公司的所有业务。清算人一般由保险监管机构指定，也可以由法院指定。清算人负责清点保险人的资产，准备向保单持有人、债权人分配，如有可能还应当向股东分配。在清算程序中，保单持有人通常享有优先权。某些险种的保单持有人可以享有优于其他保单持有人的权利。例如，我国《保险法》第一百四十四条、第一百四十八条、第一百四十九条就对保险公司被接管、破产清算等有明文规定。

竞争性保险市场中保险人丧失偿付能力而被清算的情况是不可避免的，为了保护相关保险人利益以及被保险人权益，多数国家都建立了保险给付或赔偿的担保机制，有些国家还设立了丧失偿付能力保证组织或保证基金。在我国，保险保障基金制度在保险业健康发展过程中就发挥了积极作用。例如，2007 年 5 月 29 日，中国保监会就新华人寿保险股份有限公司股权转让作出使用保险保障基金购买了新华人寿 22.53% 股份的批复。[1] 这是自 2005 年我国《保险保障基金管理办法》实施以来，保监会首次动用保险保障基金。[2] 再如，2018 年 3 月 28 日，为确保安邦保险集团偿付能力充足，维护公司稳定经营，切实保护投保人利益，在中国银行保险监督管理委员会撤销安邦保险集团相关股权许可的同时，安邦保险集团同步引入保险保障基金注资 608.04 亿元。[3][4] 截至 2024 年 6 月 30 日，我国保险保障基金余额（汇算清缴前）为 2 431.09 亿元，其中财产保险保障基金 1 445.06 亿元，占 59.44%；人身保险保障基金 986.03 亿元，占 40.56%。[5]

第四节　保险中介人的监管

保险中介是介于保险机构之间或保险机构与投保人之间，专门为保险交易双方提供保险销售、业务咨询、风险管理、投保方案安排、风险评估、损失鉴定与理算、代理查勘及理赔等服务，并从中依法获取佣金或服务费的个人和单位。如保险代理人、保险经纪人、保险公估人、保险精（理）算师、保险评估师、保险律师等。随着保险市场的发展尤其是互联网的普遍运用，加之云计算、大数据、区块链等新技术的应用，保险中介的外延进一步扩大，出现了保险比价平台、保险销售服务平台、保险产品定制化平台等"泛保险中介"或"新型保险中介组织"，其中以"第三方互联网保险平台"最为典型。[6] 作为联系保险人与投保人的中介人，在保险市场上发挥着极其重要的桥梁与纽带作用。因此，各国对保险中介人都建立了严格的监管制度。

---

① 殷洁. 保监会首次动用保险保障基金 16 亿元救新华人寿 [N]. 新京报，2007 - 05 - 28.

② 保险保障基金是根据我国《保险法》的要求，由保险公司缴纳形成，在保险公司被撤销、被宣告破产以及在保险业面临重大危机、可能严重危及社会公共利益和金融稳定的情形下，用于向保单持有人或者保单受让公司等提供救济的法定基金。该基金由保险监督管理部门集中管理、统筹使用。

③ 国家金融监督管理总局. 安邦保险集团引入保险保障基金注资并启动战略投资者遴选工作 [EB/OL]. (2018 - 04). https：//www. cbirc. gov. cn/cn/view/pages/ItemDetail. html? docId=366489&itemId=915&generaltype=0.

④ 唐煜. 保险保障基金注资安邦 608 亿，原股东只出 11 亿，撬动 2 万亿资产帝国 [EB/OL]. (2018 - 04 - 04). https：//finance. ifeng. com/a/20180404/16059082_ 0. shtml.

⑤ 中国保险保障基金有限责任公司. 基金规模 [EB/OL]. (2024 - 07 - 05). http：//www. cisf. cn/jjcj/jjgm/index. jsp.

⑥ 宋占军，李海燕. 保险中介监管进入新时代 [J]. 金融博览（财富），2018（4）：73 - 74.

一、保险代理人的监管

各国对保险代理人的监管，除了对代理行为作出有关规定以外，还有对保险代理人的资质进行管理的规定等。

在我国，自 1992 年实施代理人制度以来，对其监管主要体现在《保险法》及相应的代理人管理办法等行政法规。

根据我国《保险法》相关条款的规定，我国的代理人实行登记管理制度，但因代理人是保险人的代言人，其根据保险人的授权代为办理保险业务的行为，由保险人承担责任。保险代理人没有代理权、超越代理权或者代理权终止后以保险人名义订立合同，使投保人有理由相信其有代理权的，该代理行为有效。但保险人可以依法追究越权的保险代理人的责任。《保险法》同时规定，个人保险代理人在代为办理人寿保险业务时，不得同时接受两个以上保险人的委托。如果违反上述规定，由保险监督管理机构给予警告，可以并处 2 万元以下的罚款；情节严重的，处 2 万元以上 10 万元以下的罚款。

就行政法规而言，早在 2009 年就颁发有《保险专业代理机构监管规定》。2020 年，为了理顺法律关系，与《保险法》保持一致，把保险专业代理机构、保险兼业代理机构和个人保险代理人纳入同一部门规章中规范调整，出台了《保险代理人监管规定》，对各类保险代理人在经营规则、市场退出和法律责任等方面建立了相对统一的基本监管标准和规则，强化了事中事后监管、保险机构主体责任以及机构自我管控并优化了分支机构管理。

二、保险经纪人的监管

保险经纪人作为保险中介的有效组成部分，在保险双方当事人之间扮演着重要的角色，对于解决保险人与被保险人之间的信息不对称问题有着不可替代的作用。

与保险代理人的监管一样，我国对保险经纪人的监管也是依法监管，《保险法》与《保险经纪人监管规定》等在市场准入、经营规则、市场退出、监督检查、法律责任方面都有非常详尽的规定。

例如，在市场准入方面，我国《保险法》第一百一十九条、第一百二十条分别规定，保险经纪人应当具备国务院保险监督管理机构规定的条件，取得保险监督管理机构颁发的经营保险经纪业务许可证。以公司形式设立的保险经纪人，其注册资本最低限额适用《中华人民共和国公司法》的规定，且其注册资本或者出资额必须为实缴货币资本。而《保险经纪人监管规定》更是具体，其从股东出资来源、注册资本托管、法人治理和内控、信息系统等方面均提出了明确要求，同时对保险经纪公司的股东也给予了明确规定。如该规定第八条规定，单位或者个人有下列情形之一的，不得成为保险经纪公司的股东：最近 5 年内受到刑罚或者重大行政处罚；因涉嫌重大违法犯罪正接受有关部门调查；因严重失信行为被国家有关单位确定为失信联合惩戒对象且应当在保险领域受到相应惩戒，或者最近 5 年内具有其他严重失信不良记录；依据法律、行政法规不能投资企业；中国保险监管部门根据审慎监管原则认定的其他不适合成为保险经纪公司股东的情形。该规定第十条则规定："经营区域不限于工商注册登记地所在省、自治区、直辖市、计划单列市的保险经纪公司的注册资本最低限额为 5 000 万元。经营区域为工商注册登记地所在省、自治区、直辖市、计划单列市的保险经纪公司的注册资本最低限额为 1 000 万元。保险经纪公司的注册资本必须为实缴货币资本。"

再如，在业务经营方面，《保险经纪人监管规定》第三十六条对保险经纪人经营的业务范围规定为：①为投保人拟订投保方案、选择保险公司以及办理投保手续；②协助被保险人或者受益人进行索赔；③再保险经纪业务；④为委托人提供防灾、防损或者风险评估、风险管理咨询服务；⑤中国保险监管部门规定的与保险经纪有关的其他业务。对于互联网保险中介机构跨地区经营的合规性，该规定第四十一条对此也做了相关规定："保险经纪人通过互联网经营保险经纪业务，应当符合中国保监会的规定。"可见，在业务经营方面，该规定表明经纪人被允许经营全部保险经纪业务，也可以专门从事再保险经纪业务。当然，对于再保险经纪业务、互联网经纪业务的经营规则，该规定也有明确规定。

三、保险公估人的监管

在保险经营的过程中，保险公司所承保的风险是多种多样的，保险公司不可能配备门类齐全的所有专业人员，而且由保险公司自己评估和鉴定保险事故，其公正性难以使人信服。于是从事保险事故勘验、鉴定、评估的保险公估人应运而生。在我国，对保险公估人的监管除了《保险法》及相关法律外，《保险公估人监管规定》以及《保险公估基本准则》也有详尽明确的规定，包括保险公估人的经营条件、经营规则、市场退出、行业自律、监督检查以及法律责任等方面。

例如，依据《保险公估人监管规定》，保险公估人划分为全国性保险公估人和区域性保险公估人，保险公估人在中华人民共和国境内经营保险公估业务，应当符合我国的《资产评估法》要求及中国保险监督管理机构规定的条件，并向中国保险监管机构及其派出机构进行业务备案；保险公估人应当依法采用合伙或者公司形式，聘用保险公估从业人员开展保险公估业务；等等。该规定还以负面清单形式强化对保险公估机构股东、合伙人违法违规及诚信情况的审查；规定保险公估人经营保险公估业务，应当在领取营业执照后在规定时间内向保险监督管理机构及其派出机构备案，保险公估人在备案公告前不得开展保险公估业务；从保险公估经营实际考虑，要求其具备一定金额的营运资金并实行托管。

同时，该公估规定还表明，对公估人的监管应实施事中事后监管。例如，要求已完成备案的保险公估机构持续符合《资产评估法》及《保险公估人监管规定》有关要求，实行保险公估机构年度报告制度；优化分支机构管理，切实防止内控差、风险隐患大的保险公估机构滥设分支机构；强化保险公估机构的管控责任，要求其对有风险隐患的分支机构采取整改、停业、撤销等措施；对从业人员管理则引入执业登记管理，明确保险公估人是执业登记的责任主体，应当为其从业人员进行执业登记；明确保险监督管理机构派出机构属地监管责任，强化行为监管，以守住不发生系统性风险的底线。

在规范市场经营秩序方面，《保险公估人监管规定》对保险公估人及其从业人员的从业禁止行为作出明确规定，加大对出具虚假公估报告的处罚力度；对公估程序进行规范，例如，要求保险公估人对其受理的保险公估业务应当指定至少 2 名保险公估从业人员承办，保险公估报告应当由至少 2 名承办该项业务的从业人员签名并加盖公估机构印章；完善风险防范流程，对职业风险基金缴存比例、职业责任保险投保额度等也作出了细化要求等。

【课后阅读材料】

 【阅读材料 6－1】 ∙∙

2018 年 4 月，中国银行保险监督管理委员会（以下简称银保监会）发现安邦保险集团股份有限公司（以下简称安邦保险集团）部分股东在筹建申请和增资申请中，存在使用非自有资金出资、编制提供虚假材料等行为。根据我国《行政许可法》等有关法律规定，银保监会依法撤销了安邦保险集团有关股东和注册资本变更的行政许可。为确保安邦保险集团偿付能力充足，维护公司稳定经营，切实保护投保人利益，在银保监会撤销安邦保险集团相关股权许可的同时，安邦保险集团同步引入保险保障基金注资。注资后，安邦保险集团注册资本维持 619 亿元不变。[①]

引入行业风险救助基金参与行业风险处置，是国际上常用的风险处置手段。保险保障基金作为非政府性行业风险救助基金，主要用于救助保单持有人、保单受让公司或者处置保险业风险。在引入保险保障基金注资的同时，安邦保险集团将同步启动战略股东遴选工作，尽快引入优质民营资本作为公司的战略性股东，实现保险保障基金有序安全退出，并保持安邦保险集团民营性质不变。

∙∙

 【阅读材料 6－2】[②③] ∙∙

2023 年 8 月 22 日，国家金融监管总局下发《关于规范银行代理渠道保险产品的通知》，2023 年 10 月 9 日发布《关于银保产品管理有关事宜的通知》，2024 年 1 月 19 日又发布《关于规范人身保险公司银行代理渠道业务有关事项的通知》，2024 年 1 月 26 日，中国保险行业协会下发《关于促进银行代理保险业务健康发展的倡议》（以下简称"倡议书"）。

频繁、密集的文件背后，是监管推行"报行合一"[④]的决心，而银保渠道作为监管打响人身险"报行合一"的"第一枪"，势必要开好头。"倡议书"的精神与国家金融监督管理总局下发的三个通知保持一致，并从业务实操的角度对促进银保业务健康发展提出了非常详细的举措，有助于持续规范业务，提升银保业务价值。

具体来看，"倡议书"包括以下七个方面的内容。

①　安邦保险集团引入保险保障基金注资并启动战略投资者遴选工作［N］. 证券时报，2018－04－04.

②　李秀梅. 保险业协会针对银保"报行合一"发布《倡议书》：加强精算约束［N］. 北京商报，2024－01－27.

③　冷翠华. 中国保险业协会提七条倡议　促进银保业务健康发展［N］. 证券日报，2024－01－27.

④　所谓"报行合一"，是指保险公司给监督管理部门报送的产品审批或备案材料中所使用的产品定价假设，要与保险公司在实际经营过程当中的行为情况保持一致。

一是要加强精算约束，科学设计银保产品。人身险公司要以精算技术为支持，审慎确定产品定价假设。从产品生命周期的角度，全面分析产品的客户利益、理赔给付、佣金、业务及管理费、公司盈余和资本需求的关系。充分考虑保障期限、交费周期和退保率假设等因素，科学确定预定附加费用率水平和期限结构等。

二是要加强精细化管理，合理确定银保产品费用结构。人身险公司对银保代理渠道销售的产品，合理确定费用结构。在产品备案时的产品精算报告中明确说明费用假设和费用结构，费用结构不明显偏离公司的实际费用情况，原则上包含向银行支付的佣金、银保专员的薪酬激励、培训及客户服务费、分摊的固定费用等部分。其中，向银行支付的佣金列明上限。银行代理保险产品缴费期内的附加费用率即为可用的总费用率。

三是要落实主体责任，建立健全"报行合一"内控管理机制。保险业协会倡导保险企业总公司高度重视，建立健全银行代理保险业务、财务内控机制，督促各部门、各分支机构有效落实"报行合一"。建议将精算技术充分运用到内部控制相关环节，建立约束机制和动态管理机制，基于经验分析和合理预期设定产品定价使用的预定附加费用率。规范费用预算执行，强化费用预算执行考核刚性约束，围绕"报行合一"要求开展费用管理。合理制定费用列支政策，总公司做好"报行合一"统筹管理，制定费用列支政策。

四是要严肃财经纪律，加强费用真实性管理。坚持实质重于形式的原则，明确各类费用科目列支的具体要求。建立完善的费用分摊机制，不以不合理费用分摊方式调整费用结构。不通过虚增银行代理业务收入、账外支付、虚构中介业务、虚假费用列支等方式套取费用。

五是要坚持依法合规，严格规范佣金支付管理。在产品报备列明的银行代理渠道佣金上限内支付佣金。佣金入账时，凭证内附相应的专项发票以及佣金计算说明等决策程序证明材料。不向银行代理渠道以出单费、信息费等名义支付佣金以外的费用。人身险公司及其人员不以任何名义、任何形式向银行及保险销售从业人员支付协议约定佣金之外的任何利益。鼓励积极探索与业务品质挂钩的激励机制，探索佣金费用的递延支付。

六是要动态跟踪调整，加强费用假设回溯分析。人身险公司要加强运用实际经营结果对费用假设的回溯分析，对费用波动的合理性进行综合判断，如发现实际费用水平或费用结构不合理的，及时根据"报行合一"要求对费用水平、费用结构等进行调整，必要时停售相关产品。

七是要筑牢风险防线，充分发挥内部审计的监督作用，加强对各部门、各分支机构"报行合一"执行情况的专项审计力度，纳入公司年度审计工作安排，制定可操作、可量化的审计工作计划，确保审计效果。

监管部门严查"报行合一"背后是"表里难如一"的银保账。长期以来，保险公司在与银行的合作中始终处于被动地位。从保险公司角度看，银行手握大量风险偏好较低的顾客，是保险公司的"潜在客户"，有大量风险保障需求待挖掘；但从银行角度看，来自保险的中间业务收入占其总收入比重不高，与保险公司合作意愿并不强烈。

"倡议书"对保险公司执行"报行合一"提出明确的规范要求，保险公司要树立"算账经营"的理念，坚持金融工作的政治性、人民性，满足人民群众不断增长的保险需求。国家金融监管总局和中国保险行业协会力推"报行合一"政策实施，将使银保渠道费用水平回归产品定价的本源，费用使用更加透明、规范，进一步压降了保险公司的负债成本，可以有效地防止佣金费用的不正当使用和分配，也将重塑行业发展的经营模式，维护市场的公平竞争秩序。

【阅读材料6-3】[①] ❙❙

2023年，金融监管总局全系统对保险业开出的罚单数量共约为1 530张，较2022年增长34.33%。罚单数量增长也带动了罚金规模的扩大，创下近年来新高。2023年保险业罚金数额为3.26亿元（2020年、2021年、2022年保险业罚单金额分别为2.2亿元、2.9亿元和2.32亿元），同比增长幅度达40.52%。其中，涉及保险机构的罚金达2.66亿元，涉及高管及个人的罚款合计6 013万元。

分公司来看，财险公司罚单数量、罚金数额仍为各类公司之首。财险公司合计被罚1.78亿元，占总罚金的54.6%。位居次席的为寿险公司，合计被罚9 935.7万元，占总罚金的30.48%。总体数量多、机构多而杂的保险中介合计被罚没4 864.3万元，罚金涨幅最为明显，同比增长82%。

之所以财险公司处罚金额占大头，主要是因为财险公司经营的多为一年期业务，开展新业务频次更高的同时，也容易导致违规行为频频出现。而对于保险中介罚金规模增长，反映出当前的外部环境下，一些竞争力较弱的中介机构往往会使用不正当手段参与竞争。此外，严重违规行为出现的背后，源于一些中小保险中介机构的内控和合规管理制度层面存在较大漏洞。

一直以来，保险机构被罚的原因主要是虚列费用、给予合同以外利益、未按规定使用保险条款或费率、虚构业务套取资金、编制虚假财务资料等。这些被罚原因易藏匿在销售与理赔、内控与合规、财务业务数据在内的领域。此外，2023年，保险资金运用、银保渠道费用等也成为监管关注的重点领域。比如处罚的原因包括，备案前开展境内外股权投资；通过银保渠道销售保单利益不确定的保险产品，部分投保人不符合监管规定中的年龄要求且未人工核保等。

值得强调的是，常态化的严监管、强监管，将是未来几年的保险监管态势。那么，在严监管趋势下，保险机构自身如何合规经营将是值得认真对待的问题。

- -

【阅读材料6-4】[②] ❙❙

易安财险公司是全国4家互联网保险公司之一，自开业以来累计承保客户超过3 000万人、业务合作渠道超过300家，以意外险、健康险、财产险为主要经营险种。

2022年7月8日，经原中国银保监会许可，易安财险公司以不能清偿到期债务且明显缺乏清偿能力，但具有重整价值为由，向北京金融法院申请重整。2022年7月15日，经过对资产负债情况、重整价值和重整可行性的全面审查并召开听证会，北京金融法院裁定受理易安财险公司的重整申请。因偿付能力无法满足监管要求、触发保险法规定的接管条件，易安财险公司自2020年7月17日起由原中国银行保险监督管理委员会依法实施接管。

在易安财险公司重整中，中国保险保障基金有限责任公司在北京金融法院的监督指导下，首次以取得合法授权后的统一代理方式，代理了7 641家保单债权人申报债权。

2023年2月24日，北京金融法院根据管理人的申请裁定批准重整计划并终止易安财险公司

---

① 胡永新.金融监管总局2023年对保险业开出3.26亿元罚单［N］.北京商报，2024-01-02.
② 北京金融法院裁定全国首例保险公司重整案［N］.北京日报，2024-01-09.

重整程序。经过 3 个月的执行期，2023 年 5 月 24 日，北京金融法院依法裁定确认易安财险公司重整计划执行完毕，并终结该案重整程序。

自 2022 年 7 月 8 日易安财险公司向北京金融法院申请重整，历时 10 个多月，全国首例保险机构重整以市场化、法治化方式圆满完成。该案是全国首例保险公司重整案件，在未动用公共资金，未出现风险外溢，国家、人民利益不受损失的情况下，公司的治理结构问题得到解决，净资产缺口得以补足，理赔大面积逾期问题得到缓解，保险偿付能力全面达标，流动性危机平稳度过，公司各类风险得到全面有效化解。重整投资人为公司未来健康发展制订了经营方案。重整投资人将借助其实体企业集团旗下产业、上下游垂直生态链网络和新能源汽车产业布局，推进财险公司的经营范围向新能源汽车保险业务延伸，进一步提升理赔网络覆盖，多角度全方位为新能源车主提供更好的保险服务。

此外，本次重整在化解问题保险金融机构风险的同时，促进了实体企业产业布局优化，进一步扩大了保险金融与实体经济的协同效应、为优化市场资源配置、防范化解保险金融风险、营造法治化营商环境、实现社会公平正义作出了积极贡献，也为保险金融司法助推经济高质量发展提供了案例支撑。

【本章小结】

1. 保险监管是指一个国家对本国保险业的监督管理。其目的是为了维护保险市场秩序，保护投保人、被保险人和受益人的合法权益。

2. 保险监管体制是保险监管的职责划分和权力分配的方式和组织制度。保险监管体制按照不同的依据可以划分为不同的类型，其中按照监管机构的组织体系划分，可分为统一监管体制、分头监管体制与不完全监管体制。

3. 由于各个国家的法律制度不同、历史时期不同，在利用保险法规实行监管的过程中，各国对保险业的监管曾经采取过截然不同的方式，主要有公示主义、准则主义和批准主义三种。

4. 保险监管的内容主要包括机构监管、业务监管、财务监管、治理监管等方面。其中，保险业务监管主要包括对业务范围、保险条款、保险费率、业务行为以及再保险业务等的监管。

5. 保险偿付能力监管，就是保险法律规定保险公司的承保额度必须与公司的资本金和总准备金之和保持法定的比例，超出该比例即视为超出其自身承保能力，必须通过再保险方式将超出部分转分保给其他保险公司或专业再保险公司，或者增加资本金来补足差额；对违反承保规定或超偿付能力承保的保险公司给予严厉处罚。

6. 保险中介人的监管主要是对保险代理人、保险经纪人、保险公估人的设立、业务范围等的监管。

【复习思考题】

一、名词解释

保险监管　统一监管体制　分头监管体制　不完全监管体制　批准主义　机构监管
再保险业务监管　保险财务监管　保险公司治理　保险偿付能力监管

二、单项选择题

1. 保险监管的核心内容是（　　　）。

A. 偿付能力监管　　　　　　　　　　　　B. 公司治理结构监管

C. 保险业务监管

2. 由于各国保险监管历史进程的差异，在保险监管机关设立上差别较大。由各州政府的保险监理署担当监管职能的国家是（　　　）。

A. 英国　　　　　　　B. 德国　　　　　　　C. 美国

3. 英国的保险监管部门是（　　　）。

A. 金融监管局　　　　B. 保险监理署　　　　C. 金融监督厅

4. 在我国，对于核心偿付能力充足率低于（　　　）的保险公司，保险监管机构应当限制该公司董事、监事、高级管理人员的薪酬水平。

A. 30%　　　　　　　B. 50%　　　　　　　C. 100%

5. 由国家通过颁布一系列涉及保险行业运作的法律法规，要求所有的保险人和保险中介人必须遵守，并在形式上监督实行的管理方式被称为（　　　）。

A. 公示主义　　　　　B. 准则主义　　　　　C. 批准主义

6. 个人保险代理人违反我国《保险法》规定的，由保险监督管理机构给予警告，可以并处 2 万元以下的罚款；情节严重的，处（　　　）的罚款，并可以吊销其资格证书。

A. 1 万元以上 5 万元以下　　　　　　　　B. 2 万元以上 10 万元以下

C. 5 万元以上 10 万元以下

7. 保险保障基金属于保险组织的资本，主要是应付（　　　）。

A. 保险公司赔付危机或破产　　　　　　　B. 保险公司增资扩股

C. 保险公司收购兼并

8. 在我国，经营区域不限于工商注册登记地所在省、自治区、直辖市、计划单列市的保险经纪公司的注册资本最低限额为（　　　）。

A. 1 000 万元　　　　B. 2 000 万元　　　　C. 5 000 万元

9. 根据我国《保险法》，经营财产保险业务的保险公司当年自留保险费，不得超过其实有资本金加公积金总和的（　　　）。

A. 2 倍　　　　　　　B. 4 倍　　　　　　　C. 6 倍

10. 监管体制中，由多个金融监管机构共同承担金融监管责任，如一般银行业由中央银行负责监管；证券业由证券监督管理委员会负责监管；保险业由保险监督管理委员会负责监管。这种体制属于（　　　）。

A. 多头监管体制　　　B. 统一监管体制　　　C. 协同监管体制

三、多项选择题

1. 对保险业进行监管的目的之一是保护被保险人利益，这是因为（　　）。

A. 保险业是一个负债性很强的行业，为了保证保险公司的赔偿或者给付能力，要求加强对保险业的监督管理

B. 保险合同是一种长期合同，需要有外部力量来监督保险公司履行保险合同中规定的义务

C. 保险业是一个专业性很强的行业，需要对保险业进行监督管理，使保险费的收取适度

D. 保险是一个特殊的行业，有必要对其进行监督管理

2. 保险监管的目的具体为（　　）。

A. 保证保险人有足够的偿付能力

B. 规范保险市场、维护保险业的公平竞争

C. 防止保险欺诈

D. 维护货币政策的稳定性

3. 保险组织的监管包括（　　）。

A. 保险组织形式　　　　　　　　　B. 市场准入

C. 偿付能力监管　　　　　　　　　D. 市场退出的监管

4. 为了保证保险公司的偿付能力，有必要通过保险公司业务量的限制控制其责任限额，这包括（　　）。

A. 资本金的限制　　　　　　　　　B. 每一危险单位承担责任的限制

C. 总自留额的限制　　　　　　　　D. 单次销售额度的限制

5. 保险公司的偿付能力需要与公司的（　　）相对应。

A. 业务规模　　　B. 风险程度　　　C. 组织架构　　　D. 产权性质

6. 保险经营的监管包含（　　）。

A. 融资方式的监管　　　　　　　　B. 保险费率的监管

C. 保险条款的监管　　　　　　　　D. 保险财务的监管

7. 净值监管主要体现在（　　）。

A. 保费收入　　　B. 资本金　　　C. 公积金　　　D. 总准备金

8. 资产负债管理监管规则出台的目的是为了（　　）。

A. 有效识别保险公司面临的现金流错配风险

B. 客观衡量公司资产负债匹配状况

C. 督促提升保险公司的资产负债管理能力

D. 禁止保险市场的恶意代理和恶性竞争

9. 对经营人寿保险业务的保险公司被依法撤销或依法宣告破产的，其持有的人寿保险合同及其责任准备金必须（　　）。

A. 转让给再保险公司

B. 转让给保险监管部门

C. 转让给其他经营有人寿保险业务的保险公司

D. 不能同其他保险公司达成转让协议的，由保险监管机构指定经营人寿保险业务的保险公司接受转让

10. 按照监管机构的组织体系划分，监管体制可分为（　　　）。

A. 统一监管体制　　　　　　　　　　B. 分业监管体制

C. 不完全监管体制　　　　　　　　　D. 协同监管体制

四、简答题

1. 保险监管的方式一般有哪几种？

2. 简述保险监管体制的种类。

3. 保险监管的目标是什么？

4. 简述我国保险监管的处罚措施。

五、论述题

1. 请论述保险业务监管的范围。

2. 请论述为什么要对保险中介进行监管？

六、案例分析

1. 请结合本章【阅读材料6-3】的内容，分析当前我国保险实行严监管的必要性。

2. 某年10月，某保险公司审计中心通过远程审计发现某中心支公司存在虚假赔案线索，总公司随即对涉案中心支公司近5年来受理的重大疾病保险理赔案件进行全面核查，发现李某等多名在职和离司的业务员煽动客户伪造病历进行虚假理赔，并联合同业理赔调查人员谢某团伙作案。利用假病历（赔案病历病案号与医院病历病案号相同，但其他信息均不同）冒称心肌梗死、恶性肿瘤等重疾，复印后加盖病案室病案专用章，使用被保险人保单、身份证、银行卡进行虚假理赔，共计作案32起，涉及金额530多万元。请根据相关法律分析此案。

第七章
财产保险

【教学目的与要求】

本章主要阐述财产保险的基本理论与经营实务，系统介绍财产保险的业务体系及其经营技巧。通过学习本章，学生应能够熟练掌握财产保险的相关概念、水险与非水险、政策性保险的基本内容，并能根据各险种的理论知识分析相关案例。

第一节　财产保险概述

一、财产保险的概念与特征

（一）财产保险的概念

所谓财产保险，是指投保人根据合同约定，向保险人交付保险费，保险人按保险合同的约定对所承保的财产及有关利益因自然灾害或意外事故造成的损失承担赔偿责任的保险。

从理论上讲，财产保险有广义与狭义之分。广义财产保险是人身（寿）保险之外一切保险业务的统称；狭义财产保险亦可称为财产损失保险，它专指以财产物资为保险标的的各种保险业务，责任保险与信用保险、人身意外伤害保险与短期健康险均不属于此列。[①] 本章阐述的主要是狭义财产保险。

（二）财产保险的特征

作为一种有效的经济补偿制度，财产保险的特征主要有以下几个方面。[②]

1. 业务性质具有补偿性。财产保险属于损失补偿性质，即当被保险人的保险标的遭受保险事故并造成保险损失时，保险人有责任支付赔款，但以被保险人所遭受的实际损失和保险利益为限。基于此，财产保险必须遵循保险利益原则、保险损失补偿原则及其派生的代位追偿原则和重复保险分摊原则。

---

①　魏华林，林宝清. 保险学（第三版）[M]. 北京：高等教育出版社，2011：110.

②　许飞琼. 财产保险 [M]. 北京：高等教育出版社，2014：13 – 14.

2. 承保范围具有广泛性。财产保险业务的承保范围，覆盖着除自然人的身体与生命之外的一切有形的财产物资风险，它不仅包含各种价值差异极大的财产物资，而且包含动态、静止状态的财产物资，在广义财产保险中还包含无形的法律与信用风险。例如，大到航空航天飞行器，小到家庭或个人财产等，无一不可以从财产保险中获得相应的风险保障。

3. 经营内容具有复杂性。由于财产损失保险的保险标的种类繁多，需要保险人分门别类地做好风险调研、评估和费率测算等工作，涉及技术门类和需要运用的知识多。换言之，财产保险的投保对象复杂、投保标的复杂、承保过程复杂、风险管理复杂、经营技术复杂，从而在整体上呈现出复杂性。

4. 单个保险关系具有不等性。从总体的财产保险关系来看，保险人与被保险人的关系是完全平等和等价的。然而，就单个的保险关系而言，却又明显地存在着交易双方在实际支付的经济价值上的不平等现象。例如，某人每年交几千元保险费购买汽车保险，多年来从没有发生过赔案，即保险人净收入，保险合同双方是不对等的；而某某人刚刚买车第一次交 3 000 元保费就发生保险赔偿十几万元的事件。在这种情形下，保险人付出的代价巨大，而被保险人恰恰是所获收益巨大，保险合同双方显然也是不对等的。可见，保险人在经营单笔财产保险业务时，收取的保险费与支付的保险赔款事实上并非是等价的。

二、财产保险与人身保险的区别

财产保险与人身保险是构成整个商业保险的两个独立的业务类别，它们在经营和运作方面存在着较大的区别。[①]

1. 保险标的不同。一方面，财产保险的保险标的一般是法人或自然人所拥有的各种物质财产和有关利益，而人身险的保险标的是自然人的身体与生命。另一方面，财产保险的保险标的无论归法人所有还是归自然人所有，一般均有客观而具体的价值标准，可以用货币来衡量其价值，保险客户可以通过财产保险来获得充分补偿；而人身保险的保险标的是无法用货币来计价的。

2. 定价依据不同。财产保险的保险费率，是根据保险对象所面临的各种风险的大小及损失率的高低来确定的，它需要采用大数法则原理；而人身保险的保险费率，以经验生命表为厘定费率的主要依据，同时必须考虑利率水平和投资收益水平。因此，在保险经营实务中，保险费率的厘定是否适当，财产保险取决于保险人对各种风险事故的预测是否与各种风险事故的实际发生频率和损害程度相一致，人身保险则取决于保险人对经验生命表、利率水平和投资收益率的测算是否准确。

3. 被保险方获偿权益不同。当保险事件发生以后，财产保险遵循损失补偿原则，强调保险人必然按照保险合同规定履行赔偿义务，同时也不允许被保险人通过保险获得额外利益，从而不仅适用权益转让原则，而且还适用重复保险损失分摊和损余折抵赔款等原则。而在人身险中，则只讲被保险人依法受益，除医药费重复给付或赔偿不被允许

① 许飞琼，郑功成. 财产保险（第五版）［M］. 北京：中国金融出版社，2015：15－16.

外，并不限制被保险人获得多份合法的赔偿金，既不存在重复保险损失分摊的问题，也不存在代为追偿的问题。

三、财产保险的分类

随着财产保险业务的增多和保障范围的扩大，财产保险的分类变得复杂化。例如，根据经营业务的范围不同，可分为广义财产保险与狭义财产保险；根据承保标的的实虚不同，可分为有形财产保险和无形财产保险；根据保险公司承保的风险范围大小不同，可分为基本险、综合险与一切险三类；根据保险公司业务属性和风险特征不同，可分为基础类保险和扩展类保险；根据保险公司业务涉及水陆不同范围，可分为非水险与水险两类；等等。现仅将后面的两种分类介绍如下：

（一）根据保险公司业务属性和风险特征不同，可分为基础类保险和扩展类保险

我国《保险公司业务范围分级管理办法》第四条至第六条规定，财产保险公司基础类业务包括以下五项：①机动车保险，包括机动车交通事故责任强制保险和机动车商业保险；②企业/家庭财产保险及工程保险（特殊风险保险除外）；③责任保险；④船舶/货物运输保险；⑤短期健康/意外伤害保险。财产保险公司扩展类业务包括以下四项：①农业保险；②特殊风险保险，包括航空航天保险、海洋开发保险、石油天然气保险、核保险；③信用保证保险；④投资型保险。这种根据财产保险业务特性来分类的目的在于财产保险公司开展业务要以防范和吸纳经营风险的能力为核心标准。即通过对业务范围的合理划分，一方面鼓励保险公司发展保障型业务；另一方面通过适当限定新设保险公司的业务范围，在源头上增强保险公司精耕细作、注重服务、不断创新的内在动力；同时，将业务范围调整与偿付能力等监管指标挂钩，促使保险公司提高自身的资本管理能力、风险管控水平和合规经营意识。

（二）按照财产保险业务涉及的地域范围不同，可分为水险和非水险

1. 水险。水险即海洋运输保险和内河运输保险的总称，是指对被保险人在海上遭受的各种财物损失或利益损失负赔偿责任的保险。它是以海上这一特定地域（也可以包括与海上航行有关的发生于内河或者陆上的事故损失）为保险风险发生地域的运输保险，惯称为海上保险。水险是保险种类中历史最为悠久的险别，也是最早走向成熟的财产保险业务。

早在公元前2000年前后，地中海沿岸城市的商人就采用了"一人为众，众人为一"的共同分摊海损的方法，这种相互承担风险损失的方法即可视为财产保险的原始状态。经过漫长的共同分摊海损等实践，欧洲国家开始出现一些专门从事海事损失保证业务的机构。到15—16世纪时，水险在欧洲国家得到了较为普遍的发展，正是水险的发展，带动了整个保险业的发展。作为最古老的保险业务，水险的出现曾经标志着近代商业保险的产生；作为现代保险业体系中的有机组成部分，水险仍然在世界保险业中占有重要的地位，并始终构成国内外贸易中不可缺少的内容。

2. 非水险。非水险是指除水险（海上保险）以外的一切陆上财产保险业务。与海上保险相比，非水险业务的产生要晚得多。1666年，发生在英国伦敦的大火事件是直接刺激陆上火灾保险业务在英国乃至欧洲国家产生与发展的重要事件。火灾保险的产生与

发展，标志着近代保险业进入比较成熟的阶段。18 世纪以后，随着工业革命的胜利，机器大生产开始取代手工劳动，物质财富日益增多，以承保工业风险和汽车风险为代表的财产保险业务开始出现并不断发展、壮大，使财产保险由近代保险阶段进入了现代保险阶段。目前，整个非水险包括财产损失保险、责任保险、信用保证保险、农业保险、巨灾保险等水险以外的一切陆上财产保险业务。

第二节　水　险

一、水险的概念及特征

1. 水险的概念。如前所述，水险即海上保险，是以同海上运输有关的财产、利益或责任作为保险标的的一种保险。水险是各类保险中产生最早的险种，自古以来，由于海上恶劣的环境和科技水平所限，海上运输被称为冒险事业，为保障海上船只及货物的安全，水险应运而生，并成为在海上特定领域内，为国际运输和贸易提供风险保障的有效手段。

2. 水险的特征。在现代商业保险业务体系中，尽管水险承保的主要是船舶与货物，但它与非水险，甚至内河船舶保险与货物保险以及其他保险业务相比，又确实是一种较为特别的业务。水险的这种特别性，主要体现在历史色彩厚重、保障内容综合、单独立法及国际性等方面。[①]

（1）历史色彩厚重。现代商业保险业的起源，公认自海上保险始。迄今为止发现的最早的海上保险单，是一名叫乔治·勒克维伦的意大利热那亚商人在 1347 年出具的一张船舶承保单，该保单规定船舶经海上航行到达目的地后，合同无效；如中途发生损失，则合同成立，该损失由合同的一方（保险人）承担，保险费是在合同成立前以定金的名义支付的；但合同中并未注明承担哪些风险事故，因而还不能说是一份完整的保险合同。然而，正是从这里开始，保险得以合同的形式成交。海上保险亦被视为商业保险的真正起源。

（2）保障内容综合。传统的海上保险仅承保船舶、货物运输的损失，但后来保险范围不断扩大，包括被保险人依法应承担的各种损害赔偿责任及其他有关利益。因此，现代海上保险实质是一种综合保险业务，其保险标的相当广泛，非其他一般财产保险险种可以比拟。如海上石油污染责任赔偿等，也可纳入海上保险的承保范围。在保险风险方面，以传统海上保险承保的责任范围为例，包括各种海上风险与意外事故损失风险、责任风险等；又由于自货物起运之仓库至目的地，常需转经陆运、空运，因此，海上保险的承保风险事实上并不受海洋的局限，通常扩展到陆地乃至空中领域。

（3）单独立法。受历史传统的影响，海上保险作为最先通过立法来规范的保险业

---

① 许飞琼，郑功成. 财产保险（第五版）［M］. 北京：中国金融出版社，2015：241 – 243.

务，不仅其立法要大大早于其他保险业务，而且依循惯例采用单独立法制，即有关海上保险的法律通常由专门的海上保险法或海商法来规范。例如，1906 年英国颁布的《海上保险法》，就专门规范了海上保险业的发展；在我国，对海上保险的法律规范也是在我国的《海商法》中体现，而不是在《保险法》中体现。

（4）国际性。业务经营的国际性，是海上保险区别于其他财产与责任保险的重要标志。一方面，凡属海上运输业务，其涉及的范围往往突破一国疆界，这意味着保险标的的运行航线具有国际性，贸易双方的关系也具有国际性；另一方面，由于海上运输超越国界，其可能遇到的风险也较为特殊，不仅有碰撞、触礁、搁浅、火灾等水上一般风险，也有战争、海盗等特殊风险，因此，海上运输需要制定国际通行的准则，从事海上运输业务者要受有关国际公约等的规范和制约。与海上运输的国际性相适应，海上保险也具有明显的国际性。一是保险人承保的是具有国际性的风险保险业务，海上保险关系的建立具有国际性；二是海上保险的条款、费率及实务经营，均要受国际海上保险市场的规范与制约，它通常不是一国可以独自决定的事情，如伦敦条款对我国海上保险的影响就非常直接；三是海上保险不仅需要依靠国际海上保险分保市场来分散特定风险，而且需要在国外建立相应的业务机构或依靠国外的代理网点，在出险查勘和理赔等环节中均有更高的要求，这些条件是开办海上保险业务的前提条件；四是海上保险尤其是远洋货物运输中要涉及一些国际规则，如承运人责任的认定就涉及《海牙规则》《维斯比规则》《汉堡规则》《鹿特丹规则》等众多国际规则。海上保险的国际性，决定了经营海上保险业务对保险人的要求要高于非水险（或陆上）保险业务对保险人的要求。

二、水险业务分类

水险是以保险标的发生风险的地域命名的保险业务的统称。传统上的水险曾经是一个单独的险种，但经过不断发展及有关风险与标的的分化，形成了以海洋运输货物保险与远洋船舶保险为主要业务的险种体系。在水险中，凡在航海中遭受各种意外事故所导致的损失，无论是船舶、货物，还是运费、利益或责任，均可以纳入保险人的承保范围；而各种意外事故既包括暴风雨、台风、海啸及触礁、搁浅等海上一切自然灾害，也包括碰撞、盗窃、战争及船员的恶意行为等。因此，水险业务范围甚广，承保的风险责任也相当广泛。概括起来，可分为海洋运输货物保险、远洋船舶保险、海洋工业保险及其他保险等。

（一）海洋运输货物保险

海洋运输货物保险主要承保海运途中因自然灾害、意外事故造成的货物损失，它又分为平安险、水渍险、一切险以及海洋运输货物战争险等。

1. 平安险。平安险的原意是指单独海损不负责赔偿。所谓单独海损又称特别海损，是相对于共同海损的一个概念，它是指只涉及损失方个人的利益，且损失仅由损失者一方自己承担的损失。例如，船舱内失火，一部分货物被焚毁，此项货物损失即为单独海损损失；但因共同利益而用水扑灭火灾，致使货物遭受海水浸泡之损失，此项损失即为共同海损。因此，平安险的原意指保障范围只赔全部损失。但在长期实践的过程中对平安险的责任范围进行了补充和修订，当前我国平安险的责任范围已经超出只赔全损的限制。具体而言，平安险的保险责任包括：①被保险货物在运输途中由于恶劣气候、雷电、海啸、地震、洪水等自然灾害造成整批货物的全部损失或推定全损。②由于运输工具遭受搁浅、触礁、沉没、互撞，与流冰或其他物体碰撞以及失火、爆炸等意外事故造成货物的全部或部分损失。③在运输工具已经发生搁浅、触礁、沉没、焚毁等意外事故的情况下，货物在此前后又在海上遭受恶劣气候、雷电、海啸等自然灾害所造成的部分损失。④在装卸或转运时由于一件或数件货物整件落海造成的全部或部分损失。⑤被保险人对遭受承保责任内危险的货物采取抢救，防止或减少货物损失的措施而支付的合理费用，但以不超过该批被救货物的保险金额为限。⑥运输工具遭遇海难后，在避难港由于卸货所引起的损失以及在中途港、避难港由于卸货、存仓及运送货物所产生的特别费用。⑦共同海损的牺牲、分摊和救助费用。⑧运输合同中订有"船舶互撞责任"条款，根据该条款规定应由货方偿还船方的损失。

2. 水渍险。水渍险的保险责任除包括平安险的各项责任外，还负责保险货物由于恶劣气候、雷电、海啸、地震、洪水等自然灾害所造成的部分损失。

3. 一切险。海洋运输货物保险一切险的保险责任除平安险与水渍险所列各项责任外，还负责保险货物在运输途中由于外来原因（参见下面第 5 点的"普通附加险"）所致的全部损失或部分损失。因此，一切险是一种风险高度综合的险别。

4. 海洋运输货物战争险。海洋运输货物战争险主要承保直接由于战争、类似战争行为和敌对行为、武装冲突或海盗行为所致的损失，以及由此引起的捕获、拘留、扣留、禁制、扣押所造成的损失，各种常规武器，包括水雷、鱼雷、炸弹所致的损失，以及由上述责任范围引起的共同海损的牺牲、分摊和救助费用。

5. 海洋运输货物保险附加险。海洋运输货物保险的附加险可分为普通附加险和特别附加险两类。

（1）普通附加险。普通附加险包括偷窃、提货不着险，淡水雨淋险，短量险，混杂、沾污险，渗漏险，碰损、破碎险，串味险，受潮受热险，钩损险，包装破裂险，锈损险等 11 种（亦称外来风险保险）。普通附加险属于一切险的范围。

（2）特别附加险。海洋运输货物的特别附加险有交货不到险、进口关税险、舱面险、拒收险、黄曲霉素险、战争险、罢工险等。

（二）远洋船舶保险

远洋船舶保险主要是指承保远洋船舶在海运途中因自然灾害、意外事故造成的船舶本身的损失以及有关责任、利益损失的保险。我国的远洋船舶保险按照保险责任范围的大小可以分为全损险和一切险两个险别。

1. 全损险。全损险强调的是被保险船舶的全部损失（包括实际全损与推定全损），它承保的是远洋船舶因下列原因遭受的全损：海上风险、火灾和爆炸、来自海外的暴力盗窃或海盗行为、抛弃货物、核装置或反应堆发生的故障或意外事故、船员疏忽或过失所致的损失。

2. 一切险。一切险的承保责任范围，除承担全损险的所有责任风险造成的全部损失和部分损失风险外，还承保碰撞责任和共同海损和救助及必要、合理的施救费用。

（三） 海洋工业保险

海洋工业保险主要指海上开采方面的保险，如海洋石油开发保险等，它承保海上石油开发过程中各个阶段的海上风险，包括财产损失保险、责任保险等。由于该险种技术含量很高，且具有建安工程保险的特征，可纳入科技工程保险内容。

（四） 其他保险

除上述三大海上保险业务外，保险人通常还提供多种附加险供保险客户根据自身需要加以选择投保，也可在双方协商一致的情形下开办单独的业务，如邮包险、集装箱保险、与海上保险有关的航空运输保险、陆上运输货物保险等。

第三节　非水险

除水险（海上保险）以外的一切陆上财产保险业务，均属于非水险范畴，包括火灾保险、运输工具保险、运输货物保险、工程保险、责任保险（参见本书的第八章）、信用保证保险、农业保险等。本章除了个别险种没有涉及外，其他则参见本节及第四节的介绍。

一、火灾保险

火灾保险，简称火险，是指以存放在固定场所并处于相对静止状态的财产及其有关利益为保险标的，由保险人承担被保险财产遭受保险事故损失的经济赔偿责任的一种财产损失保险。作为一种传统的、独立的保险业务，火灾保险在产生之初，因只承保陆上财产的火灾风险而得名。后来，为了满足保险消费者的风险转嫁需要，火灾保险在火险的基础上不断扩大其承保责任的范围，即除承保火灾外还承保各种自然灾害和意外事故所致的损失。因此，火灾保险不等于只保火灾的保险。[1]

根据投保主体不同，火灾保险可分为团体火灾保险和家庭财产保险。

（一） 团体火灾保险

团体火灾保险，惯称企业财产保险，是以法人团体的财产物资及有关利益等为保险标的，由保险人承担火灾及有关自然灾害、意外事故损失赔偿责任的财产损失保险。该类保险险种主要有财产保险基本险、财产保险综合险、财产保险一切险及利润损失保险等。

1. 财产保险基本险。财产保险基本险是以企事业单位、机关团体等的财产物资为保险标的，由保险人承担被保险人财产所面临的基本风险责任的保险，它是团体火灾保险的主要险种之一。根据我国现行财产保险基本险条款，该险种承担的保险责任包括火灾、雷击、爆炸、飞行物体和空中运行物体的坠落，被保险人拥有财产所有权的自用的供电、供水、供气设备因保险事故遭受破坏而引起停电、停水、停气及其造成保险标的的直接损失，以及必要且合理的施救费用等。除上述保险责任外，其他均属于财产保险

---

① 许飞琼. 财产保险理论与实务 [M]. 北京：国家开放大学出版社，2018：116.

基本险的除外责任。

2. 财产保险综合险。财产保险综合险与财产保险基本险一样，也是团体火灾保险业务的主要险种之一，它在适用范围、保险对象、保险金额的确定和保险赔偿处理等内容上，与基本险相同，不同的只是保险责任较基本险有扩展。根据现行财产保险综合险条款规定，保险人承保该种业务时所承担的责任包括火灾、爆炸、雷击、暴雨、洪水、台风、暴风、龙卷风、雪灾、雹灾、冰凌、泥石流、崖崩、突发性滑坡、地面突然塌陷、飞行物体及其他空中运行物体坠落等。

需要指出的是，国内有少数保险公司将地震风险作为特别约定的风险通过附加险的方式予以承保，但绝大部分商业保险公司均将地震风险列为除外不保。

3. 财产保险一切险。财产保险一切险的承保责任比前述综合险的保障范围更宽泛，即一切险承保的责任范围是保险合同上"列明的除外责任之外的一切自然灾害与意外事故"，这与综合险以承保的"列明责任"（即保险公司仅对合同上"列明的责任"承担保险责任）不同。保险公司通过保险合同中列明的"除外责任"来限制承保风险的范围。

4. 利润损失保险。利润损失保险又称营业中断保险，是指对企业（被保险人）因物质财产遭受自然灾害或意外事故等导致损毁后，在一段时间内停产、停业或营业受影响的间接经济损失及营业中断期间发生的必要的费用支出提供保障的保险。也就是说，利润损失保险承保由于火灾和自然灾害或意外事故造成被保险人的被保险财产受损，在被保险财产从受损到恢复至营业前状况这一段时期内，因停产、停业或营业受到影响，被保险人遭受的利润损失和受灾后营业中断期间所需开支的必要费用等间接经济损失。在国际保险市场上，利润损失保险既有使用单独保单承保的，又有作为前述团体火灾保险的附属保单承保的。我国保险人一般将利润损失保险作为团体火灾保险的一项附加险承保。

（二）家庭财产保险

家庭（含个人）财产保险是面向城乡居民家庭或个人的火灾保险，保险人在承保家庭财产保险时，对其保险标的、承保地址、保险责任等均与团体火灾保险有相通性，在经营原理与程序方面也具相通性。家庭财产保险的特点在于投保人是以家庭或个人为单位，业务分散，额小量大，风险结构以火灾、盗窃等风险为主。其主要险种有：

1. 普通家庭财产保险。它是保险人专门为城乡居民家庭开设的一种通用型家财险业务，保险期限为一年，保险费率采用千分率，由投保人根据保险财产实际价值确定保险金额以作为保险人赔偿的最高限额。

2. 家庭财产两全保险。它是在普通家财险的基础上衍生的一种家财险业务。与普通家财险相比，家财两全险不仅具有保险的功能，也兼具到期还本的功能。即被保险人向保险人交付保险储金，保险人以储金在保险期内所生利息为保险费收入，当保险期满时，无论是否发生过保险事故或是否进行过保险赔偿，其本金均须返还给被保险人。此外，其他内容均与家财险相同。

3. 房屋及室内财产保险。该类保险目前在市场上又可分为以下三种：①一般的房屋保险。此类房屋保险大多数保险公司又均纳入普通家财险系列之内。②除房屋外还包括室内财产的保险。③贷款抵押房屋保险。即保险公司将个人或家庭以抵押贷款方式购买的商品房为保险标的而推出的险种。

4. 安居类综合保险。该类保险是集房屋、室内财产和责任保险于一体的、具有组合特征的综合型保险。保险客户可以根据自身需要而加以选择投保，即保险客户既可投保包括房屋在内的一般家财险，又可投保现金、珠宝、有价证券，还可投保诸如宠物责任民事赔偿风险。该险种可以最大限度地满足保险消费者的全面需求和个性化选择。

5. 投资保障型家庭财产保险。它是集保障性、储蓄性、投资性于一身的家庭财产保险险种。此类险种一般既能使被保险人获得保险保障，还能使投保人（或被保险人）收回保障金本金并确保获得高于银行同期存款利率的投资回报。

6. 专项家庭财产保险。根据保险客户的需要，保险人还通常开办若干专项家庭财产保险，如私人建房保险、家用电器用电安全保险、房屋装潢保险、管道爆裂保险、房屋地震保险等，投保人可根据需要选择投保。

7. 普惠型家庭财产保险。普惠型家财险是在普通家财险的基础上附加管道疏通、电路维修、漏水排查、开锁、油烟机拆洗、24 小时在线医疗问诊、家庭责任法律咨询、适老化改造建议等服务的一种具有保费低、保额高、保障全等特点的家庭财产保险。

二、运输工具保险

运输工具保险专门承保各种机动运输工具，包括机动车辆、船舶、飞机、摩托车等各种以机器为动力的运载工具。由于各种运输工具在运行过程中会经常遇到各种自然风险与意外事故风险，参加保险即成为其拥有者转嫁风险和稳定经营的必要手段。因此，运输工具保险的适用范围相当广泛，包括客运公司、货运公司、航空公司、航运公司以及拥有上述运输工具和摩托车、拖拉机等机动运输工具的家庭或个人，均可以投保运输工具保险类的不同险种，并通过相应的保险获得风险保障。[1]

（一）机动车辆保险

机动车辆保险是运输工具保险中的主要业务，它以各种以机器为动力的陆上运输工具为保险标的，包括各种汽车、摩托车、拖拉机等。由于机动车辆本身所具有的特点，机动车辆保险亦具有陆上运行、流动性大、行程不固定、业务量大、投保率高、第三者责任风险大等特点。在财产保险经营实践中，机动车辆保险实际上是以机动车辆及与之密切关联的有关利益为保险标的的多项保险业务的统称。按照保险标的来划分，机动车辆保险往往被分为汽车保险、摩托车保险、拖拉机保险等；按照保险责任划分，机动车辆保险又被分为车辆损失保险和第三者责任保险，其中车辆损失保险属于狭义财产保险范围，第三者责任保险属于责任保险范畴。

1. 车辆损失保险。车辆损失保险承保的是车辆本身因各种自然灾害、碰撞及其他意外事故所造成的损失，以及施救费用。其保险金额通常根据投保车辆的重置价值确定，也可以由保险合同双方协商确定。车辆损失险的保险费目前一般根据基准保险费与费率

---

① 中国保险行业协会. 保险原理 [M]. 北京：中国金融出版社，2016：167－172.

调整系数两部分来计算，其中基准保险费可由行业测算后统一确定，费率调整系数则因投保车辆价值、投保人或被保险人的不同而有较大差别，包括无赔款优待系数、交通违法系数、自主核保系数和自主渠道系数等细分系数。当被保险车辆发生保险损失时，保险人根据其受损情况进行赔偿，全损时按照保险金额赔偿，但以不超过重置价值为限；部分损失时，则按照实际修理费用赔偿。

2. 机动车辆第三者责任保险。机动车辆第三者责任（含法律强制，下同）保险属于责任保险范畴，它承保被保险车辆因意外事故造成第三者的人身伤害或财产损失，依法应由被保险人承担经济赔偿责任的风险。当保险事故发生时，保险人在保险责任范围内按约承担被保险人（致害人）的损害赔偿责任。机动车辆第三者责任保险的经营原则与赔偿处理均类同于其他责任保险（参见本书第八章）。在承保第三者责任保险业务时，因承保的风险是法律风险，承担的责任是不确定的民事损害赔偿责任，保险人通常以赔偿限额的方式来控制自己的风险，即保险人规定若干等级的每次责任事故的赔偿限额或累计赔偿限额，投保人可以选择，其保险费按不同的赔偿限额收取。

机动车辆保险除了车辆损失保险、第三者责任保险外，还有全车盗抢险、车上人员责任险（司机责任险和乘客责任险）等基本险种以及附加绝对免赔率特约条款、附加车轮单独损失险、附加新增加设备损失险、附加车身划痕损失险、附加发动机进水损坏除外特约条款、附加修理期间费用补偿险、附加机动车增值服务特约条款等若干附加险。

（二）船舶保险

船舶保险是指以各种船舶、水上装置及其碰撞责任为保险标的的一种运输工具保险。海上船舶保险属于水险的内容，前已述及。这里仅指内河、湖泊的船舶保险。船舶保险适用于各种团体单位、个人所有或与他人共有的机动船舶与非机动船舶，以及水上装置等。不过，投保船舶保险者必须有港务监督部门签发的适航证明和营业执照等。对于建造或拆除中的船舶则要求另行投保船舶建造保险或船舶拆除保险，并按照工程保险原则来经营；对于石油钻井船、渔船等，一般另有专门的险种承保。

船舶保险的保险责任可以划分为碰撞责任与非碰撞责任，前者指保险标的与其他物体碰撞并造成对方损失且依法应由被保险人承担经济赔偿责任的责任；后者则包括有关自然灾害（主要是海洋灾害，属于水险内容）、火灾、爆炸等，以及共同海损分摊、施救费用、救助费用等。船舶保险的除外责任主要包括战争、军事行动和政府征用，不具备适航条件，被保险人及其代理人的故意行为，正常维修，因保险事故导致停航、停业的间接损失，以及超载、浪损等引起的损失。

船舶保险的保险金额通常采取一张保单一个保险金额，包括承保船舶本身的损失、碰撞责任和费用损失等（远洋船舶保险相同），且上述三项损失均分别以船舶保险的保险金额为最高赔偿限额，因此船舶保险属于高度综合的险种，附加险不发达。

（三）飞机保险

飞机保险也称航空保险，它是 20 世纪初期产生的一种运输工具保险。由于飞机作为现代高速运输工具，单机价值高，风险大，保险公司往往采取多家共保或承保后寻求分保的措施来控制风险。作为运输工具保险中的主要类别，飞机保险实际上是以飞机及其相关责任风险为保险对象的一类保险，它主要包括机身保险、战争及劫持保险、第三者责任保险、旅客责任保险、货物责任保险等若干业务，其中机身保险是最主要的业务。

1. 机身保险。机身保险以各种飞机本身作为保险标的，它适用于任何航空公司、飞机拥有者、有利益关系者以及看管、控制飞机的人。保险人对飞机机身的承保责任通常以一切险方式承保，即除外责任以外的任何原因造成的损失或损坏，保险人均负责赔偿。机身保险的保险金额通常采取不定值方式承保，但也有保险公司对飞机机身采取定值保险的方式，对飞机损失的赔偿是在保险限额内选择现金赔付或置换相同的飞机。

2. 飞机战争、劫持险。飞机战争、劫持险是以飞机为保险标的，以战争、劫持等特殊性质的风险（机身保险等不保的风险）为承保责任的一种保险。在西方国家，飞机战争险与飞机劫持险是两个险种，在中国通常在一张保单项下予以承保。

3. 飞机第三者责任保险。飞机第三者责任保险专门承保飞机在保险期间可能造成第三者的损失且依法应由被保险人承担经济赔偿责任的风险，其性质类似于机动车辆第三者责任保险。

4. 航空旅客责任保险。航空旅客责任保险是以飞机乘客为保险对象的一种飞机责任保险，保险责任一般从乘客起点验票后开始到终点离开机场止。国际航空承运人对乘客的赔偿责任按照国际民航公约的规定执行，国内航空承运人对乘客的赔偿责任一般由国内航空法律来规定。

三、运输货物保险

运输货物保险是以运输过程中的各种货物为保险标的、以运行过程中可能发生的有关风险为保险责任的一种财产保险。在国际上，运输货物保险是随着国际贸易的发展而不断发展并很早走向成熟的险种。因为无论是对内贸易，还是对外贸易，商品使用价值的转移均离不开运输。在运输过程中，货物遭受自然灾害或意外事故的损失总是难免的，而根据各国有关运输法律、法规的规定，承运人仅对因为自己的过错造成的货物损失负责，对于不可抗力造成的货物损失则不负责任，因此，对货物的所有者而言，无论其选择的是信誉多高的承运人，均有投保货物保险的必要。

根据保险人的承保范围，运输货物保险可分为国内运输货物保险和国际运输货物保险，前者系运输货物在国内进行，后者则是运输货物超越了一国国境。

（一）国内运输货物保险

1. 概念及业务范围。国内运输货物保险是指保险公司以在我国境内运输过程中的货物为保险标的，在标的物遭遇自然灾害或意外事故所造成的损失时，根据保险合同规定给予经济补偿的保险。凡是在国内运输的货物，无论是采用水路、铁路、公路运输等还是上述方式联运，均可以通过运输货物保险将运输过程中因自然灾害或意外事故所造成的损失通过保险的方式得到一定的经济补偿。

国内运输货物保险业务承保的范围包括铁路、水路、公路、航空、管道等多种运输方式的货物运输风险。其中水路及铁路运输的货物通常单批货物数量大，而采用汽车及陆地其他运输工具运输的货物则往往批次大，采用航空运输方式运输的货物往往价值较高，各种运输工具因运行方式及运行区域不同，其面临的货物损失风险亦会不同。

2. 国内运输货物保险种类。国内运输货物保险业务种类，一般根据主要运输工具划分为铁路运输货物保险、水路运输货物保险、公路运输货物保险、航空运输货物保险等。其中：水路、铁路运输货物保险承保利用船舶和火车运输的货物，它是国内运输货物保险的主要业务，均分为基本险和综合险，并设有多种附加险；在此基础上，还衍生出鲜活运输货物保险和行包保险等独立险种。公路运输货物保险承保通过公路运输的物资，保险责任与水路、铁路运输货物保险的保险责任基本相同，该种保险随着我国公路建设的发展和公路货物运输业的发展而在迅速发展。航空运输货物保险专门承保航空运输的货物，其责任范围相当广泛。

除以上基本险种外，运输货物保险还有多种附加险。附加险往往承保某一种较为特殊的风险责任，由保险客户根据自己投保货物的需要自主选择确定。如海洋货物运输保险中的附加偷窃险、附加提货不着险、附加淡水雨淋险、附加短量险等前面已提及的 11 种附加险。因此，对于多数运输货物保险业务而言，都是基本险或综合险加若干附加险组成。

（二）国际运输货物保险

国际运输货物保险是以对外贸易货物运输过程中的各种货物作为保险标的的保险。国际运输货物保险是国际贸易的重要组成部分，其不但可以给运输中的货物提供保障，而且还能为国家提供无形贸易的外汇收入。目前，在中国保险市场上，国际运输货物保险的险种主要有海洋运输货物保险、陆上运输货物保险、航空运输货物保险和邮包险等险种。其中，历史最悠久、业务量最大、法律规定最全的是海洋运输货物保险（参见本章第二节中阐述）。因篇幅所限，本节对其他运输货物保险不再进行阐述。

四、工程保险

（一）工程保险的概念及特征

工程保险是指以各种工程项目为主要承保对象的一种财产保险。一般而言，传统的工程保险仅指建筑工程保险和安装工程保险，但进入 20 世纪后，各种科技工程发展迅速，也成为工程保险市场日益重要的业务来源。

与传统的财产保险相比较，工程保险具有如下特征。

第一，承保风险责任广泛而集中。在各种工程保险合同中，保险人列明不保的风险责任往往属于少数，承担的风险责任则是除外责任之外的一切风险责任，从而通常采取一切险的方式承保。换言之，保险人不仅承担着火灾保险的风险，也承担着工程建设本身所具有的各种风险，还承担着相关责任风险。因此，工程保险的风险责任是相当广泛的，也是十分集中的。

第二，涉及较多的利益关系人。在工程保险中，保险标的涉及多个利益关系人，如项目所有人、承包人、分承包人、技术顾问甚至贷款银行等，各方均对保险标的具有保险利益，从而使保险关系较其他财产保险更为复杂化，保险人对此需要采取交叉责任条款来进行规范与制约。

第三，不同工程保险险种的内容相互交叉。如建筑工程中往往含有安装工程项目，安装工程中也通常有建筑工程项目，科技工程中既有建筑工程也有安装工程，这一现象使各种工程保险具有了一定程度的相通性。

第四，工程保险承保的主要是技术风险。现代工程建设的技术含量很高，专业性极强，它们对于一般的自然风险通常具备相应的抵御能力，许多工程事故的发生往往是技术不良或未按照技术规程操作所导致的。因此，工程保险是技术性较高的保险业务，尤其是科技工程保险更是代表了现代保险业的最高水平。

（二）建筑工程保险

建筑工程保险承保的是各类建筑工程，即适用于各种民用、工业用和公共事业用的建筑工程，如房屋、道路、桥梁、港口、机场、水坝、道路、娱乐场所、管道以及各种市政工程项目等，均可以投保。建筑工程保险的保险标的范围广泛，既有物质财产部分，也有第三者责任部分。

建筑工程保险的保险责任可以分为物质部分的保险责任和第三者责任两大部分。其中物质部分的保险责任主要有保险单上列明的各种自然灾害和意外事故，如洪水、风暴、水灾、暴雨、地陷、冰雹、雷电、火灾、爆炸等多项，同时还承保盗窃、工人或技术人员过失等人为风险，并可以在基本保险责任项下附加特别风险保险条款，以利被保险人全面转嫁自己的风险。不过，对于错误设计引起的损失、费用或责任，换置、修理或矫正标的本身原材料缺陷或工艺不善所支付的费用，引起的机械或电器装置的损坏或建筑用机器、设备损坏，以及停工引起的损失等，保险人不负责任。对于被保险人所有或使用的车辆、船舶、飞机、摩托车等交通运输工具，需要另行投保相关运输工具保险。与一般财产保险不同的是，建筑工程保险采用的是工期保险单，即保险责任的起讫时间通常以建筑工程的开工到竣工为期。

（三）安装工程保险

安装工程保险是指以各种大型机器、设备的安装工程项目为保险标的的工程保险，保险人承保安装期间因自然灾害或意外事故造成的物质损失及有关法律赔偿责任。安装工程保险是同建筑工程保险一起发展起来的保险业务，与建筑工程保险不仅存在着业务内容上的交叉，而且在业务经营方式上也具有相通性。安装工程保险的适用范围包括安装工程项目的所有人、承包人、分承包人、供货人、制造商等，即上述各方均可成为安装工程保险的投保人，但实际情形往往是一方投保，其他各方可以通过交叉责任条款获得相应的保险保障。

安装工程保险的可保标的，通常也包括物质损失、特别风险赔偿和第三者责任三个部分，其中物质损失部分即分为安装项目、土木建筑工程项目、场地清理费、承包人的机器设备、所有人或承包人在安装工地上的其他财产等五项，各项标的均需明确保险金额；特别风险赔偿和第三者责任保险项目与建筑工程保险相似。

（四）科技工程保险

科技工程保险业务主要有海洋石油开发保险、卫星保险和核电站保险等。

海洋石油开发保险面向的是现代海洋石油工业，它承保从勘探到建成、生产整个开发过程中的风险，海洋石油开发工程的所有人或承包人均可投保该险种。该险种一般被划分为四个阶段：普查勘探阶段、钻探阶段、建设阶段、生产阶段。每一阶段均有若干具体的险种供投保人选择投保。每一阶段均以工期为保险责任起讫期。当前一阶段完成，并证明有石油或有开采价值时，后一阶段才得以延续，被保险人也需要投保后一阶段的保险。因此，海洋石油开发保险作为一项工程保险业务，是分阶段进行的。其主要的险种有勘探作业工具保险、钻探设备保险、费用保险、责任保险、建筑安装工程保险。在承保、防损和理赔方面，均与其他工程保险业务具有相通性。

卫星保险是以卫星为保险标的的科技工程保险，它属于航天工程保险范畴，包括发射前保险、发射保险和寿命保险，主要业务是卫星发射保险，即保险人承保卫星发射阶段的各种风险。卫星保险的投保与承保手续与其他工程保险并无区别。

核电站保险以核电站及其责任风险为保险对象，是核能民用工业发展的必要风险保障措施，也是对其他各种保险均将核子风险除外不保的一种补充。作为一类新兴的科技工程保险业务，核电站保险起源于 20 世纪 50 年代，其特点是因风险具有特殊性而需要有政府作为后盾。核电站保险的险种主要有财产损毁保险、核电站安装工程保险、核责任保险和核原料运输保险等，其中财产损毁保险与核责任保险是主要业务。在保险经营方面，保险人一般按照核电站的选址勘测、建设、生产等不同阶段提供相应的保险，从而在总体上仍然具有工期性。当核电站正常运转后，则可以采用定期保险单承保。

（五）　机器损坏保险

机器损坏保险主要承保工厂、矿山等保险客户的机器本身的损失，保险人对各类安装完毕并已转入运行的机器设备因人为的、意外的或物理性原因造成的物质损失负责。该险种既可单独投保，也可作为财产保险基本险或综合险的附加险投保。

与其他火灾保险险种相比，机器损坏保险产品具有如下特点：（1）承保的基本上是人为风险损失；（2）所保的机器设备，不论新旧，一般均按重置价值投保，即按投保时重新换置同一厂牌或类似型号、规格、性能的新机器的价格；（3）一般要求一个工厂，一个车间的机器全部投保；（4）机器损坏险因机器运行期间的事故多、风险大，费率高于普通财产保险；（5）有停工退费的规定。

第四节　政策保险

一、政策保险的概念与特征

（一）　政策保险的概念

所谓政策保险，是指在一定时期、一定范围内，国家为促进有关产业的发展，运用政策支持或财政补贴等手段对该领域的承保风险给予保护或扶持的一类特殊形态的保险业务。

与商业保险或社会保险相比，有些保险业务因风险性质、经营方式、经营目的等既不属于商业保险范畴也不属于社会保险体系，而只能另外归类而采用特殊的方式进行经营与发展，如农业保险、出口信用保险、巨灾保险等，我们把这一类保险业务统称为政策保险。在各国的保险体系中，政策保险的业务并不太大，但却是各国保险体系的必要组成部分。它的存在与发展，对国家有关产业政策的实施及特定产业的发展起重要的促进作用。

（二） 政策保险的特征

与商业保险或社会保险相比，政策保险的特征主要表现在以下几个方面。

1. 政策保险介于商业保险与社会保险之间，其性质突出地体现在它的政策性上。一方面，政策保险通常不受各国商业保险法的具体规范和制约，也与社会保险法规政策没有关系，而是由另行制定的专门政策法规来规范。例如，我国的农业保险作为政策保险，由我国的《农业保险条例》来规范；同样，美国的农作物保险是一种政策性保险业务，它由专门的《联邦农作物保险法》来规范，并完全受该法律的制约。另一方面，将何种保险业务作为政策性保险，或在什么时期将其列为政策保险，并享受国家直接的政策支持，也是国家在商业保险和社会保险制度安排之外另行安排的，这种安排突出地表现在相关政策对政策保险经营内容、方式、费率、承保金额和赔偿方式等的统一规范上，保险双方缺乏自主权。因此，政策保险是由特定政策进行规范的保险，它虽然在经营方面更多地受商业保险的影响，甚至可以委托商业保险公司负责经营，但其性质又确实介于社会保险与商业保险之间，是一种有别于社会保险和商业保险的第三种风险保险形态。

2. 政策保险的目的不是盈利，而是为特定的产业政策服务。政策保险的基本出发点在于为实施特定的产业政策服务。如国家为了促进出口，就可能实施政策性的出口信用保险制度；发达国家为了促使本国过剩资本向海外尤其是发展中国家投入，可能将海外投资保证纳入政策性保险的范畴；等等。然而，政策保险所经营的险种，又大多风险极大或风险特殊，利润很低甚至可能发生亏损，一般商业保险公司不愿开办或者无力开办这类业务，但国家为了促进相关产业的发展，通常会对其风险保障机制加以特殊考虑，即对政策性保险给予相应的政策保护和直接的财政支持。因此，对政策保险而言，盈利并非其目的；换言之，政策性保险追求的是为产业发展政策配套服务的宏观效益，只要国家的相关产业政策得到落实和相关产业得到发展，政策性保险业务即使亏损也会开办，而国家则会充当着经营主体的经济后盾，对经办主体给予经济上的补偿。可见，政策保险与自负盈亏的商业保险有着很大的差别。

3. 政策保险的业务经营有特色。在政策保险的具体经营实践中，其特色通常在以下几个方面得到体现。

（1）政策保险业务经营主体有特色。即经办政策保险的主体，一般是国家或由国家确定的特定保险机构，既可以在政府职能部门中设置专门机构，也可以单独成立专门的公营保险公司，还可以委托商业保险公司经营此类业务。如日本的出口信用政策保险机构设在通商产业省，是政府外贸职能部门中的一个组成部分；美国农作物政策保险机构是根据《联邦农作物保险法》由联邦财政出资设立的公营农作物保险公司专门承办的；等等。

（2）政策保险实施方式有特色。在三大保险类别中，社会保险以高度强制实施为基本特征，商业保险（除机动车辆第三者责任保险等个别险种外）强调等价交换、自愿成交，而政策保险通常表现为对承保方强制而让投保方自愿的经营方式。即在多数情形下，政策保险并不强制投保人的投保行为，但对承保方却加以强制，即经营主体必须接受政府的管制，不能拒绝保险客户的政策保险投保要求，从而是一方强制另一方自愿的经营方式；此外，也有一种对投保方强制而对承保方放开的例外，如某些国家在推行农业生产贷款政策时，通常强制接受农业优惠贷款的农户投保农业保险，并以此作为发放农业贷款的前提条件。

（3）政策保险承保金额的确定有特色。社会保险的保障待遇是按照公平性原则由国家社会保险法律统一规定的，提供的是基本保障，经办主体和保障对象对此均无自主权；商业保险承保金额的确定，奉行的是不投不保、少投少保、多投多保的原则，完全由保险公司和保险客户通过协商自主确定；而政策保险的承保金额的确定，通常根据投保标的价值的一定比例来确定，不能足额承保。如出口信用保险的保险金额，各国就通常以投保标的价值的80%为确定保额的最高限额，农业保险更是通常采取保成本或保成数的方式来确定保险金额，以便让投保人自己分担一部分风险责任，进而达到促进其重视风险管理的目的。

（4）政策保险在保险风险与保险费率方面有特色。一方面，由于政策保险为特定的产业政策配套服务，在承保风险方面，通常由相关政策法规规定统一的承保责任范围，保险业务经营主体与投保人均无选择的权利。如一些国家的农作物政策保险只承保雹灾，投保人就只能投保雹灾，承保人也不可能扩展承担其他风险等。另一方面，保险责任范围的统一，又为保险费率的统一提供了条件，因此，政策保险通常采取单一费率制，保险双方在费率上缺乏弹性，从而不会出现商业保险交易中的讨价还价现象。另外，对保险时效、赔偿方式及赔款支付等也有相应的统一规定。在保险责任、保险费率和保险赔偿等方面的统一规范，正是政策保险政策性特色的具体体现。

二、政策保险的业务体系

由于各国产业结构与产业发展政策存在着差异，政策保险业务体系在各国之间尤其是在发达国家与发展中国家之间存在着一定程度的差异。例如，在西方国家，农业保险通常被视为政策保险，但不同国家所界定的范围却存在着差别，有的国家将农作物保险列为政策保险，有的国家将牲畜保险列为政策保险，也有的国家将对农业生产中某一种（类）风险（如雹灾）的保障列为政策保险。不过，从世界范围内考察，常见的政策保险业务主要有农业保险、出口信用保险、海外投资保险和巨灾保险等。

三、农业保险

（一）农业保险的概念与特征

1. 农业保险的概念。根据我国现行《农业保险条例》第二条规定，农业保险"是指保险机构根据农业保险合同，对被保险人在种植业、林业、畜牧业和渔业生产中因保险标的遭受约定的自然灾害、意外事故、疫病、疾病等保险事故所造成的财产损失，承担赔偿保险金责任的保险活动"。按照保险性质划分，农业保险可以分为政策性农业保险与商业性农业保险。其中，不以盈利为目的并有政府财政和税收政策支持的农业保险及其再保险，即为政策性农业保险；商业性农业保险只由商业性保险机构经营，经营的项目或出售的保险产品及保险责任较窄，保险标的的损失概率较小，赔付率较低。

农业保险是现代保险业中的必要且独特的组成部分，其必要性源于农业生产的脆弱性与高风险性，其独特性是农业保险不仅需要尊重一般的保险规则，还往往需要特殊的政策扶持。发展农业保险也是我国适应国际规则来保护农业生产的必要举措。一方面，农业的脆弱性与高成本、低效益性，决定了各国政府都对农业给予高度重视，包括发达国家与新兴工业化国家在内，都会想方设法扶持农业生产的发展。另一方面，在经济全球化和农产品市场国际化的背景下，特别是作为世贸组织成员国，又要受到国家财政对农业生产直接补贴不能超过国际限额标准的制约。因此，国外通常将发展农业保险作为对农业生产加以扶持的重要途径。

2. 农业政策保险的特征。农业政策保险虽然属于财产保险，但它天然具有许多不同于一般财产保险的特征。

第一，商业性公司在正常市场环境下难以或不会进入该领域。由于农业生产面临的风险大，损失率高，保险赔付率通常也很高，经营农业保险的机构常常处于微利甚至亏损的境地。在这种情况下，商业性保险公司在正常市场环境下难以或不会进入该领域。只有政府通过有关政策给予扶持如给予财政补贴、税收减免等，经营农业保险的机构才可能进入该领域并实现业务经营的稳定发展。

第二，政府不仅参与宏观决策，而且一般要介入微观经营管理活动。农业保险存在利益外在性问题，它的利益外在性体现在农民对农业保险的需求与保险公司对农业保险的供给两方面，正是由于这种供给和需求的双重利益外在性，致使农业保险在保险市场出现"需求不足，供给有限"的局面。为此，政府会在财政拨款、补贴品种与范围等方面制定宏观政策，甚至在费率、理赔等保险经营微观活动中也会参与。

第三，政府给予这类业务的价格和经营补贴和其他税收优惠，以及提供必要的行政便利措施，因而这类业务具有部分的财政再分配性和部分社会公平性。

第四，政策性农业保险一般是由政府直接组织经营，或由政府成立的专门机构经营，或在政府财政政策支持下，由其他保险供给主体如股份公司、相互公司、合作社等经营。在我国，政策性农业保险是在政府财政政策支持下，由其他保险供给主体经营。

第五，非营利性。

（二）农业保险的内容

1. 农业保险的分类。农业保险从不同的角度有不同的分类：根据承保对象，可分为种植业和养殖业两大险别。种植业保险根据不同作物又可分为粮食作物保险、经济作物保险、其他作物（蔬菜、保护地栽培）保险、林木保险、水果和果树保险等。养殖业保险也可分为大牲畜保险、小牲畜保险、家禽保险、水产养殖保险、特种养殖保险等。根据承保风险的多寡，可分为单一风险（特定风险）保险和一切险保险；根据实施方式，还可分为自愿保险和法定保险。在我国实践中，通常是按承保对象来划分。

2. 农业保险的保险标的。农业保险的标的因险种而异。例如，生长期农作物保险的保险标的是处于生长期的各种农作物，包括粮食作物、经济作物、其他作物、林木、水果、果树等；林果保险的保险标的主要包括原始或次生林、盛果期果园的水果、栽植的果树等；收获期农作物保险主要涉及粮食作物和经济作物；大家畜保险的保险标的主要是牛（奶牛、肉牛和耕牛）、马、骡、驴、骆驼等。

值得指出的是，农业保险是政策性保险，并不是说所有标的或农业保险产品都必须实行政策性经营。事实上，1791 年诞生在德国的农作物雹灾保险，就是由私营保险公司经营的，而且德国、英国、法国等至今都是以私营保险公司为主经营雹灾保险。在日本，除一部分大田作物和家畜等饲养项目是依法强制实行政策性保险之外，花卉、某些设施农业、精细农业生产的保险，实际上都是商业性经营。也就是说，只有那些关乎国计民生，对农业和农村经济社会发展有重要意义，而商业性保险公司又不可能或不愿意从事经营的农业保险项目，才有可能纳入政策性保险经营范围。在我国，根据《中央财政农业保险保费补贴管理办法》（以下简称"补贴办法"）第五条的规定，中央财政补贴险种的保险标的主要包括种植业、养殖业、森林等三大类及涉藏特定品种，覆盖稻谷、小麦、玉米、棉花、马铃薯、油料作物、糖料作物、天然橡胶、三大粮食作物（稻谷、小麦、玉米）制种，能繁母猪、育肥猪、奶牛，公益林、商品林，青稞、牦牛、藏系羊等品种。

3. 农业保险的责任范围。农业保险的保险责任在农作物保险、林木保险、畜禽保险和水产养殖保险中各不相同。例如，生长期和收获期农作物保险主要涉及粮食作物、经济作物和其他作物，根据保险人承担保险风险责任的多寡，有单一风险责任、综合风险责任和一切风险责任之分；林木保险的保险责任，目前一般情况下，保险人只出售森林火灾保险单，承担单一火灾风险的损失补偿责任；畜禽保险的保险责任可能包括自然灾害如洪水，意外事故如火灾，社会风险如为防止畜禽传染病蔓延执行当地政府命令扑杀并掩埋或焚烧等；水产养殖保险的保险责任一般包括死亡责任和流失责任两大类等。根据补贴办法第十一条规定，我国补贴险种的保险责任应当涵盖当地主要的自然灾害、重大病虫鼠害、动物疾病疫病、意外事故、野生动物毁损等风险；有条件的地方可稳步探索将产量、气象等变动作为保险责任。

4. 农业保险费率。同其他财产保险一样，农业保险的保险费率也是以保险标的的损失率为基础的。不同的是农业保险的保险标的的损失率比其他财产的损失率高得多。在实践中，如何确定费率常使保险人犯难。因为真正根据损失率厘定费率，保户买不起，以低费率承保，保险公司赔不起。因此，实践中的做法是消费者对超出支付能力的保单可选择不买，或者有另外的方式筹措保费（例如由政府或其他方面补贴一部分）。我国因为实施的是政策性保险，农业保险费率制度采取的是科学厘定和动态调整机制，即各级政府可以根据中央保费补贴农业种植业品种费率以"科学合理、积极稳妥、动态调整、有序实施"为原则进行动态调整。例如，某省 2023 年将能繁母猪单位保额由 2018 年的 1 200 元/头提高至 1 500 元/头，费率则由 6% 降到 4%；春秋季生产蔬菜和水果、跨度 8 米以上的全钢架结构大棚或连栋大棚等设施农业主体设施，保额由 6 000 元/666.67m² 提高到 8 000 元/666.67m²；冬季可以正常生产蔬菜和水果的温室、连栋温室和跨度 10 米以上的覆被式全钢架大棚、食用菌菇房（棚）等设施农业主体设施，总保额从 20 000 元/666.67m² 提高到 30 000 元/666.67m²，保险期间均为一年，保险费率则由 6% 降为 5%，等等。

5. 农业保险的保险金额。由于农业保险的保险标的具有自然再生产与经济再生产相结合、风险大、损失率高的特点，在保险金额的确定方面也与其他财产保险存在着区别，总的要求即是实行低保额制，以利承保人控制风险。在经营实践中，农业保险主要采取以下方式来确定保险金额：

（1）保成本。即保险人按照各地同类标的投入的平均成本作为计算保险金额的依据，据此确定的保险金额即是保险人承担责任的最高赔偿限额。保成本分物化成本和完全成本。所谓物化成本，就是为生产农产品而付出的除人工工资以外的物的成本（如种子、化肥等成本）。所谓完全成本，是在物化成本基础上，将中低劳动成本也纳入到计算范围，隐含了土地、劳动等生产要素的平均价格。如补贴办法第十二条对补贴险种的保险金额做了如下规定：①对于种植业保险，原则上为保险标的的生长期内所发生的物化成本，包括种子、化肥、农药、灌溉、机耕和地膜等成本。对于 13 个粮食主产地区（含大连市、青岛市）[①] 产粮大县的三大粮食作物，保险金额可以覆盖物化成本、土地成本和人工成本等农业生产总成本（完全成本）；如果相应品种的市场价格主要由市场机制形成，保险金额也可以体现农产品价格和产量，覆盖农业种植收入。②对于养殖业保险，原则上为保险标的的生产成本，可包括部分购买价格或饲养成本，具体由各省根据养殖业发展实际、地方财力状况等因素综合确定保险金额。③对于森林保险，原则上为林木损失后的再植成本，包括灾害木清理、整地、种苗处理与施肥、挖坑、栽植、抚育管理到树木成活所需的一次性总费用。

（2）保产量。保险人按照各地同类标的的产量确定保险金额，它适用于农作物保险、林木保险和水产养殖保险。生长期农作物可以农作物的预期收益量作为保险标的的价值，按照一定成数确定保险金额；林木保险的保险金额则可以按照单位面积林木蓄积量确定；水产养殖保险则可以按照水产品的养殖产量一定成数确定保险金额。

（3）保价格。即保险金额体现在保险公司同被保险人签订保险合同时确定的一个预期价格，如果在约定的时期内被保险标的的价格低于合同里约定的价格，保险公司则按照合同约定的价格进行理赔。而这个价格的选择，既可以由参保的农户自己定，也可以由保险人与被保险人双方协商确定，或根据期货市场上一段时间里的平均价格来确定。

（4）保收入。即保险金额体现农产品价格和产量，保障水平覆盖农业种植收入。这种确定保险金额的方式和保价格一样，在签订保险合同的过程中约定目标价格。此外，保收入保险合同在签订的时候还要按照往年的产量情况来约定目标产量。相对保价格的方式而言，通过保收入确定保险金额的方式保障的层面更高，即保障更加全面、更加稳妥，相应地，其保险费用也更高。

此外，在农业保险中还有定额承保方式，或者根据投保标的的不同生长阶段来确定

[①]　13 个粮食主产地区分别为黑龙江、河南、山东、安徽、吉林、河北、江苏、内蒙古、四川、湖南、湖北、辽宁、江西。

保险金额。

四、出口信用保险

（一）出口信用保险的概念与特征

1. 出口信用保险的概念。出口信用保险是承保出口商在经营出口业务的过程中因进口商方面的商业风险或进口国方面的政治风险等而遭受损失的一种特殊的保险。根据保险合同，投保人交纳保险费，保险人将赔偿出口商因其债务人不能履行合同规定支付到期的部分或全部债务而遭受的经济损失。

出口信用保险是一国政府为了鼓励和扩大出口而举办的一种政策保险。在对外贸易中，出口商通常可能遇到各种风险：如进口国发生政变、战争等突发性事件，进口国对出口国实行贸易制裁，贸易双方的汇率政策发生变化等，均会导致出口商的损失，而商业保险公司因此类风险性质特殊且难以确保承保收益，也不会主动开拓出口信用保险市场。如果没有相应的风险保障，出口过程中上述风险的客观存在，往往影响出口方的积极性，进而将直接制约着一个国家或一个地区的对外贸易的发展。因此，许多国家为了解除出口商的风险保障后顾之忧，通常将出口信用保险作为政策性保险来开办，以便通过对出口商在对外贸易中的经济利益的保护来达到促进本国出口的目的。

2. 出口信用保险的特征。出口信用保险与其他以实物作为保险标的的一般财产险相比，有以下主要特征。

（1）经营目的特殊。出口信用保险的目的是为了鼓励和扩大出口，保障出口商以及与之融通资金的银行因出口所致的各种损失，其业务方针体现着国家的产业政策和国际贸易政策；而其他保险除了海上保险与一国对外贸易政策紧密相连外，均是为了稳定国内生产和生活，与一国的对外贸易关系不大。

（2）经营方针特殊。在经营上实行非营利的方针，通常是以比较低的保费承担比较高的风险，最终由国家财政作为后盾，其经营亏损由国家财政加以解决。

（3）经营机构特殊。因出口信用保险承保的风险比较大、所需的资金较多，故经营机构大多为国营机构，包括政府机构或由国家财政直接投资设立的公司或国家委托独家代办的商业保险机构，因而带有明显的政府经营下的非企业化经营的特征。它的经营更侧重于社会效益，而其他财产保险则以盈利为目的，由商业性保险公司经营。同时，出口信用保险的业务好坏受国际政治和经济波动情况的影响。政治稳定，经济发展正常，信用风险就小；反之，信用风险就大。这也是由政府主办或委托办理的原因。

（4）费率厘定特殊。在出口信用保险中，费率的厘定主要取决于进口国国家风险类别、支付方式和信用期限等，尽管短期综合险业务在一定程度上可以通过大数法则，得出其重复发生的比率，但信用风险中包括了很多的人为因素，从而很难运用大数法则来确定费率。

（5）投保人特殊。出口信用保险的投保人必须是本国国民或本国企业，投保的业务，一般应是在本国生产的产品出口。

（6）适用范围特殊。凡出口公司通过银行以信用证、付款交单、承兑交单、赊账等支付方式结汇的出口贸易均可投保出口信用保险。投保人在投保时，应先填写保险人提供的投保单，同时向保险人申请国外买方的信用限额，并每月向保险人申报一次出口货物金额，以便保险人据此承担保险责任和收取保险费。

（二）出口信用保险的类型

出口信用保险可按不同的标准分类。

1. 根据保险的期限不同，可分为短期出口信用保险和中长期出口信用保险。短期出口信用保险一般是指保险期限不超过 180 天的出口信用保险，通常适用于初级产品和消费品的出口。短期出口信用保险是出口信用保险中最为广泛使用的险种。中长期出口信用保险则是以金额巨大、付款期长的信用风险为保险标的的出口信用保险，其中中期出口信用保险承保的信用期一般在 180 天到 3 年，而长期出口信用保险承保的信用期一般在 3 年以上。中长期信用保险通常适用于电站、大型生产线等成套设备项目或船舶、飞机等资本性或半资本性货物的出口。

2. 根据保险责任起讫时间不同，出口信用保险业务可分为出运前的保险和出运后的保险。出运前的保险是保险人承保从合同订立日到货物起运日的信用风险；出运后的保险则承保从货物起运日到保险单的终止日由买方的商业风险或买方所在国家的政治风险导致的出口商经济损失。

此外，根据承保方式不同，出口信用保险业务可以分为综合承保和选择承保；根据承保的风险不同，出口信用保险可以分为商业风险保险和政治风险保险等。

（三）出口信用保险的保险责任范围

1. 保险责任。出口信用保险承保的风险有商业风险和政治风险两种。

（1）商业风险。商业风险是指买方付款信用方面的风险，又称买方风险。它包括：买方破产或实际已资不抵债而无力偿还货款；买方逾期不付款；买方违约拒收货物并拒绝付款，致使货物被运回、降价转卖或放弃。

（2）政治风险。政治风险是指与被保险人进行贸易的买方所在国或第三国发生政治、经济状况的变化而导致买卖双方都无法控制的收汇风险，又称国家风险。它包括：买方所在国实行外汇管制，禁止或限制汇兑；买方所在国实行进口管制，禁止贸易；买方的进口许可证被撤销；买方所在国或货物经过的第三国颁布延期付款令；买方所在国发生战争、动乱、骚乱、暴动等；买方所在国或任何有关第三国发生非常事件。

2. 除外责任。在出口信用保险中，保险人不负赔偿责任的项目通常有：①被保险人违约或违法导致买方拒付货款所致的损失；②汇率变动的损失；③在货物交付时，已经或通常能够由货物运输保险或其他保险承保的损失；④发货前，买方未能获得进口许可或其他有关的许可而导致不能收货付款的损失；⑤买方违约在先情况下被保险人坚持发货所致的损失；⑥买卖合同规定的付款币制违反国家外汇规定的损失。

五、海外投资保险

（一）海外投资保险的概念

海外投资保险，是承保被保险人（海外投资者）因投资引进国政治局势动荡或政府法令变动所引起的投资损失的保险，又称政治风险保险。海外投资保险的政治风险是指东道国政府没收或征用外国投资者的财产，实行外汇管制，撤销进出口许可证，以及内战、绑架等风险而使投资者遭受投资损失的风险。

海外投资是一项风险投资事业，它通常要面对资本输入国特定的政治、社会环境和不发达的经济环境，从而需要有相应的风险保障。然而，一般的商业保险公司又不具备分散这种风险的能力，这样，就需要由国家出面，以政策保险的形式来对海外投资活动提供风险保障服务。因此，海外投资保险或称为海外投资保证保险，是以海外投资者在海外投资活动中可能遇到的投资风险为承保责任的一种保险业务。海外投资保险产生的背景，是发达国家资本过剩需要寻求到更有利可图的投资市场，而在向发展中国家的资本输出中又容易遇到特殊的政治、军事、经济危险；海外投资保险的直接目的，则是资本输出国为保护本国投资者的经济利益，促进资本输出。

需要指出的是，农业保险与出口信用保险都是一国内部的政策性保险，海外投资保险却形成了通过国家与国家之间的投资保证协定来规范的惯例，从而在一定的意义上具有了受国际法约束的特殊内容。

（二）海外投资保险的内容

1. 保险责任。海外投资保险的保险责任主要包括以下四种。

（1）战争险。战争是指投资所在国发生的毁灭敌对方的行动、内战、恐怖行为、叛乱、罢工、暴动以及其他类似战争的行为。战争险项下的保障包括战争造成的项目企业有形财产的损失和因战争行为导致项目企业不能正常经营所造成的损失。

（2）征用险。征用风险又称国有化风险，一般是指由于投资东道国政府采取国有化、没收、征用等方式，剥夺投资项目的所有权和经营权，或投资项目资金、资产的使用权和控制权，致使海外直接投资者的投资及利润全部或部分地归于丧失的风险。征用险是保险人针对海外投资者所面临的征用风险而提供的保险。

（3）汇兑险。汇兑险即外汇风险，是投资者因东道国的突发事变而导致其在投资国与投资国有关的款项无法兑换货币转移的风险。我国海外投资保险承保的这一风险是：由于政府有关部门汇兑限制，使被保险人不能按投资契约规定将应属被保险人所有并可汇出的汇款汇出，因此引起投资者的损失，由保险公司负责赔偿。

（4）政府违约险。政府违约险是指投资所在国政府非法地或者不合理地取消、违反、不履行或者拒绝承认其出具、签订的与投资相关的特定担保、保证或特许权协议等所造成投资者的损失由保险公司负责赔偿。

2. 除外责任。我国海外投资保险条款规定对下列风险造成的损失，保险人不予赔偿：（1）由于原子弹、氢弹等核武器造成的损失；（2）被保险人投资项目受损后造成被保险人的一切商业损失；（3）被保险人及其代表违背或不履行投资合同或故意违法行为导致政府有关部门征用或没收造成的损失；（4）被保险人没有按照政府有关部门所规定的汇款期限汇出汇款所造成的损失；（5）投资合同范围之外的任何其他财产的征用、没收所造成的损失。

3. 保险期限。保险期限在各国有不同规定。美国是根据投资种类、承保险别的具体情况确定，但股份投资保险的法定最高期限，自承保之日起，一般不超过 20 年。德国海外投资保险的法定期限原则上为 15 年，但如果涉及生产设备的制造而所需时间较长者，可以延长至20年。日本海外投资保险的有效期限一般为5～15年，但因被投资企业的建设需要，可以超过15年。我国的投资保险的保险期限分为短期和长期两种。短期为1年；长期保险期限最短的为3年，最长的为15年。投保3年以后，被保险人有权要求注销保单，但如未到3年提前注销保单，被保险人须交足3年的保险费。保单到期后可以续保，但条件仍需要双方另行商议。

无论长期还是短期保险，保险期内被保险人可随时提出退保，但保险人不能中途修正保险合同，除非被保险人违约。

4. 保险金额与保险费。海外投资保险的保险金额以被保险人在海外的投资金额为依据，是投资金额与双方约定比例的乘积。即对每一项投资保险业务，其保险金额不得超过所承保的海外直接投资的一定比例，被保险人应自行承担一定比例的损失。在国际上，美国、日本、德国、英国、澳大利亚、荷兰、挪威、韩国等国及《多边投资担保机构公约》最高保险金额均为投资金额的90%，加拿大、丹麦为85%，而瑞士只承担70%。这种规定的目的是为了增强投资者的责任感，尽力避免风险事故的发生和损失的扩大，确保有关投资的安全。在我国，保险金额一般规定为投资金额的90%（最高不超过95%）。但长期和短期投资项目又有所不同，1年期的保险金额为该年的投资金额乘以双方约定的百分比，保险金额一般规定为投资金额的90%；长期投资项目每年投资金额在投保时按每年预算投资金额确定，当年保险金额为当年预算金额的90%，长期投资项目需确定一个项目总投资金额下的最高保险金额，其保险费需在年度保费基础上加差额保费，长期投资项目期满时按实际投资额结算。

投资保险费率的确定，一般根据投资所在国的国别风险水平、保险期限的长短、投资接受国的政治形势、投资者的能力、相关经验、信誉状况以及项目的追偿潜力等因素确定。一般分为长期费率和短期费率，且保险费在当年开始时预收，每年结算一次，这是因为投资期有变化。我国投资保险的短期年费率一般为8‰，长期年度基础费率一般为6‰。美国根据不同的承保行业、险别及范围，由海外私人投资公司决定。一般保险费率对中小型企业的规定是：外汇险为承保金额的0.3%，征用险为0.4%～0.8%，战争险为0.6%。同时投保三项风险者，按年率的1.5%征收。特别保险费的年率另行计算。德国根据不同的保险期限对保险费率进行调整，年费率一般在0.6%～1.5%。

六、巨灾保险

灾害是伴随人类社会发展而不断发展的异常现象，巨灾更以其巨大的破坏力及惨烈后果而给人类社会带来严重的威胁。巨灾不可避免，巨灾损失也不可避免。有损失，就必然有损失补偿。发达国家对巨灾损失的补偿均以商业保险补偿为主体进行。例如，据慕尼黑再保险统计，2017年共有710起自然巨灾，约有1万人在自然巨灾中丧生，直接经济损失达3 300亿美元，其中通过保险补偿1 350亿美元，占直接经济损失的40.9%；再如美国是保险发达国家，2017年仅因"哈维"、"艾尔玛"和"玛丽亚"三大飓风造成直接经济损失就达2 150亿美元，其中保险补偿约占80%。[①]

[①] 赵广道．慕再报告称：2017年全球巨灾保险索赔金额将创新高［N］．中国保险报，2018－01－15．

（一）巨灾保险的概念及属性

1. 巨灾保险的概念。巨灾保险是巨灾风险管理中的重要经济手段。它是指对因发生地震、台风、洪水、海啸等自然灾害或重大人为灾难，可能造成巨大财产损失和严重人员伤亡的风险进行分散或损失补偿的一种风险管理方式。

2. 巨灾保险的属性。巨灾保险作为巨灾风险管理的重要手段，具有准公共产品的属性[①]：第一，巨灾保险在效用上具有不可分割性，它为全社会分担风险，受益者是全体社会成员。第二，巨灾保险在消费上具有排他性，在经营上具有非排他性。即购买了巨灾保险的消费者在保险责任范围内能得到直接的经济补偿，没有购买巨灾保险的个人或单位不能得到相应的补偿，但在保险经营的一定环节上并不具有排他性。例如，保险公司在进行防灾防损服务时，无法将其他没有支付巨灾保费的个人或单位排除在外，由此产生了"搭便车"问题。第三，巨灾保险产品，既不可能拥有有效需求也不可能拥有有效供给，仅依靠市场竞争机制难以实现巨灾保险资源的有效配置。第四，巨灾保险产品的经营必须具备一定的规模，否则经营成本很高。第五，巨灾保险产品成本和利益具有外部性。巨灾保险的私人收益小于其社会收益，私人成本大于其社会成本，因此，巨灾保险产品的资源配置不能满足帕累托最优条件。

巨灾保险的准公共产品属性决定了政府力量参与的必要性，政府与保险业有效的合作是发展巨灾保险的有效途径。政府在立法监管、财政税收、标准规范、风险控制等方面给予强有力的政策支持和引导，推动巨灾保险的发展。同时，为提高运作效率，控制运行成本，减轻财政负担，应充分发挥保险业的业务与技术优势。

（二）巨灾保险模式

从建立有巨灾保险制度的国家来看，全球巨灾保险模式主要有三种，即市场主导模式、政府主导模式和政府与市场协作型模式。[②]

1. 市场主导模式。市场主导模式的特点是，它依靠市场机制来进行巨灾保险的交易，政府不对巨灾保险的提供进行任何强制性的规定，不进行经营管理，也不承担任何保险责任和提供再保险方面的支持。商业保险公司作为保障主体，依靠精算结果制定费率和免赔，并凭借再保险市场和资本市场进行风险的转移和分散。市场主导模式的典型代表是德国和英国。这两个国家都有很发达的保险市场和再保险市场，可以承担灾害发生后导致的巨大风险。

由市场主导提供灾害保险，一方面可以分担政府救灾的责任，减轻财政负担；另一方面可以充分利用商业保险公司营销网络和技术优势，在保险产品的费率制定、保单销售以及客户服务方面都能为客户提供优质的服务，避免了财政补偿的低效性缺陷。不过，由于保险公司是一个商业主体，以利益最大化为经营目标，其在厘定费率和免赔额方面必然会尽量控制风险，这就可能导致商业保险公司基于灾害损失的严重趋势怠于进入或压缩灾害保险市场，或者即便进入也会制定较高费率，抑制潜在客户的投保积极

①　许飞琼. 财产保险理论与实务［M］. 北京：国家开放大学出版社，2018：318.
②　许飞琼. 巨灾、巨灾保险与中国模式［J］. 统计研究，2012（6）：82–87.

性，不利于灾害保险市场的持续发展。

2. 政府主导模式。即政府筹集资金并采取强制性或半强制直接提供巨灾保险，它通过颁布法律强制居民购买保险，或者通过费率补贴等与利益相挂钩的形式鼓励或半强制购买巨灾保险，而且一般在同一地区采取统一费率的做法。此外，巨灾保险的再保险也是由政府全力承担。例如，美国的巨灾保险是典型的政府主导型。美国政府为了推进针对地震、洪水等高发生率的巨灾保险在国内的实施，采取了政府为主导的非营利性的巨灾保险计划。这类巨灾保险，政府作为保险人，承担所有的巨灾保险的风险和赔偿责任。保险公司只是作为巨灾保险的销售代理人，协助政府销售巨灾保险保单、理赔和垫付赔款。

从实践效果来看，这一模式具有的优势是：政府作为巨灾保险的供给者，可以在全国范围内强制推行巨灾保险，有效地提高保险密度，加大保障力度；政府为购买巨灾保险的投保人提供补贴，增加消费者的购买积极性；政府还可以从宏观调控的角度规范巨灾保险的产品品种和保单费率，便于对整个市场的规范管理。然而，这种政府主导模式也不可避免地存在一些缺陷，如政府过多地对巨灾保险的提供进行补贴，会在一定程度上增加政府的财政压力；政府不具有商业保险公司在销售网络和技术上的优势，必然会在制定费率和承保销售以及售后服务方面存在一定的缺陷，会对保险产品的持续发展带来一定的影响；政府制定规范化的保单，会导致保险产品过于单一，不能与特定的区域和特定的客户对巨灾保险的需求完全契合；等等。

3. 政府与市场协作型模式。在这种模式下，巨灾保险的提供由政府和市场共同参与进行。即商业保险公司依照经营商业保险的原则对巨灾保险进行市场化运作，政府不参与保单的承保和销售工作，只作为巨灾保险机制的引导者和协作者，通过立法对巨灾保险进行规范，并向商业保险公司提供一定的政策支持和制度保障，且最后对巨大灾害风险进行分担。在世界范围内，实行该保险模式的代表性国家有新西兰、土耳其和日本等国的巨灾保险，其中地震保险即为政府与市场协作型的通常模式。

该模式的优点在于政府和商业保险公司可以充分发挥各自的比较优势，相互协作，共同建立和保障巨灾保险市场的有效运行。一方面，商业保险公司利用其完善的销售网络和技术方面的优势，可以制定合理的费率，并在巨灾发生时尽快组织人员就近进行定损理赔，提高了对灾民的风险保障性。另一方面，政府可发挥其强大的财政支持，为商业保险提供政策支持、财政补贴以及风险保障，消除了商业保险公司承保巨灾风险的后顾之忧，并依靠法律有力地推进了灾害保险的实施。

（三）我国的巨灾保险试点

我国是多灾之国，也是巨灾发生频繁的国家之一。巨灾需要完善的保险制度。但由于巨灾损失的巨额性及分布的高度相关性特征，商业保险又一直将巨灾风险作为除外责任或仅对部分巨灾风险进行承保，因此，我国保险业在巨灾损失补偿中的作用亟待提升。

基于巨灾风险的不确定性与损害后果的严重性，保险公司通常不会采取积极承保的态度，而公众或团体也往往抱着侥幸心态。为此，我国政府在深圳、宁波、云南、四川、广东、湖南等地实施政策性的巨灾保险试点，这些试点地区的巨灾保险在应对重大灾害、保障国计民生、助力构建韧性社会等方面发挥着积极作用，体现了国家灾害治理体系和治理能力的不断进步。下面仅选择深圳、广东及全国的巨灾保险作简要介绍。

1. 深圳巨灾保险。深圳市巨灾保险制度于 2014 年 5 月正式实施，该制度由政府巨灾救助保险、巨灾基金和个人巨灾保险共同组成。其中，政府巨灾救助保险由深圳市政府出资向商业保险公司购买，用于巨灾发生时对所有在深圳的人员进行人身伤亡救助、核应急救助、住房损失补偿；巨灾基金由深圳市政府拨付一定资金建立，主要用于承担在政府巨灾救助保险赔付限额之上的赔付，且巨灾基金具有开放性，可广泛吸收企业、个人等社会捐助；个人巨灾保险，即是鼓励由商业保险公司提供相关巨灾保险产品，居民自愿购买，主要满足居民更高层次、个性化的巨灾保险需求。

2. 广东巨灾保险。2014 年，广东省颁布了《巨灾保险试点工作实施方案》，在全国首创巨灾指数保险，并推动巨灾指数保险在湛江、韶关、梅州、汕尾、茂名、汕头、河源、云浮、清远、阳江等试点地市落地。在保险方案上，按照"一市一方案"的原则，由试点地市政府根据当地自然条件、人口数量、财产规模、财政责任等情况，从台风、洪涝（强降雨）、地震三种灾因中选择一至三种，将赔付金额与灾害等级挂钩，赔付触发机制基于气象、地震等部门的连续降雨量、台风等级、地震震级等参数，一旦确定触发赔付阈值，保险公司无须实地查勘定损，即行赔付。

3. 城乡居民住宅地震巨灾保险。2016 年 5 月 11 日，我国《建立城乡居民住宅地震巨灾保险制度实施方案》（以下简称《方案》）的正式出台及同年 7 月，中国城乡居民住宅地震巨灾保险产品正式的全面销售，标志着全国性巨灾保险制度建设拉开了序幕。

根据该《方案》，由中国城乡居民住宅地震巨灾保险共同体成员单位（包括中国人民财产保险股份有限公司、中国平安财产保险股份有限公司、中国太平洋财产保险股份有限公司等 45 家保险公司）具体负责城乡居民住宅地震巨灾保险承保工作。具体的份额划分、业务财务对接、财务核算、承保管理、理赔衔接等问题均按国家统一规定执行。城镇居民、农村居民住宅基本保额分别为每户 5 万元、2 万元，但最高均不能超过 100 万元（一般钢混结构最高保额 100 万元、砖木结构最高保额 10 万元、其他结构如土坯最高保额为 6 万元），超出部分可通过商业保险补充。费率按地区风险高低、建筑结构不同拟定差异化的保险费率并适时调整，由投保个人承担 40%，各级财政补贴 60%，农村散居五保户、城乡低保对象、贫困残疾人等特殊困难群体参保保费由财政全额承担。理赔时，以保险金额为准，参照国家相关部门制定的国家标准及地方已实施的巨灾房屋保险的实际做法进行定损，并根据破坏等级分档理赔：破坏等级在 Ⅰ 级至 Ⅱ 级时，标的基本完好，不予赔偿；破坏等级为 Ⅲ 级（中等破坏）时，按照保险金额的 50% 确定损失；破坏等级为 Ⅳ 级（严重破坏）及 Ⅴ 级（毁坏）时，按照保险金额的 100% 确定损失。确定损失后，在保险金额范围内计算赔偿。保险期限为 1 年，到期自愿续保。

截至 2023 年底，我国地震巨灾保险累计为全国 2 107 万户次居民提供 7 855 亿元的地震巨灾风险保障。①

为贯彻中央金融工作会议精神，根据 2024 年 2 月颁发的《国家金融监督管理总局 财政部关于扩大城乡居民住宅巨灾保险保障范围进一步完善巨灾保险制度的通知》要求，我国城乡居民住宅地震巨灾保险制度扩展了巨灾保险保障责任，即由现有的破坏性地震，扩展增加台风及其引起的风暴潮等次生灾害，洪水，暴雨，泥石流、滑坡等地质灾害。地震巨灾保险的基本保险金额由城镇居民住宅每户 5 万元、农村居民住宅每户 2 万元，提升至城镇居民住宅每户 10 万元、农村居民住宅每户 4 万元。每户可参考房屋市场价值，根据需要与保险公司协商确定保险金额，每项保险的保险金额最高不超过每户 100 万元。100 万元以上部分可由保险公司提供商业保险补充。同时，中国城乡居民住宅地震巨灾保险共同体更名为中国城乡居民住宅巨灾保险共同体。②

【案例分析】

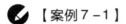 【案例 7 – 1】 ···

某轮船载货后，在航行途中不慎发生搁浅，事后反复开倒车，强行起浮，但船上轮机受损并且船底划破，致使海水渗入货舱，造成货物部分损失。该船行驶至邻近的一个港口船坞修理，暂时卸下大部分货物，前后花费了 10 天时间，增加支出各项费用，包括员工工资。当船修复后装上原货起航后不久，A 舱起火，船长下令对该舱灌水灭火。A 舱原载文具用品、茶叶等，灭火后发现文具用品一部分被焚毁，另一部分文具用品和全部茶叶被水浸湿。试分别说明以上各项损失的性质，并指出在投保平安险、水渍险与一切险三险种中哪一款的情况下，保险公司才负责赔偿？

分析：

（1）本案中的损失既有单独海损，也有共同海损。属于单独海损的有：搁浅造成的损失、A 舱被焚毁的一部分文具用品，因为这些损失是由于风险本身所导致的。属于共同海损的有：强行起浮造成的轮机受损以及船底划破而产生的修理费以及船员工资等费用、A 舱被水浸湿的另一部分文具用品和全部茶叶，因为这些损失是为了大家的共同利益而采取的对抗风险的人为措施所导致的。

（2）投保平安险，保险公司才能负责赔偿，因平安险承保共同海损；对于本案中的单独海损，是由于搁浅和失火意外事故导致的，意外事故导致的部分损失属于平安险承保范围。

---

① 房文彬．中国城乡居民住宅地震巨灾保险共同体召开第十次成员大会［N］．中国银行保险报，2024 – 04 – 07．

② 国家金融监督管理总局．国家金融监督管理总局　财政部关于扩大城乡居民住宅巨灾保险保障范围进一步完善巨灾保险制度的通知［EB/OL］．（2024 – 03 – 26）［2024 – 07 – 28］．https：//www．cbirc．gov．cn/cn/view/pages/governmentDetail．html？docId = 1156251&itemId = 861&generaltype = 1．

【案例7-2】 ▪▪

某年4月24日零时,参加了团体火灾保险的某厂铸造分厂电炉工程变压器发生火灾。经分析,造成事故的主要原因是变压器低压端接触面小,运行中产生振动,造成接触不良,在冶炼氧化末期,电流较大,低压母线温度升高,将变压器渗出的变压器油燃着,使油枕内的油受高温气化形成压力,将油枕南侧圆端极爆出,油枕内的变压器油蔓延,造成火灾事故。这次火灾烧毁变压器、厂房等固定资产,损失在100万元左右。厂方迅即向保险公司报案索赔。

保险公司接到报案后,立即派员下厂查勘定损,根据查勘现场情况和查对账簿情况,进行了核损。对于变压器、控制屏、抽风机、吹风机、厂房的核损价值与厂方达成一致协议,但对变压器残值作价问题产生了争议:(1)厂方认为变压器经火灾后,所有零部件均已损坏无法使用,只能作废铜烂铁处理,残值不超过2 000元。(2)保险公司认为变压器原值550 000元,虽然经大火烧坏,但其中大部分零件还能使用,经有关技术鉴定机构鉴定,变压器残值为25 000元。最后,因保险公司出具有第三方技术机构的鉴定证书,厂方在无其他证据证明自己观点的情况下,同意保险公司按25 000元计算变压器残值并从赔款中扣除。最终,该案以保险公司赔付被保险方火灾损失1 044 060元(已扣除残值)结案。

本案说明,在接到被保险人报案后,保险公司在决定赔偿前,必须对保险事故进行严格检查:一是要检查理赔档案是否齐全完备,包括出险通知单、被保险人事故报告、损失清单、查勘报告、出验证明、现场照片、保单抄件、赔款计算书等;二是要检查定案估损是否准确,尤其是对残值的估算确定是否准确;三是赔款计算情况是否正确合规、责任是否与保险条款相符;四是保险合同双方有争议的情况下,尽量依靠第三方来取得合法证据。只要做好了上述工作,就可以做到避免保险案件应赔未赔、少赔以致损害被保险人权益的现象发生,也避免不应赔而赔,或多赔现象出现而损害保险公司自身的利益。

【案例7-3】 ▪▪

某年5月1日,X先生在某4S店购买了一辆某品牌汽车,并在该4S店买了车损险(含自燃损失赔偿)、第三者责任保险等险种。同年7月7日,车辆在行驶途中发生自燃。X先生当即向保险公司报案并索赔,但保险公司以自燃属于生产厂家产品质量问题而非保险责任而拒赔。随后,X先生将保险公司及4S店告上了法庭。

法院经调查了解,保险合同真实有效,便组织X先生、4S店、保险公司三方进行现场协商,达成如下协议:①由保险公司和4S店共同委托第三方鉴定机构对自燃车辆进行鉴定;②根据鉴定结果,如果是车辆质量问题引起的自燃,由4S店承担赔偿责任;如果是其他原因引起的自燃由保险公司承担赔偿责任;③4S店提供一台备用车给X先生临时使用;④X先生配合商家和保险公司做好第三方鉴定;⑤车主X先生不承担鉴定的所有费用。同年8月1日,鉴定结果显示,车辆起火点位于左后尾灯位置;可以排除该车辆由于油路故障、气路故障、外部火源及底部碰撞等原因引发车辆起火;该车辆起火是由于左尾灯位置发生电器故障引发,属于车辆产品厂家责任。8月8日,法院再次组织调解,最终达成协议:4S店按当初车辆购买价格退还X先生购车款,并承担保险及上牌费用,以及补偿车上货物等其他所有损失。

值得指出的是，从 2020 年 9 月开始，车辆损失险里已包含车辆自燃导致的损失，即车辆自燃后，保险公司需要承担相应的赔付责任。换言之，在保险期限内，若被保险车辆在正常使用的过程当中，因为本车电路、线路、油路、供油系统、机动车运转摩擦起火等车辆本身原因引起自燃受损，保险公司应该进行赔付。如果因改装导致被保险车辆烧毁，或是车主自己在车内放了危险品引起的车子自燃，保险公司可以不赔偿。因此，本案保险公司在 X 先生报险索赔时拒绝赔偿是不对的，应在了解事故发生的原因后进行先行赔付，然后向 4S 店或厂家进行代位追偿。当然，从保险公司角度，本案通过法院上述处理结果，要节省一定的费用。

【案例 7 - 4】

某保险公司 W 业务员到 A 村农户家开展小麦保险业务，保险费为 15 元/666.67m^2，保险金额为 500 元/666.67m^2；保险责任是保险期间的暴雨、洪水、内涝、风灾、雹灾、冻灾、旱灾、地震等自然灾害，火灾、泥石流、山体滑坡等意外事故，以及病虫草鼠害等保险责任；农户、家庭农场、合作社和村委会等均可作为投保主体，但不得重复投保。各级财政对小麦保险按照 90% 给予补贴，其余 10% 由投保主体自担，即农民每亩只需交纳 1.5 元保费。然而，农民因种植小麦成本高、收益小，不愿种植，因此，也谈不上投保。W 业务员见没人投保，自己也没有业绩与收入，便向农民、村委会干部等作出承诺，只要有农民参加投保，保证双倍退还农民所交的保费。即不管是否发生灾情，每亩交 1.5 元保费，小麦收割季节后保证退还 3 元。这样，一些农民、村干部等人见有利可图，虽然没有种植小麦也假冒农户参加投保，而保险公司也没有核保而相信了 W 业务员及投保人的做法，并凭有 1 020 亩小麦保险的保险合同向财政部门申请每亩 13.5 元的补贴，共计 13 770 元补贴款。后 W 业务员又谎报灾情，找出一部分农户虚假理赔出一部分保险金，比例大约为总保费的 45%，然后分发到各投保人。这样，等于国家每亩 13.5 元补贴，投保人得 1.5 元，W 业务员得 12 元，共计私分国家农业保险补贴 12 240 元。骗取保险补贴成功后不久，W 业务员再次冒用某乡某村等多名农民的名义，虚构耕地面积，为玉米投保，每亩耕地保费为 4 元，共虚假投保理赔 4 万余元。后 W 业务员因与投保农民分赃不均被举报。W 业务员因涉嫌诈骗罪被该县公安局刑事拘留，并随后被该县人民检察院批准逮捕。

分析及结论：本案明显是一起保险业务员虚构事实、隐瞒真相骗取国家农业保险补贴的犯罪行为。最后，W 业务员因诈骗罪被法院判处有期徒刑 3 年，缓刑 3 年，没收其非法诈骗所得保险补贴与理赔款，并处罚金 1 万元。

启迪：由于农业经营的分散性以及受限于农业保险技术等原因，农业保险存在核保、核赔等问题，骗保现象较为严重，而值得注意的是，与被动受骗的保险公司相反，有的保险公司甚至对虚假理赔睁一只眼闭一只眼，有的甚至还与投保农户联手编造虚假理赔材料骗取国家补贴，并以此来吸引农户投保，获得持续的业务收入。如果这样的骗补骗赔道德风险问题解决不了，农业保险的持续健康发展必然受到影响。因此，解决本案类似道德风险不能完全靠自律，必须从严格监管、提升保险技术、引入第三方核保理赔机制等多方面入手探索解决，才能在规范中实现农业保险健康长远的发展。

【案例 7 –5 】 ▪▪

　　某年 6 月至 9 月，某保税区 A 公司向 B 国买方出运 20 票化工品，申报发票金额约 170 万美元，申报合同支付条件为 OA/150 天（货到付款方式，即收到货物 150 天为限必须付款），实际合同支付条件为 OA/150 天。某保险公司于同年 6 月为其批复买方信用限额 OA/150 天 160 万美元，并于 9 月将限额追加至 OA/150 天 180 万美元。货物出运后，买方承兑并提取了货物，但未按期支付货款。A 公司于第二年 2 月 17 日向保险公司报损并委托调查追讨。经保险公司渠道的海外追讨，买方全额承认债务，但拒绝提供明确的还款计划。第二年 3 月 6 日，A 公司向保险公司提交了索赔申请书。保险公司经调查，本案事实清楚，索赔单证齐全，A 公司无履约瑕疵，便于约定日期将 170 万美元的 90%（保险合同规定最高赔偿比例为 90%），共计 153 万美元赔款划拨到了A 公司的账上。

【本章小结】

　　1. 财产保险是指投保人根据合同约定，向保险人交付保险费，保险人按保险合同的约定对所承保的财产及有关利益因自然灾害或意外事故造成的损失承担赔偿责任的保险。从理论上讲，财产保险有广义与狭义之分。

　　2. 财产保险的特征包括业务性质具有补偿性、承保范围具有广泛性、经营内容具有复杂性、单个保险关系具有不等性等。同时，与人身保险相比较，在保险标的、定价依据、被保险方获偿权益方面有不同。

　　3. 财产保险依据不同的标准有不同的分类。例如，根据经营业务的范围不同可分为广义财产保险与狭义财产保险；根据承保标的的实虚不同可分为有形财产保险和无形财产保险；根据保险公司承保的风险范围大小不同可分为基本险、综合险与一切险三类；根据保险公司业务属性和风险特征不同可分为基础类保险和扩展类保险；根据保险公司业务涉及水陆不同范围可分为非水险与水险两类等。

　　4. 水险即海洋运输保险和内河运输保险的总称，是指对被保险人在海上遭受的各种财物损失或利益损失负赔偿责任的保险。其主要险种有海上货物运输保险、远洋船舶保险、海洋工业保险等。

　　5. 非水险是指除水险（海上保险）以外的一切陆上财产保险业务，包括火灾保险、运输工具保险、运输货物保险、工程保险、责任保险、信用保证保险、农业保险等。

　　6. 政策保险是指在一定时期、一定范围内，国家为促进有关产业的发展，运用政策支持或财政补贴等手段对该领域的承保风险给予保护或扶持的一类特殊形态的保险业务。包括农业保险、出口信用保险、海外投资保险、巨灾保险等。与商业保险及社会保险相比，政策保险有其自身的特色。

【复习思考题】

一、名词解释

水险　非水险　财产损失保险　运输工具保险　远洋运输货物保险　机动车辆保险
工程保险　政策保险　农业保险　巨灾保险

二、单项选择题

1. 财产保险的业务性质具有（　　　）。

A. 补偿性　　　　　　　　B. 给付性　　　　　　　　C. 损失性

2. 财产保险基本险与综合险的主要区别在于对（　　　）的规定不同。

A. 保险期限　　　　　　　B. 保险标的　　　　　　　C. 保险责任

3. 在团体火灾保险中，保险人不保的财产一般有（　　　）。

A. 土地　　　　　　　　　B. 房屋　　　　　　　　　C. 机器设备

4. （　　　）可以在商业的机动车辆第三者责任保险中得到赔偿。

A. 被保险人所有的财产　　　　　　　　B. 本车上的人员伤亡

C. 非本车人员的伤亡

5. （　　　）一般采取不定值保险方式。

A. 船舶保险　　　　　　　B. 货物运输保险　　　　　C. 团体火灾保险

6. 下列责任属于安装工程第三者责任保险的责任范围的是（　　　）。

A. 施工工人以及他们的家庭成员的人身伤亡或疾病费用

B. 保险单物质损失项下或本应在该项下予以负责的损失及各种费用

C. 因发生与保险单所承保工程直接相关的意外事故引起邻近区域的第三者人身伤害

7. 下列险种中，属于海洋运输货物保险的一般附加险的是（　　　）。

A. 水渍险　　　　　　　　B. 拒收险　　　　　　　　C. 串味险

8. 海洋运输货物保险中的平安险不承保（　　　）。

A. 因意外事故造成的部分损失　　　　　B. 共同海损

C. 因自然灾害造成的部分损失

9. 农业保险依据其性质，有（　　　）之分。

A. 商业性农业保险和政策性农业保险　　B. 农村保险与"三农"保险

C. 农机保险与农作物保险

10. 中期出口信用保险承保的信用期一般规定为（　　　）。

A. 在 180 天到 3 年之间　　　　　　　B. 在 180 天到 1 年之间

C. 在 180 天到 2 年之间

三、多项选择题

1. 财产保险基础类业务包括有（　　　）。

A. 机动车辆保险　　　　　　　　　　　B. 团体财产保险

C. 责任保险　　　　　　　　　　　　　D. 货物运输保险

2. 财产基本险中的火灾须符合以下（　　　）条件。

A. 有燃烧现象 　　　　　　　　　　B. 偶然意外发生的

C. 燃烧失去控制并有蔓延扩大的趋势 　D. 被保险人的故意行为所致

3. 财产保险中，可以纳入政策保险业务范畴的有 （　　　）。

A. 工程保险 　　　B. 农业保险 　　　C. 出口信用保险 　　D. 责任保险

4. 下列 （　　　） 原因造成的货物损失不属于海上运输货物保险的责任范围。

A. 运输延迟 　　　B. 货物内在缺陷 　　C. 发货人责任 　　D. 沉没

5. 关于建筑工程保险，下列说法正确的有 （　　　）。

A. 所有在工程期间承担风险的各方都可以成为被保险人

B. 保险期限按工期确定

C. 是包含物质损失保险和责任保险在内的综合性保险

D. 其第三者责任保险中通常规定每次事故赔偿限额和累计赔偿限额，以控制保险人的责任

6. 海洋运输货物保险的基本险别包括 （　　　）。

A. 平安险 　　　B. 水渍险 　　　C. 一切险 　　　D. 渗漏险

7. 属于机动车商业第三者责任保险的责任免除项目的有 （　　　）。

A. 被保险人所有或代管的财产 　　　B. 本车上的一切人员

C. 非本车人员 　　　D. 因保险事故引起的任何精神损害赔偿

8. 出口信用保险经营的特殊性质表现在 （　　　）。

A. 经营目的在于鼓励和扩大出口 　　　B. 在经营上实行非营利方针

C. 经营者大多数是政府设立的专门保险公司 D. 投保者必须是本国国民或本国企业

9. 种植业保险的保险标的包括 （　　　）。

A. 农作物 　　　B. 人工栽培的人工林

C. 原始林或自然林 　　　D. 人工栽培的果木林

10. 全球巨灾保险模式包括下面的 （　　　）。

A. 政府主导模式 　　　B. 市场主导模式

C. 社会引导模式 　　　D. 政府引导与市场参与模式

四、简答题

1. 简要回答火灾保险的内容。

2. 试论述水险的特征。

3. 运输工具保险有哪些种类？

4. 农业保险的特点有哪些？

五、论述题

1. 试阐述财产保险的特点及与人身保险的区别。

2. 试论述为什么要建立巨灾保险制度。

六、案例分析

1. 司机赵某驾驶微型面包车雨天在街道上行驶，当其在路口左转弯时，因未注意避让主路直行车辆，导致主路上一辆正常行驶的摩托车因躲避微型面包车而滑倒，致使摩

托车损坏，驾驶员腿部骨折。经交通管理部门认定，赵某对该起事故负主要责任，摩托车驾驶员负事故的次要责任。赵某已将微型面包车在 A 公司投保了交强险和商业三责险，事故发生后遂向保险公司提出了索赔申请。对于此案，保险公司中存在不同意见，有人认为两车未实际接触，没有发生实际的保险事故，建议对该起事故不予赔偿。

请分析上述说法是否正确。如果保险公司负责赔偿，应该如何赔偿？如果不能赔偿，应该如何处理？

2. 有一货轮在航行中与流冰相撞，船身一侧裂口，海水涌进，舱内部分货物遭浸泡。船长不得不将船驶上浅滩，进行排水，修补裂口，而后为了浮起，又将部分笨重货物抛入海中。问这一连串的损失都是单独海损吗？

3. 宁波市作为全国首批巨灾保险试点城市之一，于 2014 年 11 月建立了公共巨灾保险制度。在 3 年试点工作结束后，2018 年起进入公共巨灾保险正式实施阶段。宁波模式的具体实施状况是：2014 年，作为投保人，宁波市民政局从政府的救灾资金中拨出3 800 万元向保险机构购买了总保额 6 亿元的自然灾害保险，随后，保费逐年增加，2017年保费增加到 5 700 万元，总保额增加到 7 亿元（其中，6 亿元为自然灾害保险，1 亿元为公共安全保险）。2014—2015 年的试点期间，若因台风、龙卷风、雷击、暴雨自然灾害及其引发的次生灾害造成居民住宅进水 20 厘米以上或房屋损毁的，居民可向保险机构获得 500 元至 2 000 元不等的救助赔款；造成人员伤亡的，可向保险机构获得 1 万元至 10 万元不等的抚恤赔款；因见义勇为伤亡的，再增加不超过 10 万元的抚恤赔款。2016 年起增设公共安全保险项目，即在宁波市内发生的火灾、爆炸、群众性拥挤踩踏、恐怖袭击等重大公共安全事件后，在无法找到事件责任人或责任人无力赔偿情况下，保险机构给予受害者最高 10 万元的人身伤亡抚恤理赔；救灾安置赔付标准对需要安置的受害者，给予每人每天 90 元，最多 90 天的安置费用补偿。2021 年，宁波市公共巨灾保险进入第三轮实施期，本轮巨灾保险的保障时间为 2021 年 1 月 1 日至 2023 年 12 月 31日，为 3 个自然年，即第三轮方案：（1）保障范围：包括自然灾害保险、突发公共安全事件（事故）保险、突发公共卫生事件保险和见义勇为保险四个方面。（2）保障对象：自然灾害保险和突发公共安全事件（事故）保险保障对象为风险发生时处于市行政区域内的所有人员（包括常住人员及临时来我市出差、旅游、务工的流动人员）的人身伤亡抚恤（含见义勇为人身伤亡增补抚恤），以及市行政区域内常住居民（指拥有我市户籍或持有居住证的人员）的家庭财产损失救助。突发公共卫生事件保险保障对象为参与疫情防控的医疗卫生机构工作人员、志愿服务者、基层干部及其他一线工作人员。见义勇为保险保障对象为非负有法定职责或义务的自然人。（3）赔付标准：人身伤亡抚恤赔付最高每人 20 万元，年度累计赔付限额 2 亿元；每户住房进水年度累计 5 000 元、每户住房倒损年度累计 6 000 元，年度累计赔付限额 3 亿元；救灾安置救助赔付年度累计赔付限额 3 000 万元；突发公共安全事件（事故）保险年度累计赔付限额 2 亿元；见义勇为人身伤亡增补抚恤赔付标准年度累计赔付限额分别纳入自然灾害保险和突发公共安全事件（事故）保险、突发公共卫生事件保险人身伤亡抚恤赔付限额。2024 年 3 月 29 日，宁波市政府办公厅下发《宁波市公共巨灾保险工作实施方案（2024—2026 年）》，即宁波市公共巨灾保险进入第四轮实施期。本轮巨灾保险的保障时间为 2024 年 1 月 1 日至 2026 年 12 月 31 日，共 3 个自然年。宁波市政府作为投保人统一购买（市政府委托市应急管理局与承保机构签订公共巨灾保险合同），所需经费由市财政统筹安排，其年度经费控制在 4 100 万元内，保费一年一付，保障期限内每年保费保持基本稳定。保障范围及保障对象与第三轮相同，但赔付标准有所提高：在居民家庭财产损失赔偿方面，住房进水年度累计赔偿限额由每户 5 000 元提升至 8 000 元，住房倒损年度累计赔偿限额由每户 6 000 元提升至 10 000 元；人身伤亡抚恤赔付金额则由每人 20 万元提升至 30 万元；因见义勇为造成人身伤亡的赔付金额，由 40 万元提升至 100 万元。公共巨灾保险制度自 2014 年 11 月在宁波落户，到 2023 年 12 月，10 年间，累计为 34.3 万户受灾家庭支付救助理赔款 2.26 亿元。[①]

试结合本章巨灾保险理论，谈谈你对宁波模式的看法。

①　许飞琼.财产保险理论与实务［M］.北京：国家开放大学出版社，2018：332 - 333；宁波市应急管理局.宁波市举行公共巨灾保险合同签约仪式［EB/OL］.（2021 - 05 - 26）.http：//yjglj.ningbo.gov.cn/art/2021/5/26/art_ 1229075337_ 58944836.html；宁波公共巨灾险.遇见八周年 | 宁波公共巨灾保险落地八载，累计惠及 34 余万次［EB/OL］.（2022 - 11 - 06）.https：//www.sohu.com/a/603153762_ 120610419；宁波市人民政府办公厅.宁波市人民政府办公厅关于印发宁波市公共巨灾保险工作实施方案（2024—2026 年）的通知［EB/OL］.（2024 - 03 - 29）.http：//www.ningbo.gov.cn/art/2024/3/29/art_ 1229533176_ 1786498.html；金鹭，俞家嘉.巨灾保险再升级城市"稳定器"作用如何发挥［N］.宁波日报，2024 - 04 - 08.

第八章
责任保险

【教学目的与要求】

本章主要阐述责任保险的相关概念，介绍责任保险的基本特征与基本内容；阐述责任保险各主要险别及其与有关险种的区别；探讨责任保险风险控制的途径。学习本章时，学生应重点掌握上述内容，同时应注意把握责任保险的特征与规律，掌握责任保险与当代社会法制的内在联系。

第一节　责任保险概述

一、责任保险的概念与作用

责任保险是指以被保险人对第三者依法应负的赔偿责任为保险标的的保险。它属于广义财产保险范畴，适用于广义财产保险的一般经营理论，但又具有自己的独特内容和经营特点，从而是一类可以独成体系的保险业务。

由于责任保险具有代替致害人赔偿的特点，它在产生、发展初期，都遭到过对责任保险属性不了解的各国舆论的攻击，甚至受到过一定的波折。然而，责任保险以其不可替代的风险保障作用终究获得了迅速的发展，并在许多工业化国家成为保险业的重要支柱之一。责任保险的作用体现在以下方面[①]。

第一，能够分散被保险人的意外风险，有利于维护受害人的合法权益。必须承认，责任保险首先是为被保险人服务的，即责任保险保障的是被保险人即致害人的经济利益，但其社会目的却是为了维护受害人的权益。在现实生活中，任何企业、团体或家庭、个人都不可能完全避免责任事故的发生，一旦发生事故，造成他人的人身伤亡和财产损失，致害人就必须依法承担起相应的经济赔偿责任。然而，致害人的经济状况又是不相同的，对于这种赔偿责任，有的能够全部负担，有的只能负担一部分，有的甚至完全无力负担。现实生活中由于责任事故导致致害人倾家荡产的现象并不罕见，它表明了

---

① 许飞琼. 责任保险参与社会管理的功效及其发展探索 ［J］. 中国金融，2012（24）.

责任事故风险需要有一种社会化的分散机制，而责任保险即是这样一种科学的、社会化的风险分散机制；同时，对受害人而言，如果没有责任保险，在各种责任事故中受到损害后的合法权益能否得到保障，并无确切保证，因而受害人的合法权益同样需要依靠责任保险来保障。例如，现实中不乏受害人拿着法院的判决书而致害人赔不起从而使判决书成为一纸空文的事例。因此，集众人之力的责任保险既可以补偿致害人的利益损失，同时还为受害者提供了索赔合法经济利益的保证。

第二，能够降低社会成本，分担政府责任。现实中，责任事故发生后，受害方就赔偿问题，往往要同责任方进行长期的协商，如果协商不了，进入法律程序，受害人还要收集证据，承担诉讼费和律师费等，既耗时耗力，又耗钱财。有时为了解决一个责任事故纠纷，个人、集体、政府均会卷入其中，社会成本会猛增。如近几年来频繁发生的重特大爆炸事故、交通事故、公众场合的火灾事故、重大工程项目坍塌事故等，不仅受害者及其家属长期被卷入责任事故的赔偿纠纷之中，政府有关部门也日益陷入责任事故调查和处理之中，有时还要为责任事故直接"埋单"。如果通过责任保险机制来解决责任事故赔偿等方面的法律纠纷，不仅可以使政府部门从繁杂的事故处理工作中得以解脱，而且能达到降低社会诉讼成本的作用，提高解决纠纷的效率。例如，有了医疗责任险，一旦发生医疗事故，患者可以直接从保险公司获得赔偿，这不但减轻了医院和医生的负担，同时更为有效地保护了患者的利益，减少医患纠纷的发生；有了雇主责任险，可以有效协调雇主和雇员之间的利益关系，化解劳资纠纷；有了校方责任险，学校和学生之间的一些矛盾也可以得到妥善处理，这对维护学校的正常教学秩序、减轻学校安全方面的压力也能够发挥巨大功效。因此，责任保险其实是对责任事故最有效率的社会化的风险管理机制，也是政府减轻处置各种事故压力的有益伙伴。

第三，有利于民事责任制度的改进，有助于现行法律制度的贯彻实施。一方面，民事责任制度正向有利于受害人的方向发展，这一点可在民事责任归责原则从过错责任到过错推定责任，再到无过错责任的发展进程中得到验证。不过，归责原则演变的结果虽然使受害人的利益得到了保护，但也势必加重致害人承担责任的负担。如果实施责任保险，致害人在其民事责任加重的同时，可以利用责任保险来分散其责任风险。从这个意义上讲，责任保险有利于民事责任制度的改进，即通过借助责任保险分散致害人的民事赔偿责任风险，促使民事责任制度可以采取更为积极的步骤朝着有利于救济受害人的方向发展。另一方面，任何国家的法律制度都同时兼具保障受害人利益和惩罚致害人的双重目标。但若致害人并无赔偿能力，即使受到了刑事法律的制裁，受害人仍然不能按照法律规定得到其应当得到的经济补偿。例如，某个体户贷款购买了一辆汽车从事运输业，运输中因处置失当导致车祸并造成多人伤亡，依照《中华人民共和国道路交通安全法》（以下简称《道交法》）及其相关法规规定，该车车主不仅应当承担相应的刑事责任并受到刑事处罚，而且应当赔偿死者家属抚恤金和伤者的医疗费用、误工工资等，假若该车的车主没有赔偿能力，即使将车主判刑，车祸中的受害方依然无法得到其应当得到的损害赔偿，其合法利益仍然得不到保障，从而使《道交法》及相应的民事法律规定无法贯彻实施；如果该车主参加了责任保险，则只要车祸属于保险责任事故范围，受害人的合法权益就可以从承保人那里获得保障，相关法律制度也就得到了贯彻实施。因此，责任保险既源于法律制度的规范，是建立在严密的法律制度基础之上的一种化解社会风险的市场机制，又在一定程度上推动了民事责任制度的改进，并直接促进民事赔偿法律制度的贯彻落实。

第四，能够减少社会对抗与冲突，促进社会更加和谐与文明。责任事故发生后，往往会造成生命或财产损失，直接影响到社会安定，其结果必然是制造不和谐。以环境污染、交通事故、医疗事故、工伤事故等为例，没有保险人的介入，责任事故的发生必然导致致害方与受害方的直接对抗；如果引入责任风险保险分摊机制，则可以由保险人扮演中间人角色，我国交强险的实施大大减少了因车祸导致的当事人之间的争执。此外，保险人承保责任保险又通常以被保险人的安全管理、质量管理等符合优良条件为前提，并会通过平时的风险检查及其他相关条款来督促被保险人，从而在客观上能够减少并防范责任事故的发生，这更有助于从源头减少社会矛盾与冲突。

二、责任保险的特征

责任保险的性质属于损害补偿性质，其经营原则与经营方式均与一般财产保险一致，因此，它属于财产保险范畴。但是，责任保险与一般财产保险又在许多方面存在着差异，这些差异是责任保险自身性质使然。[①]

（一）责任保险产生与发展的基础特殊

一般财产保险产生与发展的基础，是自然风险与社会风险的客观存在和商品经济的产生与发展；一般人寿保险产生与发展的基础，是社会经济的发展和社会成员生活水平的不断提高；而责任保险产生与发展的基础却不仅是各种民事法律风险的客观存在和社会生产力达到了一定的阶段，而且由于人类社会的进步带来了法律制度的不断完善，其中法制的健全与完善是责任保险产生与发展的最为直接的基础。当今世界上责任保险最发达的国家或地区，必定同时是各种民事法律制度最完备、最健全的国家，它表明了责任保险产生与发展的基础是健全的法律制度，尤其是民法和各种专门的民事法律与经济法律制度。

（二）责任保险补偿对象特殊

在一般财产保险与各种人身保险的经营实践中，保险人的补偿对象都是被保险人或其受益人，其赔款或保险金也是完全归被保险人或其受益人所有，均不会涉及第三者。而各种责任保险却与此不同，其直接补偿对象虽然也是与保险人签订责任保险合同的被保险人，被保险人无损失则保险人无须补偿；但被保险人的利益损失又以因被保险人的行为导致第三方的利益损失为基础的，即第三方利益损失的客观存在并依法应由被保险人负责赔偿时才会产生被保险人的利益损失，因此，尽管责任保险中承保人的赔款是支付给被保险人，但这种赔款实质上是对被保险人之外的受害方即第三者的补偿，从而是直接保障被保险人利益、间接保障受害人利益的一种双重保障机制。

---

① 许飞琼. 责任保险 [M]. 北京：中国金融出版社，2007：16－24.

（三）　责任保险承保标的特殊

一般财产保险承保的均是有实体的各种财产物资，人身保险承保的则是自然人的身体，二者均可以在承保时确定一个保险金额作为保险人的最高赔偿限额。而责任保险承保的却是各种民事法律风险，是没有实体的标的。保险人在承保责任保险时，通常对每一种责任保险业务要规定若干等级的赔偿限额，由被保险人自己选择，被保险人选定的赔偿限额便是保险人承担赔偿责任的最高限额，超过限额的经济赔偿责任只能由被保险人自行承担。可见，责任保险承保的标的是没有实体的各种民事法律风险，保险人承担的责任只能采用赔偿限额的方式进行确定。

（四）　责任保险承保方式特殊

责任保险的承保方式具有多样化的特征。从责任保险的经营实践来看，它在承保时一般根据业务种类或被保险人的要求，可以采用独立承保、附加承保或与其他保险业务组合承保的方式承保业务。

（五）　责任保险赔偿处理特殊

与一般的财产保险和人身保险业务相比，责任保险的赔偿要复杂得多。一是每一起责任保险赔案的出现，均以被保险人对第三方的损害并依法应承担经济赔偿责任为前提条件，从而必然要涉及受害的第三者，从而表明责任保险的赔偿处理并非像一般财产保险或人身保险赔案一样只是保险双方的事情；二是责任保险的承保以法律制度的规范为基础，责任保险赔案的处理也是以法院的判决或执法部门的裁决为依据，从而需要更全面地运用法律制度；三是责任保险中因是保险人代替致害人承担对受害人的赔偿责任，被保险人对各种责任事故处理的态度往往关系到保险人的利益，从而使保险人具有参与处理责任事故的权力；四是责任保险赔款最后并非归被保险人所有，而是实质上支付给了受害方。可见，责任保险的赔偿处理具有自己明显的特色。

三、责任保险的基本内容

（一）　适用范围

作为一类独成体系的保险业务，责任保险的适用范围是十分广泛的，即适用于一切可能造成他人财产损失与人身伤亡的各种单位、家庭或个人。具体而言，责任保险的适用范围包括如下几部分：一是各种公众活动场所的所有者、经营管理者；二是各种产品的生产者、销售者、维修者；三是各种运输工具的所有者、经营管理者或驾驶员；四是各种需要雇用员工的单位；五是各种提供职业技术服务的单位；六是城乡居民家庭或个人。可见，责任保险的适用范围几乎覆盖了所有的团体组织和所有的社会成员。

（二）　责任范围

1. 保险责任。保险人在责任保险单项下承担的赔偿责任，一般包括以下两项。

（1）被保险人依法对造成他人财产损失或人身伤亡应承担的经济赔偿责任。这一项责任是基本责任，它以受害人的损害程度及索赔金额为依据，以保险单上的赔偿限额为最高赔付额，由责任保险人予以赔偿。

（2）因赔偿纠纷引起的由被保险人支付的诉讼、律师费用以及其他事先经保险人同意支付的费用。

保险人承担上述赔偿责任的前提条件是，责任事故的发生应符合保险条款的规定，包括事故原因、地点、范围等，均应审核清楚。

2. 除外责任。在承担前述赔偿责任的同时，保险人一般在责任保险单中规定下列除外责任：

（1）战争、敌对行为、恐怖、军事行为、武装冲突、罢工、骚乱、暴动、盗窃、抢劫。

（2）政府有关当局的没收、征用。

（3）核反应、核子辐射和放射性污染（核责任保险除外）。

（4）被保险人及其代表的故意或重大过失行为。

（5）被保险人的家属、雇员的人身伤害或财物损失（雇主责任保险除外）。

（6）被保险人所有、占有、使用或租赁的财产，或由被保险人照顾、看管或控制的财产损失。

（7）地震、雷击、暴雨、洪水、火山爆发、地下火、龙卷风、台风暴风等自然灾害（雇主责任保险除外）。

（8）被保险人的合同责任（特别约定除外）。

上述除外责任中，有些经特别约定，也可以加保，或者还可增加除外责任。因此，责任保险的责任范围应以责任保险合同规定为准。

（三）赔偿限额与免赔额

责任保险承保的是被保险人的赔偿责任，而非有固定价值的标的，且赔偿责任因损害责任事故大小而异，很难准确预计。因此，不论何种责任保险，均无保险金额的规定，而是采用在承保时由保险双方约定赔偿限额的方式来确定保险人承担的责任限额。凡超过赔偿限额的索赔仍须由被保险人自行承担。

从责任保险的发展实践来看，赔偿限额作为保险人承担赔偿责任的最高限额，通常有以下几种类型：

1. 每次责任事故或同一原因引起的一系列责任事故的赔偿限额，它又可以分为财产损失赔偿限额和人身伤亡赔偿限额两项。

2. 保险期内累计的赔偿限额，它也可以分为累计的财产损失赔偿限额和累计的人身伤害赔偿限额。

3. 在某些情况下，保险人也将财产损失和人身伤亡两者合成一个限额，或者只规定每次事故和同一原因引起的一系列责任事故的赔偿限额，而不规定累计赔偿限额。

从国际责任保险的发展趋势来看，越来越多国家的责任保险承保人对人身伤亡不再规定赔偿限额，或者仅规定一个综合性的赔偿限额。

在责任保险经营实践中，保险人除通过确定赔偿限额来明确自己的承保责任外，还通常有免赔额的规定，以此达到促使被保险人小心谨慎、防止发生事故和减少小额、零星赔款支出的目的。责任保险的免赔额，通常是绝对免赔额，即无论受害人的财产是否全部损失或死亡，免赔额内的损失均由被保险人自己负责赔偿。免赔额的确定，一般以具体金额表示，也可以规定赔偿限额或赔偿金额的一定比率。因此，责任保险人承担的赔偿责任是超过免赔额之上且在赔偿限额之内的赔偿金额。

（四）保险费率的影响因素

不同的责任保险种类，制定费率时所考虑的因素存在着差异，但从总体上看，保险人在制定责任保险费率时，主要考虑的影响因素应当包括如下几项。

1. 被保险人的业务性质及其产生意外损害赔偿责任可能性的大小。不同业务性质的企业具有不同的责任风险，如展览场所的责任风险是公众责任风险，企业的责任风险主要是产品责任风险，雇主所承担的责任风险主要是对雇员的责任风险，等等；而且不同的责任风险发生的概率不同，如煤矿企业的雇主责任风险高于一般企业的雇主责任风险。因此，不同业务性质的企业及其产生意外损害赔偿责任可能性的大小是制定责任保险费率时必须着重考虑的因素。

2. 法律制度对损害赔偿的规定。责任保险以法律制度规范的赔偿责任及其标准为基础，承保责任保险时必须充分考虑现行法律制度对该项责任风险的规范。法律制度规范愈严格，表明风险愈大，费率也愈高，反之亦然。

3. 赔偿限额的高低。赔偿限额与免赔额的高低对责任保险的费率有客观影响，赔偿限额愈高，保险费绝对数愈高，但保险费率相对比率会愈低，因为责任事故愈大而出现的概率就愈小，反之亦然。

4. 承保区域的大小。在其他条件相等的情况下，承保区域愈大，风险愈大，费率亦应愈高。如产品责任保险中，承保国内的产品责任风险与承保出口产品的责任风险是有很大差异的，即以国内为承保区域和以国际为承保区域存在着风险差异，其费率也需要有差异。

5. 每笔责任保险业务的量。每笔责任保险业务的数量规模等对责任保险费率的影响很大。保险人一般对于统保程度高、数额大的业务采用较为优惠的费率；对于统保程度低、数额小的业务采用较高的费率；对于一些小额、零星的责任保险业务（如某笔数量有限的出口产品责任保险业务）还有最低保险费的规定。

6. 同类责任保险业务的历史损失资料。历史损失资料虽然不是制定现行费率的直接依据，但是可以供制定现行费率参考，具有很高的借鉴价值，从而是保险人在制定费率时必须参照的依据。

（五）索赔方式

根据责任保险合同约定的保险责任期限不同，责任保险索赔分期内索赔式与期内发生式两种。

1. 期内索赔式（以索赔提出为基础）。期内索赔式，是指不论造成第三者人身伤亡或财产损失的事件或被保险人的过错行为在何时发生，只要受到侵害的第三者在保险期限内向被保险人第一次提出有效索赔即构成保险事故，保险人就应依照保险合同承担赔偿责任。采用这种方式索赔，其索赔时效的关键是索赔的提出必须在保险期间，而保险事故的发生有可能在保险期内或约定的保险期之前若干年。

采用此种方式承保的结果对保险期限的影响可能有两种情况：（1）如果受害的第三人向被保险人（保险人）提出索赔的时间与事故发生的时间均在保险合同的有效期内，

如 2023 年 11 月 1 日投保的责任险合同，同年 12 月 6 日责任事故发生，受害的第三人于同年 12 月 16 日向被保险人（保险人）提出索赔请求，则责任保险的保险期限不变；（2）如果责任事故发生于保险合同生效之前，如责任事故发生于 2023 年 1 月 6 日，而受害的第三人于 2023 年 12 月 16 日向被保险人（保险人）提出索赔请求，则责任保险的保险期限实质上被前置，从而形成责任保险的保险期限的追溯性质。而绝大多数以期内索赔式承保的责任保险都会产生追溯期限。

合同采用期内索赔式承保，可以使保险人了解全部的索赔情况，并较为准确地把握该保险合同项下应支付的保险赔款，以便对自己承担的风险责任或可能支付的赔款数额作出合理的估计。但保险期限前置的结果可能加大保险人的风险，使保险人承担了发生于很久以前的责任事故的后果，尤其是当保险期限被无限期的前置时，还有可能引发道德风险。对此，各国保险人在经营实践中，通常在一定的保险期限之外规定一个责任追溯日期作为限制性条款，保险人仅对于追溯日期以后、保险期限届满前发生的保险事故且在保险合同有效期内提出的索赔负责。例如，以上例约定的保险期限，保险人可以规定追溯日期为 2022 年 11 月 1 日，即在 2022 年 11 月 1 日以后、2024 年 10 月 31 日以前发生的责任事故，并在 2024 年 10 月 31 日前受害的第三人向被保险人提出的索赔，由保险人负责赔偿。也有的保险人对出具给被保险人的第一张期内索赔式合同（即被保险人第一次投保责任保险时）不给追溯期，合同的起始日也为追溯期的起始日（事实上没有追溯期），以此避免被保险人将以前存在的风险以期内索赔式投保转嫁给保险人，被保险人即使在保单有效期内提出索赔，如果事故发生在追溯之前，保险人也不承担赔偿责任。根据国际责任保险惯例，职业责任保险、雇主责任保险运用此种方式比较多。

2. 期内发生式（以事故发生为基础）。期内发生式，是指在保险期间内发生的、造成第三者人身伤亡或财产损失并属于保险责任范围内的事件才能构成保险事故，保险人依照保险合同承担赔偿责任。由于以保险期限内的保险事故发生为基础的承保方式要经过较长时间才能确定赔偿责任，国外又称之为"长尾巴责任事故"，所以，此种方式在实践中除公众责任保险中有使用外，其他责任保险一般很少使用。

采用这种承保方式的优点是保险人支付的赔款与其保险期限内实际承担的风险责任相适应，其缺点是保险人在该保险单项下承担的赔偿责任，往往要拖很长时间才能确定，而且因为货币贬值等因素，最终索赔的数额可能大大超过责任事故发生时的水平。对此，各责任保险单中均有赔偿责任限额的规定，可以消除遇到货币贬值时对保险人赔款数额可能产生的不利影响，对超过责任限额的索赔，由被保险人自行承担。同时，为促使索赔请求的尽快提起，以便及早结束该保险单项下的理赔事宜，保险人在保险条款中往往规定一个后延期限的截止日期，对保险有效期限内发生的责任事故且在后延截止日期前提起的索赔，由保险人负责赔偿。

第二节　责任保险业务种类

根据业务险别的不同，责任保险可以分为公众责任保险、产品责任保险、雇主责任保险、职业责任保险和其他责任保险五类业务，其中每一类业务又由若干具体的险种构成。这种分类是责任保险最常见的分类方法，也是责任保险业务经营的基本依据。

一、公众责任保险

（一）公众责任保险的概念及其种类

公众责任保险，又称普通责任保险或综合责任保险，它以被保险人的公众责任为承保对象，是责任保险中独立的、适用范围最为广泛的保险类别，主要承保企业、机关、团体、家庭、个人以及各种组织（单位）在固定的场所从事生产、经营等活动以至于日常生活中由于意外事故而造成他人人身伤害或财产损失，依法应由被保险人所承担的各种损害赔偿责任。在英美保险市场中，公众责任保险被定义为除雇主责任保险以及航空、汽车、机器和海上保险中的责任保险以外的所有个人与企业责任保险的总称。

公众责任保险具有适用范围的广泛性和业务的复杂性，为了满足投保人对公众责任风险保障的不同要求，保险人需要设计多种公众责任保险来承保不同的业务，从而形成了公众责任保险险种众多的特点。目前，公众责任保险主要有以下几类。

1. 综合公众责任保险。该保险是一种综合性的责任保险，它承保被保险人在任何地点因非故意行为或活动所造成的他人人身伤害或财产损失依法应负的经济赔偿责任。从国外类似业务的经营实践来看，保险人在该种保险中除一般公众责任外还承担着包括合同责任、产品责任、业主及工程承包人的预防责任、完工责任及个人伤害责任等风险。因此，它是一种以公众责任为主要保险风险的综合性公共责任保险。

2. 场所责任保险。场所责任保险承保固定场所因存在着结构上的缺陷或管理不善，或被保险人在被保险场所进行生产经营活动时因疏忽发生意外事故，造成他人人身伤害或财产损失且依法应由被保险人承担的经济赔偿责任。场所责任保险是公众责任保险中业务量最大的险种。场所责任保险的险种主要有宾馆责任保险、展览会责任保险、电梯责任保险、车库责任保险、机场责任保险以及各种公众体育、娱乐活动场所责任保险。

3. 承包人责任保险。承包人责任保险承保承包人的损害赔偿责任，它主要适用于承包各种建筑工程、安装工程、修理工程施工任务的承包人。

4. 承运人责任保险。承运人责任保险承保各种客、货运输任务的部门或个人在运输过程中可能发生的损害赔偿责任，主要包括旅客责任保险、货物运输责任保险等险种。与一般公众责任保险不同的是，承运人责任保险保障的责任风险实际上是处于流动状态中的责任风险，但因运行途径是固定的，从而也可以视为固定场所的责任保险业务。

5. 环境责任保险。环境责任保险是指由于被保险人在生产经营活动过程中，由于非故意的原因，形成污染，进而造成第三者人身伤亡、财产损失或环境破坏时，由保险人根据保险合同的约定就被保险人由于此类损害所承担的赔偿进行损失填补的一种责任保险。

6. 其他公众责任保险。除以上五类公众责任保险外，其他还有一些公众责任保险险种，这些保险同样承保被保险人由于意外事故造成的第三者的人身伤害和财产损失而应该承担的经济赔偿责任，如物业责任保险、旅行社责任保险、婚宴责任保险、个人责任保险等。

上述险种分别由若干子险种组成，共同构成了公众责任保险体系。

（二）公众责任保险的一般内容

1. 公众责任保险的责任范围。公众责任保险的保险责任，包括被保险人在保险期内、在保险地点发生的依法应承担的经济赔偿责任和有关的法律诉讼费用等。其中，经济赔偿责任是基本的保险责任，以受害人的损害程度及索赔金额为依据，以保险单上的赔偿限额为最高赔付额。有关法律诉讼费用是指因保险赔偿纠纷引起的由被保险人支付的诉讼、律师费用及其他事先经过保险人同意支付的费用。

在承担前述赔偿责任的同时，保险人在责任保险合同中一般规定若干除外责任，包括：①被保险人故意行为引起的损害事故。②战争、内战、叛乱、暴动、骚乱、罢工或封闭工厂引起的任何损害事故。③人力不可抗拒的原因引起的损害事故。④核事故引起的损害事故。⑤有缺陷的卫生装置及除一般食物中毒以外的任何中毒。⑥由于震动、移动或减弱支撑引起的任何土地、财产或房屋的损坏责任。⑦被保险人的雇员或正在为被保险人服务的任何人所受到的伤害或其财产损失（他们通常在其他保险单下获得保险）。⑧各种运输工具的第三者或公众责任事故，由专门的第三者责任保险或其他责任保险险种承保。⑨公众责任保险单上列明的其他除外责任等。对于有些除外责任，经过保险双方的约定，可以作为特别条款予以承保。

2. 公众责任保险的保险期限。公众责任保险的保险期限一般为一年期或不足一年。通常情况下，投保人一般按年来对保险标的进行投保。但有时公众责任风险存在的期间比较短，可能是几个月，甚至是几天或一天之内。在这种情况下，如果仍以年为保险期间来进行投保，那么对投保人而言就非常不合算了。这时，投保人一般会按天来签订保险合同，相应地，投保人所需要交纳的保险费也按照日费率来计算。短期公众责任保险中最常见的是展览会责任保险，通常展览会的展出期间都是几天或几周，这时展览会责任方就会选择短期的公众责任保险险种来转嫁可能面临的风险。

3. 公众责任保险的费率。按照国际保险界的习惯做法，保险人对公众责任保险一般按每次事故的基本赔偿限额和免赔额分别厘定人身伤害和财产损失两项保险费率，如果基本赔偿限额和免赔额需要增减，保险费率也应适当增减，但又非按比例增减。具体计算时有两种方法：

（1）以赔偿限额（累计或每次事故赔偿限额）为计算依据时：

$$公众责任保险人的应收保险费 = 累计赔偿限额 × 适用费率$$

（2）对某些业务按场所面积大小计算保险费，即：

$$保险人的应收保险费 = 保险场所占用面积（平方米）× 每平方米保险费$$

无论何种方式计算保险费，保险人原则上均应在签发保险单时一次收清。

4. 公众责任保险的理赔。公众责任保险的理赔程序，包括七个基本步骤：①保险人接到出险通知或索赔要求时，应立即记录出险的被保险人的名称、保险单号码、出险原因、出险时间与地点、造成第三者损害程度及受害方的索赔要求等。②进行现场查勘，调查核实责任事故的相关情况，并协助现场施救。③根据现场查勘写出查勘报告，作为判定赔偿责任和计算赔款的依据。④进行责任审核，看事故是否发生在保险期限内，是否在保险责任范围，受害人是否向被保险人提出索赔要求或起诉。⑤做好抗诉准备，必要时可以被保险人的名义或同被保险人一起出面抗诉。⑥以法院判决或多方协商确定的赔偿额为依据，计算保险人的赔款。⑦支付保险赔款。

当发生公众责任保险事故时，保险人的理赔应当以受害人向被保险人提出有效索赔并被法律认可为前提，以赔偿限额为保险人承担责任的最高限额，并根据规范化的程序对赔案进行处理。

二、产品责任保险

（一）产品责任保险的概念及其种类

产品责任保险，是指以产品制造者、销售者、维修者等的产品责任为承保风险的一种责任保险。各种日用品、轻纺、机械、石油、化工、电子工业产品乃至大型飞机、船舶、成套设备、钻井船、核电站、各种航天产品等均可以投保产品责任保险，即只要投保人有投保要求，其任何产品均可以从保险人处获得产品责任风险的保险保障。当然，武器、弹药以及残次品等，保险人是不予承保的。

产品责任保险一般分国内与出口产品责任保险两类。国内产品责任保险是指在我国境内，以被保险人产品因存在缺陷，造成使用、消费该产品的人或其他任何人的人身伤害、疾病、死亡或财产损失，依据我国法律应由被保险人承担的经济赔偿责任为保险标的的保险。出口产品责任保险是指以外资企业、外贸出口企业单位为被保险人，以被保险人所生产、出售的产品或商品在境外承保区域内发生事故，造成使用、消费或操作该产品或商品的人或其他任何人的人身伤害、疾病、死亡或财产损失，依法应由被保险人承担的法律责任为保险标的的保险。

（二）产品责任保险的责任范围

保险人承保的产品责任风险，是承保产品造成的对消费者或用户及其他任何人的财产损失、人身伤亡所导致的经济赔偿责任，以及由此而导致的有关法律费用等。不过，保险人承担的上述责任也有一些限制性的条件。例如，造成产品责任事故的产品必须是供给他人使用即用于销售的商品，产品责任事故的发生必须是在制造、销售该产品的场所范围之外的地点，如果不符合这两个条件，保险人就不能承担责任；对于餐厅、宾馆等单位自制、自用的食品、饮料等，一般均作为公众责任保险的附加责任扩展承保。

产品责任保险的除外责任，一般包括如下几项：①根据合同或协议应由被保险人承担的其他人的责任。②根据劳工法律制度或雇佣合同等应由被保险人承担的对其雇员及有关人员的损害赔偿责任。③被保险人所有、照管或控制的财产的损失。④产品仍在制造或销售场所，其所有权仍未转移至用户或消费者手中时的责任事故。⑤被保险人故意违法生产、出售或分配的产品造成的损害事故。⑥被保险产品本身的损失。⑦不按照被保险产品说明去安装、使用或在非正常状态下使用时造成的损害事故等。

（三）产品责任保险的费率

产品责任保险的费率的厘定，主要考虑如下因素：一是产品的特点和可能对人体或财产造成损害的风险大小，如药品、烟花、爆竹等产品的责任事故风险就比农副产品的责任事故风险要大得多；二是产品数量和产品的价格，它与保险费呈正相关关系，与保险费率呈负相关关系；三是承保的区域范围，如出口产品的责任事故风险就较国内销售的产品的责任事故风险要大；四是产品制造者的技术水平和质量管理情况；五是赔偿限额的高低。

当然，在产品责任保险的经营实践中，保险人一般事先根据各种类型产品的性能等，将其按照风险大小划分为若干类型，如有的公司在承保出口产品的责任保险时就将各种产品划分为一般风险产品、中等风险产品和特别风险产品等，并以此作为确定各具体投保产品的费率。

（四）产品责任保险的理赔

在产品责任保险的理赔过程中，保险人的责任通常以产品在保险期限内发生事故为基础，而不论产品是否在保险期内生产或销售。如在保险生效前生产或销售的产品，只要在保险有效期内发生保险责任事故并导致用户、消费者或其他任何人的财产损失和人身伤亡，保险人均予负责；反之，即使是保险有效期内生产或销售的产品，如果不是在保险有效期内发生的责任事故，保险人则不会承担责任。对于赔偿标准的掌握，仍然以保险双方在签订保险合同时确定的赔偿限额为最高额度，它既可以每次事故赔偿限额为标准，也可以累计的赔偿限额为标准，在此，生产、销售、分配的同批产品由于同样原因造成多人的人身伤害、疾病、死亡或多人的财产损失均被视为一次事故造成的损失，并且适用于每次事故的赔偿限额。

三、雇主责任保险

（一）雇主责任保险的定义

雇主责任保险，是以被保险人即雇主的雇员在受雇期间从事业务时因遭受意外导致伤、残、死亡或患有与职业有关的职业性疾病而依法或根据雇佣合同应由被保险人承担的经济赔偿责任为承保风险的一种责任保险。它与社会保险中的工伤保险所保风险相似，责任不同。因此，在工伤保险制度健全的国家，雇主责任保险的发展空间会有限，反之亦然。在许多国家，雇主责任保险与工伤保险不仅是可以替代的关系，也是可以并存及互补的关系。这一方面是由于工伤保险不可以包保一切雇主责任风险；另一方面则是工伤保险的保障责任是不可选择的基本风险保障，一旦超过了工伤保险额度的合法索赔，还是要由雇主担责，这类风险只能通过商业性质的雇主责任保险来解决。在工伤保险欠发达的国家，雇主责任保险还往往会成为强制性业务。

一般而言，雇主所承担的对雇员的责任，包括雇主自身的故意行为、过失行为乃至无过失行为所致的雇员人身伤害赔偿责任，但保险人所承担的责任风险并非与此相一致，即均将被保险人的故意行为列为除外责任，而主要承保被保险人的过失行为所致的损害赔偿，或者将无过失风险一起纳入保险责任范围。构成雇主责任的前提条件是雇主与雇员之间存在着直接的雇佣合同关系（有的保险人还包括事实劳动关系）。

此外，许多国家还规定雇主应当对雇员承担无过失责任，即只要雇员在工作中受到的伤害不是其自己故意行为所导致的，雇主就必须承担起对雇员的经济赔偿责任。因此，雇主责任相对于其他民事责任而言是较为严厉的，雇主责任保险所承保的责任范围也超出了过失责任的范围。

（二）雇主责任保险的一般内容

1. 雇主责任保险的责任范围。雇主责任保险的保险责任，包括在责任事故中雇主对雇员依法应负的经济赔偿责任和有关法律费用等，导致这种赔偿的原因主要是各种意外的工伤事故和职业病。但下列原因导致的责任事故通常除外不保：①战争、暴动、罢工、核风险等引起雇员的人身伤害。②被保险人的故意行为或重大过失。③被保险人对其承包人的雇员所负的经济赔偿责任。④被保险人的合同项下的责任。⑤被保险人的雇员因自己的故意行为导致的伤害。⑥被保险人的雇员由于疾病、传染病、分娩、流产以及由此而施行的内科、外科手术所致的伤害等。

2. 雇主责任保险的费率。雇主责任保险的保险费率，一般根据一定的风险归类确定不同行业或不同工种的不同费率标准，同一行业基本上采用同一费率，但对于某些工作性质比较复杂、工种较多的行业，则还须规定每一工种的适用费率。同时，还应当参考赔偿限额。

雇主责任保险费的计算公式如下：

应收保险费 ＝A 工种保险费 ＋B 工种保险费 ＋…

其中：年工资总额 ＝该工种人数 ×月平均工资收入 ×12

保险费 ＝年工资总额 ×适用费率

如果有扩展责任，还应另行计算收取附加责任的保险费，它与基本保险责任的保险费相加，即构成该笔业务的全额保险费收入。

保险费一般在订立保险合同时采用被保险人预付保险费的方式，在保险合同到期后的一个月内，保险人根据被保险人提供的保险合同有效期间实际付出的工资、加班费、奖金及其他津贴的确数，调整支付保险费。预付保险费多退少补。

（三）雇主责任保险的赔偿

在处理雇主责任保险索赔时，保险人必须首先确立受害人与致害人之间是否存在雇佣关系。根据国际上流行的做法，确定雇佣关系的标准包括：一是雇主具有选择受雇人的权利，二是由雇主支付工资或其他报酬，三是雇主掌握工作方法的控制权，四是雇主具有中止或解雇受雇人的权利。

凡是属于保险合同责任范围的损失，保险人在赔偿限额内负责赔偿。雇主责任保险的赔偿限额，通常是规定若干个月的工资收入，即以每一雇员若干个月的工资收入作为其发生雇主责任保险时的保险赔偿额度，每一雇员只适用于自己的赔偿额度。在一些国家的雇主责任保险中，保险人对雇员的死亡赔偿额度与永久完全残障赔偿额度是有区别的，后者往往比前者的标准要高。但对于部分残障或一般性伤害，则严格按照事先规定的赔偿额度表进行计算。

（四）雇主责任保险的扩展责任

根据保险客户的需要，保险人还可以在雇主责任保险的基础上扩展一些风险的承保，其代表性险种有以下几种。

1. 附加第三者责任保险。该附加险承保被保险人（雇主）因其疏忽或过失行为导致除雇员以外的他人人身伤害或财产损失的法律赔偿责任。该项责任实质上是公众责任保险的范畴，雇主可以投保公众责任保险来转嫁风险，但若被保险人要求在雇主责任保险项下加保，保险人可采用公众责任保险的方法予以扩展加保，并另行收取保险费。

2. 附加雇员第三者责任保险。承保被保险人的雇员在保险期间内从事保险合同载明的被保险人业务时，因意外或疏忽造成第三者人身伤亡或财产损失，依照我国法律应由被保险人承担的经济赔偿责任，保险人按照本附加险合同约定，在保险合同载明的本附加险责任限额内负责赔偿。如雇员在工作中造成他人伤害并由此导致的医疗费、误工工资、赔偿金或抚恤金等，根据法律或雇佣合同应由雇主承担赔偿责任，雇主面临的这种由雇员带来的责任风险，就有借保险转嫁的必要。保险人可以将其作为雇主责任保险的扩展责任予以加保，并另行计算收取保险费，但有赔偿限额的规定。

3. 附加公务员出国责任保险。附加公务员出国责任保险是保险人专门承保被保险人（雇主）的工作人员在公务出国期间因意外事故导致伤残或死亡，依照我国法律应由雇主（被保险人）承担经济赔偿责任的保险。该附加险必须在投保雇主责任保险的基础上，经保险合同双方特别约定，且投保人已支付相应附加保险费才有效。当保险事故发生时，保险人在责任限额内负责赔偿。但被保险人支付的境外医疗费用，保险人不承担赔偿责任。

4. 附加核子辐射责任保险。附加核子辐射保险扩展承保从事核工业生产、研究、应用的被保险人，由于其所聘用员工在从事被保险人的工作期间，因突然发生的核泄漏事件造成的伤残、死亡或由于辐射使员工患有职业病而致伤残、死亡，被保险人依照合同及相关法律而应承担的医疗费及经济赔偿责任。

5. 附加战争等危险的保险。战争、罢工、暴动、骚乱等均是责任保险的常规除外责任，但在雇主责任保险中，此类风险中的部分风险责任，保险人亦可作为附加责任予以扩展承保。

四、职业责任保险

（一）职业责任保险的定义

职业责任保险，是以各种专业技术人员在从事职业技术工作时因疏忽或过失造成合同对方或他人的人身伤害或财产损失所导致的经济赔偿责任为承保风险的责任保险。由于职业责任保险与特定的职业及其技术性工作密切相关，在国外又被称为职业赔偿保险或业务过失责任保险，是由提供各种专业技术服务的单位（如医院、会计师事务所等）投保的团体业务，个体职业技术工作的职业责任保险通常由专门的个人责任保险来承保。

在当代社会，医生、会计师、律师、设计师、经纪人、代理人、工程师等技术工作者均存在着职业责任风险，从而均应当通过职业责任保险的方式来转嫁其风险。

（二）职业责任保险的一般内容

1. 职业责任保险的保险责任。职业责任保险作为一类责任保险业务，不可能像公众责任保险那样有统一的或综合的保险条款与保单格式，也不可能规定统一的保险责任范围，它需要根据不同种类的职业责任设计专门的保险条款，并确定有差异的保险责任范围。但通常，各种职业责任保险的保险责任范围又有某些共同之处，概括如下。

（1）在保险单明细表中列明的保险期限或追溯期内，被保险人或其法律上应负责的其他人在提供与其职业相关的专业技术服务时，因疏忽或过失行为给受害人造成了经济损失。为此，在保险期限内，受害人首次向被保险人提出索赔申请，依法应由被保险人承担的经济赔偿责任。

（2）事先经保险人书面同意的诉讼费用。诉讼费用是指为辩护或调查索赔所发生的诉讼费、律师费、专家鉴定费及为提供诉讼保全而支付的担保费用等合理支出。

（3）保险责任事故发生时，被保险人为控制或减少损失所支付的必要的、合理的其他费用。职业责任保险中的其他费用是指被保险人为控制或减少损失所支付的如咨询费、调查费、追偿费等。该费用的合理性取决于保险事故发生时的具体情况、费用金额的大小及所能挽回的损失；必要性主要体现在如果不支付这些费用会造成更大的保险损失。

2. 职业责任保险的除外责任。职业责任保险的一般除外责任可以概括为以下八项。

（1）因证据文件、账册、报表等资料的损毁、灭失、盗窃、抢劫、丢失所引起的任何索赔。此项，经过保险合同当事人双方特别约定也可以扩展承保，但须加收保险费。如会计师事务所的企业财务报表损毁或被盗造成委托单位的损失，可以通过扩展承保，由保险人负责。

（2）被保险人或其受雇人员的故意行为所致的任何索赔。

（3）精神损害赔偿责任。

（4）污染、危险废物和石棉引起的索赔。

（5）被保险人被指控有对他人诽谤或恶意中伤行为而引起的任何索赔。

（6）职业责任保险事故造成的间接损失或费用（保险人书面同意的法律诉讼费用及被保险人为控制或减少保险责任事故的损失所支付的必要的、合理的费用除外）。

（7）被保险人与他人签订协议所约定的责任，但依照法律规定应由被保险人承担的不在此列。被保险人根据协议所承担的责任是合同责任，对于因合同规定，而超出被保险人本应承担的职业责任的合同责任，保险人不予负责。

（8）因被保险人隐瞒或欺诈行为而引起的任何索赔。

3. 职业责任保险的费率。职业责任保险费率的确定，是职业责任保险中较为复杂且关键的问题。各种职业均有其自身特定的风险，从而也需要有不同的保险费率。从总体而言，制定职业责任保险的费率时，需要着重考虑下列因素：一是投保人的职业种类，二是投保人的工作场所，三是投保人工作单位的性质，四是该笔投保业务的数量，五是被保险人及其雇员的专业技术水平与工作责任心，六是赔偿限额、免赔额和其他承保条件，七是被保险人职业责任事故的历史损失资料以及同类业务的职业责任事故情况。根据上述因素，综合考察各具体的投保对象，能够较为合理地确定投保业务的保险费率。

4. 职业责任保险的赔偿。当职业责任事故发生并由此导致被保险人的索赔后，保险人应当严格按照承保方式的不同基础进行审查，确属保险人应当承担的职业责任赔偿应按保险合同规定进行赔偿。在赔偿方面，保险人承担的仍然是赔偿金与有关费用两大项，其中保险人对赔偿金通常规定一个累计的赔偿限额；有关费用则在赔偿金之外另行计算，但如果保险人的赔偿金仅为被保险人应付给受害方的总赔偿金的一部分，则该项费用应当根据各自所占的比例进行分摊。

（三）职业责任保险的主要险种

职业责任保险按照被保险人所从事的职业类别，可以划分为医疗职业责任保险、律师责任保险、会计师责任保险、美容师责任保险等多种业务种类，下面选择几个主要的险种进行简要介绍。

1. 医疗职业责任保险。医疗职业责任保险也叫医生失职保险，它承保医务人员或其前任由于医疗责任事故而致病人死亡或伤残、病情加剧、痛苦增加等，受害者或其家属要求赔偿且依法应当由医疗方负责的经济赔偿责任。在西方国家，医疗职业责任保险是职业责任保险中最主要的业务来源，它几乎覆盖了整个医疗、健康领域及其一切医疗服务团体。

2. 律师责任保险。律师责任保险承保被保险人或其前任作为一个律师在自己的能力范围内在职业服务中发生的一切疏忽行为、错误或遗漏过失行为所导致的法律赔偿责任，包括一切侮辱、诽谤，以及赔偿被保险人在工作中发生的或造成的对第三者的人身伤害或财产损失。

3. 会计师责任保险。会计师责任保险承保因被保险人或其前任或被保险人对其负有法律责任的那些人，因违反会计业务上应尽的责任及义务，而造成他人遭受损失，依法应负的经济赔偿责任，但不包括身体伤害、死亡及实质财产的损毁。

4. 建筑、工程技术人员责任保险。建筑、工程技术人员责任保险承保因建筑师、工程技术人员的过失而造成合同对方或他人的财产损失与人身伤害并由此导致经济赔偿责任的职业技术风险。建筑、安装以及其他工种技术人员、检验员、工程管理人员等均可以投保该险种。

此外，还有董事责任保险，美容师责任保险，保险经纪人和保险代理人责任保险，情报处理者责任保险等多种职业责任保险业务，它们在发达的保险市场上同样是受欢迎的险种。

五、其他责任保险

（一）个人责任保险

个人责任保险，是指以个人的侵权行为或其所有物因意外导致的法定经济补偿责任为保险对象并专门适用于家庭或个人的各种责任保险的总称。从宏观而论，个人责任保险可以纳入公众责任保险范围，但个人责任保险经营实践中又包括了超出公众责任保险范围的业务，如个人职业责任保险等。对于家庭或个人而言，能够导致经济补偿责任的原因一般包括如下四个方面：一是个人的侵权行为，二是个人或家庭所有的静物责任，三是个人或家庭所有的动物责任，四是合同责任。任何个人或家庭客观上都存在着法律责任风险，这种潜在的风险使个人责任保险成为当代社会城乡居民需要的一种风险转嫁工具。在国际上，德国的个人责任保险是较为发达的，它构成德国责任保险市场的重要业务来源。在我国，个人责任保险作为独立的责任保险业务还未完全形成，但一些保险公司根据市场需求推出了一些诸如执业医生职业责任保险（或个人诊所医疗责任保险）、监护人责任保险、犬类宠物饲养人责任保险、体育运动责任保险等。

在个人责任保险业务承保实践中，保险人首先要做的工作就是对居住区进行风险调查与评估。在承保时，需要明确确定被保险人的行为场所即承保责任的区域范围，明确确定被保险人的行为时间即是否将工作时间除外不保，以及确定保险的责任范围。至于个人责任保险的赔偿限额规定，则可以方式多样，较为灵活。

个人责任保险中的除外责任包括：

（1）被保险人及其家庭成员的故意行为或恶意行为所导致的损害赔偿责任。

（2）被保险人业务活动中引起的法律赔偿责任，但个人责任保险可以通过个人职业责任保险获得保障，因而可以例外。

（3）被保险人在精神失常的情况下所引起的损害赔偿责任。

（4）被保险人或在被保险人支使下的违法行为、格斗行为等引起的损害赔偿责任。

（5）被保险人所有、使用或照管的各种运输工具或枪支等造成的损害赔偿责任。

（6）被保险人在非承保区域与非承保时间范围内造成的损害赔偿责任。

此外，被保险人及其家庭成员以及其他与被保险人一起居住的人员之间相互造成的损害，保险人也不予负责。

在西方发达国家，个人责任保险由若干具体的保险险种构成。比较流行的个人责任保险业务主要有以下几种：

（1）住宅责任保险。它承保由于被保险人的住宅及住宅内的静物发生意外事故致使其雇用人员或他人的人身受到伤害或财产受到损失时依法应由被保险人承担的经济赔偿责任。它是一种个人静物责任保险业务。

（2）综合个人责任保险。它承保个人或家庭成员在居住、从事体育运动及其他一切日常生活活动中致使他人身体受到伤害或财产受损，依法应由被保险人承担的经济赔偿责任。其特点是保险责任具有综合性，承保的区域范围包括户内与户外，从而是很受欢迎的个人责任保险业务。

（3）个人职业责任保险。它承保个体专业技术人员的职业责任风险，其经营性质与一般职业责任保险相同。其适用范围主要包括私人医生、律师、会计师、摄影师、理发师等，但该项责任保险仅仅承担被保险人投保时所从事的专业技术或职业工作中的法律责任风险，不能扩展其他风险（包括其他专业技术工作中的职业风险）。

（4）运动责任保险。它承保个人或家庭成员在运动时由于意外事件或过失致使他人人身受到伤害或财产受损且依法应由被保险人承担的经济赔偿责任。其承保范围一般指住宅外的运动，如户外长跑、骑车、投掷标枪等活动。

此外，在国外个人责任保险市场上，还有个人超额责任保险、农民个人责任保险，以及多种运动员的个人责任保险业务。

（二）第三者责任保险

就业务的性质与基本特征而言，第三者责任保险与公众责任保险具有通用性。但运输工具第三者责任保险等却通常都与特定的财产保险相联系，故在传统的保险理论模式中便将其与特定的财产保险业务一并阐述。如机动车辆第三者责任保险（参见本书第七章第三节）与车辆损失保险一并归入机动车辆保险，飞机第三者责任保险通常归入飞机保险类别，船舶的第三者责任保险更是作为船舶保险中的基本责任予以承保，各种工程保险第三者责任也通常作为其附加险而与基本险一并处理。

需要指出的是，无论第三者责任保险的理论归类如何划分，均不能改变其责任保险的本质属性，从而在经营实践中必须符合责任保险的特有规律和要求。

第三节　责任保险实务

责任保险承保的是不能事先确定的责任风险，责任的大小通常缺乏相应的规律性。如高铁的责任风险极大，一旦失事，可能导致数以千万元乃至上亿元的索赔，但也有高铁失事仅导致数千元或数万元的索赔；而家庭的责任风险可能小至数十元，也可能大至数千元乃至上百万元。可见，责任保险中被保险人的损害赔偿责任大小并不像其他保险业务那样存在着十分明显的规律性。因此，保险人在经营责任保险业务时，必须注重风险控制，谨慎经营，这是求得责任保险财务稳定并有利于保险人的经营健康发展的必要手段。

一、责任保险展业与承保

展业与承保是责任保险业务经营的第一环节，在这一环节中，保险人主要通过保前风险调查、承保审核等措施来控制风险。

1. 风险调查。虽然各种责任保险业务的展业与承保的内容不同，但进行专门的风险调查这一首要工作环节是相同的。例如，在公众责任保险中，保前必须对包括公众活动场所的位置、周围环境、往来人员规模与结构、保险客户的风险防范措施与管理水平等进行调查；在产品责任保险中，保前必须对产品的生产过程与性能、各种法定技术指标、原材料来源与产品销售去向、产品返修率与事故率、保险客户的质量管理水平等进行调查；等等。将风险调查的内容细化，并通过实地调查掌握第一手资料，便可以对责任保险的潜在对象的风险大小作出比较准确的评估，再决定是否开展该种责任保险业务。

2. 承保审核。一般而言，责任保险的承保审核应当包括下列内容：

（1）审核投保人与被保险人。如产品责任保险中可能涉及多个投保人与被保险人，职业责任保险中则涉及被保险人的前任等，均应当在承保时明确。对于风险特殊的投保人应当审慎承保，对于信誉不良的投保人则不宜承保。

（2）被保险人的业务性质。被保险人的业务性质是决定保险人承担责任风险的具体依据，从而必须在承保审核时加以明确，例如，公众责任保险中被保险人从事的是展览会业务还是运动场所业务，其风险就有很大的差异。此外，保险人在责任保险中只能对某一种责任风险负责，对承保业务之外的其他业务所导致的责任风险是不负责任的。因此，明确被保险人的业务性质在责任保险经营实践中十分重要。

（3）审核承保范围与司法管辖范围。各种责任保险业务均涉及一个承保区域范围的问题，它一般被限制在被保险人从事本职业务工作的场所，但产品责任保险中的产品销售、雇主责任保险中雇员出差等却是例外，是否纳入了承保的责任范围应当详细审核；同时，责任保险原则上均以司法机关的判决作为确定是否赔偿的直接依据，但国内司法实践与境外司法实践又不能相通，国内对各种责任事故案件的处理也有着不同的法律规范，因此，承保责任保险业务时应当审核该种业务的司法管辖范围，确保与我国的司法实践保持一致性。

（4）严格区分各种责任。对于被保险人故意行为导致的各种责任事故，均应当除外不保；对于被保险人所承担的无过失责任，也应当根据保险的原则进行审核并处理；同时严格区分责任保险的基本责任与附加或扩展责任。

（5）审核赔偿限额、免赔额、保险费率等的规定是否明确，是否适当。

（6）审核保险费的计算与收取方式、赔偿方式等的规定是否明确，是否适当。

承保审核后，对符合承保条件的业务进行签单并收取保险费。

二、责任保险防灾防损与再保险

责任保险防灾防损是保险企业对其所承保责任风险进行识别、分析和处理，以防止责任事故发生和减少责任事故损失的工作，具有维护人民生命和财产安全，减少社会财富损失，减轻投保人保险费负担，促进保险企业改善经营管理的作用。

保险人在承保业务后，首先应当对被保险人定期或不定期地进行防灾防损检查，在检查中发现问题，向被保险人提出明确的整改意见，要求被保险人在限定的时间内进行整改，这样，可以督促被保险人消除隐患，使责任事故产生的概率减少，进而实现控制赔款支出的目的。其次，应与社会专门的防灾部门或机构如公安消防部门、应急管理部门、安全监督管理部门、医疗卫生机构、食品监督管理机构等加强联系与合作，做到经常性地进行联合防灾防损宣传，普及防灾防损知识和有关法律、法规及保险合同中对防灾防损、被保险人所负义务的规定等，在遵循法律法规的基础上，采取一定的行政手段，对不遵守法规者可给予行政处分和经济处罚。最后，建立并合理使用责任保险防灾防损基金，增加有关各方的防灾防损能力，建立专门的、精通法规的防灾技术队伍和防灾研究机构，进一步增强抵御责任风险事故和防损的能力，更好地发挥责任保险的职能作用。

在进行上述防灾防损工作的同时，由于责任保险的责任重大，许多责任保险业务一家保险公司无法独立承保，因此，需要通过再保险的安排来分散业务经营风险。

三、责任保险理赔

保险人在接受投保人或被保险人的保险报案后，要通过询问案情、查询承保记录以掌握理赔信息，在登记报案后尽快进行事故的查勘定损，待保险责任确定后，根据责任保险合同进行赔偿支付。

在理赔环节，最关键的是查勘定损。查勘定损时应注意如下事项：（1）对造成第三者财产损失的，必要时应及时查对第三者的有关财务账表，对受损的财产损失金额、损失程度作初步估计。（2）雇主责任险要注意查看被保险人的工资表、考勤表及受伤雇员的身份证，以确定受伤人员是否是被保险人雇员。（3）对于异地出险的，承保公司因故不能前往现场查勘，应迅速通知被保险人到当地的兄弟公司报案，同时与当地兄弟公司联系委托查勘事项。如是境外出险，境外如有驻外机构或授聘代理人的，应委请驻外机构或代理人帮助查勘检验。如没有，可委请当地合格检验代理人查勘。境外出险案件承保公司一经获悉，应立即上报上级公司指导处理。（4）对于涉及重大人身伤害事故，查勘定损岗人员应进行医疗跟踪服务，定期到伤者入住医院了解治疗情况，并监督受伤人员的治疗、用药情况，必要时，聘请专业医务工作者审查受伤人员的治疗方案及医药费。（5）对于案情重大，需要聘请专业人员、机构鉴定的，要与被保险人协商，并按理赔权限报上级批准共同聘请专业人员、机构进行审核。（6）要注意搜集有关单证。根据查勘情况，请被保险人尽快提交事故证明、政府有关部门作出的事故调查报告、死亡伤残证明、法医作出的尸体检验报告、医疗证明、药费单据、财产损失清单、有关的经济合同和财产损失鉴定等证明材料。（7）缮制查勘报告。查勘报告是判定赔偿责任和计算赔款的依据。查勘人员查勘完现场后应及时出具查勘报告并初步确定是否属保险责任以及估损金额。对于不负赔偿责任的也要出具查勘报告。查勘人员要在查勘报告上签字，并及时录入业务处理系统。（8）对商业再保险业务，现场查勘后，及时将出险通知书、现场查勘报告交同级分管再保的部门。（9）确定保险责任后，应向被保险人明确：必须在征得保险人的同意后才能向受害方进行赔付，被保险人在未征得保险人同意之前，不得对索赔做出任何拒绝、承诺、提议或赔付。如被保险人擅自处理，保险人可以拒赔。必要时保险人可以以被保险人的身份向第三者进行诉讼。由保险人自行处理的案件，费用由保险人自行承担。

此外，对于重复保险与代位追偿案件，以及共保、联保的案件，必须按照相关法律与合同规定来进行理赔。

【案例分析】

【案例 8-1】

某日早晨，55 岁的艾某在其居住的小区晨练，没有注意到地面的一块地砖已松动而摔倒，造成髌骨严重骨折，花去医药费 10 多万元，后被鉴定为七级伤残。艾某出院后多次找物业赔偿没能达成一致意见，遂将物业公司起诉至当地法院，请求判物业公司赔偿各项损失共计 15 万余元。

法院经审理后认为，根据我国《民法典》规定，宾馆、商场、银行、车站、娱乐场所等公共场所的管理人或者群众性活动的组织者，未尽到安全保障义务，造成他人损害的，应当承担侵权责任。《物业管理条例》也同时规定，物业服务企业应当协助做好物业管理区域内的安全防范工作。本案事故发生地点在物业公司管理的公共通行区域，应当认定物业公司对其管理的区域负有安全保障义务。艾某摔倒的位置在小区，且地砖松动为伤残致因，物业公司在履行公共环境安全管理服务职责时未尽到其应尽的义务将松动地砖修复牢固，即物业公司在实施物业安全管理过程中存有瑕疵，未尽安全保障义务。同时，艾某作为完全民事行为能力人，应当对其自身安全负有谨慎注意义务，行走或锻炼过程中应充分注意路面情况，但艾某忽视风险，未关注地面情况是其受伤的主要原因。因此，综合考量双方过错，法院酌定物业公司对艾某因此次摔伤所造成的损失承担 60% 的赔偿责任，艾某自行承担 40% 的责任，最终判决物业公司赔偿艾某医疗费、后续治疗费、残疾赔偿金、残疾辅助器具费、护理费、住院伙食补助费、营养费、精神损害抚慰金、鉴定费等各项损失共计 8.3 万余元。一审宣判后，原、被告双方均未上诉。鉴于物业公司已将小区范围内的公众责任风险向保险公司转移，并在接到法院被起诉通知的同时向保险公司报了险，保险公司在陪审过程中也认为法院判决合理，因此，在本案判决后不久，保险公司按保险合同的约定代物业公司向艾某进行了相关赔付。

 【案例 8-2】 ▪▪

　　某年 5 月，某供电局在 A 保险公司投保了供电责任保险。同年 7 月 16 日傍晚，当地突然发生暴风雨自然灾害。该供电局辖区内的一电线杆被刮倒，第二天早晨途经此处的黄某触电死亡。黄某家属要求供电局赔偿医疗费、丧葬费、抚养费等费用共计 60 万元。供电局认为事故是由自然灾害暴风雨引起的，自己没有过错，不应当承担责任。黄某家属遂将供电局告上法院。法院审理后认为，供电局没有对线路及时抢修或采取其他有效措施，导致黄某触电身亡，应当承担侵权责任，判供电局赔偿黄某家属医疗费、丧葬费等费用计人民币 45 万元。供电局依据法院判决向保险公司提出索赔。保险公司认为：发生此次事故的原因是暴风雨，而根据公司的《供电责任保险条款》，暴雨等自然灾害属于责任免除的内容，保险公司不应当承担保险责任。供电局则坚持法院判决的认定，认为其所管理的供电线路因自身工作过失导致了黄某的死亡，而工作过失正是保险责任的范围，供电局因此产生的民事赔偿责任，保险公司应当承担赔偿责任。

　　保险合同双方争议的焦点是：引起黄某死亡并导致供电局承担民事赔偿责任的直接原因是暴风雨还是供电局的过失行为？

　　根据近因原则，本案中黄某死亡有两个原因，其一是暴风雨造成的电线杆倾倒、电线被拉断造成的漏电；其二是供电局没有及时进行抢修或采取其他紧急措施的工作过失。如果供电局及时修复或采取紧急措施，黄某就不会触电，也就不会有死亡事故的发生。这种工作的过失行为并不是暴风雨直接的必然结果。按照保险公司的《供电责任保险条款》，该原因为保险责任范围内的风险，因此保险公司应当承担赔付责任。

 【案例 8-3】 ▪▪

　　北京某生物医药工程公司在某保险公司投保了产品质量责任险。某年 3 月，被保险人医药工程公司投保的产品"人工股骨"，在植入病人高某体内两年后断裂。现高某要求医药工程公司赔偿医药费、误工费等实际支出，另要求依据医药工程公司与保险公司签订的产品责任保险合同得到10万元人民币的赔偿，但要求被拒绝。高某便委托其代理人向某区人民法院提起诉讼，法院受理了此案。接到出庭通知后，保险公司派人参与了诉讼。在本案中，法官经过法庭内外调查并经有关机构检测，得出产品"人工股骨"不存在缺陷的结论，从而判决医药工程公司不承担赔偿责任。因此，保险公司也不必赔偿。

✔ 【案例 8 – 4】 ••

某年 11 月，钱某通过保姆介绍所雇用了王某在家照顾父母。双方协商，王某每月工资 3 000元，吃住在钱某家中。12 月 28 日，钱某家中因煤气软管老化，造成煤气泄漏，致使钱某的父母与王某三人中毒身亡。事后，钱某暂给王某家属 5 万元处理后事。

王某家属认为，王某是钱某雇用的保姆，在工作期间因煤气泄漏而中毒身亡，钱某作为雇主应承担全部赔偿责任，而且钱某对自己房屋及设施疏于管理，主观上有过错。在协商不成的情况下，王某向当地法院起诉，要求被告钱某赔偿丧葬费、死亡赔偿金 74 万余元。

庭审中，被告钱某认为煤气泄漏纯属意外事故，自己无过错，不存在侵权。由于父母年迈，行动不便，故委托她为他们聘请保姆，她与王某之间无雇佣关系。王某作为保姆有照顾被告父母的义务，应注意安全和通风，但王某未尽职，后果由其自负。而原告王某家属则坚持认为王某是受雇于被告钱某，并且是在钱某家里丧生的，因此这个责任理应由钱某承担。

经过一审审理后，法院认为钱某应承担主要责任而判决钱某支付保姆死亡赔偿金 47 万元。鉴于钱某在保险公司购买了家庭财产保险附加 10 万元的家政人员责任保险，保险公司在法院判决的2 天后就为钱某支付了 10 万元赔偿金给王某家属。

✔ 【案例 8 – 5】 ••

某年 12 月 17 日，某村村医张某接诊一位全身出疹的 6 岁患儿，初步诊断其为水痘（或湿疹），随即给患儿采取了左右臀部分别注射抗过敏抗病毒药的治疗，每日一次，持续至 12 月 23日。之后，患儿出现臀部肿胀、疼痛，且症状日渐加重，村医张某又给予其热敷、外敷用药，静滴"青霉素"一周，但效果不佳。此后，患儿在省儿童医院被诊断为左臀部蜂窝组织炎，随后又相继到省人民医院进行治疗，最终康复痊愈。

这起医疗事故发生后，村医张某积极与患者家属沟通，取得了患者家属的谅解，经区卫生局和乡卫生院协商，最终由村医张某一次性给予患儿 3.5 万元的经济赔偿。

经保险公司认定，此次事故是村医张某的诊疗过失所致。张某付给患者的 3.5 万元赔偿金，扣除免赔 1 000 元和非保险理赔 500 余元后，其余费用均属于医疗责任保险范围（为规避乡村医生医疗风险，由政府出资，当地村卫生室均参加了医疗责任保险）。经过 7 个工作日的理赔审核，3.35 万元的医疗责任保险赔偿金足额打入了村医张某的个人账户。

【案例 8-6】｜｜｜｜｜｜｜｜｜｜｜｜｜｜｜｜｜｜｜｜｜｜｜｜｜｜｜｜｜｜｜｜｜｜｜｜｜｜｜

李某于某年 1 月 7 日购买了新车后，即时在汽车销售点购买了机动车交强险及 50 万元不计免赔商业第三者险（保险销售代理人代签名），因其新车想使用原旧车牌号，以致迟迟未到公安机关管理部门办理新车的行驶证、号牌，但也未办理临时的行驶证、号牌而违章行驶三个多月，在同年 4 月 11 日，李某驾车在路上与王某驾驶的车辆发生交通事故，造成王某、该车 3 名乘客共计 4 人不同程度的伤害及两车受损，造成人身损害的医疗费损失、车辆损失共计近 70 万元。交警部门认定：李某驾驶未经公安机关交通管理部门登记的车辆上道路行驶，途经灯控路口时未按交通信号通行，其行为违反了《中华人民共和国道路交通安全法》的规定，是造成此次事故的根本原因，承担此次事故的全部责任。事发后，李某自己先行支付 5 万元赔款给受害方，保险公司除交强险 20 万元外，商业第三者责任保险 50 万元拒赔。为此，王某等受害人向法院提出诉讼请求，要求保险公司在保险责任范围内赔偿 62 万元，不足部分由李某赔偿。但保险公司辩称，李某驾驶无牌号车辆属于商业第三者责任免赔责任，不同意赔偿商业第三者责任保险 50 万元。

经调查，法院认为，投保人李某与保险公司代理人订立的商业第三者责任保险合同，并非投保人李某本人填写及签名，订立合同时，代理人也未有证据证明其向投保人就保单上免责条款作出了明确说明及注意的提示。因此，法院依照我国《保险法》的规定，认定该免责条款不产生效力。此外，居民购买新车初次上车牌号有一段时间，需要行驶时，可办理临时行驶证号牌，有效期 15 天，而居民在正式上牌前投保，保险人对这种保险期间发生的免责条款应有特别约定、应尽提示义务，即如大多数保险公司约定的保险免责情形之一"发生事故时无公安机关管理部门核发的行驶证、号牌或临时号牌或临时移动证"不赔。而本案中保险公司提供的免责条款尚无此规定，而是约定保险人免责内容为"发生保险事故时被保险机动车行驶证、号牌被注销的或未按规定检验或检验不合格"。可见，该保险合同的免责条款是否包含被告未依法办理车牌号上道行驶的情形，合同当事人双方对该条款存在不同理解。因此，法院根据对格式合同存在两种以上解释的，应当作出不利于提供格式条款一方的解释，而认定李某未上牌时发生交通事故不属于商业第三者责任保险免责约定的情形。一审判决后，双方当事人未上诉，且自愿履行。

本案保险公司的败诉，其原因基于保险公司订立合同时失误，即未保留或保全免责条款注意提示的证据和免责条款约定不明，当然，代理人失职是主要原因。因此，应当加强对保险代理人的职业培训，提升公司经营管理水平。

【本章小结】

1. 责任保险承保的是法律赔偿风险，其产生与发展是以法制的健全与完善为基本条件的，其在经营实践中虽然要运用到财产保险通用的一些原则，但亦具有自己显著的特征。

2. 作为一类独成体系的保险业务，责任保险的适用范围相当广泛，即适用于一切可能造成他人财产损失与人身伤亡的各种单位、家庭或个人。

3. 责任保险作为法律风险业务，是法律制度走向完善的结果。由于法律风险广泛，责任保险业务体系也相当庞大，如公众责任保险、产品责任保险、雇主责任保险和职业责任保险等大类下又可以分为若干小类，并包括了若干具体险种，每一类业务乃至每一险种均有着自己独特的内容。

4. 责任保险的业务经营因不同的险别或险种而有各自的经营特色，但注重风险防范、谨慎经营是整个责任保险业务经营的必备准则。

【复习思考题】

一、名词解释

责任保险　赔偿限额　公众责任保险　产品责任保险　雇主责任保险
职业责任保险　个人责任保险　期内索赔式　期内发生式　第三者责任保险

二、单项选择题

1. 以被保险人对第三者依法应负的赔偿责任为保险标的的保险，一般称为（　　）。

A. 法律保险　　　　　　　B. 保证保险　　　　　　C. 责任保险

2. 我国医生责任保险一般可以列入的保险范畴是（　　）。

A. 雇主责任保险　　　B. 职业责任保险　　　C. 工伤责任保险

3. 承保各种客、货运输任务的部门或个人在运输过程中可能发生的损害赔偿责任的保险一般称为（　　）。

A. 承包人责任保险　　　　　　　　　B. 承运人责任保险

C. 机动车辆责任保险

4. 以产品制造者、销售者、维修者等的产品责任为承保风险的一种保险，称为（　　）。

A. 产品保证保险　　　B. 产品责任保险　　　C. 产品信誉保险

5. 雇主责任保险承保的风险与（　　）相似。

A. 雇员诚实保证保险　　　　　　　　B. 社会工伤保险

C. 人身意外险

6. 雇主责任是指雇主对其雇员在受雇期间因发生意外或职业病而造成的（　　）依法应承担的经济赔偿责任。

A. 精神损害　　　　　B. 财产损失　　　　　C. 人身伤亡

7. 对各种技术人员因工作上的疏忽或过失造成合同对方或其他人的人身伤害或财产损失，负责经济赔偿责任的保险是（　　）。

A. 产品责任保险　　　B. 雇主责任保险　　　C. 职业责任保险

8. 医生失职保险是一种（　　）。

A. 雇主责任保险　　　B. 产品责任保险　　　C. 职业责任保险

9. 某厂为其生产的高压锅投保了产品责任保险，下列各项中属于不能获得保险人赔偿的情况是（　　）。

A. 因高压锅爆炸，使用户面部烧伤，支付医疗费用 2 万元

B. 高压锅因爆炸而报废的损失 400 元

C. 因高压锅爆炸，使厨房损失 3 000 元

10. 关于责任保险的赔偿，下列说法正确的是（　　　）。

A. 责任保险的直接赔偿对象是受害人

B. 保险事故发生后，必须先由被保险人向受害人支付赔款

C. 保险事故发生后，受害人有权向被保险人索赔，被保险人有权向保险人索赔

三、多项选择题

1. 责任保险的险别（种）有（　　　）。

A. 公众责任保险　　　　　　　　　　　B. 产品责任保险

C. 雇主责任保险　　　　　　　　　　　D. 职业责任保险

2. 制定责任保险费率考虑的因素有（　　　）。

A. 法律制度对损害赔偿的规定　　　　　B. 赔偿限额的高低

C. 承保区域的大小　　　　　　　　　　D. 每笔责任保险业务的量

3. 产品责任保险的投保人可以是（　　　）。

A. 制造商　　　　　B. 销售商　　　　　C. 维修商　　　　　D. 赞助商

4. 责任保险合同双方约定赔偿限额的种类有（　　　）。

A. 每次责任事故或同一原因引起的一系列责任事故的赔偿限额

B. 保险期内累计的赔偿限额

C. 财产损失和人身伤亡两者合成一个限额

D. 财产损失赔偿限额和人身伤亡赔偿限额

5. 责任保险的特征有（　　　）。

A. 产生与发展的基础特殊　　　　　　　B. 补偿对象特殊

C. 承保标的特殊　　　　　　　　　　　D. 赔偿处理特殊

6. 责任保险的主要赔偿范围包括（　　　）。

A. 为减少财产损失的施救费用

B. 依法应承担的对第三方的经济赔偿责任

C. 受损财产的修理费用

D. 诉讼费等合理的抗辩费用

7. 责任保险承保方式可采用（　　　）。

A. 单独承保　　　　　　　　　　　　　B. 作为附加险承保

C. 作为特别险承保　　　　　　　　　　D. 作为基本险承保

8. 以下属于我国的公众责任保险的除外责任的有（　　　）。

A. 诉讼抗辩费用　　　　　　　　　　　B. 被保险人的故意或重大过失行为

C. 战争　　　　　　　　　　　　　　　D. 政府的没收、征用

9. 产品责任保险的赔偿限额通常包括（　　　）。

A. 每次事故的赔偿限额　　　　　　　　B. 每个人的赔偿限额

C. 累计的赔偿限额　　　　　　　　　　D. 每项财产的赔偿限额

10. 下列事件导致的赔偿责任，职业责任保险一般除外不保的是（　　　）。

A. 报表被盗窃复印　　　　　　　　　　B. 被保险人的雇员故意泄露资料信息

C. 被保险人对他人进行毁谤   D. 被保险人的雇员殴打消费者

四、简述题

1. 责任保险有何特征？如何进行分类？

2. 简述责任保险的责任范围。

3. 比较雇主责任保险和工伤保险的异同。

4. 比较期内索赔式与期内发生式的优缺点。

五、论述题

1. 试论述责任保险参与社会管理的作用。

2. 请论述机动车辆第三者责任保险为什么要实施法律强制？

六、案例分析

1. 当孙某购物完毕将车驶出某商场停车场时，停车场的管理人员一边为驶进的车辆引导车位，一边打着手势帮助孙某将车挪出拥挤、狭小的车位。在孙某将车开出车位时，其车撞到一个障碍物，水箱当即被撞坏。当孙某以车场管理员的手势有误以至于其车被撞坏为由要求商场停车场赔偿时，停车场以停车费用只是负责提供车位、看管车辆为由拒赔。

问：（1）商场停车场拒绝赔偿的行为对吗？请进行法理分析。

（2）如果商场停车场购买了停车场所责任保险，孙某是否能得到赔偿？为什么？

2. 某大学生小强与同学到学校旁边的一公众游泳池去游泳，小强在不知道游泳池水的深浅时游进了近 3 米深的区域，水性不好的小强在游了几分钟后即上下翻滚，同学见状急忙去救，可因体力不支没有将小强救上岸。结果因溺水时间过长，小强被淹死。事发后，小强的父母要求学校进行赔偿，但学校以这是学生个人私自外出游泳的行为所致为由，不愿承担责任。

问：（1）学校对这起学生死亡事件是否应该担负责任？为什么？

（2）如果学校向保险公司购买了校方责任保险，小强的死亡损失属于保险责任事故吗？为什么？

3. 用户王某在某年 8 月购买了一台 N 公司生产的价值 2 500 元的电热水器。该用户按照说明书的要求使用不到两个月就出现故障，花 500 元进行了修理。修理后不久，因热水器漏电造成其妻在洗澡时意外身亡。

问：（1）由电热水器带来的损害责任应该由谁来承担？

（2）致害人如何转嫁这类风险？为什么？

4. 刘某因患痔疮到医院就诊，术前检查一切正常。刘某于第二天上午接受手术治疗，注射麻药后，刘某反映有痛感，麻醉师又追加麻药。术中，手术医生发现刘某伤口出血并变成褐色，且其口唇呈紫色、双眼球上翻。医护人员立即投入抢救，但刘某呼吸心跳骤停。经紧急抢救，刘某心跳恢复，但一直处于植物人状态。事发后半年，刘某一直在该院住院接受治疗，虽经专家、教授多次会诊，刘某病情一直未见好转。刘某的丈夫以"院方手术失误，致使刘某变成深度昏迷的植物人，院方负有不可推卸的责任"为由，将该医院告上法庭，要求医院承担医疗费、护理费、精神损失费等共计 116 万余元。

　　问：（1）医院在购买了医疗责任保险的情况下，如果法院判医院赔偿，保险公司是否赔偿？为什么？

　　（2）如果进行保险赔偿，保险公司应该怎样理赔？

第九章
人身保险

【教学目的与要求】

本章介绍人身保险的基本理论与实务知识。学习本章时，学生应熟练掌握人身保险、人寿保险、意外伤害保险和健康保险的概念、特征与种类，理解人寿保险的常见条款，了解个人和家庭所面临的人身风险以及相应承担这些风险的保险险种体系，并能运用相关理论分析人身保险案例等。

第一节 人身保险概述

一、人身保险的概念

人身保险是指以人的生命或身体为保险标的，当被保险人在保险期限内发生死亡、伤残或疾病等事故，或生存至规定时点时保险人给付被保险人或其受益人保险金的保险。普通人身保险主要解决人们在日常生活中遭受意外伤害、疾病或死亡等不幸事故时或年老退休时经济上的困难。随着保险经营不断创新，一些具有投资功能的人身保险产品在解决被保险人经济困难的同时，也满足了人们对投资的需求。

就人身保险的保险标的而言，当以人的生命作为保险标的时，它以生存和死亡两种状态存在；当以人的身体作为保险标的时，它以人的健康、生理机能、劳动能力（人赖以谋生的手段）等状态存在。

二、人身保险的特征

1. 人身风险的特殊性。在人身保险中，风险事故是与人的生命和身体有关的"生、老、病、死、残"。相对于财产保险中各种自然灾害和意外事故而言，这些风险事故发生的概率较为稳定。尤其是以生命风险作为保险事故的人寿保险，其主要风险因素是死亡率。死亡率受很多因素影响，如年龄、性别、职业等。就年龄因素而言，尽管随着被保险人年龄增长死亡事故发生的概率会增大，但同时死亡率也随着经济的发展、医疗卫生水平和生活水平的提高而不断降低，因此，可以说死亡率是变动的。但是根据一些专业机构对死亡率的研究，死亡率较其他风险事故发生的概率的波动性而言又是相对稳定的。所以，在人寿保险经营中面临巨灾风险较少，人寿保险经营的稳定性较好。

2. 保险标的的特殊性。人身保险的保险标的是人的生命或身体。第一，就保险价值而言，人身保险的保险标的没有客观的价值标准，因为无论是人的生命还是身体，是很难用货币衡量其价值的，即人的生命是无价的；第二，就保险事故发生概率的高低而言，人身保险的保险标的有标准体和次标准体之区分。标准体（也称健体）是指死亡危险程度属于正常范围的被保险人群的总称。换言之，标准体是指被保险人健康状况符合保险人承保的基本范畴，即标准体人群的实际死亡率与预定死亡率大致相符，保险人可按照标准保险费率承保。次标准体（也称次健体或弱体）是指死亡危险程度较高，即死亡率高于标准死亡率的被保险人的总称。对于次标准体，保险人不能按照标准保险费率承保，但可以使用特别附加条件承保，如增收特别保费、降低保险金额和限制保险金给付等。

3. 保险利益的特殊性。首先，就保险利益的产生而言，人身保险的保险利益产生于人与人，即投保人与被保险人、受益人之间的关系。其次，就保险利益的量的限定而言，在人身保险中，投保人对被保险人所拥有的保险利益不能用货币来衡量，因而人身保险的保险利益也就没有量的规定性，即保险利益一般是无限的。在投保时只考虑投保人对被保险人有无保险利益即可。然而，在某些特殊情况下，人身保险的保险利益有量的规定性。例如，经债务人同意债权人以债务人为被保险人投保死亡保险时，保险利益以债权金额为限。最后，就保险利益的时效而言，在人身保险中，保险利益只是订立保险合同的前提条件，并不是维持保险合同效力、保险人给付保险金的条件。只要投保人在投保时对被保险人具有保险利益，此后即使投保人与被保险人的关系发生了变化，也不影响保险合同的效力。这种情况下发生了保险事故，保险人仍然承担给付保险金责任。

4. 保险金额确定的特殊性。由于人的生命是无价的，因此人身保险的保险金额的确定就无法以人的生命价值作为客观依据。在人身保险实务中，保险金额是由投保人和保险人双方约定后确定的。此约定金额既不能过高，也不宜过低，一般从两个方面来考虑：一是被保险人对人身保险需要的程度，二是投保人交纳保费的能力。

5. 保险合同性质的特殊性。人身保险合同是定额给付性合同。当人身保险的被保险人发生保险合同约定范围内的保险事故时，保险人必须按照保险合同约定的保险金额给付保险金，不得有所增减。因此，大多数人身保险（意外伤害医疗和短期医疗费用补偿类保险除外）不适用补偿原则，也不存在比例分摊和代位追偿的问题。同时，在人身保险中一般也没有重复投保、超额投保和不足额投保问题。我国《保险法》第四十六条规定："被保险人因第三者的行为而发生死亡、伤残或者疾病等保险事故的，保险人向被保险人或者受益人给付保险金后，不享有向第三者追偿的权利，但被保险人或者受益人仍有权向第三者请求赔偿。"

6. 保险合同的储蓄性。人身保险在为被保险人面临的风险提供保障的同时，兼有储蓄性特点。由于人身保险费率不是自然费率（即反映被保险人当年死亡率的费率），而是均衡费率（即每年收取等额的保费），这样，投保人早期交纳的保费高于其当年死亡成本，对于多余的部分，保险公司则按预定利率进行积累。一般而言，人身保险的保费分为风险保费和储蓄保费两部分。有些险种的储蓄性很强，如两全保险和终身死亡保险。

7. 保险期限的特殊性。人身保险合同特别是人寿保险合同往往是长期合同，保险期限短则数年，长则数十年甚至一个人的一生。保险期限的长期性使得人身保险的经营极易受到外界因素，如利率、通货膨胀及保险公司对未来预测的偏差等因素影响。

三、人身保险的种类

1. 按保障范围分类。人身保险可以分为人寿保险、意外伤害保险和健康保险（见后文详解）。人寿保险是人身保险的主要的和基本的险种；在全部人身保险业务中，意外伤害保险是一个比较受欢迎的险种；健康保险是不可或缺的险种。

2. 按保险期限分类。人身保险可以分为长期保险和短期保险。长期保险是指保险期限超过 1 年的人身保险。人寿保险一般属于长期保险，保险期限一般最短为 3 年；健康保险也可以是长期保险。短期保险包括 1 年期保险和保险期限不足 1 年的保险。1 年期保险中以人身意外伤害保险居多，健康保险也可以是 1 年期保险。保险期限不足 1 年的人身保险是那些只保一次航程、一次旅程的旅游、旅客或公共场所游客意外伤害保险等。

3. 按投保方式分类。人身保险可以分为个人保险和团体保险。个人保险是指一张保险单只为一个人提供保障的保险；团体保险是指以一张总的保险单为某一团体单位的所有成员或其中的大多数成员（一般要求至少为总人数的 75％）提供保险保障的保险。团体保险又可细分为团体人寿保险、团体年金保险、团体意外伤害保险和团体健康保险等。

4. 按保单是否参与分红分类。人身保险可以分为分红保险和不分红保险。分红保险是保险人将每期盈利的一部分以红利形式分配给被保险人的保险，分红保险的保费高于不分红保险的保险费；不分红保险是被保险人在保险费交付后，没有盈利分配的保险。

5. 按被保险人的风险程度分类。人身保险可以分为标准体保险、次标准体保险和完美体保险。标准体保险（或称健体保险），是指被保险人的风险程度属于正常标准范围，可以按标准费率承保的人身保险；次标准体保险（或称次健体保险、弱体保险），是指由于被保险人风险程度较高不能按标准费率承保，但可附加条件承保的人身保险；完美体保险是指由于被保险人风险程度较低不需要按标准费率承保，可按照更为优惠的费率承保的人身保险。

第二节　人寿保险

一、人寿保险的概念

人寿保险是以被保险人的寿命为保险标的，以被保险人的生存或死亡为保险事故的人身保险。人寿保险所承保的风险可以是生存，也可以是死亡，也可同时承保生存和死亡。在全部人身保险业务中，人寿保险占绝大部分。

二、人寿保险的种类

人寿保险产品按照设计类型分为普通型人寿保险和新型人寿保险。按照保险责任分类，普通型人寿保险又分为定期寿险、终身寿险、两全保险和年金保险。新型人寿保险则包括分红保险、投资连结保险和万能保险。

（一）普通型人寿保险

1. 定期寿险。定期寿险是指以死亡为给付保险金条件，且保险期限为固定年限的人寿保险。具体地讲，定期保险在合同中规定一定时期为保险有效期，若被保险人在约定期限内死亡，保险人即给付受益人约定的保险金；如果被保险人在保险期限届满时仍然生存，契约即行终止，保险人无给付义务，亦不退还已收的保险费。对于被保险人而言，定期寿险最大的优点是可以用极为低廉的保险费获得一定期限内较大的保险保障。其不足之处在于若被保险人在保险期限届满仍然生存，则不能得到保险金的给付，而且已交纳的保险费不再退还。

2. 终身寿险。终身寿险是指以死亡为给付保险金条件，且保险期限为终身的人寿保险。终身寿险是一种不定期的死亡保险，即保险合同中并不规定期限，自合同有效之日起，至被保险人死亡为止。也就是保险人对被保险人要终身负责，无论被保险人何时死亡，保险人都有给付保险金义务。终身寿险最大优点是可以得到永久性保障，而且有退费的权利，若投保人中途退保，可以得到一定数额的退保金。按照缴费方式分类，终身寿险还可分为：①普通终身寿险，即保险费终身分期交付。②限期缴费终身寿险，其保险费在规定期限内分期交付，期满后不再交付保险费，但仍享有保险保障。缴纳期限可以是年限，也可以规定缴费到某一特定年龄。③趸缴终身寿险，即在投保时一次全部缴清保险费，也可以认为是限期缴费保险的一种特殊形态。

3. 两全保险。两全保险是指在保险期间内以死亡或期满生存为给付保险金条件的人寿保险。两全保险也称为生死合险，是指将定期死亡保险和生存保险（生存保险是指以被保险人在保险期满时仍生存为给付保险金条件的人寿保险）结合起来的保险形式。即被保险人在保险合同规定的年限内死亡或合同规定时点仍生存，保险人按照合同均负给付保险金责任的生存与死亡混合组成的保险。两全保险是储蓄性极强的一种保险，其纯保费由危险保险费和储蓄保险费组成。危险保险费用于当年死亡给付，储蓄保险费则逐年积累形成责任准备金，既可用于中途退保时支付退保金，也可用于生存给付。由于两全保险既保障死亡又保障生存，因此，其不仅使被保险人本身享受其利益，受益人的权益同时也得到保障。

4. 年金保险。年金保险是指以生存为给付保险金条件，按约定分期给付保险金，且分期给付保险金的间隔不超过1年（含1年）的人寿保险。年金保险的主要形态有：

（1）按缴费方式划分。年金保险可分为趸缴年金与期缴年金。前者是指一次缴清保费的年金，即年金保险费由投保人一次全部缴清后，于约定时间开始，按期由年金受领人领取年金。后者是指在给付日开始之前，分期交付保费。换言之，期缴年金的保险费由投保人采用分期交付的方式，然后于约定年金给付开始日期起按期由年金受领人领取年金。

（2）按被保险人数划分。年金保险可分为如下四种：①个人年金，是指以一个被保险人生存作为年金给付条件的年金。②联合年金，是指以两个或两个以上的被保险人均生存作为年金给付条件的年金，也就是说，这种年金的给付，是在数个被保险人中头一个死亡时即停止其给付。③最后生存者年金，指以两个或两个以上的被保险人中至少尚有一个生存作为年金给付条件且给付金额不发生变化的年金。换言之，即是指年金的给付继续到其中最后一个生存者死亡为止，且给付金额保持不变。④联合及生存者年金，是指以两个或两个以上的被保险人中至少尚有一个生存作为年金给付条件，但给付金额随着被保险人数的减少而进行调整的年金。换言之，联合及生存者年金是指年金的给付继续到其中最后一个生存者死亡为止，但给付金额根据仍存活的被保险人数进行相应的调整。

（3）按给付额是否变动划分。年金保险可分为定额年金与变额年金。前者是指每次按固定数额给付的年金。这种年金的给付额是固定的，不随投资收益水平的变动而变动。后者是指年金给付按资金账户的投资收益水平进行调整。这种年金的设计用来克服定额年金在通货膨胀下保障水平降低的缺点。

（4）按给付开始日期划分。年金保险可分为即期年金与延期年金。前者是指合同成立后，保险人即行按期给付年金。后者是指合同成立后，经过一定时期或达到一定年龄后才开始给付的年金称为延期年金。

（5）按给付方式（或给付期间）划分。年金保险主要包括如下几种：①终身年金，即年金受领人在有生之年一直可以领取约定的年金，直到死亡为止。②最低保证年金，即为了防止年金受领人早期死亡而过早丧失领取年金的权利，于是产生了最低保证年金。该年金又分为两种：一是确定给付年金，即规定了一个最低保证确定年数，在规定期间内无论被保险人生存与否均可得到年金给付；二是退还年金，即当年金受领人死亡而其年金领取总额低于年金购买价格时，保险人以现金方式一次或分期退还其差额。③定期生存年金，即以被保险人在规定期间内生存为给付条件的年金。换言之，年金的给付以一定的年数为限，若被保险人一直生存，则给付到期满；若被保险人在规定的期限内死亡，则年金给付立即停止。

（二）新型人寿保险

1. 分红保险。分红保险是指保险公司将其实际经营成果优于定价假设的盈余，按一定比例向保单持有人进行分配的人寿保险。这里的保单持有人是指按照合同约定，享有保险合同利益及红利请求权的人。分红保险、非分红保险以及分红保险产品与其附加的非分红保险产品必须分设账户，独立核算。分红保险采用固定费用率的，其相应的附加保费收入和佣金、管理费用支出等不列入分红保险账户；采用固定死亡率方法的，其相应的死亡保费收入和风险保额给付等不列入分红保险账户。

2. 投资连结保险。投资连结保险是指包含保险保障功能并至少在一个投资账户拥有一定资产价值的人身保险。投资连结保险的投资账户必须是资产单独管理的资金账户。投资账户应划分为等额单位，单位价值由单位数量及投资账户中资产或资产组合的市场价值决定。投保人可以选择其投资账户，投资风险完全由投保人承担。除有特殊规定外，保险公司的投资账户与其管理的其他资产或其投资账户之间不得存在债权、债务关系，也不承担连带责任。

投资连结保险产品的保单现金价值与单独投资账户（或称基金）资产相匹配，现金价值直接与独立账户资产投资业绩相连，没有最低保证。大体而言，独立账户的资产免受保险公司其余负债的影响，资本利得或损失一旦发生，无论其是否实现，都会直接反映到保单的现金价值上。不同的投资账户，可以投资在不同的投资工具上，比如股市、债券和货币市场等。投资账户可以是外部现有的，也可以是公司自己设立。除了各种专类基金供投保人选择外，由寿险公司确立原则，组合投资的平衡式或管理式基金也非常流行。约定条件下，保单持有人可以在不同的基金间自由转换，而不需支付额外的费用。

我国保险监督管理部门认可的投资连结保险产品具备的特点包括：该产品必须包含一项或多项保险责任；该产品至少连结到一个投资账户上；保险保障风险和费用风险由保险公司承担；投资账户的资产单独管理；保单价值应当根据该保单在每一投资账户中占有的单位数及其单位价值确定；投资账户中对应某张保单的资产产生的所有投资净收益（损失），都应当划归该保单；每年至少应当确定一次保单的保险保障；每月至少应当确定一次保单价值。

3. 万能保险。万能保险是一种缴费灵活、保额可调整，非约束性的人寿保险。保单持有人在缴纳一定量的首期保费后，也可以按自己的意愿选择任何时候缴纳任何数量的保费，只要保单的现金价值足以支付保单的相关费用，有时甚至可以不再缴费。而且，保单持有人可以在具备可保性前提下，提高保额，也可以根据自己的需要降低保额。此外，万能保险的经营透明度高。即保单持有人可以了解到该保单的内部经营情况，如保费、死亡给付、利息率、死亡率、费用率、现金价值之间相互作用的各种预期的结果的说明，保单基金的支配情况等。

三、人寿保险合同的常见条款

（一）不可抗辩条款

不可抗辩条款又称不可争议条款。此条款规定，从保险单生效之日起满两年后，保险人不能以投保人或被保险人于投保时违反告知（如故意隐瞒、过失遗漏或不实说明等）义务为由来否定寿险合同的有效性，但投保人欠交保费除外。也就是说，保险人有两年的时间来调查投保人或被保险人的诚信情况，如发现投保人或被保险人违反了诚信原则，保险人可以解除保险合同。

这一条款充分体现了人寿保险的根本宗旨，有利于保险业在社会公众中树立良好的形象。保险合同是最大诚信合同，它要求投保人或被保险人投保时据实回答保险人的询问，否则，保险人有权解除合同。但是，在人寿保险实务中，如果不加时间限制，保险人就可能滥用此权利，特别是对长期性人寿保险合同而言，更是如此。假如许多年以后当被保险人年老或生病需要保障时，保险人以投保人在投保时误告、隐瞒或漏告等理由来解除保险合同，会极大地损害被保险人的利益。在死亡保险中，保险合同保障的是受益人的利益，如果经过很长时期后保险人解除合同，受益人的保障权益就失去了，从而实际上让受益人承担了投保人或被保险人的误告之责。因此，为了保护被保险人或受益人的利益，许多国家都采用了不可抗辩条款。我国《保险法》第十六条规定：订立保险合同，保险人就保险标的或者被保险人的有关情况提出询问的，投保人应当如实告知。投保人故意或者因重大过失未履行前款规定的如实告知义务，足以影响保险人决定是否同意承保或者提高保险费率的，保险人有权解除合同。该合同解除权，自保险人知道有解除事由之日起，超过 30 日不行使而消灭。自合同成立之日起超过 2 年的，保险人不得解除合同；发生保险事故的，保险人应当承担赔偿或者给付保险金的责任。投保人故意不履行如实告知义务的，保险人对于合同解除前发生的保险事故，不承担赔偿或者给付保险金的责任，并不退还保险费。投保人因重大过失未履行如实告知义务，对保险事故的发生有严重影响的，保险人对于合同解除前发生的保险事故，不承担赔偿或者给付保险金的责任，但应当退还保险费。保险人在合同订立时已经知道投保人未如实告知的情况的，保险人不得解除合同；发生保险事故的，保险人应当承担赔偿或者给付保险金的责任。

不可抗辩条款也适用于失效后再复效的保单，即复效后的保单经过 2 年后也成为不可抗辩的。人寿保险合同和长期健康保险合同大都列入此条款。

（二）宽限期条款

这一条款规定，投保人在交纳续期保费时保险人给予一定的宽限期（如 30 天或 60 天等）。在宽限期内发生保险事故的，保险人承担给付保险金责任，但要从保险金中扣除当期应交的保险费。如宽限期满投保人仍未交付续期保险费的，保险合同自宽限期满翌日效力中止。

人寿保险合同是长期性合同，交费期限有的长达几十年。在这个漫长过程中，不可避免地会出现一些影响投保人按时交费的因素，如遗忘、外出未归、经济暂时困难等。规定一个宽限期，不仅方便了投保人交费，也避免了轻易导致保单失效情况发生，有利于维持较高的保单续保率。

我国《保险法》第三十六条规定：合同约定分期支付保险费，投保人支付首期保险费后，除合同另有约定外，投保人自保险人催告之日起超过 30 日未支付当期保险费，或者超过约定的期限 60 日未支付当期保险费的，合同效力中止，或者由保险人按照合同约定的条件减少保险金额。被保险人在该规定期限内发生保险事故的，保险人应当按照合同约定给付保险金，但可以扣减欠交的保险费。

（三）复效条款

此条款规定，人寿保险单因欠交保费而中止效力，投保人可以在 2 年内申请复效。

导致保险单失效有不同的原因。本条款所指复效仅适用于因投保人欠交保险费而导致保单效力中止的情形，其他原因引起的失效则不包括在复效范围内。

对被保险人而言，复效优于重新投保。这是因为：（1）随着被保险人的年龄增长，重新投保时保险费率会随之增加；（2）被保险人的身体状况可能会发生较大变化，重新投保时需要加费或特约承保；（3）如被保险人已超过保单最高年龄限制，则无法重新投保同样的险种。

根据保单失效时间的长短不同，保险人往往规定不同的复效条件和审核程序。如某人寿保险公司复效条款规定，投保人可以在 2 年内行使申请复效的权利。

我国《保险法》第三十七条规定：合同效力因投保人欠交保费中止的，经保险人与投保人协商并达成协议，在投保人补交保险费后，合同效力恢复。但是，自合同效力中止之日起满 2 年双方未达成协议的，保险人有权解除合同。保险人依照该规定解除合同的，应当按照合同约定退还保险单的现金价值。

（四）保费自动垫交条款

此条款规定，投保人在合同有效期内已交足 2 年以上保险费的，若以后的续期保险费超过宽限期仍未交付，而保险单当时的现金价值足以垫交应交保险费及利息时，除投保人事先另以书面作反对声明外，保险人将自动垫交其应交保险费及利息（相当于自动贷款），使保险单继续有效。如果垫交后，投保人续期保费仍未交付，垫交应继续进行，直到累计的贷款本息达到保单上的现金价值时，保险合同的效力才中止，此中止适用复效条款。如果被保险人在垫交期间发生保险事故，保险人应从给付保险金中扣除贷款本息。

规定此条款的目的是减少保单失效，维持较高的续保率。有的保险单使用此条款时还同时规定垫交最大次数。此条款在不少国家都不是法定条款，保险人可以自由选择使用。我国的《保险法》中无此条款，但许多寿险公司在寿险保单中都曾规定了此条款。

（五）不丧失价值条款

这一条款规定，人寿保险合同的投保人享有保险单现金价值的权利，不因保险合同效力变化而丧失。也就是说，即使保险单失效了，保险单上的现金价值所有权不变。

在人寿保险发展之初，对保险单失效后是否给付投保人保险单积存的现金价值没有统一规定，各保险人做法不一，有的保险人给付投保人部分现金价值，有的保险人没收失效保险单的现金价值，使其成为公司利润的来源之一。后来，这些做法逐步被人们认识到对投保人极不公平。于是，一些国家的法律就规定，储蓄性的人寿保险单失效，其投保人对保险单享有的现金价值权利不丧失。根据我国《保险法》第三十六条、第三十七条规定，人身险保险合同失效，其现金价值也不丧失。

由于人寿保险实行均衡费率，投保人在交付一定时期（一般 2 年或 3 年）保险费之后，人寿保险合同便具有了一定量的现金价值，且大部分险种的现金价值量是不断递增的。因此，人们认为现金价值如同储蓄存款一样（在不发生给付的情况下），应为投保人所拥有。保险人应在其保险单上附上现金价值表，有的还应说明计算方法，从而使投保人能准确知道保单的现金价值量。

投保人处置效力中止保单现金价值的方式一般有以下三种：①办理退保，领取退保金。②将原保险单改为交清保险。即将保险单上的责任准备金作为趸交保险费，在原保单的保险期限和保险责任保持不变的情况下，重新确定保险金额。交清保险的保险金额比原保险单的保险金额小。③将原保险单改为展期保险。即将保险单上的责任准备金作为趸交保险费，用于购买与原保险合同保险金额相同的死亡保险，其保险期限长短取决保单现金价值的多少，但最长不能超过原保险合同的保险期限。如果现金价值抵交后仍有余额，其剩余部分可以购买生存保险，这样，如果被保险人生存到保险期满就可以获得生存保险金。

（六）保单质押贷款条款

此条款规定，人寿保险单经过 2 年时间且投保人交保费满 2 年后，投保人可以保单为质押向保险人申请贷款。根据不丧失价值条款，保单经过一定时期之后会积存可观的现金价值，且这个现金价值归投保人所有。因此，如果投保人有经济上的临时性需要，保险人应该将该现金价值暂时借给投保人使用。贷款的金额只能是保单现金价值的一定比例，如 80% 或 90% 等。保险人将按照保险单上规定的利率收取利息。当贷款本利和达到保单的现金价值时，投保人应按保险人的通知日期还清款项，否则保单失效。此种失效一般不得申请复效，因为，它相当于投保人已经领取了退保金。如果被保险人或受益人领取保险金时，保险单上的借款本息尚未还清，保险人将在保险金内扣除贷款本息。

保单贷款的期限多以 6 个月为限，贷款利率略高于或等于金融机构的类似贷款利率，通常到期可以申请续贷。实行保单贷款方便了投保人，降低了保单解约率，增加了保险人的资金运用渠道。但由于贷款金额较小，笔数较多，使得保单贷款的净收益率远小于保险人将此笔资金运用于其他投资所能得到的净收益。所以，此条款可以看成是保险人给予投保人的优惠条款。

我国《保险法》中没有对此条款进行规定，但一些保险公司的部分寿险保单采用了这一条款。例如，中国平安人寿保险股份有限公司的《递增养老年金保险条款》中规定：投保人交费满两周年且保险期限也满两周年的，可向保险人申请贷款，其贷款金额不得超过保险单规定退保金的 70%，贷款期限以 6 个月为限，贷款利率按同期银行贷款利率上浮 10% 计算。贷款利息在贷款到期时一并结算。如果贷款逾期不还，贷款本息达到退保金数额时，合同效力终止；中国太平洋人寿保险股份有限公司的《老来福终身寿险条款》中也有贷款条款规定：投保人交费且保单生效满 24 个足月后，可以保险单为抵押向保险人申请贷款，贷款金额以当期退保金额的 90% 为限，借贷期最长为 180 天，贷款利息按银行同期流动资金贷款利率计算。如贷款逾期不还，当贷款本息合计超过保险单当期退保金额时，视为退保，保险责任即行终止。

（七）年龄误告条款

我国《保险法》第三十二条规定：投保人申报的被保险人年龄不真实，并且其真实年龄不符合合同约定的年龄限制的，保险人可以解除合同，并按照合同约定退还保险单的现金价值。保险人行使合同解除权时，适用保险法中相关不可抗辩条款规定。投保人申报的被保险人年龄不真实，致使投保人支付的保险费少于应付保险费的，保险人有权更正并要求投保人补交保险费，或者在给付保险金时按照实付保险费与应付保险费的比例支付。投保人申报的被保险人年龄不真实，致使投保人支付的保险费多于应付保险费的，保险人应当将多收的保险费退还投保人。年龄误告条款即是保险人发现被保险人年龄误告时，保险金额或保险费将根据真实年龄予以调整的条款。

被保险人的年龄是确定保险费率的重要依据之一，也是承保时判断能否承保的条件之一。投保人是在申请投保时提供被保险人年龄的，保险人则是在发生保险事故或年金保险将开始发放年金时对被保险人年龄进行核实的。一般规定，在被保险人生存期间发现年龄误告，可调整保费而维持原保额不变；在被保险人死亡时发现年龄误告，则只能按真实年龄调整保额。在真实年龄超过保险公司规定的最高年龄时，可能导致保险合同无效。通常，年龄误告也属于不可抗辩条款的适用范围。

对于被保险人死亡时被发现年龄误告，保险金额的调整举例如下。

假设某人投保 20 年期的定期寿险，保险金额为 10 万元，保险费的交付方式是 10 年限交，投保年龄为 40 岁，年交保费 2 540 元。若干年后，被保险人死亡。保险人在理赔时发现该被保险人投保时的真实年龄为 42 岁，而 42 岁的人年交保费为 2 760 元。所以，实际保险金额应调整为：

$$100\ 000 \times \frac{2\ 540}{2\ 760} = 92\ 029(元)$$

即保险人给付受益人保险金 92 029 元即可。

如果理赔时发现被保险人投保时的真实年龄为 37 岁，而 37 岁的人年交保费为 2 220 元。则实际保险金额应调整为：

$$100\ 000 \times \frac{2\ 540}{2\ 220} = 114\ 414\ (元)$$

即保险人给付受益人保险金应为 114 414 元。

（八）自杀条款

根据自杀条款规定，被保险人在保单生效后的 2 年内自杀（包括复效），保险人都不负给付保险金的责任，只退还保险单的现金价值，并一次支付给保险单上注明的受益人。如果自杀发生在 2 年以后，保险人负给付保险金的责任。根据我国《保险法》第四十四条规定，以被保险人死亡为给付保险金条件的合同，自合同成立或者合同效力恢复之日起 2 年内，被保险人自杀的，保险人不承担给付保险金的责任，但被保险人自杀时为无民事行为能力人的除外。保险人依照该规定不承担给付保险金责任的，应当按照合同约定退还保险单的现金价值。

在人寿保险产生之初的很长一段时期内，"自杀"一直被作为合同的除外责任。那时，保险人不假思索地认为如果自杀也是保险责任的话，就会助长道德风险的发生，并直接影响保险人的经营稳定。后来，随着人寿保险经营技术的逐步完善，保险人发现将"自杀"一概作为责任免除对待是很不合理的。因为：（1）投保人寿保险目的是保障受益人的利益。如果对自杀一概不负给付保险金的责任，必将损害受益人的利益；（2）编制生命表时已经考虑了自杀这个因素。也就是说，投保人已经给被保险人自杀投了保；（3）蓄意自杀、骗取保险金的行为可以被排除。人们研究发现，人在特定的环境下，一时因挫折产生自杀的念头是很容易的，但要将此念头保持到两年后去实施，则是不大可能的。这是因为随着时间的流逝、环境的变化、新的机会的出现，会改变人的不理智的决定。所以，2 年内自杀不赔、2 年后自杀给付的规定是可以杜绝为骗取保险金而进行的蓄意自杀计划。

（九）受益人条款

此条款规定受益人如何产生以及是否可以变更等内容。

在含有死亡责任的人寿保险合同中，受益人是一个十分重要的关系人。因此，很多国家的人身保险合同都规定了受益人条款。我国《保险法》第三十九条规定："人身保险的受益人由被保险人或者投保人指定。投保人指定受益人时须经被保险人同意。投保人为与其有劳动关系的劳动者投保人身保险，不得指定被保险人及其近亲属以外的人为受益人。被保险人为无民事行为能力人或者限制民事行为能力人的，可以由其监护人指定受益人。"第四十条规定："被保险人或者投保人可以指定一人或者数人为受益人。受益人为数人的，被保险人或者投保人可以确定受益顺序和受益份额；未确定受益份额的，受益人按照相等份额享有受益权。"第四十一条规定："被保险人或者投保人可以变更受益人并书面通知保险人。保险人收到变更受益人的书面通知后，应当在保险单或者其他保险凭证上批注或者附贴批单。投保人变更受益人时须经被保险人同意。"第四十二条还规定："被保险人死亡后，有下列情形之一的，保险金作为被保险人的遗产，由保险人依照《中华人民共和国继承法》①的规定履行给付保险金的义务：（1）没有指定受益人，或者受益人指定不明无法确定的；（2）受益人先于被保险人死亡，没有其他受益人的；（3）受益人依法丧失受益权或者放弃受益权，没有其他受益人的。受益人与被保险人在同一事件中死亡，且不能确定死亡先后顺序的，推定受益人死亡在先"。但《保险法》第四十三条第二款同时规定："受益人故意造成被保险人死亡、伤残、疾病的，或者故意杀害被保险人未遂的，该受益人丧失受益权。"

（十）意外事故死亡双倍给付条款

此条款规定，如果被保险人由于意外事故死亡，保险人就给付双倍保险金，有的甚至规定给付 3 倍、5 倍或 10 倍保险金等。

履行该条款时，必须满足下列条件：（1）被保险人死亡的近因必须是意外事故；（2）死亡必须在意外事故后若干天（如 90 天或 180 天）内发生；（3）死亡必须发生在保单规定的年龄之前，如 60 岁或 65 岁等。60 岁（或 65 岁）以前的人意外事故死亡，会给被保险人的家人带来巨大的精神打击和经济损失，此条款可从经济上给予适当的补偿。我国《保险法》中没有规定此条款，但在保险实务中，一些寿险公司的保单中已经采用了这一条款。

（十一）赔款（保险金）任选条款

此条款规定，被保险人或受益人在领取保险金时有下列方式可供选择：

1. 现金收入。即被保险人或受益人以现金方式一次性领取保险金。

2. 利息收入。即将保险金存放于保险公司，保险公司按约定的利率定期支付利息。支付周期可以由双方商定，约定的利率比一般存款利率高。领款人死亡，可由其继承人一次领回本金。

3. 定期收入。即将保险金存入保险公司，并根据保险金数额、保证利率、给付期限或次数，计算出每次受益人可领取的金额。如果受益人在领完之前死亡，其继承人继续按此方式领完为止。

---

① 注：我国《民法典》颁布实施时，《继承法》同时被废止，但《保险法》没有做相对应的修改，因此，这里仍按现行《保险法》的规定表述。

4. 定额收入。即将保险金存放于保险公司，双方约定每月（或每年）领取一个固定的金额，直到将全部本息领完为止。如果受益人未领完本息就死亡，其继承人可一次领完剩余的本息。

5. 终身收入。即受益人将保险金作为趸交保险费投保一份终身年金保险。这样，就可以从约定的年金领取日开始终身得到年金收入了。终身收入有三种不同方式：（1）一般的终身年金保险，即以年金受领人的生存为领取年金的条件，此年金给付的金额较高。（2）期间保证年金保险，即保证年金受领人领完保证的次数。如果受领人未领完规定的次数死亡，其继承人可继续领取，直到领满规定次数为止。如果年金受领人领完保证的次数后仍生存，则可一直领下去，直到死亡为止。（3）差额保证年金保险，即年金受领人死亡时，如果其领取的年金金额之和小于年金现价（所交保费的现值总和），其继承人可以领取差额部分。

（十二）红利任选条款

寿险保单包括分红保单和不分红保单。如果投保人投保的是分红保险，便享有红利分配的权利。此条款规定了领取红利的任选方式。

1. 领取现金。即投保人直接领取现金红利。

2. 抵交续期保费。即用红利支付到期的续期保险费。通常保险人会通知投保人红利金额及扣除红利后的应交保费金额。

3. 积累生息。即将红利留在保险公司，并由保险公司支付相应的利息。通常有最低利率保证，并可获得保险人所取得的超额利益。

4. 增加保额。即以红利作为趸交保费，购买到期日与原保单相同的交清保险。

5. 提前满期。即把红利并入寿险责任准备金中，使被保险人提前若干年领取保险金。就生存保险和两全保险来说，如果在寿险责任准备金中加入一笔资金，就可以提前使寿险责任准备金数额达到保险金额，从而使保单提前满期。

投保人可以根据自己的情况选择领取红利的方式。分红寿险保单在国内已有不少公司开办，但规定的红利取得方式仍比较少，常用的取得红利方式主要是现金给付和积累生息等。

第三节　意外伤害保险

一、意外伤害与意外伤害保险

（一）意外伤害的含义

意外伤害包括意外和伤害两层含义。伤害指人的身体受到侵害的客观事实。意外是被害人的主观状态而言，指害的发生是被害人事先没有预见到的，或违背被保险人主观意愿的。意外伤害保险中所称的意外伤害是指，在被保险人没有预见到或违背被保险人意愿的情况下，突然发生的外来致害物对被保险人的身体明显、剧烈地侵害的客观事实。

1. 伤害。伤害亦称损伤，指被保险人的身体受到侵害的客观事实。伤害由致害物、侵害对象、侵害事实三个要素构成，三者缺一不可。

致害物即直接造成伤害的物体或物质。没有致害物，就不可能构成伤害。在意外伤害保险中，只有致害物是外来的，才被认为是伤害。侵害对象是致害物侵害的客体。在意外伤害保险中，只有致害物侵害的对象是被保险人的身体，才能构成伤害。侵害事实即致害物以一定的方式破坏性地接触、作用于被保险人身体的客观事实。如果致害物没有接触或作用于被保险人的身体，就不能构成伤害。

2. 意外。意外是就被保险人的主观状态而言，指伤害的发生是被保险人事先没有预见到的或伤害的发生违背被保险人的主观意愿。

（1）被保险人事先没有预见到伤害的发生，可理解为伤害的发生是被保险人事先所不能预见或无法预见的。或者伤害的发生是被保险人事先能够预见到的，但由于被保险人的疏忽而没有预见到。被保险人不能预见的伤害，或被保险人能够预见但由于疏忽而没有预见到的伤害，应该是偶然发生的事件或突然发生的事件。

（2）伤害的发生违背被保险人的主观意愿，主要表现为：被保险人预见到伤害即将发生时，在技术上已不能采取措施避免。或者被保险人已预见到伤害即将发生，在技术上也可以采取措施避免，但由于法律或职责上的规定，不能躲避。应该指出的是，凡是被保险人的故意行为使自己身体所受的伤害，均不属意外伤害。被保险人故意使自己遭受伤害，与被保险人已经预见到伤害即将发生，但由于法律或责任上的规定不能躲避，性质是完全不同的。

3. 意外伤害的构成。意外伤害的构成包括意外和伤害两个必要条件。仅有主观上的意外而无伤害的客观事实，不能构成意外伤害。反之，仅有伤害的客观事实而无主观上的意外，也不能构成意外伤害。只有在意外的条件下发生伤害，才构成意外伤害。因此，意外伤害的定义可以表述为：在被保险人没有预见到或违背被保险人意愿的情况下，突然发生的外来致害物明显、剧烈地侵害被保险人身体的客观事实。

（二）意外伤害保险的概念

意外伤害保险是指以意外伤害而致被保险人身故或残疾为给付保险金条件的人身保险。意外伤害保险有三层含义：第一，必须有客观的意外事故发生，且事故原因是意外的、偶然的、不可预见的；第二，被保险人必须有因客观事故造成人身死亡或残疾的结果；第三，意外事故的发生和被保险人遭受人身伤亡的结果，两者之间有着内在的、必然的联系，即意外事故的发生是被保险人遭受伤害的原因，而被保险人遭受伤害是意外事故的后果。

意外伤害保险的基本内容是：投保人向保险人交纳一定量的保险费，如果被保险人在保险期限内遭受意外伤害并以此为直接原因或近因，在自遭受意外伤害之日起的一定时期内造成死亡、残疾、支出医疗费或暂时丧失劳动能力，则保险人给付被保险人或其受益人一定量的保险金。

意外伤害保险的保障项目主要有：

1. 死亡给付。被保险人因遭受意外伤害造成死亡时，保险人给付死亡保险金。

2. 残疾给付。被保险人因遭受意外伤害造成残疾时，保险人给付残疾保险金。

意外死亡给付和意外残疾给付是意外伤害保险的基本责任，其派生责任包括医疗给付、误工给付、丧葬费给付和遗属生活费给付等责任。

二、意外伤害保险的特征

1. 保险金的给付。在人寿保险中，保险事故发生时，保险人不问被保险人有无损失以及损失金额是多少，只是按照约定的保险金额给付保险金。在意外伤害保险中，保险事故发生时，死亡保险金按约定的保险金额给付，残疾保险多按保险金额的一定百分比给付。

2. 保费计算基础。人寿保险的纯保险费是依据生命表和利息率计算的。这种方法认为被保险人的死亡概率取决于其年龄。意外伤害保险的纯保险费是根据保险金额损失率计算的，这种方法认为被保险人遭受意外伤害的概率取决于其职业、工种或从事的活动，在其他条件都相同时，被保险人的职业、工种、所从事活动的危险程度越高，应交的保险费就越多。

3. 保险期限。人寿保险的保险期限较长，至少1年，一般长达十几年、几十年，甚至是终身。意外伤害保险的保险期较短，一般不超过1年，最多3年或5年。这是因为，意外伤害保险的保险费率取决于被保险人的职业、工种或从事活动的危险程度，与被保险人的年龄和健康状况关系不大。如果保险期限较长，保险费每年缴纳一次，那么，与保险期限定为1年，每年续保一次并无区别。

4. 责任准备金。人寿保险的年末未到期责任准备金是依据生命表、利息率、被保险人年龄、已保年限、保险金额等因素计算的。意外伤害保险的年末未到期责任准备金是按当年保险费收入的一定百分比（如50%）计算的，与财产保险相同。

三、意外伤害保险的可保风险

意外伤害保险承保的风险是意外伤害，但是并非一切意外伤害都是意外伤害保险所能承保的。按照是否可承保划分，意外伤害可以分为不可保意外伤害、特约保意外伤害和一般可保意外伤害三种。

（一）不可保意外伤害

不可保意外伤害，也可理解为意外伤害保险的除外责任，即从保险原理上讲，保险人不应该承保的意外伤害，如果承保，则违反法律的规定或违反社会公共利益。不可保意外伤害一般包括：

1. 被保险人在犯罪活动中所受的意外伤害。意外伤害保险不承保被保险人在犯罪活动中受到的意外伤害，是基于两个原因：第一，保险只能为合法的行为提供经济保障，只有这样，保险合同才是合法的，才具有法律效力。一切犯罪行为都是违法的行为，所以，被保险人在犯罪活动中所受的意外伤害不予承保。第二，犯罪活动具有社会危害性，如果承保被保险人在犯罪活动中所受意外伤害，即使该意外伤害不是由犯罪行为直接造成的，也违反社会公共利益。

2. 被保险人在寻衅殴斗中所受的意外伤害。寻衅殴斗是指被保险人故意制造事端挑起的殴斗。寻衅殴斗不一定构成犯罪，但具有社会危害性，属于违法行为，因而不能承保，其道理与不承保被保险人在犯罪活动中所受意外伤害相同。

3. 被保险人在酒醉、吸食毒品后发生的意外伤害。酒醉或吸食（或注射）毒品（如海洛因、鸦片、大麻、吗啡等麻醉剂、兴奋剂、致幻剂）对被保险人身体的损害，是被保险人的故意行为所致，当然不属意外伤害。

4. 由于被保险人的自杀行为造成的伤害属于不可保风险。对于不可保意外伤害，在意外伤害保险条款中应明确列为除外责任。

（二）特约保意外伤害

特约保意外伤害，即从保险原理上讲虽非不能承保，但保险人考虑到保险责任不易区分或限于承保能力，一般不予承保，只有经过投保人与保险人特别约定，有时还要另外加收保险费后才予承保的意外伤害。特约保意外伤害包括：

1. 战争使被保险人遭受的意外伤害。由于战争使被保险人遭受意外伤害的风险过大，保险公司一般没有能力承保。战争是否爆发、何时爆发、会造成多大范围的人身伤害，往往难以预计，保险公司一般难以厘定保险费率。所以，对于战争使被保险人遭受的意外伤害，保险公司一般不予承保，只有经过特别约定并另外加收保险费以后才能承保。

2. 被保险人在从事剧烈的体育活动或比赛中遭受意外伤害。被保险人从事登山、跳伞、滑雪、江河漂流、赛车、拳击、摔跤等活动或比赛时，遭受意外伤害的概率大大增加，保险公司一般不予承保，只有经过特别约定并另外加收保险费以后才能承保。

3. 核辐射造成的意外伤害。核辐射造成人身意外伤害的后果，往往在短期内不能确定，而且如果发生大的核爆炸，往往造成较大范围内的人身伤害。从技术和承保能力上考虑，保险公司一般不承保核辐射造成的意外伤害。

4. 医疗事故造成的意外伤害。意外伤害保险的保险费率是根据大多数被保险人的情况制定的，而大多数被保险人身体是健康的，只有少数患有疾病的被保险人才存在医疗事故（如医生误诊、药剂师发错药品、检查时造成的损伤、手术切错部位等）遭受意外伤害的危险。为了使保险费的负担公平合理，保险公司一般不承保医疗事故造成的意外伤害。

对于上述特约保意外伤害，在保险条款中一般列为除外责任，经投保人与保险人特别的约定承保后，由保险人在保险单上签注特别约定或出具批单，对该项除外责任予以剔除。

（三）一般可保意外伤害

一般可保意外伤害，即在一般情况下可承保的意外伤害。除不可保意外伤害、特约保意外伤害以外，均属一般可保意外伤害。

四、意外伤害保险的种类

（一）按投保动因分类

意外伤害保险可分为两种：①自愿意外伤害保险。该保险是投保人和保险人在自愿基础上通过平等协商订立保险合同的意外伤害保险。投保人可以选择是否投保以及向哪家保险公司投保，保险人也可以选择是否承保，只有双方意思表示一致时才订立保险合同，确立双方的权利和义务。②强制意外伤害保险。该保险又称法定意外伤害保险，即国家机关通过颁布法律、行政法规、地方性法规强制施行的意外伤害保险。凡属法律、行政法规、地方性法规所规定的强制施行范围内的人，必须投保，没有选择的余地。有的强制意外伤害保险还规定必须向哪家保险公司投保（即由哪家保险公司承保），在这种情况下，该保险公司也必须承保，没有选择的余地。

（二）按保险危险分类

意外伤害保险可分为以下两种：①普通意外伤害保险。该保险所承保的危险是在保险期限内发生的各种意外伤害（不可保意外伤害除外，特约保意外伤害视有无特别约定）。目前保险公司开办的团体人身意外伤害保险、学生团体平安保险等，均属普通意外伤害保险。②特定意外伤害保险。该保险是以特定时间、特定地点或特定原因发生的意外伤害为保险危险的意外伤害保险。如保险危险只限定于在矿井下发生的意外伤害、在建筑工地发生的意外伤害、在驾驶机动车辆中发生的意外伤害、煤气罐爆炸发生的意外伤害等。

（三）按保险期限分类

个人意外伤害保险可分为以下三种：①1年期意外伤害保险。该保险即保险期限为1年的意外伤害保险业务。在意外伤害保险中，1年期意外伤害保险一般占大部分。保险公司目前开办的个人人身意外伤害保险、附加意外伤害保险等均属一年期意外伤害保险。②极短期意外伤害保险。该保险是保险期限不足1年，往往只有几天、几小时甚至更短的意外伤害保险。我国目前开办的公路旅客意外伤害保险、旅游保险、索道游客意外伤害保险、游泳池人身意外伤害保险、大型电动玩具游客意外伤害保险等，均属极短期意外伤害保险。③多年期意外伤害保险。该保险是保险期限超过1年的意外伤害保险。把意外伤害保险分为1年期、极短期、多年期的意义在于，不同的保险期限，计算未到期责任准备金的方法不同。

（四）按险种结构分类

个人意外伤害保险可分为以下两种：①单纯意外伤害保险。该保险一张保险单所承保的保险责任仅限于意外伤害保险。保险公司目前开办的个人人身意外伤害保险、公路旅客意外伤害保险、驾驶员意外伤害保险等，均属单纯意外伤害保险。②附加意外伤害保险。此种保险包括两种情况：一种是其他保险附加意外伤害保险，另一种是意外伤害保险附加其他保险责任。

五、意外伤害保险的保险责任

意外伤害保险的保险责任是被保险人因意外伤害所致的死亡和残疾，不负责疾病所致的死亡。换言之，意外伤害保险的保险责任由三个必要条件构成，即被保险人在保险期限内遭受了意外伤害；被保险人在责任期限内死亡或残疾；被保险人所受意外伤害是其死亡或残疾的直接原因或近因。

（一）被保险人遭受了意外伤害

被保险人在保险期限内遭受意外伤害是构成意外伤害保险的保险责任的首要条件。这一条件包括以下两方面的要求。

1. 客观性要求。被保险人遭受意外伤害必须是客观发生的事实，而不是臆想的或推测的。

2. 时效性要求。被保险人遭受意外伤害的客观事实必须发生在保险期限之内。如果被保险人在保险期限开始以前曾遭受意外伤害，而在保险期限内死亡或残疾，不构成保险责任。

（二）被保险人死亡或残疾

被保险人在责任期限内死亡或残疾，是构成意外伤害保险的保险责任的必要条件之一。这一必要条件包括以下两方面的要求。

1. 被保险人死亡或残疾。死亡即机体生命活动和新陈代谢的终止。在法律上发生效力的死亡包括两种情况：一是生理死亡，即已被证实的死亡；二是宣告死亡，即按照法律程序推定的死亡。我国《民法典》第四十六条至第四十八条规定：自然人有下列情形之一的，利害关系人可以向人民法院申请宣告该自然人死亡：（1）下落不明满四年；（2）因意外事件，下落不明满 2 年。因意外事件下落不明，经有关机关证明该自然人不可能生存的，申请宣告死亡不受 2 年时间的限制。对同一自然人，有的利害关系人申请宣告死亡，有的利害关系人申请宣告失踪，符合本法规定的宣告死亡条件的，人民法院应当宣告死亡。被宣告死亡的人，人民法院宣告死亡的判决作出之日视为其死亡的日期；因意外事件下落不明宣告死亡的，意外事件发生之日视为其死亡的日期。

残疾包括两种情况，一是人体组织的永久性残缺（或称缺损），如肢体断离等；二是人体器官正常机能的永久丧失，如丧失视觉、听觉、嗅觉、语言机能和运动障碍等。

2. 被保险人的死亡或残疾发生在责任期限之内。责任期限是指自被保险人遭受意外伤害之日起的一定期限（如 90 天或 180 天、1 年等）。在人寿保险和财产保险中，没有责任期限这个概念，责任期限仅仅是意外伤害保险和健康保险特有的概念。

如果被保险人在保险期限内遭受意外伤害，在责任期限内生理死亡，则显然已构成保险责任。但是，如果被保险人在保险期限内因意外事故下落不明，自事故发生之日起满 2 年、法院宣告被保险人死亡后，责任期限已经超过。为了解决这一问题，可以在意外伤害保险条款中订有失踪条款或在保险单上签注关于失踪的特别约定，规定被保险人确因意外伤害事故下落不明超过一定期限（如 3 个月或 6 个月等）时，视同被保险人死亡，保险人给付死亡保险金，但如果被保险人以后生还，受领保险金的人应把保险金返还给保险人。

责任期限对于意外伤害造成的残疾实际上是确定残疾程度的期限。如果被保险人在保险期限内遭受意外伤害，治疗结束后被确定为残疾时，责任期限尚未结束，当然可以根据确定的残疾程度给付残疾保险金。但是，如果被保险人在保险期限内遭受意外伤害，责任期限结束时治疗仍未结束，尚不能确定最终是否造成残疾以及造成何种程度的残疾，那么，就应该推定责任期限结束时这一时点上被保险人的组织残缺或器官正常机能的丧失是否是永久性的；即以这一时点的情况确定残疾程度，并按照这一残疾程度给付残疾保险金。之后，即使被保险人经过治疗痊愈或残疾程度减轻，保险人也不追回全部或部分残疾保险金。反之，即使被保险人加重了残疾程度或死亡，保险人也不追加给付保险金。

（三） 意外伤害是死亡或残疾的直接原因或近因

在意外伤害保险中，被保险人在保险期限内遭受了意外伤害，并且在责任期限内死亡或残疾，并不意味着必然构成保险责任。只有当意外伤害与死亡、残疾之间存在因果关系，即意外伤害是死亡或残疾的直接原因或近因时，才构成保险责任。意外伤害与死亡、残疾之间的因果关系包括以下三种情况。

1. 意外伤害是死亡、残疾的直接原因。即意外伤害事故直接造成被保险人死亡或残疾。当意外伤害是被保险人死亡、残疾的直接原因时，构成保险责任，保险人应该按照保险金额给付死亡保险金或按照保险金额和残疾程度给付残疾保险金。

2. 意外伤害是死亡或残疾的近因。即意外伤害是引起直接造成被保险人死亡、残疾的事件或一连串事件的最初原因。

3. 意外伤害是死亡或残疾的诱因。即意外伤害使被保险人原有的疾病发作，从而加重后果，造成被保险人死亡或残疾。当意外伤害是被保险人死亡、残疾的诱因时，保险人不是按照保险金额和被保险人的最终后果给付保险金，而是比照身体健康遭受这种意外伤害会造成何种后果给付保险金。

六、意外伤害保险的给付方式

意外伤害保险属于定额给付性保险，当保险责任构成时，保险人按保险合同中约定的保险金额给付死亡保险金或残疾保险金。

1. 死亡给付。在意外伤害保险合同中，死亡保险金的数额是保险合同中规定的，当被保险人死亡时如数支付。

2. 残疾给付。残疾保险金的数额由保险金额和残疾程度两个因素确定。残疾程度一般以百分率表示，残疾保险金数额的计算公式是：

$$残疾保险金 = 保险金额 \times 残疾程度百分率$$

在意外伤害保险合同中，一方面，保险金额不仅是确定死亡保险金、残疾保险金的数额的依据，而且是保险人给付保险金的最高限额，即保险人给付每一被保险人死亡保险金、残疾保险金累计以不超过该被保险人的保险金额为限。另一方面，应列举残疾程度百分率，列举得越详尽，给付残疾保险金时，保险方和被保险方就越不易发生争执。对于残疾程度百分率中未列举的情况，只能由当事人之间按照公平合理的原则，参照列举的残疾程度百分率协商确定。协商不一致时可提请有关机关仲裁或由人民法院审判。

当一次意外伤害造成被保险人身体若干部位残疾时，保险人按保险金额与被保险人身体各部位残疾程度百分率之和的乘积计算残疾保险金，但如果各部位残疾程度百分率之和超过100%，则按保险金额给付残疾保险金。

被保险人在保险期限内多次遭受意外伤害时，保险人对每次意外伤害造成的残疾或死亡均按保险合同中的规定给付保险金，但给付的保险金累计不超过保险金额为限。

第四节　健康保险

一、健康保险的概念

我国《健康保险管理办法》第二条规定，健康保险是指由保险公司对被保险人因健康原因或者医疗行为的发生给付保险金的保险，主要包括医疗保险、疾病保险、失能收入损失保险、护理保险以及医疗意外保险等。其中，医疗保险是指按照保险合同约定为被保险人的医疗、康复等提供保障的保险；疾病保险是指发生保险合同约定的疾病时，为被保险人提供保障的保险；失能收入损失保险，是指以因保险合同约定的疾病或者意外伤害导致工作能力丧失为给付保险金条件，为被保险人在一定时期内收入减少或者中断提供保障的保险；护理保险，是指按照保险合同约定为被保险人日常生活能力障碍引发护理需要提供保障的保险；医疗意外保险，是指按照保险合同约定，发生不能归责于医疗机构或者医护人员责任、无法预料和无法防范的医疗损害时，为被保险人提供保障的保险。由法定定义可知，健康保险不仅可以补偿疾病给人们带来的直接经济损失即医疗费用，还可以补偿由于疾病导致的间接损失，如误工工资，对分娩、残疾和死亡等也给予经济补偿。

二、疾病成立的条件

疾病是指由于人体内在的原因，造成精神上或肉体上的痛苦或不健全。构成健康保险所指的疾病必须满足以下三个条件。

1. 必须是由于明显非外来原因所造成的。由于外来的、剧烈的原因造成的病态视为意外伤害，而疾病是由身体内在的生理的原因所致。但若因饮食不慎、感染细菌引起疾病，则不能简单视为外来因素。因为，外来的细菌还是经过体内抗体的抵抗以后，再形成疾病。因此，一般来讲，要以是否是明显外来的原因，作为疾病和意外伤害的分界线。

2. 必须是非先天的原因所造成的。健康保险仅对被保险人的身体由健康状态转入病态承担责任。由于先天原因，使身体发生缺陷，例如，视力、听力的缺陷或身体形态的不正常，这种缺陷或不正常，则不能作为疾病由保险人负责。

3. 必须是由于非长存原因所造成的。在人的一生中，要经历生长、成年、衰老的过程，因此在机体衰老的过程中，也会显示一些病态，这是人生必然要经历的生理现象。对每一个人来讲，衰老是必然的，但在衰老的同时，诱发出其他疾病却是偶然的，需要健康保险来提供保障。属于生理上长存的原因，即对人到一定年龄以后出现的衰老现象，则不能称之为疾病，也不是健康保险的保障范围。

三、健康保险的特征

1. 保险期限。除重大疾病等保险以外，绝大多数健康保险尤其是医疗费用保险常为一年期的短期合同，原因在于医疗服务成本不断上涨，保险人很难计算出一个长期适用的保险费率，而一般的个人寿险合同则主要是长期合同，在整个缴费期间可以采用均衡的保险费率。

2. 精算技术。健康保险产品的定价基础和准备金计算与其他人身保险业务，特别是与寿险业务相比有较大的不同。人寿保险在制定费率时主要考虑死亡率、费用率和利息率，而健康保险则主要考虑疾病率、伤残率和疾病（伤残）持续时间。健康保险费率的计算以保险金额损失率为基础，年末未到期责任准备金一般按当年保费收入的一定比例提存。此外，健康保险合同中规定的等待期、免责期、免赔额、共保比例和给付方式、给付限额也会影响最终的费率。

3. 健康保险的给付。关于健康保险是否适用补偿原则问题，不能一概而论，补偿原则是指被保险人获得的补偿不能高于其实际损失，费用型健康保险适用该原则，是补偿性的给付；而定额给付型健康险则不适用，保险金的给付与实际损失无关。对于前者而言，强调对被保险人因伤病所致的医疗花费或收入损失提供补偿，类似于财产保险，而与人寿和意外伤害保险在发生保险事故时给付事先约定的保险金不同。

因为健康保险的特性，一些国家把健康保险和意外伤害保险列为第三领域，允许财产保险公司承保，我国也遵从国际惯例，放开短期健康保险和意外伤害保险的经营限制，财产保险公司也可经营短期健康保险和意外伤害保险。

4. 经营风险的特殊性。健康保险经营的是伤病发生的风险，其影响因素远较人寿保险复杂，逆选择和道德风险都更严重。为降低逆选择风险，健康保险的核保要比人寿保险和意外伤害保险严格得多；道德风险导致的索赔欺诈也给健康保险的理赔工作提出了更高的要求；精算人员在进行风险评估及计算保费时，除了要依据统计资料，还要获得医学知识方面的支持。此外，健康保险的风险还来源于医疗服务提供者，医疗服务的数量和价格在很大程度上由他们决定，作为支付方的保险公司很难加以控制。

5. 成本分摊。健康保险的基本责任，主要是指医疗给付责任，即对被保险人的意外伤害和疾病医治所发生的医疗费用支出，保险人按规定给付相应的医疗保险金。由于健康保险有风险大、不易控制和难以预测的特性，因此，在健康保险中，保险人对所承担的医疗保险金的给付责任往往带有很多限制或制约性条款。

6. 合同条款的特殊性。健康保险是为被保险人提供医疗费用和残疾收入补偿，基本以被保险人的存在为条件，所以无须指定受益人，且被保险人和受益人常为同一个人。健康保险合同中，除适用一般寿险的不可抗辩条款、宽限期条款、不丧失价值条款等外，还采用一些特有的条款，如既存状况条款、转换条款、协调给付条款、体检条款、免赔额条款、等待期条款等。此外，健康保险合同中有较多的名词定义，有关保险责任部分的条款也显得比较复杂。

7. 健康保险的除外责任。一般包括战争或军事行动，故意自杀或企图自杀造成的疾病、死亡和残废，堕胎导致的疾病、残废、流产、死亡等。健康保险中将战争或军事行动除外，是因为战争所造成的损失程度，一般来讲是较高的，而且难以预测，在制定正常的健康保险费率时，不可能将战争或军事行动的伤害因素以及医疗费用因素计算在内，因而把战争或军事行动列为除外责任。而故意自杀或企图自杀均属于故意行为，与健康保险所承担的偶然事故相悖，故亦为除外责任。

四、健康保险的种类

（一）按照保险期限不同，健康保险分为长期健康保险和短期健康保险

长期健康保险是指保险期间超过 1 年或者保险期间虽不超过 1 年但含有保证续保条款（指在前一保险期间届满前，投保人提出续保申请，保险公司必须按照原条款和约定费率继续承保的合同）的健康保险。长期健康保险保险期间一般不得低于 5 年。

短期健康保险是指保险期间在 1 年以及 1 年以下且不含有保证续保条款的健康保险。

值得指出的是，这里的健康保险是指以单个自然人为投保对象的健康保险，也称为个人健康保险。它是相对于团体健康保险而言的。个人健康保险与团体健康保险是基于承保对象进行划分的结果。在现实生活中，很多人并不能得到团体健康保险的保障，在他们的经济条件能够承担的情况下，通过购买个人健康保险是解决健康保障问题的手段之一。健康保险保单的投保人与被保险人通常为同一人。投保人对健康保险保单中包含的一些条款，如保险金额水平和续保规定，有一定的选择权。保险人一般根据投保人的选择计算或调整保险费。

（二）按照保险的内容不同，健康保险分医疗保险、疾病保险、失能收入损失保险、护理保险以及医疗意外保险等

1. 医疗保险。医疗保险按照保险金的给付性质分为费用补偿型医疗保险和定额给付型医疗保险。

费用补偿型医疗保险是指根据被保险人实际发生的医疗、康复费用支出，按照约定的标准确定保险金数额的医疗保险。医疗费用是病人为了治病而发生的各种费用，它不仅包括医生的门诊费用、药费、住院费用、护理费用、手术费用、各种检查费用等，还包括医院杂费、医疗设备等费用。费用补偿型医疗保险的给付金额必须在合同约定的保险金额内，且不得超过被保险人实际发生的医疗、康复费用金额。

定额给付型医疗保险是指按照约定的数额给付保险金的医疗保险。

2. 疾病保险。疾病保险是指以保险合同约定的疾病的发生为给付保险金条件的健康保险。某些特殊的疾病往往给病人带来的是灾难性的费用支付。例如癌症、心脏疾病等，这些疾病一经确诊，必然会产生大范围的医疗费用支出。因此，通常要求这种保单的保险金额比较大，以足够支付其产生的各种费用。疾病保险的给付方式一般是在确诊为特种疾病后，立即一次性支付保险金额。

疾病保险的基本特点有：①个人可以任意选择投保疾病保险，作为一种独立的险种，它不必附加于其他某个险种之上。②疾病保险条款一般都规定了一个等待期或观察期，等待期或观察期一般 180 天（不同的国家规定可能不同），被保险人在等待期或观察期内因疾病而支出的医疗费用及收入损失，保险人概不负责，观察期结束后保险单才正式生效。③疾病保险为被保险人提供切实的疾病保障，且程度较高。疾病保险保障的重大疾病，均是可能给被保险人的生命或生活带来重大影响的疾病项目，如急性心肌梗死、恶性肿瘤。④保险期限较长。疾病保险一般都能使被保险人"一次投保，终身受益"。保费交付方式灵活多样，且通常设有宽限期条款。⑤疾病保险的保险费可以按年、

半年、季、月分期交付，也可以一次交清。

3. 失能收入损失保险。失能收入损失保险是指以因保险合同约定的疾病或意外伤害导致被保险人失能而造成收入中断或减少为给付保险金条件，为被保险人在一定时期内收入的减少或者中断提供保障的健康保险。当被保险人由于疾病或意外伤害导致残疾，丧失劳动能力不能工作以致失去收入或减少收入，保险人在一定期限内分期给付保险金。该险种的主要目的是为被保险人因丧失工作能力导致收入的丧失或减少提供经济上的保障，但不承担被保险人因疾病或意外伤害所发生的医疗费用。

4. 护理保险。护理保险是指为因年老、疾病或伤残而需要长期照顾的被保险人提供护理服务费用补偿的健康保险。一般的医疗保险或其他老年医疗保险不提供这样的保障。护理保险的保险范围分为医护人员看护、中级看护、照顾式看护和家中看护四个等级，但早期的护理保险产品不包括家中看护。

典型的长期看护保单要求被保险人不能完成下述五项活动中的两项即可：①吃；②沐浴；③穿衣；④如厕；⑤移动。除此之外，患有老年痴呆等认知能力障碍的人通常需要长期护理，但他们却能执行某些日常活动，为解决这一矛盾，目前所有护理保险已将老年痴呆和阿基米得病及其他精神疾患包括在内。

【案例分析】

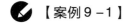

【案例 9 - 1】 ▪▪

某年 9 月 1 日，某甲向 A 保险公司投保了 10 万元终身寿险，指定保单受益人为其儿子某乙。由于某甲未按时交纳续期保费，超过 60 天缴费宽限期后，保险合同于第二年 11 月 1 日失效。第二年 11 月 10 日，某甲向 A 保险公司申请保单复效，并交纳了续期保费及利息，保险合同的效力于当日恢复。第四年 8 月 4 日，即合同复效的二年内，某甲因工作压力太大，自杀身亡。于是其儿子某乙向 A 保险公司申请给付保险金。

刚接受该索赔案时，A 保险公司内部存在着两种不同意见。

一种意见认为，应向受益人某乙支付保险金。其理由是：合同的复效是原保险合同效力的恢复和继续。因此，合同复效后包括自杀条款在内的所有条款，如果没有特别约定，效力都应当追溯至合同成立之日时的状态。所以，两年自杀期间的计算应从合同成立之日即某年 9 月 1 日起计算，而不应当从复效之日起计算。故某甲自杀时合同生效已经超过两年，保险公司应当承担赔付保险金的责任。

另一种意见认为，保险合同复效的日期为第二年 11 月 10 日，某甲是在保险合同复效之日起两年内自杀，保险公司不承担给付保险金的责任。保险合同失效后，保险合同中约定的有关期间即行中断，保险合同复效后，合同中的有关期间应从复效之日算起，保险公司不应当承担赔付保险金的责任。

由上可知，本案争议的焦点是：保险合同复效后，两年自杀期间是从复效之日起重新计算，还是从合同成立之日起连续计算。

从保险立法来看，有些国家或地区的保险立法明确规定，保险合同复效的，两年自杀期间从复效之日起算，如意大利和我国台湾地区。有些国家或地区的保险立法规定，保险合同复效的，两年自杀期间从合同成立之日起连续计算，如美国。我国《保险法》对保险合同复效后自杀期间是否重新计算没有明确规定。但是，我国《保险法》第四十四条规定："以被保险人死亡为给付保险金条件的合同，自合同成立或者合同效力恢复之日起二年内，被保险人自杀的，保险人不承担给付保险金的责任，但被保险人自杀时为无民事行为能力人的除外。"可见该条款是有条件地限制了将自杀作为除外责任。因此，本案应按争议中的第二种意见处理，即拒绝支付保险金。

从本案拒绝支付保险金可知，将自杀作为除外责任的目的是为了防范道德风险，避免蓄意自杀者通过投保来牟取保险金。我国《保险法》在规定自杀为除外责任的同时，限定了两年的期限暨具有民事行为能力人，这可以兼顾道德风险的防范和受益人的利益。对于是合同复效重新计算还是连续计算两年自杀期间，这仅仅是体现对防范道德风险还是保障受益人利益的不同侧重。在我国保险实务中，保险公司在人身保险条款中均明确规定被保险人在本合同生效或复效之日起两年内故意自杀属于除外责任。

 【案例 9-2】 ▪▪

某年 2 月，张某以自己为被保险人在保险公司投保了"人身意外伤害综合险"等 5 份保险，保险金额高达 100 万元。同年 3 月 1 日，因张某与李某有矛盾，纠集亲戚四人到李某家发生口角并将李某家的家具砸坏。5 天后的 3 月 6 日半夜，张某再次纠集亲戚二人到李某家砸窗户玻璃，被李某家人发现并追赶，张某被抓住并遭到李某及家人的殴打，后 110 巡警赶到现场并将受伤严重的张某送到医院，张某经抢救无效死亡。

经公安部门相关机构鉴定，张某系生前被他人用钝性外力作用致脾破裂失血性休克死亡。法院认定李某等人抓住张某后，对其轮番踢打，致其脾破裂死亡，系构成故意伤害罪。但经中级人民法院审理查明：事发当年 3 月张某（已死亡）先后多次纠集亲戚殴打李某及其家人，3 月 6 日半夜，李某家两扇窗户玻璃被张某等砸坏被发现后才去追赶，在逃跑途中张某被追赶的人抓获并殴打致死。故最后判决张某亲戚张甲、张乙等人构成故意毁坏财物罪。

事后，张某之妻以被保险人意外伤害死亡为由向保险公司提出理赔申请，保险公司以被保险人属于因故意犯罪导致死亡为由拒付。

我国《保险法》第四十五条规定："因被保险人故意犯罪或者抗拒依法采取的刑事强制措施导致其伤残或者死亡的，保险人不承担给付保险金的责任。投保人已交足二年以上保险费的，保险人应当按照合同约定退还保险单的现金价值。"张某购买的"人身意外伤害综合险"保险合同中也有类似约定，据此保险公司拒付是正确的。

 【案例 9-3】 ▪▪

某年 5 月 3 日，某物业公司为包括王某在内的 56 名员工向 A 人寿保险公司投保了团体意外伤害保险、附加团体意外伤害医疗保险（定额给付型），保险期限 1 年。投保后不到两个月，6 月 26日，王某在小区工作时被李某驾摩托车撞伤，后王某住院治疗，用去医疗费 3.5 万元。因肇事摩

托车在 W 保险公司投保了机动车第三者责任保险（含交强险），W 保险公司在保险限额内履行了赔偿义务。后王某又向 A 人寿保险公司提出赔偿请求。A 人寿保险公司认为，王某已就医疗费获得充分赔偿，按照保险合同的约定，保险公司不应再赔偿其医疗费用。王某对保险公司的拒赔决定不服，遂诉至法庭。

本案争议的焦点在于，A 人寿保险公司是否应该对已获得机动车第三者责任保险的充分医疗费赔偿的王某再给付保险金。

一审法院判决认为：本案所涉的"附加团体意外伤害医疗保险"是基于人身发生意外伤害而形成的定额给付型保险，属人身保险给付范畴。而人的生命无价，人身保险不适用财产保险中的损失补偿原则。因此，A 人寿保险公司应在保险合同约定的金额内进行给付。

A 保险公司不服后上诉至中级人民法院，二审法院根据《健康保险管理办法》第五条第三款"定额给付型医疗保险是指按照约定的数额给付保险金的医疗保险"及《保险法》第四十六条"被保险人因第三者的行为而发生死亡、伤残或者疾病等保险事故的，保险人向被保险人或者受益人给付保险金后，不享有向第三者追偿的权利，但被保险人或者受益人仍有权向第三者请求赔偿"的规定认为，本案被保险人因第三者的行为而导致伤残后，如果其先向保险公司索赔，保险公司在合同约定范围内必须支付其定额医疗费用保险金，且保险人向被保险人给付医疗费用保险金后，不享有向第三者追偿的权利。换言之，被保险人在获取保险公司的附加团体意外伤害医疗保险金给付后，还享有向第三者请求赔偿的权利。反过来同理，即被保险人因第三者的行为发生伤残保险事故而支出的医疗费用，被保险人已从第三者获得赔偿的，仍有权向保险公司进行索赔，保险公司应在合同约定金额内支付被保险人的医疗费用。因此，二审法院驳回了保险公司的上诉，维持一审法院的判决。

本案所涉的"附加团体意外伤害医疗保险"是基于人身发生意外伤害而形成的对被保险人因意外伤害所发生的医疗费用支出进行给付的保险，属人身保险范畴中的健康保险。根据《健康保险管理办法》第五条规定，医疗保险按照保险金的给付性质分为费用补偿型医疗保险和定额给付型医疗保险。费用补偿型医疗保险是指根据被保险人实际发生的医疗、康复费用支出，按照约定的标准确定保险金数额的医疗保险。定额给付型医疗保险是指按照约定的数额给付保险金的医疗保险。费用补偿型医疗保险的给付金额不得超过被保险人实际发生的医疗、康复费用金额。而本案属于定额给付型医疗保险而非费用补偿型医疗保险，故一审、二审法院的判决是正确的。

✒ 【案例 9-4】 ▪▪▪

某年 8 月 3 日，游客 A 某夫妇等 12 人与 W 旅行社签订一份西北某三省十日游合同。同日，W 旅行社与甲保险公司签订国内旅游人身意外伤害保险单，承保险种及保险金额为主险旅游意外伤害保险 40 万元、附加险旅游人身意外医疗险 10 万元。8 月 10 日，A 某夫妇跟随旅行团到旅游目的地之后被安排入住在某高级商务酒店的第十层。当日凌晨 6 点左右，A 某的妻子发现 A 某跌落在酒店的第一层地面草丛中，A 某被送到医院后抢救无效死亡。

经当地公安部门调查认为，A 某系高空坠落致颅脑损伤死亡，其死亡不属于刑事案件。

甲保险公司认为，A 某的妻子未能提供证明 A 某死亡属于旅游人身意外伤害保险条款所约定的意外事件的直接证据，虽然公安部门调查认为 A 某死亡不属于刑事案件，但并没有认为或证明其不是自杀身亡。因此，保险公司不应当承担保险责任。

法院审理此保险案后认为，甲保险公司的说辞毫无法律依据，而根据《最高人民法院关于适用〈中华人民共和国保险法〉若干问题的解释（三）》第二十一条："保险人以被保险人自杀为由拒绝承担给付保险金责任的，由保险人承担举证责任"的规定，保险人无法提供 A 某死于自杀的证明，故本案 A 某的死亡应被认为保险合同中约定的意外事故。同时，根据《保险法》第三十条规定："采用保险人提供的格式条款订立的保险合同，保险人与投保人、被保险人或者受益人对合同条款有争议的，应当按照通常理解予以解释。对合同条款有两种以上解释的，人民法院或者仲裁机构应当作出有利于被保险人和受益人的解释。"本案甲保险公司应向 A 某的妻子支付保险赔偿金及利息。

最后，甲保险公司按合同约定向 A 某的妻子支付了 A 某旅游意外伤害保险金 40 万元及利息 340 元。

【本章小结】

1. 人身保险是指以人的生命或身体为保险标的，当被保险人在保险期限内发生死亡、伤残或疾病等事故，或生存至规定时点时保险人给付被保险人或其受益人保险金的保险。人身保险的特征体现在人身风险、保险标的、保险金额、保险利益、储蓄价值、保险期限以及保险给付等方面。

2. 人寿保险是以被保险人的寿命为保险标的，以被保险人的生存或死亡为保险事故的人身保险。人寿保险产品按照设计类型分为普通型人寿保险和新型人寿保险。按照保险责任分类，普通型人寿保险分为定期寿险、终身寿险、两全保险和年金保险。新型人寿保险包括分红保险、投资连结保险或万能保险等。

3. 人寿保险合同常见条款包括不可抗辩条款、宽限期条款、复效条款、保费自动垫交条款、不丧失价值条款、保单质押贷款条款、自杀条款、受益人条款、意外事故死亡双倍给付条款、赔款（保险金）任选条款和红利任选条款。

4. 意外伤害保险是指以意外伤害而致身故或残疾为给付保险金条件的人身保险。意外伤害保险的保障项目包括死亡给付和残疾给付。意外伤害保险的特征体现在保险金的给付、保险期限、保费计算基础和责任准备金等方面。意外伤害保险的保险责任由三个必要条件构成，即被保险人在保险期限内遭受了意外伤害、被保险人在责任期限内死亡或残疾以及被保险人所受意外伤害是其死亡或残疾的直接原因或近因。

5. 健康保险是由保险公司对被保险人因健康原因或者医疗行为的发生给付保险金的保险，主要包括医疗保险、疾病保险、失能收入损失保险、护理保险以及医疗意外保险等。健康保险的特征主要体现在保险期限、精算技术、健康保险的给付、健康保险的除外责任、成本分摊、合同条款的特殊性和经营风险的特殊性等方面。

【复习思考题】

一、名词解释

人寿保险　投资连结保险　意外伤害保险　健康保险　年龄误告条款　团体保险

死亡给付　复效条款　现金价值　分红保险

二、单项选择题

1. 在我国，商业保险业务被划分为财产保险和人身保险两大类。其中，人身保险的保险标的是被保险人的（　　）。

A. 伤残或疾病　　　B. 死亡或生存　　　C. 生命或身体

2. 在人身保险中，有一类保险单每期盈利的一部分保险公司以红利形式分配给了保单持有人，这类人身保险被称为（　　）。

A. 投资保险　　　　B. 分红保险　　　　C. 万能保险

3. 当债权人以债务人为被保险人投保死亡保险时，其对债务人所具有的保险利益的量的规定是（　　）。

A. 债权金额　　　　B. 生命价值　　　　C. 自由约定

4. 丈夫以妻子为被保险人向某保险公司投保两全保险一份，并指定他们的儿子为保单唯一受益人。三年后，丈夫和妻子因感情破裂离婚。则该保单的效力状况是（　　）。

A. 合同效力中止　　B. 合同继续有效　　C. 合同部分有效

5. 就定期生存保险而言，被保险人的死亡率和保险费率之间的关系是（　　）。

A. 死亡率越高，保险费率越低　　　　B. 死亡率越高，保险费率越高

C. 死亡率越低，保险费率越低

6. 在生命风险中，死亡是必然发生的，但何时发生是不可知的。这体现了生命风险的性质是（　　）。

A. 发生与否的不可预料性　　　　　　B. 发生时间的不可预料性

C. 发生原因的不可预料性

7. 假如人寿保险合同中无自动垫缴保费条款，则投保人在宽限期满后仍未交付续期保费的法律后果是（　　）。

A. 合同效力中止　　B. 保险合同消失　　C. 保险合同终止

8. 在人身意外伤害保险中，被保险人遭受意外伤害后的一定时期（如180天或90天等）被称为（　　）。

A. 保障期限　　　　B. 责任期限　　　　C. 扩展期限

9. 在意外伤害保险中，当被保险人因遭受意外伤害导致残废时，保险人将按照伤残程度计算应给付被保险人的残废保险金金额。残废保险金的计算公式是（　　）。

A. 残废保险金 = 保险利益 × 残废程度（％）

B. 残废保险金 = 赔偿限额 × 残废程度（％）

C. 残废保险金 = 保险金额 × 残废程度（％）

10. 在健康保险合同中，通常规定合同生效一段时间后，保险人才对被保险人事先存在的条件履行保险赔付责任。这里的一段时间被称为（　　）。

A. 推迟期　　　　　B. 观察期　　　　　C. 缓冲期

三、多项选择题

1. 与定期死亡保险相比，终身死亡保险的特点包括（　　）。

A. 保险费率较高   B. 保险费必须趸缴

C. 有效保单必发生保险金给付   D. 保单具有现金价值

2. 在弱体保险中，承保人通常使用的附加条件包括（　　　）。

A. 保险金削减给付   B. 征收特别保险费

C. 增大被保险人年龄计费   D. 保险金增加给付

3. 按照投保方式分类，人身保险的种类包括（　　　）。

A. 人寿保险   B. 个人保险   C. 健康保险   D. 团体保险

4. 按照保险期限分类，死亡保险的种类包括（　　　）。

A. 定期死亡保险   B. 长期死亡保险

C. 短期死亡保险   D. 终身死亡保险

5. 按照年金给付开始日期分类，年金保险的种类包括（　　　）。

A. 期首付年金   B. 即期年金   C. 期末付年金   D. 延期年金

6. 保险人发现被保险人年龄误报而多交保险费的，按照国际通行做法，保险人可采取的措施包括（　　　）。

A. 解除合同   B. 退还保费   C. 增加保额   D. 减少保额

7. 因欠交保费而失效的人寿保险单，投保人可以在复效期间提出复效。投保人提出复效时应履行的义务包括（　　　）。

A. 提出复效申请   B. 通知受益人

C. 提供可保证明   D. 补缴保费及利息

8. 根据我国《保险法》的规定，我国人寿保险公司经营的保险业务种类包括（　　　）。

A. 人寿保险业务   B. 健康保险业务

C. 意外伤害保险业务   D. 责任保险业务

9. 意外伤害保险的主要保障项目包括（　　　）。

A. 死亡给付   B. 疾病给付   C. 误工补偿   D. 残废给付

10. 健康保险的种类包括（　　　）。

A. 疾病保险   B. 医疗保险   C. 收入保障保险   D. 护理保险

四、简答题

1. 简述人身保险的概念及其特点。

2. 简述年金保险的概念及其种类。

3. 简述意外伤害保险的特征。

4. 简述健康保险的种类。

五、论述题

1. 试述健康保险所承保的疾病必须具备的条件，并据此分析健康保险经营的特殊性。

2. 试述意外伤害保险的保险责任确定。

六、案例分析

1. 某年 5 月 1 日，某单位投保了一年期团体人身意外伤害保险，其中，单位员工某甲保险金额为 50 000 元。同年 12 月 3 日，某甲下楼时不慎摔倒，致使右手上臂肌肉破裂，后由于伤口感染，导致右肩关节结核扩散至颅内及肾脏，送医院治疗，两个月后治疗无效死亡。事后，保险公司经过调查发现，某甲患有结核病史，且动过手术，体内存有结核杆菌，由于结核杆菌感染伤口，扩散至颅内及肾而死亡。对该案如何处理，存在两种意见：一种意见认为，被保险人是因意外摔伤，伤口感染后，才导致死亡，死亡后果与摔伤有因果关系，属意外死亡，所以保险公司应承担死亡保险金责任；另一种意见认为，被保险人死亡后果与意外摔伤并无直接、必然的因果关系，是其体内存留的结核杆菌感染伤口，扩散至颅脑及肾脏而致死亡的，属于病死。疾病死亡不属于意外伤害保险的保险责任范围，所以，保险公司不应承担死亡保险金责任。

上述两种处理意见中，哪一种是正确的？请详细分析理由。

2. 某年 10 月 16 日，某甲为自己、妻子、母亲和父亲向 A 保险公司分别投保了"全家福"保险。每人交纳保险费 600 元，共计 2 400 元。每人保险金额 30 万元，共计 120 万元。经投保人申报，A 保险公司业务员在保险单正面填写了投保人全家人姓名、年龄和相互关系及保险费数额。A 保险公司核保通过后签发了保险单。保险合同约定，保险对象必须是本县、市城乡家庭中身体健康的成员，包括夫妻，父母，以及 1 周岁以上的子女、孙儿、孙女，且必须都作为被保险人，由家庭成员统一向保险公司办理投保手续。保险期限为 5 年。该保险是一种综合保险，责任范围包括意外伤残、死亡和疾病死亡。其中一项保险责任是被保险人在保险合同生效 180 天后因疾病死亡，保险公司按照保险金额给付保险金。在办理投保手续时，A 保险公司业务员没有对条款作明确的说明，也没有询问有关被保险人的健康状况。另外，投保单由某甲代替各被保险人签字。保险合同订立后，某甲父亲于第二年 5 月病故。某甲以其父亲于保险单签发 180 日后因疾病死亡为由，要求 A 保险公司支付疾病死亡保险金。

假如你是 A 保险公司理赔人员，你认为此案是否应当赔付？请分析理由。

第十章
再保险

【教学目的与要求】

本章主要介绍再保险的基本理论与实务知识。通过学习本章，学生应了解再保险的概念、特征与作用，熟悉并掌握临时再保险、合同再保险、预约再保险的合同安排方式，以及比例再保险和非比例再保险的各类业务安排方法和技术。

第一节　再保险概述

一、再保险相关概念

（一）再保险的含义

再保险亦称分保，是指保险人将其承担的保险业务，部分转移给其他保险人的经营行为。[①] 一般将接受风险责任转嫁的一方叫再保险人或分保接受人或分入人；向再保险人转嫁风险责任的一方叫原保险人（直接保险人）或分保分出人。再保险在本国范围内进行，称为国内再保险；对于一些大的再保险项目，当其超过国内保险市场承受能力时，必须在世界范围内进行再保险，称为国际再保险。

保险合同具有补偿性或给付性，但对于再保险合同，是原保险人通过签订再保险合同，支付一定的分保费，将其承保的风险和责任的一部分转嫁给一家或多家保险公司或再保险公司，以分散风险、保证其业务经营的稳定性。分保接受人按照再保险合同的规定，对原保险人的原保单下发生的赔付承担补偿责任。因此，再保险的主要目的是原保险合同的承保人保护自身的偿付能力，再保险合同属于补偿合同，只具补偿性特征。

（二）危险单位

危险单位是指一次保险事故可能造成的最大损失范围。危险单位划分是评估可能最大损失的基础。不同的保险有不同的危险单位，保险人在确定其本身可以承担的最高保险责任时，用危险单位来作为计算的基础。危险单位的划分既重要又复杂，应根据各种

---

① 参见我国《再保险业务管理规定》第二条第一款。

不同的险别和保险标的来决定。例如，机动车辆保险以一辆汽车为一个危险单位；人寿保险以一个人为一个危险单位；海上货物运输险以每一艘船的每一航次为一个危险单位；火险的情况比较复杂，一般以一栋独立的建筑物为一个危险单位，但当面对数栋建筑物毗邻在一起或一个高层建筑物的情况时，就要考虑建筑物的等级、使用性质、有无防火墙隔开、周围环境和防火与消防设备等各种因素才能决定；等等。我国《保险法》第一百零三条规定："保险公司对每一危险单位，即对一次保险事故可能造成的最大损失范围所承担的责任，不得超过其实有资本金加公积金总和的百分之十；超过的部分应当办理再保险。保险公司对危险单位的划分应当符合国务院保险监督管理机构的规定。"

（三）自留额

自留额是指保险公司承担单一风险或系列风险、单一损失或一系列损失的限额。换言之，即指保险公司对于每一危险单位或一系列危险单位的责任或损失，根据其本身的财力确定的所能承担的最高限额。它通常以货币金额或者以风险的百分比表示。在保险和再保险实务中，自留额是一个非常关键的概念，它限定了保险人对每一个风险所承担的责任，保险公司对每一危险单位的自留金额是衡量保险公司偿付能力和承保能力的一个重要指标。我国《保险法》第一百零二条规定："经营财产保险业务的保险公司当年自留保险费，不得超过其实有资本金加公积金总和的四倍。"

分出公司在对单独或多个保险标的确定自留额时，应综合考虑以下几个因素。

（1）保险标的损失概率的大小与自留额的关系。即承保的保险标的的损失概率大，分保额可以大些，自留额可以小些。

（2）单一危险单位保险金额与自留额的关系。即承保的单一危险单位的保险金额大，属于巨灾风险或者巨额风险，分保额相对大些，自留额相对小些。

（3）承保同类保险标的的数量与自留额的关系。承保的保险标的的数量多，分保额可以小些，自留额可以大些。

（4）资本金、公积金和准备金的储备额与自留额的关系。资本金、公积金的数额大，准备金储备量充足，保险偿付能力就大，分保额就可以小一些，自留额大一些。

（5）费率要适当。

（四）分保限额

分保限额也是分保计划中较为重要的概念，它是指分出公司根据不同的业务成绩和分保计划确定转嫁风险或损失的最高限额，也是再保险分入人可以接受并承担责任的最高限额。

相对自留额的确定而言，分保限额的确定更为客观。其可根据保险金额计算，也可以根据赔款金额计算。以保险金额为计算基础的分保方式属于比例再保险，以赔款金额为计算基础的分保方式属于非比例再保险（详见本章第四节）。①

---

① 我国《再保险业务管理规定》第二条第六款、第七款规定："本规定所称比例再保险，是指以保险金额为基础确定再保险分出人自留额和再保险接受人分保额的再保险方式。本规定所称非比例再保险，是指以赔款金额为基础确定再保险分出人自负责任和再保险接受人分保责任的再保险方式。"

二、再保险的特征

原保险是投保人以交付保险费为代价将风险责任转嫁给保险人，实质是在全体被保险人之间分散风险，互助共济。再保险是原保险人以交纳分保费为代价将承保的风险责任转嫁给再保险人，在保险人之间进一步分散风险，因此，再保险是原保险的进一步延伸。原保险和再保险两者相辅相成，相互促进，原保险是再保险的前提和基础，再保险反过来对原保险的发展起到了支持和促进作用。此外，再保险合同与原保险合同在权利、义务等方面也有许多共同之处，特别是再保险合同与原保险合同所适用的保险原则，如保险利益原则、最大诚信原则和损失补偿原则等，均具有一致性。当然，再保险有着自己的一些特点。

（一）再保险合同是独立的保险合同

再保险合同虽然是在原保险合同的基础上产生的，且与原保险合同有连续性，但再保险合同却是独立于原保险合同的合同。原保险合同存在于保险人与被保险人之间，是制约和规范保险人与被保险人关系的直接法律依据；而再保险合同仅存在于原保险人与再保险人之间，是制约和规范原保险人与再保险人关系的直接法律依据，再保险合同与原保险的被保险人无关，与被保险人没有任何法律义务和关系。原保险人的保险业务是否需要再保险，完全由原保险人根据自己对风险责任的承受能力、所承担风险责任的性质和自身经营状况来决定。原保险合同的效力，也不因再保险合同而受影响。因此，被保险人发生保险事故时，投保人对再保险人没有索赔权；反过来，再保险人也不能向原保险的投保人要求交付保险费。当再保险人不履行赔偿义务时，原保险人不能以此理由拒绝或延迟履行对被保险人的索赔义务。[①]

（二）再保险合同的主体均为保险人

在原保险合同中，合同双方为被保险人和保险人，但对于再保险，涉及的主体均为保险人。在实务中，再保险主体双方可以是保险公司与再保险公司，也可以是再保险公司与再保险公司，甚至可以是保险公司与保险公司。因此，再保险又称为"保险人的保险"。

（三）再保险合同的性质仅具补偿性

根据承保标的不同，原保险合同可具有给付性质（寿险合同），也可具有补偿性质（非寿险合同），但再保险合同只具有补偿性质。因再保险的保险标的是原保险人（分出人）承担的保险责任，不论是补偿性质的非寿险合同还是给付性质的寿险合同，当原保险合同中的约定事故发生后，原保险人赔偿也好，给付也好，凡在经济上遭受损失，再保险人的义务就是对这种损失进行补偿。即再保险人仅负责对原保险人（分出人）所支付的赔款或保险金给予一定补偿。

（四）再保险的标的为合同责任

原保险合同承保的保险标的可以是有形财产及相关利益、无形的责任风险、信用风险，也可以是人的生命与身体；而再保险合同中的保险标的则是原保险人对被保险人承

---

① 许飞琼，郑功成. 财产保险（第五版）[M]. 北京：中国金融出版社，2015：101.

保的合同责任的一部分。保险人考虑到自身的资金实力和偿付能力，将无法承担的部分风险责任转移给再保险公司，并且以交付相应费用的行为决定了再保险的标的为合同责任。再保险人将分保合同责任再转分给其他再保险人，同样是合同责任的进一步转移。

三、再保险的作用

（一）有利于原保险人分散风险

再保险的首要功能作用就是帮原保险人分散风险。由于风险的不确定性和突发性，尤其是巨灾风险的突发性和损失巨大的特点，导致原保险人的经营成果可能面临较大的起伏和波动，而再保险人由于其资金密集及国际化经营的特征，能够为原保险人提供更大的承保能力，并且能在更大范围和地区间分散风险。因此，原保险人通过再保险人能够大幅降低其直接承担的重大灾害和事故的损失，有效改善其在一些特殊年份的经营状况，起到稳定和平滑经营结果的目的。

（二）有利于原保险人扩大承保能力

在财力不足的情况下承保金额较大的保险标的，对保险人来说是一种冒险行为；而对被保险人来说，则可能意味着得不到补偿。这时，对金额较大的保险标的进行分保，就可以达到在不增加资本的情况下增加业务量的目的。一般情况下，保险公司的承保能力，受其资本和准备金等自身财务状况的限制。如前所述，根据我国《保险法》第一百零二条、第一百零三条的规定，资本薄弱的保险公司，不能承保超过自身财力的大额业务；即使是资本雄厚的保险公司，如果承保业务过多，尤其是大额业务过多，也会影响到财务稳定性，从而也不敢轻易承保大额业务，这势必影响到保险人的业务来源及业务规模。但如果有了再保险的支持，原保险公司就可以在不增加资本额的情况下大胆承保超过自身财力的大额业务，从而扩大了原保险人的业务承保能力和业务量。由于原保险公司通过再保险将超过自身财力的部分责任转移了出去，因而他所承担的责任仍控制在正常标准的范围之内。再保险这种具有控制风险责任的特性，还可使准备拓展新业务的原保险公司放下顾虑，积极运作，发展更多的新业务。

（三）有利于降低营业费用，增加资金运用总量

对于再保险人而言，不必为招揽业务而到处设立分支机构或代理机构，也不必为处理赔款而培训及设置许多专职理赔人员，从而节省了营业费用。对于原保险人而言，通过再保险，一方面可以在分保费中扣存未到期责任准备金，另一方面可以获得分保佣金收入。此外，在发生赔案时，原保险人还可以提取未决赔款准备金，这样，原保险人由于办理分保，摊回了一部分营业费用，这笔费用累加后也是一笔巨大基金，从而可在一定时间内加以运用，增加资金运用总量。

（四）可为保险公司提供技术支持，提高经营效益

再保险还有一个重要职能是向保险公司提供技术支持。从再保险经营的特点看，其经营结果在很大程度上取决于直接业务的经营情况，即存在"一荣俱荣，一损俱损"的连带关系。因此，通过向保险公司提供技术支持和服务，不断有效地改进和提升保险公司直接业务的经营管理水平，是确保再保险公司取得良好经营业绩的关键。为此，再保险人会高度重视并加大对于直接业务研究的投入，通过吸引具有丰富实践经验的风险管

理、承保和理赔技术的专门人才，加大对于不同领域风险、承保技术、理赔管理的研究，在提高自身风险分辨能力的同时，为保险公司提供各种技术支持，包括项目风险评估和各种技术培训等。通过这种方式，能够有效提高保险公司相关人员的技术水平和管理风险的能力，促进承保业务质量提高的同时，也保障了再保险人自身分入业务的质量，提高经营效益。

（五）可增强保险行业的整体经营能力和抗御巨额风险的能力

一方面，再保险可以将各公司独立的、为数较少的分入保费集聚形成巨大的保险基金，实现共同承担巨额风险的可能，并且也不影响各保险公司自身的财务稳定。如一颗人造卫星发射失败的损失数以亿元计，在没有再保险的情况下，任何一个保险人，无论其资金如何雄厚，都无法承受这一巨额损失。而通过再保险，各自独立经营保险业务的保险人就可以联合起来，形成一笔巨大的联合保险基金，此时再大的风险都能联合承保了。另一方面，再保险的分入、分出业务，实质上是将超过自身能够承担的风险责任相互转移和分散，这也是起到了一种联合保险基金的作用。而通过再保险，国内、国际之间的各保险集团集合成更大的风险分散网络，在更大范围内将保险基金积聚起来，使保险基金由分散走向联合，形成同业性或国际性的联合保险基金，这将增强保险行业的整体经营能力和抗御巨额风险的能力。此外，通过再保险的纽带，加强了国际保险机构之间的业务往来，也将促进同业之间的技术交流和国际之间的友好合作。

四、再保险的分类

根据不同的标准，再保险有不同的分类。（1）按业务性质不同，再保险分寿险再保险和非寿险再保险；（2）按照合同安排方式不同，再保险分临时再保险、合同再保险和预约再保险（详见本章第三节）；（3）按照责任分摊方式不同，再保险分比例再保险和非比例再保险（详见本章第四节）；（4）按业务渠道不同，再保险可分为分入再保险、分出再保险、交换再保险、转分保再保险、法定再保险和集团再保险等。图 10 - 1 即为上述的各种分类显示。鉴于第（1）种分类即原保险业务性质在本书的相关章节已有介绍，第（2）种、第（3）种分类将在本章的第三节、第四节介绍，这里仅介绍第（4）种分类的相关概念。

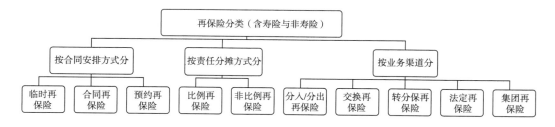

图 10 - 1 再保险分类

（一）分入/分出再保险

分入再保险业务和分出再保险业务（分别简称分入业务和分出业务）是一组相对的概念。保险公司将直接承保的业务根据需要在市场上安排再保险保障，相对原保险公司来说，这部分业务就是分出业务，而接受这些业务的保险公司或再保险公司称这种业务为分入业务。

（二）交换再保险

交换再保险业务也叫互惠分保，它不是一种分保方式，而是由分保方式发展演变而来的要约和承诺关系的互惠条件。即分出公司一方面将业务分出，同时又要求接受公司将其业务分给分出公司。因此，在业界，一般把这种公司之间分出分入的业务称为回头业务。对于分出公司而言，这种交换分保业务既能分散风险，又可以不使保费收入减少；对分保接受人来说，在超过自留额部分中按照互利的原则分回相等数量和预期质量、利润大致对等的回头业务也是有利的。值得指出的是，作为交换的业务，一般都是质量较好的比例合同分保业务，非比例分保业务一般不进行交换。交换业务的双方如有一方注销分出业务时，另一方可同时注销作为交换的业务。

（三）转分保再保险

转分保再保险是指再保险接受人所负的责任超过对一个风险的自留额时，与直接保险公司安排再保险一样，寻求转嫁再保险责任的再保险形式，即分保接受人的分保。在转分保合同项下，转分保分出人要将接受的再保险业务，按转分保合同的规定分给转分保分入人。如果转分保分出人发生赔偿责任，则由转分保分入人按合同规定予以分担。转分保有两种形式：一是按原条件转分保定的比例，即以成数转分；二是用超额赔款保障其自留部分的责任。通过这种转分保，分出公司就可以减轻其自身的再保险责任，避免危险的集中与积累。转分保在分出时，分出人还可以收取少量的转分手续费。因此，再保险公司有了一定量的分入分保后往往会组织转分保。

（四）法定再保险

法定再保险是指根据国家法律或法令规定，必须向国家再保险公司或指定的再保险公司办理的再保险。操作方式一般为规定成分的成数再保险。许多国家特别是发展中国家，为了减少保费外流，扶持国内保险和再保险业的发展，规定所有的保险公司必须首先将其所承保的业务按照规定的比例分给指定的保险公司或再保险公司。有些国家只是规定必须优先分给当地公司，满足当地再保险公司接受分保的需求，但仍然允许向其他保险公司或再保险公司甚至国外再保险公司分保。

法定再保险是国家直接干预再保险业的一种强制措施，其主要目的是维护国内保险公司的偿付能力，控制和减少外汇资金外流，限制外国保险公司的竞争，扶持民族保险事业的发展等。

（五）集团再保险

集团再保险是一个国家或一个地区之内很多家保险公司为达到一个共同目的而联合组成的再保险联合体，它是增强承保力量的一种分保形式。集团分保的特点是，参加这个组织的保险公司既是分出公司又是接受公司，它们将自己的业务通过集团组织分保给其他成员公司接受，同时又通过集团接受来自其他会员的业务。超过集团限额部分由集团向外安排再保险。这种再保险集团有一个国家的，也有地区性的或跨区域的。集团分保组织形式可以利用集体力量，相互支持，互通有无，还可以防止保费外流，既有利于危险的分散，又有利于加强合作发展保险事业，是一种很好的组织形式。例如，一些发达国家建立的核能再保险联合体、农业再保险联合体，以及1997年我国组建的航天保险联合体等即是此种方式。

第二节　再保险合同内容

一、再保险合同的概念

所谓再保险合同，即是再保险分出公司和再保险分入公司之间就分出公司分出业务确定双方权利义务关系的协议，又称分保合同。按照分保合同的约定，保险业务分出人向接受人交付保险费，接受人向分出人承诺对在其原保险合同项下所发生的对被保险人的赔付，将按照再保险合同的约定给予补偿。

在再保险合同签订过程中，再保险分出人应当将影响再保险定价和分保条件的重要信息向再保险接受人书面告知。再保险合同成立后，再保险分出人应及时向再保险接受人提供重大赔案信息、赔款准备金等对再保险接受人的准备金建立及预期赔付有重大影响的信息。

再保险合同一般由合同文本、分保条约及附约组成，它们都是再保险活动中的具有法律效力的文件。双方对再保险合同的主要条款达成一致后，合同就成立。再保险合同双方必须全面履行再保险合同规定的义务，任何一方不得擅自变更或解除再保险合同。如一方提出修改合同，须征求合同对方的同意，对方可以附约修改或重新编写再保险合同文本形式，经双方签字后，才能按新规定生效。此外，由于再保险业务具有国际性，再保险合同中不仅有一般经济合同中必须明确的内容，而且其各类条款或规定必须符合国际市场的惯例，并在国际市场被公认。

二、再保险合同的基本条款

再保险标准合同文本是由合同条款、特殊条款、声明书和批件几部分组成。其中，合同条款最为重要，它是合同内容的载体，合同的基本内容或主要内容均通过合同条款来体现。虽然合同条款因再保险的安排不同而有差别，但一般情况下具有通用性。再保险合同条款一般包括共同利益条款、过失或疏忽条款、分保佣金条款等若干条款，现就主要的一些条款介绍如下。[①]

（一）共同利益条款

共同利益条款是关于双方共同权利的规定，即原保险人与再保险人在保险费的获得、向第三者追偿、保险金赔付、保险仲裁或诉讼等方面对被保险人或受益人有着共同

---

① 许飞琼，郑功成. 财产保险［M］. 北京：中国金融出版社，2015：113－118.

的利益。上述事宜，原保险人在维护双方共同利益的前提下，有权单独处理，由此而产生的原保险人为自己单独利益以外的一切费用由双方分摊。为维护再保险人的利益，共同利益条款一般还规定，再保险人不承担超过再保险合同规定的责任范围以外的赔款和费用，也不承担超过再保险合同规定的限额以上的赔款和费用。共同利益条款具体包括以下几点。

1. 双方权利保障条款。双方权利保障条款是原保险人与再保险人应保证对方享有其权利，以使合法利益得到保护。原保险人应赋予对方查校账册，如保单、保费、报表、赔案卷宗等业务文件的权利；再保险人则赋予原保险人选择承保标的、制定费率和处理赔款的权利。

2. 更改条款。更改条款即在再保险合同订立后，因合同中订立的部分条件会发生变化，如经双方同意，可以修改。但任何修改均应以书面文件附约或信件作为要件，并经双方有签字权人签署后生效，双方均应遵守。这种附约或信件对订约双方均有约束力，是再保险合同整体不可分割的组成部分。

3. 错误、遗漏条款。该条款规定再保险缔约双方不能因为另一方在工作中发生了错误、遗漏或延迟而推卸其对另一方原应承担的责任。只要发生的错误、遗漏或延迟不是故意造成的，就不影响再保险合同的有效性。

4. 其他条款。其他条款是再保险合同一般应具有的共同条款，包括：缔约当事人的名称、地址；保险期限；再保险的险种和方式；保险费的计算和支付方式；保险责任的分担及除外责任；争议处理，包括仲裁或诉讼条款；赔款规定；等等。

（二）过失或疏忽条款

过失或疏忽条款是在保险期限内保险事故发生以及原保险人在执行再保险合同条款时，由于原保险人的过失或疏忽而非故意造成的损失，再保险人仍应承担相应的赔偿责任。

（三）分保佣金条款

分保佣金，也称再保险手续费，是成数和溢额分保实务中的重点内容之一，它是再保险接受人根据分保费数额支付给分出人的一定费用，用于分担分出人为招揽业务及业务经营管理等所产生的费用开支。如分出人调查风险、签发保单、处理赔款等所适当支出的费用，再保险接受人对此并无任何支出，故以佣金的方式负担一部分。

（四）盈余佣金条款

盈余佣金是在再保险合同业务有盈余时，接受人按其年度利润的一定比率支付给分出人的佣金，也称为利润手续费或纯益手续费。盈余佣金的给付是为了鼓励分出人谨慎地选择所承保的业务，并加强承保管理。因此，在采用固定佣金制的合同中，通常有盈余佣金条款。但如果采用浮动佣金，由于已考虑了盈余佣金的因素，所以一般不再运用盈余佣金条款。

（五）未了责任转移条款

比例再保险都涉及未了责任转移问题，所以必须用条款明确未了责任转移的方法和内容。

1. 未了责任及其解决办法。当分保合同终止时，再保险接受人所有分入业务的未满期部分为未了责任。解决这部分未了责任通常有两种办法：一是自然满期方式。即再保险合同结束后的一定时期，如三年或五年后，所有保单都满期获赔付结束之后，才结束该分保合同的账务。二是结清方式。随着分保合同的终止，再保险接受人对每笔分保业务的责任也同时终止，未满期业务对应的保费，应退回分出公司，以解除其未了责任。

2. 未了责任转移的内容。未了责任转移的内容一是未到期保费转移，二是未决赔款转移。具体的转移方法由合同条款具体规定。

（六）责任恢复条款

责任恢复是非比例再保险的一个重要特点。责任恢复是指在发生再保险分入人的赔款从而使其分保责任限额减少后，再保险分出人为了重新获得充分的再保险保障，补缴相应的保费，将再保险责任恢复至原有的额度。

（七）汇率变动条款

如分保合同项下，所遭受的损失不是合同所约定的货币，而是其他货币时，由于兑换率的变动，可能会有货币兑换率方面的风险。为了使合同责任限额保持相对稳定的水平，合同往往有汇率变动条款，规定如有与汇率变动相关的损失时，有关分出人的自负额和接受人的责任限额按合同起始日或商定日期的兑换率折算成某种合同约定的货币来计算，使摊回赔款不受兑换率变动的影响，以减少货币兑换的风险。

第三节　再保险合同安排方式

再保险按合同安排方式可以分为临时再保险、合同再保险和预约再保险。

一、临时再保险

（一）临时再保险的含义

临时再保险，即临时分保，是指保险人临时与其他保险人约定，将其承担的保险业务，部分向其他保险人办理再保险的经营行为。换言之，临时分保是分出公司根据业务需要，临时选择分保接受人，经分保双方协商达成协议，逐笔成交的分保方法。

在临时分保方式下，分出公司对某一风险是否安排分保、自留额的确定、分出额的确定，分保条件等具体要求，完全由分出公司视风险特点和自身的财务能力，以及接受公司的有关情况等而定。分出公司以一张保险单或一个危险单位为基础，逐笔与再保险分入人洽谈，再保险分入人则根据风险的承保情况，如风险的性质、责任大小、与保险分出人的关系等因素，确定其是否接受或接受的金额。由此可见，临时再保险对于分出人与分入人而言，均是可以自由安排和选择的，在业务成交前均无约束力。但是，为了保证再保险市场的稳定，各国对分出公司均有或多或少的法规约束。在我国，《再保险业务管理规定》第二十条就规定，保险人应当正确识别自身临时分保需求，建立科学合理的临时分保管理制度。保险人承保的业务超过其承保能力和风险承担能力的，应当在承保前完成临时分保安排。

（二）　临时再保险的适用范围

由于临时再保险的上述特点，其主要适用于下面一些业务的分保。

1. 刚开办的新险种或新业务。保险公司刚开办的新险种或新业务，往往由于业务量不多，保险费较少，尚不具备较稳定的合同再保险的条件，可以用临时再保险方式安排分保。

2. 不属于合同承保范围的业务或除外业务。经营分保业务的保险公司，一般要组织安排不同种类的分保合同，而各分保合同都会规定严格的承保范围。对于不符合合同分保条件的原保险业务或除外责任，在不得不分保的情况下，分出人可采用临时分保方式。例如，有的业务质量较差，而分出公司出于竞争需要通融承保，但又不愿置于合同再保险，以免影响合同再保险的质量，于是便采取临时分保方法，将承担的这类责任转让出去。

3. 超过合同再保险的限额或需要安排超赔保障的业务。分出公司与接受公司订立的合同分保合同，其承保能力有一定限制（合同限额），如遇有较大保额的业务，超过了合同限额的部分，分出公司就需要运用临时再保险安排分保，以增强其承保能力。分出公司对于已纳入合同再保险的业务，为了本身的安全，或者为了合同再保险双方的利益，也可以对其自留额部分或全部安排临时超赔分保，以减少所承担的责任。

二、合同再保险

（一）　合同再保险的定义

合同再保险，又称合约分保，是指保险人与其他保险人预先订立合同，约定将一定时期内其承担的保险业务，部分向其他保险人办理再保险的经营行为。由于这种合同再保险合同已将业务范围、地区范围、除外责任、分保手续费、自留额、合同最高限额、账单编制和付费方式等各项分保条件用文字予以固定，双方的权利和义务均已明确，所以合同再保险也称为固定合约再保险。

（二）　合同再保险的特点

1. 合同再保险对于分出公司和接受公司在合约范围内均具有约束力。即在合同再保险合同期内，对于约定的业务，原保险人必须按约定的条件分出，再保险人也必须按约定的条件接受。双方无须逐笔洽谈，也不能对分保业务进行选择，合同约定的分保业务在原保险人与再保险人之间自动分出与分入。

2. 合同再保险一般是不定期，或者期限较长，分保条件比较优越。由于合同再保险的合同是预先签订的，在实务中通常不定期限或者期限较长，其业务量也比较多，分保条件往往较临时再保险优越，从而对再保险双方都有利。

3. 合同再保险以分出公司某种险别的全部约定业务为基础。凡是合同再保险业务，包括来自分支机构、代理机构的业务，分出公司必须全部纳入合同进行分保，不能挑选，以避免分出人的逆选择，同时也便于简化手续。这与临时再保险只限于某一笔业务或某个风险单位的情况完全不同。

由上可知，合同再保险与临时再保险存在一定的差异，如合同再保险是按照业务年度安排分保的，而临时再保险则是逐笔安排的；合同再保险涉及的是一定时期内的一宗或一类业务，缔约人之间的再保险关系是有约束力的，因此，协议过程要比临时再保险复杂得多。两者的具体差别如表 10 - 1 所示。

表 10 - 1 　　　　　　　　　　　临时再保险与合同再保险对比

临时再保险	合同再保险
临时性，再保险人可以接受或拒绝	约束性，再保险人必须接受规定的业务
单个风险（与保单一致）	大量风险
必须告知风险的细节情况	不必详细告知风险的细节，除非是特殊业务，或按合同规定提供报表
手续烦琐、时间性强、经济成本较高	手续简单、时间性不强、经济成本相对较低
每一风险必须单独安排	合同事先安排，保险人承保的业务将自动得到分保保障

三、预约再保险

（一）预约再保险的概念

预约再保险是介于合同再保险和临时再保险之间的一种分保方式，是在临时再保险的基础上发展起来的一种再保险方式。它既具有临时再保险的性质，又具有合同再保险的形式。预约分保往往用于对合同再保险进行补充，其业务大都是适用于火灾保险和水险的比例分保。

（二）预约再保险的特点

第一，对原保险人来说，具有临时再保险的性质，而对再保险人来说，则具有固定再保险的性质，无选择权。即根据预约保险合同的约定，再保险人必须接受原保险人依合同规定项目的分保，不得拒绝，而原保险人则对是否进行分保有自由选择权，无必须分出的义务。

第二，接受公司对预约分保的业务质量不易掌握。由于分出公司可以任意选择将其预约合同范围内的业务分给接受公司，而接受公司无法有选择地接受，所以对分出业务的质量很难掌握，特别是那些由再保险经纪人中介订立的预约合同业务，更难了解。

第三，预约分保业务的稳定性较差。由于分出公司可以自由决定是否分出业务，所以往往是将稳定性好的业务自留，而将稳定性较差的业务进行分保，以稳定自己的经营，获得较大收益。

第四，有利于原保险人将某类超过自留或固定合同限额的业务分出。即某类超过自留或固定合同限额的业务不必安排临时分保，可自动列入预约再保险合同。因为，虽然预约再保险合同的接受人不能逐笔审查列入合同的业务，但却可以得到更多的分入业务，增加保费收入，求得业务平衡。为此，分出人超过自留或固定合同限额的业务，分入公司也乐意接受，只是分出公司要向分入公司提供放入合同的业务报表。

第四节 再保险责任分摊方式

再保险按照责任分摊方式可以分为比例再保险和非比例再保险。

一、比例再保险

比例再保险是指以保险金额为基础确定再保险分出人自留额和再保险接受人分入额的再保险方式。但根据我国《再保险业务管理规定》，除航空航天保险、核保险、石油保险、信用保险外，直接保险公司以比例再保险方式分出财产保险直接保险业务时每一危险单位分给同一家再保险接受人的总比例，不得超过再保险分出人承保直接保险合同保险金额或者责任限额的80%。

比例再保险最大特点就是保险人和再保险人按照比例分享保费，分担责任，并按照同一比例分担赔款，同时再保险人按照比例摊回手续费。比例再保险主要有三种，即成数再保险、溢额再保险与成数溢额混合再保险。

（一）成数再保险

成数再保险是指原保险人将每一风险单位的保险金额，按约定的比率向再保险人分保的方式。按照这种再保险方式，无论分出公司承保的每一风险单位的保额大小，只要是在合同规定的限额之内，都按照双方约定的比率来分担保险责任，每一风险单位的保险费和发生的赔款，也按双方约定的固定比率进行分配和分摊。因此，这种再保险方式的最大特点是绝对化的、按比例的再保险，也是最简便的再保险方式。

例如，某成数分保合同，每危险单位的最高限额约定为200万元，自留比率为35%，分出比率为65%。保险责任分配如表10-2所示。

表10-2 成数再保险计算 单位：元

保单	保险金额	自留责任（35%）	分出责任（65%）	其他
保单 A	500 000	175 000	325 000	0
保单 B	1 000 000	350 000	650 000	0
保单 C	1 500 000	525 000	975 000	0
保单 D	2 500 000	700 000	1 300 000	500 000

本例中，第四笔业务保单D保额250万元，超过了最高责任限额，分出公司在该合同项下只能安排200万元再保险，余下50万元保额需寻求其他方式处理，否则将复归分出人承担。

（二）溢额再保险

溢额再保险是由保险人和再保险人签订协议，对每个危险单位确定一个由保险人承担的自留额，保险金额超过自留额的部分称为溢额，溢额部分分给再保险人承担。溢额和原保险金额的比例即为分保比例。溢额再保险和成数再保险最大的区别在于：如果某一业务的保险金额在自留额之内，就无须办理分保，只有在保险金额超过自留额时，才将超过部分分给溢额再保险人。

溢额再保险的吸收承受并非无限制，而是以自留额的一定倍数为限度，这一倍数称为线数。危险单位、自留额和线数是溢额再保险的三要素。如某溢额再保险合同的限额定为 20 线，则一线的责任为再保险限额的 5%，假定自留额为 100 万元，该合同的限额即为 2 000 万元。由于承保业务保额的增加，有时需要设置不同层次的溢额，依次称为第一溢额、第二溢额等。

例如，分出公司通过四线溢额分保方式获得了 500 万元的自动承保能力，其中包括 100 万元的自留额和每线 100 万元，4 线共 400 万元的溢额再保险。现分出公司承保了 5 个危险单位，若分出公司决定保留其最大分保额，那么风险将按比例在分出公司与分入公司之间分担（见表 10 – 3）。

表 10 – 3　　　　　　　　　　溢额再保险计算　　　　　　　　　单位：元

危险单位	原保险保额	自留额	溢额分保额
1	1 000 000	1 000 000（100%）	0
2	2 500 000	1 000 000（40%）	1 500 000（60%）
3	3 200 000	1 000 000（31.25%）	2 200 000（68.75%）
4	4 000 000	1 000 000（25%）	3 000 000（75%）
5	5 000 000	1 000 000（20%）	4 000 000（80%）

如果发生了 500 000 元的损失，那么分出公司与分入公司将按比例承担责任（见表 10 – 4）。

表 10 – 4　　　　　　　　　　溢额再保险计算　　　　　　　　　单位：元

损失	原保险保额	分出公司责任比例（%）	分入公司责任比例（%）	分入公司责任
500 000	1 000 000	100	0	0
500 000	2 500 000	40	60	300 000
500 000	3 200 000	31.25	68.75	343 750
500 000	4 000 000	25	75	375 000
500 000	5 000 000	20	80	400 000

（三）成数溢额混合再保险

由于成数与溢额再保险同属于比例再保险，两者也可混合运用，因此形成了成数溢额混合再保险。这种再保险方式是将成数分保比例作为溢额分保的自留额，然后再以自留额的若干线数作为溢额分保的最高限额。这种再保险方式综合了成数再保险和溢额再保险的特点，既可节省再保险费用，又可简化再保险手续，因而能更好地满足多种需要。

例如，某一成数分保的最高限额为 100 万元，分出公司自留 30%，另外安排溢额分保合约，其最高限额为 100 万元的 4 线，即 400 万元。现有 5 张保单，其保额分别为 50

万元、100 万元、200 万元、400 万元、500 万元，则具体分保情况如表 10 – 5 所示。

表 10 – 5　　　　　　　　　　成数溢额混合再保险计算　　　　　　　　　单位：元

保险金额	成数分保			溢额分保分出额
	合约项下金额	自留 30%	分出 70%	
500 000	500 000	150 000	350 000	0
1 000 000	1 000 000	300 000	700 000	0
2 000 000	1 000 000	300 000	700 000	1 000 000
4 000 000	1 000 000	300 000	700 000	3 000 000
5 000 000	1 000 000	300 000	700 000	4 000 000

二、非比例再保险

非比例再保险是与比例再保险相对而言的，它是指以赔款金额为基础确定再保险分出人自负责任和再保险接受人分保责任的再保险方式。即当分出公司的赔款超过一定标准或额度时，其超过部分由接受公司负责，直至某一接受标准或额度。由于这一特点，一般又称为超过损失（赔付）再保险。从概念可知，非比例再保险合同有两个限额：一是分出公司根据自身财力确定的自负责任额即起赔点，二是接受公司承担的最高责任额。非比例再保险有多种方式，其中以超额赔款再保险和赔付率超赔再保险为代表，运用最多。

（一）超额赔款再保险

超额赔款再保险简称超赔分保，对原保险人因同一原因所发生的任何一次损失，或因同一原因所导致的多次损失的总和，超过约定的自负赔款责任额时，其超过部分由接受公司负责到一定额度。

由于超额赔款保障的安排必须基于对分出公司大量业务的统计分析和损失记录，因此，超额赔款的保费会随着分出公司购买的保障程度不同而有所不同。为此，在安排超赔保障时，为方便接受人选择，同时降低分出人的成本，分出人会将自己所需的保障金额分若干层来购买。超赔保障的保费支出也是基于经验统计。

超额赔款再保险的方式很多，实务中常规运用比较多的是险位超额赔款再保险与事故超额赔款再保险。[①]

1. 险位超额赔款再保险。险位超额赔款再保险是以每一危险单位所发生的赔款金额来计算自负责任限额和分保限额。关于一次事故中波及面超过几个危险单位，如大火或爆炸造成邻近财产的损失，有两种不同的规定：一是按危险单位分别计算，没有限制；二是规定一次事故中最多不能超过几个危险单位，一般为险位限额的 2 倍至 3 倍。

例如：一份超过 1 000 万元以后的 9 000 万元的火险险位超赔分保合同，在一次保险事故中有三个风险单位受损，每个风险单位损失 1 500 万元。如果对每次事故中的受损风险单位无限制，则赔款分摊如表 10 – 6 所示。

---

① 许飞琼，郑功成．财产保险［M］．北京：中国金融出版社，2015：109 – 110．

表 10 - 6   险位超赔的赔款分摊   单位：元

风险单位	发生赔款	分出公司承担赔款	接受公司承担赔款
I	15 000 000	10 000 000	5 000 000
II	15 000 000	10 000 000	5 000 000
III	15 000 000	10 000 000	5 000 000
共计	45 000 000	30 000 000	15 000 000

但假如每次事故有风险单位限制，如险位限额的 2 倍，则赔款分摊方式便如表10 - 7
所示。这种情况，由于接受公司只承担了两个风险单位的赔款，所以第三个风险单位的
损失由分出公司自己负责。

表 10 - 7   （限额）险位超赔的赔款分摊   单位：元

风险单位	发生赔款	分出公司承担赔款	接受公司承担赔款
I	15 000 000	10 000 000	5 000 000
II	15 000 000	10 000 000	5 000 000
III	15 000 000	15 000 000	0
共计	45 000 000	35 000 000	10 000 000

在有险位限制的情况下，若发生损失的风险单位损失额不等，则依合同约定方式计
算摊赔额。

2. 事故超额赔款再保险。事故超额赔款再保险是以一次巨灾事故所发生的赔款的总
和计算自负责任额和分保责任额。即以一次巨灾事故中多数危险单位的责任累积为基础
来分摊赔款，是一种比较复杂的再保险方式。它主要是以保障异常大灾害为对象，所以
又称为巨灾超赔保障。大的自然灾害，如地震、洪水、台风所引起的巨大累积责任，促
使人们要求对巨灾损失的特殊保障，出现了高层超额赔款再保险市场。但是，实际工作
中的情况是，在各类保险业务的超额赔款合同中，多数是中小灾害，大灾害毕竟是非常
偶然的，而人们顾虑最大的恰恰是巨灾风险，所以同一保险人往往要同时签订两种超额
再保险方式，分别用于上述两种用途。

对安排超额赔款，有一种分层的办法。分层是指将整个所要求的超赔保障数额分割
为几层的意思。如某分出人对他承保的 5 000 000 英镑的业务，分为四层安排超额赔款：

第一层超过 100 000 英镑（自负责任）以后的 400 000 英镑；

第二层超过 500 000 英镑以后的 500 000 英镑；

第三层超过 1 000 000 英镑以后的 1 000 000 英镑；

第四层超过 2 000 000 英镑以后的 3 000 000 英镑。

关于事故超赔的责任计算，是有时间限制和事故次数的划分的。有的巨灾事故如台
风、洪水和地震，有时间条款来规定多少延续时间作为一次事故。例如，规定龙卷风、
飓风、台风、暴风雨、冰雹持续 48 小时作为一次事故，地震、海啸、潮汐、火山爆发
持续 72 小时作为一次事故，暴动、罢工持续 72 小时为一次事故，等等。上述划分并有

地区的限制，如以河谷或以分水岭为界划分一洪水地区，限制于同一个城、镇等。有时一次事故的时间较长，如森林大火和地震要连续几天，按一次事故或划分为几次事故，在责任分摊上会相差很大。当然，以时间划分的规定，也可以根据约定而变动，如冰雹有的规定为24小时作为一次事故，采用什么方式计算，必须在签订合同时加以明确。

（二）赔付率超赔再保险

赔付率超赔再保险，又称停止损失再保险，是按年度赔款累计损失数字或按赔款与保费的比例来计算自负责任和分保责任额的一种超额赔款再保险。当赔款超过规定的赔付率时，由接受公司负责超过部分的赔款，有赔付率的限制，也可以有一定金额的责任限制。这种再保险方式，由双方当事人约定在某一年度内自负一定赔付率后，由接受人就超过部分负责至某一确定最高赔款率或已定的金额，在报案人某一种业务一年中累计总的净损失数额或损失率超过总保费收入一定百分比时予以补偿，所以这是一种对保险人财务损失的保障，而不是对个别危险负责，它是在其他再保险已完成赔偿之后才负责的一种在时间上扩展的最后的保障。

赔付率超赔合同一般规定两个限额：一个是自负损失赔付率限额，在每年累计总的净损失赔款数字与总保费收入之比不超过分出人自负赔付率限额时，不能向接受人索赔；另一个是保险人能够取得补偿的最高赔付率限额。

例如，一家小型保险公司的火灾保险业务分保方式如下：

A：分出60%的成数分保，最大自留额为100 000元；

B：超过300 000元的1 000 000元部分进行巨灾超赔分保，费率为5%的总保费收入；

如果总保费收入是10 000 000元，分出公司的自留收益如下：

40%的自留额（4 000 000）－自留额部分进行巨灾超赔的保费（总保费收入×40%×5%=200 000）＝总净保费收入（3 800 000）

分出公司决定购买停止损失再保险对其超出自留收益50%的部分进行保障。如果在扣除了各种再保险赔付后自留损失仍达到4 750 000元（125%自留收益），停止损失再保险将会赔偿950 000元；如果自留损失达到6 650 000元（175%自留收益），停止损失再保险最多只能赔偿3 800 000元的50%，即1 900 000元，超出部分仍需分出公司自己承担。

计算过程如下：

自留损失：6 650 000元

免超赔额：2 850 000元（6 650 000－3 800 000）

分入公司承担责任：1 900 000元（50%×3 800 000）

超出损失终止超赔再保险限额的部分：950 000元（2 850 000－1 900 000）

最终分出公司的总自留损失：4 750 000元（3 800 000＋950 000）

【课后阅读材料】

【阅读材料 10－1】

　　海力士中国是 SK 海力士半导体（韩国）公司的子公司，其产量占世界内存芯片总产量的 15% 左右。2013 年 9 月 4 日，海力士中国一车间发生爆炸并引发火灾，造成工厂损失达 9 亿美元。事故发生前，该企业由现代财险、人保财险、太保财险、大地财险和乐爱金等 5 家财产保险公司共同承保了该爆炸项目的物质损失一切险及营业中断险，共保份额分别为 50%、35%、5%、5% 和 5%，主承保人为现代财险，保险期限为 2013 年 8 月 1 日零时起至 2014 年 7 月 31 日 24 时止，总保费 340 万美元。5 家共保公司分别通过合约分保、临时分保等方式，进行了相应的再保险安排，再保险人涉及境内 14 家直保公司、6 家再保险公司和多家境外再保险接受人。[①]

　　9 亿美元损失赔案的分保情况如下：

　　（1）5 家共保公司情况。5 家共保公司的毛损失金额为 9 亿美元，向境内其他 14 家财产保险公司分出损失金额约 3.68 亿美元，向境内再保险公司分出损失金额约 1.74 亿美元，向境外再保险接受人分出损失金额约 3.33 亿美元。最终净自留损失金额约 0.25 亿美元，占总估损金额的 2.8%。

　　（2）参与再保险业务的境内 14 家财产保险公司情况。境内其他 14 家财产保险公司从上述 5 家共保公司直接分入损失金额 3.68 亿美元，另外接受了从境外转分保的损失金额约 0.72 亿美元，毛损失金额共 4.40 亿美元。上述 14 家财产保险公司又分别通过再保险合约或临分安排分出了部分损失，其中向境内再保险公司分出损失金额约 0.75 亿美元，向境外再保险接受人分出损失金额约 2.50 亿美元。最终净自留损失金额约为 1.15 亿美元，占总估损金额的 12.8%。

　　（3）境内再保险公司情况。6 家境内再保险公司从前述境内 19 家财产保险公司共分入损失金额约 2.49 亿美元，同时向境外转分出损失金额约 1.13 亿美元。净自留损失金额约为 1.36 亿美元，占总估损金额的 15.1%。

　　（4）境外再保险接受人情况。境外再保险接受人共承担毛损失金额约 6.96 亿美元，向境内财产保险公司转分出损失金额 0.72 亿美元后，净自留损失金额约为 6.24 亿美元，占总估损金额的 69.3%。

　　总体来看，在海力士中国火灾赔案 9 亿美元的估损金额中，约 2.76 亿美元的损失由境内保险公司承担，占总估损金额的 30.7%，其中 9.1% 由 5 家共保公司承担，41.7% 由另外 14 家财产保险公司承担，49.2% 由 6 家再保公司承担；约 6.24 亿美元的损失由境外再保险接受人承担，约占总估损金额的 69.3%。这些数据充分表明，再保险在帮助企业迅速恢复生产、分散原保险人风险、提供专业服务的过程中发挥了重要作用。

---

　　① 太平洋消防网. 火灾保险：海力士（中国）火灾保险赔案的相关思考［EB/OL］.（2016－09－12）［2024－07－28］. https://www.tpy119.com/news/show－4477.html.

【阅读材料 10-2】①　❚❚

2023 年 10 月 30 日至 31 日在北京举行的中央金融工作会议提出，要发挥保险业的经济"减震器"和社会"稳定器"功能。再保险是"保险公司的保险"，是国家风险分散和转移机制的重要组成部分，在应对重大灾害、保障国计民生方面具有重要作用。2024 年 6 月 27 日，中央结算公司成功为再保险业务提供担保品管理服务支持，涉及债券金额 3.3 亿元。该笔业务的落地标志着担保品管理机制在我国再保险领域的首次建立与应用，是进一步落实中央金融工作会议精神，助力提升我国保险行业风险管理水平、促进再保险市场发展的重要举措，也是再保险市场的一项重要制度创新，有助于我国再保险市场与国际接轨，推动保险业稳健发展。

截至 2024 年 5 月，我国再保险公司资产总额为 7638 亿元，同比增长 11.8%。随着市场规模的不断增长，再保险行业对于风险管理提出更高要求。由于再保险业务具有期限长、资金体量大的特点，保险机构需面临较高的交易对手方信用风险。在此背景下，中央结算公司借鉴国际市场经验，在现有授信管理的基础上，建立起担保品管理机制，为保险机构提供更为优质的风险缓释工具，强化机构内部风险管控。未来，中央结算公司将继续在管理部门指导下，持续提升担保品管理水平，为保险行业提供优质服务，助力我国金融市场高质量发展。

【本章小结】

1. 再保险是指保险人将其承担的保险业务，部分转移给其他保险人的经营行为。其具有与原保险不同的特征。

2. 再保险的作用包括风险转移、扩大承保能力、分散风险，避免风险集中、形成巨额的联合保险基金、增进保险同业之间的国际交流等方面。

3. 根据不同的分类标准，再保险的分类方式也有所不同。按业务性质不同，再保险分寿险再保险和非寿险再保险；按照实施方式可以将再保险分为临时再保险、合同再保险和预约再保险；按照责任安排的不同，再保险分为比例再保险和非比例再保险；按照业务渠道将再保险分为分入再保险、分出再保险、交换再保险、转分保再保险、法定再保险和集团再保险。

4. 临时再保险是指保险人临时与其他保险人约定，将其承担的保险业务，部分向其他保险人办理再保险的经营行为。合同再保险是指保险人与其他保险人预先订立合同，约定将一定时期内其承担的保险业务，部分向其他保险人办理再保险的经营行为。临时再保险与合同再保险存在一定的差异，各自有不同的特点。

5. 比例再保险是指以保险金额为基础确定再保险分出人自留额和再保险接受人分保额的再保险方式。其又分成数再保险、溢额再保险与成数溢额混合再保险三种方式。

6. 非比例再保险是指以赔款金额为基础确定再保险分出人自负责任和再保

① 赵洋. 中央结算公司首次在再保险领域引入担保品管理机制［N/OL］. 金融时报，（2024-07-02）［2024-07-28］. https://www.financialnews.com.cn/2024-07/02/content_ 403608.html.

险接受人分保责任的再保险方式，其以超额赔款再保险和赔付率超赔再保险为代表。

【复习思考题】

一、名词解释

再保险　危险单位　自留额　分保限额　共同利益条款　责任恢复条款　临时再保险　合同再保险

比例再保险　非比例再保险　险位超赔再保险　赔付率超赔再保险

二、单项选择题

1. 再保险业务的原保险人一般称为（　　）。

A. 再保险人　　　　B. 接受公司　　　　C. 分出公司

2. 某超额赔付率再保险合同，规定分出公司负责赔付率在75%（含75%）以下的赔款，分入公司负责超过赔付率75%～125%的赔款。假设某年度保费收入是2 000万元，分出公司承担的赔款为3 000万元。那么，分入公司应承担的赔款额为（　　）。

A. 1 000万元　　　B. 1 500万元　　　C. 2 000万元

3. 当临时再保险项下的业务发生赔款时，分出公司应当（　　）。

A. 无论金额大小必须通知分保接受人

B. 无须通知分保接受人

C. 超过自留额才通知分保接受人

4. 若某财产保险公司某年资本金和公积金总和为6亿元，则按照我国《保险法》的规定计算，该公司全年最多自留保费收入不能超过（　　）。

A. 6亿元　　　　　B. 18亿元　　　　　C. 24亿元

5. 由几家或多家保险公司联合组成的再保险实体，称为（　　）

A. 专业再保险公司　B. 再保险集团　　　C. 直接保险公司

6. 再保险合同中，如果在保险期限内保险事故发生以及原保险人在执行再保险合同条款时，由于原保险人的过失或疏忽而非故意造成的损失，再保险人仍应承担相应的赔偿责任。这被称为（　　）。

A. 末了责任转移条款　　　　　　　B. 过失或疏忽条款

C. 错误、遗漏条款

7. 非比例再保险划分原保险人和再保险人自留额和分保额的基础是（　　）。

A. 保险金额　　　B. 保险费　　　　C. 赔款

8. 某溢额再保险合同规定，分出公司的自留额为50万元，分保额为5线。那么，分入公司的最大接受额为（　　）。

A. 50万元　　　　B. 200万元　　　　C. 250万元

9. 分保接受人接受再保险业务后，为了减少其所承担的责任而将部分分入责任转嫁给其他再保险人，称为（　　）。

A. 再保险　　　　B. 分保　　　　　C. 转分保

10. 按照责任限制分类，再保险可以分为（   ）。

A. 比例再保险和非比例再保险   B. 成数再保险和溢额再保险

C. 超额再保险和成数再保险

三、多项选择题

1. 巨灾再保险包括（   ）。

A. 地震再保险   B. 暴风雨再保险   C. 洪水再保险   D. 人身再保险

2. 再保险的原则包括（   ）。

A. 可保利益原则   B. 最大诚信原则   C. 近因原则   D. 代位原则

3. 成数再保险是典型的比例再保险方式，其特点主要有（   ）。

A. 合同双方利益一致   B. 手续简化

C. 不能均衡风险责任   D. 缺乏灵活性

4. 按再保险的责任分摊方式分类，再保险可以分为（   ）。

A. 比例再保险   B. 非比例再保险   C. 法定再保险   D. 国内再保险

5. 以下对再保险正确的描述是（   ）。

A. 再保险是转移保险人承担的风险责任的行为或方式

B. 再保险是保险人与再保险人之间的一种契约

C. 再保险是一种无形贸易

D. 再保险也称为分保

6. 分保合同的基本条款有（   ）。

A. 仲裁条款   B. 更改条款

C. 盈余佣金条款   D. 共同利益条款

7. 以下属于非比例再保险的是（   ）。

A. 超额赔付率再保险   B. 险位超赔再保险

C. 事故超赔再保险   D. 溢额再保险

8. 按再保险实施方式分类，再保险包括（   ）。

A. 比例再保险   B. 临时再保险   C. 非比例再保险   D. 合同再保险

9. 分出再保险业务的公司也可称为（   ）。

A. 再保险分出公司   B. 再保险分出人   C. 分保分出人   D. 再保险人

10. 溢额分保合同具有以下特点（   ）。

A. 账务计算复杂   B. 灵活确定自留额

C. 比较符合分散风险原理   D. 保险双方利益一致

四、简答题

1. 简述再保险合同的主要内容。

2. 再保险的作用是什么？

3. 比较比例再保险和非比例再保险的差异。

4. 简述临时再保险和合同再保险的差异。

五、论述题

1. 试述再保险与原保险的联系与区别。

2. 试述再保险和共同保险的异同。

六、实例分析

1. 某超额赔付率再保险合同，规定分出公司自负赔付率在75%以下的责任，分出公司负责赔付率超过75%到125%部分的赔款。假设某年度保费收入是 1 000 万元，已发生赔款 1 300 万元，计算分出公司应自负的赔款。

2. 保费收入为 100 万元，保险金额为 300 万元，赔款 150 万元，分别计算下列四种情况下分入公司和分出公司各自应承担的赔款：

（1）最高限额 500 万元，分保比例为 60% 的成数分保；

（2）自留额为 50 万元，限额 7 线的溢额分保；

（3）超过 60 万元以外 80 万元的超额赔款分保；

（4）超过 60% 以外 100% 的赔付率超赔分保。

第十一章
保险精算

【教学目的与要求】

本章主要介绍保险精算的基本原理与技术。通过学习本章，学生应掌握保险精算的基本概念，了解基本的精算函数、寿险精算与非寿险精算的基本内容及两者的区别，能运用精算原理与方法对保险产品的价格、责任准备金、偿付能力等相关指标进行初步的解读。

无论是财产保险、人身保险还是再保险，保险险种最重要的信息，就是保险费率的高低、具体的保险责任范围与相应的保险金大小；保险经营管理要实现的核心目标，就是控制经营风险、保证偿付能力、提升有效业务价值和公司价值。这一切的前提是准确地定量刻画风险，合理地进行保单定价，可靠地测算并足额提取准备金，进而测算有效业务价值甚或内含价值，以及公司价值。这些就是保险精算的主要工作。

第一节　保险精算与大数法则

一、保险精算概述

（一）保险精算与精算师的概念与作用

1. 保险精算与精算师的概念。保险精算，是指依据经济学的基本原理，运用现代数学、统计学、金融学、保险学及法学等的理论和方法，对保险经营中的不确定性问题作定量分析，以保证保险经营的稳定性和安全性的学科。它解决的问题涉及多个方面，诸如人口死亡率（生存率）测定、生命表编制、险种创新、保险条款设计、费率厘定、准备金计提、利润测算、公司价值评估、盈余分配、投资等。

精算师是运用精算方法和技术解决经济、保险问题的专业人士，是评估经济活动未来财务风险的专家，是同"未来不确定性"打交道的，集数学、统计学、经济学和金融学等于一身的保险、风险管理或金融业高级人才。精算师的工作宗旨是为金融保险与社会保障决策提供依据；其工作内容主要包含基础数据收集、清理、筛选、加工、建模分析，同业务部门、机构讨论相关发现，共同探讨形成结论，为经营决策提供技术支持。

精算师必须是通过权威机构认可的精算师、准精算师资格考试，获得相应专业资格的从事精算学研究与应用的专门人才。在发达国家精算师一直位居最佳职业之列。

2. 保险精算的作用。全球的新老保险公司都把精算师摆在非常权威的位置，那些老牌保险公司在强调自己雄厚实力时，常常说"本公司拥有多少名精算师"。因为经营者一直很清楚，对不确定性风险的分析水平和配置方略直接决定着公司乃至保险业的能力和信誉；任何涉及不确定性的保险、社会保障、福利、投资等方面的分析报告，精算分析都是最重要的内容。

保险精算的作用，主要表现在其可以对未来的、不确定的、涉及财务的事件提出数量化意见。"提出数量化意见"是一项可以涉及多视角、多因素、多工具的工作。最普遍的视角是风险事故损失支出的视角；最普遍的因素是死亡率、事故发生率等概率因素、利率因素与费用因素；最普遍的工具是统计学，也可以加入运筹学以及博弈论等其他分析工具。

例如，在销售医疗费用保险时，对一个健康的运动员与一个身体相对较弱的中老年人应收多少保费，或哪一位将生病是不确定的，但是精算师可以根据这两类人的相关指标和过去的身体情况，确定一个合适的保费。再如，对于养老基金公司的管理者而言，个人养老基金是一笔很大的资金，该基金为特定的人群提供将来年老后的养老金支付。或者说，这笔基金是为那些现在还很年轻的人将来年老后提供的退休养老金。这些养老金也许在40年中不会支付，也许在领取者的有生之年却要连续支付下一个40年。因此，养老基金的管理者们必须考虑下面两种情况：一是这些资产在40年或更长的时间里的价值是什么？二是养老金领取者活着并领取养老金的时间有多长？而精算师的工作，就是把这些不确定事件的可能性数量化。

在预测未来方面，精算师常常必须对将来要发生的事件作出估计（预测）。

例如：

——估计一笔养老基金作为特殊的资产在未来10年中的利率；

——估计每100 000套同一类型的房屋在下一年将被火灾毁坏的房屋数；

——估计已经到具体的保险公司参加了人身保险的人中有多少将在未来10年中死亡；

——估计未来10年的通货膨胀率，进而估计一个具体的正在营运的公司在支出方面受到的影响；

——就一笔对政府发行的10年债券的投资而言，估计它的可兑现的现金流量的增值情况；

——就一项由一家大公司发行的权益股，估计它的可兑现的现金流量的增值；

……

很明显，如果精算师肯去研究过去40年的通货膨胀率，或是研究过去10年中被火烧掉的房屋的比例或者一系列类似的数据，那就必须具备那种能力——把未来的基本情况准确地设计出来。假如精算师发现在过去的每一年里，年初的所有房屋的9‰将在这一年底以前被烧掉，就可以预言在保险公司投保了的这类房屋将有9‰会在这一年中被烧掉，这样，就能对保险公司责任的成本做出确定的预告。然而，很多情况下，精算师不能精确地知道在给定的那一年中会有9‰的房屋被烧，只是知道整个比例在年复一年地上下波动，如它可能在6‰~12‰变化。于是，通过对过去资料的分析和计算之后，可以说，投保的房屋平均起来在未来一年中将有9‰的房屋被烧毁，但可能高达12‰或低至6‰。

针对这种情况，通过对过去的研究，精算师可以作出两个对未来的报告：一是按计算预期，平均会有百分之几的房屋被烧？二是实际的结果与我们预期的平均数的偏差幅度有多少？第一个报告预期的平均值肯定是关于未来事件的报告，但正是第二个报告——关于不确定的未来事件的报告，对于准确地设计未来的基本情况显得更为重要，这正是精算师的工作之一。

（二）未来风险的货币表达

在实践中一些风险是经济方面的，或者说是可以用货币衡量的，例如，支付汽车维修费用的风险性。如果一个司机向一家保险公司支付了保费，那么他就将这种经济方面的风险转移给了该保险公司，于是将不再面临有关损失维修费用的不确定性。

当然，没有保险公司会承保货币无法衡量的风险。保险人可以支付司机的汽车修理费用，但如果他的身体受伤了，钱可能就很难起到身体疼痛安慰的效果。换言之，精算师讨论的风险通常仅指物质损失（财务）方面的风险。

保险公司之所以能够承担起这种经济方面的风险，是因为其承担了大量的相似风险。显然，只有一部分司机会在明天发生车祸，因为所有人都不发生车祸是很不寻常的，但所有人明天都发生车祸也同样是不寻常的。

如果投保司机的数量很大，保险公司就能有一定把握地估计出它的成本，它可以从过去的经验中推出每年发生车祸的司机的比例不会小于35‰也不会大于95‰。那么投保的司机之中能发生车祸的人数就可以在这些界限中估计出来。保险公司就能够把所有这些车祸的预期费用平均摊在投保的所有司机身上。

一般来说，保险公司承保的风险个体数量越大，发生事故并且索赔的人的比例就会越确定。

一个司机投保汽车险所支付的保费看上去可能很高，但至少他能够支付。一旦他的车发生严重车祸而他又必须自己支付损失的话，可能就难以支付了。慎重考虑之后，一个司机可能更愿意支付一个确定数量的费用，而不愿支付一个不确定的但可能是毁灭性的费用。

在这个过程中，精算师的工作就是在保险公司接受了大量司机投保时，估计出公司所承担的风险，并由过去的经验推定费用大小。对过去了解越多，也就能够更好地测算将来的费用。可能费用仍是不确定的，但它能够降低不确定性的程度。

在寿险、养老金和投资中，精算师的工作是将过去的风险的不确定性进行量化，以估计出与将来相似风险有关的不确定性。此外，精算师还研究类似股市崩溃险之类的金融风险。

精算师不仅是量化风险，还能设计方法经营或控制风险。例如，精算师可以：

1. 计算应该采用的保费水平，以确保身体状况良好的人和身体状况不好的人都能支付合适的寿险保费。

2. 向保险人建议最好的投资方式，以保护公司不受通货膨胀的影响。

3. 向保险人或养老金提供人建议应当写入协议中的有关条款，以保证保险人或养老金提供人不要承担它本身并不愿承担的风险。

因此，多数国家都立法要求在对寿险公司及养老金基金进行监管的过程中必须有精算师的参与。

一般来说，为保险业服务的精算师其主要工作范围包括以下几个方面：

1. 收集整理个体的出生、死亡、婚姻、就业、退休、意外事故、自然灾害等一系列事件发生频率的统计资料，研究利率、保单失效率、费用率以及竞争环境等动态因素，以制定各险种的费率。

2. 根据收集的资料编制全国及地区性的不同行业、不同类别的生命表与病伤频率表等，确定人均收入增长率预测。

3. 计算法定责任准备金、支付准备金和各种累积金。

4. 根据经济环境的变化趋势，为保险投资决策提供各种数量化预测指标，如投资的回报率、资产的增长率。

5. 分析保险公司年度利润及其来源，提供有效保单按盈余分配红利的数据。

6. 根据保险环境的变化和要求，以及地区性特点，参与研究和设计新险种。

7. 参与公司的计划、销售、投资、财务等经营管理决策，参与公司各种年度报表的编制，例如，财务状况报表、所得税报告、经营状况报告、呈送保险监管部门的其他定期报表等。

8. 协助其他职能部门根据经验统计资料研究各种险种的效益与费率的调整，以适应竞争环境的要求，并编制内部使用的各种报告。

（三） 长期的风险与不确定性

在保险合同中，涉及的风险和不确定性往往要持续很长的时间，精算师常常要研究一个较长时期内的种种变化。例如：

——寿险合约可能有 10 年、20 年、30 年或更长的期限。精算师关心的是在这些投保期限中被保险人疾病和死亡的风险。

——养老金基金机构可能会有义务对一个 20 岁的青年支付未来几十年的养老金。它要确保将基金进行安全的投资，并在需要的时候立即供款。但是投资所能获得的未来利息收入是不确定的。在决定有关保险金数额时，精算师必须对一个较长时间内的这种不确定的利息作出估计。

——一个设计未来几十年人口模型的研究者必须考虑到以后 30 ~ 40 年出生、疾病、死亡、结婚、离婚等的变化，包括随着社会的发展这些变量的变化。

这种长期性的概念在精算工作中是十分重要的。

首先，当精算师对未来作预测时所面对的是长期性变化而不仅是短期变化。例如，投资分析家最感兴趣的是下个月某公司股票的价格，希望能够迅速获利；而精算师可能更注意股票在较长时期内的价格变动，看看它能不能作为长期性资金的投资对象以应付多年后护理金、养老金的支付。

其次，精算师总是需要超越近期的形势，测算出经济行为的长期、最终结果。例如在给寿险公司就发行某种特定类型储蓄计划的效果提建议时，精算师会警告有关的长期风险。精算师会看到在近期效果有利的情况下可能会出现的不利的长期效果。公司也许最关心的是现在该作什么决定，而精算师考虑的是这些决定在遥远的未来意味着什么。

最后，精算师调查过去时必须考虑过去很长一段时间以预测未来的长期趋势。如果只观测资本市场过去一年的回报率，并以此预测未来 40 年的情况是没有意义的。

精算师还要密切注意表面现象可能会产生的误导。例如，假设在过去 30 年我国人口以某个稳定的增长率增长。很容易据此想象未来 30 年中人口的增长模型，或者在未来更短时间内的情况。然而，这其中有一个陷阱，因为你所观察的人口过去的增长正是一些有关人口的某些特征的末期效果。例如，人口可能反映出如下特征：

——在 40～60 岁年龄段中人口数量大。这些人可能会加大未来老龄人口的数量，但他们不会再有更多孩子。

——婚龄人口增长，结婚数量增多但以后才会生育，因而这一代人对出生率的全部影响在一段时间内不能表现出来。

——生育率降低可能是因为经济因素，如夫妇两人都必须工作。

这些因素综合起来将导致人口下降，而且会因为中年人变老和较高的死亡率，使人口下降得相当快。因此，就人口过去增长而得出未来将增长的简单结论可能是错误的。

还有很多类似的因素会使得表面现象推出错误结论。为了设计人口模型，必须分别调查作为基础的出生率、死亡率、婚姻状况等。

面对保险公司的承保实例，只有理解了保单涉及的人口状况和健康状况是不断变化的，才能够不觉得太惊奇。仅在过去数年保险公司现金流的变化图像上画一条线来预测未来数年该公司所需要的现金流是不可能的。保险公司在各个时间点上对现金流的需要取决于保单的具体要求，而针对不同的保单、不同的承保群体，在不同的时期其要求是不同的。因此，为了预测基金在未来各个时间点上应有的数额，就必须首先考察承保群体的变化状况。

（四）数学模型

精算工作离不开数学模型。数学模型是把现实生活中的某个过程用数学方程进行的描述。通过解方程得到数学答案，可以更透彻地理解被模型化的过程中的各种行为。

例如，考虑一个年龄为 30 岁人的未来生存时间的问题。

这个问题可以通过建立个人未来生存时间的数学模型得到解决，模型的细节都影响不大，模型的最终答案是一系列等式，它告诉我们一个人在一年死亡的概率是多少，在两年内死亡的概率是多少，等等。精算师可以运用这些概率计算出一个保险单的实际费用。

数学模型是解决问题的非常有用的方法。但运用数学模型时应当注意以下几点。

一是一个有效的模型总是在参照过去经验的基础上建立起来。例如，设计一个未来死亡率的模型的第一步是找到过去死亡率的模型。这一步总是要求过去的数量化数据，这些数据通常不会完全符合我们的期望，因此，模型设计者必须确保模型不会由于使用了低质量数据而产生误导性结论。

二是所有的数学模型都在某种程度上简化了现实生活。这样做是因为复杂的模型常常无法求解，而一个简单模型同样能对一种复杂情况产生有价值的洞察效果。了解到这些简化过程会对模型产生什么影响，以及了解设计模型的技巧对这些假定的依赖程度是很重要的。

三是模型的选择取决于要解决的问题、建立模型所要用的数据，以及所要得到答案的性质。有时一个简单模型就足够了，有时需要一个复杂模型。事先说哪种模型最好是不可能的，但大体上我们可以说：如果一个简单模型能够给一个复杂问题提供所需的结论，那么简单模型所掩盖的部分是应该被忽略掉的。但是，当复杂过程是源于一些基本因素（如某被保险群体的人口结构复杂与否），一个简单模型就因无法考虑到这些因素而显得太肤浅。

模型的选择取决于我们对基本因素的理解。当理解深入时，模型也会深入。此外，精算师必须把模型中的结果向众人解释，因并不是所有人都会对模型有相同的理解。

值得指出的是，在建立数学模型预测未来的过程中，我们总在不断地检验预测的结果和实际情况有多大距离，并且在有必要时用新信息来调整模型。这就是通常所说的反馈。

例如，回到上述人口模型中，精算师或人口工作者首先建立了研究未来每年的疾病率、死亡率、结婚率、出生率和迁移状况的模型，这些模型是根据过去收集的数据建立的。这些包含基本因素的模型将被运用到当前的群体，用来预测未来每年的疾病、死亡等的数量。通常这个模型将会非常复杂，如预测那些现在还未出生的人口30年后的出生率，其最终结果是设计出未来几十年的总人口状况。几年后，我们就知道实际的出生人口、疾病人口和死亡人口等数据，因此，可以把这些数据与用模型预测出的结果进行比较。具体地，可以把实际疾病率与用模型预测的疾病率相比较，把实际死亡率、婚姻状况改变率与用模型预测的数据相比较，等等。于是我们就可运用这些新信息来改进模型，改进对其余各年的相关信息的预测。

如同上述运用新信息改进模型的情况，精算师在他们所使用的任何一个模型中都会遵循相同的步骤，使用新的经验数据来检验模型是否可以改进或维持。

二、概率与大数法则

（一）随机事件及其概率

1. 随机事件。为研究随机现象的统计规律性而进行的各种科学实验或对事物某种特征进行的观测都称为试验。因此，在概率统计中试验是一个广泛的术语。一般用字母 E 表示：

E_1：抛掷一枚硬币，观察它自由下落后正、反两面出现的情况。

E_2：在相同条件下接连不断地向同一个目标射击，直到击中为止，记录射击次数。

E_3：在一批同型号的灯泡中，任意抽取一只，测试它的使用寿命。

上述试验都可以在相同条件下重复进行。试验 E_1 只有两种可能结果：出现正面或出现反面，但是在抛掷之前不知道究竟会出现哪一面。上述试验 E_2 射击次数可以为 1，2，…，因此试验的所有可能结果是全体正自然数，在击中目标前，究竟需要射多少次不能事先肯定。试验 E_3 中灯泡的寿命（以小时计）是一个非负的实数，在测试前不能确定它的寿命有多长。这些试验都具有下列特性：

（1）试验可以在相同的条件下重复进行；

（2）每次试验的可能结果不止一个，并且能在试验之前明确知道所有的可能结果；

（3）每次试验之前不能肯定这次试验会出现哪个结果，但可以肯定每次试验总会出现这些可能结果中的一个。

我们将具有上述三个特性的试验称为随机试验，简称试验。随机试验总是在一定条件下进行的，也就是说，试验的含义是离不开条件的，如果条件不同，则认为是不同的试验。在概率论中，总是通过随机试验来研究随机现象的统计规律。

我们把随机试验 E 的结果称为随机事件，简称事件。

2. 随机事件的概率。在相同条件 S 下，重复 n 次试验 E，随机事件 A 在 n 次试验中出现的次数 m 称为频数，比值 $\dfrac{m}{n}$ 称为事件 A 的频率，记作 $f_n(A)$。即

$$f_n(A) = \frac{m}{n} \tag{11.1}$$

在每次重复试验中，同一事件频率有波动，带有随机性。但在多次重复试验中，频率却常常稳定在某一个数值附近。通常把这一规律称为频率具有稳定性，它对事件发生的可能性大小提供了可比较的依据。由此，可以给出概率的统计定义如下：

在相同的条件 S 下，重复进行 n 次试验，事件 A 发生的频率 $f_n(A)$ 在某个常数 p 附近摆动。一般来说，n 越大，摆动幅度越小，则称频率的稳定值 p 为事件 A 发生的概率，简称为事件 A 的概率，记为 $P(A)$，即 $P(A) = p$。

显然：

$$0 \leqslant P(A) \leqslant 1 \tag{11.2}$$

（二）随机变量及其分布

1. 随机变量。在研究随机试验时，我们已看到有些随机试验的结果直接表现为数量形式。例如，某电话交换台在 1 分钟内接到的"呼唤次数"：0，1，2，…；在任意取出的 3 件产品中"次品的件数"：0，1，2，3；等等。这些试验的结果都与数值有关。但对每一个随机试验来说，每次试验的可能结果不止一个，因此，不能用一个固定不变的数值表示，而是用能取若干个数值的量来表示，即随机试验的结果可以用变量表示。在试验之前，这种变量将取什么值是不能确定的，它的取值依赖于试验的结果。由于在一次试验中出现什么结果是随机的，因此，变量取什么值也是随机的。我们称这种取值随着试验结果而变的量为随机变量。

下面给出随机变量的定义：

在一定条件下，随机试验的每一个可能结果 ω 都可用一个单值实函数 $\xi(\omega)$ 来表示，且 ξ 满足：

（1）ξ 是由随机试验的结果 ω 唯一确定；

（2）ξ 的取值是随机的；

（3）对于任意给定的实数 x，事件 $\{\xi \leqslant x\}$ 具有确定的概率，则称 ξ 为一随机变量。一般用小写的希腊字母 ξ、η、ζ 或大写的英文字母 X、Y、Z 等表示。

2. 离散型随机变量及其分布。按一定概率取有限个或可列无穷多个数值的随机变量称为离散型随机变量。为了全面掌握某离散型随机变量的统计规律，需要知道：

（1）该随机变量的所有可能取的值；

（2）该随机变量取每个可能值的概率。

一般地，设离散型随机变量 ξ 的所有可能取的值为 x_1，x_2，$\cdots$，x_k，$\cdots$，ξ 取各可能值的概率，即事件 $\{\xi = x_k\}$ 的概率为

$$P\{\xi = x_k\} = p_k \qquad (k = 1,2,3,\cdots) \tag{11.3}$$

则称公式（11.3）为离散型随机变量 ξ 的概率分布或分布律。分布律如表 11 – 1 所示。

表 11 – 1   离散型随机变量的概率分布

ξ	x_1	x_2	$\cdots$	x_k	$\cdots$
P	p_1	p_2	$\cdots$	p_k	$\cdots$

显然，离散型随机变量有以下两条基本性质：

（1）离散型随机变量取任何值时，其概率都不会是负数，即

$$p_k \geqslant 0 \quad (k = 1,2,\cdots)$$

（2）离散型随机变量取遍所有可能值时，其概率之和等于 1，即

$$\sum_k p_k = 1$$

反之，任意一个满足上述两条性质的数列 $\{p_k\}$，必是某个离散型随机变量的分布律。

如可设随机变量的分布律为（见表 11 – 2）。

表 11 – 2   某随机变量分布律

ξ	0	1
P	$1 - p$	p

3. 连续型随机变量及其概率密度。连续型随机变量的特点是它可能取某一区间内所有的值，例如，弹着点与目标的距离可以是区间 $[0，+\infty)$ 中的任一个值。对于连续型随机变量，列举它的取值及其相应的概率是不可能也是没有意义的，事实上对于一切实数 a，事件 $\{\xi = a\}$ 的概率都是零。因此，通常对连续型随机变量 ξ 只考虑事件 $\{a < \xi \leqslant b\}$ 的概率。为此定义：

对于随机变量 ξ，若存在非负可积函数 $f(x)$（$-\infty < x < +\infty$），使得对于任意实数 a，b（$a < b$），都有

$$P\{a < \xi \le b\} = \int_a^b f(x)\,\mathrm{d}x \tag{11.4}$$

则称 $f(x)$ 为 ξ 的概率密度函数，简称概率密度或密度函数。由定积分的几何意义可知，随机变量在某区间上取值的概率等于该区间上密度函数曲线 $f(x)$ 下的曲边梯形的面积（见图 11 –1）。

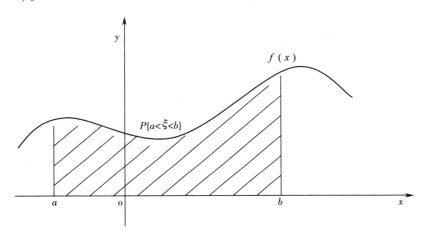

图 11 –1

4. 随机变量的分布函数。设 ξ 是一随机变量，x 是任意实数，则称函数

$$F(x) = P(\xi \le x_2) \qquad (-\infty < x < +\infty) \tag{11.5}$$

为 ξ 的分布函数，也称为累积分布函数。

显然：

$$P\{x_1 < \xi \le x_2\} = P\{\xi \le x_2\} - P\{\xi \le x_1\} = F(x_2) - F(x_1) \tag{11.6}$$

这就是说，随机变量 ξ 在左开右闭区间内取值的概率等于它的分布函数 $F(x)$ 在该区间端点的函数差值。

设随机变量 ξ 的概率密度为 $f(x)$，则其分布函数为

$$F(x) = P\{\xi \le x\} = P\{-\infty < \xi \le x\} = \int_{-\infty}^x f(t)\,\mathrm{d}t \tag{11.7}$$

即 $F(x)$ 是连续型随机变量 ξ 的概率密度 $f(x)$ 在区间 $(-\infty, x]$ 上的积分。由广义积分的几何意义可知 $f(x)$ 的值可表示为概率密度曲线 $f(x)$ 在 $(-\infty, x]$ 上曲边梯形的面积，如图 11 –2 中的阴影所示的面积。

概率密度 $f(x)$ 与分布函数 $F(x)$ 都是用来描述随机变量 ξ 的概率分布，可以证明，$F'(x)$ 就是连续型随机变量 ξ 在点 x 处的概率密度 $f(x)$，即

$$f(x) = F'(x) \tag{11.8}$$

（三）随机变量的数字特征

随机变量的分布能够完整地表示随机变量的统计规律。但在实际工作中，求随机变量

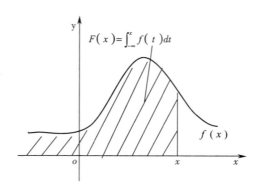

图 11 – 2

的分布并不都是一件容易的事，而且有时并不一定非要掌握随机变量的分布，而只要知道随机变量的某些特征就够了。因此，在对随机变量的研究中用数字来刻画它的某些特征是非常重要的，我们把描述随机变量某些方面特征的数值称为随机变量的数字特征。

1. 随机变量的数学期望（均值）。随机变量的数学期望是描述随机变量取值平均大小的一个数字特征。

（1）离散型随机变量的数学期望。

例如，从一批棉花中抽取 100 根纤维，测量它们的长度用于检查棉花的质量，测量的结果如表 11 – 3 所示。

表 11 – 3　　　　　　　　　　　　　　棉花检测结果

长度（cm）	3.5	4	4.5	5	5.5
频数	13	20	32	23	12

一般用纤维的平均长度表示这批棉花的质量。

$$\frac{3.5 + 4 + 4.5 + 5 + 5.5}{5} = 4.5(\text{cm})$$

显然，我们不能用算术平均值作为这 100 根纤维长度的平均值，因为 4.5 只是 3.5、4、4.5、5、5.5 这 5 个数的算术平均，不是 100 根纤维长度的平均值。正确的计算式为

$$\frac{13 \times 3.5 + 20 \times 4 + 32 \times 4.5 + 23 \times 5 + 12 \times 5.5}{100}$$

$$= \frac{13}{100} \times 3.5 + \frac{20}{100} \times 4 + \frac{32}{100} \times 4.5 + \frac{23}{100} \times 5 + \frac{12}{100} \times 5.5$$

$$= 4.505(\text{cm})$$

我们称这种平均是依频率为权的加数平均，其中 13/100、20/100、32/100、23/100、12/100 分别是 3.5、4、4.5、5、5.5 出现的频率。

一般地，对于一组给定的数值 x_1，x_2，…，x_m，知道了它们在 n 次试验中出现的频率分别为 μ_1/n，μ_2/n，…，μ_m/n，则它们依频率为权的加权平均为

$$x_1 \frac{\mu_1}{n} + x_2 \frac{\mu_2}{n} + \cdots + x_m \frac{\mu_m}{n} = \sum_{i=1}^{m} \frac{\mu_i}{n} x_i$$

当试验次数 n 无限增大时，随机变量观测值的频率将逐渐接近它的概率，借助于加权平均数的概念也可以表示随机变量取值的平均，其权数是随机变量 ξ 取值 x_k 时的概率 p_k。

定义：

设离散型随机变量 ξ 的分布律为

$$P\{\xi = x_k\} = p_k \quad (k = 1, 2, \cdots)$$

若级数 $\sum_{k=1}^{\infty} x_k p_k$ 绝对收敛，则称该级数为 ξ 的数学期望，记为 $E(\xi)$，即

$$E(\xi) = \sum_{k=1}^{\infty} x_k p_k \tag{11.9}$$

由定义可知，数学期望是加权平均数这一概念在随机变量中的推广，它反映了随机变量取值的平均水平，其统计意义就是对随机现象进行长期观测或大量重复试验所得数值的理论平均数。

（2）连续型随机变量的数学期望。

定义：

设 ξ 是连续型随机变量，$f(x)$ 是它的概率密度，若无穷积分

$$\int_{-\infty}^{+\infty} |x| f(x) \mathrm{d}x$$

存在，则称无穷积分

$$\int_{-\infty}^{+\infty} x f(x) \mathrm{d}x$$

为 ξ 的数学期望（均值），记为 $E(\xi)$，即

$$E(\xi) = \int_{-\infty}^{+\infty} x f(x) \mathrm{d}x \tag{11.10}$$

这就是说，连续型随机变量的数学期望等于概率密度 $f(x)$ 与实数 x 的乘积在 $(-\infty, +\infty)$ 上的无穷积分。

2. 随机变量的方差。随机变量的数学期望表示了它取值的平均大小。但是，在实际中有时只知道数学期望是不够的，还需知道随机变量取值离它的数学期望是分散还是集中。

下面我们给出方差的定义：

设 ξ 是随机变量，若 $E[\xi - E(\xi)]^2$ 存在，则称它为随机变量 ξ 的方差，记为 $Var(\xi)$。即

$$Var(\xi) = E[\xi - E(\xi)]^2 \tag{11.11}$$

可以证明：

$$Var(\xi) = E(\xi^2) - [E(\xi)]^2$$

方差的算术根 $\sqrt{Var(\xi)}$ 称为 ξ 的标准差（或均方差）。

根据方差的定义，显然有 $Var(\xi) \geqslant 0$。

（四）正态分布

1. 正态分布的概念。在现实世界中，大多数的随机变量都服从或近似地服从正态分

布。例如，产品制造过程中所产生的误差、人群的身高、射击时弹着点对目标的横向偏差与纵向偏差等。进一步的理论研究表明，一个变量如果受到大量的随机因素的影响，而各个因素所起的作用又都很微小，这样的变量一般都是服从正态分布的随机变量。正态分布是最常见最重要的分布，无论在理论研究或实际应用中都具有特别重要的地位。设随机变量 ξ 的概率密度为

$$f(x) = \frac{1}{\sqrt{2\pi}\sigma} e^{-\frac{(x-\mu)^2}{2\sigma^2}} \quad (-\infty < x < +\infty) \tag{11.12}$$

其中，μ，σ 为常数，且 $\sigma > 0$，则称 ξ 服从参数为 μ，σ^2 的正态分布，ξ 称为正态变量，记为 $\xi : N(\mu, \sigma^2)$，由分布函数与密度函数的关系可得到 ξ 的分布函数为

$$F(x) = \frac{1}{\sqrt{2\pi}\sigma} \int_{-\infty}^{x} e^{-\frac{(t-u)^2}{2\sigma^2}} dt \quad (-\infty < x < +\infty) \tag{11.13}$$

以 $\mu = 0$，$\sigma = 1$ 为参数的正态分布 $N(0,1)$ 称为标准正态分布。相应的概率密度及分布函数通常记作 $\varphi(x)$ 及 $\Phi(x)$。

$$\varphi(x) = \frac{1}{\sqrt{2\pi}} e^{-\frac{x^2}{2}} \quad (-\infty < x < +\infty) \tag{11.14}$$

$$\Phi(x) = \frac{1}{\sqrt{2\pi}} \int_{-\infty}^{x} e^{-\frac{t^2}{2}} dt \quad (-\infty < x < +\infty) \tag{11.15}$$

2. 正态分布的数学期望与方差

若随机变量 $\xi : N(\mu, \sigma^2)$，则

$$E(\xi) = \mu \tag{11.16}$$

$$Var(\xi) = \sigma^2 \tag{11.17}$$

证明：

$$E(\xi) = \int_{-\infty}^{+\infty} x f(x) dx = \int_{-\infty}^{+\infty} \frac{1}{\sqrt{2\pi}\sigma} x e^{-\frac{(x-\mu)^2}{2\sigma^2}} dx$$

$$= \int_{-\infty}^{+\infty} \frac{1}{\sqrt{2\pi}\sigma} [(x-\mu) + \mu] e^{-\frac{(x-\mu)^2}{2\sigma^2}} dx$$

$$= \int_{-\infty}^{+\infty} \frac{1}{\sqrt{2\pi}\sigma} (x-\mu) e^{-\frac{(x-\mu)^2}{2\sigma^2}} dx + \mu \int_{-\infty}^{+\infty} \frac{1}{\sqrt{2\pi}\sigma} e^{-\frac{(x-\mu)^2}{2\sigma^2}} dx$$

$$= 0 + \mu$$

$$= \mu$$

$$Var(\xi) = \int_{-\infty}^{+\infty} (x-\mu)^2 f(x) dx$$

$$= \int_{-\infty}^{+\infty} \frac{1}{\sqrt{2\pi}\sigma} (x-\mu)^2 e^{-\frac{(x-\mu)^2}{2\sigma^2}} dx$$

$$= \int_{-\infty}^{+\infty} \frac{\sigma^2}{\sqrt{2\pi}} y^2 e^{-\frac{y^2}{2}} dy \quad \left(y = \frac{x-\mu}{\sigma}\right)$$

$$= \frac{\sigma^2}{\sqrt{2\pi}} \int_{-\infty}^{+\infty} y^2 e^{-\frac{y^2}{2}} dy$$

$$= \frac{\sigma^2}{\sqrt{2\pi}} \Big[(-y e^{-\frac{y^2}{2}}) \big|_{-\infty}^{+\infty} + \int_{-\infty}^{+\infty} e^{-\frac{y^2}{2}} dy \Big]$$

$$= \frac{\sigma^2}{\sqrt{2\pi}} (0 + \sqrt{2\pi})$$

$$= \sigma^2$$

由上述结果可知,正态分布密度函数中的两个参数 μ 和 σ^2 分别是正态分布的数学期望和方差。

特别地,若 ξ 服从标准正态分布 $N(0,1)$,则

$$E(\xi) = 0 \tag{11.18}$$

$$Var(\xi) = 1 \tag{11.19}$$

（五） 大数定律

概率统计是研究随机现象统计规律的科学。但随机现象的统计规律,只有在相同条件下进行大量重复试验才能呈现出来。例如,事件发生的频率具有稳定性,当试验的次数无限增大时,逼近某一常数。这就是所谓的 "大数定律"。

下面的两个定理,分别反映了随机变量的算术平均及频率的稳定性,它们是大数定律的最简单的形式。

定理:设 ξ_1,ξ_2,$\cdots$,ξ_n,$\cdots$,相互独立,且具有相同的有限数学期望和方差: $E(\xi_i) = \mu$,$Var(\xi_i) = \sigma^2 (i = 1, 2, \cdots)$,作前 n 个随机变量的算术平均

$$\eta_n = \frac{1}{n} \sum_{i=1}^{n} \xi_i$$

则对于任意的 $\varepsilon > 0$ 有

$$\lim_{n \to \infty} P\{ | \eta_n - \mu | < \varepsilon \} = \lim_{n \to \infty} P\Big\{ \Big| \frac{1}{n} \sum_{i=1}^{n} \xi_i - \mu \Big| < \varepsilon \Big\} = 1$$

大数定律的另一形式为贝努利大数定理:设 n_A 是 n 次独立试验中事件 A 发生的次数,p 是事件 A 在每次试验中发生的概率,则对于任意正数 ε 有

$$\lim_{n \to \infty} \Big\{ \Big| \frac{n_A}{n} - p \Big| < \varepsilon \Big\} = 1$$

或

$$\lim_{n \to \infty} \Big\{ \Big| \frac{n_A}{n} - p \Big| \geqslant \varepsilon \Big\} = 0$$

定理以严格的数学形式表达了频率的稳定性,即当 n 很大时,事件 A 发生的频率与概率有较大偏差的可能性很小。这就是概率的统计定义的理论基础。在实际中,当试验次数很大时,便可用事件发生的频率来代替事件的概率。

大数定律又称大数法则,是保险人计算保险费率的基础,只有承保大量的风险单位,大数定律才能显示其作用。

第二节　基本的精算函数

一、生命表

（一）未来生存时间与生存概率

我们将一个年龄已为 x 岁的人的未来生存时间定义为一个随机变量 T_x。

T_x ＝一个 x 岁的人将来继续生存的时间

定义：

$$p_x = P[T_x > 1] \tag{11.20}$$

$$q_x = P[T_x \leq 1] \tag{11.21}$$

显然，p_x 表示一个 x 岁的人在 $x+1$ 岁仍然生存的概率；q_x 表示一个 x 岁的人在未来一年内死亡的概率。很明显，

$$p_x = 1 - q_x \tag{11.22}$$

q_x 被称作死亡概率，不严格地讲，它用来度量 x 岁到 $x+1$ 岁死亡的比率，但要注意，它是用概率来定义的。

这些符号很有用的一个原因是整数年龄的 q_k 的数值常常用表格形式列出。其中有生命偶然事件的概率和其他相关数字的表格称作生命表。

定义：

$$_tp_x = P[T_x > t] \tag{11.23}$$

$$_tq_x = P[T_x \leq t] \tag{11.24}$$

即 $_tp_x$ 表示 x 岁的人在 $x+t$ 岁时仍然生存的概率；$_tq_x$ 表示 x 岁的人在未来 t 年中死亡的概率。显然，

$$_tp_x = 1 - _tq_x \tag{11.25}$$

注意，p_x 和 q_x 是 $_tp_x$ 和 $_tq_x$ 的特殊形式：

$$p_x = _tp_x$$

$$q_x = _tq_x$$

随机变量 T_x 的数学期望值叫作 x 岁的人的生命期望值，又称平均余命，用 $\overset{\circ}{e}_x$ 表示。

对于许多生存模型来说，超过某个年龄而继续生存被认为是不可能的，这种不可能超过的年龄中的最低者称为极限年龄，用 ω 表示。也就是说，ω 代表所有个体能够活到的最大年龄。

可以证明：

$$\overset{\circ}{e}_x = E[T_x] = \int_0^{w-x} {_tp_x}\mathrm{d}t \tag{11.26}$$

平均余命经常被用来衡量总体死亡率的高低。例如，通常用新生儿的平均余命来比较在不同国家的生活水平和保健水平。

随机变量 T_x 的向下取整值（整数部分）也常常用到，定义为 $K_x = [T_x]$，称为取整

余寿。其期望值为平均取整余寿$\overset{\circ}{e}_x$。

（二）生命表函数

在寿险精算中，我们用概率${}_tp_{x,t}q_x$可以进行许多计算。因此，用某种方法把这些函数列表，是很有用的。

生命表（life table）是用一个表格来表达所有有关生存或死亡概率的方法，表中各项内容均为年龄的函数。

生命表又称死亡表（mortality table），它是根据一定时期的特定国家（或地区）或特定人口群体（如寿险公司的全体被保险人、某企业的全体员工）的有关生存状况统计资料，编制成的统计表。生命表在有关人口的理论研究、某地区或某人口群体的新增人口与全体人口的测算、社会经济政策的制定、寿险公司的保险费及责任准备金的计算等方面都有着极为重要的作用。

通过生命表可以得到任意年龄的人在任何期限内的生存概率、死亡概率等相关数据。

假设已知一个特定的生存模型的所有概率，与这个模型相应的生命表主要是由以下数据构成的：l_x、d_x、q_x、$\overset{\circ}{e}_x$，等等。在此之前，我们已经定义了q_x、$\overset{\circ}{e}_x$，下面将定义其余的函数。

1. l_x函数。生命表中最重要也是最基本的数据是l_x，它是计算其他一切数据的基础。

选择一个开始年龄，它将是表中的最低年龄，我们将最低年龄记为α，α的选择经常取决于能够得到的数据，特殊情况下α是0，但这种情况不是必然的。任意选择一个正数，用l_α表示，称为生命表的基数。比如，在研究养老金领取人的死亡率时，通常不观测小于50岁的人，因此，在代表养老金领取人死亡率的生命表中，50岁可能是α的合适选择。

对于$\alpha \leq x \leq \omega$，$l_x$被定义为

$$l_x = l_\alpha \times {}_{x-\alpha}p_\alpha \tag{11.27}$$

我们假设概率${}_{x-\alpha}p_\alpha$已知，显然$l_w = 0$。

例如：在中国人身保险业经验生命表中，$\alpha = 0$，$l_\alpha = 1\,000\,000$；在英国第12号（男性）生命表中，$\alpha = 0$，$l_\alpha = 100\,000$。

针对不同的生存模型，常见的生命表的开始年龄α为0岁、15岁、18岁、55岁等，而l_α通常为100 000，也有1 000 000或其他数额的情况。

如果我们知道函数l_x，对$\alpha \leq x \leq w$，就可以找出任一概率${}_tp_x$或${}_tq_x$。

事实上，根据前面的内容可以知道，当$t > 0$且$x \geq \alpha$时，

$$_tp_x = \frac{l_{x+1}}{l_x} \tag{11.28}$$

该公式表示，如果知道了函数l_x（只有一个变量x，当$x \geq \alpha$时）就可知道满足$t > 0$且$x \geq \alpha$的所有的${}_tp_x$。

对任意的x和t，当$x \geq 0$且$t \geq w - x$时，

$$_tp_x = 0$$

所以，当 $y \geqslant \omega$ 时，有 $l_y = 0$。

容易证明，生命表函数 l_x 对 x 来说是一个非负且递减的函数。

2. d_x 函数。对一个给定的生命表，函数 d_x 被定义为

$$d_x = l_x - l_{x+1} \quad \text{（当 } x \geqslant 0 \text{ 时）} \tag{11.29}$$

在上述等式两边同除以 l_x，得到

$$\frac{d_x}{l_x} = 1 - p_x = q_x \tag{11.30}$$

上式是求 q_x 的一个常用公式。

我们可把 d_x 当作服从于一个给定的生命表中 l_x 个 x 岁的人在 $x+1$ 岁前死亡的预期人数。

容易验证：

$$l_x = \sum_{k=0}^{\infty} d_{x+k} \tag{11.31}$$

（三）生命表的种类

生命表一般分为国民生命表（national life table）和人身保险业经验生命表（experience life table）两大类。国民生命表是以全体国民或特定地区的人口生存状况统计资料编制而成的，而经验生命表是人寿保险公司依据过去其承保的被保险人实际的生存状况的统计资料编制的。由于国民生命表的资料来源于人口普查资料和抽样调查，其对象男女老幼、体质强弱均有；而人寿保险公司的被保险人，则一般要经体检后合格者才予承保。因此，在同一时期内，国民生命表的死亡率一般要高于经验生命表的死亡率。

对保险行业来说，经验生命表是人身保险业的基石和核心基础设施，是一个国家或地区保险精算技术水平高低的重要标志，它反映社会平均年龄以及不同年龄人群生存概率和死亡概率。经验生命表被广泛用于产品定价、准备金评估、现金价值计算等各个方面。

随着生活水平提高，预期寿命增长，生命表也就需要动态调整。一般来说，生命表会每 10 年左右进行一次更迭。我国曾有三张经验生命表，分别为《中国人身保险业经验生命表（1990—1993）》（以下简称第一套生命表）、《中国人身保险业经验生命表（2000—2003）》（以下简称第二套生命表）和《中国人身保险业经验生命表（2010—2013）》（以下简称第三套生命表，正在使用中；参见表 11 - 4）。

表 11 - 4　　　　　中国人身保险业经验生命表（2010—2013）

年龄（岁）	非养老类业务一表		非养老类业务二表		养老类业务表	
	男性（CL1）	女性（CL2）	男性（CL3）	女性（CL4）	男性（CL5）	女性（CL6）
0	0.000867	0.000620	0.000620	0.000455	0.000566	0.000453
1	0.000615	0.000456	0.000465	0.000324	0.000386	0.000289

续表

年龄（岁）	非养老类业务一表		非养老类业务二表		养老类业务表	
	男性（CL1）	女性（CL2）	男性（CL3）	女性（CL4）	男性（CL5）	女性（CL6）
2	0.000445	0.000337	0.000353	0.000236	0.000266	0.000184
3	0.000339	0.000256	0.000278	0.000180	0.000196	0.000124
4	0.000280	0.000203	0.000229	0.000149	0.000158	0.000095
5	0.000251	0.000170	0.000200	0.000131	0.000141	0.000084
6	0.000237	0.000149	0.000182	0.000119	0.000132	0.000078
7	0.000233	0.000137	0.000172	0.000110	0.000129	0.000074
8	0.000238	0.000133	0.000171	0.000105	0.000131	0.000072
9	0.000250	0.000136	0.000177	0.000103	0.000137	0.000072
10	0.000269	0.000145	0.000187	0.000103	0.000146	0.000074

注：表中数字即为每个年龄段的预估死亡率。比如非养老业务一表中，0 岁男性的死亡率为 0.000867，也就是说，每 100 万 0 岁男性被保人，预估 867 人会在未来 1 年内死亡。有了这个数据，保险公司就可以提前预估这一年身故要赔多少，再结合其他定价因子（像预定利率和预定费用率），就能制定每个年龄段的保费。

通常人寿保险公司的生命表对死亡率作了保守的估计，也就是高估。当实际死亡率被低估时会增加人寿保险公司的安全系数，但对年金保险的影响却恰恰相反，这必然导致人寿保险公司因年金保险而带来亏损。因此，一般的生命表不适用于年金保险。这主要是因为：购买年金保险的人一般都是身体健康的人，尤其是在使用趸交保费方式购买年金保险的情况下，年金被保险人的死亡率低于人寿保险的被保险人，为此，要结合将来可能较低的死亡率来编制年金生命表。

二、利息理论

（一）利率、终值与现值

1. 利率。利息指借用某种资本的代价或借出某种资本的报酬。即借债人除偿还出借人（放款人）原来出借的资本外，还要支付一个附加的补偿，这个补偿叫作利息。

资本和利息需要以同种商品来计量。在用货币计量时，资本也常被称作本金。

我们通过在现实生活中常见的银行业务来描绘利息的运动。例如，一个投资者开立了一个账户并存入初始存款 1 000 元，之后他没有向这个账户存取过款项。一年后他要结清这个账户，期望支取到超过 1 000 元的款项，假设结清账户时他得到了 1 060 元。这个数目可以被看作是本金 1 000 元以及 60 元利息，这个利息就是该账户存在期间，银行使用投资者的资本而支付的报酬。

单位本金在单位时间（一个计息期）所获得的利息即利率。利率常用百分比表示。根据单位时间的长短不同，有年利率、季利率、月利率、日利率。若无特别声明，我们提到的利率均为年利率。

以下如无特别的说明，书中的利率均为复利。

复利就是假定每个计息期所得的利息可以自动地转成投资（本金），以在下一个计息期赚取利息。在以复利计息的过程中，本利和一直处于投资状态。

假如一个投资者在银行开了一个账户并存入 100 元，该账户按 8% 的年利率以复利计息。那么，一年以后，该账户的本利和为 108 元，这 108 元又作为第二年的本金，到第二年末的本利和为

$$本利和 = 108 \times (1 + 0.08) = 100 \times (1 + 0.08)^2 = 116.64 \ （元）$$

一般地，如果将本金 C 存入复利为 i 的账户，我们假定之后没有对该账户存款和提款，设 S_n 表示第 n 年末的本利和，那么，第 $n+1$ 年的利息为

$$I_{n+1} = iS_n$$

$S_0 = C$，则第 $n+1$ 年末的本利和为

$$S_{n+1} = S_n + iS_n = C(1 + i)^{n+1}$$

2. 终值。在一定的利率情况下，一笔款项 A 经过 K 个时间单位后，其本利和称为 B，我们称 B 为 A 经过 K 个时间单位后的终值，A 为 B 在 K 个时间单位前的现值。

以计息期为 1 年的情况为例，假定各年的利率水平是不变的，初始时的 1 元到了 1 年后变成了 $(1 + i)$ 元，2 年后变成了 $(1 + i)^2$，我们称 $(1 + i)$ 为 1 元钱在 1 年后的终值，称 $(1 + i)^2$ 为 1 元钱在 2 年后的终值。例如，年利率为 5% 时，1 元钱在 1 年后的终值为 1.05 元（见图 11 - 3），12 年后的终值为 $(1 + 0.05)^{12} = 1.79586$ 元（见图 11 - 4）。

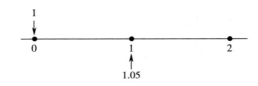

图 11 - 3　1 年后的终值

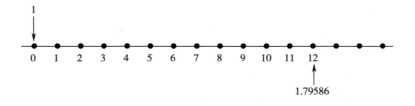

图 11 - 4　12 年后的终值

一般地，1 元经过 n 年后变成了 $(1 + i)^n$，C 元经过 n 年后变成了 $C(1 + i)^n$ 元，我们称 $(1 + i)^n$ 为 1 元钱在 n 年后的终值，称 $C(1 + i)^n$ 为 C 元钱在 n 年后的终值。

3. 现值。前面讲过，假定各年的利率水平是不变的，1 元经过 n 年后变成了 $(1 + i)^n$，C 元经过 n 年后变成了 $C(1 + i)^n$ 元。反过来，在一定的利率下，多少钱经过 n 年后成为 1 元钱呢？显然，$1/(1 + i)$ 经过 1 年后成为 1 元，$1/(1 + i)^n$ 经过 n 年后即成为 1 元。即 $1/(1 + i)$ 为 1 元钱在 1 年前的现值，$1/(1 + i)^n$ 为 1 元钱在 n 年前的现值。例如，当利率为 5% 时，1 元钱在 1 年前的现值为 $1/(1 + 0.05) = 0.95238$ 元。

记 $v = \dfrac{1}{(1+i)}$ 并称之为现值因子或贴现因子。于是，1 元钱在 n 年前的现值为 v^n。

当利率为 5% 时，现值因子 $v = 0.95238$。

由 $0.95238^{12} = 0.55684$ 可知，当利率为 5% 时，1 元钱在 12 年以前的现值为 0.55684 元。

（二）确定年金

在相同间隔的时间上进行的一系列支付称为年金。例如，在未来的 10 年中，每年年末支付 1 000 元；从 2008 年至 2012 年每年年初支付 3 000 元。年金包括每年支付一次的年金和每半年、每个季度、每月支付一次及支付更频繁的年金。在现实生活中，年金的例子很普遍，如购买房屋、汽车等固定资产时的抵押分期付款。

相邻的两个支付日期之间的间隔称为支付周期，相邻的两个计息日期之间的间隔称为计息周期。这里的计息是指将到期得到的利息结转为本金。

年金的支付分为确定的和不确定的。这里的确定是针对在相应的时间点的支付与否和数额是否确定来说的。

确定年金是指一定的时期内在相同间隔的时间上，按既定的数额进行的一系列支付。例如，用分期付款购买一个价值 820 万元的房屋，在约定的时间点上支付与否和支付的金额都是确定的，可能是先付 240 万元，然后在 10 年中每月末付款 55 000 元。

不确定年金又叫或有年金，是指在未来相应的时间点上的支付是否发生是不确定的。这种年金的一个最常见的类型是，在未来的某些年内在一个人的生存期间于每月月初支付一定数额的年金。这种年金在相应时间点上的支付与否是由其当时的生命状态决定的，是事先无法确定的。这种年金叫作生命年金。

每个支付周期末支付的年金称作期末支付的年金，如每年年末支付的年金、每月月末支付的年金；每个支付周期期初支付的年金称作期初支付或期首支付的年金，如每年年初支付的年金、每个季度初支付的年金。

在不至于发生混淆时，"年金"一词一般指期末支付的确定年金。

1. 期末支付年金的终值和现值。我们考虑在 0 时刻开始的 n 年中每年年末支付 1 元的年金。如图 11－5 所示。

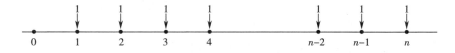

图 11－5 n 年期期末支付年金

为了方便，我们把每年末支付 1 元、共支付 n 年的确定年金在第 n 年末（n 时刻）的终值记为 $S_{\overline{n}|}$。

容易看出，如果 $i = 0$，则 $S_{\overline{n}|} = n$；否则，第 1 年末（时刻 1）支付的 1 元在第 n 年末（时刻 n）的终值为 $(1+i)^{n-1}$，第 2 年末（时刻 2）支付的 1 元在第 n 年末的终值为

$(1+i)^{n-2}$，…，第 $n-2$ 年末（时刻 $n-2$）支付的 1 元在第 n 年末的终值为 $(1+i)^2$，第 $n-1$ 年末（时刻 $n-1$）支付的 1 元在第 n 年末的终值为 $(1+i)$，第 n 年末（时刻 n）支付的 1 元在第 n 年末的终值为 1，即

$$S_{\overline{n}|} = (1+i)^{n-1} + (1+i)^{n-2} + (1+i)^{n-3} + \cdots + (1+i)^2 + (1+i) + 1$$

$$= \frac{(1+i)^n - 1}{(1+i) - 1}$$

$$= \frac{(1+i)^n - 1}{i} \tag{11.32}$$

这里的推导过程用到了几何级数前 n 项和的公式。类似地，我们把每年末支付 1 元、共支付 n 年的确定年金在第 1 年初（0 时刻）的现值记为 $a_{\overline{n}|}$。于是，如果 $i=0$，则 $a_{\overline{n}|} = n$；否则，第 1 年末（时刻 1）支付的 1 元在第 1 年初（时刻 0）的现值为 v，第 2 年末（时刻 2）支付的 1 元在第 1 年初的现值为 v^2，第 3 年末（时刻 3）支付的 1 元在第 1 年初的现值为 v^3，…，第 $n-1$ 年末（时刻 $n-1$）支付的 1 元在第 1 年初的现值为 v^{n-1}，第 n 年末（时刻 n）支付的 1 元在第 1 年初的现值为 v^n，即

$$a_{\overline{n}|} = v + v^2 + v^3 + \cdots + v^n$$

$$= \frac{v(1-v^n)}{1-v}$$

$$= \frac{1-v^n}{v^{-1}-1}$$

$$= \frac{1-v^n}{i} \tag{11.33}$$

例如，当利率 $i=8\%$ 时，$a_{\overline{10}|} = 14.4866$，即表示在未来 10 年里，每年年末 1 元的确定年金在该 10 年期末的终值是 14.4866 元；$a_{\overline{10}|} = 6.7101$，即表示在未来 10 年里，每年年末 1 元的确定年金在该 10 年期初的现值是 6.7101 元。在未来 10 年里每年年末 6 500 元的确定年金的现值即 $6\,500 \times a_{\overline{10}|} = 6\,500 \times 6.7101 = 43\,615.65$ 元。由 $S_{\overline{n}|}$ 和 $a_{\overline{n}|}$ 的意义及计算公式可以得出它们之间的关系式：

$$S_{\overline{n}|} = a_{\overline{n}|}(1+i)^n \tag{11.34}$$

显然，$S_{\overline{n}|}$ 是在 n 年后的终值。

例：假设贷款利率为 9%，比较为期 10 年的 1 000 元贷款在以下列三种方式偿还贷款的情况下将支付的利息总额。

（1）全部贷款及利息累积额在第 10 年末一次性还清；

（2）利息每年末支付，本金第 10 年末还清；

（3）贷款在 10 年内的各年末平均偿还。

解：

（1）10 年末贷款的终值是

$$1\,000 \times (1.09)^{10} = 2\,367.36 \text{（元）}$$

支付的利息总额为

$$2\ 367.36 - 1\ 000 = 1\ 367.36 \text{（元）}$$

（2）每年贷款所赚利息为

$$1\ 000 \times 0.09 = 90 \text{（元）}$$

10 年的利息总额为

$$10 \times 90 = 900 \text{（元）}$$

（3）设每年还款额为 R，则

$$Ra_{\overline{10|}} = 1\ 000$$

于是

$$\begin{aligned}
R &= \frac{1\ 000}{a_{\overline{10|}}} \\
&= \frac{1\ 000}{6.417658} \\
&= 155.82 \text{（元）}
\end{aligned}$$

支付的利息总量为

$$10 \times 155.82 - 1\ 000 = 558.20 \text{（元）}$$

由此可以看出，偿还贷款越晚，则要支付的利息额就越高；相反，偿还得越早，则要支付的利息量越少。尽管三种情况下支付的利息总量是不同的，但是，它们的现值都是 1 000 元。

2. 期初支付年金的终值和现值。考虑在 0 时刻开始的 n 年中每年年初支付 1 元的年金。如图 11 - 6 所示。

图 11 - 6　n 年期期初支付年金

我们把每年初支付 1 元、共支付 n 年的确定年金在第 n 年末（n 时刻）的终值记为 $\ddot{S}_{\overline{n|}}$。

如果 $i = 0$，则 $\ddot{S}_{\overline{n|}} = n$；否则，第 1 年初（时刻 0）支付的 1 元在第 n 年末（时刻 n）的终值为 $(1+i)^n$，第 2 年初（时刻 1）支付的 1 元在第 n 年末的终值为 $(1+i)^{n-1}$，…，第 $n-1$ 年初（时刻 $n-2$）支付的 1 元在第 n 年末的终值为 $(1+i)^2$，第 n 年初（时刻 $n-1$）支付的 1 元在第 n 年末的终值为 $(1+i)$，即

$$\ddot{S}_{\overline{n|}} = (1+i)^n + (1+i)^{n-1} + (1+i)^{n-2} + \cdots + (1+i)^2 + (1+i)$$

类似地，把每年初支付 1 元、共支付 n 年的确定年金在第 1 年初（0 时刻）的现值记为 $\ddot{a}_{\overline{n|}}$。于是，如果 $i = 0$，则

$$\ddot{a}_{\overline{n|}} = n$$

否则，第 1 年初（时刻 0）支付的 1 元在第 1 年初（时刻 0）的现值为 1，第 2 年初（时刻 1）支付的 1 元在第 1 年初的现值为 v，第 3 年初（时刻 2）支付的 1 元在第 1 年

初的现值为 v^2 ，…，第 $n-1$ 年初（时刻 $n-2$ ）支付的 1 元在第 1 年初的现值为 v^{n-r} ，第 n 年初（时刻 $n-1$ ）支付的 1 元在第 1 年初的现值为 v^{n-1} ，即

$$\ddot{a}_{\overline{n}|} = 1 + v + v^2 + v^3 + \cdots + v^{n-1}$$

容易得出

$$\ddot{S}_{\overline{n}|} = (1 + i)^n \ddot{a}_{\overline{n}|} \qquad (11.35)$$

$$\ddot{S}_{\overline{n}|} = (1 + i) S_{\overline{n}|} \qquad (11.36)$$

$$\ddot{a}_{\overline{n}|} = (1 + i) a_{\overline{n}|} \qquad (11.37)$$

三、生命保险与年金函数

在这里，我们将着重讨论寿险公司几种保险形式。保险金是寿险公司对客户的给付承诺金额，由寿险公司在未来的时间里支付，具体支付时间视被保险人死亡时间而定。通常这些保险根据给付保险金方式的不同分为两大类：

1. 普通人寿保险：如果被保险人在某一期限内死亡或活过某一期限，保险人将向被保险人给付一笔保险金，即一次性给付保险金。

2. 年金保险：在约定期间当被保险人活着时，保险人在相同间隔的时间上向被保险人多次给付一系列保险金。

为了便于理解相关概念而不至于发生混淆，在此把普通人寿保险称为生命保险，把以生存与否作为支付前提的年金称为生命年金。

我们只涉及按固定年实际利率计算的生命保险与生命年金的现值，该现值在某种意义上代表为了支付将来给付所需的资金（假设它投资能获得的年实际利率为 i ）。你将会发现，这个现值并不能精确地获得，但可以作为随机变量模型化，我们通过模型来研究这个现值的均值。

通常用 (x) 表示"年龄 x 岁的人"。例如，当你看到" (x) 死于 n 年内"，意即"一个年龄为 x 岁的人在 n 年内死亡"。

下面探讨一些特殊的保险金。

（一）生存保险及其预期现值

假设 (x) 投保了保险期间为 n 年、保额为 S 元的生存保险，我们知道，如果 (x) 活到 $x+n$ 岁（保险期末），寿险公司将在期末支付保险金 S 元；如果 (x) 活不到 $x+n$ 岁，寿险公司将不作任何支付。

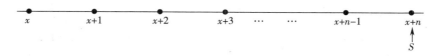

图 11-7　 n 年期生存保险给付

显然，如果 (x) 活到 $x+n$ 岁，所得到的给付现值为 Sv^n （按固定有效利率计算），否则将一无所获。我们可以把得到的给付数额的现值作为随机变量建立模型（见表11-5）。

图11-8 n 年内发生死亡生存保险无给付

表11-5   **n 年期生存保险给付现值及概率**

给付的现值	Sv^n	0
P（概率）	$_np_x$	$1 - _np_x$

该离散型随机变量的数学期望值的计算如下：

$$Sv^n \times _np_x + 0 \times (1 - _np_x) = Sv^n \times _np_x$$

它的方差为

$$(Sv_n)^2 \times _np_x + 0^2 \times (1 - _np_x) - (Sv^n \times _np_x)^2$$
$$= (Sv^n)^2 \times _np_x(1 - _np_x)$$

当 $S = 1$ 时，即为每单位保险金对应的生存保险的给付现值的期望值，称为生存保险的单位预期现值，用 $_nE_x$ 表示（假定年龄为 x 岁、期限为 n 年），则 $_nE_x$ 表达式为

$$_nE_x = v^n \times _np_x \qquad (11.38)$$

生存保险的单位预期现值也常常用 $A_{x:\overline{n}|}^{\ 1}$ 表示，即

$$A_{x:\overline{n}|}^{\ 1} = v^n \times _np_x \qquad (11.39)$$

我们注意到，$_nE_x$ 的值取决于：（1）被保险人的年龄 x；（2）生存保险期限 n 年；（3）实际年利率 i，它决定了 v 的值；（4）用来建立被保险人生存模型的生命表，它决定了 $_np_x$ 的值。

例如，考虑一个30岁的男性购买一份期限为10年的生存保险，保额为10 000元。也就是说，如果他活到40岁，将得到10 000元的保险金；如果他在10年内死亡，保险公司不会有任何给付。假定死亡率按《中国人身保险业经验生命表（2010—2013）》计算，利率为 $i = 5\%$。

由题意可得：$x = 30$，$n = 10$，$S = 10\ 000$，$v = \dfrac{1}{1 + 0.05} = 0.95238$，$_{10}p_{30} = \dfrac{l_{40}}{l_{50}} =$

$\dfrac{972\ 999}{984\ 635} = 0.988182423$

则对应的单位预期现值为

$$_{10}E_{30} = 0.941125$$

于是，$S \times _{10}E_{30} = 9\ 411.25$（元）

（二）生命年金

前面我们阐述过确定年金，这是在相同间隔的时间上进行的一系列给付。其中，每年末或每年初支付1元的定额确定年金的现值用 $a_{\overline{n}|}$ 或 $\ddot{a}_{\overline{n}|}$ 表示。在此，这种思想将扩展到生命年金，其不同之处在于，生命年金保险金的给付与否，取决于特定的个体（x）是否处于生存期间。

1. 定期生命年金及其预期现值。考虑在（x）未来 n 年里的生存期间每年支付一次、每次 1 元的情况，这种年金叫作定期生命年金。根据给付时间不同，有两种表现形式：（1）第一笔款项是立即给付的；（2）第一笔款项是一年后给付的。

对于学过 $a_{\overline{n}|}$ 与 $\ddot{a}_{\overline{n}|}$ 的读者来说，这一特点会很熟悉。在第一种情况，我们讨论期初支付即年初支付的生命年金；在第二种情况，我们讨论期末支付即年末支付的生命年金。例如，考虑（x）的一个每年末给付 1 元的 5 年期定期生命年金。如果（x）在 $x+5$ 岁后某一时刻死亡，那么支付的情形将如图 11 - 9 所示。

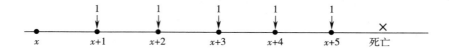

图 11 - 9　5 年期生命年金的给付情况

通过图 11 - 9 可以看出：第一笔给付从现在开始一年后发生，这是我们讨论的期末支付的生命年金。我们还可看出，第 5 年之后就不再有给付了，这是因为 5 年期的年金，其最大支付期限就是 5 年。另外，给付是在（x）生存期间发生的。如果（x）在 $x+3$ 岁到 $x+4$ 岁之间死亡，即第 3 年末与第 4 年末之间死亡，则给付的次数为 3 次，如图 11 - 10 所示。

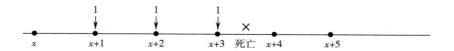

图 11 - 10　第 4 年死亡时生命年金的给付

图 11 - 10 区别于图 11 - 9 之处是在第四年末和第五年末没有发生给付，这是因为（x）在第四年末的给付发生之前已经死亡了。

现在考虑（x）的 5 年期的每年初支付 1 元的生命年金，支付的情形如图 11 - 11 所示。

图 11 - 11　期初生命年金的给付情况

与图 11 - 9 比较，在图 11 - 11 中第 1 年初发生给付（记住这是一个期初支付的生命年金），在第 5 年末没有给付，即便在（x）存活到 5 年以后（最大支付期限是 5 年）。一般地，对一个 n 年期的期初支付的生命年金来说，可能的最后一次支付在第 n 年初，即第 $n-1$ 年末。假设与图 11 - 10 一样，（x）在 $x+3$ 岁到 $x+4$ 岁之间死亡，给付的情形如图 11 - 12 所示。

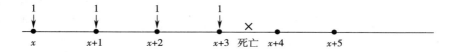

图 11 –12　第 4 年死亡期初年金的给付情况

注意：即使（x）在 $x+5$ 岁前（$x+4$ 岁之后）死亡，即第 5 年末之前死亡，仍然会有 5 次给付发生。

现在我们已经弄清楚了定期生命年金的给付形式。下面讨论这些给付的现值及其期望值。

首先考虑（x）的每年末支付的单位定期生命年金，假设期限为 n 年，给定利率为 i，那么，这笔年金的现值为 $a_{\overline{\min(K_x,n)}}$

这个现值的期望值用 $a_{x:\overline{n}}$ 来表示。

我们再来考虑（x）的每年初支付的定期生命年金，假设期限为 n 年，给定利率为 i，那么，这笔年金的现值为 $\ddot{a}_{\overline{\min(K_x+1,n)}}$

这个现值的期望值用 $\ddot{a}_{x:\overline{n}}$ 来表示。

在定期确定年金的学习中我们知道：

$$\ddot{a}_{\overline{n}} = 1 + v + v^2 + v^3 + \Lambda + v^{n-1}$$

那么，与定期确定年金相比，定期生命年金的各期年金给付不是确定会发生的，而是跟生命状态有关，简单来说，是否给付与当期是否处于存活状态有关，只有在当期存活，才有年金给付。那么，可以推导出：

$$\ddot{a}_{x:\overline{n}} = 1 + vp_x + v^2 \times {}_2p_x + \cdots + v^{n-1} \times {}_{n-1}p_x$$

$$= 1 + v \times \frac{l_{x+1}}{l_x} + v^2 \times \frac{l_{x+2}}{l_x} + \cdots + v^{n-1} \times \frac{l_{x+n-1}}{l_x}$$

$$= \sum_{m=0}^{n-1} v^m \times \frac{l_{x+m}}{l_x}$$

即

$$\ddot{a}_{x:\overline{n}} = \sum_{m=0}^{n-1} v^m \times \frac{l_{x+m}}{l_x} \qquad (11.40)$$

同样地，可以推导出：

$$a_{x:\overline{n}} = \sum_{m=1}^{n} v^m \times \frac{l_{x+m}}{l_x} \qquad (11.41)$$

2. 终身生命年金及其预期现值。考虑在（x）生存期间每年支付一次、每次 1 元的年金，这种年金叫作终身年金。终身年金与定期生命年金相似，其区别在于终身生命年金的给付期限或次数没有上限。根据给付时间不同，有两种表现形式：（1）第一笔款项是立即给付的；（2）第一笔款项是一年后给付的。

在第一种情况下，我们讨论期初支付即年初支付的生命年金；在第二种情况下，讨论期末支付即年末支付的生命年金。例如，假设 (x) 死于 $x+7$ 岁与 $x+8$ 岁之间，图 11 – 13 表示的是现在开始支付的期初支付年金（年初支付的年金），图 11 – 14 表示的是期末支付的年金（年末支付的年金）。

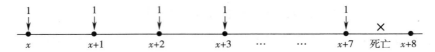

图 11 – 13　期初终身生命年金

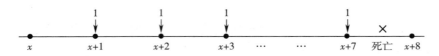

图 11 – 14　期末终身生命年金

下面为图 11 – 13 和图 11 – 14 作两点解释：

（1）在两个图中，第 7 年后，都没有给付，因为 (x) 在第 8 年给付的时候已经不再存活了。

（2）两图中唯一的差异就是图 11 – 13 中 x 点的给付。

在定期确定年金的学习中我们知道：

$$\ddot{a}_{\overline{n}|} = 1 + v + v^2 + v^3 + \Lambda + v^{n-1} = (1 + i)a_{\overline{n}|}$$

将公式（11.40）、公式（11.41）中的定期推广至终身，即改为无穷，即可得到终身生命年金公式：

$$\ddot{a}_x = \sum_{m=0}^{\infty} v^m \times \frac{l_{x+m}}{l_x} \qquad (11.42)$$

$$a_x = \sum_{m=1}^{\infty} v^m \times \frac{l_{x+m}}{l_x} \qquad (11.43)$$

第三节　寿险精算概述

一、价值方程

了解了寿险产品的预期现值，即可在此基础上探讨如何确定相关险种的保费。在确定保费的过程中，首先要考虑的原则是，平衡保费收入与保险金支出和各类费用的支出一般是通过价值方程来实现的。因为保险合同中涉及的现金流具有明显的不确定性，险种的设计与定价是建立在概率统计的基础上，从而希望保费收入现值的数学期望与保险金给付和其他各项费用支出现值的数学期望相等。

精算师在全面研究了寿险与年金等各种支付形式的预期现值的基础上，可以将保险定价所遵循的收支相抵的方程，采用收支的预期现值的形式表达出来，即

收入的预期现值＝支出的预期现值

我们称这个方程为价值方程。

例如，一个公司与投保人签订一份充满不确定因素的保单，可以用预期现值的价值方程计算出投保人为了得到保险给付应承担的保费。如果投保人在保单生效时一次交清保费，那么从保险公司的角度看，方程左边的预期现值就是确定的了，一次支付的保费总数恰是将来要给付的保险金和各项费用的预期现值。如果所签保单为期交保单，即被保险人在生存期间的一段时间内，每年按一定的金额交纳保费，则由于被保险人生存的不确定性，保险公司的收入及其现值常常是变化的，这取决于被保险人未来生存时间的长短。同样地，保险金的支出与费用的现值也经常变化，依赖于被保险人未来生存时间的长短。在保单刚开始时，我们不知道一个被保险人生命的长短。因此，我们不知道收入与支出的现值实际会有多大，知道的只是被保险人未来生存时间的统计分布情况。因此，只有找到一个恰当的生存模型和利率，才可以计算一系列收入与支出的预期现值。这就是说，对于设定的保险给付金额，可以找到一个适当的投保人交费标准，以支付此保险给付金额所需的成本和费用；同样地，如果设定了交纳的保费数额，也可以找到适当的保险给付与其对应。

二、保费与净保费

（一）保费

保险费是投保人购买各种保险而向保险人（保险公司）一次性支付或多次支付的费用，简称保费。投保人交纳保费的目的是获得保险给付。保险给付可能为下列任何标准形式——终身寿险、定期寿险、两全保险、生存保险、年金或以上情况的组合形式。保费的支付一般有以下几种方式：（1）在保单生效时一次付清保费（趸交保费）；（2）规定每年支付一定金额，保单生效时第一次支付，以后一直持续到被保险人死亡或达到约定的最大保费额度，常常即为保单约定的交费期限（每年支付保费保单）；（3）一年多次支付确定的保费，通常每月支付一次，在被保险人死亡或达到约定最大限额时停交（月保费）。当然，也有每星期支付一次保费的情况。保费的第一次支付总是在投保单生效之时。

（二）净保费

净保费，是指在给定的假设死亡率与利率下，为了实现保单中预期的生命保险或年金的给付需交的金额。在这里，不计公司的营业费用等其他费用。净保费也称纯保费或风险保费。保单中，净保费的计算可从下面的净保费价值方程中得出：

净保费收入的期望现值＝保险给付支出的期望现值

对趸交保费的保单，保费收入是确定的。而有些保单，其保费的交纳不是采用期初趸交的形式，而是在一段时间里多次交纳，具体的某笔保费交纳与否取决于被保险人是否处于生存状态，也就是说，寿险公司的保费收入取决于被保险人的未来生存时间，保费收入的现值和保险给付支出的现值都是随机变量，但保费的大小不是随机变量，是预期现值的函数。为了解这个方程，我们要假定被保险人的死亡率和未来可实现利率的值。这一系列假设是计算保费的基础，称为精算假设。

（三）利润

利润是指保单终止时（死亡或保单到期）保费的价值减去保险给付与费用支出后的余值，包含保单终止时已产生的利息。[①] 利润的现值是一个随机变量，用净保费价值方程求出的净保费意味着预期利润为 0，并且不计费用。

（四）净保费价值方程应用举例

通常，可以对给定的保险给付，求出应交纳的保费；有时，解价值方程是对给定的保费求保险给付；也可以在给出保费、保险给付及保险期间的情况下，解出利率 i；有时还在已给出保费、保额、利率的情况下求保险期间。

【例 11.1】 如果被保险人在保单开始时为 x 岁，年有效利率为 i，对应的贴现因子为 v，保险金额为 S，在保单有效期内每年初支付的净保费为 P。求 n 年期生存保险的净保费价值方程。

解：

此处我们略去部分解题过程，给出结果，请读者验证。

所求价值方程为

$$P\ddot{a}_{x:\overline{n}|} = Sv^n\,_np_x$$

【例 11.2】 一个年龄为 x 岁的被保险人购买了一份每年年末给付 S 元的终身年金保险，趸交净保费为 P，求净保费的价值方程。

解：

$$P = Sa_x$$

【例 11.3】 一个年龄为 x 岁的人购买了一份延期 n 年、年初支付的终身年金保险，每年支付 S 元，在延付期间每年固定净保费为 P，如提前死亡，即停止交纳保费。求净保费的价值方程。

解：

$$P\ddot{a}_{x:\overline{n}|} = S \times v^n \times\,_np_x \times \ddot{a}_{x:\overline{n}|}$$

【例 11.4】 一个 60 岁的人投保延期年金保险，从 70 岁起每年年末得到 5 000 元的给付，60~70 岁每年年初付一定金额的保费。

已知：利率 4%；$\ddot{a}_{60:\overline{10}|} = 8.0729$，$_{10}p_{60} = 0.86947$，$a_{70} = 9.375$，求年均衡净保费 P。

解：

由 $P\ddot{a}_{60:\overline{10}|} = 5\,000v^{10} \times\,_{10}p_{60}a_{70}$，得：$P = 3\,410.63$（元）

三、费用

在前面的净保费价值方程中，我们在计算时没有考虑费用或其他的保单开支。寿险

---

① 这是利润的初始定义，经营实践中，由于寿险业务的长期性，利润有新的含义，即在每年末可将提转了有效保单的准备金之后的经营余额作为当年利润进行核算，而不是等到保单终止之后再计算保单的总利润。有时会在更短的时间间隔末计算其利润。

公司出具一份保单，必须保证保单中所包含的全部费用，能够从投保人那里收回来。投保人实际支付的保费，被称为毛保费，它与计算出的净保费是不同的，其区别在于要负担费用以及可能的其他开支，如利润等。

（一）费用的种类

常见的费用类型有下面几种：

1. 保单费用。它不依赖于保费或保险金额的大小，是固定的费用，如保单出立单据、每年更新信息的开支，以及合理的一般办公费用。

2. 保费比例费用，主要包括付给经纪人或出售保单中间人的佣金，习惯上按保费百分比计算。

3. 保险金比例费用，包括税收及在承保时发生的费用，如体检费用。

在保单订立的最初期，费用较多。这是因为这时要发生所有的承保费用、部门为建立合同的管理费用以及保险中介的佣金。对于一份按年交费的两全保险保单，一种典型的佣金安排是：在保单开始时支付给保险中介第一笔佣金，占毛保费的50%，即首期佣金，其后每年支付佣金占当年毛保费的2.5%，即续保佣金。如果保单持有人决定停止交费，中间人也就停止收到佣金；如果保费支付间隔小于一年，那么最初的佣金费用就可以分散到整个第一年的保费中，或者在保单开始时作为一笔单独的支出。

这些费用通常表现为初始费用、续保费用和理赔费用。初始费用，即在保单开始发生的费用，包括保单费用、保费比例费用和保险金比例费用。续保费用，即继续维持保单的费用，包括保费催单、更新记录及续保佣金的费用。续保费用一般假定在未来的支付期间里逐步上涨。续保费用也包括每份保单费用，保费百分比的费用和（很少的）保险金百分比的费用。理赔费用为支付保险金时发生的其他费用。其大小要么和保险金额大小有关，要么按保单类型收取固定金额。

（二）毛保费价值方程

对于一个给定的保险金额，一份保单的毛保费可以通过如下的毛保费价值方程求得：

$$毛保费的预期现值 = 保险金的预期现值 + 支出费用的预期现值$$

即

$$收入的预期现值 = 支出的预期现值$$

这个预期现值方程（通常称为价值方程）用于计算任何保单的保费。上述方程在保费计算中隐含着保单预期利润为零的假设，当然我们知道通常较保守的假定会形成一个隐含的、不确定的正利润。保险公司也可直接假设存在一定的利润水平，并由此计算相应的保险费用。

其他的保费计算原则也是可能的。例如：根据已知的有关保费收入和保险金支出的随机变动性，设定一个可以获得利润的原则，并在此基础上计算保费；或者直接设计一定的利润。

【例11.5】2008年，一位18岁的男性投保了一份养老金保险，按保单约定，在他60岁后可于每年初领取15 000元的保险金，为此，他将于18~60岁的每年初交纳保费。

已知保单的初始费用为保费的 60% 加 10 元，续保费用为每年保费的 10%；利率按 3% 计算。计算他应交纳的年保费。

解：

设应交年保费为 P 元。根据题意，保险给付在 60 岁时的预期现值为 $15\,000\ddot{a}_{60}$；

应交保费在 18 岁时的预期现值为 $P\ddot{a}_{18:\overline{42|}}$；

发生的费用在 18 岁时的预期现值为 $10\%P \times \ddot{a}_{18:\overline{42|}} + 50\%P + 10$；

于是，价值方程为

$$P\ddot{a}_{18:\overline{42|}} = 15\,000\ddot{a}_{60}v^{42} \times {}_{42}p_{18} + 10\%P \times \ddot{a}_{18:\overline{42|}} + 50\%P + 10$$

或写成

$$(1 - 10\%)P\ddot{a}_{18:\overline{42|}} - 50\%P - 10 = 15\,000\ddot{a}_{60}v^{42} \times {}_{42}p_{18}$$

即可求得年交保费。

四、保单价值与准备金

（一）保单价值

通常，一份长期保单在投保人交纳了一定时期的保费之后，便具有了积累的价值，我们称之为保单价值。

被保险人在购买保险时，很少怀疑保险公司的偿付能力，相信在需要时公司必定会履行其义务。这就要求保险公司必须具有良好的资信。这种资信不能靠侥幸，而是基于良好的精算管理。其精算管理的核心就是按保单价值的大小提取准备金，通过预留的准备金来保证履行其承诺。也就是说，精算师用来进行这种精算管理的工具，就是保单价值。

通常，有两种计算保单价值的方式：一种是用预期法计算的保单价值，称为预期保单价值，又称未来法计算的保单价值；一种是用追溯法计算的保单价值，称为追溯保单价值，也称为过去法计算的保单价值。考虑到通常的偿付能力监管体系的需要，重点探讨预期保单价值。

（二）预期保单价值

1. 预期保单价值的概念。我们把寿险保单的预期保单价值定义为未来支出的预期现值 – 未来收入的预期现值。通常，支出是指未来保险给付和将发生的费用，而收入是指被保险人所要交的保费。这里定义的保单价值，是从未来的收入和支出而言，所以把它叫作预期保单价值。

先看看不计费用的简单例子。

【例 11.6】考虑一位 30 岁男性投保的一份生存保险保单，保险金额为 1 000 元，期限为 3 年，投保时一次性支付保费 800 元。按年利率 5% 计算保单有效后的第一年末、第二年末、第三年末的预期保单价值各为多少（不计费用）？已知 $A_{31:\overline{2|}} = 0.90528$，$A_{32:\overline{2|}} = 0.95143$。

解：

首先要定义"第 n 年末"这一术语，其表示保单生效后起恰好经过 n 年的那一时刻。其次要注意，保单仍然有效时才有计算保单价值的意义。如果保单过期，就不会有现金流量，从而也不存在保单价值。

在第一年末，未来支出的预期现值为 $1\,000\,A_{31:\overline{2}|} = 905.28$，这是因为被保险人在第一年末为 31 岁，只有活到 33 岁才能获得保险金额。因不存在未来收入，905.28 元也就是第一年末的保单价值。

类似地，第二年末，未来支出的预期现值为 $1\,000\,A_{32:\overline{2}|} = 951.43$，这是因为投保人只有从 32 岁生存到 33 岁，才可获得保险金额。同样，因没有未来收入，951.43 元就是保单价值。

最后，利用相同的原理，可计算第三年末，保单价值为 1 000 元。

【例 11.7】在上一个例题中，被保险人投保时一次交清保费 800 元，于是对于第一年末、第二年末、第三年末，不存在未来收入。假定改变上述支付保费的方法，投保人选择了每年年初支付 270 元的保费。那么，在第一、第二、第三年末预期保单价值各是多少？已知 $\ddot{a}_{31:\overline{2}|} = 1.952$。

解：

计算未来支出的预期现值的方法同上例题一致。在确定预期未来收入的现值之前，我们必须先明确每一年末计算保单价值是恰好在支付保费之前，还是恰好在支付保费之后。为了方便，我们假定恰好在新的保费尚未支付之前计算保单价值，这也是通常流行的处理方式。于是，在第 n 年末未来收入的预期现值为 $\ddot{a}_{30+n:\overline{3-n}|}$，其中，$n = 1$，2，3。已知 $\ddot{a}_{31:\overline{2}|} = 1.952$，显然 $\ddot{a}_{32:\overline{1}|} = 1$。

因此：

①第一年末预期保单价值为

$$1\,000A_{31:\overline{2}|} - 270\,\ddot{a}_{31:\overline{2}|} = 378.38(元)$$

②第二年末预期保单价值为

$$1\,000A_{32:\overline{1}|} - 270\,\ddot{a}_{32:\overline{1}|} = 681.43(元)$$

③第三年末预期保单价值为 1 000 元。

2. 保单价值与准备金。 从直观上看，预期保单价值是寿险公司为应付保单所约定的未来保险给付而须储备的资金金额。

我们常常用保单价值来衡量寿险公司的负债，这就是保单价值的重要性。在实际中，当计算了公司所有有效的保单价值之后，必须检查公司是否有至少等于全部保单价值的资金。假定有这笔钱，就要设立金额等于保单价值的准备金，并且，除了支付保险给付之外，不能挪作他用。

所以，严格地讲，保单价值是精算师计算出来的一个数，而保单准备金是与保单价值相同金额的，为将来的赔付或返还而储备的款项，这是两个不同的概念。我们在任何时候都可计算保单价值；而公司是否有能力或有足够的资金来设立相应的准备金是完全不同的另一个问题。但它们之间的紧密联系，又往往导致文字使用上的不严格，常常用"准备金"来表达"价值"。有时读者会遇到"预期保单准备金"，但实际上它指"预期保单价值"。

3. 预期未来支出现值与预期准备金（prospective reserve）。对于一个寿险保单，我们常常要考虑另一个重要的概念——净支出，有时称为损失（loss）。

净支出 = 未来支出的现值 − 未来收入的现值

因为等式右边的两个量是随机变动的，所以净支出也是随机变动的。在保单的起始点上，如果保单是按等价原则定价的，则预期净支出为零。

一旦保单在有效期内已生效一段时间，发生了部分收入和支出，预期的净支出就不一定为零，而是

E（净支出）$= E$（未来支出的现值）$- E$（未来收入的现值）$=$ 预期保单价值

这就给了我们另一种角度去看待预期保单价值，即把它看作预期未来净支出。凭直觉可想到，当预计未来支出超过未来收入时，就会有预期的净支出，为了应付这样的净支出，就要求设立准备金，而预期保单价值告诉我们该设立多少准备金。

（三）不考虑费用的情况下预期保单价值

1. 估价基础。我们已经探讨过保单定价时的一组假定（主要包括利率、死亡率、费用假设），即保单的定价基础或保费基础。

当计算保单价值时，也必须（对利息、死亡率、费用）作相似的假定，这一组假设称为估价基础。通常情况下，估价基础和保费基础并不一定相同。

在此，我们将考察在以下两个假设下，简单保单的预期价值。

（1）保单的估价基础和保费基础相同；

（2）忽略费用。

2. 年金保险的预期准备金。年金保险的预期准备金特别简单，因为年金保险一般为趸交保费或在年金开始之前的一段时间里定期交纳保费，一旦年金开始就不再有保费收入。唯一的未来现金流量就是保险给付的支出。因此，预期保单价值是简单的未来保险给付支出的预期现值。我们必须确定计算保单价值的时间是在某一笔年金给付之前还是之后。通常，我们采取如下的方法：

（1）对于年末支付的年金，计算保单价值的时间为支付年金给付以后；

（2）对于年初支付的年金，计算保单价值的时间为支付年金给付之前。

【例11.8】给出下列年金保险单在第 t 年末的保单价值的表达式：

①年龄为 x 岁的被保险人未来每年年末支付的生命年金；

②年龄为 x 岁的被保险人未来每年年初支付的生命年金。

解：

在此，我们只给出结果，略去相关解释，请读者考虑为什么有如此的结果：

① a_{x+t}；

② $\ddot{a}_{x+t}$。

（四）保费保单价值的有关因素

前面探讨保单价值的过程中，我们做了以下两个重要的假设：计算保单价值采用与保费定价相同的计算基础，在计算中忽略费用。现在探讨在采用不同于保费定价的计算

基础并考虑到费用的情况下保单价值的大小。我们把考虑了未来发生费用的预期保单价值称为毛保费保单价值，定义为

未来支出的预期现值 − 未来收入的预期现值

或表示为：未来净支出的预期现值。

在此应注意：

（1）未来的支出不仅包括给付，而且包括发生的费用。

（2）保费定价的计算基础与保单估价的计算基础并不一致。在实务中，我们知道保费的支付是根据保单记录来的，而这将用于计算未来收入的预期现值。我们经常按保费定价的计算基础来计算毛保费，然后按保单估价的计算基础来计算毛保费保单价值。

这里毛保费保单价值的本质含义是指，在计算保单价值时要采用恰当的计算基础，最初保单定价时的计算基础可能已经不适用了，而此时按新的计算基础来考虑未来的预期支出和预期收入之差，即未来的预期净支出。

以定期寿险为例，处理一个保费定价的计算基础和有效保单估价的计算基础不相同的问题。

【例 11.9】 某寿险公司毛保费保单价值的计算基础如下：

利率　　　5%

初始费用　　第一次保费的 20% 加 100 元

续保费用　　第二次交费起为每次保费的 5% 加 20 元

一个 30 岁的人购买了一份保险期限为 10 年、保额为 100 000 元的定期生存保险保单，保费每年年初支付。假定经过计算，寿险公司要求他每年初交纳 8 200 元的保费，计算在第 6 次保费支付之前该保单的价值。已知：$A_{35:\overline{5}|}^{\;1} = 0.779408$，$\ddot{a}_{35:\overline{5}|} = 4.5374$。

解：

第 6 次保费支付以前即第 5 年末。此时，被保险人 35 岁。

于是，保险给付的预期现值是

$$100\,000 A_{35:\overline{5}|}^{\;1} = 77\,940.8$$

保费收入的预期现值是

$$8\,200 \ddot{a}_{35:\overline{5}|} = 37\,206.68$$

续保费用的预期现值是

$$(20 + 0.05 \times 8\,200) \ddot{a}_{35:\overline{5}|} = 1\,951.082$$

因此，保单价值是

$$77\,940.8 + 1\,951.082 - 37\,206.68 = 42\,685.202（元）$$

此题在计算保单价值时不需要考虑初始费用。这是因为我们仅考虑了未来的收入和支出因素，而在第 5 年末的时刻，初始费用存在于过去，不影响未来的计算。

第四节　非寿险精算概述

一、风险模型

非寿险精算的核心是建立风险模型，尤其是适用于短期保险合同的风险模型。

通常的多数非寿险合同是短期合同，如汽车保险1年期的医疗费用保险等。这里所说的短期保险合同具有以下含义。

（1）保单持续期限是固定的且期限相对较短，典型的是1年期的。

（2）保险公司向投保人收取一次保费。

（3）作为回报，保险人偿付在保险期限内由该保单引起的索赔。

（4）在保单期末，投保人可续保或不续保，如果续保，投保人应交的保费可以与上一期所支付的相同或不相同。

（5）保险人可以分保，即将一部分保费交给再保险人，作为回报，在一旦发生赔付的时候再保险人将根据双方同意的份额补偿保险人在保单期限内的部分理赔费用。

短期保险合同的一个重要特色是仅按相应保单在（短）期限内发生的索赔水平确定保费，也就是说，收取的保费恰好与该保单保险期间内的预期索赔额相等。由于承保期限短，利率的因素通常不计入定价的考虑之中。

为了术语的简便起见，我们假定合同的期限是一年。随机变量 S 表示保险人在这一年里这项风险所支付的索赔总额。建立集合风险模型的第一步是用一年中的索赔次数（用随机变量 N 表示）和单次的索赔金额（称为个体索赔金额）来表示 S。用随机变量 X_i 表示第 i 次索赔的索赔金额，则

$$S = \sum_{i=1}^{N} X_i \tag{11.44}$$

这里如果 N 为0，则总和 S 为0。我们称 S 服从复合分布。

对 S 的分解使我们有可能分别考虑索赔次数和索赔金额。这种做法的一个重要原因是影响索赔次数和索赔金额的因素可能大不相同。以汽车保险为例，某一天中持久的坏天气可以对索赔次数有显著的影响，但对个体的索赔金额影响很小或没有影响；从另一角度讲，通货膨胀可以对修理汽车的费用有显著的影响，因此，对个体的索赔金额的分布有很大影响，但对索赔次数的影响很小或无影响。

在一定的条件下，我们可以由 N 和 X_i 的数字特征和分布等信息推导出 S 的数字特征和分布等。

事实上，当：

①索赔次数与个体索赔金额互不产生影响；

②一定的个体索赔金额不受任何其他个体索赔金额的影响；

③在保的（较短的）期限内，个体索赔额的分布不变。

可以证明：

$$E(S) = E(N)E(X_i) \tag{11.45}$$

$$Var(S) = E^2(X_i)Var(N) + E(N)Var(X_i) \tag{11.46}$$

我们用 $G(x)$ 和 $F(x)$ 分别表示 S 和 X_i 的分布函数，即

$$G(x) = P(S \leq x)$$

$$F(x) = P(X_i \leq x)$$

二、索赔总额分布函数 $G(x)$ 的正态近似计算

我们假定关于 S 的全部已知信息或者能有把握估计的信息是 S 的均值和方差，因为许多不同的分布有着相同的均值和方差，所以单从这一信息无法计算 $G(x)$。在这种情况下计算 $G(x)$ 的一个明显的方法是假设 S 近似地服从正态分布。再正式一些说，就是令 $\Phi(Z)$ 为标准正态分布的分布函数，也就是均值为 0、方差为 1 的正态分布的分布函数，即

$$\Phi(Z) = \frac{1}{\sqrt{2\pi}} \int_{-\infty}^{z} e^{-\frac{x^2}{2}} \mathrm{d}x$$

现在令 μ、σ^2 代表 S 的均值与方差。在探讨 $G(x)$ 的正态近似中，假设：S 近似服从的正态分布其均值为 μ，方差为 σ^2。于是，对于所有的 x：

$$G(x) = P(S \leq x)$$

$$= P\left(\frac{S-\mu}{\sigma} \leq \frac{x-\mu}{\sigma}\right) \approx \Phi\left(\frac{x-\mu}{\sigma}\right)$$

我们把这种采用正态分布作为 $G(x)$ 的近似分布的方法称为正态近似。如此分析 S 的近似分布，其主要原因是：

1. 正态分布的概率值通过查统计表或通过标准的计算机软件包可以容易地获得。

2. 可知 S 是一些相互独立且具有相同分布的随机变量之和。根据中心极限定理，我们可以认为正态分布是一个不太差的选择。N（将求和的随机变量的个数）的（期望）值越大，其近似的精确度就越高。对复合泊松分布来说，λ 的值越大，N 的期望值越大，S 的分布就变得越对称。

【例 11.10】$S = \sum\limits_{i=1}^{N} X_i$ 服从复合泊松分布，索赔次数 N 的均值和方差均为 $\lambda = 10$；X_i 服从帕累托分布，其均值和方差分别为 1 和 2；假设 S 近似于正态分布，计算使下面各式成立的 x 值。

（a）$P(S \leq x) = 0.95$

（b）$P(S \leq x) = 0.99$

解：

已知 $E(N) = Var(N) = 10$；$E(X_i) = 1, Var(X_i) = 2$；

由

$$E(S) = E(N)E(X_i)$$

$$Var(S) = E^2(X_i)Var(N) + E(N)Var(X_i)$$

可以得出 $E(S) = \mu = 10$ 和 $Var(S) = \sigma^2 = 30$，即 $\sigma = 5.477$

因此 $P(S \leqslant x) \approx \Phi\left(\dfrac{x - 10}{5.477}\right)$

（a）查表可得 $\Phi(1.645) = 0.95$，所以 $\dfrac{x - 10}{5.477} = 1.645$

$$P(S \leqslant 19.01) \approx 0.95$$

即 $$x = 19.01$$

（b）因为 $\Phi(2.326) = 0.99$，所以 $\dfrac{x - 10}{5.477} = 2.326$

$$P(S \leqslant 22.74) \approx 0.99$$

即 $$x = 22.74$$

三、比例再保险和超额损失再保险下的索赔总额分布

在自留水平为 α 的按比例分保的情况下，对于发生的每次索赔，保险人支付的比例为 α，$0 \leqslant \alpha \leqslant 1$，再保险人支付的比例为 $(1 - \alpha)$。也就是说，每当有索赔发生时，保险人和再保险人都要进行支付。因此，与再保险人有关的索赔次数的分布一定和与保险人有关的索赔次数的分布相等。保险人支付的个体索赔额是 αX_i，再保险人支付的个体索赔额是 $[(1 - \alpha)X_i]$。

S_I 表示保险人除去净保险的索赔总额，再保险人的年索赔总额用 S_R 表示，则因为 $S = S_I + S_R$，所以 $E(S) = E(S_I) + E(S_R)$。

在超额损失分保的情况下，在自留额为 M 时，原保险人对第 i 次索赔的赔付金额是
$$Y_i = \min(X_i, M)$$

再保险人赔付的金额为
$$Z_i = \max(0, X_i - M)$$

因此，原保险人的赔付总额可被表示为
$$S_I = Y_1 + Y_2 + \cdots + Y_n$$

再保险人的赔付总额可被表示为
$$S_R = Z_1 + Z_2 + \cdots + Z_n \qquad (11.47)$$

【例 11.11】某风险的年索赔总额服从泊松参数为 10 的复合泊松分布，个体索赔额服从（0，2 000）上的均匀分布。保险人为该风险安排了自留额为 1 600 的超额损失分保。计算保险人和再保险人的赔付总额的均值和方差。

解：

S_I 和 S_R 所表示的概念同上。

为计算 $E(S_I)$，需要计算 $E(Y_i)$：

$$\frac{x - 10}{5.477} = 2.326$$

$$E(Y_i) = \int_0^M x f(x)\,\mathrm{d}x + MP(X_i > M) = 960$$

由公式（11.45）可得：

$$E(S_I) = 10E(Y_i) = 9\,600$$

欲求 $Var(S_I)$，由公式（11.46），须计算 $Var(Y_i)$ 和 $E(Y_i^2)$：

$$E(Y_i^2) = \int_0^M x^2 f(x)\, \mathrm{d}x + M^2 P(X_i > M) = 11\ 946\ 667$$

$$Var(Y_i) = E(Y_i^2) - E^2(Y_i)$$

由公式（11.46）可得：

$$Var(S_I) = 10E(Y_i^2) = 119\ 466\ 670$$

为求出 $E(S_R)$，注意该原始承保风险的预期年索赔总额为 10 000，因此：

$$E(S_R) = 10\ 000 - E(S_I) = 400$$

要求出 $Var(S_R)$，先由下式求出 $E(Z_i^2)$：

$$E(Z_i^2) = \int_M^{2\ 000} (x - M)^2 f(x)\, \mathrm{d}x$$

$$= 0.\ 0005\left(\frac{x^3}{3} - Mx^2 + M^2 x\right)\Big|_M^{2\ 000}$$

$$= 10\ 666.\ 7$$

因此：

$$Var(S_R) = 10E(Z_i^2) = 106\ 667$$

四、破产概率

（一）余额函数与破产概率

为了深入研究相连的时间段里的索赔案，我们做如下定义：$N(t)$：在时间区间 $[0, t]$ 上个体索赔的次数，其中，$t \geqslant 0$；X_i：第 i 次索赔的金额，$i = 1, 2, 3\cdots$；$S(t)$：在时间区间 $[0, t]$ 上的索赔总额，$t \geqslant 0$。$\{X_i\}_{i=1}^{\infty}$ 是一个随机变量序列，$\{N(t)\}_{t \geqslant 0}$ 和 $\{S(t)\}_{t \geqslant 0}$ 都是随机变量组，即随机过程（stochastic processes），其中 $t \geqslant 0$。

$$S(t) = \sum_{i=1}^{N(t)} X_i$$

可以认为在 $N(t)$ 为 0 时 $S(t)$ 也为 0。正如上面定义的那样，随机过程 $\{S(t)\}$，$t \geqslant 0$ 指的是某风险的索赔总额。随机变量 $N(t)$ 和 $S(t)$ 分别代表索赔次数和索赔总额，这都是描述第一个时间单位内的索赔情况。这两个随机变量与前述风险模型中的随机变量 N 和 S 是相对应的。

假定保费收入的收取是连续不断的，并且是均衡的。我们定义，c 表示单位时间内的保费费率，从而 $[0, t]$ 时段时保费总收入可表示为 ct。

假定在时刻 0 时，保险人已有一定金额的资本金，以应付监管要求和超额的索赔。在此，我们把这部分资本金的金额称为初始余额，用 U 表示。我们将一直假定 $U \geqslant 0$，这种初始余额对保险人来说是必要的，因为未来保费收入本身可能不足以支付未来的赔款。在未来任何时点 $t(t > 0)$ 上保险人的资产余额是个随机变量，因为保险人的余额取决于时间 t 之前的索赔情况和保费收取情况。我们把时点 t 上的余额表示为 $U(t)$，$U(t)$ 应有如下形式：

$$U(t) = U + ct - S(t) \qquad (11.48)$$

其含义为：时点 t 上保险人的余额等于初始余额加上到时点 t 为止的保费收入再减去到时点 t 为止的索赔总额。应注意，初始余额和保费收入不是随机变量，因为在风险发生前就决定了。上式在 $t \geq 0$ 时有效，$U(0) = U$，且对于给定的任意一个 t 值，$U(t)$ 是一个随机变量，这是因为，$S(t)$ 是一个随机变量。于是 $\{U(t)\}_{t \geq 0}$ 是一个随机过程，我们称之为余额过程。

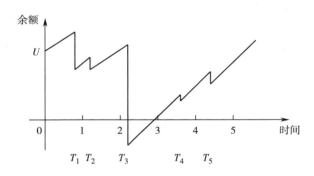

图 11 – 15　余额过程随时间变化的一条路径

图 11 – 15 表示时点 T_1、T_2、T_3、T_4 和 T_5 上发生的余额索赔的典型结果，在这些时点上，余额由于索赔而很快减少，在两次索赔之间，余额在每一个单位时间内以均衡费率 c 增长。正如针对其他复杂情况建立的模型一样，我们使用的保险人余额的这一模型是对实际业务做了很多简化之后的结果，即假设赔案一发生就理赔，假设保险人的余额不获得利息。尽管有这些简化，这一模型仍能让我们对保险运作的实质做深入的理解。

从图 11 – 15 中可以看出，由于索赔的发生，在 T_3 时点上余额减少到小于 0。当余额低于 0 时，保险人的钱不够了，我们说破产发生了。在简化的模型中，保险人想控制破产发生的概率，想使其尽可能小，或至少在一定界限之下。因此，可以认为，破产就意味着偿付能力的丧失。当然，这不是很精确，因为在实际中，判断一个保险公司是否偿付能力不足是一个更复杂的问题。我们可以从另一个角度来理解"破产"的概念：承保某风险后该业务"破产"的时刻，即指保险公司需要再提供更多的资本以应付该项余额小于 0 的困境。于是，破产概率是指在未来某一时刻，因索赔引起的余额小于 0 而导致保险公司不得不额外注入资本金的可能性。

现在让我们更确切定义如下两个概率：

$$\psi(U) = P[U(t) < 0, \text{对任意} t, 0 < t < \infty]$$

$\psi(U)$ 是（给定初始余额 U 的情况下）最终破产的概率。

由公式（11.48）可得，初始余额 U 越大，破产概率就越小；c 越大，破产概率越小；索赔总额 S 越小，破产概率越小。

（二）兰德伯格不等式

兰德伯格不等式为非确定时间内破产概率 $\psi(U)$ 提供了一个上限，这是破产分析理论中最著名的结论之一。

兰德伯格不等式即

$$\psi(U) \leqslant \exp\{-RU\} \tag{11.49}$$

这里 U 表示保险人的初始余额，R 称为调整系数，其数值取决于索赔总额的分布及保费费率。

根据兰德伯格不等式，欲将破产概率控制在某个标准之内比如 2.5‰ 以下，即 $\psi(U) \leqslant 0.0025$，只要 $\exp\{-RU\} \leqslant 0.0025$ 即可，即 $RU \geqslant \ln 400$，其中调节系数 R 是与索赔总额 $S(t) = \sum_{i=1}^{N(t)} X_i$ 的分布及保费费率 c 的函数。

在 U 值很大时，$\psi(U)$ 很接近上限，以至于：

$$\psi(U) \approx \exp\{-RU\}$$

在精算实务中，$\exp\{-RU\}$ 经常用作 $\psi(U)$ 的近似值。

【实例分析】

✔ 【实例 11–1】••

某人去世后，保险公司将支付现值为 10 万元的保险金，其 3 个受益人经协商，决定按永续年金方式领取该笔款项，受益人 A 领取前 8 年的年金，受益人 B 领取以后 10 年的年金，然后由受益人 C 领取以后的所有年金。所有的年金领取都在年初。保险公司的预定利率为 6.5‰。计算 A、B、C 各自所领取的保险金份额。

解：

每年可领取的年金数额 $R = \dfrac{100\,000}{\ddot{a}_{\overline{\infty}|}} = 6\,103.29(元)$

A 的份额现值 $= 6\,103.29 \times \ddot{a}_{\overline{8}|} = 39\,576.88(元)$

B 的份额现值 $= 6\,103.29 \times (\ddot{a}_{\overline{18}|} - \ddot{a}_{\overline{8}|}) = 28\,234.15(元)$

C 的份额现值 $= 6\,103.29 \times (\ddot{a}_{\overline{\infty}|} - \ddot{a}_{\overline{18}|}) = 32\,188.97(元)$

各人所得的保险金份额现值之和为 10 万元，若 A、B、C 计划领取期末付年金，则每年支付额恰为 $100\,000 \times 0.065 = 6\,500$ 元。3 人领取的份额现值之和仍为 10 万元。

✔ 【实例 11–2】••

在例 11.9 中，试分析当利率为 5% 和 3% 时，第 6 次保费支付之前，其保单价值以及应计提的准备金有什么变化。已知：当评估利率为 5% 时，$A_{35:\overline{5}|\,5\%} = 0.779408$，$\ddot{a}_{35:\overline{5}|\,5\%} = 4.5374$；当评

估利率为3%时，$A^1_{35:\overline{5}|\,3\%} = 0.859079$，$\ddot{a}_{35:\overline{5}|\,3\%} = 4.7081$。

解：

第6次保费支付以前即第5年末。此时，被保险人35岁。

当评估利率为5%时，

保险给付的预期现值是

$$100\,000A_{35:\overline{5}|}^{\,1} = 77\,940.8(元)$$

保费收入的预期现值是

$$8\,200\ddot{a}_{35:\overline{5}|} = 37\,206.68(元)$$

续保费用的预期现值是

$$(20 + 0.05 \times 8\,200)\ddot{a}_{35:\overline{5}|} = 1\,951.082(元)$$

因此，保单价值是

$$77\,940.8 + 1\,951.082 - 37\,206.68 = 42\,685.202(元)$$

当评估利率为3%时，

保险给付的预期现值是

$$100\,000A_{35:\overline{5}|}^{\,1} = 85\,907.9(元)$$

保费收入的预期现值是

$$8\,200\ddot{a}_{35:\overline{5}|} = 38\,606.42(元)$$

续保费用的预期现值是

$$(20 + 0.05 \times 8\,200)\ddot{a}_{35:\overline{5}|} = 2\,024.483(元)$$

因此，保单价值是

$$85\,907.9 + 2\,024.483 - 38\,606.42 = 49\,325.963(元)$$

评估利率为3%时的准备金与5%时的差异为 49 325.963 − 42 685.202 = 6 540.761(元)

通过上面计算可知，当评估准备金时的利率与定价利率不相等时，如本题中定价利率为5%，评估时利率为3%，那么相较于评估利率与定价利率相等（均为5%）的情况，保单具有更高的保单价值，此时需要计提更多的准备金。若之前未足额提取准备金，至此则形成亏损。

【本章小结】

1. 保险精算是指依据经济学的基本原理，运用现代数学、统计学、金融学、保险学及法学等的理论和方法，对保险经营中的相关问题作定量分析，以保证保险经营的稳定性和安全性的学科。保险精算包括寿险精算和非寿险精算。

2. 保险精算的作用，主要表现在其可以为企业对未来的、不确定的、涉及财务的事件提出数量化意见。

3. 为研究随机现象的统计规律性而进行的各种科学试验或对事物某种特征进行的观测都称为试验，随机试验的结果称为随机事件，取值随着试验结果而变的量为随机变量，包括离散型随机变量和连续型随机变量，随机变量的数字特征包括期望和方差。当试验的次数无限增大时，逼近某一常数，这就是所谓的"大数定律"。

4. 生命表又称死亡表，一般分为国民生命表和人身保险业经验生命表两大类。

它是根据一定时期的特定国家（或地区）或特定人口群体（如寿险公司的全体被保险人、某企业的全体员工）的有关生存状况统计资料，编制成的统计表，由 l_x、d_x、q_x、$\overset{\circ}{e}_x$ 等构成。

5. 利息指借用某种资本的代价或借出某种资本的报酬，单位本金在单位时间（一个计息期）所获得的利息即利率。在相同间隔的时间上进行的一系列支付称为年金，年金的支付分为确定的和不确定的。保险金根据给付保险金方式的不同分为普通人寿保险和年金保险两大类。

6. 价值方程用来平衡保费收入与保险金支出和各类费用的支出，具体形式是"收入的预期现值 = 支出的预期现值"。通常，一份保单在投保人交纳了一定时期的保费之后，便具有了现金价值，我们称之为保单价值，保单价值的计算有预期法和未来法。保单价值是衡量寿险公司偿付能力的尺度，在实际中，当计算了公司所有有效的保单价值之后，必须检查公司是否有至少等于全部保单价值的资金，即准备金。

7. 非寿险精算的核心是建立风险模型，尤其是适用于短期保险合同的风险模型。

【复习思考题】

一、名词解释

保险精算　精算师　大数定律　生命表　年金　价值方程　保单价值　精算假设

二、单项选择题

1. 某人 2024 年初借款 3 万元，按每年计息 3 次的年名义利率 6% 投资，到 2029 年末的积累值为（　　）万元。

A. 7. 19　　　　　　　B. 4. 04　　　　　　　C. 3. 31

2. 甲向银行借款 1 万元，每年计息两次的名义利率为 6%，甲第 2 年末还款 4 000 元，则此次还款后所余本金部分为（　　）元。

A. 7 225　　　　　　　B. 7 213　　　　　　　C. 7 136

3. 延期 5 年连续变化的年金共付款 6 年，在此刻 t 时的年付款率为 $(t+1)^2$，t 时刻的利息强度为 $1/(t+1)$，该年金的现值为（　　）。

A. 52　　　　　　　　B. 54　　　　　　　　C. 56

4. 已知 20 岁的生存人数为 1 000 人，21 岁的生存人数为 998 人，22 岁的生存人数为 992 人，则 $_{11}q_{20}$ 为（　　）。

A. 0. 008　　　　　　B. 0. 007　　　　　　C. 0. 006

5. 设 $_{15}q_{45}=0.038$，$P_{45:\overline{15}|}=0.056$，$A_{60}=0.625$，则 $P^1_{45:\overline{15}|}=$（　　）。

A. 0. 006　　　　　　B. 0. 007　　　　　　C. 0. 008

6. 以下不是随机试验特性的是（　　）。

A. 试验可以在不同的条件下重复进行

B. 每次试验的可能结果不止一个，并且能在试验之前明确知道所有的可能结果

C. 每次试验之前不能肯定这次试验会出现哪个结果，但可以肯定每次试验总会出现这些可能结果中的一个

7. 我国目前有（ ）张经验生命表。

A. 2　　　　　　　　B. 3　　　　　　　　C. 4

8. 通常，一份保单在投保人交纳了一定时期的保费之后，便具有了现金价值，我们把这种价值也称为（ ）。

A. 保费价值　　　　　B. 保险价值　　　　　C. 保单价值

9. 一般来说，保险公司承保的风险个体数量与发生事故并且索赔的人的比例之间的关系是（ ）。

A. 保险公司承保的风险个体数量越大，发生事故并且索赔的人的比例越确定

B. 保险公司承保的风险个体数量越小，发生事故并且索赔的人的比例越确定

C. 没有什么关系

10. 对于年末支付的年金，计算保单价值的时间为支付年金给付（ ）。

A. 之前　　　　　　　B. 当时　　　　　　　C. 之后

三、多项选择题

1. 保险精算师所能做的工作有（ ）。

A. 向寿险公司建议应该采用的保费水平，以确保身体状况良好的人和身体状况不好的人都能支付合适的寿险保费

B. 向保险人建议最好的投资方式，以保护公司不受通货膨胀的影响

C. 向保险人或养老金提供人建议应当写入协议中的有关条款，以保证保险人或养老金提供人不要承担他本身并不愿承担的风险

D. 研究类似股市崩溃险之类的金融风险

2. 保险精算师的职能包括（ ）。

A. 计算法定责任准备金、支付准备金和各种累积金

B. 分析保险公司年度利润及其来源，提供有效保单按盈余分配红利的数据

C. 根据保险环境的变化和要求，以及地区性特点，参与研究和设计新险种

D. 协助其他职能部门根据经验统计资料研究各种险种的效益与费率的调整，以适应竞争环境的要求，并编制内部使用的各种报告

3. 精算工作离不开数学模型，运用数学模型时需要考虑的问题有（ ）。

A. 一个有效的模型总是要参照过去经验的基础上建立起来

B. 所有的数学模型都在某种程度上简化了现实生活

C. 模型要保证新颖

D. 模型不能依赖过多假设

4. 随机试验的特性有（ ）。

A. 试验结果的集合是有限集

B. 试验可以在相同的条件下重复进行

C. 每次试验的可能结果不止一个，并且能在试验之前明确知道所有的可能结果

D. 每次试验之前不能肯定这次试验会出现哪个结果，但可以肯定每次试验总会出现这些可能结果中的一个

5. 下列关于随机变量的描述中，正确的有（　　）。

A. 取值随着试验结果而变

B. 在一定条件下，随机试验的每一个可能结果 ω 都可用一个单值实函数 $\xi(\omega)$ 来表示

C. 随机变量包括离散型随机变量

D. 随机变量包括连续型随机变量

6. 随机变量所具有的性质有（　　）。

A. 随机变量取定义范围内的任何值时，其概率都不为负

B. 随机变量取定义范围内的任何值时，其概率都为正

C. 离散型随机变量取遍所有可能值时，其概率之和等于 1

D. 连续型随机变量取遍所有可能值时，其概率之和等于 1

7. 随机变量数字特征中分别表示其平均大小和离散程度的是（　　）。

A. 期望　　　　　　B. 方差　　　　　　C. 偏度　　　　　　D. 峰度

8. 下列关于大数定律说法中，正确的有（　　）。

A. 大数定律又称大数法则，是保险人计算保险费率的基础

B. 只有承保大量的风险单位，大数定律才能显示其作用

C. 大数定律可以完全消除不确定性

D. 大数定律仅当随机变量服从正态分布时才成立

9. 下列生命表函数的关系中，正确的是（　　）。

A. $l_x = l_\alpha \times {}_{x-\alpha}p_\alpha$ 　　　　B. $d_x = l_x - l_{x+1}$

C. $l_x = \sum\limits_{k=0}^{\infty} d_{x+k}$ 　　　　D. ${}_tp_x = \dfrac{l_{x+t}}{l_x}$

10. 保单价值根据计算方法的不同可以分为（　　）。

A. 追溯保单价值　　　　　　　　B. 名义保单价值

C. 实际保单价值　　　　　　　　D. 预期保单价值

四、简答题

1. 精算师的职能有哪些？

2. 试辨析频率和概率之间的关系。

3. 如何计算保单价值？

4. 试推导超额再保险中保险人和再保险人的索赔数额。

五、论述题

1. 试述生命表的分类及应用。

2. 试针对生存保险阐述改变精算假设对保费定价与准备金的影响。

六、实例分析

1. 已知如下生命表信息：

x	l_x
40	11 000
41	10 000
42	8 500
43	6 500
44	4 000

假设实际利率被设定如下：

第 n 年	利率（%）
1	6
2	7
3	8
4 +	9

计算（41）的 3 年期保额为 1 的定期寿险的净保费，死亡给付发生在死亡年末。

2. 试针对例 11.7 的情况，计算当利率为 3% 时相应的保单价值，并解释与 5% 情况下的差别。

第十二章
保险资金运用

【教学目的与要求】

保险公司资金运用是保险公司经营管理中的一个重要环节，有效的资金运用将促进保费的下降，并提升保险公司利润及其竞争力。通过学习本章，学生应能全面理解保险资金运用在保险经营中的作用和意义，熟练掌握保险资金运用的概念、原则及模式；能运用相关理论分析保险资金运用的主要形式以及相应的保险监管法律法规；同时，了解资产负债管理的目标与作用及其对保险公司的重要性，并能掌握资产负债管理的主要技术手段。

第一节　保险资金运用概述

一、保险资金运用的含义

（一）保险资金的概念

根据我国《保险资金运用管理办法》（以下简称《管理办法》）第三条规定，保险资金是指保险集团（控股）公司、保险公司以本外币计价的资本金、公积金、未分配利润、各项准备金以及其他资金。

1. 资本金。资本金即保险公司的注册资本金，各国政府一般都会对保险公司的注册资本金规定一定的数额。我国《保险法》第六十九条规定，"设立保险公司，其注册资本的最低限额为人民币二亿元"，且"保险公司的注册资本必须为实缴货币资本"。资本金也属于一种备用资金。当发生特大自然灾害、各种准备金不足以支付时，保险公司即可动用资本金来承担保险责任。资本金反映了保险公司各投资者实际投入的资本或股本的总金额。

2. 公积金。我国《保险法》第九十九条规定，"保险公司应当依法提取公积金"。公积金包括资本公积与盈余公积。资本公积反映保险公司收到的投资者出资额超出其注册资本或股本中所占份额的部分，以及通过其他综合收益直接计入所有者权益的利得和损失。资本公积作为一种准资本，可以按法定程序转增资本或股本，但是不可以用于分配。盈余公积反映了保险公司从净利润中提取积累的资金，主要用于弥补亏损或转增资本，特殊情况可以用于分配股利。盈余公积包括法定盈余公积和任意盈余公积。《中华人民共和国公司法》（以下简称《公司法》）第二百一十条规定：公司分配当年税后利润时，应当提取利润的百分之十列入公司法定公积金。公司法定公积金累计额为公司注册资本的百分之五十以上的，可以不再提取。公司从税后利润中提取法定公积金后，经股东会或者股东大会决议，还可以从税后利润中提取任意公积金。任意盈余公积按照股东大会决议提取，提取比例由保险公司自行决定，其目的是为控制向投资人分配利润的水平及调整各年利润分配的波动。

3. 未分配利润。未分配利润是指保险企业实现的净利润经过弥补亏损、提取盈余公积和向投资者分配利润后留存在企业的、历年结存的利润。从数量上来看，未分配利润是保险企业期初未分配利润加上本期实现的净利润，减去提取的各种盈余公积和分出利润后的余额。

4. 各项准备金。保险公司的准备金包括寿险责任准备金、长期健康险责任准备金、未到期责任准备金和未决赔款准备金四类。

（1）寿险责任准备金。寿险责任准备金是保险公司基于出售的保单中约定的保险责任，在向被保险人或受益人支付赔偿或给付之前，提取的偿付准备。如果合同为自然保费或短期合同，则不会出现寿险准备金；如果为长期寿险合同，且以趸缴保费或均衡保费的方式缴纳保费，则会出现保险早期保费超过赔付责任而后期不足的现象，早期保费溢出赔付责任的部分即是保险人对保单持有人的负债，应通过提取寿险责任准备金的方式表现出来，其实质是将早期多收的保费进行计提，以弥补未来少收保费时给付保险金的义务。

寿险责任准备金对应的资金在收入补偿和发生成本之间存在较长时间差，赔付压力较短期险更小。此时，将沉淀的责任准备金加以运用，产生资金增值或与负债端未来支出相匹配是寿险公司资金运用的主要内容。

长期健康险责任准备金与寿险责任准备金对应的险种有所差别，但其特点非常相似，不再赘述。

（2）未到期责任准备金。未到期责任准备金反映保险公司提取的非寿险合同未到期的责任准备。由于会计分期和保险合同期间往往并不一致，因此，在会计核算期末时，不能把所有所收保费全部计为当年收入处理，对于保险责任尚未届满，应属于下年度的部分保费，应以准备金形式提存表现。

我国未到期责任准备金主要采用百分比估算法，包括 1/2 法、1/8 法、1/24 法、1/365法。未到期责任准备金作为对投保人的一项流动负债，是保证公司在一年内赔付需要的最重要资金来源，其资金运用上以稳健安全的短期投资为主。

（3）未决赔款准备金。未决赔款准备金是保险公司为非寿险业务保险事故已发生但尚未结案的赔案提取的准备金。未决赔款准备金包括已发生已报案未决赔款准备金、已发生未报案未决赔款准备金和理赔费用准备金。

5. 其他资金。除以上各项之外的资金，包括保户储金及投资款等。保户储金及投资款主要出现在理财类产品中，对于寿险公司而言，该科目主要核算保险混合合同中经分拆能够单独计量的承担其他风险的合同部分以及未通过重大保险风险测试的保单对应的负债等。目前主要分拆万能保险的投资账户、投连险投资账户和经过重大保险风险测试后未确认为保险合同的其他合同。保户储金及投资款对应的资金数量不小，是保险资金运用非常重要的部分，其按公允价值进行确认，投资风险较大部分由投保人承担。

此外，如"应付手续费及佣金""应付职工薪酬""应付赔付款""应付保单红利""其他负债"等，相对前几类负债项目，其规模和重要性都更小，这里不再赘述。

（二）保险资金运用的概念

保险资金运用是保险公司在经营过程中，将积聚的各种保险资金用于各类投资形式，以使保险资金保值增值的活动。保险人通过资金运用增强自身竞争能力，同时也使保险企业从单纯的风险交换、风险聚集与风险分散的机构转变为既有风险管理职能又有金融职能的综合性金融机构，为金融市场的良性运转增添了动力与活力。

二、保险资金运用的必要性

保险资金运用对保险业的长期、健康、稳定发展，保险公司经营管理和社会经济运行均有重大意义。保险资金存在运用的可能性和运用空间，对它合理利用有着很强的必要性。保险资金运用的必要性表现在以下三个方面。

（一）保险资金的自身属性决定了需进行保险资金运用

保险资金运用最根本的原因是由保险资金本身属性决定。保险经营的最大特点是先收后支，这导致保险公司经营过程中将有大量的资金积累。这些积累的保险资金必然需要获得资金的时间价值，需要合理的资金运用以保值增值，资金只有在运用中才能增值。保险企业将暂时闲置的资金加以运用，以增加利润，这是资本自身的内在要求。此外，保险资金是未来的补偿和给付，是货币形态。在商品经济条件下，存在着通货膨胀问题。如果保险资金不能正常运用，不仅无法取得收益，连保值都难保证，势必影响保险人经济补偿职能的实施。

（二）市场竞争必然需要进行保险资金运用

在市场经济条件下，保险公司之间必然存在同业竞争。而保险市场竞争激烈，往往会出现承保能力过剩，承保利润下降等问题。而保险的负债经营性质，进一步表明保险业直接业务不能盈利，需要间接业务即资金运用进行盈利。因此，良好的保险资金运用结果，不仅能使保险人从投资市场获得平均利润，还可以使被保险人以低费率形式享受到保险资金运用的收益。这种正向的投资回报将有利于保险公司获得更大的经营利润或弥补承保方面的亏损，从而可以让保险公司降低自身产品的费率，增强其行业竞争力。

（三）保险行业的发展必然要进行保险资金运用

保险行业的深化改革开放是中国保险业发展的关键，要继续提升在全球的竞争力，中国的保险行业必须增强内生发展动力和防御外部冲击的韧性，推进资金运用领域的改革，并坚持长期投资、价值投资、多元化投资，以进一步增强市场活力，提升保险产品费率、保险产品创新和偿付能力的管理水平。因此，不断提升和完善保险资金运用能力是行业发展的必然，通过保险资金运用，将铸造保险公司的一种核心竞争力，使其在稳健经营中获得更快速而健康的发展。

三、保险资金运用的原则

根据《管理办法》规定，保险资金运用必须以服务保险业为主要目标，坚持稳健审慎和安全性原则，符合偿付能力监管要求。因此，保险公司资金运用的基本原则可以概括为稳健审慎原则、安全性原则、流动性原则和收益性原则，且上述原则的重要性顺序不能改变。

（一）稳健审慎原则

保险资金最注重安全，树立稳健审慎的投资理念是保险资金运用的应有之义，也是保险资金运用安身立命之所在。保险的本意是稳健、可靠和保障，其本身是一种风险管理的手段。保险资金来源于保险业，其运用也应当回归保险业的初衷。因此，应强调保险资金运用以服务保险业为主要目标，坚持稳健审慎，这也是保险资金运用的文化、传统和基因。比如，在中国，目前的保险投资，宜以固定收益类产品为主、股权等非固定收益类产品为辅；而股权投资应当以财务投资为主、战略投资为辅；即使进行战略投资，也应当以参股为主。

（二）安全性原则

安全性原则实质上是稳健审慎原则的进一步强化。因保险资金不仅来源于所有者权益，还来源于各类准备金，即来源于保险人对被保险人的大量未来赔付与给付责任的负债。从数量上看，保险资金总量应超过未来损失赔偿和保险给付的总量，否则将出现赔付或给付的违约，这必将影响保险公司的经济补偿能力。从而在稳健审慎原则的基础上应进一步强化保险资金运用的安全性。

（三）流动性原则

保险具有经济补偿的功能，保险事故的发生又具有随机性特点，这就要求保险资金运用保持足够的流动性，以便随时满足保险赔偿和给付的需要。保险人应根据不同业务对资金运用流动性的不同要求，选择恰当的投资项目。

（四）收益性原则

保险资金运用的主要目的就是盈利。盈利能给保险人带来企业效益，增强保险企业的偿付能力和保险公司的竞争力。这就要求保险资金运用在安全的前提下，选择较高收益率的投资项目进行投资，在一定风险限度内力求实现收益最大化。

以上四个保险资金运用的基本原则相互联系，相互制约。其中稳健审慎、安全性、流动性是资金运用盈利的基础，收益性是主要目的。稳健的资金运用，应该首先保证资金的安全性和流动性，在此基础上努力追求资金运用的收益性。

四、保险资金运用管理模式

保险资金运用管理模式是构建保险资金运用体系的重要环节，只有确立合适的资金运用管理模式并建立相应的投资决策规则，才能确保保险公司在专业化和规范化的投资运作下完成预期目标，并形成良好的资产负债协调状态。我国的保险公司应当按照"集中管理、统一配置、专业运作"的要求，实行保险资金的集约化、专业化管理。从国际经验看，保险公司资金运用的管理模式主要有三种：自营投资管理模式、集团内委托管理模式和第三方委托管理模式。[①] 保险公司管理层应根据公司经营规模、经营特点、专业化程度、监管要求等因素选择适合的管理模式，再进一步围绕资金运作要求，建立合适的组织架构、工作流程和决策体系，并运用科学的技术方法指导保险资金的运作。

（一）自营投资管理模式

自营投资管理模式是指保险公司在内部设立投资部门，该部门专门负责公司保险资金投资运作的投资管理模式。在该模式下，保险公司投资业务决策和操作执行都由其自身全权负责，公司直接掌握和监督整个投资活动的各个环节，具有便于监控、操作风险较小等优点，比较能保障保险资金运作的安全性，故在一定时期内其曾是保险公司资金运作的通行做法，尤其是中型寿险公司最常选择这种投资管理模式。但随着金融市场深化，金融工具不断创新，其缺陷也逐步体现：仅依靠内部投资部门难以适应当前专业化和多样化的保险投资需求，导致公司在一些专业领域中丧失投资机会，出现配置品种过分集中、不能有效分散风险、投资收益率大幅落后的现象，这大大束缚了保险公司竞争力的提高，从而，专业化程度更高的委托管理模式开始成为主流。

（二）集团内委托管理模式

集团内委托管理模式是保险公司自身设立专业的资产管理机构，对其保险资金进行专业化投资管理的模式。这种模式普遍地被大型保险（集团）公司所采用，以降低运营成本，并达到资源与专业方面的优势互补。

使用集团内委托管理模式具有显著优势，能够在提高资金运用效率、控制风险等方面发挥巨大的作用，为保持稳健的财务状况和提高盈利能力提供保障。第一，该模式有助于引导保险投资业务的透明化和专业化，实现资源优化配置并提高投资收益率，在覆盖负债成本、保障偿付能力的同时推动保险产品创新；第二，专业资产管理公司更贴近和适应市场实际，有利于形成更具竞争力的投资团队，及时把握资本市场发展趋势，推动母公司尝试以资产方为主导的资产负债匹配管理模式；第三，选择同一公司或集团下的投资管理人能够较好保障资金安全，资产管理团队与负债管理团队之间的沟通协调也会更加紧密；第四，组织结构上的独立性使得资产管理公司除受集团内投资外，还能充分发挥其资产管理端的专业优势，接受其他保险资金或企业年金等委托投资任务，将公司经营向更广阔的资产管理服务领域渗透，拓展利润来源。

（三）第三方委托管理模式

第三方委托管理模式是指将保险资金委托给外部专业机构进行投资运作的模式，当前我国采用此模式的主要为一些中小寿险公司、再保险公司和非寿险公司。在此模式下，保险公司需与资产管理机构签订详尽协议，明确约定资产配置计划、期限结构、风险限额、各自的投资决策和操作权限等内容，确保投资活动遵循负债特征约束。

[①] 段国圣，李斯，高志强. 保险资产负债匹配管理的比较、实践与创新 ［M］. 北京：中国社会科学出版社，2012：116.

委托管理模式的委托形式多样：某些保险公司在内部设有从事存款、债券等基本投资管理职能的部门，同时将高风险品种直接委托给第三方管理，或是以购买方式间接委托高风险产品于外部第三方；部分公司则是按产品分类，将投连险等产品投资外包，自行运作其他保险产品形成的资金；某些大型保险公司将不动产、非上市股权等专业性更强，自己并不具有优势的投资品种进行委外投资。

第三方委托管理模式有其优点，特别是对于规模较小且盈利能力还不太强的保险公司而言。在此模式下，保险公司将资产委托外部专业机构运作，能够在有效减少各项成本的同时充分借助其投资优势和成熟经验，在产品定价、业务发展、匹配管理等方面获得更大支持。而第三方委托管理模式下最大的问题是，委托方虽然短期内可获得良好的收益，但缺失投资业务的培养发展，容易在未来发展中面临核心竞争力不足的困境，这对提升企业长期价值是不利的。

第二节　保险资金运用形式

一、保险资金运用形式概述

从国际保险市场来看，保险资金运用的形式主要有银行存款、债券（包括国债、地方政府债、金融债券、公司债券等形式）、股票、抵押贷款、保单质押贷款、不动产等。此外，还可投资于各类基金、同业拆借、黄金和外汇等领域。随着证券市场的发展和完善，债券与股票等证券投资成为保险资金运用的主要形式。

截至 2023 年 12 月，我国保险资金运用余额 276 738 亿元，较上年同期增长 10.47%，其中，银行存款 27 243 亿元，占 9.84%；债券 125 661 亿元，占 45.41%；股票和证券投资基金 33 274 亿元，占 12.02%；其他投资 90 560 亿元，占 32.72%。[①]

（一）银行存款

银行存款是保险公司存放在银行，获取利息收入的资金。银行存款以银行作为保险资金的投资中介，保险公司承担的风险较小，安全性较高，但收益相对较低。我国保险公司常与银行签订"协议存款"，该存款品种收益率相对更高。

（二）债券

债券是国家或企业信用的一种债务合同形式。按发行者不同分国债、地方政府债、金融债券、公司债券等形式。保险公司可针对不同业务的特点，投资于长期债券和短期债券。由于资产负债管理的需要，债券在保险公司资金运用中占据极为重要的位置。截至 2023 年末，我国保险资金运用余额中，债券配置规模以 125 661 亿元居首，占比达 45.41%。

（三）股票

股票是股份公司发行的所有权凭证，是股份公司为筹集资金而发行给各个股东作为

---

① 国家金融监督管理总局．2023 年 12 月保险业经营情况表［EB/OL］．［2024 - 01 - 26］．https：// www. cbirc. gov. cn/cn/view/pages/ItemDetail. html？docId = 1149677&itemId = 954.

持股凭证并借以取得股息和红利的一种有价证券。股票一般分为普通股和优先股，优先股同时具有债券和普通股的特点，有固定的收益率，风险比普通股更小。我国保险监管允许保险公司投资普通股和优先股，主要包括公开发行并上市交易的股票和上市公司向特定对象非公开发行的股票。2023 年末，我国保险资金运用余额中，股票和证券投资基金余额配置规模 33 274 亿元，占 12.02%。保险资金对股票投资的运用，较好地发挥了其长期优势，为我国实体经济提供差异化融资服务，而随着行业发展和专业能力提升，保险资金未来将进一步持续加大对资本市场的投资力度。

（四）证券投资基金

证券投资基金，是指通过发售基金份额募集资金形成独立的基金财产，由基金管理人管理、基金托管人托管，以资产组合方式进行证券投资，基金份额持有人按其所持份额享受收益和承担风险的投资工具。证券投资基金委托专业的金融投资机构进行组合投资，使保险公司可以借助外部优秀投资人的能力获得更高的投资收益。

（五）不动产

不动产投资是指投资者为了获取预期不确定的效益而将一定的现金收入转为不动产的经营行为。不动产是指土地、建筑物以及其他附着于土地上的定着物。在各国保险监管中均将不动产列为可投资范围。不动产投资优点是便于保险公司对资产项目进行管理和控制，且盈利性和安全性较好，但流动性差，故各国保险监管对其限制较严。

（六）资产证券化产品

资产证券化产品是指金融机构以可特定化的基础资产所产生的现金流为偿付支持，通过结构化等方式进行信用增级，在此基础上发行的金融产品。在资产证券化过程中发行的以资产池为基础的证券称为资产证券化产品。一方面，资产证券化可以将不易交易的资产化整为零，方便资本市场投资人进行投资，同时其也可打包不同标的资产，使风险得到分散。由于资产证券化的灵活性，其成为一种较受欢迎的投资品种。但另一方面，资产证券化产品具有不透明性和复杂性，这使得投资人需要具有较为专业的投资能力。资产证券化产品存在的问题曾在 2008 年国际金融危机中得到了反映。

（七）金融衍生工具

金融衍生工具是随着金融市场发展而出现的新兴产品，主要包括期货、期权、互换等。期货和期权可用来抵消现有资产组合的风险，锁定将来保费收入和投资的当期收益率。

二、我国保险资金运用的监管

近年来，随着保险资金运用规模不断增加，我国保险监督管理机构高度重视提升保险资金运用内控合规管理能力，防范投资运作中的各类风险。为引导保险行业专注主业，坚持风险管理，改变不顾风险、片面追求规模和利润的趋向，不断提高服务经济社会大局的质量和水平，保险监督管理机构颁布了包括《管理办法》在内的相关规章和规范性文件达 90 余项，覆盖了资产负债管理、大类资产比例、投资管理能力、品种投资规范、保险资产管理公司和保险资管产品监管等，功能监管与机构监管并重，体现了审慎监管理念，有效促进了保险资金运用规范稳健发展。① 现就《管理办法》的基本内容简要介绍如下。

《管理办法》是保险资金运用管理的基础性制度，主要内容包括：明确保险资金投资的主要形式，规定保险资金运用的管理模式，重点明确保险资金运用的决策机制和风险管控机制，要求保险机构健全公司治理和内部控制，切实承担各项管理职责和相关风险，明确监管机构对保险机构和相关当事人的违规责任追究。在资金运用监管方面，该办法规定：保险资金运用必须以服务保险业为主要目标；保险资金运用应当坚持独立运作，保险公司股东不得违法违规干预保险资金运用工作；加强受托管理，要求投资管理人受托管理保险资金，不得将受托资金转委托或为委托机构提供通道服务，加强去嵌套、去杠杆和去通道工作等。作为保险资金运用的纲领性法规，《管理办法》保障了保险资金运用监管规则的科学性与有效性。

（一）保险资金运用监管方式的规定

根据《管理办法》第五十九条规定：中国保险监督管理机构对保险资金运用的监督管理，采取现场监管与非现场监管相结合的方式。

1. 现场监管。现场监管，即现场检查监管，是由保险监管机构派人进入保险资金运用相关机构或部门，通过查阅各类财务报表、文件档案、原始凭证和规章制度等资料，核实、检查和评价保险机构资金运用报表的真实性和准确性，以及保险机构的资金运用风险状况、风险管理和内部控制的完善性。

2. 非现场监管。非现场监管又称非现场监测、非现场监控、非现场检查，是指按照资金运用风险为本的监管理念，全面、持续地收集、监测和分析被监管机构的资金运用风险信息，针对被监管机构资金运用的主要风险隐患制订监管计划，并结合被监管机构资金运用风险水平的高低和对金融保险体系稳定的影响程度，合理配置监管资源，实施一系列分类监管措施的周而复始的过程。

非现场监管一般由保险监管机构对保险机构报送的各种资金运用产生的财务数据、报表和报告，采用一定的技术方法就保险资金运用的状况、风险管理状况和合规情况进行分析，以发现资金运用风险管理中存在的问题，评价保险机构的资金运用风险状况。非现场监管在进行资金运用风险评级、风险预警以及指导现场检查中都有重要作用。通过非现场监管，能够及时和连续地监测保险监管资金运用的风险状况，实现对保险机构投资风险状况的持续监控和动态分析。

监管部门在采用现场监管与非现场监管过程中，应根据公司治理结构、偿付能力、投资管理能力和风险管理能力，按照内控与合规计分等有关监管规则，对保险集团（控股）公司、保险公司保险资金运用实行分类监管、持续监管、风险监测和动态评估。

（二）保险资金运用形式的规定

我国保险资金运用限于下列形式：

---

① 国家金融监督管理总局. 中国银保监会发布《关于修改保险资金运用领域部分规范性文件的通知》［EB/OL］. ［2021 − 12 − 17］. https：//www. cbirc. gov. cn/cn/view/pages/ItemDetail. html？ docId = 1024398&itemId = 915&general type = 0.

1. 银行存款。

2. 买卖债券、股票、证券投资基金份额等有价证券。保险资金投资的债券，应当达到中国保险监管部门认可的信用评级机构评定的、且符合规定要求的信用级别，主要包括政府债券、金融债券、企业（公司）债券、非金融企业债务融资工具以及符合规定的其他债券。保险资金开展的股票投资，分为一般股票投资、重大股票投资和上市公司收购等①，中国保险监管部门根据不同情形实施差别监管。

3. 投资不动产。

4. 投资股权以及国务院规定的其他资金运用形式。

（三）保险资金运用禁止性规定

1. 资金运用范围的禁止性规定。根据《管理办法》第十八条规定，除中国保险监管机构另有规定以外，保险集团（控股）公司、保险公司从事保险资金运用，不得有下列行为：（1）存于于非银行金融机构；（2）买入被交易所实行"特别处理""警示存在终止上市风险的特别处理"的股票；（3）投资不符合国家产业政策的企业股权和不动产；（4）直接从事房地产开发建设；（5）将保险资金运用形成的投资资产用于向他人提供担保或者发放贷款，个人保单质押贷款除外；（6）保险监管机构禁止的其他投资行为。

2. 资金运用模式的禁止性规定。《管理办法》在资金运用模式方面的禁止性规定主要体现在以下四个方面：

（1）保险分支机构不得从事保险资金运用业务。

（2）托管机构从事保险资金托管不得挪用托管资金、不得混合管理托管资金和自有资金或者混合管理不同托管账户资金、不得利用托管资金及其相关信息牟取非法利益及有其他违法行为。

（3）保险集团（控股）公司、保险公司委托投资管理人投资的，不得妨碍、干预受托人正常履行职责；不得要求受托人提供其他委托机构信息；不得要求受托人提供最低投资收益保证；不得非法转移保险利润或者进行其他不正当利益输送及有其他违法行为。

（4）投资管理人受托管理保险资金的，不得违反合同约定投资；不得不公平对待不同资金；不得混合管理自有、受托资金或者不同委托机构资金；不得挪用受托资金；不得向委托机构提供最低投资收益承诺；不得以保险资金及其投资形成的资产为他人设定担保；不得将受托资金转委托；不得为委托机构提供通道服务及有其他违法行为。

（四）违法规定

根据《管理办法》规定，保险集团（控股）公司和保险公司存在偿付能力状况不符合保险监管机构要求的、公司治理存在重大风险的、资金运用违反关联交易有关规定的上述情形之一的，保险监管机构可以限制其资金运用的形式和比例，并责令其限期改

---

① 所谓一般股票投资，是指保险机构或保险机构与非保险一致行动人投资上市公司股票比例低于上市公司总股本的20%，且未拥有上市公司控制权的股票投资行为。重大股票投资，是指保险机构或保险机构与非保险一致行动人持有上市公司股票比例达到或超过上市公司总股本的20%，且未拥有上市公司控制权的股票投资行为。

正；同时，相关管理者要承担有关行政处罚或依法追究法律责任。

第三节　资产负债管理

保险公司资金来源于资本金和各类准备金负债，保险公司的经营方式决定其可运用资金有负债驱动的特点。脱离保险负债端，单纯进行保险资金运用的研究将无法更好地降低整个保险公司经营的风险，无法降低盈余波动。为此，保险公司必须进行资产负债管理的研究并推动其具体实施。

由于寿险资金的长期性，达到寿险资产负债匹配的难度较产险业要困难得多，故本节主要讨论寿险公司的资产负债管理问题。

一、寿险公司资产负债管理起源

寿险公司资产负债管理的起源要追溯到 20 世纪 70 年代。在 20 世纪 70 年代以前，西方发达国家的利率水平处于相对稳定的状态。寿险公司的投资大部分集中在固定收益的长期投资上，为期限长达 20 年的长期债券和住房抵押贷款。在 20 世纪 60 年代，寿险公司的投资年收益率一般稳定在 6% ~8% 。与此相适应，当时的寿险公司出售的寿险产品以定价利率在 3% ~5% 的两全保险、终身寿险为主。在这种利率相对稳定的状况下，寿险公司对资产、负债的管理处于相对独立的状况。对资产的管理注重投资的安全性、收益性，对流动性则重视不够。而对负债的管理则侧重于价值评估的准确性上，对市场利率变动可能造成的影响考虑不多。

20 世纪 70 年代以后，西方国家发生了严重的通货膨胀。随着通货膨胀的不断加剧，从 70 年代到 80 年代，市场利率上升到 12% 、15% 甚至 20% 。这种市场变化给西方国家寿险公司的经营造成了很大困难：一方面，相对于如此高的市场利率，寿险公司在 70 年代以前进行的为期 20 年的固定期限的投资已完全没有收益可言；另一方面，为了追求较高的投资收益，大量的寿险保单持有人以寿险公司规定的 5% ~6% 的保单抵押贷款利率申请保单抵押贷款，再把申请到的钱存入其他金融机构以获取更高的收益，有的保单持有人则申请退保，要求寿险公司支付退保金。虽然寿险公司拥有大量资产，但资产中只有一小部分为现金，为了满足保单持有人的保单抵押贷款和退保现金要求，寿险公司不得不在遭受损失的状况下变现长期资产或向其他金融机构借款。一些寿险公司因面临这种财务困境而倒闭了。此后，西方国家寿险公司意识到应相对独立地对资产和负债进行管理，使公司的实际偿付能力充足，即使总资产大于总负债，但如果流动资产小于流动负债，资产负债处于不匹配的状况，也将使保险公司遭受损失，同样不能使寿险公司偿付能力充足，不能保证寿险公司持续稳健经营下去。这样，资产负债管理逐渐发展起来了。

二、资产负债管理的定义和内容

（一）　资产负债管理的定义

根据我国《保险资产负债管理监管暂行办法》第三条规定，保险资产负债管理，是指保险公司在风险偏好和其他约束条件下，持续对资产和负债相关策略进行制定、执行、监控和完善的过程。

资产负债管理这个概念最初并非出现于寿险领域。20 世纪 30 年代，两位著名经济学家弗雷德里克·麦考利（Frederic Macaulay，1938 年）和约翰·希克斯（John Hicks，1939 年）在研究债券价格变动的测量方法时，相继提出了用于分析其利率敏感性的久期、凸性等概念，成为保险资产负债管理发展的基石。1952 年 2 月，英国精算师雷丁顿（Redington）提出免疫理论：保险机构通过建立一种资产—负债结构，使得无论利率发生何种波动，都能够保证公司的资产净值至少等于负债净值。雷丁顿同时提出了"匹配"一词，并将其描述为"将保险机构资产的结构分布和负债的结构分布用某种方式关联起来，使得利率变动引发保险公司损失的可能性可以通过该种方式被降低"。雷丁顿提出让保险机构资产久期与负债久期形成一种匹配的关系，以消除利率波动对盈余负面影响的方法，这就是最为经典的保险资产负债管理技术——雷丁顿免疫，即久期匹配。①

资产负债管理概念在寿险领域的应用由美国保险学者布莱克（Kenneth Black）给出：资产负债管理是一种科学的计划，它涉及保险合同的设计和资产的管理，是为了在经济变动的情况下，有足够的流动资产满足负债的需求。北美精算师协会认为，资产负债管理是企业管理中，协调资产和负债的一种管理策略，它可以被定义为在给定的风险承受能力和约束下为实现财务目标而针对与资产和负债有关的决策进行制定、实施、监督和修正的过程，最适合于运用投资平衡负债的机构进行财务管理。

虽然上述给出的定义角度不尽一致，但是我们还是可以从中归纳出资产负债管理的内容、防范的风险类型、目标及作用。

（二）资产负债管理的内容

寿险公司资产负债管理从字面上看包括资产管理和负债管理两个方面。资产和负债是寿险公司财务的两大支柱，资产一方主要是各种投资资产，而负债一方主要是各种准备金，其中主要是寿险责任准备金。寿险公司的资产管理，指寿险公司在遵守国家法规的前提下对各类资产进行管理，从而保证投资资产能为公司带来预期的收益和现金流需要，同时确保其他资产安全，防止资产流失给公司带来损失；寿险公司的负债管理主要指通过对寿险责任准备金的正确评估，准确反映寿险公司的各项负债及负债期限。二者结合发展而来的资产负债管理就是通过整合资产面与负债面的风险特性，使资产面的资产配置必须与负债面的商品策略相关且一致。

具体来说，寿险公司资产负债管理包括以下内容：

1. 规模匹配管理。规模匹配是指资产规模与负债规模的相互匹配，统一平衡，这种对称并非是简单的对等，而是一种建立在合理业务增长基础上的动态平衡。

① 彭晓燕. 保险公司资产负债管理概述［J/OL］. 中国保险会计研究中心，（2017 - 02 - 28）［2024 - 07 - 28］. https：//mp. weixin. qq. com/s? _ biz = MzA3NDkxOTM2OQ = = &mid = 2650274231&idx = 1&sn = 836a425a56830 b49f9821a66649c0152&chksm = 877b2511b00cac07a0b383cb6ba950db54697c58f578213faa17b62d37524ac180907b5edb2b &scene = 27. 虽然上述经济学家提出了上述资产负债管理构想，但由于保险业长期处于较稳定的经济环境中，产品形态相对简单，负债支出和资产回报也较容易预测，该概念并没有得到应用。

2. 期限结构匹配管理。期限结构匹配是指保险公司能够维持资产端现金流和负债端现金流在期限结构上的相对匹配，控制和管理期限错配带来的不利影响，实现公司长期价值目标。如长期负债用于长期资产（如果市场上的资产期限结构有限，也可以通过再投资或衍生产品的展期获得），短期负债一般用于短期资产。

3. 速度匹配管理。速度匹配管理又叫偿还期对称管理。保险公司的资金运用应当根据资金来源的流动速度来决定，也就是说，保险公司资产和负债的偿还期应保持一定程度的对称关系。可以通过分别计算资产、负债的久期，来判断这种对称关系。如果二者之比大于1，表示资产运用过度，反之则表示运用不足。

4. 成本收益匹配管理。成本收益匹配是指保险公司持有资产的收益能够覆盖负债成本，具备一定的持续盈利能力，防范利差损风险。

5. 现金流匹配管理。现金流匹配是指保险公司在中短期内能够获得充足资金以支付到期债务或履行其他支付义务，维持公司流动性充足，防范流动性风险。

三、资产负债管理所防范的风险

寿险公司进行资产负债管理所防范的最主要风险包括利率风险、流动性风险和再投资风险。

（一）利率风险

1. 从负债的角度。由于寿险产品周期长，利率在此周期内自然会经历较大的波动，寿险产品不可避免地面临着利率变化所带来的风险。比如在传统寿险和年金定价过程中，未来利率假设是最重要的一环。由于投资回报通常以复利计算，实际利率与定价假设利率之间很小的一点差别，经过一二十年之后都会产生巨额差别。通常保险期限越长，保费越高，缴费期越短，则利率风险的影响就越大。

保险产品除保证对承保风险的基本给付外，对保费投资的回报也有一些明确或暗含的保证。例如年金就将最低投资利率明列在保单之中。也有的产品将最低投资回报包含在保费的计算之内。这种保证利率造成了公司的利率风险。后来，也是出于防范利率风险的需要，出现了很多利率敏感型的新险种，如分红产品、万能产品、投资连结与变额保单产品。产品结构的复杂多样导致了负债结构的复杂多样，与之对应的投资组合也变得复杂多样，这又进一步提高了对利率风险管理水平的要求。

2. 从资产的角度。对于寿险业而言，资金运作具有长期性，而且必须遵循安全性的首要原则，这就决定了寿险资产主要以长期国债和优质企业债券投资为主，所以寿险资金的最大市场风险源于利率风险。当然，对于股票、衍生产品等，也存在利率风险，股票的利率风险可由股票久期来描述，衍生品的利率风险通过其对利率的一阶导数 Rho[①] 来反映。实际工作中，由于股票、衍生品或不动产等在寿险公司总资产中的比例很低而且一般持有期限较长，这些产品的短期市场风险对资产负债匹配的影响远远低于债券利率风险的影响。

所以综上可知，无论从对负债结构还是资产结构的影响来看，利率风险都是第一

---

① Rho = 期权价格的变化/无风险利率的变化，是指期权价格对无风险利率变化的敏感程度。Rho 值代表利率每改变 1%，期权将会出现的变化。

位的。

3. 从资产负债管理起源的角度。如前所述，资产负债管理主要起源于利率自由化之后利率波动所引发的利率风险的问题。在 20 世纪 80 年代后期，如美国、日本等保险业发达国家，均发生过数家大型保险公司因为没有适当管理利率风险而导致破产的情况。1986 年日本泡沫经济前期，股市和房地产价格节节攀升，利率水平较高，日本国内利率普遍高于保单的预定利率，1986—1990 年的泡沫经济时期，股市和房地产价格飞涨，日本国内利率低于保单的预定利率。在这一高度投机时期，日本寿险公司无视资产负债之间的匹配的内在要求和风险，一味追逐高额投机利润，"重资产轻负债"，一方面大量增加对房地产和股票等高风险投资品种的投资，另一方面大量销售高预定利率保单。1990 年泡沫经济破裂后，1991—2001 年，股市和房地产价格急剧下滑，泡沫经济时期销售的高预定利率保单及续缴保费和新增保费的累计负债不断增大，资产与负债之间的价值差距越来越大，使整个寿险业面临严重的资产负债不匹配风险，并由此导致 7 家寿险公司破产。[①]

随着利率波动幅度加大和金融业竞争日益激烈，寿险业面临的利率风险会逐步加大。因此，防范利率风险成为寿险公司风险管理中的一个重要内容。

（二）流动性风险

流动性风险有两类：一是资产流动风险，即由于资产头寸过大或市场交易流动性低，无法及时正常买卖所造成的损失；二是资金周转不畅所导致的无力及时偿还索赔或到期债务而造成的风险。流动性风险在寿险公司经营过程中的主要表现就是，当未来的现金流入不能满足未来给付责任的现金流出时，寿险公司不得不低价出售部分资产，或借款以弥补流动资金的不足。

从负债角度来看，不同的寿险产品显然有不同的现金流动形式，因此，对流动性的要求也各有不同。例如，保单条款规定可以以较低利率进行保单贷款的产品的贷款现金流出，这显然会比条款规定贷款利率较高或可随市场利率变动的产品的贷款现金流出量要大，对流动性的要求要高。另外，寿险产品的创新也使得负债对流动性的要求不断提高。最明显的就是万能寿险产品。万能寿险的保费缴纳方式灵活，保险金额可以根据规定进行调整。保单持有人在缴纳一定量的首期保费后，也可以按自己的意愿选择任何数量的保费，只要保单的现金价值足以支付保单的相关费用，有时甚至可以不再缴费。而且，保单持有人可以在具备可保性前提下提高保额，也可以根据自己的需要降低保额。如此灵活的缴费方式一方面引起了管理费用的提高，另一方面也引起保单不确定程度极高的现金流动风险。

从资产角度看，寿险资金运作规模较大，而大笔交易可能会引起市场的震荡而导致较大的流动性风险。有关资产的流动性风险可以由价格变化与买卖数量的比率来描述。这个比率越高说明资产买卖的数量对价格的影响越大，相应的流动性也就越差。资本市场上还有一些更详细的流动性指数，如价格的宽度、深度和阻尼。其中价格宽度描述交

---

① 王少群. 发达国家保险公司破产原因及对我国的启示［J］. 保险研究，2007（8）.

易的实际价格与市场报价均值的差距。价格深度则指能够不明显影响市场价格的最大交易量。价格阻尼反映一桩交易对市场价格影响从大到小的变化速度。显然，宽度越小、深度越大、阻尼越大则资产的流动性越好。

（三）再投资风险

再投资风险源于原有投资期满后缺乏适当再投资机会所造成的投资损失。再投资风险可用再投资价差，即再投资收益率与实际再投资收益率之差来体现。

在缺乏长期投资工具的金融环境中，资产负债匹配很大程度上依赖于滚动式的投资结构。假如我们需要 30 年的债券与负债相匹配，而市场只有 15 年的流动债券，则需要先投 15 年，等 15 年到期后，再投第二期的 15 年债券。但 15 年后市场情况可能有很大变化，再投资就存在不确定因素，需要用资产负债管理统筹考虑。

再投资风险的规避主要通过投资、再投资策略的规划进行。这需要对资本市场的潜在变化有一定的预见能力，从市场风险、信用风险、流动性风险、资产集中风险、资产和负债的匹配五个方面考虑制定投资、再投资策略，更好地选择投资工具和把握合宜地投资时机，像浮动利率的投资产品可在一定程度上减缓再投资的风险。另外，通过保险产品设计，将投资的责任和选择归还给保单持有者，也是一种风险规避方式，分红寿险、变额寿险等产品便都具有这种功能。

四、资产负债管理的目标和作用

（一）资产负债管理的目标

资产负债管理具体说就是根据不同产品的给付特征，选择投资方式，使投资收益的现金流入在时间上和数量上同经营寿险产品所致的各项现金流出相匹配，并使投资方的收益率略高于负债方的利率成本。目标就是在避免财务风险和满足偿付能力的同时实现盈利。

（二）资产负债管理的作用

寿险公司资产负债管理对寿险公司经营目标的实现具有重要作用。

1. 资产负债管理策略是化解寿险公司经营风险的主要途径。寿险公司在经营中，面临的主要风险是资产风险、价格风险、资产负债匹配风险和其他风险（其他风险一般是指税率、税制的改变、法律规定的变化等，对保险公司经营带来损失可能性的风险，这类风险保险人一般不能预测和控制）。对于前三种风险，寿险公司可以通过实施资产负债管理策略，化解或降低风险。

资产负债管理提供了一种方法和观念，使寿险公司更加注意经营中的财务风险，不但认识到现存的风险，还要认识到潜在的、变动的风险，并在事前进行预测、计划和资产负债的协调安排，使风险对公司的影响降至更低。可以说实施资产负债管理策略，已成为化解寿险公司经营风险的重要途径。

2. 资产负债管理能够帮助寿险公司进行正确决策。资产负债管理提供了一种管理的理念，关注寿险公司各类决策的相互关联性，使管理者将不同的目标转化为同一个整体一致的方针，并通过理性的分析，寻求最佳的解决方案。资产负债管理可以将这些问题系统地考虑，使任何一项决策都与公司的总体发展利益相一致。在这种理念的指导下，可以帮助寿险公司避免由于决策失误造成的经营失败。

3. 资产负债管理的建立完善顺应市场发展趋势。一方面，随着经济环境不断变化，人们对保险的需求发生了很大的变化，从单一寻求保障，发展到作为一种投资工具的选择，保险的金融属性增强了，尤其是在寿险行业。为了满足市场需求，面对竞争的挑战和自身发展的需要，寿险业根据市场需求不断调整经营内容，传统寿险产品逐渐向现代寿险产品过渡。20 世纪 70 年代后期，为了规避利率风险，寿险公司开发了万能产品、投资连结产品、浮动利率年金等新型寿险产品，与基金公司、银行和其他金融机构竞争。这些产品在寿险公司中所占比重越来越高，使寿险业经营管理的风险也发生了变化，金融风险越来越成为寿险业主要的风险来源。在这种情况下，寿险业的稳健经营需要资产负债管理来控制和化解风险，需要通过资产负债管理的技术和方法对经营业绩进行监测，以随时监控新产品对公司经营的影响。

另一方面，金融市场的发展，金融衍生工具的创新对寿险公司实施资产负债管理起到了强有力的推动作用，使寿险公司可以更灵活地进行资产负债配置。譬如，利用掉期，可以改变资产负债结构，运用期货、期权可以锁定投资风险等。外部市场的完善，也为寿险公司进行资产负债管理提供了良好的环境。随着金融资产相互融合，寿险公司的资产和负债变得更为复杂，资产和负债的金融性更强，资产负债管理应运而生，成为一种最适合银行、保险公司等金融机构进行财务风险管理的方法。在寿险公司，引入资产负债管理，对防范风险，提高公司收益，稳定资本市场的发展都是非常有益的。

五、资产负债管理的技术

在保险公司资产负债管理的实践过程中，技术方法的研究和创新既是基础又是其推动力。资产负债管理起源于对利率风险的管理，免疫技术即是针对利率风险管理最为成熟的资产负债管理技术，它解决了现金流匹配方法相对僵化的缺点，推动保险公司资产负债管理向更深阶段发展。多重限制决策、随机规划模型、动态财务分析等技术随后也逐步发展起来。[①]

（一）传统利率风险管理技术

资产负债管理源于传统利率风险管理技术，免疫、现金流匹配和缺口分析是最主要的方法。

1. 免疫。如前所述，免疫的概念最早在 1952 年由英国精算师雷丁顿提出，这一成果标志着保险公司资产负债管理理论体系的建立，为未来的深入研究打下了扎实基础。

无论是资产还是负债，其价值一般均通过未来现金流贴现之和计算得出。利率的大小会影响贴现和的大小，利率越大，贴现和值越小，即资产和负债的价值均与利率大小成反比。但是在金融市场中投资人发现，价值和利率的反向关系不是同等幅度的，往往期限越长的资产或负债，其价值受利率变化的影响越大。之后，研究者发现这种反映价值对利率敏感性的指标不是到期的期限，而是现金流发生时刻的加权平均到期期限，权

---

① 段国圣，李斯，高志强．保险资产负债匹配管理的比较、实践与创新［M］．北京：中国社会科学出版社，2012：63.

数为各时刻现金流的现值，即久期。①

根据雷丁顿提出的免疫理论，保险公司资产负债在初始时刻应满足以下三个关系：一是资产与负债价值相等，二是资产与负债久期相等，三是资产凸度大于久期凸度。②若满足了雷丁顿三个条件，保险公司的盈余（资产减去负债）将对利率波动免疫，即不论利率往上还是往下波动，保险公司的盈余均不会向不利方向变化。该方法的提出立即被保险公司，特别是拥有长期业务的寿险公司所采用，之后更衍生发展出完全免疫、主动免疫等其他的更为精细的利率免疫方法。

2. 现金流匹配。现金流匹配实质上是指对资产组合的现金流收入与对应债务支出的现金流进行期限匹配安排，从而通过平衡公司资产负债现金流关系来免除利率风险与流动性风险的一种方法。该方法要求保险公司构建合适的投资组合，以保证其中所持有的资产在每一个时期中都能够提供足够现金来满足该期间内预定的债务支出。该方法提出了化解利率和流动性风险的方法，目前仍被许多保险公司所使用。

现金流匹配技术思路简单，易于理解与操作，但由于某些因素制约，其可能会影响实际的匹配效果：现金流具有不确定性，如果没有按照预期的情况发生，必然导致匹配效果不佳；资产期限结构有所限制，一旦负债现金流超过所有资产的期限，则无法完成充分的匹配；此外，该方法对于投资灵活性有所约束，为达成严格的现金流匹配，可能会失去一些更优的投资机会。

3. 缺口分析法。缺口分析法也是一种用于衡量和控制利率风险的资产负债管理方法。运用该技术，保险公司可以通过分析利率变化对当期收益的影响来评估盈余对利率波动的敏感度，从而为如何调整经营策略提供指导。缺口分析一般包括到期缺口模型和久期缺口模型。③

（1）到期缺口模型。到期缺口模型主要衡量各期限区间内利率敏感性资产规模和利率敏感性负债规模之间的绝对值差异，具体衡量指标包括到期缺口和利率敏感性比率两种形式。到期缺口为一定时期内利率敏感性资产和利率敏感性负债的绝对额度之差，通过到期缺口的大小，保险公司容易计算出利率变化对其净利息收入的影响，从而根据其风险承受能力，主动控制缺口大小，以把控利率对公司盈余的波动影响。利率敏感性比率是指利率敏感性资产额度和利率敏感性负债额度之间的比值，与到期缺口一样，其也反映了利率风险的暴露程度，可以用于计算利率变化所引发的净利息变化程度。

（2）久期缺口。久期缺口则衡量保险公司资产方和负债方对于利率变动的敏感性差异，并最终反映保险公司盈余净值的变动，其比到期缺口的度量指标更为精确，更能真实反映出各类资产、负债及资本盈余净值相对于利率变化的弹性。

---

① 严格来说，这种久期为麦考利久期。久期的概念最早是麦考利（Frederick Robertson Macaulay，1882.8.12—1970.3）在1938年提出来的，所以又称麦考利久期（简记为D）。麦考利久期是使用加权平均数的形式计算债券的平均到期时间。它是债券在未来产生现金流的时间的加权平均，其权重是各期现值在债券价格中所占的比重。

② David G. Luenberg, Investment Science. Oxford University Press, Inc. 1998：62–63.

③ 段国圣，李斯，高志强. 保险资产负债匹配管理的比较、实践与创新［M］. 北京：中国社会科学出版社，2012：78.

（二）扩展的资产负债管理技术

传统资产负债管理技术主要针对利率风险，以控制盈余波动为目标。新的扩展资产负债管理技术，包括现金流测试、多重限制决策、随机规划模型及动态财务分析方法等，开始针对保险公司经营中的多重目标进行分析，并指导投资活动和承保活动多个环节。

1. 现金流测试。现金流测试指以某个指定评估日为起点，通过一系列对关键变量未来发展情况的假设，预测资产组合与负债组合的现金流在未来某段时间内的进展情况，从而对保险公司在此时间段内的财务指标、偿付能力、准备金、投资收益率、风险度量指标等基本情况，以及会计假设、产品定价方案、投资计划、销售策略、再保险安排等资产负债管理策略的运行效果进行分析与评估的方法。

现金流方法是一种比较静态方法，运用了多重情景分析的理念，对不同情景假设下的资产负债状况进行了清晰的刻画，对保险公司掌握风险提供了有效而直观的信息。

2. 多重限制决策模型。公司经营的利润是保险公司经营中最重要的财务目标，但保险公司经营的决策并非仅仅考虑控制盈余的波动，保险公司还会同时兼顾其他一些业务模块的具体目标，这推动了多重限制决策模型的发展。

多重限制决策模型是在决策中引入多重目标和限制条件，在更多优化目标和约束条件下，实现保险公司资产负债管理的决策工作。

比如，保险公司往往需要兼顾股东价值与风险控制两个目标，也需要考虑投资收益率、流动性、资本充足率、业务增长、风险度量、税务安排等多个因素，单一目标优化模型无法满足这些需求，运用多重限制决策模型建立资产负债管理体系可以更好地解决这一问题。

当然，由于模型复杂性，多重限制决策模型可能出现无解或多解的情况，导致模型无法应用，这需要对模型进行复杂的修改调整，以使结果可靠。

3. 随机规划模型。之前的资产负债模型为确定性优化模型，对于随机因素的处理一般是通过情景分析，敏感性测试来完成的。随机规划模型则有所不同，其对利率、资产价格等因素采用随机模型，并使用含有随机变量的数学规划模型，其核心是在给定某种概率分布的条件下，运用事件树、场景生成等方法，为保险公司提供一个描述未来的资产负债价格、收益回报、现金流、利率等不确定因素变动路径的分析框架，在求解模型的同时形成资产负债匹配管理操作的相关策略。在制订经营计划时，保险公司通常会面临一些比较复杂的限制条件，随机规划方法允许公司在建模过程中融入一些更接近现实情况的假设，通过动态方法来解决多期问题。

4. 动态财务分析。动态财务分析是指在充分考虑不同业务部分之间的相互关系，以及影响最终财务结果的所有因素的随机性特征基础上，检查一家保险公司在一定时期内的整体财务状况和风险面貌的全过程。该项技术为资产负债管理提供了新的框架，可以同时评估分析投资、定价、风控、再保险和业务发展等多项策略的有效性，多维立体地反映盈利、经济价值、资本充足率、在险价值等各项指标的可能性分布，为决策优化和全面风险管理提供丰富的信息。

之前的资产负债管理技术基本都是以寿险公司为主，围绕寿险业务的资产负债特点而发展起来的。它们通常以某类产品或某条业务线的负债及其所对应的资产作为分析单位，比较重视对利率风险的控制和平衡。与寿险相比，经营财产保险、责任保险等险种的非寿险企业有着不同的负债特点和盈利模式要求，这决定了大部分传统资产负债管理方法不直接适用于这些公司的操作要求。因此，在适应自身业务经营需要的基础上，非寿险企业探索发展出复杂的、整合公司整体资产负债状态的管理方法体系，即动态财务分析体系。这项诞生于非寿险实践领域的技术实现了资产负债管理广义范畴中所提出的财务管理功能，以极好的分析预测功能及广泛的涵盖内容而获得了巨大成功，推动着更多保险机构将其积极引入到资产负债管理活动中。

【课后阅读材料】

 【阅读材料 12 - 1】

我国保险资金运用法律制度建设成绩斐然[①] ❘❘

一是保险资金运用法制体系的"四梁八柱"基本搭建完毕。

经过二十多年的探索与发展，保险资金运用形成了以《保险法》为基础，以《保险资金运用管理办法》为统领的多层次法律法规制度体系，保险资金运用法制体系的"四梁八柱"基本搭建完毕。保险资金运用主体法制体系和运用行为法制体系日渐完备。《保险法》《关于加快发展现代保险服务业的若干意见》《保险资金运用管理办法》《保险资产管理公司管理规定》等法律法规、监管规定及相关制度共计 230 余件，共同构成了日臻完善的保险资金运用法制体系。

二是行业对保险资金运用监管规律和本质的认识不断深化。

随着保险资产管理规模的不断增长，以及保险资金运用实践的不断发展，保险行业对资金运用监管规律和本质的认识不断深化，监管模式也从分业监管逐步发展到统一监管。从初设原保监会到原银保监会，再到国家金融监督管理总局的设立，正是对金融监管规律和本质认识持续加深的结果。中央金融工作会议提出全面强化"机构监管、行为监管、功能监管、穿透式监管、持续监管"五大监管，习近平总书记在省部级主要领导干部推动金融高质量发展专题研讨班开班式上强调"在市场准入、审慎监管、行为监管等各个环节，都要严格执法"，更进一步表明监管的理念在不断深化，更加科学和完善。

三是保险资金运用法律制度建设的指导思想逐步明晰，更加强调为经济社会发展提供高质量金融服务。

在历次全国金融工作会议的指引下，保险资金运用法律制度建设的关注重点从行业自身发展、为保险公司提供稳定盈利等方面，逐步聚焦到防范化解金融风险、推动金融高质量发展等主题上来，引导和促进保险资金在服务实体经济、服务国家经济社会发展大局中的作用和地位不断增强。例如，保险资金积极支持养老产业发展，形成"保险＋养老""保险＋服务"等产业融合模式；积极参与京沪高铁、南水北调、西气东输、大飞机等国家重大项目和重点工程。

---

① 李祝用. 保险资金运用二十年：法律制度建设回顾与展望［J］. 中国保险资产管理，2024（2）.

回顾过去二十年的发展历程，在保险资金运用法律制度的引导、支持和保障下，我国保险资金运用健康发展。特别是党的十八大以来，保险资金运用余额由 2012 年的 6.85 万亿元增长至 2023 年底的 27.67 万亿元，年均增速约 14%。面向未来，以中央金融工作会议精神为指引，保险资金运用法律制度建设必将取得新的、更大的成绩。

【阅读材料 12 -2 】
保险资产管理业二十载： 扎根保险主业、 向上生长[①]

20 世纪 90 年代中期，高额的利差损成为我国保险行业面临的重大经营风险，简单化、分散化的保险资金运用已不能满足资产负债匹配管理的需求。在监管机构的大力倡导和推动下，保险资产管理行业应运而生。

自 2003 年第一家保险资产管理公司成立以来，我国保险资产管理行业快速发展，市场影响力不断扩大，专业投资能力不断提升。保险资产管理规模从 2004 年底的 1.1 万亿元增加至 2022 年底的 24.5 万亿元。20 年来，保险资管产品不断丰富，从固定收益类产品、权益类产品，逐步拓展至商品及金融衍生品产品、混合类产品，各类产品的产品线也不断丰富。近年来，伴随实体经济需求的多样化和资本市场的发展，非标债权、股权计划、基础设施及不动产、非上市股权等另类投资产品线不断丰富，为市场提供了源源不断的产品供给。

中国保险资产管理业协会发布的《2022—2023 年中国保险资产管理行业运行调研报告》显示，截至 2022 年末，32 家保险资产管理公司管理资产规模稳健增长，全口径资产管理规模 24.52 万亿元。资产配置方面，整体以债券、金融产品和保险资管产品、银行存款为主，三者占比合计超过七成，投资风格保持稳健。保险资金充分发挥其规模大、期限长、资金来源较为稳定的优势，在服务国家战略、实体经济、重大工程建设领域积极作为。该报告显示，保险资金通过债券、股票、股权、保险资管产品等方式累计为实体经济提供中长期资金超过 20 万亿元。特别是在保险资管产品创设方面，截至 2022 年末，债权投资计划、股权投资计划和保险私募基金共登记（注册）2882 只，规模近 6.33 万亿元，主要投向战略性新兴产业发展、重点基础设施、区域发展、国企混改、民生建设、防疫抗疫、脱贫攻坚与乡村振兴等领域。

【阅读材料 12 -3 】
美国国际集团经营危机始末[②]

2008 年国际金融危机爆发，保险巨头美国国际集团（AIG）被政府注资并接管。危机并非来自 AIG 集团的传统保险业务，而是来自其子公司金融产品部门（AIG Financial Products，AIGFP）的金融投资业务。1987 年，三位来自前德崇证券（一家以擅长经营高风险、高收益的垃圾债而闻

---

① 王虎云，王淑娟. 保险资产管理业二十载：扎根保险主业、向上生长 ［N/OL］. 光明网，（2023 - 11 -01）［2024 - 07 - 28］. https：//m. gmw. cn/2023 - 11/01/content_ 1303556700. htm.
② 劳伦特雅克. 大崩盘：金融衍生品的灾难 ［M］. 黄榕，里薇拉，赵凌霄译. 北京：电子工业出版社，2018：270.

名的华尔街投资银行）的银行家创立了独立运营的 AIGFP。创立后最初 10 年，AIGFP 仅对外销售普通利率互换。到 1997 年时，这个擅长运用母公司 AIG 的 AAA 信用评级在市场上进行竞争的机构已有 125 名员工，年收入达 1 亿美元。之后，摩根大通 1998 年联系了 AIGFP，建议其为自己发行的抵押债务合约提供信用强化（发行针对违约的保证）。起初，AIGFP 并不情愿开拓这项新业务，毕竟它以往的业务主要依靠缩小风险敞口的对冲产品，而不是投机产品。预测企业违约的可能性与销售传统保险从业务层面上来说可谓大相径庭，而对冲掉销售信用违约互换带来的风险，相关代价也非常高昂，这就导致这个新业务本身就存在投机倾向。为了说服 AIGFP，摩根大通使用宾夕法尼亚大学沃顿商学院的格里·高顿教授推导的完美建模方法，认为 AIGFP 完全可以通过销售信用违约互换获取可观的保费收入，并且 99.85% 的可能不会为此有任何付出。

最初，摩根大通和其他金融机构所创设的有抵押债务合约是严格基于企业债的。2003 年，由于房地产市场的不断繁荣，抵押债务合约中使用房地产作为抵押的债券比例越来越高，这种证券，即抵押支持债券（mortgage - backed securities，MBS），由此推高了非"两房"公司发行债券的市场份额。到 2005 年时，非"两房"发行的地产类债券已占到总抵押支持债券的 29%，由于为这些债券提供了违约保障，AIGFP 自然也获得很大好处。AAA 信用评级的 AIG 通过对外提供收费保障，其在市场中的地位宛如为"两房"背书的美国政府。可是好景不长，AIGFP 没有意识到正在逐步成型的次贷危机，它所承保的很大一部分有抵押债务合约属于次级债范畴，这些次级债的市场份额曾占全部抵押支持债券市值的三分之二。

助推美国房地产泡沫的抵押支持债券随着房地产市场景气程度的提升，自身规模也在不断扩大，需要进行更多风险对冲，AIGFP 从中捞得盆满钵满，保费收入从 1999 年的 7.37 亿美元猛增到 2005 年的 32.6 亿美元，营运收入占到 AIG 总营收的 17.5%。AAA 信用评级的 AIG 发行的信用违约互换提供了一个梦幻般的场景：投资者一方面享受更高收益率的抵押支持债券，另一方面不需要为债券违约担忧。与 AIG 其他子公司不同，AIGFP 从未考虑为信用违约互换等产品预留合适的准备金。

好景不长，美国证券交易委员会（SEC）和纽约州总检察长要求 AIG 调整自 2001 年起的财务报告，导致其需要为新报告中降低的收入支付近 16 亿美元罚款。紧随其后的是三大评级机构在 2005 年 3 月同时下调 AIG 的 AAA 评级至 AA。受此重创，在保险界声名鼎鼎，曾一手将 AIG 推向辉煌的汉克·格林博格（Hank Greenberg）不得不为此辞去首席执行官职务。同时由于评级下降，为满足所售信用违约互换的约束性条款，AIG 需要向对手方支付更高的保证金。

次贷危机中，美国政府选择救助 AIG 而放弃雷曼兄弟，主要原因是为了避免系统性风险扩大化，并担忧 AIG 一旦破产将给全球金融体系造成混乱。2008 年 9 月 16 日，纽约美联储同意借给 AIG 高达 850 亿美元的资金，以 AIG 79.9% 的所有者权益作为交换，这事实上将 AIG 国有化。

【本章小结】

1. 保险资金运用是保险公司在经营过程中，将积聚的各种保险资金用于各类投资形式，以使保险资金保值增值的活动。保险人通过资金运用增强自身竞争能力，同时也使保险企业从单纯的风险交换、风险聚集与风险分散的机构转变为既有风险管理职能又有金融职能的综合性金融机构。保险公司资金运用最主要遵循的原则为稳健审慎原则、安全性原则、流动性原则和收益性原则，且其重要性顺序不能改变。

2. 保险资金是保险企业完成保险理赔的保证，其由保险公司资本金注入及保险经营中的保费收入扣除各项经营成本后逐步累积形成，包括资本金、公积金、未分配利润、各项准备金以及其他资金。

3. 保险资金可投资范围包括银行存款，买卖债券、股票、证券投资基金份额等有价证券，投资不动产，投资股权和国务院规定的其他资金运用形式。此外，保险资金运用形式还可包括资产证券化产品，创业投资基金等私募基金，设立不动产、基础设施、养老等专业保险资产管理机构，专业保险资产管理机构可设立符合条件的保险私募基金。

4. 资产负债管理是企业管理中，协调资产和负债的一种管理策略，它可以被定义为在给定的风险承受能力和约束下为实现财务目标而针对与资产和负债有关的决策进行制定、实施、监督和修正的过程，最适合于运用投资平衡负债的机构进行财务管理。

5. 资产负债管理起源于对利率风险的管理，免疫技术即是针对利率风险管理最为成熟的资产负债管理技术，它解决了现金流匹配方法相对僵化的缺点，推动保险公司资产负债管理向更深阶段发展。多重限制决策、随机规划模型、动态财务分析等技术随后也逐步发展起来。

【复习思考题】

一、名词解释

保险资金运用　保险资金　资本金　寿险责任准备金　保险资产管理机构
稳健审慎原则　资产证券化产品　期限结构匹配　流动性风险　资产负债管理

二、单项选择题

1. 下列有关保险资金运用的说法错误的是（　　　）。

A. 保险资金运用是保险公司在经营过程中，将集聚的各种保险资金用于各类投资形式，以使保险资金保值增值的活动

B. 保险资金运用既包括企业拥有的各种财产，也包括企业的各种债权的占用和使用情况

C. 保险投资是指增加企业债券或金融资产的活动，其范围大于保险资金运用

2. 下列有关非寿险资金与寿险资金说法错误的是（　　　）。

A. 寿险保险合同期限长，形成的可投资资金期限更长、规模更大

B. 非寿险合同的保险期限较短，因而形成的可投资资金也更稳定

C. 非寿险合同承保标的损失风险较大，其可运用资金的相对期限较短

3. 下列关于寿险责任准备金的描述中，不正确的是（　　　）。

A. 如果寿险合同是自然保费或短期合同，保险公司不需要计提寿险责任准备金

B. 我国对寿险责任准备金的评估是以资产负债表日的可获取当前信息为基础确定准备金评估假设的

C. 在评估寿险责任准备金时，我们只需要考虑风险边际，不需要进行充足性测试

4. 保险公司资金运用最主要遵循的原则为（　　　）。

A. 稳健审慎原则、安全性原则、流动性原则、合法性原则

B. 稳健审慎原则、安全性原则、流动性原则、收益性原则

C. 安全性原则、合法性原则、社会性原则、稳健审慎原则

5. 下列哪一项不是现代常见的保险资金运用管理模式？（　　　）

A. 自营投资管理模式　　　　　　　　　B. 集团内委托管理模式

C. 专业方委托管理模式

6. 下列有关保险资金可投资类别说法错误的是（　　　）。

A. 保险资金运用形式包括资产证券化产品、创业投资基金等私募基金

B. 保险资金可用于设立不动产、基础设施、养老等专业保险资产管理机构

C. 保险资金运用形成的投资资产可用于向他人提供担保或者发放贷款

7. 下列哪一项不是寿险公司资产负债管理的内容？（　　　）

A. 资产规模与负债规模的相互匹配、统一平衡

B. 资产安全性、流动性和盈利性的绝对平衡

C. 资产和负债的偿还期保持一定程度的对称关系

8. 下列不属于流动性风险的是（　　　）。

A. 资产头寸过大或市场交易流动性低，无法及时正常买卖所造成的损失

B. 资金周转不畅导致的无力及时偿还索赔或到期债务而造成的风险

C. 资产负债表上流动性负债高于流动性资产，导致资产负债不匹配的风险

9. 以下哪个不是传统的利率风险管理技术？（　　　）

A. 免疫　　　　　　　B. 现金流测试　　　　　C. 缺口分析

10. 下列有关现金流匹配，说法错误的是（　　　）。

A. 现金流匹配是指对资产组合的现金流收入与对应债务支出的现金流进行期限匹配安排

B. 现金流匹配旨在规避利率风险与流动性风险

C. 现金流匹配运用了多重情景分析的理念，是一种比较静态的方法

三、多项选择题

1. 下列哪些项目属于寿险公司资产负债表的负债端？（　　　）

A. 实收资本　　　　　　　　　　　　　B. 寿险责任准备金

C. 未到期责任准备金　　　　　　　　　D. 保户储金及投资款

2. 下列有关保险资金的说法正确的是（　　　）。

A. 保险资金是由保险公司资本金注入及保险经营中的保费收入扣除各项经营成本后逐步积累形成

B. 保险资金运用的各类形式表现在资产负债表的资产端

C. 保险资金的来源反映在资产负债表的负债端

D. "一般风险准备""寿险责任准备金""未决赔款准备金"都属于寿险公司资产

负债表的负债项目

3. 下列关于保险资金运用的原则，说法正确的是（　　　）。

A. 保险资金运用的基础原则之间是相互联系、相互制约的关系

B. 安全性、流动性是资金运用盈利的基础

C. 保险资金应遵循公共性、社会性、合法性等原则

D. 保险资金运用的主要目的就是盈利，因此，要投资大额、长期、收益高的项目

4. 保险资金运用的形式主要有（　　　）。

A. 银行存款、债券、股票

B. 抵押贷款、保单质押贷款、不动产

C. 基金、黄金、外汇

D. 房地产开发建设

5. 下列哪些是寿险公司资产负债管理的内容？（　　　）

A. 规模匹配　　　　B. 期限结构匹配　　　　C. 流动性匹配　　　　D. 目标互补

6. 下列有关寿险公司面临的利率风险，说法正确的是（　　　）。

A. 寿险保单期限越长，保费越高，缴费期越短，则利率风险的影响就越大

B. 最低保费投资回报率、投资连结等新险种的出现都提高了对利率风险管理水平的要求

C. 衍生品在寿险公司总资产中持有期一般较长，因此，其短期市场风险对资产负债匹配的影响远高于债券利率风险的影响

D. 在安全性原则下，寿险投资以长期国债和优质企业债投资为主，因此，面临着较大的利率风险

7. 下列有关再投资风险，说法正确的是（　　　）。

A. 通过保险产品的设计，将投资的责任和选择收归保险人，可规避再投资风险

B. 再投资风险源于投资期满后缺乏适当再投资机会所造成的投资损失

C. 再投资风险可用在投资价差，即再投资收益率与实际再投资收益率之差来体现

D. 再投资风险的规避主要通过投资、再投资策略的规划进行

8. 下列关于雷丁顿的免疫理论，说法正确的是（　　　）。

A. 保险公司资产负债在初始时刻应满足资产与负债价值相等

B. 保险公司资产负债在初始时刻应满足资产与负债久期相等

C. 保险公司资产负债在初始时刻应满足资产与负债凸度相等

D. 保险公司资产负债在初始时刻应满足资产凸度大于负债凸度

9. 下列有关我国《保险资金运用管理办法》说法正确的是（　　　）。

A. 保险资金可投资范围包括银行存款、买卖债券、股票、证券投资基金份额等有价证券

B. 保险资金不可用于投资不动产，也不可投资股权

C. 保险资金还可运用于资产证券化产品、创业投资基金等私募基金

D. 保险资金不可存款于非银行金融机构

10. 下列有关扩展的资产负债管理技术，说法正确的是（　　　）。

A. 现金流测试对不同情景假设下的资产负债状况进行了清晰的刻画，对保险公司

掌握风险提供了有效直观的信息

B. 多重限制决策模型可能出现无解或多解的情况，导致模型无法应用，这需要对模型进行复杂的修改调整，以使结果可靠

C. 随机规划模型使用含有随机变量的数学规划模型，通过多期静态分析解决问题

D. 动态财务分析多维立体地反映盈利、经济价值、资本充足率、在险价值等各项指标的可能分布

四、简答题

1. 请简述非寿险资金与寿险资金的区别。

2. 请简述保险资金运用的基本原则。

3. 请简述保险资金的主要运用形式。

4. 请简述保险公司如何通过免疫实现利率风险管理。

五、论述题

1. 保险资金运用的必要性体现在哪些方面？

2. 请分析保险公司资产负债管理所防范的主要风险。

六、案例分析

1. 2016 年 2 月 25 日，中国保监会网站发布对中融人寿采取监管措施的监管函。监管函显示，鉴于中融人寿 2015 年第三季度末和第四季度末偿付能力充足率分别为 −115.95% 和 −74.62%，偿付能力溢额分别为 −23.49 亿元和 −2.82 亿元，属于偿付能力不足类公司。根据有关规定，责令中融人寿即日起不得增加股票投资，并采取有效应对和控制措施，切实防范投资风险。中融人寿在偿付能力符合监管规定后，需向保监会请示，经同意后方可开展新增股票投资业务。①

这并非中融人寿首次被监管部门处以行政处罚。据中融人寿官方网站披露，2015 年 9 月 1 日，中融人寿收到保监会行政处罚决定书，其存在的违规运用保险资金的行为被保监会依法罚款 30 万元，不动产投资、股权投资、金融产品投资各受 1 年限制，相关负责人亦被警告并罚款。中融人寿虚增偿付能力的行为也受到相应处理。2015 年 12 月，中融人寿在不到一周的时间里，接连举牌真视通、鹏辉能源、天孚通信 3 家上市公司，合计浮亏额约 1.9 亿元。上述举牌买入的股票有 6 个月禁售期，在 2016 年 6 月中旬之前，这些持仓均不可抛售。②

请根据上述信息，分析股票投资对保险公司经营所产生的风险。

2. 2014 年可谓是安邦保险发展历史上一个重要的转折点。在 2014 年之前，安邦保险的保险业务一直处于不温不火的发展之中，其资产规模在业内也并不起眼。但自 2014 年起，安邦保险集团凭借着投资型保险产品带来的巨额保户储金和投资款，其资产规模

---

① 2016 年 11 月中融人寿完成增资 40 亿元，增资后核心偿付能力充足率和综合偿付能力充足率为 134.49%，偿付能力重新达标。为此，依据有关监管规定，中国保监会下发了《中国保监会关于解除中融人寿保险股份有限公司监管措施的通知》，解除了之前中国保监会监管函对中融人寿采取的监管措施。

② 徐庭芳. 险企举牌狂欢后"尝苦果"，保监会叫停中融人寿股票投资［N/OL］. 澎湃新闻网，https：// www. thepaper. cn/newsDetail _ forward _ 1436074，2016 − 02 − 25.

开始了跨越式的增长。安邦寿险在 2013 年的总资产仅有 169 亿元，但截至 2016 年底，其总资产已达到 14 525 亿元，年均增速高达 2 800%。安邦财险的总资产也于 2016 年底达到 7 954 亿元，比起 2011 年的 51 亿元增长了足足 155 倍。同年，安邦保险连续两次增资，分别将注册资本增加至 300 亿元和 619 亿元，超过中国人寿保险公司成为中国保险业资本金最雄厚的公司。

安邦集团的快速发展是借助了"资产驱动负债"的发展模式。

然而，好景不长，2018 年，保险监管部门对安邦公司下发了监管函，监管函的内容显示，2017 年 6 月，保监会工作组对安邦保险集团的保险资金运用情况进行了专项检查，发现安邦保险在资金运用中违反了《中华人民共和国保险法》《保险资产配置管理暂行办法》《保险资金投资不动产暂行办法》等有关规定，依据《中华人民共和国保险法》《保险资金运用管理暂行办法》的有关规定，因此，保监会对安邦保险提出了监管要求。

请结合上述资料对"资产驱动负债"模式进行评析。

第十三章
保险财务管理

【教学目的与要求】

本章主要介绍保险财务管理的基本理论与相关实务知识。通过学习本章，学生应熟练掌握保险财务管理的概念和特征，了解我国保险财务会计制度的具体内容，掌握保险会计的特殊性，掌握保险公司基本财务状况的分析方法以及衡量保险公司偿付能力、获利能力的主要指标。

第一节　保险财务管理概述

一、保险财务管理的概念与特征

（一）保险财务管理的概念

保险财务管理是保险企业管理的一个组成部分，它是根据相关财务会计法规制度，按照财务管理的原则，组织保险企业财务活动，处理保险财务关系的一项综合性管理工作。保险财务管理一般是在保险会计核算的基础上，根据保险会计报表的有关数据等资料，运用专门的经济技术方法，对保险公司的业务经营活动和经营成果进行全面、系统分析的一项综合性活动，是保险会计核算的继续和补充。

（二）保险财务管理的特征

与一般的工商企业，甚至是金融行业的非保险企业相比，保险公司的财务管理具有自身的特殊性。

首先，保险公司需要满足更加严格的财务监管要求。保险公司是经营负债的金融机构，保单持有人是主要的债权人，为了保证保单持有人的利益，保险公司必须要满足严格的财务监管。以美国为例，除了一般公认会计准则之外，保险公司还需要受到保险业法定会计准则的监管，即保险公司要受到双重的监管标准约束。一般公认的会计准则旨在向一般的非特定会计信息的使用者提供真实反映保险公司经营成果和财务状况的信息，保持保险公司与其他工商企业的可比性。而保险业法定会计准则则是为了保险监管部门监控保险公司的偿付能力，保证保单持有人的利益。除此之外，保险信用评级公司的财务评级虽然不是直接的财务监管，但是同样对保险公司产生较强的约束力。因此，保险公司一般会通过提高自身的财务级别来提升市场品牌形象，进而扩大对消费者的影响力，增加公众认知度。

其次，保险公司损益计算更加复杂。保险公司损益的计算并非是当年的保费收入减掉当年的赔付款、税金和费用支出，而是需要考虑当年保单的未了责任。保费收入的确定和准备金的计提充分体现了保险公司损益计算的特殊性。一方面，虽然保费收入是在签发保单时入账，但相对应的保险责任则要延续到保险期终。因此，保险公司收取的保费并不立即成为保险公司的收入。不属于当年收入的保费需要以未到期责任准备金、未决赔款准备金等形式从当年收益中提存作为下一年的收入，而上年度提存的未到期责任准备金、未决赔款准备金等则要转回记作本年的收入。所以，保险公司的损益需要经过较长的一段时期才能较为准确地核算。另一方面，准备金的计提与公司盈利之间存在此消彼长的关系，准备金提取太低会低估负债、高估盈利，公司资金会通过税收、红利、奖金等形式流出；而准备金提取过高虽然会起到避税的作用，但是会降低公司盈利和对股东的吸引力，不利于公司的长期发展。因此，必须要采用科学的精算方法合理地计提各类准备金。

最后，保险公司的财务不稳定性更加突出。保险公司是以风险为经营对象的企业，承保和投资是其两大主营业务，相对于其他企业，其财务不稳定性更强。一方面，保险公司的各项业务均与天灾人祸等风险有关，风险的发生频率和损失程度又是难以预测的，而且许多风险处于动态发展中，尤其是一些巨灾的发生可能会对公司的财务产生较大的冲击。另一方面，保险公司的投资业务也面临证券价格波动等多种市场风险，其可能产生的损失程度也是难以预测的，这同样会影响公司财务的稳定性。鉴于此，保险公司需要构建更加完善和高级的财务管理技术。例如，作为一种高级的财务管理技术，动态的现金流量管理能够帮助财务管理者在变化的市场环境中寻找合适的流动性水平，使得公司既可以偿还当前负债又能够赚取收益。保险公司就有必要构建动态的现金流量管理，因其需要保持充足的资产流动性以保证偿付能力。但是高流动性的资产一般收益较低，所以，保险公司还需要投资赚取更高的收益以保证盈利能力。

二、保险财务管理的目标与职责

（一）保险财务管理的目标

财务管理作为公司整个运行机制的重要一环，直接受制于公司的经营目标，公司的经营目标是衡量和评价各项财务决策是否行之有效的标准。保险公司的经营目标是为了盈利，但鉴于其负债经营的特征，保险公司财务管理的基本目标就是保证偿付能力。当然，其根本目标还是公司的效益（价值）最大化。

偿付能力是保证负债义务得以履行的能力，是保险公司在准备金之上附加的对客户利益的保证。只有保险公司具备充分的偿付能力，才能够切实履行保险合同约定的赔偿责任或者给付保险金的责任。一旦偿付能力不足，保险公司会受到各种惩罚，甚至被接管。

偿付能力目标是从监管要求或者保单持有人的利益考虑的，但是从公司所有者或者投资者的角度，保险公司财务管理的根本目标是公司效益（价值）最大化。从契约关系的角度，保险公司的财务管理主要涉及四方主体——保险公司所有者、保单持有人、保险公司管理者与员工以及政府等外部监管部门。保险公司的重大财务决策必须经过股东大会或者董事会表决，所以，公司所有者对公司的财务管理目标具有重大影响。保单持有人实际上是保险公司的主要债权人，为了保证自己的赔偿或者给付利益，他们要求保险公司具有良好的资金结构和偿付能力，他们通过市场行为对公司的财务管理目标产生影响。保险公司的管理者和员工是公司财务的创造者，他们分享公司收益，获得合理报酬，同时承担经营风险，公司在制定财务管理目标时必然会考虑他们的利益。在政府等外部监管部门的引导下，保险公司需要遵守各项政策法规，还要依法纳税，这必然会对保险公司财务管理目标的制定产生约束。所以保险公司财务管理的根本目标是协调以上各方的利益，实现公司长期稳定发展和总价值的不断增长。

（二）保险财务管理的职责

财务管理的职责源于企业资金运动及其所体现的经济关系，表现为筹资、用资、耗资、分配等过程中的管理职能，包括财务分析、财务预测、财务决策、财务计划、财务控制等多方面。保险公司的财务管理职责随着企业经营管理要求的变化而不断发展，从最初的执行决策、协助公司高管层策划、实施公司战略，到现在的财务分析、财务预测与财务计划等各个方面。为此，财务管理在保险公司发展过程中发挥着越来越重要的作用，甚至直接关系到公司经营管理的成败。

就目前我国保险市场的发展状况而言，保险公司财务管理的职责有基本职责与管理职责之分。

1. 基本职责。基本职责主要包括财务分析、财务预测、财务决策与财务计划四个方面。

（1）财务分析。财务分析即以财务报表资料及其他相关资料为依据，采用一系列专门的分析技术和方法，对公司过去有关筹资活动、投资活动、经营活动、分配活动进行分析。财务分析的目的是为公司及其利益相关者了解公司过去、评价公司现状、预测公司未来、作出正确决策提供准确的信息或依据。

（2）财务预测。财务预测是根据公司财务活动的历史资料，考虑现实的要求和条件，对未来的财务活动和财务成果作出科学的预计和测算。其目的是测算公司投资、筹资各项方案的经济效益，为财务决策提供依据，预计财务收支的发展变化情况，为编制财务计划服务。

（3）财务决策。财务决策是对财务方案进行比较选择，并作出决定。其目的在于确定合理可行的财务方案。

（4）财务计划。财务计划即以货币形式协调安排计划期内投资、筹资及财务成果的文件。制订财务计划的目的是为财务管理确定具体量化的目标。

保险财务的四项基本职责相互联系，财务分析和财务预测是财务决策和财务计划的基础条件，财务决策和财务计划是财务分析和财务预测的延续。

2. 管理职责。保险财务的管理职责包括资本管理、财务风险度量标准设定与财务报告分析三个方面。

（1）资本管理。在资本管理方面，保险公司财务管理的职责表现在：一是要将资本有效分配到各保险产品市场以及分销体系中，以实现风险调整后资本收益的最大化；二是要维持资本水平，以达到内部风险管理层、监管层以及评级机构的要求；三是要产生足够的现金流以满足公司的盈利能力和偿付能力目标；四是通过内部及外部融资实现资本成本最小化目标；五是合理利用财务杠杆以使公司市值最大化。

（2）财务风险度量标准设定。辨别公司的财务风险、度量风险的大小、制定措施、适当规避并减少财务风险带来的损失，是保险公司财务管理的重点职责。其中，财务风险的度量标准的设定更是整个财务风险管理的关键内容。由于国内外关于保险财务风险度量的标准不一，指标及方法模型选取也各有不同，加之我国保险市场环境的特殊性和复杂性，我国保险公司财务风险度量标准并没有定论。在国外，一般以保险公司法律破产作为财务危机的判断标准；在国内，目前一般以单纯的偿付能力指标来度量保险公司的整体财务风险。

（3）财务报告分析。基于公司财务报告，财务经理需要向董事会报告公司的财务管理和风险管理情况，需要向投资者说明公司业务的进展情况，以及制定平衡计分卡以衡量公司业绩。

除了上述职责，保险公司的财务管理还在公司合并、收购和资产剥离活动中担负着特殊的职责。比如在收购过程中，财务管理者要进行财务目标和风险预测，以证明新的业务计划是否能为公司带来经济利益；财务管理者还需要对费用进行有效管理，包括收集和分析成本以对资本进行有效管理，等等。

三、保险财务会计制度

会计工作的规则、方法和程序总称为会计制度。我国现行的保险会计制度体系主要由《中华人民共和国会计法》（以下简称《会计法》）、《企业会计准则》（以下简称《准则》）、《企业会计准则第 25 号——保险合同》（以下简称《准则第 25 号》）构成。

（一）《会计法》

《会计法》是我国会计工作的基本法，是指导我国会计工作的最高准则。该法对会计工作的立法宗旨和适用范围、企业法人的会计责任、会计核算规则、会计机构和会计人员的基本职能和法律责任、国家会计主管部门、会计法规制度等有关事项作出了具体规定，在会计法律法规中起着"母法"的作用，对其他会计法律法规具有统驭的功能。

（二）《企业会计准则》

本《准则》于 2006 年 2 月 15 日发布，自 2007 年 1 月 1 日起施行。本《准则》是会计人员从事会计工作的规则和指南，具体包括基本准则、具体准则和应用指南。

1. 基本准则。基本准则提纲包括总则、会计信息质量要求、财务会计报表要素、会计计量、财务会计报告等十一章内容，是对企业财务会计的一般要求和在主要方面做出的原则性规定。

2. 具体准则。具体准则是在基本准则的前提下，为规范企业会计确认、计量和报告行为，保证会计信息质量而制定的。具体准则是处理会计具体业务标准的规范，可分为一般业务准则、特殊行业和特殊业务准则、财务报告准则三大类，主要包括《企业会计准则第1号——存货》等42号的具体规定（2014年之前为38号；2014年在《准则》修订后，增加了《准则》第39号——公允价值计量、《准则》第40号——合营安排和《准则》第41号——在其他主体中权益的披露三个准则，并于2014年7月1日起执行；2017年新增《准则》第42号——持有待售的非流动资产、处置组和终止经营）。

2020年2月，为了适应社会主义市场经济发展需要，规范保险合同的会计处理，提高会计信息质量，根据《企业会计准则——基本准则》，我国财政部对《企业会计准则第25号——原保险合同》进行了修订，不再执行财政部于2006年2月印发的《财政部关于印发〈企业会计准则第1号——存货〉等38项具体准则的通知》中的《企业会计准则第25号——原保险合同》和《企业会计准则第26号——再保险合同》，以及财政部于2009年12月印发的《保险合同相关会计处理规定》，而开始实施新的《企业会计准则第25号——保险合同》（上市保险公司从2023年1月1日开始实施，其他保险公司将从2026年1月1日开始实施）。

3. 应用指南。应用指南则是从不同角度对企业具体会计准则进行强化，解决实务操作问题，包括具体准则解释部分、会计科目和财务报表部分。

第二节　保险会计

一、保险会计的概念与特点

（一）保险会计的概念

保险会计是会计学的一个分支，是指以货币为主要计量单位，运用会计学的基本原理和方法，核算和监督保险公司各项经济活动，并向保险公司投资者及其他相关利益人提供会计信息的管理活动。

保险企业是经营保险业务的经济组织。保险业务是一种特殊的业务，它是以集中起来的保险费建立保险基金，用于补偿因自然灾害与意外事故所造成的经济损失或对个人的死亡、伤残等给付保险金的一种方法。因此，保险会计是一种金融行业会计，其对象是可以通过价值形式表现的保险业务活动，或保险资金运动。

（二）保险会计的特点

保险公司的经营活动一般不涉及物质资料的生产和交换，而是一种具有经济保障性质的特殊劳务活动，这种特殊性使得保险会计不仅具有一般会计的共性，而且有着自己的特点。①

1. 保险会计对象是保险公司的资金运动。一般的企业会计核算是以企业发生的各项经济业务为对象，准确、及时地记录、反映企业本身的各项生产经营活动。由于保险公司不同于一般工商企业，其经营活动均通过货币资金的收付来实现。即一方面主要通过

---

① 许飞琼. 保险会计（第二版）[M]. 武汉：武汉大学出版社，2005：3-5.

开展各种保险业务，以收取保险费的方式从各方面吸收大量的货币资金；另一方面又主要通过赔款和给付保险金的方式，向遭受保险事故的保险客户支付大量的货币资金，并通过货币资金的收付过程来实现公司自身的经济利益。可见，保险会计的对象，应当是保险公司的资金运动，包括保险资金的收付及其增减变动情况，以及由此而形成的财务成果。

2. 保险会计必须按保险业务分类核算。在国际上，按寿险与非寿险实行分险经营是保险界的惯例，在保险财务会计工作中，各国亦普遍强调按保险业务进行分类核算。我国《保险法》第九十五条规定："保险人不得兼营人身保险业务和财产保险业务。但是，经营财产保险业务的保险公司经国务院保险监督管理机构批准，可以经营短期健康保险业务和意外伤害保险业务。保险公司应当在国务院保险监督管理机构依法批准的业务范围内从事保险经营活动。"现行的《准则第 25 号》虽然不再区分保险业务类型，但是以保险合同组基于组内各合同权利和义务估计的未来现金流量按照当前可观察折现率折现后的现值为基础，考虑非金融风险影响和未赚利润，计量保险合同负债，作为保险合同计量的一般模型。在保险服务收入确认方面，保险公司必须分拆保险合同中可明确区分的投资成分和其他非保险服务成分，对于不可分拆的投资成分，其对应的保费也不得计入保险服务收入。《准则第 25 号》关于保险服务收入确认原则不仅能体现保险会计按保险业务分类核算问题，更能真实反映保险公司的经营成果，更好地体现"保险姓保"的同时，防止保险公司粉饰财务业绩，提高会计信息质量。此外，也与银行等其他金融机构确认收入的原则保持了一致。

3. 资金运用占有重要地位。保险公司通过收取保险费，支付赔款或保险金，不断地积累货币资金，业务愈发展，其拥有的货币资金愈多，可供运用的资金规模就愈大。国外许多保险公司的资金运用规模要占其总资产的 70% 以上，发达国家的保险公司在激烈的市场竞争条件下，不仅需要依靠保险资金运用来赚取利润，而且大多需要利用保险资金运用的收益来弥补保险业务经营亏损。因此，资金运用是保险公司经常性的经营活动，其收益是保险损益的重要构成部分，这一特点决定了保险资金的运用在保险会计中占有重要地位。

4. 需要提存各种业务准备金。保险会计年度为每年 1 月 1 日到 12 月 31 日，12 月 31 日办理会计年度决算，但保险单的签发及有效期，除少数 1 年期以内的超短期业务外，均要延续到第二个会计年度乃至以后若干个会计年度（如人寿保险等）。因此，每届年终决算，各保险公司总有一部分保险单未到期，而保险单未到期则意味着保险公司所承担的保险责任尚未了结，从而需要根据未了责任的大小，从当年的保费收入中计提相应的责任准备金，以保持保险费和保险责任的适应性。这样，从当年保费收入中按规定比例计算、提取各种业务准备金作为当年的损益支出，到第二年时再转回作其收入，依次类推，便构成保险会计核算中的一项特殊内容。

5. 保险损益计算及结果特殊。保险公司的损益计算，不仅是当年收入减去当年支出，而且还须加上每一年度业务准备金的调整，而业务准备金的数额巨大，其计提与转回对保险公司的损益影响也巨大，如果当年计提的业务准备金大于或小于保险公司实际承担的责任，就会出现不真实的损益后果；同时，由于各种灾害事故的不平衡发生，导致了保险公司年度之间的损益结果也有颇多差异，大盈大亏的现象在保险经营中并不乏见。因此，保险公司的损益在年度间的可比性较差；它实质上不是通过年终决算反映，而是要经过一个较长时期（一个灾害周期）才能进行较为准确的核算和考核，非寿险公司和非寿险业务更是如此。在国际上，有的国家规定保险公司的盈亏可以连续计算，就是依据保险公司损益计算的不同与损益结果具有的周期性的特点而制定的特殊政策。

二、保险会计的分类

保险会计采取的是双重规范、双重报告的模式，具体可分为两个类型：一般公认会计和监管（法定）会计。保险公司季度报告和年度财务报告遵循一般公认会计准则的规定，而向监管部门提交的资产负债表等遵循监管（法定）会计准则的规定。

（一）一般公认会计

一般公认会计是指适用于各个不同的行业，包括从会计的基本概念、基本假设等会计基本原理到具体会计计量和财务报表编制的程序和方法的规定。通常，一个国家的会计体系就是一般公认会计，其主要目的是向一般非特定会计信息使用者提供客观、公正的会计信息。保险会计提供的财务信息应与其他行业具有可比性，但由于保险行业的特殊性，其编制的财务报表还需同时遵循监管会计准则。

（二）监管（法定）会计

监管（法定）会计仅适用于保险行业，主要服务于保险监管部门，是为了保护保单持有人利益而监控保险公司偿付能力的会计监管方式。具体而言，监管（法定）会计是基于保险监管部门的角度制定的会计确认、计量标准，旨在对保险公司的资产、负债、收入、费用和利润进行更加谨慎的核算，以此监督保险公司的偿付能力，更好地维护保单持有人的利益。保险是经营风险的特殊行业，这种经营的特殊性造成保险会计核算与一般行业存在差异；同时保险公司和保单持有人之间存在信息不对称，使得保单持有人的利益更容易受到损害，从而需要监管部门的专门维护。

三、保险会计的运行模式

国际上保险会计都存在一般公认会计和监管会计两种准则，但两种准则的运行模式各有不同，大致分为以下三类：

1. 主辅相成模式。主辅相成模式是指以一般公认会计准则为主、以监管（法定）会计为辅的运行模式。该模式要求保险公司按照一般公认会计准则进行日常经营活动的会计核算，在会计期末再按照监管（法定）会计的要求对一般公认会计准则的会计结果进行调整，以调整后的结果编制特定的监管报表。运用主辅相成模式可以较好地解决一般公认会计和监管（法定）会计的不同要求与运行成本之间的矛盾，同时可以节约人力及时间成本，现实操作性强。目前，国际上大部分国家采用此种保险会计模式。

2. 合二为一模式。该种模式要求保险监管机构综合一般公认会计准则和监管（法定）准则，制定一套保险行业特有的会计准则。这种模式运行成本低、节省人力。但是一般公认会计和监管（法定）会计在会计假设、服务对象、会计目标等方面具有重大差异，若强行将两种准则结合在一起，必会造成操作困难，并且难以满足各方面要求，严重的甚至可能造成保险监管失败。如日本在 20 世纪末至 21 世纪初的几年间，多家寿险公司的倒闭与合二为一运行模式不无关系。

3. 两者并行模式。该种模式要求保险公司从日常会计处理，到期末报表编制都同时运用两种准则进行核算。这种模式提供的信息较为全面，但运行成本较高，不利于成本效益的提高。如巴西等国就采取此种模式。

四、保险会计的科目与核算

（一）保险会计科目

为了便于全面、系统地核算和监督各项经济活动引起的会计要素的增减变化，必须对会计要素的具体内容进行科学的分类，将形式相似、用途一致的经济业务归集到一起，设置统一的会计科目，并事先确定分类核算的项目名称，规定其核算内容。这种对会计要素的具体内容进行分类核算的项目名称，称为会计科目。设置会计科目，是正确运用复式记账、填制会计凭证、登记账簿和编制会计报表等会计核算方法的基础。

1. 按照经济内容，可将保险公司的会计科目分为五类。

（1）资产类科目。资产类科目是用来核算和监督保险公司的财产、资金及债权等所使用的科目，如"货币资金""固定资产""应收款项""长期股权投资""存出资本保证金""保险合同资产"等科目。

（2）负债类科目。负债类科目是用来核算和监督保险公司的负债状况所使用的科目，包括"短期借款""应付款项""拆入资金""长期借款""预售保费""保险合同负债"等科目。

（3）共同类科目。共同类科目是既反映资产又反映负债的科目，关键是要看其余额方向而定，若余额在借方则表现为资产，若余额在贷方则表现为负债，如"货币兑换""分保内部往来"等科目。

（4）所有者权益类科目。所有者权益类科目是用来核算和反映公司投资者对公司净资产的所有权，包括投资人对公司的投入资本以及从利润分配中形成的公积金等的会计科目，如"实收资本""资本公积""盈余公积"等科目。

（5）损益类科目。损益类科目是用来核算和监督保险公司经营成果的科目，它又可以分为收入类科目和支出类科目，前者如"保费收入""追偿款收入""摊回分保费用"等，后者如"赔付支出""佣金支出""营业费用"等。

2. 根据反映业务的详细程度，保险会计科目可分为一级科目、二级科目和明细科目。

（1）一级科目，又称总分类科目或总账科目，是对会计要素的具体内容进行总括分类、提供总括信息的会计科目。如"应收款项""赔付支出"等。总分类科目由会计制度统一规定，各保险公司可以根据自身的业务情况作适当的增减。

（2）二级科目，也称子目，是在一级科目之下开设的用于提供较为概括的会计资料的科目，其信息的详细程度介于总分类科目和明细分类科目之间。如在"赔付支出"总分类科目下，可设置"赔款支出""满期给付""年金给付"等二级科目。在二级科目下，还可以按照具体项目分设细目，用于反映各种费用增减变动的情况及结果。

（3）明细科目，即对总分类科目的进一步细分，其提供的信息最详细。由于各公司的规模、特征存在差异，会计制度只规定了一些必要的明细科目，保险公司可根据实际需要自行设定。

3. 保险会计科目表。保险公司应按照企业会计准则的规定设置会计科目，以保证会计核算指标的口径一致性，便于会计指标的对比与汇总。但是，企业在不违反会计准则确认、计量和报告规定的前提下，可以根据本单位的实际业务需要增设、分拆与合并会计科目。企业不存在的交易或事项，可以不设置相关的会计科目。实务中，保险公司的会计科目一般分为资产、负债、所有者权益和损益四大类，具体可参见表13－1。

表 13－1　　　　　　　　　　　某保险公司会计科目表

顺序号	编号	会计科目名称	顺序号	编号	会计科目名称
		一、资产类	22	1303	保户质押贷款
1	1001	库存现金	23	1304	贷款损失准备
2	1002	银行存款	24	1411	低值易耗品
3	1031	存出保证金	25	1412	低值易耗品跌价准备
4	1032	存出准备金	26	1441	抵债资产
5	1101	交易性金融资产	27	1442	抵债资产跌价准备
6	1111	买入返售金融资产	28	1451	损余物资
7	1122	应收保费	29	1452	损余物资跌价准备
8	1123	预付赔付款	30	1501	持有至到期投资
9	1124	预付分出保费	31	1502	持有至到期投资减值准备
10	1125	垫缴保费	32	1503	可供出售金融资产
11	1126	代付赔付款	33	1511	长期股权投资
12	1127	托收票据	34	1512	长期股权投资减值准备
13	1128	应收票据	35	1521	投资性房地产
14	1131	应收股利	36	1522	投资性房地产减值准备
15	1132	应收利息	37	1531	长期应收款
16	1201	应收代位追偿款	38	1532	未实现融资收益
17	1211	应收分保账款	39	1541	存出资本保证金
18	1212	应收分保合同准备金	40	1601	固定资产
19	1221	其他应收款	41	1602	累计折旧
20	1231	坏账准备	42	1603	固定资产减值准备
21	1302	拆出资金	43	1604	在建工程

续表

顺序号	编号	会计科目名称	顺序号	编号	会计科目名称
44	1605	在建工程减值准备	82	2801	预计负债
45	1606	固定资产清理	83	2901	递延所得税负债
46	1701	无形资产			三、所有者权益类
47	1702	累计摊销	84	4001	实收资本
48	1703	无形资产减值准备	85	4002	资本公积
49	1711	商誉	86	4101	盈余公积
50	1801	长期待摊费用	87	4102	一般风险准备
51	1811	递延所得税资产	88	4103	本年利润
52	1821	独立账户资产	89	4104	利润分配
53	1901	待处理财产损溢	90	4201	库存股
		二、负债类	91	4401	其他权益工具
54	2001	短期借款	92	4402	其他综合收益
55	2002	存入保证金			四、损益类
56	2003	拆入资金	93	6011	利息收入
57	2101	交易性金融负债	94	6031	保费收入
58	2111	卖出回购金融资产款	95	6051	其他业务收入
59	2202	应付手续费及佣金	96	6061	汇兑损益
60	2203	预收保费	97	6101	公允价值变动损益
61	2204	暂收保费	98	6111	投资收益
62	2205	预收赔付款	99	6201	摊回保险责任准备金
63	2206	应付保费	100	6202	摊回赔付支出
64	2207	应付赔付款	101	6203	摊回分保费用
65	2211	应付职工薪酬	102	6301	营业外收入
66	2221	应交税费	103	6402	其他业务成本
67	2231	应付利息	104	6403	营业税金及附加
68	2232	应付股利	105	6411	利息支出
69	2241	其他应付款	106	6421	手续费及佣金支出
70	2251	应付保单红利	107	6501	提取未到期责任准备金
71	2261	应付分保账款	108	6502	提取保险责任准备金
72	2262	代理业务负债	109	6511	赔付支出
73	2501	长期借款	110	6521	保单红利支出
74	2502	应付债券	111	6531	退保金
75	2601	未到期责任准备金	112	6541	分出保费
76	2602	保险责任准备金	113	6542	分保费用
77	2611	保户储金	114	6601	业务及管理费
78	2612	保户投资款	115	6701	资产减值损失
79	2621	独立账户负债	116	6711	营业外支出
80	2701	长期应付款	117	6801	所得税费用
81	2702	未确认融资费用	118	6901	以前年度损益调整

第三节　保险财务报表

保险财务报表通常包括资产负债表、利润表、现金流量表、所有者权益变动表。为进一步规范保险公司财务报表列报，提升会计信息质量，根据《准则第 25 号》及企业会计准则实施情况，财政部在《企业会计准则——应用指南》和《财政部关于修订印发 2018 年度金融企业财务报表格式的通知》的基础上，对保险公司财务报表格式进行了修订，具体内容如下。

一、资产负债表

资产负债表是反映公司在某一特定日期财务状况的会计报表。根据《准则第 25 号》规定，企业应当根据自身实际情况，合理确定列报保险合同的详细程度，避免列报大量不重要信息或不恰当汇总实质性不同信息。企业可以按照合同类型、地理区域或报告分部等对保险合同的信息披露进行恰当汇总。

企业应当在资产负债表中分别列示与保险合同有关的下列项目：

（一）保险合同资产；

（二）保险合同负债；

（三）分出再保险合同资产；

（四）分出再保险合同负债。

值得注意的是，资产负债表是一种静态报表，只反映期末余额，不说明本期的变化。我国目前采用的是账户式结构的资产负债表，将资产列在左方，负债及所有者权益列在右方，左右方总额相等，即资产 = 负债 + 所有者权益。在资产负债表中，资产基本上按照流动性大小排列，流动性大的排在前；负债按偿还期限长短排列，偿还期限短的排在前；所有者权益是按永久程度的高低排列，永久程度高的排列在前。具体格式如表 13－2 所示。

表 13－2　　　　　　　　　　　　　　资产负债表

保险 01 表

编制单位：　　　　　　　　　　2023 年 12 月 31 日　　　　　　　　　　金额单位：元

项目	行次	年初数	年末数	项目	行次	年初数	年末数
资产：				负债：			
货币资金	1			短期借款	40		
拆出资金	2			拆入资金	41		
以公允价值计量且其变动计入当期损益的金融资产	3			以公允价值计量且其变动计入当期损益的金融负债	42		
衍生金融资产	4			衍生金融负债	43		
买入返售金融资产	5			*交易性金融负债	44		

续表

项目	行次	年初数	年末数	项目	行次	年初数	年末数
应收利息	6			卖出回购金融资产款	45		
应收保费	7			预收保费	46		
应收代位追偿款	8			应付手续费及佣金	47		
应收分保账款	9			应付分保账款	48		
应收分保未到期责任准备金	10			应付职工薪酬	49		
应收分保未决赔款准备金	11			其中：工资、奖金、津贴和补贴	50		
应收分保寿险责任准备金	12			应交税费	51		
应收分保长期健康险责任准备金	13			应付赔付款	52		
应收款项类金融资产	14			应付保单红利	53		
保户质押贷款	15			其他应付款	54		
预付赔付款	16			保户储金及投资款	55		
其他应收款	17			未到期责任准备金	56		
定期存款	18			未决赔款准备金	57		
＊金融投资	19			寿险责任准备金	58		
＊交易性金融资产	20			长期健康险责任准备金	59		
＊债权投资	21			保费准备金	60		
＊其他债权投资	22			租赁负债	61		
＊其他权益工具投资	23			长期借款	62		
可供出售金融资产	24			应付债券	63		
持有至到期投资	25			独立账户负债	64		
长期股权投资	26			递延所得税负债	65		
存出资本保证金	27			其他负债	66		
投资性房地产	28			其中：应付股利	67		
固定资产	29			负债合计	68		
在建工程	30			所有者权益（或股东权益）：			
使用权资产	31			实收资本（或股本）	69		
无形资产	32			国家资本	70		
商誉	33			集体资本	71		
长期待摊费用	34			法人资本	72		
抵债资产	35			其中：国有法人资本	73		
独立账户资产	36			个人资本	74		
递延所得税资产	37			外商资本	75		
其他资产	38			其他权益工具	76		
				优先股	77		
				永续债	78		
				其他	79		

项目	行次	年初数	年末数	项目	行次	年初数	年末数
				资本公积	80		
				减：库存股	81		
				其他综合收益	82		
				盈余公积	83		
				一般风险准备	84		
				大灾风险利润准备	85		
				未分配利润	86		
				归属于母公司所有者权益合计	87		
				少数股东权益	88		
				所有者权益（或股东权益）总计	89		
资产总计	39			负债和所有者权益（或股东权益）总计	90		

注：表中带＊科目为执行新金融工具准则 22 号、23 号、24 号、37 号专用。

表内公式：已执行新金融工具准则 3、6、14、24、25、42 行 =0（审核）否则 19、20、21、22、23、44 行 =0；19 行 =（20 + … +23）行；39 行 =（1 + … +19 +24 … +38）行；68 行 =（40 + … +49 +51 + … +66）行；49 行≥50 行；66 行≥67 行；72 行≥73 行；69 行 =（70 +71 +72 +74 +75）行；76 行 =（77 +78 +79）行；87 行 =（69 +76 +80 −81 +82 + … +86）行；89 行 =（87 +88）行；90 行 =（68 +89）行；39 行 =90 行（审核）。

表间公式：如果经济类型 = "1" "2" "3" "4" "5"，则（70 +73）行年末数≠0；如果经济类型 = "6"，则（70 +73）行年末数 =0；如果报表类型 = "0"，则 88 行 =0。

下面就资产负债表的内容进行简要解释。

（一）资产项目

（1）货币资金。反映公司期末持有的现金、银行存款和其他货币资金总额。

（2）拆出资金。反映公司拆借给境内、境外其他金融机构的款项。

（3）衍生金融资产。反映公司期末持有的衍生工具、套期工具、被套期项目中属于衍生金融资产的金额。

（4）应收款项。企业拥有的将来获取现款、商品或劳动的权利。它是企业在日常生产经营过程中发生的各种债权，是企业重要的流动资产。包括"应收利息""应收保费""应收代位追偿款""应收分保账款""应收分保未到期责任准备金""应收款项类金融资产"等。

（5）保户质押贷款。反映按规定对保户提供的质押贷款。

（6）预付赔付款。反映公司从事保险业务预先支付的赔付款。

（7）其他应收款。反映公司除上述以外的其他各种应收及暂付款项。

（8）定期存款。反映公司持有的定期存款和通知存款总额。

（9）金融投资。包括交易性金融资产、债权投资、其他债权投资和其他权益工具投资。

（10）可供出售金融资产。反映公司持有的以公允价值计量的可供出售股票投资、债券投资等金融资产。

（11）持有至到期投资。反映到期日固定，回收金额固定或可确定，且企业有明确意图和能力持有至到期的非衍生金融资产。

（12）长期股权投资。反映公司持有的对子公司、联营企业和合营企业的长期股权投资。

（13）存出资本保证金。反映按规定比例缴存的资本保证金。

（14）投资性房地产。反映公司持有的投资性房地产。

（15）固定资产。反映公司持有固定资产的账面余额扣减累计折旧、减值准备后的账面价值和尚未清理完毕的固定资产清理净损益。

（16）在建工程。反映公司尚未达到预定可使用状态的在建工程的成本扣减减值准备后的账面价值。

（17）使用权资产。反映公司按照《企业会计准则第21号——租赁》（2018年修订）的要求填列的使用权资产。

（18）无形资产。反映公司持有无形资产的成本，包括专利权、非专利技术、商标权、著作权、土地使用权等。

（19）商誉。反映公司合并中形成的商誉的价值。

（20）长期待摊费用。反映公司已经发生但应由本期和以后各期负担的分摊期限在一年以上的各项费用。

（21）抵债资产。反映公司取得的尚未处置的抵债资产的成本减去抵债资产减值准备后的账面价值。

（22）独立账户资产。反映对分拆核算的投资连结产品不属于风险保障部分确认的独立账户资产价值。

（23）递延所得税资产。反映公司确认的可抵扣暂时性差异产生的递延所得税资产。

（24）其他资产。反映除以上资产以外的其他资产。

（二）负债项目

（1）短期借款。反映公司向银行或其他金融机构借入的期限在1年期以下（含1年）的各种借款。

（2）拆入资金。反映从境内、境外金融机构拆入的款项。

（3）以公允价值计量且其变动计入当期损益的金融负债。反映公司承担的以公允价值计量且其变动计入当期损益的金融负债和交易性金融负债，但衍生金融负债除外。

（4）衍生金融负债。反映衍生工具、套期项目、被套期项目中属于衍生金融负债的金额。

（5）交易性金融负债。反映企业按照《企业会计准则第22号——金融工具确认和计量》（2017年修订）第二十一条规定分类的金融负债，反映资产负债表日企业承担的分类为以公允价值计量且其变动计入当期损益的金融负债（含企业指定为以公允价值计量且其变动计入当期损益的金融负债）的期末账面价值。

（6）卖出回购金融资产款。反映公司按照回购协议先卖出再按固定价格买入的票据、证券、贷款等金融资产所融入的资金。

（7）预收保费。反映收到未满足保费收入确认条件的保险费。

（8）应付手续费及佣金，反映应支付但尚未支付的手续费和佣金。

（9）应付分保账款。反映从事再保险业务应付未付的款项。

（10）应付职工薪酬。反映公司根据有关规定应付给职工的各种薪酬。其中工资、奖金、津贴和补贴应单独填列。

（11）应交税费。反映公司按照税法等规定计算应交纳的各种税费。包括增值税、消费税、所得税、资源税、土地增值税、城市维护建设税、房产税、土地使用税、车船税、教育费附加、矿产资源补偿费等。企业代扣代缴的个人所得税等也通过本项目反映。

（12）应付赔付款。反映公司应支付但尚未支付的赔付款项。

（13）应付保单红利。反映公司按原保险合同约定应付未付投保人的红利。

（14）其他应付款。反映公司除上述以外的其他各项应付、暂收的款项。

（15）保户储金及投资款。反映公司收到尚未返还的保户储金和投资款。

（16）未到期责任准备金。反映公司提取的非寿险原保险合同未到期责任准备金以及再保险接受人提取的再保险合同分保未到期责任准备金。

（17）未决赔款准备金、寿险责任准备金、长期健康险责任准备金。反映公司提取的原保险合同保险责任准备金以及再保险接受人提取的再保险合同保险责任准备金。

（18）保费准备金。反映按规定从农业保险保费收入中提取，并按规定使用和转回的保费准备金。

（19）租赁负债。反映公司按照《企业会计准则第 21 号——租赁》（2018 年修订）的要求填列的租赁负债。

（20）长期借款。反映公司向银行或其他金融机构借入的期限在 1 年以上（不含 1 年）的各项借款。

（21）应付债券。反映公司为筹集（长期）资金而发行债券的本金和利息。

（22）独立账户负债。反映对分拆核算的投资连结产品不属于风险保障部分确认的独立账户负债。

（23）递延所得税负债。反映公司确认的应纳税暂时性差异产生的所得税负债。

（24）其他资产。反映除以上负债以外的其他负债。

（三）所有者权益项目

所有者权益亦称业主权益，它是指公司投资人对公司净资产的所有权，即公司全部资产减去全部负债后的余额。所有者权益部分的科目详见后面的所有者权益变动表的解读。

二、利润表

利润表是反映一个公司的经营成果，说明公司经营过程和亏损原因的报表。保险公司利润表的具体格式如表 13-3 所示。

表 13－3

利润表

编制单位：　　　　　　　　　　2023 年度　　　　　　　　　　保险 02 表
金额单位：元

项目	行次	上年数	本年数
一、营业收入	1		
（一）已赚保费	2		
保险业务收入	3		
其中：分保费收入	4		
减：分出保费	5		
提取未到期责任准备金	6		
（二）投资收益（损失以"－"号填列）	7		
其中：对联营企业和合营企业的投资收益	8		
*以摊余成本计量的金融资产终止确认产生的收益	9		
（三）净敞口套期收益（损失以"－"号填列）	10		
（四）公允价值变动收益（损失以"－"号填列）	11		
（五）汇兑收益（损失以"－"号填列）	12		
（六）其他业务收入	13		
（七）资产处置收益（损失以"－"号填列）	14		
（八）其他收益	15		
二、营业支出	16		
（一）退保金	17		
（二）赔付支出	18		
减：摊回赔付支出	19		
（三）提取保险责任准备金	20		
减：摊回保险责任准备金	21		
（四）提取保费准备金	22		
（五）保单红利支出	23		
（六）分保费用	24		
（七）税金及附加	25		
（八）手续费及佣金支出	26		
（九）业务及管理费	27		
减：摊回分保费用	28		
（十）其他业务成本	29		
（十一）*信用减值损失（转回金额以"－"号填列）	30		
（十二）*其他资产减值损失（转回金额以"－"号填列）	31		
（十三）资产减值损失（转回金额以"－"号填列）	32		
三、营业利润（亏损以"－"号填列）	33		
加：营业外收入	34		
减：营业外支出	35		
四、利润总额（亏损总额以"－"号填列）	36		
减：所得税费用	37		
五、净利润（净亏损以"－"号填列）	38		
归属于母公司所有者的净利润	39		
少数股东损益	40		
六、其他综合收益的税后净额	41		
（一）归属于母公司所有者的其他综合收益的税后净额	42		
1. 以后不能重分类进损益的其他综合收益	43		
2. 以后将重分类进损益的其他综合收益	44		
（1）权益法下可转损益的其他综合收益	45		
（2）可供出售金融资产公允价值变动损益	46		
（3）持有至到期投资重分类为可供出售金融资产损益	47		
（4）*金融资产重分类计入其他综合收益的金额	48		
（5）*金融资产重分类计入人其他综合收益的金额	49		
（6）*现金流量套期投资用准备	50		
（7）*现金流量套期损益的有效部分	51		
（8）外币财务报表折算差额	52		
（9）其他	53		
（二）归属于少数股东的其他综合收益的税后净额	54		
七、综合收益总额	55		
归属于母公司所有者的综合收益总额	56		
归属于少数股东的综合收益总额	57		
八、每股收益：	58	—	—
（一）基本每股收益	59	—	—
（二）稀释每股收益	60	—	—

注：表中带*科目为执行新金融工具准则 22、23、24、37 号专用。

表内公式：已执行新金融工具准则的 32、46、47 行本年数=0，否则 9、10、30、31、48、49、50 行本年数=0（审核）；2 行=（3－5－6）行；1 行=（2+7+10+…+15）行；16 行=（17+18－19+20－21+22+…+32）行；33 行=（1－16）行；36 行=（33+34－35）行；38 行=（36－37）行；41 行=（45+…+53）行（审核）；44 行=（45+54）行；56 行=（39+42）行；57 行=（40+54）行；55 行=（56+57）行（审核）。

表间公式：如果报表类型为"0"，则 40、54、57 行=0（审核）。

（一）营业收入项目

（1）营业收入。反映"已赚保费""投资收益""公允价值变动收益""汇兑收益""其他业务收入""资产处置收益"和"其他收益"等项目的金额合计。

（2）保险业务收入。反映公司从事保险业务确认的原保费收入和分保费收入。

（3）投资收益。反映公司以各种方式对外投资取得的收益，定期存款、保户质押贷款、买入返售金融资产形成的利息收入，也在"投资收益"项目反映。如为投资损失，本项目以"－"号填列。

（4）公允价值变动收益。反映公司应当计入当期损益的资产或负债公允价值的变动收益。如为净损失，本项目以"－"号填列。

（5）汇兑收益。反映公司外币货币性项目因汇率变动形成的净收益。如为净损失，以"－"号填列。

（6）其他业务收入。反映公司确认的除主营业务活动以外的其他经营活动实现的收入，包括出租固定资产、出租无形资产、出租包装物和商品、销售材料、用材料进行非货币性交换（非货币性资产交换具有商业实质且公允价值能够可靠计量）等实现的收入。

（7）资产处置收益。反映企业出售划分为持有待售的非流动资产（金融工具、长期股权投资和投资性房地产除外）或处置组（子公司和业务除外）时确认的处置利得或损失，以及处置未划分为持有待售的固定资产、在建工程、生产性生物资产及无形资产而产生的处置利得或损失。债务重组中因处置非流动资产产生的利得或损失和非货币性资产交换中换出非流动资产产生的利得或损失也包括在本项目内。如为处置损失，以"－"号填列。

（8）其他收益。反映计入其他收益的政府补助等，以及其他与日常活动相关且计入其他收益的项目。

（二）营业支出项目

营业支出"项目，反映"退保金""赔付支出""提取保险责任准备金""提取保费准备金""保单红利支出""分保费用""税金及附加""手续费及佣金支出""业务及管理费""其他业务成本""信用减值损失""其他资产减值损失""资产减值损失"等项目金额合计，减去"摊回赔付支出""摊回保险责任准备金""摊回分保费用"等项目金额后的余额。其中：

①退保金。反映公司寿险原保险合同提前解除时，按照约定退还投保人的保单现金价值。

②赔付支出。反映公司支付的原保险合同赔付款项和再保险合同赔付款项减去追偿收入。

③摊回赔付支出。反映公司向再保险接受人摊回的赔付成本。

④提取保险责任准备金。反映公司提取的保险责任准备金，包括未决赔款准备金、寿险责任准备金、长期健康险责任准备金。

⑤摊回保险责任准备金。反映公司从事再保险业务应向再保险接受人摊回的保险责

任准备金，包括未决赔款准备金、寿险责任准备金、长期健康险责任准备金。

⑥提取保费准备金。反映按照规定当期从农业保险保费收入中提取的保费准备金。

⑦保单红利支出。反映按原保险合同约定支付给投保人的红利。

⑧分保费用。反映公司从事再保险业务支付的分保费用。

⑨税金及附加。反映公司经营活动发生的消费税、城市维护建设税、资源税、教育费附加及房产税、土地使用税、车船税、印花税等相关税费。

⑩手续费及佣金支出。反映公司发生的与其经营活动相关的各项手续费、佣金等支出。

⑪业务及管理费。反映公司在业务经营和管理过程中所发生的电子设备运转费、安全防范费、物业管理费等费用。

⑫摊回分保费用。反映公司从事再保险业务向再保险接受人摊回的分保费用。

⑬其他业务成本。反映除以上各项成本和"资产减值损失"之外的其他业务成本。

⑭信用减值损失。反映企业按照《企业会计准则第22号——金融工具确认和计量》（2017年修订）的要求计提的各项金融工具减值准备所形成的预期信用损失。

⑮其他资产减值损失。反映企业除"信用减值损失"外，按照相关会计准则的规定计提其他资产的减值准备所确认减值损失。

⑯资产减值损失。反映公司计提（或恢复后转回）各项资产减值准备所形成的损失。

（三）营业利润

营业利润即营业总收入减去营业总支出的差额，是保险公司从经营活动中取得的全部利润。营业利润应是构成公司利润总额的主体部分，它不仅体现了承保效益，还体现了投资效益以及其他业务效益。

（1）营业外收入。反映公司发生的除营业利润以外的收益，主要包括与企业日常活动无关的政府补助、盘盈利得、捐赠利得（企业接受股东或股东的子公司直接或间接的捐赠，经济实质属于股东对企业的资本性投入的除外）等。该项目应根据"营业外收入"科目的发生额分析填列。

（2）营业外支出。反映公司发生的除营业利润以外的支出，主要包括公益性捐赠支出、非常损失、盘亏损失、非流动资产毁损报废损失等。

（四）利润总额

利润总额也称为税前利润，是用营业利润加上营业外收入减去营业外支出的差额。其中，"所得税费用"反映公司确认的应从当期利润总额中扣除的所得税费用。

（五）净利润

净利润指利润总额减去所得税费用后的金额，是公司的最终经营成果。其中，"归属于母公司所有者的净利润"反映公司编制合并报表时净利润中归属于母公司所有者的部分；"少数股东损益"则反映编制合并会计报表时子公司净利润中属于母公司以外的其他投资者部分。

（六）　其他综合收益的税后净额

反映公司根据企业会计准则未在当期损益中确认的各项利得和损失扣除所得税影响后的净额。

（七）　综合收益总额

反映公司净利润与其他综合收益的合计金额。

（八）　每股收益

"基本每股收益"和"稀释每股收益"反映按照每股收益准则的规定计算的金额。

三、现金流量表

现金流量表反映公司经营活动、投资活动、筹资活动产生的现金和现金等价物流入和流出情况。

对于公司而言，利润低或者亏损不一定会导致终止营业，但是如果没有现金，即使账面利润很高，也有可能因缺乏足够的现金而产生赔付危机，甚至破产。现金流量表作为一种动态报表，是按收付实现制编制的，反映了现金从哪里来，又流到哪里去。公司的现金净流量越多，资金的流动性和应变能力就越大，其偿付能力和支付股利的能力就越强。现金流量表采用报告式的结构，按照现金流量的性质，依次分类反映经营活动、投资活动、筹资活动产生的现金流量，最后汇总公司现金及现金等价物的净增加额。具体参见表13－4。

现金流量表中的项目应当根据报告年度有关会计明细账目及统计资料等分析填列。在此仅对如下四个项目作简要说明。

（1）"收到原保险合同保费取得的现金"。反映保险公司因签发适用《准则第25号》的合同（分入再保险合同除外）收到的保费（含投资成分和预收保费，下同）现金流量。若企业在按照《准则第25号》第八十六条规定对保险合同负债（或保险合同资产）账面价值变动的披露中未将保费返还与投资成分合并披露，则保费返还对应的现金流出应列示在本项目中。

（2）"收到再保业务现金净额"。反映保险公司因签发适用《准则第25号》的分入再保险合同从分出人收到的分入保费减去向分出人支付的赔款和费用（含投资成分，下同）等后的净额。

（3）"支付原保险合同赔付款项的现金"。反映保险公司因签发适用《准则第25号》的合同（分入再保险合同除外）从已发生赔款负债金额中向保单持有人支付的现金流量，例如，向保单持有人支付的赔款（含投资成分）、保单红利、满期给付等。

（4）"质押贷款净增加额"。反映保险公司因签发适用《准则第25号》的保险合同产生的保单质押贷款所支付与收到的经营活动净现金流量。

四、所有者权益变动表

所有者权益变动表是反映公司年末股东权益增减变动情况的报表。保险公司所有者权益变动表的特殊性在于一般风险准备，除此之外，与一般企业股东权益变动表内容基本一致。保险公司所有者权益变动表的具体格式如表13－5所示。

表 13－4

现金流量表

2023 年度

保险 03 表

编制单位：

金额单位：元

项　目	行次	上年数	本年数
一、经营活动产生的现金流量：			
收到原保险合同保费取得的现金	1	—	—
收到再保险业务现金净额	2		
保户储金及投资款净增加额	3		
收到其他与经营活动有关的现金	4		
经营活动现金流入小计	5		
支付原保险合同赔付款项的现金	6		
支付手续费及佣金的现金	7		
支付保单红利的现金	8		
支付给职工以及为职工支付的现金	9		
支付的各项税费	10		
支付其他与经营活动有关的现金	11		
经营活动现金流出小计	12		
经营活动产生的现金流量净额	13		
二、投资活动产生的现金流量：	14		
收回投资收到的现金	15	—	—
取得投资收益收到的现金	16		
收到其他与投资活动有关的现金	17		
投资活动现金流入小计	18		
投资支付款净增加额	19		
质押贷款净增加额	20		
	21		
购建固定资产、无形资产和其他长期资产支付的现金	22		
支付其他与投资活动有关的现金	23		
投资活动现金流出小计	24		
投资活动产生的现金流量净额	25		
三、筹资活动产生的现金流量：	26	—	—
吸收投资收到的现金	27		
其中：子公司吸收少数股东投资收到的现金	28		
发行债券收到的现金	29		
收到其他与筹资活动有关的现金	30		
筹资活动现金流入小计	31		
偿还债务支付的现金	32		
分配股利、利润或偿付利息支付的现金	33		
其中：子公司支付给少数股东的股利、利润	34		
支付其他与筹资活动有关的现金	35		
筹资活动现金流出小计	36		
筹资活动产生的现金流量净额	37		
四、汇率变动对现金及现金等价物的影响	38		
五、现金及现金等价物净增加额	39		
加：期初现金及现金等价物余额	40		
六、期末现金及现金等价物余额	41		

表内公式：5 行 = (2 + … + 5) 行；13 行 = (7 + … + 12) 行；14 行 = (16 + … + 18) 行；19 行 = (20 + … + 23) 行；25 行 = (19 − 24) 行；31 行 = (27 + 29 + 30) 行；36 行 = (32 + 33 + 35) 行；37 行 = (31 − 36) 行；39 行 = (14 + 25 + 37 + 38) 行；41 行上年数 = (39 + 40) 行；41 行本年数 = 40 行本年数 (审核)。

表13-5

编制单位：

所有者权益变动表

2023年度

保险04表

金额单位：元

项目	行次	本年金额												上年金额											
		归属于母公司所有者权益											少数股东权益	所有者权益合计	归属于母公司所有者权益										少数股东权益	所有者权益合计
		实收资本（或股本）	其他权益工具			资本公积	减：库存股	其他综合收益	盈余公积	一般风险准备/大灾风险准备/风险准备利润准备	未分配利润			实收资本（或股本）	其他权益工具			资本公积	减：库存股	其他综合收益	盈余公积	一般风险准备/大灾风险准备/风险准备利润准备	未分配利润		
			优先股	永续债	其他										优先股	永续债	其他								
栏次		1	2	3	4	5	6	7	8	9	10	11	12	13	14	15	16	17	18	19	20	21	22	23	24
一、上年末余额	1																								
加：会计政策变更	2		—	—	—	—	—					—	—		—	—	—	—	—					—	—
前期差错更正	3		—	—	—	—	—					—	—		—	—	—	—	—					—	—
二、本年年初余额	4		—	—	—										—	—	—								
三、本年增减变动金额（减少以"-"号填列）	5		—	—	—		—								—	—	—								
（一）综合收益总额	6	—	—	—	—	—	—					—	—	—	—	—	—	—	—					—	—
（二）所有者投入和减少资本	7	—	—	—	—									—	—	—	—								
1. 所有者投入的普通股	8		—	—	—							—			—	—	—							—	

续表

项目	行次	本年金额												上年金额											
		归属于母公司所有者权益									未分配利润	少数股东权益	所有者权益合计	归属于母公司所有者权益									未分配利润	少数股东权益	所有者权益合计
		实收资本（或股本）	其他权益工具			资本公积	减：库存股	其他综合收益	盈余公积	一般风险准备/大灾风险准备/利润准备				实收资本（或股本）	其他权益工具			资本公积	减：库存股	其他综合收益	盈余公积	一般风险准备/大灾风险准备/利润准备				
			优先股	永续债	其他										优先股	永续债	其他									
栏次		1	2	3	4	5	6	7	8	9	10	11	12	13	14	15	16	17	18	19	20	21	22	23	24
2. 其他权益工具持有者投入资本	9	—	—	—	—	—	—	—	—	—	—	—		—	—	—	—		—	—	—	—	—	—	
3. 股份支付计入所有者权益的金额	10	—	—	—	—	—	—	—	—	—	—	—		—	—	—	—		—	—	—	—	—	—	
4. 其他	11	—	—	—	—	—	—	—	—	—	—	—		—	—	—	—		—	—	—	—	—	—	
（三）利润分配	12	—	—	—	—	—	—	—	—	—	—	—		—	—	—	—		—	—	—	—	—	—	
1. 提取盈余公积	13	—	—	—	—	—	—	—	—	—	—	—		—	—	—	—		—	—	—	—	—	—	
2. 提取一般风险准备	14	—	—	—	—	—	—	—	—	—	—	—		—	—	—	—		—	—	—	—	—	—	
3. 提取利润准备	15	—	—	—	—	—	—	—	—	—	—	—		—	—	—	—		—	—	—	—	—	—	
4. 对所有者（或股东）的分配	16	—	—	—	—	—	—	—	—	—	—	—		—	—	—	—		—	—	—	—	—	—	
5. 对其他权益工具持有者的分配	17	—	—	—	—	—	—	—	—	—	—	—		—	—	—	—		—	—	—	—	—	—	

续表

项目	行次	本年金额												上年金额											
		归属于母公司所有者权益											少数股东权益	所有者权益合计	归属于母公司所有者权益											少数股东权益	所有者权益合计
		其他权益工具			实收资本（或股本）	资本公积	减：库存股	其他综合收益	盈余公积	一般风险准备/大灾风险利润准备	未分配利润			实收资本（或股本）	其他权益工具			资本公积	减：库存股	其他综合收益	盈余公积	一般风险准备/大灾风险利润准备	未分配利润		
		优先股	永续债	其他											优先股	永续债	其他								
栏次		1	2	3	4	5	6	7	8	9	10	11	12	13	14	15	16	17	18	19	20	21	22	23	24
6. 其他	18	—	—	—	—	—	—	—							—	—	—	—	—	—	—					
（四）所有者权益内部结转	19						—																			
1. 资本公积转增资本（或股本）	20	—	—	—	—		—	—	—	—	—				—	—	—	—		—	—	—	—	—		
2. 盈余公积转增资本（或股本）	21	—	—	—	—		—	—	—	—	—				—	—	—	—		—	—	—	—	—	—	
3. 盈余公积弥补亏损	22	—	—	—	—	—	—	—	—	—	—	—			—	—	—	—	—	—	—	—	—	—	—	
4. 一般风险准备弥补亏损	23	—	—	—	—	—	—	—	—	—	—				—	—	—	—	—	—	—	—	—	—	
5. 设定受益计划变动额结转留存收益	24	—	—	—	—	—	—	—	—	—	—				—	—	—	—	—	—	—	—	—	—	
6. * 其他综合收益结转留存收益	25	—	—	—	—	—	—	—	—	—	—	—			—	—	—	—	—	—	—	—	—	—	

续表

项目	本年金额												上年金额											
	归属子母公司所有者权益												归属子母公司所有者权益											
	实收资本（或股本）	其他权益工具			资本公积	减：库存股	其他综合收益	盈余公积	一般风险准备/大灾风险利润准备	未分配利润	少数股东权益	所有者权益合计	实收资本（或股本）	其他权益工具			资本公积	减：库存股	其他综合收益	盈余公积	一般风险准备/大灾风险利润准备	未分配利润	少数股东权益	所有者权益合计
		优先股	永续债	其他										优先股	永续债	其他								
栏次	1	2	3	4	5	6	7	8	9	10	11	12	13	14	15	16	17	18	19	20	21	22	23	24
7.其他	26																							
四、本年年末余额	27																							

注：表中带*科目为执行新金融工具准则22号、23号、24号、37号专用。

表内公式：1行1至5栏12栏=27行13至24栏；4行=(1+2+3)行；7行=(4+5)行；12栏=(1+…+5+6+7+…+11)栏；24栏=(13+…+17−18+19+…+23)栏；如果4行>0，则17行10栏应该<0，否则17行10栏应该=0（审核公式）。

表间公式：4行1栏实收资本（或股本）=01表1栏实收资本（或股本）=01表79行年初数；4行2栏其他权益工具优先股=01表77行年初数；4行3栏其他权益工具永续债=01表78行年初数；

数；4行4栏其他权益工具其他=01表79行年初数；4行5栏资本公积=01表80行年初数；4行6栏库存股=01表83行年初数；

4行7栏其他综合收益=01表82行年初数；4行8栏盈余公积=01表83行年初数；4行9栏一般风险准备/大灾风险利润准备=01表88行年初数；4行

10栏未分配利润=01表86行年初数；4行11栏少数股东权益=01表84+85行年初数；4行（84+85）行年初数；4行

4行12栏所有者权益合计=01表89行年初数；6行7栏其他综合收益=02表42行本年数；6行7栏其他综合收益=02表55行本年数；

02表12栏所有者权益合计；6行12栏所有者权益合计=01表89行年末数；6行10栏未分配利润=02表57行本年数；6行11栏少数股东权益=02表55行本年数；

27行1栏实收资本（或股本）=01表79行年末数；27行5栏资本公积=01表80行年末数；

27行4栏其他权益工具永续债=01表81行年末数；27行6栏库存股=01表82行年末数；27行7栏其他综合收益=01表83行年末数；

27行6栏库存股=01表81行年末数；27行7栏其他综合收益=01表82行年末数；27行10栏未分配利润=01表86行年末数；

润准备=01表（84+85）行年末数；27行10栏未分配利润=01表88行年末数；27行10栏未分配利润=01表86行年末数；

27行11栏少数股东权益=01表89行年末数；27行11栏少数股东权益=01表88行年末数；27行12栏所有者权益合计=01表57行上年数；6行24栏所有者权益合计=02表55行上年数。

所有者权益变动表中各项目是根据"实收资本（或股本）""其他权益工具""资本公积""库存股""其他综合收益""盈余公积""一般风险准备""未分配利润""少数股东权益"等科目的发生额分析填列。其中，保险机构提取的"大灾风险利润准备"并入"一般风险准备"科目中填报。

（一）实收资本（或股本）

实收资本是保险公司各投资者实际投入的资本或股本总额。在股份制公司里，实收资本就是股本。我国《保险法》规定，设立保险公司注册资本的最低限额为人民币2亿元，且必须为实缴资本。

（二）资本公积

资本公积反映公司收到投资者出资额超出其在注册资本或股本中所占的份额以及通过其他综合收益直接计入所有者权益的利得和损失，资本公积可以看作一种准资本按法定程序转增资本（或股本）。

初始建立有限责任公司时，各投资者按照合同、协议或公司章程投入企业的资本应全部计入"实收资本"；在增资时，新介入的投资者缴纳的出资额大于其按约定比例计算的其在注册资本中所占的份额部分，不计入"实收资本"，而作为"资本公积"。对于股份有限公司，"股本"中计入的是股票面值，发行收入超过股票面值的部分，在扣除发行手续费、佣金等发行费用后，计入"资本公积"。

（三）盈余公积

盈余公积项目反映公司从净利润中提取的盈余公积。法定盈余公积用于弥补亏损、准增资本、分配股利，依据法律按税后利润的10%提取，累计达到注册资本的50%时可不再提取；任意盈余公积是为了控制向投资者分配利润的水平以及调整隔年利润分配的波动，提取比例公司自行决定。盈余公积可以用于弥补亏损、转增资本与扩大企业生产经营。

（四）一般风险准备

一般风险准备反映公司按规定从净利润中提取的一般风险准备。保险公司在提足各项责任准备金的基础上，以税后利润的10%提取一般风险准备，用于防止特大自然灾害发生的赔款，专款专用。

（五）大灾风险利润准备

该项目反映从净利润中提取并按规定使用和转回的利润准备金，以及大灾准备金资金运用形成的收益。

（六）未分配利润

反映公司各年累积的尚未分配给投资者的利润，未分配利润越多说明公司当年和以后年度的积累能力、股利分配能力越强。该项目为负债表示存在未弥补亏损。保险公司当年实现的净利润应按下面顺序分配：（1）提取法定公积金；（2）提取任意公积金；（3）提取一般风险准备；（4）向投资者分配利润或股利。在这之后的结余才是未分配利润。

（七）　库存股

库存股是公司收购的尚未转让或注销的本公司股份金额。收购本公司股份可能出于减少注册资本或者奖励公司员工，也可能是股东对股东大会作出的公司合并、分立持有异议而要求公司收购其股份的。

（八）　其他综合收益结转留存收益

其他综合收益结转留存收益主要从下面两方面进行反映：一是企业指定为以公允价值计量且其变动计入其他综合收益的非交易性权益工具投资终止确认时，之前计入其他综合收益的累计利得或损失从其他综合收益中转入留存收益的金额；二是企业指定为以公允价值计量且其变动计入当期损益的金融负债终止确认时，之前由企业自身信用风险变动引起而计入其他综合收益的累计利得或损失从其他综合收益中转入留存收益的金额等。该项目应根据"其他综合收益"科目的相关明细科目的发生额分析填列。

第四节　保险公司财务分析

保险公司财务分析，就是运用保险公司财务报表数据及其他相关资料，对保险公司的财务状况、经营成果和现金流量进行分析和评价，整理出有用信息，供决策者使用。因保险公司经营对象特殊、负债经营、经营周期长以及资金规模大、投资需求高等特点，决定了保险公司财务分析与一般企业的财务分析存在差别，关注的重点也应有所侧重。

一、保险公司财务基本情况分析

（一）　保险公司财务的总体评价

对保险公司财务的总体评价可依据资产负债表、利润表及现金流量表来进行。

1. 分析资产负债表，了解保险公司资产、负债和所有者权益的总体情况。在阅读资产负债表时，应首先了解资产总额、负债总额、所有者权益总额，掌握它们在年度间的变化，通过分析这种差异，分别对公司所拥有的或控制的资源规模、公司所承担的债务、公司资本实力的变化及方向有一个总体的认识。

2. 分析利润表，了解保险公司收入、费用和利润的总体情况。分析利润表的关键之一就是把握所关注的利润，可能是营业利润、利润总额或者净利润等，有不同的目的，就有不同的利润。通过分析利润表中营业利润、利润总额、净利润、每股收益以及它们在不同会计期间的变化情况，可以分别了解核心利润、综合利润、税后利润、每股税后利润的总体状况，从而对公司的经营状况、经营成果、公司投入资本的增值能力、股东原始投资的获利水平有一个基本的了解。

3. 分析现金流量表，了解保险公司现金流入、流出的总体情况。现金净流量主要包括经营活动现金净流量、投资活动现金净流量和筹资活动现金净流量。

若经营活动现金净流量为正数，表明公司运用自身所拥有的资产创造的现金流入完全可以满足经营活动的需要。经营活动现金净流量若为负数，则有两种情况：一是总现金净流量为正数，表明公司的现金收支平衡要靠投资活动和筹资活动来维持；二是同时公司的总体净现金流量也为负数，表明公司整体现金收支不平衡，财务状况开始恶化，有可能产生赔付危机。若投资活动净现金流量为较大负数，筹资活动净现金流量为较大正数，表明公司处于一种较为激进、高风险、高收益的经营模式；若投资活动、筹资活动现金净流量很少甚至没有，则表明公司采取的是较为稳健、保险、低风险的经营模式。正常情况下，投资活动现金净流量在某一时期因投资支出而出现较大规模的负数后，会连续出现相对稳定的正数；而筹资活动现金净流量正好相反，在某一时期因资金筹措而出现较大正数后，会连续出现相对稳定的负数。

（二）保险公司财务报表趋势分析

财务报表趋势分析是一种最常见的分析方法，是将至少连续两期的财务报表数据进行比较，分析各科目年度间的余额变动的原因。值得注意的是，资产负债表、利润表、现金流量表、所有者权益变动表及报表附注是一个统一的整体，分析时需要结合不同报表和附注一并阅读。

1. 资产负债表的趋势分析。资产负债表的趋势分析可以通过编制比较资产负债表来反映，表13-6是某保险公司2022年末、2023年末连续两期的比较资产负债表的一部分：

表13-6　　　　　　　　比较资产负债表（资产部分）　　　　单位：人民币百万元

项目	资产负债表		比较资产负债表		注
	2023年12月31日	2022年12月31日	增减额	同比（%）	
货币资金	16 431	24 809	（8 378）	（33.8）	1
金融资产	2 376	4 549	（2 173）	（47.8）	2
买入返售金融资产	1 222	—	1 222	不适用	3
应收款项	9 849	10 762	（913）	（8.5）	
应收保费	1 581	1 556	25	1.6	
……					

按照有关规定，报表项目变动达到30%或以上时，公司需要说明原因，表中注1～3自2023年年报管理层讨论与分析章节，陈列如下：

注1：截至本报告期末，货币资金较2022年底减少33.8%，主要出于投资资产配置及日常流动性管理的需要。

注2：截至本报告期末，以公允价值计量且其变动计入当期损益的金融资产较2022年底减少47.8%，主要原因是配置到交易性金融资产中的股权型投资资产减少。

注3：截至本报告期末，买入返售金融资产为12.22亿元，2023年新增此配置，主要出于日常流动性管理的需要。

2. 利润表与现金流量表的趋势分析

与资产负债表类似，利润表的趋势分析也是将连续两期或多期利润表有关项目的数字列在一起进行对比，反映利润的形成情况和有关项目的增减变化情况，分析其变动的原因，以判断公司盈利能力的变化趋势。具体来说，可以通过编制比较利润表来反映不同时期收入、成本、费用、利润等项目的增减变动额、增减幅度等指标，以了解利润变动的一般趋势，找出是哪些项目主要影响了利润的变动。

同样，现金流量表的趋势分析，可以通过编制比较现金流量表来反映不同时期经营活动现金流量、投资活动现金流量、筹资活动现金流量及其具体项目的增减变动方向和幅度，了解现金流量变动的趋势。

（三）保险公司财务报表的结构分析

1. 资产负债表的结构分析。资产负债表的结构分析，是对公司资产的构成情况、负债和股东权益的构成情况，以及二者之间的对应关系进行分析。揭示资产、负债、所有者权益及其他具体项目与总额的关系，明确资产配置结构。了解公司资产的分布情况及各种资产组合、公司的资金结构及其对公司风险和偿付能力的影响，从而评价其结构的合理性。

（1）资产结构分析。资产结构是指各类资产之间的比例关系，可以通过编制共同比资产负债表来反映，即以资产负债表中的资产总额为关键项目，令其为100%，将其他资产项目均表示为资产总额的百分数，从而反映资产的构成情况，通过不同时期的共同比资产负债表的比较，可以观察资产结构的变动情况。某保险公司连续两年的资产结构变动情况如表 13-7 所示。

表 13-7　　　　共同比资产负债表（部分）　　　单位：人民币百万元、%

项目	资产负债表（截至12月31日）		共同比资产负债表（截至12月31日）		
	2023 年	2022 年	2023 年	2022 年	差异
货币资金	16 431	24 809	2.9	5.03	(2.13)
金融资产	2 376	4 549	0.42	0.92	(0.50)
买入返售金融资产	1 222	—	0.22	—	0.22
保险合同资产	9 849	10 762	1.74	2.18	(0.44)
应收保费	1 581	1 556	0.28	0.32	(0.04)
……					
资产总计	565 849	493 693	100	100	—

（2）资金结构分析。资金结构是指公司的各类资金来源的构成情况，与资产结构分析类似，可以通过共同比资产负债表来反映，以资产负债表中负债与所有者权益合计为关键项目，令其为100%，其他资金来源项目均表示为其百分数。

2. 利润表的结构分析。利润表的结构分析，是指对收入、费用、利润等指标的构成情况进行分析，以反映哪些构成要素对这些指标重要影响，并分析利润的持续稳定性，利润表的结构性分析主要是通过结构百分比利润表的编制来进行。

（1）营业收入结构分析。营业收入结构分析以营业收入为100%，其他项目均表示为营业收入的百分数，并通过不同时期共同比报表的比较，反映各项目所占营业收入百分比的变动趋势。

（2）利润总额和净利润的结构分析。同营业收入利润分析类似，利润总额结构分析是以利润总额为100%，其他项目均表示为利润总额的百分数。

3. 现金流量表的结构分析。与共同比资产负债表、共同比利润表类似，现金流量表的结构分析也是通过编制共同比现金流量表来进行，有助于深入了解公司现金流量的形成过程、变动过程及其变动原因。具体地说，可以分为现金流入结构分析、现金流出结构分析和现金净流量结构分析。

（1）现金流入结构分析。以公司现金流入总额为基数，分别将公司经营活动、投资活动和筹资活动项目的现金流入数额与总额对比，得到其所占比重，据此并分析公司现金流入的来源。

（2）现金流出结构分析。通过公司的各项现金流出占公司当期现金流出总额的百分比，反映公司的现金流出走向，以便采取有效措施，适当控制现金流出，提高资金使用效果。

（3）现金净流量结构分析。在现金流量表中以"现金净流量"为基数来对各项净流量表项目进行纵向分析，在共同比现金流量表上，了解公司现金净流量的增减原因，以及流入流出的方向和比例。

二、偿付能力分析

（一）偿付能力的含义

保险公司的偿付能力就是保险公司赔偿或给付债务的能力，具体表现为一定时期保险公司是否有足够的资产来匹配其负债，特别是履行其给付保险金或赔款的义务。由于保险责任风险损失具有不确定性，即保险公司的负债具有不确定性，因此，从狭义来看，保险公司的偿付能力主要是指保险公司对所承担的风险在发生超出正常年份的赔偿和给付数额时的补偿能力。

从不同的管理需要角度出发，可以将偿付能力额度细分为以下三个概念。

1. 实际偿付能力额度。指根据监管法规、会计准则调整后的认可资本，即认可资产减去认可负债的差额，表现的是公司真实的财务能力。

2. 最低偿付能力额度。指保险公司为了能承担赔付保户的责任，在理论上应该保持的最低偿付能力额度。

3. 法定偿付能力额度。指保险法规规定的保险公司在存续期间必须达到的认可资产和认可负债差额。

（二）影响偿付能力的主要因素

1. 资本金。资本金是保险公司得以设立和运作的基础，主要作为保险公司开业初期的经费来源，用于扩展营业和维持公司的偿付能力。它同时也是预防偿付能力不足的最后一道关卡，以备准备金提存不足、发生资产无法清偿负债时的急需。

2. 各项准备金与保障基金。保险公司在收取了大量的保费之后，并不可以将其全部用于投资，而是为了将来能履行补偿或者给付保险金的责任，必须将保险费的大部分按照精算要求和保险监管部门的规定提取各项准备金和保险保障基金。如果准备金提取不足，就会影响偿付能力。因此，保险监管部门应当严格检查保险公司的各项准备金和保障基金是否满足需要，保险公司在营运过程中也应当自觉严格按照法律法规的要求提足准备金，以防提存不足而导致丧失偿付能力。

3. 投资收益与资金运用情况。除了各项准备金和保障基金以外，营运中的保险公司还会有大量处于闲置状态的资金，保险公司一般会将这部分资金存入银行，或者在股票市场、债券市场上投资，其投资收益也可以提取一部分作为公积金。公积金越多，实际资本就越多，保险公司的偿付能力就会越强。但保险公司的资金必须能稳健地实现保值和增值，才能长期而有效地保障保险公司的偿付能力。

（三）长期偿付能力分析

对于人寿保险、长期健康险等寿险业务，因其具有保险期限长期性特点，在收入补偿与发生成本之间存在较长的时间差，在分析资产负债表时更应关注长期偿付能力。运用资产负债表分析保险公司的长期偿付能力，可以采用以下指标：

1. 资产负债率

$$资产负债率 = \frac{负债总额（或负债平均余额）}{资产总额（或资产平均余额）}$$

该指标用来反映保险公司资产负债的比例关系，说明总资产中有多大比例是通过负债来筹集的，也用来衡量保险公司在清算时对债权人利益的保护程度。从债权人的角度看，资产负债率低，资产中权益部分的比例大，公司的财务实力就强，债务人的财务风险小，债权保证偿付能力高。而投资者关心的是全部资本利润率是否超过举债款项的成本率，在全部资本利润率高于举债成本率时，负债比例越大越好。对经营者来说，公司要有合理的资本结构，既要保证负债经营的安全性，又要有利于经营规模的扩大，资产负债率过高可能会导致偿付危机，过低则表示资本未得到充分利用。

2. 负债经营率

$$负债经营率 = \frac{负债}{所有者权益}$$

负债经营率又称产权比率，反映由债权人提供的资本与投资者或股东提供的资本的对应关系，表明债权人投入的资本受到股东权益保障的程度。对于保险业这种高负债经营机构，这一指标一般都大于1。负债经营率越低，表明公司的长期偿付能力越强，债权人受保障的程度越高，但同时也说明公司不能发挥负债经营的财务杠杆效应。在评价负债经营率是否适度时，应从提高获利能力与增强偿付能力两个方面综合进行，即在保证债务偿还安全性的前提下，尽可能地提高负债经营率。

3. 固定资本比率

$$固定资本比率 = \frac{固定资产净值 + 在建工程余额}{净资产}$$

固定资本比率是一个约束性指标，目的在于控制保险公司实物资本比例。固定资产具有周转速度慢、变现能力差、风险大等特点。固定资产比重过高会影响资本的流动性。

三、获利能力分析

获利能力是保证保险公司有较强财务实力的主要因素。获利能力还影响资本增长能力、公司吸引外部资本的能力、对外扩张的能力以及偿付能力的高低，最终决定保险公司能否抵御不利环境的影响并存续下来。公司利润的主要来源是承保业务，但投资效益也是影响利润的重要因素。保险公司的获利能力分析包括盈利能力分析、资金运用效益分析、资本增值能力分析。

（一）盈利能力分析

1. 承保利润率、营业利润率、营业净利润率

$$承保利润率 = \frac{承保利润}{已赚保费}$$

承保利润率反映了保险公司通过承保保险业务而获得的利润。由于保险公司可以通过投资保险资金获得利润，保险市场的竞争会使得保险公司不断降低保费。因此，一般情况下承保利润接近于零或者为负。

$$营业利润率 = \frac{营业利润}{已赚保费}$$

营业利润率反映了保险公司通过保费收入获得利润的能力。该指标与承保利润率的差额则反映了保险公司对保险资金进行投资获得收益的能力，差额越大说明保险公司的投资能力越强。

$$营业净利润率 = \frac{净利润}{已赚保费}$$

营业净利润率反映了保险公司通过保费收入获得净利润的能力。该指标与营业利润率的差额反映了企业所得税对保险公司营业利润的影响，差额越大说明保险公司的企业所得税负担越大。

2. 净资产收益率

$$净资产收益率 = \frac{净利润}{净资产平均余额}$$

净资产收益率反映了保险公司运用投资者投入资本获得收益的能力，是站在股东角度评价保险公司盈利能力的核心指标。该指标越高，保险公司为股东创造利润的能力越强。

3. 全面收益率

$$全面收益率 = \frac{净利润 + 计入所有者权益的利得 - 计入所有者权益的损失}{净资产平均余额}$$

全面收益率是保险公司的综合利润与净资产的比值，反映了保险公司全部的投资回报率，包括未实现的收益，是站在股东角度评价保险公司盈利能力的辅助指标。

对于上市公司，其盈利能力分析还可以包括下面四个指标：

（1）基本每股收益

$$基本每股收益 = \frac{当期净利润 - 优先股股利}{发行在外普通股的加权平均数}$$

基本每股收益又称为每股净收益、每股盈余或每股税后利润，是指在某个会计年度内平均每股普通股获得的收益，反映了股东原始投资的获利水平。

（2）稀释每股收益

$$稀释每股收益 = \frac{当期净利润 - 优先股股利}{发行在外普通股的加权平均数 + 普通股当量}$$

稀释每股收益是指由于保险公司发行了除普通股外的潜在股而对基本每股收益稀释后的每股利润，潜在股包括可转换公司债券、认股权证、股份期权等。

（3）市盈率

$$市盈率 = \frac{普通股每股市价}{普通股每股收益}$$

市盈率反映投资者对每股净利润支付的价格，通常用来估计股票的报酬和风险。市盈率越低，表明投资者能够以较低价格购入股票以取得回报。投资者通常利用该比率值估量某股票的投资价值，或者使用该指标在不同公司的股票之间进行比较。

（4）市净率

$$市净率 = \frac{每股市价}{每股净资产}$$

市净率可用于投资分析，一般来说市净率较低的股票投资价值较高，但在判断投资价值时还要考虑当时的市场环境以及公司的经营情况、盈利能力等因素。

（二）资金运用效益分析

资金运用效益分析主要通过投资收益率指标来体现。

$$投资收益率 = \frac{投资收益}{投资资产平均余额}$$

投资收益率是衡量保险公司盈利能力比较重要的指标。一般认为，投资收益率应该高于银行同期存款利率。但对机构投资者来说，高于资本市场的平均收益水平才是合理的。

由于各公司的计算口径不一致，为了进行不同公司之间的横向比较，可以根据各公司公开披露信息，并依据《保险资金运用管理办法》中定义的保险资金，重新计算各公司可比口径的投资收益率，投资收益和期初期末算术平均投资资产的口径分别为

投资收益＝投资收益＋公允价值变动损益＋汇兑损益－投资资产减值损失

投资资产＝保户储金及投资款＋未到期责任准备金＋未决赔款准备金＋

寿险责任准备金＋长期健康险责任准备金＋长期借款＋应付债券＋

归属于母公司股东的股东收益

（三）资本增值能力分析

资本的本质是增值，通过对所有者权益的分析，可以从某种程度上反映一个公司投资者投入资本所产生的增值率，评价公司的经营绩效。

所有者权益包括投入资本和资本增值两部分。投入资本包括实收资本（股本）和一部分资本公积，资本增值包括盈余公积、一般风险准备和未分配利润。在分析资本增值能力时通常不能只看投入资本金额的大小，重点应注意资本增值部分。

1. 资本保值增值率

$$资本保值增值率 = \frac{期末所有者权益总额}{期初所有者权益总额}$$

该指标衡量公司当年资本在公司自身努力下的实际增减变动情况，反映投入资本的完整性和保全性。按照资本保全原则，为了保护投资者的合法权益，未经许可，不得随意冲减资本金。因此，正常情况下该指标只会出现两种情况：一种是等于100%，说明资本保值；另一种是大于100%，说明资本增值。如果出现小于100%的情况，则说明当期资本减值。

2. 每股净资产

$$每股净资产 = \frac{年末归属于母公司股东的股东权益}{年末普通股股份数}$$

在有优先股的情况下，公式中的年末股东权益应为扣除优先股权益后的余额。每股净资产反映了发行在外的每股普通股所代表的净资产成本即账面价值，故又称每股账面价值或每股权益。如果公司的股票价格低于净资产成本，成本又接近变现价值，说明公司已无存在价值，清算是股东最好的选择。在我国，这类股票名称前要加上"ST"标记，以提醒投资者注意风险。

3. 综合收益率

$$综合收益率 = \frac{归属于母公司股东的综合收益总额}{归属于母公司股东的股东权益期初期末平均余额}$$

综合收益不仅包括净利润，还包括直接计入所有者权益的利得和损失，综合收益率反映投入的资本所获得的综合收益回报，体现股东投入资本所获得的增值。

【课后阅读材料】

国际财务报告准则第 17 号应用对保险业的影响

2020 年，在国际会计准则理事会发布了国际财务报告准则第 17 号（IFRS17）——保险合同后，我国财政部修订并发布了《企业会计准则第 25 号——保险合同》。2023 年开始，中国人寿、中国人保、平安保险、中国太保、新华保险等上市公司纷纷采用 IFRS17 准则编制财报，非上市公司要求最晚从 2026 年开始实施新准则。

1. IFRS17 的核心变化

（1）一个目标：列报的变化

第一，资产负债表的变化。在 IFRS17 准则下，资产负债表相较于现行准则发生了显著变化。首先，最为核心的调整在于原先的应收账款和应付账款等项目已不再单独列示，而是被整合进了保险资产或保险合同负债中。这一变革不仅简化了财务报表的结构，还更准确地反映了保险公司的实际财务状况。除此之外，原保险合同和再保险合同现在需要单独列示，使得保险公司的业务构成和风险状况更为清晰。同时，保险合同负债的确认基于再保前口径，这有助于更真实地反映保险公司的负债水平。最后，资产类科目和负债类科目的期末余额需要按照保险合同组合进行合并。这一处理方式不仅提高了报表的可读性，还有助于投资者更准确地理解保险公司的财务状况和经营成果。

第二，利润表的变化。IFRS17 准则下利润表的变化确实显著，它更类似于一张利源分析表，将利润划分为保险服务业绩和投资业绩两大主要部分。这种划分方式有助于更清晰地展示保险公司的盈利来源和业务结构。在新准则下，投资成分不再进入利润表。这一变化使得利润表更加专注于反映保险公司的保险业务盈利情况，提高了报表的透明度和可读性；另外，准备金提转差的处理也发生了变化。在 IFRS17 准则下，准备金提转差会被拆分成许多细项，分别计入保险服务收入和保险财务损益等方面。这种拆分方式有助于更准确地反映保险公司的风险状况和盈利能力；此外，手续费及佣金在利润表中也不再单独列示，而是被纳入到其他相关费用中。同时，业务及管理费也进行了直接和间接的拆分，以更清晰地反映保险公司的管理效率和成本控制能力。总的来说，IFRS17 准则下的变化有助于投资者更准确地评估保险公司的盈利能力和风险状况，为投资决策提供更有价值的信息。

第三，披露要求。新保险合同准则相较于现行准则，确实在披露要求方面有了显著的增加。这些新增的披露要求涵盖了定量的影响披露以及定性的重大判断和风险相关披露，使得保险公司的财务报表更加清晰透明。这样的变化有助于报表使用人更全面地了解公司的业绩质量和风险敞口情况，从而做出更准确的决策。

（2）两个重点：收入确认口径变化和费用归属的变化

第一，收入确认口径。保险公司将仅确认与保险服务相关的收入，而保费中的投资或储蓄部分将不再确认为收入。这一变化导致确认期间从"缴费期"转变为"保障期"，从而使得收入确认的期间拉长，当期收入大幅下降；此外，部分在现行准则下已过缴费期且不再有收入体现的产品，在 IFRS17 下将重新贡献收入。

第二，费用归属。首先，IFRS17 要求将费用划分为至少两个部分：可直接归属的费用和不可直接归属的费用。可直接归属的费用是指那些可以直接关联到特定保单组合的费用，这部分费用将直接影响利润表中的保险业绩。这种划分方式有助于更准确地反映保险业务的经济状况，因为它确保了费用与产生这些费用的保单组合之间的直接联系；其次，对于那些不可直接归属的费用，IFRS17 要求将其归类为其他费用。这部分费用不会直接计入保险业绩，而是作为其他费用在财务报表中单独列示。这样的划分策略提高了财务报表的透明度，使投资者和其他利益相关者能够更清晰地了解保险公司的费用结构和经营状况。此外，IFRS17 还强调费用能否直接归属到保单组合的重要性。对于准备金计量中包含的费用，要求必须与履约直接相关。这意味着保险公司需要更精确地分析和计算与保单组合相关的费用，以确保这些费用能够准确地反映在财务报表中。

（3）两个基础：保单分组和计量模型的变化

第一，合同分组。这个问题涉及保险合同分组的相关规定和操作。根据描述，保险公司需要在保单初始确认时进行更细致的保单组分类，其判断标准是"利润率"。每个保险合同组合需要依据利润率至少再分为三个合同组，并且同一合同组内的保险合同签发日期之间的差距不应超过一年。这种分组仅在期初进行，后续计量过程中不会对保单进行重新分组。这样的规定对保险公司的收入和支出结果会产生影响，因为不同利润率的合同组会有不同的盈利能力和风险水平；同时，亏损部分的存在也会增加工作量和困难度，因为保险公司需要对这些亏损合同进行额外的管理和处理。

第二，计量模型。IFRS17 准则提供了三种计量模型：通用模型、浮动收费模型和保费分配法。通用模型是所有合同的默认模型，而浮动收费模型适用于具有直接参与分红特征的保险合同。保费分配法则是对通用模型的简化，通常适用于合同边界不超过一年的保险合同。在这些模型中，合同服务边际是一个重要的概念，它代表保单未实现的利润现值，并可以吸收与未来服务相关的履约现金流变化。对于直保合同，合同服务边际不得为负，且使用锁定利率进行计息。亏损合同的合同服务边际则为零。合同服务边际计量方法的改变意味着，无论是有利的偏差还是不利的偏差，都会首先被合同服务边际吸收（仅限于盈利合同）。因此，这部分变化对利润的影响会因公司而异，同一公司在不同年度、不同业务线的情况下也并不相同。

（4）一个执行：过渡期方法的选择

在执行 IFRS17 的时候，确实会遇到从现行准则切换到 IFRS17 准则的过渡期，包括过渡日的确定。2026 年 1 月 1 日是首次执行 IFRS17 准则的日期，而 2026 年 12 月 31 日则是首次报告的日期。在报告的时候，需要列示对比期，也就是要列示 2025 年的数字。因此，2025 年相当于并行期或过渡期。为了应对这一挑战，保险公司需要尽早开始准备，包括对相关人员进行培训、对现行财务数据进行梳理和调整、以及建立符合 IFRS17 准则要求的财务系统和报表体系等。

2. IFRS17 对保险公司经营管理的影响

（1）公司战略需要大幅调整

IFRS17 的实施不仅是报表编制的重大改变，更是公司管理战略的重大变革。保险公司需要从多个方面入手，制定与新准则相匹配的整体战略规划、产品规划、数据管控制度以及资产负债匹配战略等，以适应市场的变化和公司发展的需要。在这一过程中，保障型保险产品的地位将进一步加强。

（2）业务、财务、精算、IT 部门联系更加紧密

随着 IFRS17 新准则的实施，保险公司面临着更加复杂和专业化的财务报告要求。新准则强调了保险服务收入、保险服务费用以及财务报告的深入分析和解读，这需要精算部门、IT 部门和财务部门之间的密切协作。

（3）精算系统与财务系统需要重新整合

保险公司需要重新整合精算系统与财务系统，搭建精算—财务数据平台，统一财务与精算各项数据指标标准，完成财务—精算自动化数据处理，从而实现新准则下更为精密的会计计算与处理。

（4）分支机构业绩考核指标应重新制定

新准则实施后，保险公司总部对分支机构的业绩考核指标应重新制定，包括承保业绩考核指标、产品业绩考核指标等。对于寿险公司而言，为减少营业收入大幅减少的影响，应提高保障型保险产品的保费收入的考核权重和奖励机制。对于财险公司而言，新准则的实施可能会导致部分业务无法确定为保险合同，从而无法确定为业务收入。建议财险公司在考核保费收入时，沿用老准则来进行考核。这将有助于保持分支机构的业务稳定性和积极性，同时也有助于公司更好地适应新准则的实施。

（5）数据治理能力需要进一步提高

IFRS17 会计准则的实施确实对保险公司的数据治理能力提出了更高的要求。这一准则不仅关注财务报表的编制，更深入到数据质量和数量的层面，要求保险公司具备更高效、准确和可靠的数据治理能力。

【本章小结】

1. 保险财务管理一般是在保险会计核算的基础上，根据保险会计报表的有关数

据等资料，运用专门的经济技术方法，对保险公司的业务经营活动和经营成果进行全面、系统分析的一项综合性活动，是保险会计核算的继续和补充。

2. 保险会计是会计学的一个分支，是指以货币为主要计量单位，运用会计学的基本原理和方法，核算和监督保险公司各项经济活动，并向保险公司投资者及其他相关利益人提供会计信息的管理活动。保险会计具有一般会计的共性，又因保险经营的特殊性而具有自身的特点。

3. 保险行业会计应采取双重规范、双重报告的模式，具体可分为两个层次：一是一般公认会计，二是监管（法定）会计。一般公认会计是监管（法定）会计的基础，两者又互为补充。

4. 资产负债表是反映保险公司在某一特定日期的财务状况的会计报表；利润表反映保险公司在一定会计期间内的经营成果；现金流量表反映保险公司一定会计期间内现金和现金等价物流入与流出；所有者权益变动表是反映构成所有者权益各组成部分当期增减变动情况的报表。

5. 保险公司财务的基本情况可以通过保险公司财务的总体评价、财务报表趋势分析、财务报表的结构分析三个环节来了解；偿付能力分析分为短期流动性分析和长期偿付能力分析；获利能力分析主要看盈利能力、资金运用效益和资本增值能力。

【复习思考题】

一、名词解释

保险财务管理 保险会计 未到期责任准备金 资产负债表 利润表 现金流量表 所有者权益 会计科目 保费收入 赔付支出

二、单项选择题

1. 下列保险会计诸多目标中，保险监管部门最关心的是（ ）。

A. 客观地展示本企业的经营成果、财务状况及盈利能力

B. 向一般非特定会计信息使用者提供客观、公正的信息

C. 企业资金的流动性及偿付能力

2. 下列保险公司的会计科目中，不属于资产类的是（ ）。

A. 保险合同资产 B. 分出再保险合同资产

C. 实收资本

3. 《保险合同相关会计处理规定》的主要内容不包括（ ）。

A. 保险公司任何情况下都不可自行合并、减少、增设会计科目

B. 保险混合合同分拆

C. 重大保险风险测试

4. 下列关于保险公司会计科目的说法中，错误的是（ ）。

A. 为了反映保险公司会计要素的增减变化及其结果，必须根据会计科目设置账户

B. 保险公司的会计科目按经济内容可分为资产类、负债类、所有者权益类、损益类

和共同类

C. 会计科目的设置越细越好，以保证会计核算的精确性

5. 资产负债表中的"未分配利润"项目，应根据（　　）。

A. "利润分配"科目的余额填列

B. "本年利润"科目的余额填列

C. "利润分配"科目和"本年利润"科目的余额计算填列

6. 下列属于经营活动产生的现金流量的是（　　）。

A. 支付保单红利的现金　　　B. 取得投资收益收到的现金

C. 发行债券收到的现金

7. 关于保险公司的资产负债表，以下说法正确的是（　　）。

A. 资产基本上按照流动性大小排列，流动性大的排在前

B. 负债按偿还期限长短排列，偿还期限长的排在前

C. 所有者权益是按永久程度的高低排列，永久程度低的排在前

8. 下列属于衡量保险公司长期偿付能力的经济指标是（　　）。

A. 现金比率　　　　　　　B. 资产负债率　　　C. 营业利润率

9. 保险公司收到的投资方以现金投入的资本，实际投入的金额超过其在注册资本中所占份额的部分，应计入（　　）账户。

A. 实收资本　　　　　　　B. 资本公积　　　　C. 盈余公积

三、多项选择题

1. 保险公司会计科目按提供指标的详细程度不同，分为（　　）等类别。

A. 总分类科目　　　B. 二级科目　　　C. 明细科目　　　D. 分类科目

2. 下列关于保险公司会计特征的说法正确的是（　　）。

A. 监管会计的核心是偿付能力

B. 保险经营成本支出与收入补偿的顺序与一般行业相反

C. 保险公司的利润具有较大的确定性

3. 以下属于损益类科目的有（　　）。

A. 摊回赔付支出　　　　　　　　B. 提取保险责任准备金

C. 保险责任准备金　　　　　　　D. 资产减值损失

4. 与一般的工商企业，甚至是金融行业的非保险企业相比，保险公司的财务管理具有自身的特殊性，这种特殊性表现在（　　）。

A. 保险公司需要满足更加严格的财务监管

B. 保险公司的财务稳定性更强

C. 保险公司损益的计算更加复杂

D. 保险公司损益的计算是当年的保费收入减掉当年的赔付款、税金和费用支出

5. 现金流量表把保险公司的现金流量按其发生的原因分为几类，即（　　）。

A. 经营活动产生的现金流量　　　　B. 投资活动产生的现金流量

C. 筹资活动产生的现金流量　　　　D. 汇率变动产生的现金流量

6. 下列资产中，通常可作为速动资产的有（　　）。

A. 存货　　　　　　　　B. 现金　　　　　C. 无形资产　　　　　D. 活期存款

7. 保险公司当年净利润的分配方式包括（　　）。

A. 提取法定公积金　　　　　　　　　B. 提取任意公积金

C. 提取一般风险准备　　　　　　　　D. 向投资者分配利润或股利

8. 下列属于动态会计报表的是（　　）。

A. 资产负债表　　　　　　　　　　　B. 利润表

C. 现金流量表　　　　　　　　　　　D. 所有者权益变动表

9. 下列属于筹资活动产生的现金流量的有（　　）。

A. 投资支付的现金

B. 收到再保险业务现金净额

C. 偿还债务支付的现金

D. 分配股利、利润或偿付利息支付的现金

四、简答题

1. 简述保险财务管理的特征。

2. 一般公认会计和监管（法定）会计有哪些区别？

3. 如何理解保险公司资产负债表的结构和排列顺序。

4. 对保险公司进行获利能力分析的指标有哪些？

五、论述题

1. 保险会计的运行模式有哪些？各有什么优缺点？你认为我国的保险会计运行应该采取哪种模式？

2. 如何进行保险公司财务的总体评价？

第十四章
社会保险

【教学目的与要求】

本章主要介绍社会保险的基本理论与相关政策。通过学习本章，学生应能熟练掌握社会保险的基本概念、特点及具体项目，了解社会保险和商业保险的区别与联系，熟悉社会保险资金的筹集模式并了解我国社会保险制度的改革和发展实践。

第一节　社会保险概述

一、社会保险的概念与特征

（一）社会保险的概念

根据《中华人民共和国社会保险法》（以下简称《社会保险法》）规定，社会保险是国家为了保障公民在年老、疾病、工伤、失业、生育等情况下能依法从国家和社会获得物质帮助的权利而建立的基本养老保险、基本医疗保险、工伤保险、失业保险、生育保险等社会保险制度。对这一制度进行立法的目的是规范社会保险关系，维护公民参加社会保险和享受社会保险待遇的合法权益，使公民共享发展成果，促进社会和谐稳定。该法同时规定，社会保险制度坚持广覆盖、保基本、多层次、可持续的方针，并规定用人单位和个人应依法缴纳社会保险费，同时保障社会保险水平与经济社会发展水平相适应。

由法定规定可知，社会保险的概念至少包括如下几层含义：

（1）社会保险制度建设的基本出发点是为了维护公民参加社会保险和享受社会保险待遇的合法权益，使公民共享发展成果，促进社会和谐稳定。

（2）社会保险是国家通过立法形式强制实施的一种社会保障制度。

（3）社会保险保障的对象是全体公民。

（4）社会保险保障的风险或内容包括养老、医疗、工伤、失业、生育等方面。

（5）社会保险保障的水平是基本的物质帮助，即是满足公民基本的生活需要。

（6）社会保险实施方式采用多层次。即除了基本养老保险、基本医疗保险等外，还有补充养老保险、补充医疗保险，以及相应的补充性商业保险。

（7）社会保险的参保人（用人单位及个人）必须依法缴纳保险费，以保障社会保险基金收支平衡、制度的可持续。

（二）　社会保险的特征

作为一项基本保险制度，社会保险具有如下特征。

1. 强制性。社会保险的强制性特征主要体现在凡是符合法律规定的所有用人单位和社会成员都必须参加，并履行法律所规定的缴费等义务，这是社会保险的首要原则。一方面，强制性原则确保了社会保险基金有可靠的收入来源，是社会保险制度可持续运行的组织保障；另一方面，强制性原则能有效地防止逆向选择的发生，充分发挥大数法则的作用，使得风险得以有效分散的同时，保障社会保险基金可以相互调节而体现保险的互济性。此外，社会保险的内容和实施都是通过法律规定进行的，由此可见其强制性的特征。

2. 基本保障性。社会保险的保障水平是以满足被保险人的基本生活需求为标准，除了福利国家的社会保险水平相对较高以外，大多数国家社会保险的保障水平都是以社会平均生活水平为依据决定的。[1] 基本保障的目的至少有三个方面：一是可以防止超过实现可能的过高标准造成国家财政、用人单位和个人负担过重；二是可以避免有劳动能力的人过分依赖社会保险；三是可为市场化保险机制腾出空间，比如扩展企业年金、商业养老保险、商业医疗保险等。

3. 公平性。公平性主要体现在以下两个方面：一是全体公民均是被保障的对象，无性别、年龄、职业、民族、地位等方面的身份限制，只要符合社会保险的参保规定，每个参保人都享受平等的保险权益。[2] 二是保险待遇的公平性。社会保险本质上是国民收入的再分配，它通过资金筹资和待遇给付，缩小社会成员间发展结果的不公平。社会保险通常采取有利于低收入劳动者的给付原则，尽管不同的参保人在待遇给付的绝对数量上存在差异，但这种差异相较于初次分配已经大大缩小，从而体现了社会保险的公平性。

4. 社会性。社会保险的社会性体现在以下方面：第一，社会保险的实施范围广泛。它把国民普遍面临的风险都列入保险项目，并将符合规定条件的国民全部纳入保险范围，使得所有的国民都能得到相应的保障。第二，社会保险基金来自国家、企业、个人三方，体现了明显的社会性。第三，社会保险的经营主体往往是政府或政府授权的社会保险机构，它们的经营管理服从国家的社会目标。第四，社会保险可以根据被保险人的实际需要提供各种社会服务，如职业介绍、再就业培训、失能护理培训等。

---

① 庹国柱. 保险学（第八版）[M]. 北京：首都经济贸易大学出版社，2018：254.

② 《中华人民共和国宪法》（根据 2018 年 3 月 11 日第十三届全国人民代表大会第一次会议通过的《中华人民共和国宪法修正案》修正）第四十五条规定，中华人民共和国公民在年老、疾病或者丧失劳动能力的情况下，有从国家和社会获得物质帮助的权利。国家发展为公民享受这些权利所需要的社会保险、社会救济和医疗卫生事业。国家和社会保障残废军人的生活，抚恤烈士家属，优待军人家属。国家和社会帮助安排盲、聋、哑和其他有残疾的公民的劳动、生活和教育。

5. 福利性。社会保险的福利性特征，是指就社会成员个人而言，其在社会保险方面的支出要小于其在社会保险方面的收入，即"所得大于所费"[1]。这一特征的形成与社会保险的筹资方式有关，参保人由于国家、雇主分担了社会保险费而获得了"额外"的福利保障。此外，社会保险不以盈利为目的，制度实施完全是为了保障社会成员的基本生活水平不因保险事故发生而降低。

6. 刚性发展。绝大多数国家的发展实践表明，社会保险具有刚性发展特征。随着社会经济的不断发展，社会成员的福利需求日益增长，国家为了满足这种需求，往往通过立法来建立相应的社会保险项目。一旦社保项目通过立法手段得以确立，便很难再行取消。同时，社会保险的保障范围和给付水平也是刚性发展的，保障范围会不断扩大，给付水平也会不断提高。比如，我国的《社会保险法》就规定，社会保险制度应保障社会保险水平与经济社会发展水平相适应。

二、社会保险的功能

（一）稳定社会的功能

社会成员的老、弱、病、残、孕以及丧失劳动能力，在任何时代和任何社会制度下都是无法避免的客观现象。社会保险就是当社会成员遇到这种情况时给予适当的补偿以保障其基本生活水平，从而防止不安定因素出现的保障性制度。19 世纪资本主义国家之所以要创建社会保险制度，其根本原因就是要以此巩固资本主义生产方式，缓和阶级矛盾，维护资产阶级政权的统治和社会稳定。我国是社会主义国家，社会主义国家的本质是解放生产力，发展生产力，消灭剥削，消除两极分化，最终达到共同富裕。国家实施社会保险制度，有利于缩小社会贫富差距，增进社会整体福利，保障社会成员在特定事件影响下仍然可以安居乐业，从而有效地缓和乃至消除引起社会震荡与失控的潜在风险，进而维系着社会秩序的稳定和正常、健康的社会发展。

（二）调节经济的功能

社会保险在经济领域有显著的调节功能。首先，社会保险通过资金筹集和待遇给付，在同期的参保人之间横向调节收入分配，同时也在代际之间实现纵向调节收入分配。其次，社会保险资金能调节国民经济的发展。例如，我国人力资源和社会保障部公布的数据显示，截至 2023 年底，全国基本养老、失业、工伤保险三项社会保险基金收入 7.92 万亿元，支出 7.09 万亿元，累计结余 8.24 万亿元。[2] 规模巨大的社会保险基金已经成为影响我国经济运行的不可忽视的力量。如果能够对社会保险基金进行有效管理，提高投资经营效果，引导其投资方向与投资结构，社会保险基金将对经济发展产生巨大的促进作用。此外，社会保险能够给予参保人一定的保障预期，从而在一定程度上解决了社会成员对自身生老病死等的后顾之忧，达到刺激社会成员其他方面的消费需求，进而达到提高全社会的总体消费需求水平、调节经济结构与保障国民经济平稳较快增长的

---

① 郑功成. 社会保障学（第二版）［M］. 北京：中国劳动社会保障出版社，2024：23 – 24.

② 人力资源社会保障部. 人力资源社会保障部举行 2023 年四季度新闻发布会 ［N/OL］. ［2024 – 01 – 24］. http：//www. mohrss. gov. cn/SYrlzyhshbzb/dongtaixinwen/fbh/202401/t20240124_ 512668. html.

目的。例如，当经济发生危机时，职工的失业率就会上升，个人收入减少，生活水平下降。这时失业保险对失业职工经济上给予补助，就有助于提高社会购买力，在一定程度上促进经济复苏；当经济发展高涨时，职工失业率下降，不仅个人收入增加，社会购买力增强，而且社会保险支出相应缩减，基金规模增大，能够减少社会总需求的膨胀，使社会总需求与总供给达到平衡。

（三）促进社会发展的功能

随着工业化、城镇化进程加快，改革开放继续推进，经济体制、社会结构、利益格局和思想观念都在发生深刻变化。这种以社会转型形式出现的空前社会变革，一方面会给经济社会发展进步带来巨大的活力，但另一方面也必然会带来诸多社会矛盾和问题。例如，老龄化问题、医疗资源分配不公平及浪费问题、社会财富分配不公平问题等。这些矛盾和问题与社会事业发展明显滞后、社会体制和政策不完善、社会管理水平不高等现象密切相关。而社会保险发达国家的经验表明，完善的社会保险制度可以促进社会公平正义，增强社会创造活力，保持社会安定有序，有效推动社会发展与和谐。

（四）发挥互助共济的功能

在社会保险的具体制度中至少有如下三方面的互助共济关系：一是普通社会成员与特定风险事故遭遇者之间的互助共济。例如，基本医疗保险体现的是健康者与患者之间的互助共济，失业保险体现的是在业者与失业者之间的互助共济，长期护理保险体现的是失能者与健全者之间的互助共济，等等。二是代际互助共济。在现收现付模式下，在岗的年青一代通过缴费纳税供养年老一代，而年老一代之所以可以享受这一权利是因为他们年轻时对该制度作出过贡献。三是地区之间的互助共济。通过建立有效的机制，协调地区之间的利益，确保全体国民都能享受相应的社会保险待遇。可见，社会保险制度在一定程度上体现着社会互助、同舟共济的精神。

三、社会保险与商业保险的共性与区别

（一）社会保险与商业保险的共性

1. 都是基于对特定风险损失分担的保险机制。商业保险以概率论和大数法则为基本原理，将大量同质的风险进行集中，收取保险费建立保险基金，当被保险人发生风险损失时，保险人依照保险合同对其进行经济给付或补偿。由于风险的同质性，不同的风险单位发生损失的可能性是一致的，这样个体所发生的风险损失就被平摊到了全体被保险人身上，实现了风险分担和损失共济。社会保险与之类似，如其中的医疗保险、失业保险、生育保险等短期给付的项目就充分体现了风险的分散和损失的分担。给付期较长的养老保险、工伤保险，本质上也是将个体风险分散到整个参保群体。

2. 都以给予损失赔偿或保险金给付等方式为被保险人或参保人提供保障。商业保险依据保险合同，以实际损失为基础，对被保险人进行经济赔偿或保险金给付。社会保险则依据法律法规，对参保人提供各保险待遇。

（二）社会保险与商业保险的区别

1. 性质不同。社会保险是基于公共利益建立起来的保险制度，它由法律强制规范，属于公共政策与公共品范畴；而商业保险是基于经济利益建立起来的合同关系，属于私人经济范畴。

2. 经营目标和经营主体不同。社会保险的经营目标是解除社会成员的后顾之忧，平衡社会关系，增进社会成员的福利，促进社会和谐；而商业保险的经营目标是追求利润最大化。从世界范围来看，社会保险的经营主体一般是政府机构或公营机构，不以营利为目的；而商业保险的经营主体是追求利润最大化的商业保险公司。

3. 保险资金来源不同。商业保险的资金来源于保险客户所缴纳的保险费，虽然通过保险资金的投资能获得一定收益，但是保险公司管理费用需要保险客户承担。社会保险的资金来源更宽一些，主要有政府财政拨款、企业缴纳保险费、个人缴纳保险费三个渠道，其管理费由政府财政列支。

4. 保险对象和保障内容不同。社会保险具有普遍性特点，其保障对象是社会保险法律法规所规定范围内的公民。只要符合法律规定，无论年龄大小、工龄长短、收入高低、健康状况如何，都在保障范围之内。但社会保险的保障内容较窄，仅针对人身几种常见的风险提供保障。商业保险的保险对象往往是经过保险公司筛选的，对年龄、健康状况、从属职业等符合可保标准的人才承保。在保障内容方面，商业保险公司提供的保障内容要比社会保险宽泛得多，既涉及人的身体和寿命，也涉及物质财产及其相关利益。

5. 实施方式和保障水平不同。社会保险属于强制保险，采取强制方式实施。凡属于社会保险范围的保险对象，无论其意愿如何，都必须参加并缴纳保费；当参保人遭遇法律规定的风险时，政府必须按法定标准给付。社会保险的保障水平一般不会超过社会平均生活水平，仅仅满足参保人的基本生活需要。商业保险一般采取自愿原则，属于自愿保险，投保人是否投保、投保哪个险种、额度多少等，均由投保人自行决定。商业保险提供给被保险人的保障水平完全取决于保险合同双方当事人的约定和投保人所缴保费的多少，只要符合投保条件并有一定的缴费能力，发生保险事故时被保险人一般可获得较高水平的保障。

6. 保险关系建立的依据不同。社会保险中的保险人（社会保险机构）与被保险人（参保人）的关系是依据《社会保险法》《工伤保险条例》等相关法律法规而建立，包括保险对象、保险资金来源、保费多少、给付标准等都遵循社会保险法规的规定。商业保险中的保险人与投保人之间的保险关系是依据《保险法》及保险合同而建立，双方的权利义务关系由保险合同来确定。

总之，社会保险和商业保险均是我国社会保障体系的重要组成部分，它们共同构成国民生活的经济保障系统。社会保险与商业保险相互依存、相互促进、互为补充。社会保险的大力发展虽然会对商业保险的部分传统业务带来冲击，但也促使商业保险积极寻找新的业务领域，在社会保险之外的领域拓展业务范围，实现产品创新。

第二节　社会保险项目

社会保险项目是指构成社会保险制度体系的基本要素或组成部分。从世界范围来看，社会保险项目主要有养老保险、医疗保险、工伤保险、失业保险、生育保险与长期护理保险等六种。

一、养老保险

（一）养老保险的概念

养老保险是指国家通过相应的法律制度安排，在社会成员年老后为其提供稳定可靠的生活来源，解除其养老后顾之忧的一种社会保险制度。养老保险是世界各国较普遍实行的一种社会保险制度。

1669 年法国制定的《年金法典》规定，对于不能继续从事海上工作的老年海员发放养老金，这开辟了养老金立法的先河。奥地利和比利时则分别于 1854 年和 1868 年实施了给矿山劳动者发放养老金的制度。由于实施范围较窄，这些早期养老金立法发放的规定并没有被公认为是现代社会养老保险制度产生的标志。被社会公认的、具有现代意义上的养老保险制度标志的是德国 1889 年颁布的《老年、残疾和遗属保险法》。德国依此法建立了世界上最早的社会养老保险制度。自德国建立养老保险制度之后，其他国家纷纷效仿。例如，丹麦于 1891 年、新西兰于 1898 年、瑞典于 1903 年、奥地利于 1906 年、澳大利亚于 1908 年、英国于 1909 年、法国于 1910 年、荷兰于 1913 年、意大利于 1919 年、智利于 1924 年、加拿大于 1927 年、美国于 1935 年相继建立了社会养老保险制度。另外，一些发展中国家，如马来西亚、印度、阿根廷、巴西、埃及、中国等也在第二次世界大战后先后建立了自己的养老保险制度。截至 20 世纪末，世界上已经有 170 多个国家建立了养老保险制度。[①]

（二）养老保险制度模式

由于各国的国情不同，社会养老保险制度模式也不尽相同。现根据不同的划分标准简要介绍如下。

1. 根据缴费责任的承担方式划分。根据养老保险缴费责任的承担方式，可将养老保险制度划分为政府负责型、责任分担型与个人负责型等模式。

（1）政府负责型。政府负责型是指由政府直接负责的养老保险制度，它通常以普惠性的国民年金的形式存在。在这种模式下，政府通过财政为国民提供养老金，政府对养老保险事务直接管理并严格监督。养老金的发放对象是全体老年人。英国、澳大利亚、日本等国家实施的覆盖全体老年人的国民年金，就属于政府负责型的养老保险制度。无论老年人口是否曾经参与劳动，无论退休前收入状况如何，只要达到法定退休年龄，都可以领取相同水平的养老金。

（2）责任分担型。责任分担型是指由政府、雇主、个人等多方共同分担养老保险费用的养老保险制度模式。由于政府或雇主共同分担缴费，劳动者个人的缴费负担得以大大减轻。责任分担型养老保险是大多数国家选择的一种制度模式。在实践中，分担缴费的类型比较多样。既有政府、雇主、个人三方分担缴费；也有雇主和个人两方分担缴费，还有政府和个人两方分担缴费。通常，政府是以财政补贴的形式分担保险费。如我

---

① 郑功成. 社会保障学（第二版）[M]. 北京：中国劳动社会保障出版社，2024：279.

国职工基本养老保险的资金筹集来自财政补贴、企业缴费与个人缴费三个方面，我国城乡居民基本养老保险的资金筹集则主要来自财政补贴和个人缴费。

（3）个人负责型。个人负责型是指养老保险的缴费责任完全由个人承担。此种模式下，雇主不参与缴费，国家也不提供财政补贴。该模式以智利为代表。智利养老保险制度规定，职工每月必须按工资收入的一定比例缴纳保险费存入个人账户，职工达到法定退休年龄后，方可从个人账户支取养老金。

2. 根据养老保险的支付责任划分。根据养老保险的支付责任不同，可以分为给付确定模式和缴费确定模式。[①]

（1）给付确定模式。给付确定模式是指预先设定养老保险金的替代率（即养老金和退休前收入的比值），并据此计算养老保险的缴费费率的模式。该模式俗称"以支定收"模式。在此模式下，一旦决定了养老保险的缴费费率并收缴保险费，保险组织者对参保人就有了未来要达到规定养老保险金水平的承诺。其间发生的各种风险均由保险组织者承担，与参保人无关。

（2）缴费确定模式。缴费确定模式是指预先确定养老保险的缴费金额，由当期的缴费水平决定未来的养老金领取水平。这种模式俗称"以收定支"模式。缴费确定模式通常应用于个人账户的管理。保险组织者通常会负责养老保险基金的投资，但不能保证投资收益率。因此，参保人退休时个人账户里的资金累积额是一个未知数，其间发生的各种基金风险主要由参保人自己承担。

3. 根据养老保险待遇是否与收入有关划分。根据养老保险待遇是否与参保人工作期间的收入水平有关，可将养老保险制度划分为普惠型养老保险制度和收入关联型养老保险制度。

（1）普惠型养老保险制度。该制度强调对所有老年居民都提供养老保险金，养老保险金的标准是统一均等的。养老保险金的多少可能存在地区差异（考虑到消费水平），但在同一地区内，所有的老年人都领取相同的养老金。普惠型养老保险制度一般能够保障老年人的基本生活水平。该模式通常以国民年金的形式存在，属于前文提到的政府负责型的养老保险模式。

（2）收入关联型养老保险制度。该制度是指养老金的给付水平与老年人工作期间的收入水平有关联。与普惠型养老保险制度相比，收入关联型养老保险制度更强调权利与义务的平衡。如我国城镇职工基本养老保险制度就属于收入关联型养老保险模式，收入水平越高，缴费能力越强，未来领取的养老金就越多。

二、医疗保险

1883 年德国颁布的《疾病保险法》标志着世界上第一个社会医疗保险制度建立。随后，这项政策逐渐在欧洲推广开来。例如，奥地利于 1887 年、挪威于 1902 年、英国于 1910 年相继建立了自己的医疗保险制度。到 20 世纪 30 年代早期，大多数欧洲工业化国家建立了疾病和生育保险。第二次世界大战以后，西欧、北欧等国家宣布建立福利国

---

① 潘锦棠. 社会保障学概论［M］. 北京：北京师范大学出版社，2012：40.

家，此前面向工薪劳动者的疾病保险被普惠型的国民保健制度替代。同时，欧洲其他国家的医疗保险范围进一步扩大，医疗保险的保障水平也不断提升。在亚洲，日本于 1922 年颁布《健康保险法》，1938 年颁布《国民健康保险法》，将工薪阶层和非工薪阶层的医疗保险区分为健康保险和国民健康保险。[①] 之后，医疗保险制度在一些发展中国家也逐步建立起来，如印度（1948 年）、阿尔及利亚（1949 年）、中国（1951 年）、突尼斯（1960 年）、古巴（1979 年）等相继立法实施。

（一）医疗保险的制度类型

医疗保险是指通过预先筹集资金，对被保险人患病后的医疗费用进行补偿的保险制度。广义的医疗保险包括全民免费医疗保险、社会医疗保险、商业医疗保险、强制储蓄医疗保险。狭义的医疗保险仅指社会医疗保险。本章除个别地方提及商业医疗保险外，其他均指社会医疗保险。

1. 全民免费医疗保险制度。全民免费医疗保险制度也称为国家医疗保险制度或全民健康保险制度。在这种制度下，医疗保险覆盖全体国民。医疗保险资金来自政府税收，通过财政预算拨付给公立医院或家庭医生，国民看病时不需要支付医疗费用。英国、瑞典、爱尔兰、丹麦、芬兰、加拿大等福利国家实行的都是全民免费医疗保险。

2. 社会医疗保险制度。社会医疗保险制度通常由国家立法强制实施，资金筹集来自雇主和雇员的缴费，有的政府可能会提供补贴。当参保人及其家属因疾病（在有些国家，也包括意外伤害和生育）需要医治时，由社会医疗保险提供大部分医疗费用的补偿，个人仅需承担小部分费用。目前，该模式被世界上 100 多个国家采用，德国、法国、日本等是典型代表。我国的基本医疗保险也采用社会医疗保险模式。

3. 商业医疗保险。商业医疗保险制度是指通过市场筹集医疗保险基金和提供医疗服务，政府给予相应的立法规范和监督。相较于全民免费医疗保险和社会医疗保险，商业医疗保险制度是完全市场化的运作模式。美国是采取商业医疗保险的典型国家。[②]

4. 强制储蓄医疗保险。强制储蓄医疗保险制度是通过立法强制雇主和雇员双方，或雇员单方建立医疗保险储蓄账户（也称个人账户），用于支付个人及家庭成员医疗费用的一种制度。政府的责任是保证个人账户中资金的保值增值，同时为医疗机构提供补贴。这种模式以新加坡为代表，本质上属于"非保险型筹资制度"。

以上是目前世界上四种常见的医疗保险制度。需要指出的是，多数国家并不只有一种医疗保险制度，因为在主要的医疗保险制度之外，还可能有其他补充性的医疗保险制度。例如，美国除以商业医疗保险为主外，还有医疗救助（medicaid）和医疗照顾（medicare）。在我国，不少雇主在参加社会医疗保险的同时，也给雇员购买商业健康保险作为补充。

（二）医疗保险的参与主体

医疗保险的参与主体，包括政府、医疗保险机构、医疗服务供给方、医疗服务需求

---

① 郑功成. 社会保障学 ［M］. 北京：中国劳动社会保障出版社，2005：315.
② 潘锦棠. 社会保障学概论 ［M］. 北京：北京师范大学出版社，2012：88.

方、雇主。①

1. 政府。在医疗保险中，政府通常负有如下责任：（1）推动医疗保险立法；（2）规划和构建医疗保险体系；（3）监督医疗保险的运行；（4）必要时给予财政支持；等等。当然，由于医疗保险模式存在差异，各国政府对医疗保险的干预程度也有所不同。一种是全面干预医疗保险和服务市场，如英国；一种是干预医疗保险但不全面干预医疗服务市场，如加拿大；还有一种是国家统一筹资，实行社会医疗保险，但是委托非政府机构、民营或私营保险机构管理和运作医疗保险基金，如德国的疾病基金、韩国的医疗保险以及美国的医疗照顾计划等。

2. 医疗保险机构。医疗保险机构是具体经办医疗保险事务并管理医疗保险基金的机构，其主要职责包括：征缴医疗保险费，确立医疗服务机构与服务方式，确定合适的医疗费用支付方式，实施医疗保险费用的结算，对医疗服务的供给方和需求方实行有效的监督，管理和运营医疗保险基金，等等。

3. 医疗服务供给方。医疗服务的供给方是指医疗服务机构，包括医院、医药生产商与销售商。

4. 参保人。参保人也就是医疗服务需求方，其既承担医疗保险的缴费义务，也享受医疗保险服务的权利。

5. 雇主。通常情况下，雇主是医疗保险缴费方之一，在医疗保险关系中是单纯的义务主体。

（三）医疗保险资金的筹集

医疗保险基金的筹集来源，主要有政府专门税收、雇主与雇员缴费、财政补贴以及利息、滞纳金等其他方面的收入。不过，多数国家采取由雇主与雇员分担缴费或者政府、雇主与雇员三方分担缴费的做法。我国的《社会保险法》规定，我国职工基本医疗保险的保险费由用人单位和职工共同缴纳，而城乡居民基本医疗保险则采取个人缴费与政府补助相结合的方式。

医疗保险费的缴纳方式主要有两种：一是固定保费制，即确定一个固定的额度征收医疗保险费；二是固定费率制，即按照被保险人的工资或收入的一定比率征收医疗保险费。固定费率制是较为普遍的做法，我国职工基本医疗保险实行的是固定费率制。

（四）医疗保险对医疗服务机构的支付方式

医疗保险对医疗服务机构的支付方式主要有以下几种。②

1. 按服务项目付费。这是医疗保险最传统、应用最广泛的支付方式，是指医疗保险机构根据医疗机构提供的服务项目向其支付费用，属于事后付费。这种付费方式的优点是操作简单、方便，缺点是难以约束医疗机构的行为，医疗费用控制困难。

2. 按人头付费。医疗保险机构在合同规定的时间内，根据医疗机构服务的参保人数量，预先支付其一笔固定的医疗服务费用。这种方式有利于医疗机构形成内在的成本控

---

① 郑功成．社会保障学（第二版）［M］．北京：中国劳动社会保障出版社，2024：296.
② 郑功成．社会保障学（第二版）［M］．北京：中国劳动社会保障出版社，2024：299－300.

制机制,但也可能诱使医疗机构减少服务提供、降低服务质量、拒绝接受危重患者就医的现象。为了保证医疗质量,一些国家甚至规定了每个医生服务病人的数量限额。采用这种支付方式的国家有丹麦、荷兰、英国等。

3. 总额预算制。医疗保险机构事先与医疗机构协商确定一个年度预算总额,然后根据预算总额向医疗机构支付医疗费用。这种付费方式下,医疗机构必须为参保人提供合同规定的服务,同时自负盈亏,所以也称为总额预算包干制。加拿大、澳大利亚等国采用这种付费方式。

4. 按病种付费。按病种付费主要有两种形式,即单病种付费和疾病诊断相关组(diagnosis - related - groups,DRGs)付费。其中,单病种付费是指将诊断明确、无并发症和合并症、治疗方式单一的疾病,按病种确定付费标准,向医疗机构付费的方式,属于病种付费的初级形式。而 DRGs 付费,则是指根据疾病的主要诊断组别和治疗方式,结合参保病人的年龄、性别、有无并发症和合并症等情况,将疾病分为若干组,并对每一组确定一个付费标准,向医疗机构付费的方式,是较为完善和科学的病种付费形式。当前,国际上已有许多国家和地区实施了按病种付费制度,如美国、澳大利亚、英国、德国和中国台湾等,且基本都采用 DRGs 付费方式。[①] 该方式的优点是促进医院降低成本,减少诱导性消费;缺点是难以在水平不同的医院建立准确、恰当的分类系统,尤其是当诊断界限不明确时,容易诱使医生诊断升级,以获得较多的费用支付。

5. 工资制。医疗保险机构根据合约医院中医务人员提供服务的价值发放工资,以补偿医疗机构人力资源的消耗。这种方式的优点是能够较好地控制医院的总成本和人员开支;缺点是无法对医务人员形成激励,可能会导致医疗服务质量的下降。工资制方式被广泛应用于芬兰、瑞典、西班牙、葡萄牙、希腊、土耳其、印度、印度尼西亚、以色列等国家。

需要指出的是,由于以上支付方式各有利弊,为了更好地控制医疗机构行为和医疗费用支出,各国往往将多种支付方式综合使用。

(五) 医疗保险对参保人的偿付方式

医疗保险对参保人的偿付方式包括以下三种(主要是以我国为例)。

1. 起付线。在一般情况下,参保人发生医疗费用后,需要自付一定额度的医疗费用,超过此额度的医疗费用才由医疗保险支付。这个额度就是所谓的"起付线"。起付线的设置有三种作用。第一,有利于集中有限财力,重点为大额医疗费用提供补偿;第二,有利于增强参保人的费用意识,减少浪费;第三,将大量小额的医疗费用剔除,能够降低管理成本。医疗保险中的"起付线"类似于商业健康保险中的"免赔额"。

2. 按比例分担。按比例分担指医疗保险机构和参保人按一定比例共同偿付医疗费用。这一比例可以是固定的,也可以是分段设定的,比如费用越高,参保人自付比例越低。

3. 封顶线。封顶线也称为最高保险限额,通常是规定封顶线以上的医疗费用由被保

---

① 许飞琼. 医疗、照护、工伤保险改革与发展 [M]. 北京:中国劳动社会保障出版社,2018:144.

险人自付。封顶线的设置有利于限制被保险人对高额医疗服务的过度需求，也在一定程度上减少医疗服务机构的诱导性消费。

三、工伤保险

工伤保险是指当劳动者因工作原因遭受意外伤害或职业病，劳动者（或其遗属）可以获得免费医疗救治和经济补偿的保险制度。1884 年，德国颁布了《劳工伤害保险法》，这是世界上第一部工伤保险法。此后，各国纷纷效仿，工伤保险成为世界上历史最悠久、实施范围最广的社会保险项目之一。

（一）工伤保险的一般原则

1. 无过失补偿原则。也称为绝对责任原则，是指劳动者因工负伤、死亡或患职业病之后，无论雇主是否有过错，只要不是劳动者本人故意所为，均按照法律规定的标准支付劳动者相应的工伤保险待遇。

2. 个人不缴费原则。在生产过程中，劳动者和机器、设备一样都属于生产要素。机器损坏后雇主要出资维修，劳动者因工作原因导致劳动能力受损，雇主也应当承担维护责任。这是雇主维持持续生产的必要开支，要求劳动者承担或分担这笔开支的做法都是不合理的。① 因此，工伤保险费完全由雇主承担，个人无须缴纳。我国的《社会保险法》也作出规定：由用人单位缴纳工伤保险费，职工不缴纳工伤保险费。

3. 补偿直接经济损失原则。工伤事故发生后，工伤保险补偿的只是劳动者的直接经济损失（如工资收入），而不包括间接经济损失（如兼职收入）。

4. 补偿与预防、康复相结合的原则。工伤补偿应当与工伤预防、工伤康复紧密结合。在工伤保险制度中，工伤预防（如加强安全生产、降低事故发生率）比事后的工伤补偿更有意义。因此，应当积极运用工伤保险费率杠杆以及其他经济、法律惩戒手段，引导和督促雇主重视和加强安全生产，避免或减少工伤事故的发生。工伤事故发生后，一方面要对劳动者实施积极的医疗救治，尽快解除他们身体上的病痛；另一方面，也是更为重要的，是要帮助他们尽快恢复劳动能力，早日回到正常的经济社会生活当中。因此，医学康复和职业康复亦不可或缺。②

（二）工伤保险的基本内容

1. 工伤范围的认定。各国法律对工伤范围的认定通常包括工伤事故和职业病。工伤事故最初只限于因工作原因直接造成的伤害，但后来在许多国家扩大到因工作原因间接造成的伤害，如上下班途中发生的事故等。职业病是指劳动者在工作过程中接触有害因素所导致的疾病。我国的现行《工伤保险条例》对认定为工伤、视同工伤以及不得认定为工伤或者视同工伤的情形作出了详细的规定。

2. 基金筹集。世界上建立工伤保险制度的国家，大都实行现收现付制的基金筹集模式。通过确定合理的费率，在一个较短的时间（通常是 1 年）内实现收支平衡。

3. 费率确定。对于绝大多数的国家，工伤保险费的缴纳都是以企业（或非企业组

---

① 潘锦棠. 社会保障学概论 ［M］. 北京：北京师范大学出版社，2012：138.
② 潘锦棠. 社会保障学概论 ［M］. 北京：北京师范大学出版社，2012：139.

织）上一年职工工资总额为基数，再乘以一定的缴费费率。在缴费费率的确定上，主要有以下三种方式：一是差别费率，即对不同行业实行不同的缴费费率。这是因为不同行业的危险等级不同，需要对它们单独确定缴费费率。世界上大多数国家实行的都是差别费率。二是浮动费率，是指用人单位按照差别费率参保一段时间之后，经由保险机构进行评估，可以采取浮动费率。通常，工伤事故发生率低、职业病危害小的用人单位，会被调低缴费费率；工伤事故发生率高、职业病危害大的用人单位，会被调高缴费费率。三是统一费率，即所有企业都实行统一的缴费比例。在实行工伤保险的国家中，约有1/3的国家采取统一费率。

我国《社会保险法》规定，国家根据不同行业的工伤风险程度确定行业的差别费率，并根据使用工伤保险基金、工伤发生率等情况在每个行业内确定费率档次。

4. 保险待遇。与其他保险项目相比，工伤保险在给付标准和给付期限上都比较优厚。工伤保险待遇一般包括以下几个方面。

（1）医疗待遇。医疗待遇是指劳动者因治疗工伤或职业病而发生的必要开支，包括门诊费用、住院费用、药费、康复费用、就医交通食宿费等。

（2）伤残待遇。对暂时丧失劳动能力的劳动者发放工伤津贴，这是一种短期待遇，津贴金额通常是本人工资的一定比例。对永久丧失劳动能力的劳动者发放伤残抚恤金，这是一种长期待遇，抚恤金金额根据伤残等级确定。

（3）死亡待遇。死亡待遇是指支付给劳动者遗属的经济补偿，一般包括丧葬补助和遗属抚恤金。

我国《社会保险法》规定，因工伤发生的下列费用，按照国家规定从工伤保险基金中支付：①治疗工伤的医疗费用和康复费用；②住院伙食补助费；③到统筹地区以外就医的交通食宿费；④安装配置伤残辅助器具所需费用；⑤生活不能自理的，经劳动能力鉴定委员会确认的生活护理费；⑥一次性伤残补助金和一级至四级伤残职工按月领取的伤残津贴；⑦终止或者解除劳动合同时，应当享受的一次性医疗补助金；⑧因工死亡的，其遗属领取的丧葬补助金、供养亲属抚恤金和因工死亡补助金；⑨劳动能力鉴定费。

四、失业保险

（一）失业与失业保险

失业是指处在法定劳动年龄阶段、具有劳动能力且有就业意愿的劳动者，失去或没有得到有报酬的工作岗位的社会现象。失业对于个人来说，意味着失去了收入来源，失去了参与社会经济生活的主要机会；对于社会来说，失业威胁着社会的安全稳定和经济的健康发展。因此，各国政府都特别重视对失业率的控制，同时把失业保险作为解除劳动者后顾之忧和化解失业所带来不利影响的一种重要制度来建设。

失业保险是国家对暂时失去工作的劳动者提供经济保障的一种保险制度。法国于1905年颁布了专门的《失业保险法》，是世界上最早建立失业保险制度的国家。一个世纪以来，越来越多的国家以制度化的方式分散失业风险。从失业者层面来讲，失业保险的目标主要是通过对失业者提供经济性帮助，使他们在失业期间的基本生活得以维持，从而为他们再就业提供了缓冲期。同时，还为失业者提供就业培训和指导，帮助他们尽快实现再就业。从社会经济层面来看，失业保险的目标主要是维持社会安定，缩小劳动者之间的收入差距，同时促进劳动力的合理流动，实现劳动力资源的合理配置。[①]

（二）失业保险的类型

1. 强制性失业保险和非强制性失业保险。根据是否强制雇主雇员参加失业保险，可以分为强制性失业保险和非强制性失业保险。强制性失业保险通常由国家立法或政府制定规章来强制实施，符合规定的劳动者或用人单位必须参加。这种类型是世界上失业保险制度的主流，如美国、加拿大、日本、比利时、意大利、俄罗斯、韩国、中国等都实行的是强制性失业保险。非强制性失业保险一般是由工会组织实施，劳动者和用人单位自愿参加。这种模式主要存在于北欧国家，如丹麦、瑞典、芬兰、冰岛等。[②]

2. 权利型失业保险和调查型失业保险。根据失业者获得失业津贴（失业保险金）的依据不同，可以分为权利型失业保险和调查型失业保险。前者指失业者只要符合规定的缴费年限、非自愿失业等条件，就可以领取失业津贴，与失业者的家庭收入情况无关。后者建立在收入调查的基础上，对那些"确认"无法生存的失业者提供资助，这更像是一种失业救助，不是严格意义上的失业保险。我国的失业保险属于权利型失业保险。

（三）失业保险制度的基本内容

1. 覆盖范围。各个国家失业保险的覆盖范围并不一致，这与一个国家的经济发展水平、文化价值取向、历史发展传统有很大关系。例如美国、日本、加拿大等国将公务员列入保险范围；德国、日本、西班牙等国将农民列入保险范围；丹麦、挪威、卢森堡等国将个体劳动者列入保险范围。[③]

2. 基金筹集。有的国家实行雇主、雇员和政府三方筹资的方式，如德国、丹麦、英国、加拿大、日本等国；有的国家由政府负担保险费，如澳大利亚、新西兰；有的国家是雇主和雇员分担保险费，如法国、荷兰、芬兰、以色列；还有的国家是政府和雇主分担保险费，如意大利。[④] 我国的《社会保险法》规定，由用人单位和职工共同缴纳失业保险费。

3. 资格条件。各国在支付失业津贴时一般会要求失业者符合以下条件：（1）非自愿失业或非本人过错被解雇；（2）失业前参加了失业保险并履行了缴费义务；（3）失业者处于法定劳动年龄范围内并具有劳动能力；（4）有就业愿望，如及时向失业保险机构登记失业，并接受职业培训或职业介绍；等等。我国《社会保险法》规定：失业人员符合下列条件的，从失业保险基金中领取失业保险金：（1）失业前用人单位和本人已经缴纳失业保险费满一年的；（2）非因本人意愿中断就业的；（3）已经进行失业登记，并有求职要求的。

---

① 郑功成. 社会保障学［M］. 北京：中国劳动社会保障出版社，2005：343 – 345.
② 潘锦棠. 社会保障学概论［M］. 北京：北京师范大学出版社，2012：113.
③ 邓大松. 社会保险（第三版）［M］. 北京：中国劳动社会保障出版社，2015：248.
④ 邓大松. 社会保险（第三版）［M］. 北京：中国劳动社会保障出版社，2015：249 – 250.

4. 等待期。失业保险等待期是指符合条件的失业者在登记后不能立刻获得失业津贴，而是需要等待一段时间。设置等待期有多种考虑：一是便于保险机构核实，减少骗保的可能；二是可以免去小额支付，节约管理成本，因为有些失业者在短期内重新找到了工作。各国关于等待期的规定并不一致。例如，瑞士为 2 天，英国为 3 天，芬兰为 5 天，澳大利亚为 7 天，加拿大为 14 天，加纳为 30 天。[①] 当然，也有一些国家并不设置等待期，如丹麦、德国、法国、中国等。

5. 支付期限。各国关于失业保险支付期限的规定长短不一，有的国家将支付期限与缴费期限挂钩，缴费期限越长，支付期限越长。还有的国家将支付期限与失业者年龄、经济景气程度（或失业率高低）相关联。我国《社会保险法》规定，失业人员失业前用人单位和本人累计缴费满 1 年不足 5 年的，领取失业保险金的期限最长为 12 个月；累计缴费满 5 年不足 10 年的，领取失业保险金的期限最长为 18 个月；累计缴费 10 年以上的，领取失业保险金的期限最长为 24 个月。重新就业后，再次失业的，缴费时间重新计算，领取失业保险金的期限与前次失业应当领取而尚未领取的失业保险金的期限合并计算，最长不超过 24 个月。

6. 支付水平。失业津贴既要能够维持失业者及其家属的基本生活，又不能高于失业前的本人工资。国际劳工组织建议失业津贴不低于失业者原工资的 50%，许多国家的给付标准为本人原来工资的 40% ~ 60%。也有些国家采用均等法的支付方式，对所有失业者支付相同水平的失业津贴。我国《社会保险法》规定，失业保险金的标准由省、自治区、直辖市人民政府确定，但不得低于城市居民最低生活保障标准。

五、生育保险

（一）生育保险的概念

生育保险是在女性生育期间为其提供收入补偿、医疗服务和生育休假的一种保险制度。世界上多数国家没有单独设立"生育保险"，而是将生育保险与医疗保险合并管理。我国的生育保险基金与基本医疗保险基金也是合并建账、核算与管理。

（二）生育保险制度的主要内容

1. 覆盖范围。一般来说，生育保险的覆盖范围是已婚的女性劳动者和男性劳动者的未就业配偶。也有的国家覆盖范围更广泛些，扩展到全体女性公民。根据我国的《社会保险法》规定，我国生育保险的覆盖范围是女性职工和男性职工的未就业配偶。

2. 资金来源。大多数国家将生育保险与医疗保险合并收费。根据我国《社会保险法》及《社会保险经办条例》的规定，生育保险基金并入职工基本医疗保险基金，统一征缴，在职工基本医疗保险统筹基金待遇支出中设置生育待遇支出项目。

3. 支付条件。生育保险的支付条件一般有参保缴费时间、工作时间、居住年限等方面的要求。例如，法国的支付条件是最近 3 个月内受雇 200 个小时，丹麦的规定是休产假前 8 周内有 74 个小时的工作记录，葡萄牙和比利时的规定是预产期前连续缴

---

① 潘锦棠. 社会保障学概论［M］. 北京：北京师范大学出版社，2012：117.

费6个月，新加坡则要求生育前至少有180天的就业期。① 根据我国《社会保险法》规定，只要用人单位缴纳了生育保险费，职工以及职工的未就业配偶就可以享受生育医疗费用待遇。

4. 保险待遇。

（1）医疗护理费用，包括检查费和生产住院费。有的国家按实际开支报销，有的国家对个人医疗护理费用的报销总额进行限制。

（2）产假。2000年国际劳工大会修改了《生育保护公约》，将最低产假标准从1952年的12周增加到14周。目前，大多数国家都采纳了这一建议。

（3）产假津贴。国际劳动组织规定产假津贴的最低标准为员工本人工资的2/3，具体到各个国家，津贴标准不一。例如，丹麦、法国、荷兰、波兰、俄罗斯、印度尼西亚、菲律宾、巴西等国，津贴标准为本人工资的100%。也有国家没有统一的产假津贴，如美国。②

六、长期护理保险

（一）长期护理保险的概念

长期护理保险，又称长期照护保险，是指为那些因老年、疾病或者伤残导致丧失日常生活能力而需要被长期照顾的人提供护理费用或者护理服务的保险。长期护理保险制度是主要侧重于提供护理保障和经济补偿的制度。目前，全球有社会保险和商业保险两种形式。

20世纪70年代以来，世界上实施长期护理保险制度的国家有美国、法国、荷兰、以色列、德国、卢森堡、日本、韩国等。其中，推行长期护理商业保险的国家以美国、法国为代表；颁布长期护理社会保险法案的国家以德国、日本和韩国为代表。③

（二）长期护理保险的主要内容

1. 参保对象。不同国家对长期护理保险的参保对象有不同的规定。有些国家的长期护理保险带有普惠性特征，例如，荷兰和韩国的参保对象为所有的合法居民；德国的参保对象是18岁以上的全体国民，连同被保险人所赡养的家属。而有些国家的长期护理保险带有选择性特征。日本是40岁以上的人群才能参加；以色列的覆盖范围是男性65岁或女性60岁之上，且收入水平为低收入或中低收入的老年人（高收入者只能选择商业保险公司提供的护理服务）。

2. 资金筹集。长期护理保险的资金来源渠道具有多样性。有些国家的资金来源于雇主、雇员、政府三方，即雇主和雇员缴纳保险费，政府提供一定的财政补贴。例如荷兰、法国、以色列、卢森堡等。有些国家的资金来源于雇主和雇员两方，即雇主和雇员共同承担长期护理保险费，如德国，其长期护理保险保费由雇员和雇主各负担一半；有的则是政府与个人共同承担，如日本65岁及以上老年人长期护理的保险资金由中央与

① 潘锦棠. 社会保障学概论 ［M］. 北京：北京师范大学出版社，2012：168.
② 潘锦棠. 社会保障学概论 ［M］. 北京：北京师范大学出版社，2012：170 – 172.
③ 戴卫东. 长期护理保险——理论、制度、改革与发展 ［M］. 北京：经济科学出版社，2014：27.

地方政府及个人各负担 50%；40～65 岁（不含 65 岁，40 岁以下不参保）政府承担 50%，剩余部分由用人单位和个人承担；属参保范围的贫困群体可以免缴个人承担的保费。其中，政府承担的 50% 的费用中，中央政府承担 25 个百分点，地方两级政府各承担 12.5 个百分点。[①]

3. 待遇给付方式。长期护理保险的待遇给付方式一般是指实物（服务）支付、现金支付以及混合支付（兼有现金和服务）三种。在以色列、日本和韩国，长期护理保险的给付方式主要是实物（服务）支付，只有在特别的条件下才允许现金支付。例如，以色列长期护理保险的给付水平和老年人的失能程度有关，对于部分失能者给付全国平均工资水平的 25%，完全失能者为 37.5%。一般情况下，护理费直接支付给提供照护服务的机构，只有在失能者无法获取家庭护理时再支付上述护理费的 80% 的现金[②]；日本长期护理保险中的护理服务内容包括机构服务、居家服务以及出借轮椅、特殊床等福利用具三大部分。被保险人需要护理服务时，必须先提出申请，在经过专门机构审查认定后，护理保险管理机关将根据病人实际身体状况提供相应内容、相应等级的照护服务。德国、卢森堡和荷兰等国家则允许被护理对象选择现金支付来代替实物（服务）支付，这样被护理对象就可以请亲戚朋友或更专业的护理人员护理，并向他们付费。

4. 待遇给付标准。待遇给付标准通常根据被保险人接受服务的等级、接受护理的时间、接受护理的场所来确定。以以色列为例，重度残疾、依赖他人才能进行日常生活的老年人，可以享受 100% 的护理津贴；生理功能完全丧失的老年人可以享受 150% 的护理津贴。

（三）我国长期护理保险

2016 年 6 月，人力资源和社会保障部办公厅出台了《关于开展长期护理保险制度试点的指导意见》，该意见选择河北省承德市、吉林省长春市、上海市、重庆市等 15 个城市统一组织开展试点，其目的是探索建立以社会互助共济方式筹集资金，为长期失能人员的基本生活照料和与基本生活密切相关的医疗护理提供资金或服务保障的社会保险制度，截至 2023 年底，试点城市扩大到 49 个。2023 年，49 个试点城市中参加长期护理保险人数共 18 330.87 万人，享受待遇人数 134.29 万人。2023 年基金收入 243.63 亿元，基金支出 118.56 亿元。长期护理保险定点服务机构 8 080 个，护理服务人员 30.28 万人。[③] 在待遇保障方面，《长期护理失能等级评估标准（试行）》（以下简称《试行标准》）是长期护理保险待遇享受和基金支付的重要依据。例如，根据《试行标准》，长期护理失能等级分 0 级（基本正常）、1 级（轻度失能）、2 级（中度失能）、3 级（重度失能）、4 级（重度失能Ⅱ级）、5 级（重度失能Ⅲ级）等 6 个级别，不同级别的参保人享受相应护理等级服务，社保经办机构则进行相应级别服务的基金支付。对符合规定的长

---

① 吕学静. 日本护理保险的经办管理与启示［J］. 中国医疗保险，2018（9）：69.
② 许飞琼. 医疗、照护、工伤保险改革与发展［M］. 北京：中国劳动社会保障出版社，2018：257.
③ 国家医疗保障局. 2023 年全国医疗保障事业发展统计公报［EB/OL］.（2024-07-25）［2024-07-28］. https://www.nhsa.gov.cn/art/2024/7/25/art_7_13340.html.

期护理费用，基金支付水平总体上控制在 70% 左右。

长期护理保险制度是我国继基本养老保险、基本医疗保险、工伤保险、失业保险、生育保险制度之后，启动的又一项社会保险制度。该制度将以需要长期护理的参保人群为主要保障对象，重点解决失能人员基本生活照料和与基本生活密切相关的医疗护理等所需费用。由于我国已进入老龄化社会作为社会保险家族的一员，长期护理保险在不久的将来有望超过失业保险、工伤保险和生育保险，成为我国继基本养老保险和基本医疗保险之后的第三大社会保险项目。

第三节　社会保险基金

一、社会保险基金的概念与特征

（一）社会保险基金的概念

社会保险基金是指国家为举办社会保险事业而通过多渠道筹集起来的资金。社会保险基金一般由养老保险基金、医疗保险基金、失业保险基金、工伤保险基金和其他社会保险项目基金构成。

（二）社会保险基金的特征

与其他基金相比，社会保险基金具有以下三个特征。[①]

1. 法律强制性。社会保险基金是依据国家法律、法规设立的，必须严格按照法律的规定筹集、运营、管理和使用。例如，雇主和雇员必须依法参加社会保险、缴纳社会保险费，社会保险基金支付标准应按法律规定执行等。

2. 社会政策性。社会保险基金的筹集、支付都体现了政府应承担的社会责任，其在管理运营当中也通常会受到政府的政策干预，从而带有明显的社会政策性。当国民遭受社会风险时，根据政府的法律及地方的社会保险政策，社会保险基金为参保人提供基本的收入保障，以维护社会稳定、促进经济发展。社会保险基金的这种功能决定了其为社会政策服务的本质，进而体现或实现政府政策的目的。

3. 统筹互济性。社会保险基金由国家、用人单位和个人三方共同出资形成，在社会保险基金的形成过程中，根据不同地区之间经济发展水平、不同参保人收入水平的不同而筹集资金，因此，基金具有社会统筹属性。此外，由于参保人发生风险的概率不同，其获得的社会保险待遇给付也可能不同，因社会保险基金并不是按照参保人缴纳保险费的多少决定待遇给付水平，而是按保险事故发生而按一定的标准支付，从而也体现了社会保险基金"一人为众、众人为一"的统筹互助互济性。

二、社会保险基金的筹集模式

（一）现收现付制

现收现付制是世界上多数国家采取的社会保险基金管理模式。这种模式是按照在较

---

①　林义. 社会保险基金管理（第三版）[M]. 北京：中国劳动社会保障出版社，2015：10 – 12.

短的时期（通常为 1 年）内收支平衡的原则确定费（税）率，进而筹集社会保险资金。当然，为了防止短期内会有突发事件导致基金收支波动，一般会保留小额的流动储备基金。在社会保险项目中，医疗保险、工伤保险和失业保险通常采用现收现付制进行资金筹集。大部分国家的养老保险也采取现收现付制的筹资方式。

现收现付制具有以下优点。

1. 制度容易建立。由于不需要长期的基金积累过程，现收现付制的社会保险制度非常容易建立。以社会养老保险为例，制度一经建立，可以立即用正在工作的劳动者所缴纳的保险费去支付退休人员所需要的养老金。

2. 有利于抵御通货膨胀风险。现收现付制一般以实现年度平衡为基准，年度内筹集资金同时给付资金，最终年度末基本没有基金结余（除了小额的储备基金）。因此，现收现付制无须考虑通货膨胀风险，也没有基金的保值增值压力。

3. 具有很强的再分配功能。现收现付制下的社会保险基金具有很强的再分配功能，这种再分配可以是代际之间的再分配，也可以是同代之间的再分配。以社会养老保险为例，现收现付制就是实现代际之间的收入转移和再分配；对于工伤保险、失业保险等社会保险项目，现收现付制实现的是同代之间的再分配；而对于社会医疗保险，现收现付制既实现了代际之间的再分配，又实现了同代之间的再分配。

现收现付制的缺点是：费（税）率波动性较大，不利于企业的成本核算；个人缴费和待遇给付之间的关系模糊，不易被理解；容易产生代际矛盾；难以抵御人口老龄化的冲击。

（二）基金制

基金制又称基金积累制或完全积累制，是指在任何时点上积累的社会保险费总和连同其投资收益，能够以现值清偿未来的社会保险基金给付需要。基金制是根据长期收支平衡原则来筹集社会保险基金。虽然筹资方式采取基金制，但社会保险在待遇给付上既可以采取缴费确定方式，也可以采用给付确定方式。以个人账户形式建立的养老保险项目就属于基金制的筹资模式。

基金制具有以下优点。

1. 易于理解，并形成激励机制。基金制不存在统筹共济属性，每个人为自己或家庭负责。基金制的运行机制简单明了，便于实际操作，并容易被民众理解和接受。由于社会保险待遇给付水平与缴费多少、缴费时间长短有关，因此，基金制存在较强的激励机制，鼓励参保人多缴费、长期缴费。

2. 抵御人口老龄化的冲击。以社会养老保险为例，由于提前筹集了养老保险资金，基金制可以在一定程度上缓解人口快速老龄化带来的养老金财务危机。

3. 增加社会储蓄。基金制有助于增加储蓄和资金积累，基金制积累起来的社会保险基金可以用来投资，促进经济发展。

基金制的缺点是：固定的费（税）率标准难以适应社会的快速变化；通货膨胀带来基金贬值风险，基金的保值增值压力较大；缺少统筹互济性和再分配功能。

三、社会保险基金的投资

社会保险基金的投资是指社会保险投资管理机构，依据有关法律规定，运用社会保险基金进行实物投资、资本投资或证券投资，以期获得预期投资回报的基金运作行为。

社会保险基金的价值形式是货币资金，是专门用于补偿和给付国民收入损失的负债资金。一方面，资金的本性在于自我保值和增值；另一方面，在市场经济条件下，通货膨胀、货币贬值现象会导致基金贬值，如果社会保险基金呆滞不用，待将来执行给付职能时，原有资金数量就有可能出现入不敷出的现象，基金就不能充分实现其经济补偿的职能。为此，必须对集聚的社会保险基金进行投资运用。

（一）社会保险基金投资原则

与商业保险资金运用要坚持的原则基本相同，社会保险基金同样甚至更强调基金运用的安全性、收益性与流动性等原则。

1. 安全性原则。安全性是指投资的社会保险基金能够按期如数收回。社会保险基金的投资管理以安全性为首要原则。社会保险基金关系国计民生，相对于商业保险基金而言，社会保险基金投资对安全性的要求更高。

一般来讲，现收现付制的基本养老保险基金对投资的安全性要求最高，因此，基本养老保险基金大多选择低风险的金融工具进行投资，如国债、信用级别高的企业债券等。而补充性的养老保险基金对投资的安全性要求相对要低一些，可能会选择股票、实业投资甚至风险投资等。

2. 收益性原则。收益性是指社会保险基金能够通过投资获得收益。获得较高收益是社会保险基金投资的直接目的，因而在安全性原则的前提下，力求理想的投资收益是社会保险基金投资的又一重要原则。因为只有满足了这一原则要求，基金才能保值增值，进而达到增强社会保险基金实力，减轻国家、企业和个人社会保险费用负担的目的。以养老保险基金为例，在人口老龄化日趋严重的情况下，养老保险基金对投资的收益性要求更为迫切，因为养老保险基金追求长期平衡，基金保值增值的压力很大。

3. 流动性原则。流动性是指资产的变现能力。基金制的社会保险基金对流动性的要求相对较低，可以选择长期投资工具以获得高收益；现收现付制的社会保险基金对投资的流动性要求较高，大多选择短期金融工具，如短期国债、银行存款、高信用级别的企业债券等。

4. 社会效益原则。社会保险基金投资还应兼顾社会效益。即凡能促进经济健康发展，与社会发展、人民利益密切相关的项目都可以考虑投资；反之，关系不大或无关的就要少投资或不投资，特别是在发展中国家，社会保险基金的投资最好能和整个国家的经济发展规划与社会发展计划结合起来，使之与国家前进的方向一致。

（二）社会保险基金的投资工具

社会保险基金可选择的投资工具可以分为两类：金融工具和实物工具。[①]

1. 金融工具。社会保险基金投资的传统金融工具包括银行存款、政府债券、企业债券、公司股票、证券投资基金等。

银行存款具有较高的安全性，但收益率也较低，只能用作短期投资工具满足流动性

---

① 林义. 社会保险基金管理（第三版）[M]. 北京：中国劳动社会保障出版社，2015：91−93.

需要。中央政府发行的国债由于没有违约风险，安全性最高，是社会保险基金的一个重要投资工具。

企业债券收益率高于国债，但其违约风险也高于国债。尽管企业债券具有不同的风险等级，但各国政府通常会限制社会保险基金投资企业债券，以防过高的投资风险。

股票作为股权投资工具，具有较高的收益率，但其风险高于固定收益证券。为了实现社会保险基金的保值增值，多数国家允许社会保险基金投资于股票市场，但有些国家会限制其投资比例。

证券投资基金也是一个重要投资工具，其优势在于专家理财、组合投资、规避风险、流动性强等。证券投资基金的风险要小于股票而大于债券，其收益一般也大于债券投资收益。

除了传统的金融工具外，各种创新的金融工具也为社会保险基金投资提供了更多的选择，包括风险投资、私募债券、对冲基金、远期、期货、期权、互换等金融工具。

2. 实物工具。社会保险基金还可投资于实物，包括房地产、基础设施等。实物投资具有投资期限长、流动性差的特点，但能在一定程度上抵御通货膨胀风险。房地产投资通常会有严格的比例限制，基础设施投资更多地以贷款形式实现。

（三）社会保险基金的投资管理模式

社会保险基金的管理可以分为政府集中管理和私人分散管理两种模式。[1] 通常，现收现付制的社会保险基金是由政府部门或其下属机构进行管理；而基金制的社会保险基金既有政府管理的例子，比如新加坡和马来西亚；也有私人管理的例子，比如智利。

政府集中管理一般是由政府部门或其附属机构负责社会保险基金政策的实施、费（税）的征缴、基金的支付以及投资运营。私人分散管理则是由竞争性的金融机构负责基金的缴纳、支付及投资运营，参与管理的机构包括专门的养老基金管理公司（如智利）、共同基金管理公司或保险公司等金融机构。

四、社会保险基金的监管

（一）社会保险基金监管的概念

社会保险基金监管是指国家授权专门机构依法对社会保险基金的收缴、管理、支付、投资运营等过程进行监督管理，以确保社会保险基金正常、稳定、安全运行。

（二）社会保险基金监管的必要性

由于社会保险基金的特殊性，各国都设立法律对社会保险基金进行全方位的监督、管理，以确保其安全性和保值增值。

首先，社会保险基金监管能够弥补市场失灵。当存在信息不对称、公共品、外部性等因素时，就会发生市场失灵，此时，政府进行干预可以弥补社会保险基金运作出现的市场失灵的缺陷。

其次，社会保险基金监管能够保障社会保险基金的安全性。与其他性质的基金不同，社会保险基金是保障人民生活、事关社会稳定的专项基金，对安全性要求非常高，

---

① 林义. 社会保险基金管理（第三版）［M］. 北京：中国劳动社会保障出版社，2015：116.

因此，需要严格的监管。

最后，在保障安全性的基础上，社会保险基金也面临保值增值的要求。特别是基金制的社会保险基金，只有保值增值才能抵御通货膨胀风险，为参保人提供尽可能高的保障水平。而有效的监管能最大限度地降低投资风险，是保障实现社会保险基金保值增值的重要手段。

（三）社会保险基金监管的主要模式

根据监管部门权力的集中性和分散性，社会保险基金监管可以分为两种模式。①

1. 集中监管模式。集中监管模式是指政府赋予某个专门的、单一的机构监管社会保险基金。这种监管模式集中程度高，将监管权力集中在单个监管机构中，保证了监管目标的一致性，有利于提高监管效率。但这种模式往往需要建立一个新的部门，实施成本较高，且不一定能保证监管人员的专业性。

2. 分散监管模式。分散监管模式是指政府赋予两个以上相对独立的机构对社会保险基金进行监管。分散监管属于多主体监管，这些主体分散于现有的各个管理部门，具有较高的专业监管技术和经验，但由于监管的主体较为分散，不利于监管信息的获取和共享，可能会影响监管的效率，同时也易浪费监管资源。

（四）社会保险基金监管的内容

社会保险基金监管的内容一般由如下四部分构成。②

1. 社会保险基金运营机构资格审定。无论是构建集中管理的基金运营机构，还是构建分散的、竞争的养老保险基金管理公司，抑或委托现有金融机构、保险机构实行社会保险基金的投资运营，都必须高度重视对运营机构的审批程序和严格的资格审查。资格审查包括最低资本金要求、经营业绩记录、专业基金经理的资格审定等。

2. 社会保险基金的日常监管。社会保险基金的日常监管主要是对日常业务包括基金征缴、基金支付等活动进行监管。对于国家基本保险项目的上述日常监管内容进行监管，多数国家是由社会保障主管部门来承担监管职能。如英国的社会保障部门，美国的劳动部，日本的健康与福利部，智利和阿根廷的社会保障部。大多数欧美国家的财政部门也会对社会保险基金的日常运营进行监管。

3. 社会保险基金的投资监管。投资监管主要是严格实施社会保险基金投资监管的各项规则，注重基金投资的总量控制和结构限制，规定投资方向，监督各项投资限额、投资组合的实施情况；严格限制基金投资决策人员的资格条件，注重一般规则监管和对管理者监管相结合的监管原则；限定基金投资的收益率，保证基金的收益水平和安全性。

4. 社会保险基金运营的风险防范。建立社会保险基金的风险预警机制，实施监测并及时对基金采取保护措施，是社会保险基金监管的一项重要任务。如智利规定，当基金投资收益率低于法定最低水平时，必须及时由基金公司用投资收益和现金储备进行弥补。否则，基金管理公司就会被强制关闭，并由国家财政补足基金亏损的差额，以保障

① 王延中，龙玉其. 社会保障概论［M］. 北京：中国人民大学出版社，2017：288.
② 林义. 社会保险基金管理（第三版）［M］. 北京：中国劳动社会保障出版社，2015：132－141.

参保人的合法利益。

第四节　我国社会保险制度改革

一、社会保险制度改革的背景

在改革开放以前，我国的社会保险制度属于社会主义制度的有机组成部分，在强调"国家—单位—个人"利益高度一致的原则下，国家扮演着社会保险制度的确立者与保证者角色，与单位相互依存，共同承担社会保险的责任；而社会成员则被分割在各个单位（在城市是各种机关单位、事业单位和企业单位，在农村则是人民公社和生产大队等集体组织），并与所在单位构成不可分割的关系，无偿享受着相关社会保险待遇，是一种典型的国家—单位保险模式。

随着我国经济体制改革的深入进行，原有的"国家—单位"型社会保险制度日益暴露出了严重的弊端。

第一，保障对象狭窄。原有的社会保险对象局限于国有企业、机关事业单位和大部分集体企业，其他性质单位的劳动者、无业人员以及广大的农民群体（实施联产承包责任制后）被排除在外。

第二，单位包办，封闭运行。每个企事业单位都要为自己单位员工的生老病死负责，甚至还要承担食堂、澡堂、学校、医院等服务的供给，不仅大大增加了企事业单位的运营成本，还分散了企事业单位生产经营的精力，降低了企事业单位的工作效率。同时，"单位保险"封闭运行，缺乏社会统筹和互济性，使得不同企事业单位的保险负担畸轻畸重，特别是退休人员占比较大的企业，承担着巨大的养老保险、医疗保险待遇支付压力。

第三，制约劳动力自由流动。原有的社会保险是"国家—单位"保障型的，个人和单位构成了紧密的人身依附关系。个人必须依附单位才能获得各种保障，反之，脱离单位也就意味着各种保障的取消。这严重制约了劳动力的自由流动。

正因为"国家—单位"型社会保险制度存在上述弊端，也为了适应不断发展变化的社会经济形势，在20世纪80年代中期，我国开始了社会保险制度的改革历程。

二、社会保险制度改革的意义

1. 社会保险制度改革有助于完善社会主义市场经济体制。以社会保险为主体的社会保障制度是市场经济正常运行和健康发展的重要保证，同时也是建立和健全社会主义市场经济体制的重要环节。在社会保障制度中，社会保险的覆盖面最广，与广大劳动者的关系最为紧密。社会保险制度的改革，能促使社会保障制度的不断完善，从而提升社会保障制度的有效性，更好地服务社会主义市场经济体制。

2. 社会保险制度改革有利于维护社会稳定、促进社会公平。一方面，在市场经济体制下劳动力的优化配置和分流安置是不可避免的社会现象。社会保险制度的改革，能够弥补市场机制缺陷，为劳动力提供稳定的安全预期，维护社会稳定。另一方面，社会保险制度在不断改革中，逐步消除由于城乡差异、身份差异、地区差异导致的不公平，有利于促进社会公平正义与人民内部团结。

3. 社会保险制度改革有助于所有公民都分享到国家发展的成果。改革开放以来，我国经济社会发展取得了长足的进步和丰硕的成果。社会保险制度通过再分配功能，使更多的公民纳入制度当中，社会保险待遇随着国家经济实力的增强而稳步提升，保障了所有公民都能随着国家的发展进步而分享到国家所取得的成果。

三、社会保险制度改革的发展阶段

1. 社会保险制度的探索和成型阶段（1986—2010 年）。此阶段的标志性事件：一是自 1984 年开始，国家开始在一部分地区尝试养老保险费用的社会统筹，而从 1986 年起，养老保险费首先实现了全国县、市一级的统筹，进而又推进省一级的统筹工作；二是 2010 年 10 月，我国颁发了《社会保险法》。该法的实施标志着包括基本养老保险、基本医疗保险、工伤保险、失业保险和生育保险在内的我国现行的社会保险制度框架已经形成。

2. 社会保险制度的发展完善阶段（2010 年至今）。《社会保险法》出台以后，我国的社会保险制度进入了发展完善阶段，其标志性的成果表现在如下几方面。

一是政策法规体系逐步完善。例如，在医疗保险方面，2010 年颁布的《社会保险法》将职工基本医疗保险、新型农村合作医疗和城镇居民基本医疗保险上升为法律制度。2012 年 8 月国家发展改革委、卫生部、财政部、人力资源和社会保障部、民政部、保监会等六部委联合发布的《关于开展城乡居民大病保险工作的指导意见》，决定建立城乡居民大病保险；2016 年 1 月发布的《国务院关于整合城乡居民基本医疗保险制度的意见》，决定统一城乡居民基本医疗保险制度；此外，生育保险、医疗救助等也在部门规范性文件推行的基础上，分别通过《社会保险法》《社会救助暂行办法》等上升为法律制度。

二是对已有社会保险项目进行城乡整合，打破社会保险领域的城乡二元结构。2014 年 2 月，城镇居民基本养老保险和农村居民基本养老保险实现整合，转型为城乡居民基本养老保险制度；2015 年 1 月，国务院对机关事业单位工作人员养老保险制度进行改革，机关事业单位人员和企业职工在养老金筹资和待遇计发等方面不再存在身份差别，而是统一被纳入职工基本养老保险制度当中。2016 年 1 月，城镇居民基本医疗保险和新型农村合作医疗实现整合，转型为城乡居民基本医疗保险制度。至此，我国养老保险和医疗保险城乡分割的局面被打破，所有城乡居民共享统一的养老保险制度和医疗保险制度。

三是社会保险覆盖面不断扩大。截止到 2023 年，我国城镇职工基本养老保险、城镇职工基本医疗保险、失业保险、工伤保险和生育保险的参保人数分别达到 5.21 亿人、3.71 亿人、2.44 亿人、3.02 亿人和 2.49 亿人，较 2022 年末分别增加 1 766 万人、900

万人、566 万人、1 054 万人和 300 万人①。

我国扩大社会保险覆盖面的成就受到国际社会高度肯定，2016 年 11 月国际社会保障协会授予中国政府"社会保障杰出成就奖"。我国的社会保障不仅覆盖面扩大，待遇水平也在提高。例如，据统计，截至 2023 年底，我国基本养老、失业、工伤保险参保人数分别为 10.66 亿人、2.44 亿人、3.02 亿人，同比增加 1336 万人、566 万人、1054 万人。我国社会保障卡持卡人数 13.79 亿人，其中 9.62 亿人领用电子社保卡。② 在待遇方面，如从 2012 年至 2020 年，企业职工月人均养老金由 1686 元增长到 2900 元左右，全国月平均失业保险金水平由 686 元提高到 1506 元。③ "十三五"期间，全国基本医疗保险（含生育保险）5 年累计支出 8.7 万亿元，2020 年个人卫生支出占卫生总费用比例下降到 27.7%。④

四是社会保险资源在逐步整合，其制度效果得到有效提升。一方面，充分利用市场、社会资源建立社会保险基金多方筹资机制，使社会保险责任分担机制得到进一步确立。例如，职工基本养老保险由用人单位和职工共同缴费，商业保险参与社会补充保险制度的建设、社会捐赠等，均调动了政府、企业、个人及社会多方的力量，让制度的财务更加稳定和可持续发展。另一方面，社会保险机构进行整合，使碎片化社会保险制度得到全面优化。例如，2018 年国家医保局的成立，就打破了既有的医保资源分割的局面，将进一步提升制度的公平性。

四、社会保险制度的发展取向

随着我国现代化建设，社会保险制度体系将更加科学完善。实现多层次社会保险体系高质量发展可持续发展，形成社会保险全民共建共享的发展局面。就社会保险制度各项目而言，其未来发展取向大体如下。

（一）养老保险制度的发展取向

1. 继续扩大养老保险的覆盖面。一方面，加大宣传和监察力度，动员和促使更多的人员参加养老保险做到法定人员应保尽保；另一方面，对于参保确实困难的低收入家庭，需要政府通过财政支持（例如提供缴费补贴）将其纳入养老保险制度保障的范围。

2. 实现职工基本养老保险的全国统筹。养老保险全国统筹是国际惯例，也是社会保险互助共济精神的内在要求。目前，中央虽然建立了调剂金制度，各省都按照一定比例，把养老保险费上缴一部分给中央建立调剂金，再根据各省的养老保险基金收支状况进行调剂使用，但这只是当前一个折中的做法，养老保险改革的最终目标是实现全国统筹。

① 国家统计局. 中华人民共和国 2023 年国民经济和社会发展统计公报 ［EB/OL］. ［2024 - 02 - 29］. https：//www. stats. gov. cn/sj/zxfb/202402/t20240228_ 1947915.

② 人力资源和社会保障部举行 2023 年四季度新闻发布会 ［N/OL］. 人力资源和社会保障部网站，http：//www. mohrss. gov. cn/SYrlzyhshbzb/dongtaixinwen/fbh/202401/t20240124_ 512668. html，2024 - 01 - 24.

③ 中华人民共和国人力资源和社会保障部. 未来 5 年，社保、收入分配、养老金等将迎来六大变化［N/OL］. http：//www. mohrss. gov. cn/SYrlzyhshbzb/zcfg/SYzhengcejiedu/202107/t20210715_ 418549. html，2021 - 07 - 15.

④ 国务院办公厅关于印发"十四五"全民医疗保障规划的通知 ［N/OL］. ＿ 中国政府网，https：//www. gov. cn/zhengce/content/2021 - 09/29/content_ 5639967. htm. 2021 - 09 - 29.

3. 完善基本养老保险中的个人账户。坚持统筹基金与个人账户结合的基本制度，发挥个人账户的激励与投资功能。规范个人账户计息、记账办法，充分发挥个人账户的积累作用。

4. 完善基本养老金调整机制。国际上养老金待遇调整主要有三种做法：依据在职人员的工资增长情况调整、根据物价水平调整、根据综合工资增长情况与物价水平调整。我国在考虑这些因素之外，还需要兼顾公平和效率、基金财务可持续、人口预期寿命、地区经济发展水平等因素，实现待遇调整的指数化、常态化和科学化。①

5. 完善多层次养老保险体系。积极发展企业年金、职业年金和商业养老保险等补充性养老保险，为劳动者提供可选择的多层次的养老保障。相应地，国家出台相关政策，改善补充养老保险发展的政策环境，有效地引导和推动补充养老保险的发展。

（二）医疗保险制度的发展取向

第一，形成以基本医疗保险为主体，医疗救助为托底，补充医疗保险、商业健康保险、慈善捐赠、医疗互助等共同发展的多层次医疗保障制度框架。进一步明确基本医疗保险和商业健康保险在医疗保障体系中的分工。基本医疗保险守住"保基本"的定位，发挥商业健康保险的补充作用，建立多层次的医疗保险体系，更好地满足人民群众多元化医疗保障需求。

第二，依法依规分类参保。职工基本医疗保险覆盖用人单位及其职工，城乡居民基本医疗保险覆盖除职工基本医疗保险应参保人员以外的其他所有城乡居民。灵活就业人员可根据自身实际，以合适方式参加基本医疗保险。困难群众分类资助参保政策将进一步完善与实施。

第三，数字化医疗保险等新模式将蓬勃发展。医疗保险信息化、标准化建设将取得突破，医疗保险信息业务编码标准和医疗保险电子凭证将进一步推广应用。

第四，加大管理创新力度，推进医疗保险治理现代化。医疗保险基金监管制度体系改革将持续推进，医疗保险法治基础将持续夯实，全社会医保法治观念将进一步增强。医疗保险经办管理服务体系进一步理顺与完善。医保基金预算和绩效管理将持续加强。

第五，医疗保险体制机制日益健全。整合医疗保险、生育保险、药品和医疗服务价格管理、医疗救助等职责，初步建立起集中统一的医疗保障管理体制。医保基金战略性购买作用进一步显现，支付方式改革将进一步深化，医保药品目录动态调整机制基本建立，定点医药机构协议管理更加规范，对医药体系良性发展的引导和调控作用将明显增强。

（三）其他社会保险制度的发展取向

1. 工伤保险。第一，继续扩大工伤保险的覆盖面，完善伤残保障制度，探索将非正规就业（灵活就业）人员纳入伤残保障制度中。第二，构建预防、补偿、康复三位一体的工伤保险体系，尤其重视工伤预防机制建设。

2. 失业保险。第一，积极扩大失业保险的覆盖面，将更多的劳动者纳入失业保险当

---

① 王延中，龙玉其．社会保障概论［M］．北京：中国人民大学出版社，2017：102－103.

中。第二，规范与完善失业保险金领取的资格条件，让所有真实失业的人能够及时获得保障。第三，依法将失业保险基金用到失业者劳动技能的培训等促进就业的项目上，帮助失业者尽快重新就业。

3. 生育保险。提高生育保险与职工基本医疗保险合并实施成效，扩大生育保险的覆盖人群，提高统一经办能力和信息化服务水平，降低管理成本，提升效率。

4. 长期护理保险。探索建立互助共济、责任共担的多渠道筹资机制，形成与经济社会发展和保障水平相适应的筹资动态调整机制。制定全国统一的长期护理保险失能等级评估标准，建立并完善长期护理保险需求认定、等级评定等标准体系和管理办法，明确长期护理保险基本保障项目，健全长期护理保险经办服务体系，进一步鼓励商业保险机构开发商业长期护理保险产品。

【案例分析】

【案例 14-1】

王某于某年 9 月 1 日入职 W 公司，W 公司为其缴纳了工伤社会保险费用。第三年 3 月 9 日晚上，王某驾驶二轮电动车上夜班途中发生车祸受伤，W 公司于事故三个月后向社会保险服务中心递交了职工工伤事故快报表，并申请工伤认定，王某被鉴定为伤残九级。之后社保服务中心向王某支付了一次性伤残补助金和一次性医疗补助金，但未支付王某住院期间花费的医疗费用。社保服务中心作出《告知书》，告知王某和用人单位由于用人单位未在规定时间内提交工伤认定申请，在此期间发生的工伤待遇等有关费用由用人单位负担，中心不予支付王某工伤医疗费。王某对此《告知书》不服，向法院提起诉讼。法院在受理案件后，通过庭审查明了案件事实，即用人单位确实未在法律规定的时间递交工伤事故快报表，也没有向社保部门申请延长期限，并且没有其他导致用人单位不能按时递交工伤认定申请的情形存在，因此，按照法律规定，案涉工伤医疗费应当由用人单位承担而不能由社保服务中心支付。最终法院驳回了王某的诉讼请求，王某和用人单位均未提起上诉。

【案例 14-2】

女职工龚某被一家企业录用。双方签订劳动合同期限为四年。签订劳动合同的第三年龚某开始休产假。原企业合同规定："女职工符合计划生育规定生育的，产假为 60 天。"龚某没有按照企业的规定休产假，而是按照国家规定休了 98 天。当龚某上班时，企业根据内部规定，认定其超出 60 天的产假，多休的 38 天视为旷工，并给予除名处理。龚某不服，她认为自己是按照国家计划生育政策生育，应当受到法律保护。因此，向当地有关部门提出申诉。

依据我国施行的《女职工劳动保护特别规定》，女职工生育可以享受 98 天的产假，其中产前可以休假 15 天；难产的，增加产假 15 天；生育多胞胎的，每多生育 1 个婴儿，增加产假 15 天。企业 60 天的产假与国家政策不符，属于无效条款。企业据此对龚某除名理由不成立。

【案例 14 - 3】 ▪▪▪

2023 年 12 月 4 日，湖南省医疗保障局官网公布《中南大学湘雅医院行政处罚情况》。文件显示，2022 年 1 月 1 日至 2022 年 12 月 31 日，中南大学湘雅医院骨科、血液透析科、康复理疗科、检查检验科等专科存在违法违规使用医保基金问题，造成医保基金支付损失 983 953.72 元。湖南省医疗保障局对中南大学湘雅医院处以罚款 983 953.72 元。①

近年来，医院违规使用医保基金从中获利的案件时有发生。医疗机构的骗保手法越来越隐蔽，加上医疗领域专业性强，给医保基金的监管造成了不小的难度，强化医保基金的监管工作刻不容缓。首先，要进一步完善医疗保险相关法制，做到有法可依。其次，应当构建全方位的医保基金监管体系。最后，可以借助大数据等信息技术为医保基金监管赋能。

【案例 14 - 4】 ▪▪▪

简某的丈夫卢某于某年 1 月死亡后，心生邪念的简某未将丈夫卢某死亡的情况向相关部门报告，而是从当年开始，每年以丈夫重病卧床，无法亲自到乡镇劳保所办理认证等为由，继续领取养老金。直至 10 年后在办理退休人员养老金每年一次认证工作时，被乡镇劳保所工作人员发现破绽，当地公安派出所户口档案证明其丈夫卢某早已死亡并被注销户口的事实。这导致当地社会保险管理中心错误发放了卢某企业退休人员养老金 165 531.5 元。案发后简某对骗取当地社会保险管理中心退休人员养老金的犯罪事实供认不讳。事发 3 年后，法院判定，简某的行为已构成诈骗罪，考虑到犯罪时已年满 75 周岁，依法判处有期徒刑两年六个月，缓刑 3 年，并处罚金 1 万元。②

《社会保险法》明确规定，以欺诈、伪造证明材料或者其他手段骗取社会保险待遇的，由社会保险行政部门责令退回骗取的社会保险金，处骗取金额 2 倍以上 5 倍以下的罚款。构成犯罪的，依法追究刑事责任。因此，简某的行为必将受到法律惩罚。此外，当地社会保险经办机构也未尽到核查责任。为了避免类似问题的出现，社会保险经办机构和公安机关应当建立信息互享机制。

【本章小结】

1. 社会保险是指国家通过立法形式建立保险基金，对劳动者在年老、疾病、伤残、死亡、生育、失业等情况下提供基本生活保障的一种制度安排。它包括养老保险、医疗保险、工伤保险、失业保险、生育保险及长期护理保险等。

2. 社会保险具有强制性、基本保障性、公平性、社会性、福利性以及刚性发展等特征。其作用主要体现在具有社会稳定功能、经济调节功能、促进发展功能以及互助功能等方面上。

---

① 界面新闻. 中南大学湘雅医院被罚超 98 万元，涉违法违规使用医保基金 ［EB/OL］. ［2023 - 12 - 05］. http：//news. sohu. com/a/741628001_ 313745.

② 吴合琴. 老人隐瞒丈夫死亡真相 连续 11 年骗领 16.5 万元养老金 ［N/OL］. 中国新闻网，2016 - 07 - 11.

3. 根据责任承担机制，可将养老保险划分为政府负责型、责任分担型、混合责任型。养老保险根据筹资模式主要有现收现付式和完全积累式两种。

4. 从世界范围内来看，医疗保险主要有全民免费医疗保险模式、社会医疗保险模式、商业医疗保险模式以及强制储蓄医疗保险模式。其对医疗服务机构支付方式常见的有按服务项目付费、按人头付费、总额预算制、按病种付费、工资制等几种。

5. 工伤保险的实施原则包括无过失补偿原则，个人不缴费原则，补偿直接经济损失原则，补偿与预防、康复相结合原则。

6. 社会保险基金的投资要遵循安全性原则、收益性原则、流动性原则以及社会效益原则。

7. 社会保险基金监管的内容主要包括社会保险基金运营机构资格审定、社会保险基金的日常监管、社会保险基金的投资监管、社会保险基金运营的风险防范。

【复习思考题】

一、名词解释

社会保险　养老保险　医疗保险　工伤保险　失业保险　生育保险　长期护理保险
社会保险基金　社会保险基金监管　全民免费医疗保险

二、单项选择题

1. 社会保险是基于（　　）建立起来的保险制度。

A. 个人利益　　　　　　　B. 经济利益　　　　　　C. 公共利益

2. （　　）强调对所有老年居民都提供养老保险金，养老保险金的标准是统一均等的。

A. 普惠型养老保险制度　　　　　　　　　B. 收入关联型养老保险制度

C. 责任分担型养老保险制度

3. 1883 年，（　　）颁布的《疾病保险法》标志着世界上第一个医疗保险制度建立。

A. 德国　　　　　　　　　B. 英国　　　　　　　　C. 法国

4. （　　）是指医疗保险机构根据医疗机构提供的服务项目向其支付费用。

A. 按服务项目付费　　　B. 按人头付费　　　　　C. 按病种付费

5. 下列哪个国家是实施社会医疗保险模式的典型国家？（　　）

A. 英国　　　　　　　　　B. 德国　　　　　　　　C. 新加坡

6. 下列哪个国家是实施商业医疗保险模式的典型国家？（　　）

A. 英国　　　　　　　　　B. 德国　　　　　　　　C. 美国

7. （　　）是指资产的变现能力。

A. 安全性　　　　　　　　B. 收益性　　　　　　　C. 流动性

8. 工伤事件发生后，工伤保险补偿的是劳动者的（　　）。

A. 直接经济损失   B. 间接经济损失   C. 机会成本

9. 社会保险基金用于（   ），在一定程度上能抵御通货膨胀风险。

A. 实物投资   B. 债券投资   C. 股票投资

10. （   ）有望成为我国继基本养老保险、基本医疗保险之后的第三大社会保险项目。

A. 工伤保险   B. 失业保险   C. 长期护理保险

三、多项选择题

1. 下列哪些选项属于社会保险的特征？（   ）

A. 逐利性   B. 基本保障性   C. 公平性   D. 福利性

2. 社会保险具有哪些功能？（   ）

A. 稳定社会功能   B. 调节经济功能

C. 促进社会发展功能   D. 互助共济功能

3. 社会保险与商业保险的关系是什么？（   ）

A. 相互促进   B. 相互制约   C. 相互补充   D. 相互依存

4. 根据缴费责任的承担方式，养老保险可以划分为（   ）。

A. 政府负责型   B. 责任分担型   C. 个人负责型   D. 现收现付制

5. 世界范围内医疗保险制度有哪些？（   ）

A. 全民免费医疗保险模式   B. 社会医疗保险模式

C. 商业医疗保险模式   D. 强制储蓄医疗保险模式

6. 以下哪些属于医疗保险对医疗服务机构的支付方式？（   ）

A. 按服务项目付费   B. 按人头付费

C. 总额预算制   D. 按病种付费

7. 工伤保险的一般原则有哪些？（   ）

A. 无过失补偿原则   B. 个人不缴费原则

C. 补偿间接经济损失原则   D. 补偿与预防、康复相结合原则

8. 各国在支付失业津贴时一般会要求失业者符合以下哪些条件？（   ）

A. 非自愿或非本人过错被解雇

B. 失业前参加了失业保险并履行了缴费义务

C. 失业者已退休

D. 有就业愿望并接受职业培训或职业介绍

9. 社会保险基金投资的原则有哪些？（   ）

A. 安全性原则   B. 收益性原则

C. 流动性原则   D. 社会效益原则

10. 以下哪些投资工具属于社会保险基金可选择的传统金融工具？（   ）

A. 银行存款   B. 政府债券   C. 公司股票   D. 房地产

四、简答题

1. 我国社会保险制度包括哪些项目？

2. 工伤保险中为什么要实行补偿与预防、康复相结合的原则？

3. 20 世纪 80 年代，原有的"国家—单位"型社会保险制度暴露出哪些弊端？

4. 现收现付制的社会保险基金筹集模式有哪些优缺点？

五、论述题

1. 请论述社会保险与商业保险之间的区别。

2. 社会保险基金的投资工具有哪些？

六、案例分析

1. 某建筑公司职工张某在单位突发疾病住院接受治疗，后经救治无效死亡，共支付各项医疗费用 15 万余元。经查，该建筑公司未为张某办理医疗保险手续。张某病逝后，为医疗费用的赔偿问题，张某的父母向劳动争议仲裁委员会提起仲裁，裁决结果是建筑公司一次性赔偿医疗费 12.9 万元，建筑公司不服仲裁裁决，向法院提起诉讼。法院经审理认为，由于建筑公司没有及时为张某缴纳社会保险费，导致张某住院期间发生的医疗费用不能通过社会统筹基金和大额医疗费社会救济基金支付，对此，应当由用人单位按照医疗保险支付范围的额度承担赔偿责任。法院判决驳回建筑公司的诉讼请求，即由建筑公司一次性赔偿医疗费近 12.9 万元给张某的父母亲。请分析法院判决的理由。

2. 孙某系某公司员工，一天上午受公司负责人指派去机场接客户。孙某从公司所在的国际商业中心八层下楼，欲到商业中心院内开车。当行至一楼门口台阶处时，孙某脚下一滑，从四层台阶处摔倒在地面上，经医院诊断为颈髓过伸性损伤合并颈部神经根牵拉伤、上唇挫裂伤、左手臂擦伤、左腿皮擦伤。孙某向当地劳动局提出工伤认定申请，但劳动局认为没有证据表明孙某的摔伤事故是在工作场所、基于工作原因造成的。因此，该劳动局下达《工伤认定决定书》不认定孙某为工伤。请分析，孙某受伤的性质。

参 考 文 献

[1] 郝演苏．保险学教程［M］．北京：清华大学出版社，2004.

[2] 魏华林，林宝清．保险学（第四版）［M］．北京：高等教育出版社，2017.

[3] 庹国柱．保险学（第八版）［M］．北京：首都经济贸易大学出版社，2018.

[4] 王绪瑾．保险学（第六版）［M］．北京：高等教育出版社，2017.

[5] 孙祁祥．保险学（第六版）［M］．北京：北京大学出版社，2017.

[6] 许谨良．保险学原理（第五版）［M］．上海：上海财经大学出版社，2017.

[7] 许谨良．风险管理（第五版）［M］．北京：中国金融出版社，2015.

[8] 袁宗蔚．保险学：危险与保险［M］．北京：首都经济贸易大学出版社，2000.

[9] 徐爱荣，李鹏．保险学原理［M］．上海：立信会计出版社，2017.

[10] 张虹，陈迪红．保险学教程（第二版）［M］．北京：中国金融出版社，2012.

[11] 许飞琼，郑功成．财产保险（第五版）［M］．北京：中国金融出版社，2015.

[12] 许飞琼，郑功成．财产保险（第六版）［M］．北京：中国金融出版社，2020.

[13] 许飞琼．财产保险理论与实务［M］．北京：国家开放大学出版社，2018.

[14] 许飞琼．财产保险理论与实务（第2版）［M］．北京：国家开放大学出版社，2023.

[15] 许飞琼．经典保险案例分析100例［M］．北京：中国金融出版社，2020.

[16] 许飞琼．财产保险与案例分析［M］．北京：中国财政经济出版社，2022.

[17] 许飞琼．财产保险［M］．北京：高等教育出版社，2014.

[18] 许飞琼．责任保险［M］．北京：中国金融出版社，2007.

[19] 许飞琼．责任保险与案例分析［M］．上海：立信会计出版社，2024.

[20] 许飞琼．财产保险案例分析［M］．北京：中国金融出版社，2004.

[21] 陶存文．保险百年［M］．北京：中国财政经济出版社，2010.

[22] 陶存文．人寿保险理论与实务［M］．北京：高等教育出版社，2011.

[23] 李晓林．健康保险精算［M］．北京：中国财政经济出版社，2018.

[24] 李晓林．寿险精算原理［M］．北京：中国财政经济出版社，2012.

[25] 郝演苏．健康保险辞典［M］．北京：中国财政经济出版社，2018.

[26] 许飞琼．保险会计（第二版）［M］．武汉：武汉大学出版社，2005.

[27] 朱南军．保险会计［M］．北京：北京大学出版社，2017.

[28] 侯旭华．保险公司会计［M］．上海：复旦大学出版社，2016.

[29] 董文艳，钱红华．保险会计［M］．上海：上海财经大学出版社，2016.

[30] 周国瑞．保险财务管理［M］．北京：中信出版社，2015.

[31] 樊启荣．保险法［M］．北京：北京大学出版社，2011.

［32］魏巧琴．保险公司经营管理（第四版）［M］．上海：上海财经大学出版社，2012．

［33］邓大松，向运华．保险经营管理学（第二版）［M］．北京：中国金融出版社，2011．

［34］段国圣，李斯，高志强．保险资产负债匹配管理的比较、实践与创新［M］．北京：中国社会科学出版社，2012．

［35］郑功成．社会保障学［M］．北京：中国劳动社会保障出版社，2005．

［36］郑功成．社会保障学（第二版）［M］．北京：中国劳动社会保障出版社，2024．

［37］仇雨临．医疗保险［M］．北京：中国劳动社会保障出版社，2008．

［38］潘锦棠．社会保障学概论［M］．北京：北京师范大学出版社，2012．

［39］邓大松．社会保险（第三版）［M］．北京：中国劳动社会保障出版社，2015．

［40］林义．社会保险基金管理（第三版）［M］．北京：中国劳动社会保障出版社，2015．

［41］许飞琼．医疗、照护、工伤保险改革与发展［M］．北京：中国劳动社会保障出版社，2018．

［42］中国保险行业协会．保险原理［M］．北京：中国金融出版社，2016．

［43］中国保监会保险教材编写组．风险管理与保险［M］．北京：高等教育出版社，2007．

［44］中国保险学会，《中国保险史》编审委员会．中国保险史［M］．北京：中国金融出版社，1998．

［45］［美］缪里尔·L.克劳福特著．周复评，金海军等译．人寿与健康保险［M］．北京：经济科学出版社，2000．

［46］［美］肯尼思·布莱克，哈罗德·斯基博著．孙祁祥，郑伟等译．人寿与健康保险（第十三版）［M］．北京：经济科学出版社，2003．

21 世纪高等学校金融学系列教材

一、货币银行学子系列

★货币金融学（第五版）	朱新蓉		主编	69.00 元	2021.05 出版
（普通高等教育"十一五"国家级规划教材/国家精品课程教材·2008）					
货币金融学	张 强	乔海曙	主编	32.00 元	2007.05 出版
（国家精品课程教材·2006）					
货币金融学（附课件）	吴少新		主编	43.00 元	2011.08 出版
货币金融学（第二版）	殷孟波		主编	48.00 元	2014.07 出版
（普通高等教育"十五"国家级规划教材）					
现代金融学	张成思		编著	69.00 元	2022.08 出版
——货币银行、金融市场与金融定价					
货币银行学（第二版）	夏德仁	李念斋	主编	27.50 元	2005.05 出版
货币银行学（第三版）	周 骏	王学青	主编	42.00 元	2011.02 出版
（普通高等教育"十一五"国家级规划教材）					
货币银行学原理（第六版）	郑道平	张贵乐	主编	39.00 元	2009.07 出版
金融理论教程	孔祥毅		主编	39.00 元	2003.02 出版
西方货币金融理论	伍海华		编著	38.80 元	2002.06 出版
现代货币金融学	汪祖杰		主编	30.00 元	2003.08 出版
行为金融学教程	苏同华		主编	25.50 元	2006.06 出版
中央银行通论（第三版）	孔祥毅		主编	40.00 元	2009.02 出版
中央银行通论学习指导（修订版）	孔祥毅		主编	38.00 元	2009.02 出版
商业银行经营管理（第二版修订版）	宋清华		主编	50.00 元	2021.08 出版
商业银行管理学（第六版）	彭建刚		主编	80.50 元	2023.09 出版
（国家级一流本科课程配套教材/普通高等教育"十一五"国家级规划教材/国家精品课程教材·2007/国家精品资源共享课配套教材）					
商业银行管理学（第四版）	李志辉		主编	76.00 元	2022.03 出版
（普通高等教育"十一五"国家级规划教材/国家精品课程教材·2009）					
商业银行管理学习题集	李志辉		主编	20.00 元	2006.12 出版
（普通高等教育"十一五"国家级规划教材辅助教材）					
商业银行管理	刘惠好		主编	27.00 元	2009.10 出版
现代商业银行管理学基础	王先玉		主编	41.00 元	2006.07 出版
金融市场学（第三版）	杜金富		主编	55.00 元	2018.07 出版
现代金融市场学（第四版）	张亦春		主编	50.00 元	2019.02 出版
中国金融简史（第二版）	袁远福		主编	25.00 元	2005.09 出版
（普通高等教育"十一五"国家级规划教材）					
货币与金融统计学（第四版）	杜金富		主编	48.00 元	2018.07 出版

（普通高等教育"十一五"国家级规划教材/国家统计局优秀教材）

金融信托与租赁（第六版）	王淑敏	齐佩金	主编	45.00 元	2024.06 出版

（普通高等教育"十一五"国家级规划教材）

金融信托与租赁案例与习题	王淑敏	齐佩金	主编	25.00 元	2006.09 出版

（普通高等教育"十一五"国家级规划教材辅助教材）

金融营销学	万后芬		主编	31.00 元	2003.03 出版
金融风险管理	马昕田		主编	40.00 元	2021.06 出版
金融风险管理	宋清华	李志辉	主编	33.50 元	2003.01 出版
网络银行（第二版）	孙森		主编	36.00 元	2010.02 出版

（普通高等教育"十一五"国家级规划教材）

银行会计学	于希文	王允平	主编	30.00 元	2003.04 出版
互联网金融	万光彩	曹强	主编	50.00 元	2022.01 出版

二、国际金融子系列

国际金融学	潘英丽	马君潞	主编	31.50 元	2002.05 出版
★国际金融概论（第五版）	孟昊	王爱俭	主编	45.00 元	2020.01 出版

（国家级一流本科课程配套教材/普通高等教育"十二五"国家规划教材/国家精品课程教材·2009）

国际金融（第四版）	刘惠好		主编	66.00 元	2022.11 出版
国际金融概论（第四版）（附课件）	徐荣贞		主编	48.00 元	2022.01 出版
★国际结算（第七版）（附课件）	苏宗祥	徐捷	著	70.00 元	2020.08 出版

（普通高等教育"十二五"国家级规划教材/2012—2013 年度全行业优秀畅销书）

各国金融体制比较（第五版）	白钦先		等编著	78.00 元	2021.09 出版
国际金融（第二版）	周文	漆腊应	主编	43.00 元	2021.04 出版
国际金融管理	鞠国华		主编	43.00 元	2020.01 出版

三、投资学子系列

投资学（第四版）	张元萍		主编	63.00 元	2022.04 出版
证券投资学	吴晓求	季冬生	主编	24.00 元	2004.03 出版
证券投资学（第二版）	金丹		主编	69.00 元	2022.08 出版
证券投资学	王玉宝		主编	38.00 元	2018.06 出版
现代证券投资学	李国义		主编	39.00 元	2009.03 出版
证券投资分析（第二版）	赵锡军	李向科	主编	35.00 元	2015.08 出版
组合投资与投资基金管理	陈伟忠		主编	15.50 元	2004.07 出版
投资项目评估（第三版）	李桂君 王瑶琪	宋砚秋	主编	60.00 元	2021.06 出版
项目融资（第三版）	蒋先玲		编著	36.00 元	2008.10 出版

四、金融工程子系列

金融经济学教程（第三版）	陈伟忠　陆珩瑱	主编	56.00 元	2021.11 出版
衍生金融工具（第二版）	叶永刚　张　培	主编	53.00 元	2020.07 出版
衍生金融工具	王德河　杨　阳	编著	38.00 元	2016.12 出版
现代公司金融学（第三版）	马亚明	主编	59.00 元	2021.08 出版
金融计量学	张宗新	主编	42.50 元	2008.09 出版
数理金融	张元萍	编著	29.80 元	2004.08 出版
金融工程学（第二版）	沈沛龙	主编	63.00 元	2023.02 出版
金融工程	陆珩瑱	主编	39.50 元	2018.01 出版

五、金融英语子系列

金融英语阅读教程（第五版） （北京高等教育精品教材）	沈素萍	主编	69.00 元	2022.10 出版
金融英语阅读教程导读（第四版） （北京高等学校市级精品课程辅助教材）	沈素萍	主编	23.00 元	2016.01 出版
保险专业英语	张栓林	编著	22.00 元	2004.02 出版
保险应用口语	张栓林	编著	25.00 元	2008.04 出版

注：加★的书为"十二五"普通高等教育本科国家级规划教材。

21 世纪高等学校保险学系列教材

保险学概论 许飞琼 主编 49.80 元 2019.01 出版
保险学概论学习手册 许飞琼 主编 39.00 元 2019.04 出版
经典保险案例分析 100 例 许飞琼 主编 36.00 元 2020.01 出版
保险学（第二版） 胡炳志 何小伟 主编 29.00 元 2013.05 出版
风险管理与保险 孔月红 高 俊 主编 39.50 元 2019.10 出版
保险精算（第三版） 李秀芳 曾庆五 主编 36.00 元 2011.06 出版
　（普通高等教育"十一五"国家级规划教材）
人身保险（第二版） 陈朝先 陶存文 主编 20.00 元 2002.09 出版
财产保险（第六版） 许飞琼 郑功成 主编 56.00 元 2020.12 出版
　（普通高等教育"十一五"国家级规划教材/普通高等教育精品教材奖）
财产保险案例分析 许飞琼 编著 32.50 元 2004.08 出版
海上保险学 郭颂平 袁建华 编著 34.00 元 2009.10 出版
责任保险 许飞琼 编著 40.00 元 2007.11 出版
再保险（第二版） 胡炳志 陈之楚 主编 30.50 元 2006.02 出版
　（普通高等教育"十一五"国家级规划教材）
保险经营管理学（第二版） 江生忠 祝向军 主编 49.00 元 2017.12 出版
保险经营管理学（第二版） 邓大松 向运华 主编 42.00 元 2011.08 出版
　（普通高等教育"十一五"国家级规划教材）
保险营销学（第四版） 郭颂平 赵春梅 主编 42.00 元 2018.08 出版
　（教育部经济类专业主干课程推荐教材）
保险营销学（第二版） 刘子操 郭颂平 主编 25.00 元 2003.01 出版
★风险管理（第五版修订本） 许谨良 主编 50.00 元 2022.01 出版
　（普通高等教育"十一五"国家级规划教材）
保险产品设计原理与实务 石 兴 著 24.50 元 2006.09 出版
社会保险（第五版） 林 义 主编 49.00 元 2022.08 出版
　（普通高等教育"十一五"国家级规划教材）
保险学教程（第二版） 张 虹 陈迪红 主编 36.00 元 2012.07 出版
利息理论与应用（第二版） 刘明亮 主编 32.00 元 2014.04 出版
保险法学 李玉泉 主编 53.50 元 2020.08 出版

注：加★的书为"十二五"普通高等教育本科国家级规划教材。